Das biologische Gartenbuch

Ein gartenpraxis Buch

Krafft von Heynitz
Georg Merckens

Das biologische Gartenbuch

Gemüse, Obst, Blumen, Rasen
auf biologisch-dynamischer Grundlage

Fünfte, verbesserte Auflage
  67 Farbfotos
  33 Schwarzweißfotos
150 Zeichnungen

VERLAG
EUGEN
ULMER

CIP-Kurztitelaufnahme der Deutschen Bibliothek

Heynitz, Krafft von:
Das biologische Gartenbuch: Gemüse, Obst, Blumen,
Rasen auf biologisch-dynamischer Grundlage /
Krafft von Heynitz; Georg Merckens. – 5., verb. Aufl. –
Stuttgart: Ulmer 1987.
    ISBN 3-8001-6354-3

NE: Merckens, Georg

© 1980, 1987 Eugen Ulmer GmbH & Co.
Wollgrasweg 41, 7000 Stuttgart 70 (Hohenheim)
Printed in Germany
Einbandgestaltung: Alfred Krugmann
mit einem Foto von Beata Bergström
Satz: Setzerei Lihs, Ludwigsburg
Druck und Bindung: Passavia GmbH, Passau

Vorwort

Die naturgemäße Arbeit im Land- und Gartenbau ist heute Gegenstand vieler Diskussionen. Dabei richtet sich der Blick der Gartenfreunde vornehmlich auf die Bearbeitung des Hausgartens. Sie pflegen ein kleines Stück Land, ernten Gemüse oder Obst und freuen sich, was mit ihrer Unterstützung die Natur hervorbringt. Dabei möchte man auf die Vielzahl chemischer Mittel zur Bodenpflege und zum Pflanzenschutz verzichten, welche den Lebensraum des Menschen belasten und zum ernsten Problem geworden sind.

Dem Hausgärtner fällt die Umstellung auf alternative Arbeitsmethoden besonders leicht, weil er auf seinem kleinen Stück Land nicht dem Zwang zur Wirtschaftlichkeit ausgesetzt ist. Er möchte unbeschwert die Blumen und den Zierrasen pflegen, Gemüse für den eigenen Bedarf heranziehen, Beerensträucher und Obstbäume kultivieren können. Das alles will jedoch gelernt sein, und die vielen Fragen nach anderen Möglichkeiten sind kennzeichnend für eine Wende die in der Anschauung der bisherigen Bewirtschaftung von Land und Garten eingetreten ist.

Dem interessierten Gartenfreund sollen in diesem Buch Einsichten und Grundlagen vermittelt werden, die es möglich machen, im Einklang mit der Natur zu wirken. Darauf aufbauend sind die Wege aufgezeigt, welche zu einem gesunden Aufwuchs der Kulturen führen. Auch wird mancher interessierte Erwerbsgärtner danach fragen, wie er im großflächigen und einseitigen Anbau mit naturgemäßen Verfahren zum Erfolg kommen kann. Gleiches gilt für den Obstbau, der in die Betrachtung mit einbezogen wurde.

In diesem Buch findet sich das reichlich vorhandene – jedoch nur zu oft verborgene – Wissen des biologischen Gärtners wieder. Darüber hinaus kommen Persönlichkeiten aus der biologisch-dynamischen Arbeit zu Wort, die auf eine nunmehr über 50jährige Erfahrung im Land- und Gartenbau zurückblicken können. Ihr Wissen und Können findet hier in überschaubarem Umfang ihren Niederschlag. Grundlegende Darstellungen fußen auf den Ausführungen Dr. Rudolf Steiners aus dem Jahre 1924. Unser Buch kann deshalb nur eine Gemeinschaftsarbeit sein, und die Autoren danken den Freunden aus der biologisch-dynamischen Arbeit für ihre Mithilfe. Wir nennen

hier: Dr. Erhard Breda, Darmstadt, Flora Eisenkolb, Ingersheim, Heinz Grönlund, Darmstadt, Ludwig Herr, Baden-Baden, Hermann Höge, Freising, Joachim Raupp, Leonberg, Hilde Pfeiffer, Heidenheim/Brenz, Hans Scherer, Michelstadt, Heinrich Thies, Weil/Rhein, Horst Wendt, Ambach.

Unser besonderer Dank gilt aber auch dem Verleger Roland Ulmer für die Bereitschaft, das Buch aufzulegen und großzügig auszustatten. Wir schließen darin ein die Bemühungen der Mitarbeiter des Verlages und die Graphikerin Frau G. Tambour. Von Frau B. Bergström stammen viele schöne Aufnahmen.

In besonderer Weise hat sich Frau H. Kern-Valentien der Fragen der Gartengestaltung angenommen, Dr. E. von Wistinghausen hat das Kapitel Bodenbildung und -pflege bearbeitet. Den Beitrag zum Integrierten Pflanzenschutz verdanken wir Dr. H. Steiner.

Ein Gartenbau, welcher die Fülle der Naturzusammenhänge mit in die tägliche Arbeit einbezieht, bereichert und beglückt den Menschen, und diese innere Befriedigung wird auch den täglichen Arbeitsablauf des Gartenfreundes nicht unbeeinflußt lassen.

Pforzheim und Ulm, Herbst 1980

Zur 5. Auflage

In den letzten Jahren ist dieses Buch zu einem Standardwerk nicht nur für die biologisch-dynamische Arbeit, sondern darüber hinaus für den ganzen naturgemäßen Gartenbau geworden. Es hat Interesse geweckt und Freunde gefunden. Wir hoffen auch weiterhin auf fruchtbare Zusammenarbeit und regen Gedankenaustausch mit allen Lesern, denen die Arbeit im Garten Anliegen und Aufgabe geworden ist.

Pforzheim und Ulm
Frühjahr 1987

Krafft von Heynitz
Georg Merckens

5

Inhaltsverzeichnis

Einleitung

Die Arbeit im Garten kann sich nicht darin erschöpfen, den Boden umzugraben, zu säen und zu pflanzen, die heranwachsenden Kulturen zu düngen und schließlich zu ernten. Das sind notwendige Schritte, doch nicht im entferntesten die einzigen.

Der Garten als Nutz- und Lebensraum, als ein Ort der Freizeit und Erholung und nicht zuletzt als wesentlicher Zulieferer für Küche und Haus will stets neu betrachtet, begriffen und gestaltet werden. Dies gelingt nicht immer sogleich – ein langer Prozeß des Lernens und Beobachtens ist damit verbunden. Kein Jahr verläuft wie das andere, neue Gemüsesorten wollen erprobt sein, der frisch angelegte Obstgarten verlangt besondere Pflege, Blumen aus anderen Kontinenten müssen auch auf unserem Grundstück erst einmal heimisch werden. Zu alledem sind nicht nur reine Fachkenntnisse, sondern beispielsweise auch ästhetische Gesichtspunkte erforderlich. Die Arbeit im Hausgarten verlangt, das Vielerlei der Kompost- und Rasenpflege, der Bodenbearbeitung und Gründüngung, der Kulturen unter Glas und im Freiland sowie die fachgerechte Anwendung der Hilfs- und Pflegemittel aus einem Gesamtkonzept heraus einander zuzuordnen. Grundlagen bilden ferner die Einflüsse aus dem Umkreis, wie die Menge der durchschnittlichen Niederschläge im Jahr, die Höhe über dem Meeresspiegel, die Intensität des Lichts, die Bodenbeschaffenheit, eine besondere Lage im Ort und manches mehr.

Nehmen wir noch die individuellen Wünsche und Neigungen des Gartenfreundes hinzu, die ebenfalls so schnell wie möglich realisiert werden sollen, so ist damit nicht nur manche Arbeitsstunde im eigenen Garten, sondern auch ein intensives Einstimmen in die Lebensprozesse im Haushalt der Natur verbunden. Diese verstehen zu wollen, heißt aber nichts anderes, als sich immer wieder mit der Geschichte der Gartenkultur, der Herkunft vieler Gewächse – besonders aus dem Mittelmeerraum – vertraut zu machen. Wir werden dann bald gewahr, daß viele uns wohlbekannte Pflanzen, sei es nun die Zwiebel oder die Rose, mit dem Werdegang der Menschheit eng verbunden sind und daß es oft ein Garten war, in welchem sich bedeutende und entscheidende Dinge abspielten.

Der Garten Eden – das verlorene Paradies

Der Garten Eden war nicht nur Wunschtraum vieler Menschen der Alten Welt und Stoff für Mythen, Sagen und Darstellungen der Heiligen Schrift, er lebte fast allgegenwärtig in den Gärten und Tempelbauten Ägyptens, an den Ufern des Nils, den Wassern von Euphrat und Tigris, den Mauern der Stadt Babylon.

Die Wurzeln der Gartenkultur reichen bis in das Alte Reich Ägyptens, der Zeit der großen Pyramidenbauer (um 2500 v.Chr.) zurück. Schon dort legten die Meister der Landvermessung herrliche Gärten, gerade Wege, Wasserkanäle und kleine Teiche an. Weinrebe und Palme, die vielbesungene Sykomore (*Ficus sycomorus*) und andere Pflanzen waren Elemente des ägyptischen Gartens. Wenn die Sonne im Jahreslauf dann ihren sommerlichen Höhepunkt erreichte und das Land unter der Gluthitze in Staub und Wüstensand zu ersticken drohte, begann der Nil zu steigen und mit gewaltigen Wasserströmen die durstenden Gärten und Äcker zu überfluten. Wenn Monate später das Wasser allmählich zurückging, hatte es fruchtbarsten Boden für neue Saaten und Ernten zurückgelassen. Besonders aus dem Mittleren Reich (etwa 2000 bis 1700 v.Chr.) sind köstliche Darstellungen von der Arbeit im Gemüsegarten erhalten geblieben, und auch das Blumengebinde, welches dem jungen Pharao Tutenchamon (um 1350 v.Chr.) mit in den goldenen Schrein gelegt wurde und im 20. Jahrhundert wieder ans Tageslicht kam, ist in die Kulturgeschichte eingegangen. Damit der Traum vom blühenden und duftenden Garten nie zu Ende sei, malte ihn der Ägypter an die Wände der Grabkammern in leuchtenden Farben, so daß der Verstorbene auch noch jenseits der Schwelle seiner teilhaftig werde.

Das Kreuz im Garten

In den europäischen Landbau, der mit Wiesen und Allmendweiden zwischen ausgedehnten Waldflächen eingebettet war, trugen die Kelten, später die Römer, schrittweise ein weiteres Element hinein: den Garten-, Obst- und Weinbau.

Nicht nur Karl dem Großen, sondern insbesondere seinem Sohn, Ludwig dem Frommen (814 bis 840), war es ein Anliegen, Vorschriften hinsichtlich der anzubauenden Kulturen – bei den Kräutern beginnend, bis hin zu den Obstgehölzen – zu erlassen. Die Lehrmeister des Gartenbaus im Mittelalter wurden jedoch die Mönche. Der Kreuzgang als Mittelpunkt der klösterlichen Übungen umschloß ein Gartengeviert, in Längs- und Querweg unterteilt, mit dem Quellstrom des Brunnens in der Mitte. Gemüse für die Küche, Heil- und Gewürzkräuter, Lilien und Rosen für den Altarschmuck wurden hier herangepflegt. Die Mitglieder der Orden brachten Sämereien, Blumen, Rhizome oder Zwiebeln aus dem Mittelmeerraum mit, auf den weiten Pilgerfahrten wurden neue Gewächse entdeckt, Bekanntes für das heimische Kloster mitgebracht oder an neue Niederlassungen weitergegeben. Von diesen Keimzellen aus wurden im Umkreis Burgen und Schloßgärten beschickt, die Anlagen in den aufstrebenden Städten und die Gärtchen der Bürger erhielten Anregungen und Bedeutung. Der Mönch war nicht nur Geistlicher und Gelehrter, sondern gleichermaßen Ackerbauer, Wein- und Obstgärtner. Wir lesen noch heute mit Interesse das Lehrgedicht »Hortulus« von Strabo (809 n.Chr.), Abt des Klosters der Insel Reichenau, der sich nicht nur lehrend betätigte, sondern selber – wie die Chronik berichtet – bei allen Gartenarbeiten mit Hand anlegte. Wesentlich später war es Albertus Magnus (1207 bis 1280), Erzbischof von Köln und umfassendster Gelehrter seiner Zeit, Naturforscher und Förderer der Gartenkunst, der mit seinem Werk »De Vegetabilibus« Grundlegendes zur Arbeit im Garten niederschrieb. Ihm wird die Anlage eines Klostergartens mit Warmhaus für empfindliche Kulturen zugeschrieben. Mit dem Garten verband sich hier nicht mehr die Sehnsucht nach dem verlorenen Paradies, er wurde zum Ort der Sammlung, der Stille und stetigen Arbeit.

Der Weg in die Freiheit – aus Einsicht handeln

Wenn im Süden Englands die hohen Hecken noch heute den Grundbesitz einhüllen, vor rauhen Winden schützen und fremdem Auge verbergen, so finden wir – nach Mitteleuropa hinübergehend – die Hecken und Einfriedungen niederer, im Ausmaß bescheidener. Der Mensch bildete sich den Garten zum Wohnraum im Freien um und griff im Verlauf der Jahrhunderte immer bewußter gestaltend in den Naturzusammenhang ein. Mauern und Treppen, Wasserspiele und Zierrasen, Blumen- und Gemüsebeete gewährten gestalterische Möglichkeiten in Fülle, man wurde gefordert und täglich aufs neue belehrt, fühlte sich bestätigt und fand bei allem Entspannung und Erholung. Die Geschöpfe anderer Kontinente wurden im eigenen Garten heimisch, wie auch für die großräumigen Stadtanlagen entdeckt. Sei es nun die vor wenigen Jahrzehnten (1944) in China wieder aufgefundene *Metasequoia*, wesentlich früher das feuerfarbene *Rhododendron luteum* (syn. *Azalea pontica*) aus Kleinasien, die Blütenwelt Südafrikas mit Freesien und anderen, der Tulpenbaum aus den USA, nicht zu vergessen der englische Zierrasen und die kleinen Wasserbecken mit Seerosen, die man im Orient kennen und schätzen gelernt hatte. In Zeiten der Not- und Hungerjahre verschwanden vorübergehend viele Blumen und Ziergehölze, um Gemüsebeeten und Obstbäumen Platz zu machen. In den modernen Stadtanlagen werden heute die Gärten zu »grünen Lungen«, deren zahllose Verzweigungen bis hin zu den kleinsten Gebilden für die Gesundheit der Städte ein ganz wesentliches Element darstellen.

Es war selbstverständlich, daß die naturwissenschaftliche Entwicklung, der Fortschritt im Land- und Gartenbau mit den Möglichkeiten der modernen Technik vor der Gartenhecke nicht stehenblieb. Neben neuzeitlichen Dünge- und Pflanzenbehandlungsmethoden, hochmodernen Geräten und Arbeitsverfahren waren es z. B. exotische Ziergewächse, empfindliche Gemüsezüchtungen oder anspruchsvolle Parkrasen, die den Hausgärtner täglich vor neue Fragen stellten. Unvermittelt sah sich der Gartenfreund mit der Aufgabe konfrontiert, zwar die »heile Welt« in seinem Grundstück bewahren zu wollen, aber dennoch die empfindlichen Apfelsorten gegen Schorf und Mehltau, die Rose an der heißen Hauswand gegen Blattläuse, das Ungras auf den Gartenwegen behandeln bzw. abtöten zu müssen. Dabei waren – und sind – diese (scheinbaren) Notwendigkeiten nichts anderes als ein Spiegelbild der tausendfachen Gefahren, welche sich in dem Wort »Umweltbelastungen« zusammenfassen lassen. Der Gebrauch stark in den Naturhaushalt eingreifender oder gar giftiger Mittel widerspricht jedoch der eigentlichen Aufgabe des Gärtners, der die Natur kennen und *mit* ihr arbeiten sollte. Die Aufgabe besteht unter anderem darin, die vorgefundenen Gegebenheiten zu erfassen und soweit wie möglich mit naturgemäßen Maßnahmen zu verbessern, so daß im Verlauf von Jahren aus den Naturzusammenhängen heraus eine Gartenkultur erstehen kann.

Ohne das subtile und gelenkte Zusammenspiel der Elemente Boden und Wasser, Licht, Luft und Wärme ist dabei nur sehr bedingt etwas auszurichten. Mit diesen »Kategorien«, die schon bei Aristoteles eine besondere Rolle gespielt haben, sind aber Leben und Gedeihen der Gesamtheit aller Naturerscheinungen untrennbar verbunden.

Zweifellos hat die Entwicklung der Naturwissenschaften in den letzten hundert Jahren auch für den Gartenbau eine Fülle von neuen Erkenntnissen gebracht: Die alles zusammenfassende Überschau ist dabei allerdings meist weitgehend verlorengegangen. Um bei dem eingangs gebrauchten Bild zu bleiben: Der Garten Eden ist in seine einzelnen Bestandteile, wie Baum und Strauch, Blumen, Gras, Obst und Gemüse, aufgeteilt und zergliedert worden. Das »geistige Band«, von dem Goethe einst sprach, wurde nicht einmal mehr vermißt.

Es gab immer Persönlichkeiten, die diese Situation erkannt und nach neuen, weiterführenden Gesichtspunkten gesucht haben. Im Rückblick auf die letzten hundert Jahre sind hier an erster Stelle zwei Namen zu nennen: August Möbius und August-Friedrich Thienemann. Möbius war es, der bei seinen Forschungen an den Austernbänken im Küstenstreifen von Schleswig-Holstein den Durchblick zu einer ganz neuen Erkenntnis einer »Lebensgemeinde« (1877) fand, die er auch als »Biozönose« bezeichnete. Thienemann, der »Vater der Ökologie«, spannt den Rahmen weiter, wenn er in seinen langjährigen Studien am Beispiel des Plöner Sees der Lebensgemeinschaft in seiner Ganzheit nachgeht und die vielfältige Organismenwelt im Wasser, dem Uferbewuchs, den Zuflüssen mitsamt den mineralischen Stoffen des Untergrundes, bis hin zu den klimatischen Bedingungen der Umwelt zusammenschaut. Er faßt seine Erkenntnisse folgendermaßen zusammen (1918, 1956):

»Abgeschlossen allseitige Wechselwirkungen zwischen allen Gliedern des Systems ›See‹, deren Ergebnis die Erhaltung des Systemgleichgewichtes ist, machen den See zu einer Ganzheit, zu einer Lebenseinheit höherer Ordnung.«

Dr. Rudolf Steiner, Natur- und Geisteswissenschaftler zugleich, ging in seinen Vorträgen zum Thema »Geisteswissenschaftliche Grundlagen zum Gedeihen der Landwirtschaft« (1924) über Thienemanns Beispiel vom See weit hinaus, indem er das Prinzip der »höheren Ordnung« nicht nur in der Natur aufsucht, sondern mit der bewußten Handhabung im Land- und Gartenbau verbindet. Dabei wird die Aufgabe und Arbeit am Boden mit der Persönlichkeit, der Individualität des Menschen im Zusammenhang gesehen. Steiner führt dazu aus:

»Nun, eine Landwirtschaft erfüllt eigentlich ihr Wesen im besten Sinne des Wortes, wenn sie aufgefaßt werden kann als eine Art Individualität für sich, eine wirklich in sich geschlossene Individualität. Und jede Landwirtschaft müßte eigentlich sich nähern – ganz kann das nicht erreicht werden, aber sie müßte sich nähern – diesem Zustand, eine in sich geschlossene Individualität zu sein.

Wie gesagt, die Dinge können nicht in dieser Weise streng durchgeführt werden, aber man muß doch einen Begriff haben von dem notwendigen Geschlossensein einer Landwirtschaft, wenn man eigentlich die Dinge sachgemäß ordnen will.«

Damit ist die Aufgabenstellung für die Landwirtschaft, und der Gartenbau gehört selbstverständlich dazu, eine andere geworden. Wie ist das zu verstehen?

Bei allen Methoden im naturgemäßen Gartenbau kann es sich heute nicht mehr um einen einseitigen oder gar fanatischen Aufruf »Zurück zur Natur« handeln. Dies ist weder möglich noch wird man damit den Forderungen und Aufgaben im 20. Jahrhundert gerecht. Es gilt vielmehr, die Lebensprozesse in ihrer Gesamtheit zu durchschauen und damit zu Urteilsgrundlagen zu kommen, die eine sinnvolle Arbeit mit den Kräften der Natur erlaubt. Dazu gehört nicht nur die Gestaltung des Gartens, die richtige Auswahl von Gehölzen und Stauden, sondern auch die Gliederung der Fruchtfolge auf den Gemüsebeeten oder die Stellung einzelner Gewächse im Pflanz- und Kulturplan. Die gesamte »alternative« Bewegung und die schon seit 1924 biologisch-dynamisch arbeitenden Landwirte und Gärtner fühlen sich dieser Aufgabe verpflichtet.

Die folgenden Kapitel sollen diesem Ziele dienen. Sie können nicht den Anspruch auf Vollständigkeit erheben, dazu ist der Umfang des Buches zu gering. Aber sie wollen praktische Erfahrungen vermitteln und dem Gartenfreund auch Rezepte (soweit es sie geben kann) an die Hand geben, die es ermöglichen, im naturgemäßen Gartenbau selbständig zu arbeiten. Dazu gehören eigene Initiativen und persönlicher Einsatz, die letztlich dazu führen, auch über den eigenen Garten hinaus fördernd und helfend auf die Fragestellungen der Umwelt einzuwirken. Der Hausgärtner kann dies um so leichter, als seine Arbeit nicht auf den finanziellen Ertrag fixiert ist. An wenigen Apfelbäumen lassen sich leichter neue (und alte!) Hilfs- und Pflegemittel ausprobieren als in großen

Anlagen. Die Geschichte der letzten dreißig Jahre zeigt, welches Gewicht hier gerade die Bemühungen einzelner bekommen haben. Ohne sie wäre die Entwicklung des naturgemäßen Gartenbaus bis hin zum heutigen Stand nicht möglich gewesen.

Der Garten bleibt damit nicht mehr allein ein Ort der Freizeitaktivität und Erholung, der Ruhe und der Besinnung, sondern kann zur Keimzelle einer anderen Handlungsweise im Umgang mit den Kräften der Natur, mit dem Boden, dem Wasser, Licht, Luft und Wärme werden. Die Entscheidung darüber, welcher Weg nun einzuschlagen sei, wird jeder Mensch für sich selber treffen müssen. Insofern wird dabei wiederum die Frage nach der Freiheit gestellt: Wozu werden denn in der heutigen Zeit die gewonnenen Einsichten in die Lebenszusammenhänge der Natur eingesetzt und wo bleibt die Freiheit im Gestalten und Handeln, sei es auch nur auf kleinstem Raum? Sollten wir da nicht noch heute mit der Arbeit des naturgemäßen Gartenbaus beginnen?

Wir planen unseren Garten und richten ihn ein

Was bietet und was fordert das Gelände?

Wenngleich ein Garten sehr individuell gestaltet werden kann, so gibt es doch einige Grundregeln, deren Beachtung vor mancher Enttäuschung, vor zeitraubenden und kostspieligen Fehlern bewahrt.

Ein Garten verlangt nicht nur einen Bezug zum Haus, sondern ebenso zu seiner Umgebung. Dieser Gesichtspunkt muß von Anfang an in die Planung mit einbezogen werden, ob es sich nun um eine freie Landschaft handelt oder Gärten und Grundstücke sich aneinanderreihen. Dabei gilt es außerdem, nicht nur in bezug auf die angrenzenden Gehwege vor dem Haus, die Regelungen des Nachbarschaftsrechts zu beachten (z. B. Pelka 1980).

Zunächst ist es notwendig, sich über alle vorliegenden Gegebenheiten sowie über die beabsichtigten Elemente der Gartengestaltung Klarheit zu verschaffen. Sie sind am besten schriftlich festzulegen, noch bevor die Gesamtplanung in Angriff genommen wird. An erster Stelle sind zu nennen:
– die Nord-Süd-Richtung,
– das Gefälle bzw. die Oberfläche des Geländes unter Berücksichtigung des Kelleraushubs.
Hieraus ergeben sich
– die Anlage von Böschungen,
– die Führung von Mauern und Treppen,
– der Standort der Terrasse oder einer Pergola.
Besondere Beachtung verdienen außerdem
– die Entwässerung des Grundstücks,
– Wasserzapfstellen,
– elektrische Anschlüsse.
Konnte soweit Klarheit geschaffen werden, läßt sich die Gesamtgestaltung mittels einer Planzeichnung leichter vornehmen. Bei einem größeren Garten wird es sich immer lohnen, einen Gartenarchitekten damit zu beauftragen. Das sollte schon möglichst während der Vorarbeiten zum Wohnhaus erfolgen.

Mit der Ausführung des Entwurfs, auch wenn er von dem Eigentümer selber stammt – was bei einem kleineren und leicht überschaubaren Grundstück durchaus möglich sein kann – ist am besten eine Landschaftsgärtnerei zu beauftragen. Meist werden in dieser Hinsicht die eigenen Kräfte und diejenigen der Familie überschätzt. Für einen persönlichen Einsatz bleiben trotzdem noch vielfältige Möglichkeiten.

Damit ist der notwendige äußere Rahmen für das Grundstück geschaffen, nun müssen die lebentragenden Elemente der ganzen Anlage angesprochen werden.

Der Garten stellt eine Art »Klein-Landschaft« mit ausgerichteter Zweckbestimmung dar. Ob wir einen Rosen- oder Gemüsegarten, eine Stauden- oder Obstanlage einrichten, immer wird Bestimmtes gewollt, und dafür gilt es, die Voraussetzungen aus Einsicht in die Naturzusammenhänge zweckentsprechend zu gestalten. Nur auf diesem Wege lassen sich Wünsche und Zielsetzungen erreichen, aus denen letztlich ein kleines, ökologisches Ganzes entsteht. Der Gartenbau ist die intensivste Form der Landbewirtschaftung, in der es gilt, durch die Einsicht und das Können des Menschen Natur- in Kulturstandorte zu verwandeln.

Das ist möglich mit Hilfe des Heckenbaus und der Mischkulturen, die das Kleinklima durch Verringerung der Windgeschwindigkeit und Verdunstung, Erhöhung der Boden- und Lufttemperatur regulieren. Durch eine sorgfältige Kompostierung aller Haus- und Gartenabfälle, die intensive Nutzung der Gründüngung sowie Hereinnahme organischer Handelsdünger, standortentsprechende Pflanzenwahl und Bodenbearbeitung, nicht zuletzt die konsequente Anwendung der biologisch-dynamischen Präparate, wird aus dem natürlich entstandenen Bodentyp ein fruchtbares Gartenland. Das ist nur durch den Menschen möglich, und das ist gleichzeitig seine Aufgabe als Gärtner und auch als Gartenbesitzer. Sehen wir uns dazu die Grundelemente einmal an.

Elemente des Gartens – ein Überblick

Hecke. Das erste Element der Gartengestaltung ist die Hecke, und zwar in des Wortes weiter Bedeutung, also die dichte Schnitthecke ebenso wie die locker aus verschiedenen Gehölzen gebildete Hecke, in deren Bereich und Schutz die Pflanzen gehegt und gepflegt werden können. Nur ein »lebendiger Zaun«

schafft den Raum, in welchem Besonderes entsteht, ohne von der umgebenden Landschaft getrennt zu sein. Neben den Einflüssen auf Luftbewegung und Temperatur siedelt sich allerlei nützliches Getier an und hilft das Gleichgewicht der Lebensvorgänge zu fördern und zu erhalten. Innerhalb dieses umhegten Geländes richten wir den Wohn- und Nutzgarten ein.

Rasen. Eines der wichtigsten Elemente des Wohngartens ist der Rasenplatz, umgeben von Blumen sowie nützlichen oder zierenden, stets aber schützenden Gehölzen.

Kinderspielplatz. Er soll nicht fehlen. Sandkasten und/oder Schaukel werden möglichst so plaziert, daß die Mutter vom Haus aus die Spielenden im Blickfeld haben kann.

Sitzplatz. Vielleicht ist von dort ein Blick in die Landschaft oder auf den Gartenteich möglich. So mancher Gartenfreund wünscht sich den »Feuerplatz« oder Grillrost an der Gartenterrasse, andere ziehen die einhüllende, anheimelnde *Laube* der offenen und auch großräumiger gestaltbaren *Pergola* vor. Kurz, im Wohn- oder Ziergarten können den individuellen Gestaltungswünschen größere Freiheit und Ausprägung gelassen werden.

Vielleicht darf die Anlage als »Garten des intelligenten Faulen« romantisch verwildern, oder mit mäßigen, aber gezielten Eingriffen als »Englischer Garten« heranwachsen. Nicht zuletzt wird mancher Gartenfreund seinem Garten mit Maßband und Schere die Strenge und Ordnung des französischen Stils aufprägen.

Das Ausmaß der Gestaltungsfreiheit ist im Nutzgarten durch die verschiedenen Ansprüche unserer Kulturpflanzen eingeschränkt. Als begrenzende Faktoren sind hier die klimatischen Gegebenheiten und die Ertragsfähigkeit des Bodens zu nennen. Zwar kann sich heutzutage der Gemüseproduzent mittels Technik und Chemie weitgehend über diese Beschränkungen hinwegsetzen, stößt dabei aber an die Grenze der Belastbarkeit der Kulturpflanzen, was dann wiederum Krankheiten und Qualitätseinbußen zur Folge hat.

Das Ziel jedweder Gartenarbeit nach naturgemäßen Gesichtspunkten kann nur sein, in unserem Obst- und Gemüsegarten im Einklang mit den Lebensprozessen der Natur die optimale Nahrungsqualität für unsere Familie zu erzielen. Schaffen wir also schon bei der Planung die notwendigen Voraussetzungen dazu!

Für den Gemüsegarten wählen wir ein im Tageslauf gleichmäßig besonntes Gelände aus, das in arbeitsgünstige Normalbeete aufgeteilt wird.

Gemüsebeete. Wie viele Beete sind für die Belieferung eines Vier-Personen-Haushaltes mit frischem Gemüse erforderlich? In rauhen Lagen mit relativ spät einsetzender Frühjahrserwärmung und zeitigen Herbstfrösten ist der Anbau im Freiland zeitlich sehr beschränkt und erfordert verstärkt den Einsatz von Frühbeeten, Folientunneln und Glashäusern. In warmen Lagen ist der Gartenbau eher zu Hause, das Glas ist dort leichter zu entbehren.

Ferner ist zu prüfen, ob der Bedarf an Gemüsen fast das ganze Jahr über aus dem eigenen Garten gedeckt werden soll, oder von Anfang an ein Zukauf eingeplant wird. Dies trifft für die meisten Grundstücksgrößen im Stadtbereich zu, den Gartenbeeten steht hier nur ein begrenzter Raum zur Verfügung. Sie werden vornehmlich mit Kräutern, Salaten und Gemüse zum unmittelbaren Verzehr bestellt, wobei der Flächenbedarf etwa 20 m^2 je Person betragen sollte. Das ergibt bei einem Vier-Personen-Haushalt die Größe zwischen 70 und 100 m^2. Die Fläche wird hinsichtlich besserer Übersicht und Nutzung in Beete zu je 1,20 m Breite und beliebiger Länge mit einem Tretweg von 30 cm eingeteilt. Auf schweren, unlebendigen Böden ist die Nord-Süd-Lage am besten, die Gewächse erhalten dabei über Mittag das volle Sonnenlicht. Auf sandigem, leicht erhitzbarem Erdreich bewährt sich die Ost-West-Orientierung. Die heranwachsenden Kulturen können dabei zur Zeit der stärksten Sonneneinstrahlung den Boden zwischen den Reihen besser beschatten, was dem Bodenleben und dem Wasserhaushalt nur förderlich sein kann. Die Anzahl der Beete richtet sich unter anderem nach der Fruchtfolge, die noch eingehend besprochen werden soll.

Wer auch noch die Winterkartoffeln selbst anbauen will, benötigt dazu weitere 100 m^2 an Garten- bzw. Beetfläche.

Kräuterbeet. Es befindet sich in unmittelbarer Nähe des Wohnhauses, damit die gewünschten Kräuter auch immer frisch verwendet werden können. Wie wir noch sehen werden, ist dazu wenig Platz erforderlich. Es stört überhaupt nicht, wenn z. B. die gebräuchlichsten, ausdauernden Kräuter am Rande einer Staudenrabatte oder darin verteilt stehen. Zitronenmelisse, Salbei, aber auch Thymian und Lavendel (in geschützten Lagen) füllen auf diese Weise noch manche Lücke aus. Das Nützliche kann dabei sinnvoll mit dem Schönen verbunden werden. Ist der Platz in der Nähe des Hauses für einen größeren Kräuteranbau nicht ausreichend, dann empfiehlt es sich, die einjährigen Kräuter in die Fruchtfolge der Gemüsebeete aufzunehmen.

Kinderbeet. Neben dem Spielplatz sollte ein Beet für die Kinder nicht fehlen. So kann der Garten für die Kinder zum eigenen Erlebnisfeld werden, wenn man sie in das ganze Geschehen und die Tätigkeiten darin einbezieht. Die Kinder gewinnen ein ganz reales Verhältnis zum Jahreslauf, wie er sich ausdrückt im Keimen, Wachsen, Reifen und Vergehen der Pflanzenwelt, wenn sie auch auf einem Stück Land säen, pflegen und ernten dürfen.

Sind die Kinder kleiner, brauchen sie natürlich noch eine helfende Hand. Aber säen lassen kann man sie schon. Wenn dann die Saatreihen nicht ganz so schnurgerade werden und nicht ordentlich Korn nach Korn liegt – die Pflanzen wachsen trotzdem.

Sind die Kinder sechs- und siebenjährig, kann man anfangen, ihnen in einer Ecke des Gartens eigene Beete einzurichten. Da muß dann alles genau wie im »Erwachsenen-Garten« gemacht werden. Es gibt hübsche, kleine Gartengeräte, mit denen die Kinder bald richtig umgehen lernen. Man gräbt mit ihnen um, krailt oder harkt mit ihnen und verteilt den Kompost. Je älter sie werden, um so mehr kann sich die

elterliche Hilfe auf das »nur« Mitmachen, Zuschauen oder nachträgliche Bewundern beschränken.

Eine Pflanze, die sehr schnell wächst und Kindern immer wieder große Freude bereitet, ist die Gartenkresse. Mit einem kleinen Hölzchen und wenig Samen quer ins Gartenbeet den eigenen Namen zu schreiben, machen die Kinder besonders gern. Welche Freude, wenn der eigene Name im Gartenbeet hervorwächst, der erste Schnitt in Mutters Küche gebracht und zubereitet wird! Dazu treibt er wieder nach.

Natürlich müssen auch Radieschen in einem Kinderbeet wachsen, ordentlich in Reihen, die man vielleicht mit dem Kind zusammen ausdünnt. Gerade diese Kultur fordert dazu auf, oft und regelmäßig zu gießen, damit die Radieschen zart und fein im Geschmack werden. Auf diese Weise wird das Stück Garten oft aufgesucht.

Auch Möhren mit Zwiebeln in einer Reihe können die Kinder im eigenen Beet säen und stecken. Dabei sind die Zwiebeln, da die Möhren so langsam keimen und heranwachsen, der Wegweiser beim Hacken.

Frühbeete wollen gewartet sein.

Das Ausdünnen der Kultur muß allerdings der Erwachsene lange für das Kind tun, aber ernten und verspeisen darf es die Möhren ganz alleine, wenn es Lust dazu verspürt.

Je nachdem, wie groß ein Kinderbeet oder -garten ist, kann man noch Spinat oder Erbsen darin ausbringen, eine eigene Tomatenpflanze setzen, Kohlrabi pflanzen.

Dazu kommen viele bunte Sommerblumen wie Ringelblumen, Wicken, Kapuzinerkresse und andere mehr, Blumen, die sich im Frühjahr direkt aussäen lassen und nicht unbedingt verpflanzt werden müssen.

Frühbeet. Für den Gartenfreund ist der Frühbeetkasten seit eh und je wichtig. Mit Ausnahme von Tomaten (die in die Höhe wachsen) kann man so ziemlich alles darin anbauen. Das Angebot an Material, Größen, Einrichtungen ist reichhaltig, dennoch sollte man sich an die üblichen Maße halten. Das sog. Holländer-Fenster hat 0,80 m Breite und 1,50 m Länge. Bei einer Länge von 1,50 m darf der Kasten nur 1,40 m breit sein, damit das Glas noch genügend aufliegt. Das Gefälle von der Hinter- zur Vorderseite beträgt 15 cm. Die Kästen sind im Handel aus verschiedenem Material (Holz, Beton-Fertigteile) erhältlich und auch zum Versetzen innerhalb des Grundstückes geeignet.

Das genormte deutsche Fenster ist 1 m breit, 1,50 m lang und in der Mitte durch eine Zwischensprosse unterteilt. Die Glasfläche besteht hier aus zwei Scheiben, was den Ersatz nach einem Bruch verbilligt.

In der Praxis ist es nicht sinnvoll, nur mit ein bis zwei Frühbeetfenstern zu beginnen. Drei bis vier Stück von einem der beiden Muster sollte die Mindestausstattung sein. Seit einiger Zeit gibt es Kastenanlagen mit selbstlüftenden Frühbeetfenstern, die den Vorteil haben, daß die Anlage auch einmal ohne pünktliche Wartung sich selbst überlassen bleiben kann.

Folientunnel sind das billigste Hilfsmittel zum Schutz der Pflanzen vor ungünstiger Witterung. Die Ernteverfrühung kann 14 Tage bis drei Wochen ausmachen, weil mit einer erheblichen Erhöhung der Tagestemperaturen und einem weniger starken Temperaturabfall in der Nacht gerechnet werden kann. Folientunnel werden mittels etwa 8 mm starken Rundeisen oder starken Drahtbögen getragen. Die Länge richtet sich nach der gewünschten Beetbreite. Der Handel bietet Folienbahnen von 40 cm bis 1,20 m an. In jedem Falle aber sollte die obere Rundung der Stäbe gleichmäßig gebogen werden (erst ab 20 cm vom Boden aus beginnend). Das Eisen ist etwa 30 cm tief in das Erdreich zu stecken.

Bessere Beweglichkeit ermöglichen transportable Tunnel oder Hauben. Sie lassen sich rasch auf- und abbauen und eignen sich für Aussaaten und niedrigbleibende Kulturen.

Kleingewächshaus. Die Erträge übertreffen bei richtiger Kultur die des freien Landes und des »Niederglases« sowohl hinsichtlich der Menge als auch der Güte. Ein solches Haus läßt sich einsetzen

- als Kalthaus ohne Heizung,
- als temperiertes Haus, frostfrei,
- als Warmhaus, mit mindestens 15 °C.

Das Warmhaus schließt die Möglichkeiten der vorgenannten Typen ein. Nur im Warmhaus lassen sich z.B. Schnurgurken mit Erfolg gesund heranziehen. Empfehlenswert ist, sofern die Hausgröße es zuläßt, eine Unterteilung. Denn Gurken und Tomaten in einem Raum geht nun einmal nicht. Wo Platz vorhanden ist und bei einem Wohnhaus-Neubau gleich mitgeplant werden kann, ist der Anbau an eine Mauer sehr geschickt. Man hat dabei die Versorgungsleitungen nahe und spart eine Seitenwand. Das Dach hat dann Pultform, die Breitseite sollte nach Süden zeigen.

Obstgarten. Für die fruchttragenden Dauergehölze des Kern-, Stein- und Schalenobstes und der Beerensträucher kann auf großen Gartenflächen eine eigene Abteilung mit geordneten Pflanzreihen vorgesehen werden. Auf kleineren Grundstücken wird man jedoch mit Obstgehölzen die unregelmäßigen Geländeteile, Winkel, Ecken und Böschungen ausnutzen, oder Sträucher und Bäume als gestaltendes Element in den Gartenaufbau einfügen. So eignen sich Beerensträucherzeilen als Begrenzungen zum Nachbarn, oder zwischen dem Wohn- und Nutzgarten, wie auch zur Untergliederung größerer Gemüsebeetquartiere. Obstbäume können als Hecken am Draht oder Rundkronen-Niederstämme sowie als freistehende Hochstämme gezogen werden. Der hochstämmige »Hausbaum« läßt sich im Vorgarten plazieren, kann aber auch den Sitz- oder Kinderspielplatz beschatten oder als Blickfang im Rasen sowie an der Hauswand stehen.

Pro Person darf man als groben Anhaltswert einen Obstbaum und zwei Beerensträucher oder zusammen 20 bis 25 m² Bodenfläche für die gesamte Obstkultur annehmen.

Kleingewächshäuser gibt es in vielen Ausführungen. Sie erlauben dem Gartenfreund einen ganzjährigen Anbau der verschiedensten Kulturen.

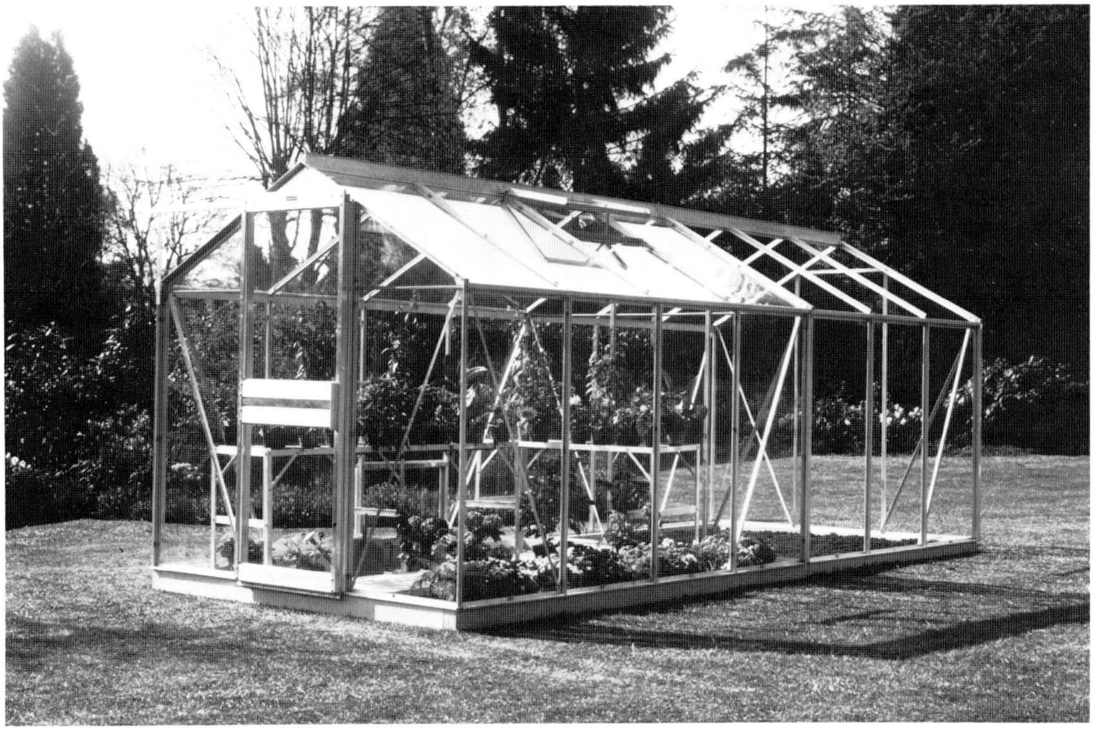

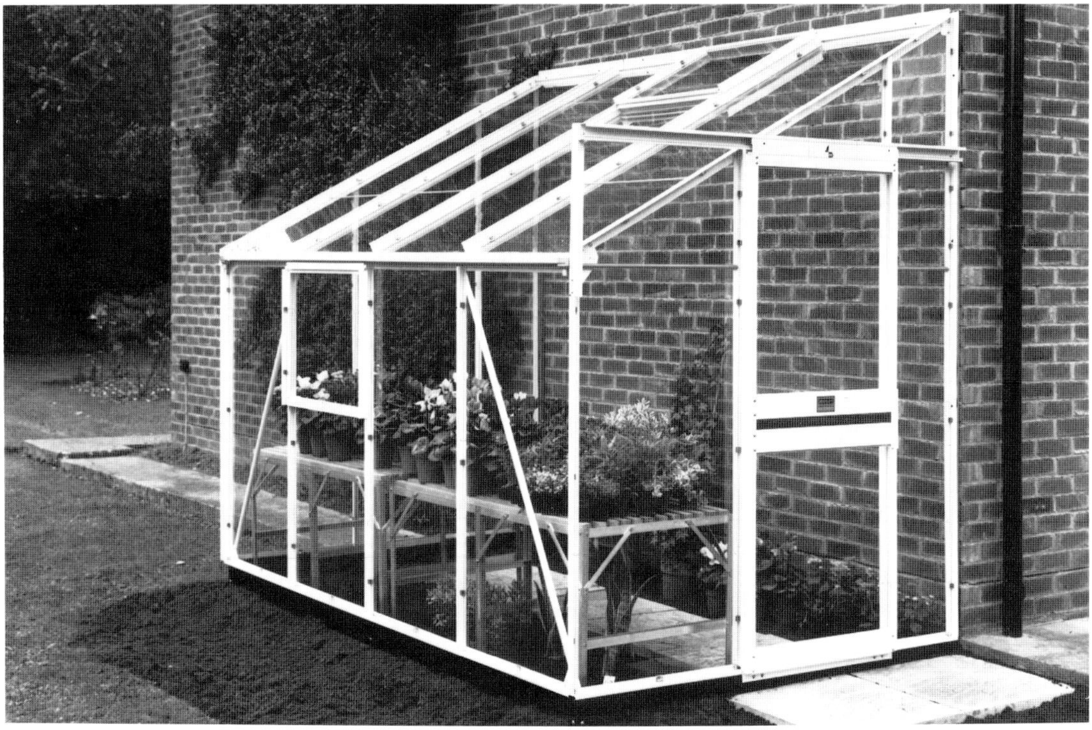

Der Kompostplatz ist die Quelle der Fruchtbarkeit im Garten.

Kompostplatz. Wo kann das, was im Garten gewachsen und später abgestorben, also Abfall geworden ist, seine Verwandlung und beste Aufbereitung finden? Auf dem Kompostplatz, der sich z. B. in einem halbschattigen Winkel an der Gartengrenze einrichten läßt. Bei größeren Anlagen wird eine etwa im Mittelpunkt des Geländes gelegene Stelle vorzuziehen sein. Die Abfälle lassen sich dann von allen Seiten günstig dorthin transportieren, gleiches gilt für die fertigen Komposterden, die später an den verschiedensten Plätzen ihre Verwendung finden. Befestigte Wege erleichtern dabei die Arbeit.

Man übertreibt nicht, wenn diese Stelle immer wieder als der wichtigste Ort im Garten angesprochen wird, von dem aus die Bodenfruchtbarkeit sich fördern und entwickeln läßt. Dabei nimmt er erfahrungsgemäß nicht einmal 1 % der Fläche ein. Für 10 Ar Hausgarten genügt ein Platz von etwa 5 bis 8 m², um alle anfallenden organischen Reste in wertvollen Dünger zu verwandeln.

Holzbottiche und Behälter werden zur Bereitung der Kräuterbrühen und -jauchen am besten am Rande des Kompostplatzes aufgestellt. Dies gilt auch für die Gefäße zur Herstellung von Dungwässern und Behälter für die Aufbewahrung von speziellen Erden aus Rinder- oder reinem Geflügeldung. Je geräumiger der Platz, desto leichter lassen sich diese Einrichtungen unterbringen.

Die Gartengestaltung beginnt am Neubau

Bei einem Neubau ist die Bodenfläche des Grundstücks unterschiedlich zu bewerten. Der zu überbauende Teil für Haus, Garage, Zufahrt, terrassierte Flächen und anderes mehr, entfällt künftig für jegliche gärtnerische Nutzung und erfordert keine besondere Aufmerksamkeit. Dafür kommt der zwischen dem Haus und der Straße gelegenen Fläche um so größere Bedeutung zu. An ihr zeigt sich sehr bald die gärtnerische Umsicht des Besitzers.

Es läßt sich kaum verhindern, daß gerade der spätere Vorgarten während der Bauzeit als Lagerplatz für Zementsäcke, Dachpfannen und weitere Baustoffe dient; oft wird auch noch der Betonmischer aufgestellt. Nach Beendigung der Arbeiten bleibt eine total verhärtete Fläche mit festgetrampeltem Bauschutt zurück, die sich nur mit einer Spitzhacke aufreißen läßt.

Auch der eigentliche Gartenteil bleibt, wie die Erfahrung immer wieder lehrt, kaum verschont. Im Gegenteil! Wohin mit dem Kelleraushub, wenn er nicht sofort abtransportiert werden kann? All das wird dem späteren Garten, an den zunächst niemand denkt, sehr schaden.

Darum gilt es zuallererst, noch bevor die Bauleute den ersten Schlag getan haben, mit einem Räumgerät den Mutterboden abzuschieben und am Grundstücksende zu einer Miete (bis 1,5 m hoch) aufsetzen zu lassen. Das muß mit der Baufirma ausdrücklich vorher verabredet und in die Bauleistungen mit einbezogen werden. Da zuerst die Erdarbeiten mit dem Kelleraushub, den Fundamenten anfallen, ist ohnehin am ersten Tag ein Bagger verfügbar. Gutes Wetter ist dabei Voraussetzung. Der Mutterboden darf niemals in nassem Zustand bewegt werden, die Erde soll nicht »schmieren«. Um die Lebendigkeit der Gartenerde zu erhalten, übersät man die Miete mit Bitterlupinen, Sommerwicken oder Futtererbsen, die später abgemäht werden und obenauf liegenbleiben.

Ist das Haus endlich fertig, die Baustelle abgeräumt, müssen die Bauleute den verfestigten Untergrund sogleich mit einem Aufreißer tief lockern. Auch diese Arbeit sollte vorher vereinbart und im Leistungsverzeichnis aufgeführt sein. Steht ein solches Gerät nicht zur Verfügung, wird ein Landschaftsgärtner einspringen und diese Arbeit durchführen müssen.

Ist endlich der Augenblick gekommen, den Mutterboden wieder aufzulegen, sind gute Vorbedingungen für die künftige Gartenanlage geschaffen worden:

1. Der dank des Leguminosenbewuchses »lebendig« erhaltene Mutterboden kommt auf einen tiefgelockerten Untergrund zu liegen, der Luftaustausch ist gewährleistet.
2. Die Erde wird etappenweise in Schichten von nicht mehr als 5 cm Höhe mit leichten Geräten aufgebracht und nur ganz schwach angewalzt.
3. Im Zuge des Bodenauftrags können der Erde schon Zuschlagstoffe, vielleicht schon abgestimmt auf die künftige Bepflanzung (z. B. Torf für Heidegärten, Bentonitmehl für die Rasenflächen) beigegeben werden.

Befindet sich trotz aller Vorsorge der Gartenboden noch immer in einem unbefriedigenden Zustand, dann sollte man mit der Neuanlage und Bepflanzung warten. Als weiterführende Kulturmaßnahme hat sich sehr gut bewährt:

4. Die Einsaat von weißem Steinklee, auch Bokharaklee (*Melilotus alba*) genannt. Die kräftigen Wurzeln dieser Leguminose dringen tief in den Boden ein, schließen den Untergrund auf und beleben das Erdreich nachhaltig.

Es lohnt sich durchaus, eine Wachstumsperiode mit der Klee-Einsaat auszufüllen, zumal sich schon hier durch mehrmaliges Mähen und Mulchen manches verbessern läßt.

Zwei praktische Beispiele

Garten mit Obst- und Gemüsenutzung

Das Gartengelände hat eine Fläche von etwa 700 m², wobei wir voraussetzen, daß es von einer Familie mit zwei Kindern bewohnt wird. Mit den vorgesehenen 75 m² Gemüsebeeten kann sich ein Vier-Personen-Haushalt weitgehend (d. h. ohne Kartoffeln) aus eigenem Anbau versorgen. Hinzu kommen 7 m² Frühbeete, die sich von den ersten Aussaaten an bis zum Einwintern im Spätherbst verwenden lassen.

Der große Baum an der Ostseite der Rasenfläche kann ein Kirschen- oder Apfelhalbstamm sein, der dem Wohngarten eine charakteristische Note verleiht. Im Vorgarten sind ein kleinerer Obst- oder Zierbaum und ein baumartiger Strauch (neben der Garageneinfahrt) vorgesehen. An der Südwand der Garage findet noch Spalierobst einen geeigneten, gut besonnten Platz. Eine Reihe Beerensträucher verdeckt die Sicht von der Terrasse zum Kompostplatz, und die Himbeeren am Südende des Grundstückes bilden eine lockere Abgrenzung, die genügend Besonnung für die Gemüsebeete durchläßt. Die freiwachsende Hecke an der Ostgrenze kann aus Apfelrosen

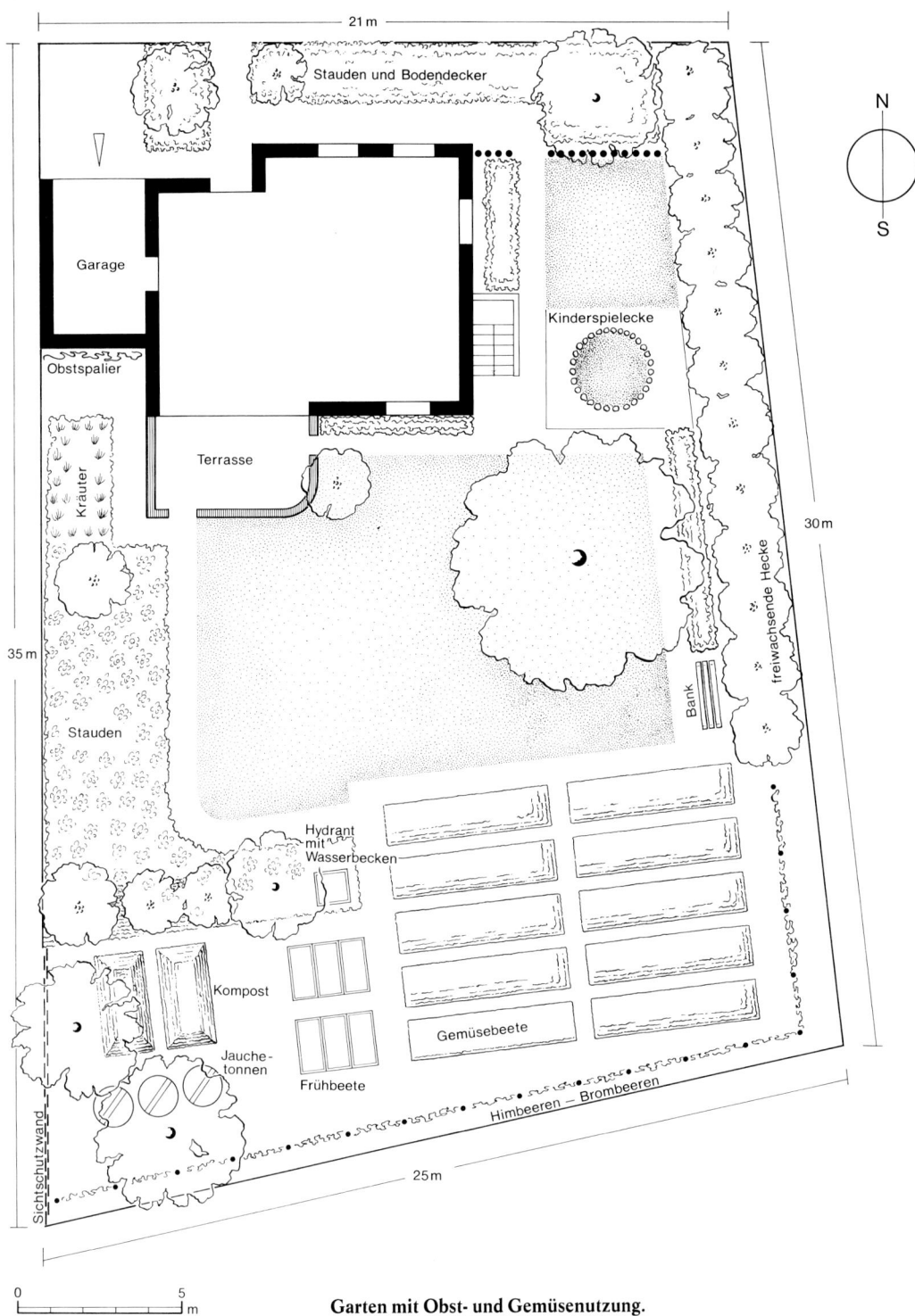

21 m

Stauden und Bodendecker

N

S

Garage

Obstspalier

Kräuter

Terrasse

Kinderspielecke

Bank

freiwachsende Hecke

30 m

35 m

Stauden

Hydrant mit Wasserbecken

Kompost

Jauche-tonnen

Frühbeete

Gemüsebeete

Himbeeren — Brombeeren

Sichtschutzwand

25 m

0 5 m

Garten mit Obst- und Gemüsenutzung.

(*Rosa rugosa*) in verschiedenen Farben bestehen, wenn die Hagebutten zur eigenen Verwendung oder für die Vögel erwünscht sind. Als Alternative bietet sich eine wenig zu schneidende Hecke aus *Spiraea* × *vanhouttei* oder anderen halbhohen Blütensträuchern an.

Obwohl bei diesem Garten reichlich ein Drittel der Grundfläche zur Nutzung mit Obst, Gemüse sowie für einen Kompostplatz dient, haben auch die Wohnelemente ihren gebührenden Platz gefunden: die ruhige Rasenfläche in der Mitte, der Sandkasten mit kleinem Spielrasen an der Ostseite des Hauses, die mit einem Mäuerchen eingefaßte Terrasse als hauptsächlicher Sitzplatz und noch eine Bank bei den Gemüsebeeten, damit man nach des Tages Mühe das Gedeihen der Kulturen in Ruhe und Beschaulichkeit betrachten kann. An der Westseite wird der Garten von einer Staudenrabatte eingefaßt, bei der im Vorder- und Mittelgrund vorwiegend bodendeckende Pflanzen mit eingestreuten Gruppen mittelhoher Stauden vorgesehen sind. Im Hintergrund finden sich hohe starkwachsende Arten. Die Rabatte geht an ihrem nördlichen Ende in ein Beet mit mehrjährigen Kräutern über, so daß diese vom Haus aus schnell zu erreichen sind. Auf die Palisaden-Abgrenzung zum Vorgarten, die Sichtschutzwand beim Kompostplatz sowie die Plattenbeläge der Wege kommen wir im nachfolgenden Beispiel noch zurück.

Großer Garten mit Teich

Das Gelände ist leicht nach Süden geneigt und hat eine Fläche von 1280 m², also eine Größe, die wir heutzutage fast nur noch in Vororten oder auf dem Lande antreffen. Bei der Gestaltung wurde die Hauptnote auf schönes Wohnen, weniger auf die Nutzbarkeit des Gartens gelegt. Vom Haus und von der Terrasse aus geht der Blick über eine langgestreckte Rasenfläche bis hin zum Teich, der dem unteren Abschnitt sein besonderes Gepräge gibt. Südlich desselben ist das Gelände, mittels des Aushubs von der Beckenanlage, leicht angehoben, so daß der kleine Solitärbaum (z. B. *Acer rufinerve* oder *Prunus padus* 'Watereri') und die locker verteilten Blütengehölze einen deutlichen Abschluß bilden. Im Osten wird der Garten durch eine freiwachsende Blütenhecke aus 4 bis 5 verschiedenen Sträucherarten, im Westen durch eine geschnittene Hecke eingefaßt.

Die langgestreckte Staudenrabatte wird durch einen Obstbaum (z. B. Mirabellen- oder Apfelhalbstamm) sowie einige kompakt wachsende Büsche untergliedert; am oberen Ende sind die ausdauernden Kräuter in die Rabatte eingefügt. Falls gewünscht, kann eine

Reihe Beerensträucher am Weg entlang gesetzt werden.

Im Vorgarten ragen drei kleinere Zierbäume und Gruppen höherer Stauden aus einer wintergrünen Bodendecke heraus. Der Pflanzstreifen an der südlichen Hauswand bietet sich für grazile Gräser und Erikaarten an, und an der leichten Böschung unterhalb der Terrassenmauer setzen wir Rosen, am Weg von niederen Stauden eingefaßt. Die Pergola soll von Schlingern eingewachsen werden, für welche schon beim Bau der Terrasse 2 bis 3 Pflanzlöcher auszusparen sind.

Schließlich wollen wir auch den Teich sowohl mit Wasser- als auch mit Sumpfpflanzen beleben, was bei den verschiedenen Wassertiefen (s. Seite 276) möglich ist. Auf die Staudenpflanzung, die den Teich zum Teil umgreift, wird in dem Beitrag über Stauden (s. Seite 258) näher eingegangen.

Noch einige Erläuterungen zu den Wegen, zur Mauer, Pergola und anderem:

Für den Garagenvorplatz sowie den Weg im Vorgarten sind Betonverbundsteine vorgesehen. Der anschließende Weg zum Gemüsegarten und um das Geviert der Gemüsebeete bietet vielerlei Möglichkeiten der Befestigung, z. B. eine wassergebundene Decke (Gemisch aus Schlacke und Lehm) oder ein Schotteruntergrund mit Kies- oder Sandbelag. Auf der Terrasse und auf dem Weg dorthin lassen sich rechtwinklige Natursteinplatten entsprechend ihrer angemessenen Form gut verlegen.

Die Terrassenmauer soll eine Sitzhöhe von 45 cm haben und im Material dem Belag entsprechen, ebenfalls die Stufen. Der Pfad zum Teich wird gefälliger, weniger streng, wenn wir ihn aus Natursteinpflaster herstellen (altes ausgebautes Straßenpflaster) oder wie den Weg beim Gemüsegarten behandeln.

Die Pergola aus Kantholz muß fachgerecht gegen die Witterungseinflüsse präpariert werden. Da zur Straße hin kein Zaun vorgesehen ist – notfalls ein niedriger – wird es günstig sein, an der Westseite des Hauses durch etwa 90 cm hohe Palisaden (mit Tür) einen Abschluß und gleichzeitigen Schutz gegen Staub und Abgase zu schaffen. Auch eine Sichtschutzwand im Bereich der Gemüsebeete und des Kompostplatzes kann zum Nachbarn hin notwendig sein. Hierfür ist ein Holzrahmengeflecht mit 1,2 m oder 1,6 m Höhe geeignet. Die Bank beim Gartenteich ist ebenfalls aus Holz gedacht.

Die genannten Hinweise sind als Anregungen aufzufassen und können nach Geschmack und finanziellen Möglichkeiten vielfältig abgewandelt und erweitert werden.

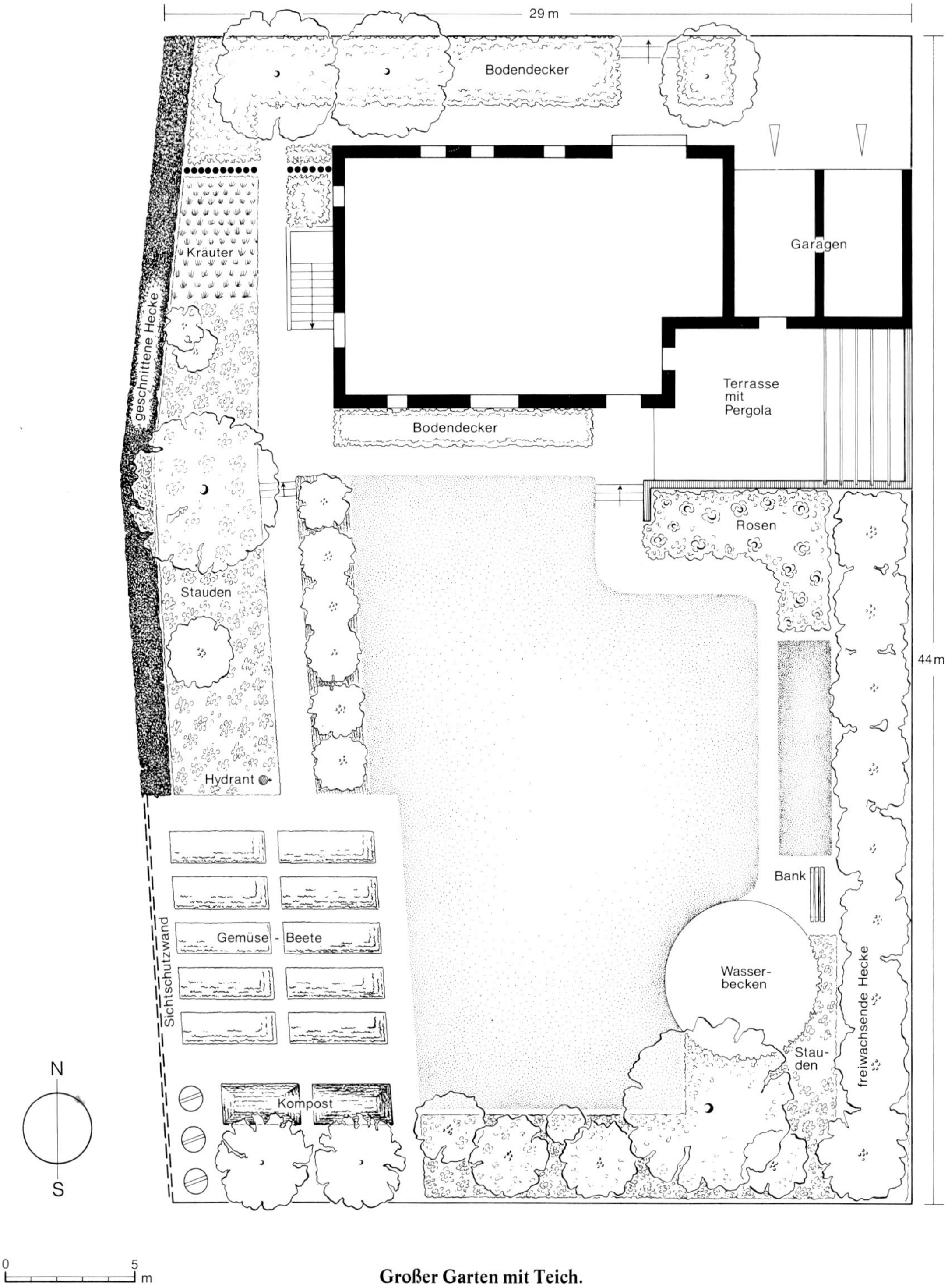

29 m

Bodendecker

Geschnittene Hecke

Kräuter

Garagen

Bodendecker

Terrasse
mit
Pergola

Rosen

44 m

Stauden

Hydrant

Bank

Sichtschutzwand

Gemüse - Beete

Wasser-
becken

Stau-
den

freiwachsende Hecke

Kompost

N

S

0   5
m

Großer Garten mit Teich.

Der Feuerdorn *(Pyracantha coccinea)* im herbstlichen Beerenschmuck.

Die Hecke umgibt den Garten

Von der Bedeutung der Hecke

So ähnlich wie das Erscheinungsbild des Menschen, vornehmlich sein Gesichtsausdruck und die Mimik, über sein inneres Wesen Auskunft gibt, so kann die Anlage eines Gartens auf das Wesen und die Neigungen des gestaltenden Menschen schließen lassen. Eine strenge, gerade Form kann von Ordnungssinn zeugen. Es gibt Gärten, die betont abgeschlossen sind, was gegenüber einer wenig ansprechenden Umgebung – wie etwa einem Industriegebiet – durchaus geboten erscheint. Eine Hecke muß jedoch nicht unbedingt das Abgrenzende betonen, sie kann auch »sozial« d. h. verbindend wirken. So ist es bei einem kleinen Grundstück nicht immer notwendig, daß jeder seine eigene Hecke pflanzt, womöglich auch noch mit jeweils anderen Gehölzen. Es können durchaus mehrere Gärten eine gemeinsame, in sich zusammengehörige Anlage bilden, wobei jeder sein kleineres Gelände in die großräumige Gestaltung einbezieht. Der Gesamteindruck ergibt dabei einen sichtbaren Gewinn.

Liegt unser Grundstück außerhalb einer Ortschaft in einem windoffenen Gelände, dann dient die Hecke in erster Linie – auf den Vogelschutz werden wir noch zu sprechen kommen – dem elementaren Windschutz, der erst eine naturgemäße Gartenkultur ermöglicht. Befinden sich mehrere Gärten in einer solchen Lage, dann sollte die gemeinsame Pflanzung eines Heckenschutzgürtels angestrebt werden. Dann haben wir es aber schon mit einer Landschaftshecke zu tun, die auch eine raumbildende Funktion mit übernimmt.

Landschaftshecke. Im strengen Sinn bedeutet der Begriff Landschaftshecke, daß die verwendeten Gehölze in der Umgebung heimisch sind. So sollte bei der Zusammenstellung einer solchen Pflanzung im besonderen Maße ein gutes Einfügen in die Landschaft angestrebt werden. Als ausgesprochene *Windschutzhecke* dürfen die Gehölze keine einheitliche Höhe haben und auch nicht absolut zusammenschließen, damit sie vom Wind richtig durchströmt werden können (das sogenannte Kämmen oder Filtern). Dadurch wird die Geschwindigkeit und Turbulenz des Windes herabgesetzt, und auf der Windschattenseite werden Wirbelbildungen verhindert, die bei einer gleichmäßig hohen und dichten Hecke entstehen würden. Das Schneiden ist bei einer solchen Anlage nur notwendig, um dem Ausufern und Verkahlen vorzubeugen; es handelt sich um einen Pflege- und Erhaltungsschnitt.

Gartenhecke. Andere Gegebenheiten liegen bei der Gartenhecke vor. Da die meisten Grundstücke in einen mehr oder weniger geschlossenen Siedlungsverband einbezogen sind, tritt die Funktion des *Sichtschutzes* gegenüber derjenigen des Windschutzes in den Vordergrund. Außerdem soll die Hecke heute immer häufiger gegen *Staub, Abgase und Lärm* schützen, wie z. B. in einem Vorort einer Großstadt an einer vielbefahrenen Straße. Hier wird eine streng

---

Bewährte Gehölze für geschnittene Hecken (die Höhe 0,1 bis 0,5 m wird in dieser Liste nicht aufgeführt)

	niedrig	halbhoch	hoch
1. Sommergrüne Laubgehölze			
Acer campestre Feldahorn		1–2 m	über 2 m
Berberis × *ottawensis* 'Superba' Berberitze		1–2 m	über 2 m
B. thunbergii Berberitze	0,5–1 m	1–2 m	
B. thunbergii 'Atropurpurea'	0,5–1 m	1–2 m	
B. wilsoniae	0,5–1 m		
Carpinus betulus Hainbuche		1–2 m	über 2 m
Cornus mas Kornelkirsche		1–2 m	über 2 m
C. sanguinea Hartriegel		1–2 m	über 2 m
Crataegus intricata Weißdorn		1–2 m	über 2 m
Fagus sylvatica Rotbuche			über 2 m
Ligustrum vulgare 'Atrovirens' Liguster, Rainweide		1–2 m	über 2 m
L. vulgare 'Lodense'	0,5–1 m		
Lonicera tatarica Heckenkirsche		1–2 m	
L. xylosteum		1–2 m	
Ribes alpinum 'Typ Schmidt' Alpenjohannisbeere	0,5–1 m	1–2 m	
Spiraea-Bumalda-Hybriden Spierstrauch	0,5–1 m		

2. Immer- und wintergrüne Laubgehölze

	0,5–1 m	1–2 m	über 2 m
Berberis julianae Berberitze		1–2 m	über 2 m
Buxus sempervirens 'Arborescens' Buchsbaum		1–2 m	
Ilex aquifolium Stechpalme		1–2 m	über 2 m
Ligustrum ovalifolium Liguster, Rainweide		1–2 m	über 2 m
Mahonia aquifolium Mahonie	0,5–1 m		
Prunus laurocerasus 'Herbergii' Lorbeerkirsche	0,5–1 m		
Pyracantha-Sorten Feuerdorn		1–2 m	über 2 m

3. Nadelgehölze

	0,5–1 m	1–2 m	über 2 m
Chamaecyparis lawsoniana-Sorten Scheinzypresse			über 2 m
Picea abies Rotfichte		1–2 m	über 2 m
Pseudotsuga menziesii Duglasie		1–2 m	über 2 m
Taxus baccata Eibe	0,5–1 m	1–2 m	über 2 m
Thuja occidentalis Lebensbaum		1–2 m	über 2 m
T. plicata			über 2 m

geschnittene Hecke bevorzugt, da sie weniger Raum beansprucht als eine freiwachsende, aber sehr dicht und in der gewünschten Höhe und Breite gezogen werden kann. Die hohe Form der sogenannten Schnitthecke, nämlich über 2 m Höhe, wird fast nur noch in historischen Gärten als raumbildende »Hochhecke« gehalten. Für Wohngärten begnügt man sich meistens mit einer Höhe von 1,80 bis 2 m, um das Schneiden nicht unnötig zu erschweren und die Beschattung möglichst gering zu halten.

Die Heckenpflanzen

Eine Anzahl einheimischer Großgehölze, die bei freiem Wuchs zu hohen Bäumen oder Großsträuchern heranwachsen, vertragen einen regelmäßigen Schnitt so gut, daß wir sie als Hecken auch in der Höhe von 1 bis 2 m halten können. Dies sind vor allem Feldahorn (*Acer campestre*), Hainbuche (*Carpinus betulus*), Rotbuche (*Fagus sylvatica*), Kornelkirsche (*Cornus mas*) und Weißdorn (*Crataegus monogyna*). Auch bei den Koniferen haben sich Großgehölze, zum Teil fremdländischer Herkunft, als hohe und mittelhohe Schnitthecken seit langem bewährt. Rotfichte (*Picea abies*), Douglasie (*Pseudotsuga menziesii*), Scheinzypresse (*Chamaecyparis lawsoniana*), Lebensbaum (*Thuja occidentalis* und *T. plicata*) und die Eibe (*Taxus baccata*) sind die wichtigsten.

Zu den genannten Arten kommt eine Reihe von Sträuchern, die für den strengen Schnitt besonders geeignet sind. An erster Stelle ist der Liguster zu nennen, dessen Form *Ligustrum vulgare* 'Atrovirens' zwar unter den sommergrünen Laubgehölzen aufgeführt ist, aber beinahe als wintergrün bezeichnet werden kann, da die tiefgrüne Belaubung sich bis Februar am Strauch hält. Die Art *L. ovalifolium* ist breitblättriger und regelrecht wintergrün. In strengen Wintern kann sie allerdings zurückfrieren, treibt aber von unten wieder aus. Für 1 bis 2 m hohe Hecken eignen sich ferner die hohen Arten oder Sorten von Feuerdorn (*Pyracantha*) und Berberitze (*Berberis*) – zum Teil immergrüne –, die Stechpalme (*Ilex*) sowie

die Heckenkirsche in zwei starkwüchsigen, sommergrünen Arten (*Lonicera tatarica* und *L. xylosteum*) und der Hartriegel (*Cornus sanguinea*).

Während eine solche Sichtschutzhecke eine Hilfe ist, um einen Wohngarten zur Straße abzuschließen, sollte man diesen nicht unbedingt auch zu den Nachbargärten in derselben Weise abgrenzen, vor allem bei geringen Ausmaßen des Grundstücks. Insbesondere bei Reihenhausgärten ist es angebracht, zum Nachbarn, wenn überhaupt, nur eine Hecke von 0,50 bis etwa 1,20 m Höhe anzupflanzen, die auch eine Blütenhecke sein kann. Auch bei Vorgärten, wo Sichtschutz nicht erforderlich ist, kann eine niedrige Pflanzung das verbindende Element verwirklichen, von dem eingangs schon gesprochen wurde. Bestens für Schnitt geeignet und deshalb platzsparend sind die grüne Stammart von *Berberis thunbergii* und ihre rotblättrige Form. Die übrigen Sträucherarten können der Liste entnommen werden und sind z. T. daran anschließend noch genannt.

Es ist zu sagen, daß die *Cotoneaster*-Arten wie *C. acutifolius, C. bullatus, C. dielsianus* und *C. divaricatus* auch für halbhohe Schnitthecken genommen werden können, in diesem Beitrag aber in der Liste der Blütenhecke zu finden sind.

Noch andere Sträucherarten lassen sich sowohl geschnitten als auch freiwachsend verwenden. Als schöne Blüher kennen wir außer der Kornelkirsche noch Liguster, vor allem die Form 'Lodense' und die wintergrüne Art *L. ovalifolium*. Um bei den Immergrünen fortzufahren, seien weiterhin die gelb und besonders reichblühende Mahonie (*Mahonia*) genannt, auch *Berberis julianae,* die Lorbeerkirsche mit ihren weißen Kerzen und der Feuerdorn in seinen immergrünen Sorten, der besonders durch den leuchtend roten Beerenschmuck beeindruckt. Einige dieser Arten lassen sich durch einen weniger strengen Schnitt – als normalerweise üblich – so behandeln, daß der Blütenansatz wenigstens zum Teil erhalten bleibt. Um dies zu erreichen, sollten wir uns in die Blütezeit und Eigenart des jeweiligen Gehölzes einleben. Besonders gut geeignet für diese Art des Schnittes sind die Spiersträucher (*Spiraea* -Bumalda-Hybriden, *S.* × *arguta* und *S.* × *vanhouttei*. Die erstgenannte rotblühende Art sollte immer bald nach der Blüte

Von oben: *Rosa moyesii, Rosa rugosa, Rosa pimpinellifolia* 'Frühlingsgold'.

Der Hartriegel *(Cornus alba)* färbt sich im Herbst besonders schön.

geschnitten werden, um kräftig wieder nachzutreiben. *Spiraea × arguta* und *× vanhouttei* dagegen entfalten auch dann ihren weißleuchtenden Blütenreichtum, wenn sie als freiwachsende Sträucher nur ausgelichtet werden.

Die freiwachsende Blütenhecke

Sie verdient überall dort den Vorzug, wo ausreichend Platz zur Verfügung steht. Je nach der Wahl der Arten erreicht sie im ausgewachsenen Stadium eine Breite von 1,5 bis 2,5 m, wobei die baumartig wachsenden (in der Liste: Felsenbirne, Goldregen, Zieräpfel, Blutpflaume) noch nicht berücksichtigt sind. Be-

messen wir bei der Pflanzung eine zu geringe Breite, dann sind wir nach einigen Jahren womöglich gezwungen, die Sträucher ähnlich wie eine Schnitthecke zu beschneiden. Das muß auf alle Fälle vermieden werden, denn sie sollen ja blühen und fruchten können. Dann wird die Blütenhecke uns mit ihrem Farbenreichtum erfreuen, gleichzeitig den Bienen und anderen Insekten als Weide dienen sowie den Vögeln Nahrung und Nistgelegenheit gewähren.

In großen Gärten kann sie eine reiche Vielfalt der Blüten- und Beerensträucher umfassen, bei kleineren Grundstücken wird sie besser aus einer geringen Anzahl von Arten bestehen, wobei wir die halbhohen im Vergleich zu den hohen überwiegen lassen. Steht uns zur Pflanzung nur ein kurzes Stück zu Verfügung, so ist es ratsam, sich auf eine einzige Art zu beschränken.

Pflanzschema für eine bäuerliche Mischhecke von 15 m Länge (60 cm Reihenabstand und 80 cm Pflanzabstand)

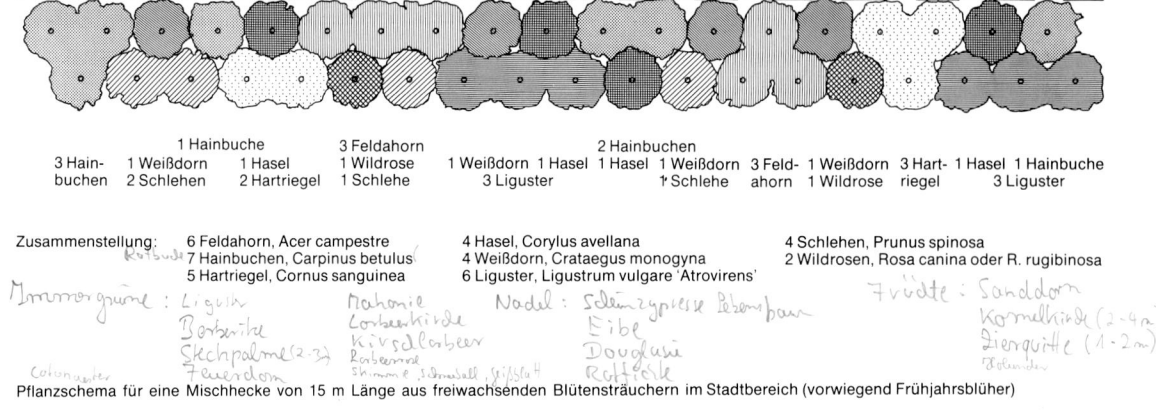

3 Hain-buchen	1 Hainbuche		3 Feldahorn		2 Hainbuchen					
	1 Weißdorn	1 Hasel	1 Wildrose	1 Weißdorn	1 Hasel	1 Hasel	1 Weißdorn	3 Feld-	1 Weißdorn	3 Hart-	1 Hasel	1 Hainbuche
	2 Schlehen	2 Hartriegel	1 Schlehe		3 Liguster		1 Schlehe	ahorn	1 Wildrose	riegel	3 Liguster

Zusammenstellung: 6 Feldahorn, Acer campestre   4 Hasel, Corylus avellana   4 Schlehen, Prunus spinosa
                   7 Hainbuchen, Carpinus betulus   4 Weißdorn, Crataegus monogyna 2 Wildrosen, Rosa canina oder R. rugibinosa
                   5 Hartriegel, Cornus sanguinea   6 Liguster, Ligustrum vulgare 'Atrovirens'

[handschriftliche Notizen:]
Immergrüne: Liguster, Berberitze, Stechpalme (2-3), Cotoneaster, Feuerdorn
Mahonie, Lorbeerkirsche, Kirschlorbeer, Rubdornie, Schimme, Schneeball, Spilzahl
Nadel: Scheinzypresse Lebensbaum, Eibe, Douglasie, Rotfichte
Früchte: Sanddorn, Kornelkirsche (2-4 m), Zierquitte (1-2 m), Holunder

Pflanzschema für eine Mischhecke von 15 m Länge aus freiwachsenden Blütensträuchern im Stadtbereich (vorwiegend Frühjahrsblüher)

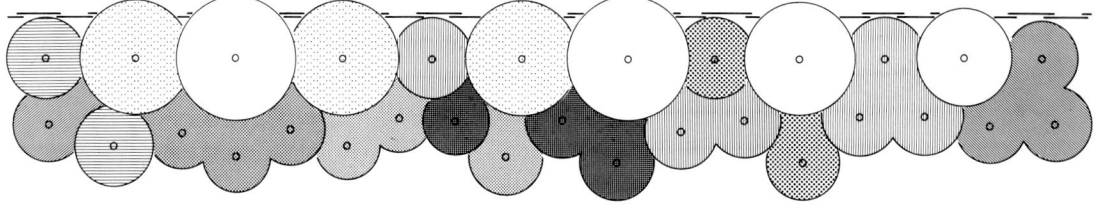

2 Weigelien	1 Flieder 'Späth'	1 Goldregen		1 Flieder 'Joly'	1 Prunkspiere				
2 Weigelien		3 Spiräen	1 Flieder 'Lem.'	1 Forsythie	1 + 2 Jap. Quitten	1 Blutjoh.beere	1 Blutpflaume	3 For-	1 Pfeifen-	3 Deutzien
1 Schmetterlingsstrauch				2 + 1 Spiräen		2 Forsythien	1 Blutjoh.beere	sythien	strauch

Zusammenstellung: 1 Goldregen, Laburnum × watereri 'Vossi'   2 Blutjohannisbeeren, Ribes sanguineum 'King Edward VII'
                     1 Flieder 'Andenken an L. Späth' (dunkelpurpur, einfach)   3 Spiräen, Spiraea × vanhouttei
                     1 Flieder 'Charles Joly' (purpur, gefüllt)   3 Spiräen, Spiraea × arguta
                     1 Flieder 'Mad. Lemoine' (reinweiß, gefüllt)   1 Pfeifenstrauch (Falscher Jasmin),
                     1 Blutpflaume, Prunus cerasifera 'Nigra'   Philadelphus-Lemoinei-Hybride 'Virginal'
                     1 Prunkspiere, Exochorda racemosa   2 Weigelien, Weigela-Hybride 'Styriaca'
                     6 Forsythien, Forsythia × intermedia 'Spectabilis'   3 Deutzien, Deutzia × elegantissima
                     3 Japanische Quitten, Chaenomeles-Hybride 'Crimson and Gold' 1 Schmetterlingsstrauch, Buddleja davidii 'Royal Red'

Wildrosen

Die Aufstellung kann nur in knapper Form die 20 robustesten Gehölze aufführen, wobei sowohl in der Farbe wie auch im Zeitpunkt von Blüten-, Beeren- und Laubschmuck die gesamte Vegetationsperiode vom Frühjahr bis zum Herbst einbezogen ist.

Um die Übersicht nicht zu erschweren, wurde hier die umfangreiche Gruppe der Strauch- und Wildrosen nicht in die Liste aufgenommen. Sie folgt später. Stellvertretend soll nur die Apfelrose (*Rosa rugosa*) erwähnt werden. Ferner seien einige niedrige Sträucher als Ergänzung für kleine Gärten genannt (Höhe 0,5 bis 1,50 m): *Ligustrum vulgare* 'Lodense', *Spiraea*-Bumalda-Hybriden und *Spiraea* × *arguta* 'Compacta' sowie *Potentilla fruticosa*-Sorten.

Auch auf die Einbeziehung des winterlichen Grüns sei kurz hingewiesen. Hier stehen uns einige Arten wie Liguster, Feuerdorn und Mahonie, die schon bei den geschnittenen Hecken erwähnt wurden, zur Verfügung, deren Habitus sich gut mit dem der sommergrünen Sträucher verträgt. Es ist empfehlenswert, ein bis zwei Arten auszuwählen, die als ruhender Pol mehrmals wiederkehren.

Im übrigen gibt es vielerlei Variationsmöglichkeiten, die allerdings eine gewisse Kenntnis des Pflanzenwuchses und der Blütezeit voraussetzen. Für den Anfänger kann ein Baumschulkatalog mit Abbildungen hilfreich und anregend, ja sogar begeisternd sein. Ein gutes Buch über Bäume und Sträucher ist der verläßlichste Ratgeber.

Pflanzung der freiwachsenden, gemischten Blütenhecke

Hier wird grundsätzlich wegen der Breite von 1,5 bis 2,5 m nur einreihig gepflanzt. Lediglich an breiten

Bewährte Sträucher für freiwachsende Blütenhecken (halbhohe und hohe Arten von 1,50 bis 4 m)

Holzart	Blüte-zeit	Blüten-farbe	auffällige Laub- oder Rindenfarbe	Beeren-schmuck	Herbst-färbung
Amelanchier canadensis Felsenbirne	April	weiß			leuch-tend-rot orange
Buddleja davidii Schmetterlings-strauch	Juli-Sept.	weiß-lila/ rot-blau, duftend			
Chaenomeles-Hybriden Zier-quitte	März-April	rosa-rot		gelb Quitten, duftend genießbar	
Cornus alba 'Sibirica' Sibirischer Hartriegel			rotes Holz		
Cotoneaster acutifolius spitzblättrige Felsenmispel	April-Mai	weiß		schwarz	
C. bullatus große Felsenmispel	April-Mai	rosaweiß		rot, groß	
C. dielsianus graue Felsen-mispel	April-Mai	rosaweiß	Blätter un-terseits silbrig	orange-rot	gelb-orange
C. divaricatus glänzende Felsen-mispel	Mai	rosaweiß		glänzend-rot sehr zahl-reich	
Deutzia scabra 'Plena', Mai-blumenstrauch	Mai-Juni	weiß-rosa			
Forsythia × *intermedia* Goldglöckchen	April	gelb			
Kerria japonica 'Pleniflora' Ranunkelstrauch	Mai-Juni	gelb	grünes Holz		
Kolkwitzia amabilis Kolkwitzie	Mai-Juni	rosa			
Laburnum × *watereri* 'Vossii', Goldregen	Mai-Juni	gelb			
Malus-Hybriden	April-	weiß,	rötl. Laub	grün,	gelb-rot

Zieräpfel	Juni	rosa, rot, z. T. duftend		gelb rot
Philadelphus coronarius Duftjasmin, Pfeifenstrauch	Juni-Juli	weiß duftend		
Prunus cerasifera 'Nigra' Blutpflaume	April	rosa-weiß	Rinde dunkel-rot, Laub schwarzrot	rötlich
Ribes sanguineum Blutjohannisbeere	April	rosa-rot		
Spiraea × arguta Brautspiere	Mai	weiß		
Spiraea × vanhouttei Spierstrauch	Mai-Juni	weiß		
Weigela-Hybriden Weigelie	Mai-Juni Aug.-Sept.	rosa-rot		

Böschungen oder wenn viel Platz vorhanden ist, wird die Anlage auf mehrere Reihen ausgedehnt. Der durchschnittliche Abstand beträgt 1 bis 1,2 m, wobei die Großsträucher (Felsenbirne, Goldregen, Zieräpfel, Blutpflaume), die bis zu 4 m hoch und breit werden, etwas mehr Platz benötigen und möglichst zwischen niedrigere Arten wie z. B. *Spiraea* und *Kerria* stehen sollten. Dann vermögen sie im zunehmenden Alter ihre Kronen frei über den kleineren Büschen zu entfalten, was ein sehr malerisches Bild ergibt.

Der Abstand zur Grundstücksgrenze ergibt sich aus der Wahl der Arten nach der alten Regel: Bei einem freiwachsenden Strauch entspricht die Breite dem Maß der Höhe. Die Hälfte hiervon gibt den Abstand zur Grenze an. Bei Einbeziehung von starkwüchsigen Sträuchern wie *Buddleja*, *Forsythia* und *Philadelphus coronarius* kommen wir auf einen Abstand von 1,5 m, der auch für die baumartigen Gehölze ausreicht. Zum Garten des Nachbarn hin haben wir die Möglichkeit, die Hecke scharf an die Grenze zu setzen, wenn dieser damit einverstanden ist. Das großzügige württembergische Nachbarrecht gibt die Grundlage hierzu mit der Regelung: Hecken aller Art bis 1,5 m Höhe – kein Abstand. Allerdings sind die Gesetze in den Bundesländern verschieden.

Pflanzung der geschnittenen Hecke

Auch hierbei ist das Nachbarrecht zu berücksichtigen, das allerdings nicht auf öffentliche Verkehrswege zutrifft. Die Altershöhe und -breite muß im voraus bedacht werden; letztere beträgt bei etwa 2 m hohen Hecken 1 m in geschnittenem Zustand. Also sollte eine Sichtschutzhecke mindestens 0,7 m Abstand von der Grenze haben, eine niedere und schmale Hecke entsprechend weniger.

In der Regel werden auch Schnitthecken nur einreihig gepflanzt. Bei Sträuchern, die sich stark verzweigen wie z. B. Liguster, ist es lohnend, vieltriebige Jungpflanzen zu beziehen. Der Bedarf für den laufenden Meter richtet sich nach der Gehölzart sowie der Größe der Jungpflanzen und kann einem Katalog entnommen werden.

Oben links: Glyzine *(Wisteria sinensis)*. Oben rechts: Waldrebe *(Clematis jackmannii)*. Unten: Pfeifenwinde *(Aristolochia)*.

Pl. nai, Juni

Pflanzhinweise für alle Heckenarten

Zur Vorbereitung sollte der ganze Streifen, auf dem gepflanzt wird, nicht nur wie üblich ausgehoben, sondern der Untergrund auch noch gelockert werden. Den ausgehobenen Boden reichern wir mit Komposterde an. Lediglich bei ausgesprochen schlechten Böden sollte zusätzlich organischer Mischdünger gleich mit eingearbeitet werden.

Die Koniferenhecke liebt einen leicht sauren bis sauren Boden, was meistens bedeutet, daß etwas Torf oder Laub-Rindenkompost (etwa eine Schaufel voll je Pflanze) in die Grube mit eingearbeitet werden muß.

1. Die Sträucher sind vor dem Setzen um etwa ein Drittel einzukürzen, ebenso die Wurzeln (bei Liguster und ähnlichen Wuchsformen schneiden wir die Triebe um zwei Drittel kürzer). Sie dürfen nur wenige Zentimeter tiefer als an ihrem Baumschulstandort zu stehen kommen.

2. Sind die Pflanzen – etwa nach einem längeren Transport – sehr trocken geworden, dann sollte man sie zunächst für einige Stunden (bis zu drei Tagen) ganz und gar in Wasser legen. Auf diese Weise läßt sich noch manches retten.

3. Gründliches Einschlämmen ist für das Fortkommen wichtiger als alles spätere Gießen. Nachträgliches Wässern sollte nur bei lang anhaltender Trockenheit – dann aber gründlich – erfolgen.

4. Empfehlenswert ist das Abdecken des Pflanzstreifens mit Mulchmaterial wie Laub, Stroh, Grasschnitt und anderem, was wir während der ersten Jahre fortführen sollten. Dadurch wird die Feuchtigkeit gehalten, das Bodenleben gefördert und der Unkrautbewuchs eingeschränkt.

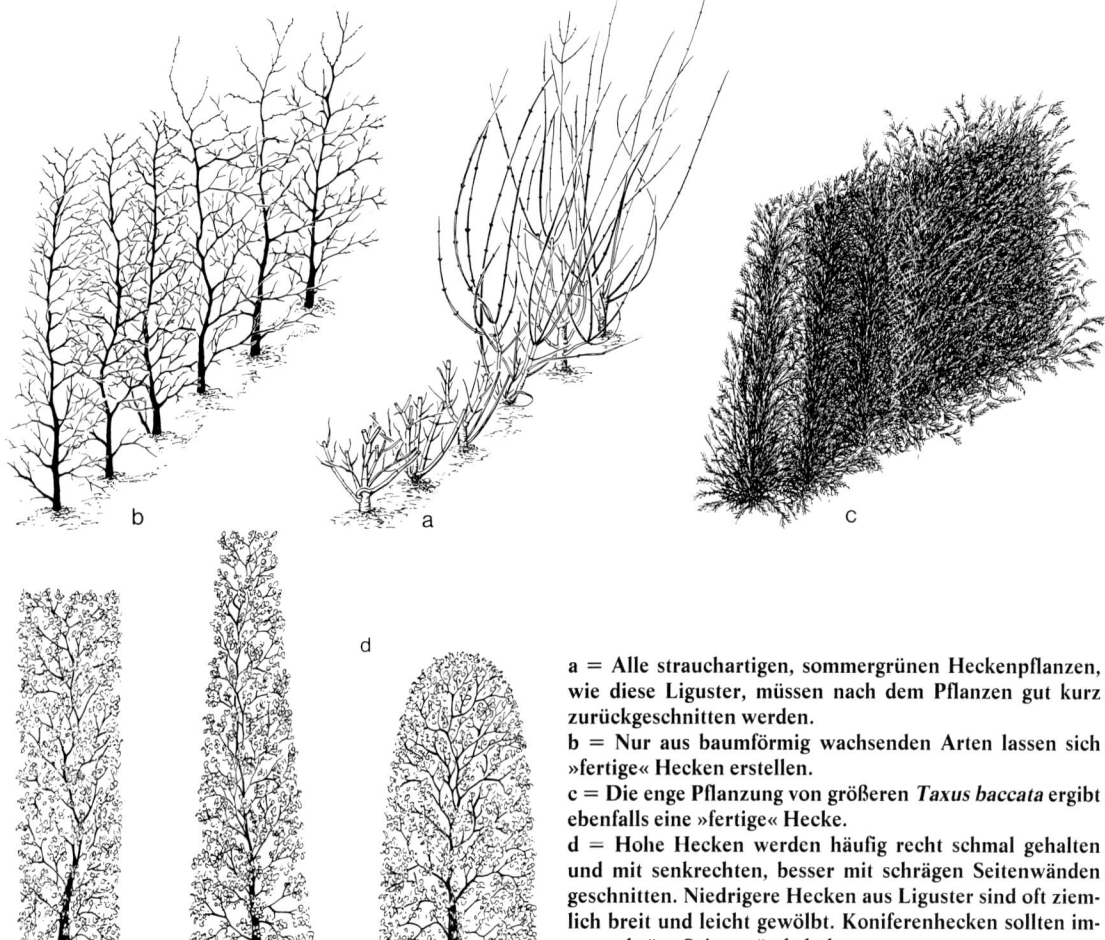

a = Alle strauchartigen, sommergrünen Heckenpflanzen, wie diese Liguster, müssen nach dem Pflanzen gut kurz zurückgeschnitten werden.

b = Nur aus baumförmig wachsenden Arten lassen sich »fertige« Hecken erstellen.

c = Die enge Pflanzung von größeren *Taxus baccata* ergibt ebenfalls eine »fertige« Hecke.

d = Hohe Hecken werden häufig recht schmal gehalten und mit senkrechten, besser mit schrägen Seitenwänden geschnitten. Niedrigere Hecken aus Liguster sind oft ziemlich breit und leicht gewölbt. Koniferenhecken sollten immer schräge Seitenwände haben.

Zu Punkt 1 ist anzumerken, daß bei Koniferen und Laubhölzern mit Ballen nur die oberen unverzweigten Triebenden um ein Drittel eingekürzt werden.

Der Heckenschnitt

Man unterscheidet den sogenannten strengen oder Formschnitt bei geschnittenen Hecken und den Pflege- und Erhaltungsschnitt bei freiwachsenden Hecken.

Der strenge Schnitt sollte bei frisch gesetzten Laubholzhecken mehrmals im Jahr erfolgen, womit schneller ein dichter Aufbau erreicht wird. Nach etwa drei Jahren genügt es dann, jährlich ein- bis zweimal zu schneiden, jedoch nur bis auf Fingerbreite (2 cm) des jungen Austriebs, damit die Hecke nicht zu schnell in die Breite geht. Entweder schneidet man Anfang Juni und im Winter oder nur Ende Juli–Anfang August. Gewisse Veränderungen dieser Grundregel ergeben sich sowohl aus der Art des Gehölzes als auch aus den Gegebenheiten, ob z. B. der Maiaustrieb an einem Gehweg oder beim Nachbarn störend wirkt. Immergrüne Laubgehölze (bis auf Liguster) und Koniferen werden im allgemeinen nur einmal, und zwar im Frühjahr vor Vegetationsbeginn (Mitte April), geschnitten. Sollte ein zweiter Schnitt erforderlich werden, empfiehlt sich dieser bis Mitte Juli. Andere Fachgärtner bevorzugen den einmaligen Schnitt im Juni–Anfang Juli. Bei einem späteren Termin besteht die Gefahr einer ungenügenden Ausreife des nachfolgenden Austriebes, was zu Frostschäden im Winter führen kann. Wird die Arbeit im Spätherbst oder Winter vorgenommen, sehen die Hecken zu lange Zeit »geschnitten« aus.

Die Seitenwände einer Hecke sollen schräg, d. h. nach oben sich verjüngend (konisch) geschnitten werden. Das ist vor allem bei Koniferen zu beachten, die unten bei Lichtmangel leicht verkahlen. Besonders schädigend wirkt ein Scheren oder Lattenzaun aus Holz, da er die Belichtung sehr stark reduziert. Zudem macht ein Zaun das Schneiden fast unmöglich, deshalb ist es ratsam, für die ersten Jahre nur einige Spanndrähte an Holzpfosten anzubringen.

Eine bauchig oder zu hoch geratene Laubholzhecke läßt sich durch einen starken Rückschnitt bis tief ins alte Holz in die Schranken weisen. Dieser muß dann allerdings im Winter, am besten im Januar oder Februar, vorgenommen werden.

Der Pflege- und Erhaltungsschnitt bei freiwachsenden Blütenhecken wird nicht mit der Heckenschere, sondern mit Säge und Rosenschere vorgenommen. Der Zweck ist, eine ständige Verjüngung herbeizuführen, wodurch ein übermäßiges Breitenwachstum und nachfolgendes Kahlwerden der unteren Partien vermieden wird. Bei den meisten Sträucherarten geschieht dies durch Entfernen alten Holzes möglichst dicht über dem Erdboden, was jährlich oder jedes zweite Jahr im Winter vorgenommen werden sollte. Bei den Sträuchern, die im zeitigen Frühjahr blühen (also am vorjährigen Holz), schneidet man erst nach der Blüte und erreicht dadurch eine stärkere Neubildung von Blütentrieben für das nächste Jahr. Hierfür ist die Forsythie ein bekanntes Beispiel.

Außer dem Verjüngen gibt es einige Handhabungen im Laufe des Sommers, die zwar nicht unbedingt notwendig, jedoch verschönernd sind, wie z. B. das Zurücknehmen lang aufgeschossener Triebe, die aus der Hecke weit herausragen.

Insgesamt kommt es darauf an, die verschiedenen Sträucherarten zu beobachten und ihrem individuellen Wachstum und dem Blührhythmus entsprechend zu behandeln.

Die Laube

Wo Platz und Gelegenheit ist, können wir uns eine gemütliche Sitzgelegenheit in der Hecke einrichten – eine richtige schöne Laube. Das ist ohne große Schwierigkeiten mit der Linde (*Tilia cordata*), der Kornelkirsche (*Cornus mas*) oder der Felsenbirne (*Amelanchier canadensis*) möglich. Man setzt hierzu die jungen Pflanzen in der Gartenhecke kreisförmig im Abstand von 50 bis 100 cm zusammen und schneidet mit der Heckenschere im Laufe der Jahre das Ganze von außen und innen kugelförmig zurecht, so daß ein gemeinsames Blätterdach entsteht, in dessen Schatten man völlig ungestört am Leben der Natur teilhaben kann. Unvorstellbar, was sich an einem solchen Ort alles beobachten und erleben läßt!

Pergola. Auch mit einer schlingpflanzenbesetzten Pergola können wir uns ein solches »grünes Zimmer« schaffen. Folgende Gewächse eignen sich dafür besonders:

Die starkwachsende Akebie (*Akebia quinata*) hat ein sehr zierliches, langhaltendes Laub. Die dekorativen Blüten und Früchte kommen allerdings nur in geschützten Lagen zur Ausbildung.

Immer wieder gern gesehen ist die Pfeifenwinde (*Aristolochia macrophylla*), die mit ihren großen, tiefgrünen und nierenförmigen Blättern einen tiefen Schatten spendet.

Die Geißblattgewächse *Lonicera* × *heckrottii* sowie *Lonicera henryi* dürfen nicht unerwähnt bleiben. Die erste gefällt besonders mit ihren stark und angenehm duftenden gelbpurpurnen Blüten von Juni bis September, die zweite zeigt sich immergrün und ist dabei recht robust.

Mit einem herrlich duftenden Flor von blauvioletten Blütentrauben schmückt sich die Glyzine (*Wisteria sinsensis*) im Mai und Juni.

Die Waldrebe (*Clematis*) wird mancher Gartenfreund nicht missen wollen. Besonders widerstandsfähig sind hier die Wildarten sowie *C. × jackmanii* und Sorten mit einer Fülle von Blütensternen in blauvioletten Tönen.

Sichtschutz-, aber auch glatte Hauswände lassen sich durch die selbstkletternden Arten des Wilden Weins *(Parthenocissus)* begrünen. *P. quinquefolia* 'Engelmannii' hat, wie der Namen bereits sagt, fünfgeteilte

Blätter, *P. tricuspidata* 'Veitchii' dagegen dreispitzige. Sie klettern, beide ohne Hilfsmittel, und erfreuen im Herbst mit einer weinroten, anfangs orangeroten Färbung des Laubes.

Soll ganz rasch eine Fläche bedeckt oder abgeschlossen werden, greift man zum Knöterich *(Fallopia aubertii,* syn. *Polygonum aubertii),* der schon im ersten Jahr infolge seiner Starkwüchsigkeit alles überwuchert und in beengten Lagen manchmal sogar lästig werden kann. Der hübsche, weiße Blütenflor im August–September ist ein herrlicher Anblick.

Aus dem reichen Angebot sind hier nur einige Repräsentanten herausgegriffen worden, mit denen der Gartenfreund auch noch in ungünstigen Klimaten etwas anzufangen weiß.

Nützliche Tiere im Garten

Die Vögel, unsere gefiederten Freunde

Im Winterhalbjahr füttern viele Menschen gerne die Vögel in unmittelbarer Nähe des Wohnhauses, auf dem Balkon oder am Fenster. Besonders Kindern wird so die Gelegenheit geboten, die reizvollen Geschöpfe von nahem zu bewundern und zu beobachten. Man denke an die temperamentvollen bunten Meisen, den Gimpel mit seiner prächtigroten Brust oder das schöne Gelb des Goldammermännchens. Wenn dann noch bisweilen ein Specht oder gar der Kernbeißer mit seinem klobigen Schnabel und den zarten Farbabstufungen seines Gefieders am Futterplatz erscheint, ist das immer ein Erlebnis.

Dem Gartenfreund sollte es ein Anliegen sein, den lustigen Gesellen auch im Sommer einen sicheren Platz im Garten zum Verweilen anzubieten. Wie dankbar dafür die Vögel sind, wird der aufmerksame Beobachter bald bemerken. Für die kleine Mühe, manchem unserer gefiederten Freunde einen Nistplatz zu schaffen, werden wir reich belohnt.

In Hecken und Gesträuch lassen sich auch im Hausgarten sogenannte *Nistquirle* schaffen, indem man z.B. verschiedene Zweige locker mit Bast oder Bindfaden (kein Draht) zusammenbindet. Dies geschieht am besten im Frühjahr nach der Belaubung; im Herbst wird das Ganze wieder gelöst. Fast alle Sträucher eignen sich für diese Maßnahme. Aus einigen Gehölzen wie Weißdorn, Hainbuche oder Pfaffenhütchen lassen sich auch Nistquirle schneiden. Dabei wird der Trieb über dem Ansatz des einjährigen Holzes abgeschnitten, so daß dann die ringförmig angeordneten, schlafenden Augen zu einem dichten Quirl austreiben.

Nisthöhlen dürfen in keinem Obstgarten fehlen.

Dies nützt jedoch nicht allen Vogelarten. Besonders die Meisen, der Gartenrotschwanz und andere Höhlenbrüter sind auf andere Nistgelegenheiten angewiesen. Hier können wir helfend durch das Anbringen von künstlichen *Nisthöhlen* im Garten und in der Obstanlage eingreifen. Dabei muß es jedem überlassen bleiben, ob der Nistkasten im Hause selber hergestellt wird (das dazu notwendige Holz mit den Anleitungen läßt sich leicht beschaffen) oder ob man lieber die »Berlepsche Nisthöhle« oder die bekannten Holzbetonhöhlen käuflich erwirbt.

Wie, wo und wie viele Nistkästen man anbringt, hängt von den örtlichen Gegebenheiten ab. Allgemein ist mit einem Bedarf von zwei Stück je Ar zu rechnen. Der Abstand untereinander beträgt in größeren Anlagen 15 bis 20 m; in Hausgärten ist er geringer, in Parkanlagen größer. Die Höhe richtet sich ebenfalls nach den äußeren Umständen. Sind die Grundstücke »katzensicher« und vermag die Neugier von Kindern keinen Schaden anzurichten, wird man eine Höhe von 2 bis 2,5 m wählen. Bei älteren Baumbeständen lassen sich die Kästen oder Höhlen im Geäst oder am Stamm befestigen. Die Öffnung soll außerdem gegen Südosten weisen – der Wetterseite also entgegengesetzt – und den Vögeln einen freien Abflug ermöglichen.

Als Schutz gegen Katzen und Marder kann man den Kasten freischwebend aufhängen. Sitzt der Kasten am Stamm fest, hilft eine Stacheldrahtmanschette. Will man den Draht vermeiden, so lassen sich dorni-

Gebundene (links) oder geschnittene (rechts) Nistquirle regen die Vögel zum Nestbau in Hecken und Gestrüpp an.

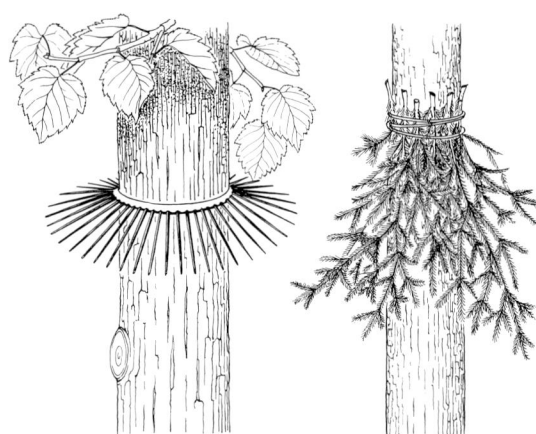

Solche Schutzringe halten Katzen und Marder von den Brutstellen der Vögel fern.

ge Zweige (kranzförmig geflochten) verwenden, ein Verfahren, mit welchem man im übrigen auch die Nester in den Hecken schützen kann. Der sicherste Marderschutz in waldreicher Gegend ist das Anbringen einer Blechmanschette um den Stamm jeweils 1 m über und 1 m unter der Nisthöhle. Ist die Vogelwelt in unserem Garten heimisch geworden, darf es an den notwendigen *Bade- oder Trinkstellen* nicht fehlen, zumal natürliche Wasserstellen nur in den seltensten Fällen zur Verfügung stehen. Ein hübsches Becken aus Kunst- oder Naturstein kann dazu noch eine Zierde sein.

Das Bienenvolk, ein unentbehrlicher Helfer

Noch vor wenigen Jahrzehnten war es selbstverständlich, daß fast jeder Bauer seine Bienen hatte. Sie gehörten zum Hof, wie alle anderen Tiere auch. Außerdem waren in ländlichen Gemeinden vorwiegend Pfarrer und Dorfschullehrer begeisterte Imker. Die Menschen wußten, daß die vielen Obstbäume in der Gemarkung nur dann befriedigende Ernten brachten, wenn genügend Völker im Ort standen. Aber auch der Samenbau verschiedener Feldfrüchte, man denke nur an den Raps, war ohne Bienenflug nicht vorstellbar. Daß die Bienen dazu noch Honig lieferten, wurde nicht weniger geschätzt.

Die stürmische Entwicklung der Technik und Ökonomie in der Landwirtschaft nach 1945 brachte es mit sich, daß die Bienenhaltung drastisch zurückging. Auch gab (und gibt es) Bienensterben infolge des unsachgemäß gehandhabten chemischen Pflanzenschutzes. Kommen die Bienen mit solchen Mitteln in Berührung, scheint sich übrigens ihre Stechlust zu erhöhen, und die Stiche sind schmerzhafter. Aus den Haus- und Obstgärten ist die Biene ebenso verdrängt worden.

Der Gartenfreund ist aufgerufen, die Biene wieder in ihre Rechte als nützliches Haustier zu setzen und in das eigene Grundstück hereinzunehmen. Dabei ist mit einer Stockzahl von drei, besser vier Stück je Hektar Obstland zu rechnen. Wo das nicht möglich ist, lassen sich immer Imker bitten, zur Blütezeit in unserem Obstgarten Bienenvölker aufzustellen.

Will man im Kleingarten mit der Bienenhaltung beginnen, ist vorher zu prüfen, wo man den Stand aufstellen kann. Der Bienenstock soll sonnenbeschienen, luftig, aber nicht in praller Sonne stehen oder heftigem Luftzug ausgesetzt sein. Feuchte Stellen, die leicht zu Nebelbildung neigen, sind für diesen Zweck ebenfalls ungeeignet. Am günstigsten sind leicht trockene Hänge, aber auch eine Hauswand bietet Platz, sofern genügend Raum für die Bearbeitung bleibt. Die Ausflugrichtung liegt, wie bei den Nisthöhlen der Vögel, nach Südosten. Zu den Nachbargärten hin bietet die Gartenhecke, ein Lattenzaun oder aufgestelltes Rohrgeflecht – jeweils etwas über Kopfhöhe – ausreichend Schutz. Die Biene fliegt dann in entsprechender Höhe aus und ist für evtl. nebenan spielende Kinder nicht mehr gefährlich.

Im Hinblick auf das Zusammenleben mit anderen Tieren ist zu beachten, daß Rind und Biene sich immer miteinander vertragen haben. Bei Schafen ist aber schon Vorsicht geboten, und Pferde sollten niemals in der Nähe eines Bienenstandes auf die Weide gehen.

Die Bienen mögen Menschen mit ruhigem Gemüt und sicherer Hand. Auch der Gartenfreund sollte deshalb zuerst prüfen, ob er zur liebevollen Betreuung dieser Insekten taugt und auch Stiche vertragen lernt, d. h. keine Allergien vorhanden sind, bei welchen das Anschwellen der Körperteile über das normale Erscheinungsbild hinausgeht.

Der Hausgärtner kann die Imkerei aber auch unterstützen, indem er für blütenarme Zeiten auf seinen Beeten solche Pflanzen mit anbaut, welche der Biene Pollen und Nektar spenden. Man denke hier an die Sonnenblume, die Ringelblume, den Bienenfreund (*Phacelia*) oder die Goldrute, um nur einige zu nennen. Außerdem läßt sich bei größeren Flächen Weiß- oder Perserklee in Reinsaat oder zur Zwischenfrucht anbauen. Ferner denke man auch beim Pflanzen der Hecken schon daran, daß Traubenkirsche, Schneebeere, Faulbaum, Weide oder Hasel von den Bienen gerne beflogen werden.

Allerlei Kleingetier im Garten

Wer denkt nicht sogleich an den *Igel*, den nützlichen Insektenlarven- und Schneckenvertilger? Er kommt gerne in unseren Garten, wenn wir ihm ausreichende Unterschlupfmöglichkeiten schaffen. Der Igel liebt besonders kleine Heckenabschnitte, in welchen er sich über Tag sicher und geborgen fühlt, oder er zieht sich an einen geschützten Platz unter dem Boden unseres Gartenhauses zurück, wo er das Nest für die Jungen einrichten kann. Will man noch ein weiteres tun, so kann man den Igel mit kleinen Futterschüsselchen – am Abend herausgestellt – ermutigen, im eigenen Grundstück Wohnung zu beziehen. Bekommt man dann eines Tages die Igelmutter mit ihren Jungen zu Gesicht, dürfte schon einiges zur Einbürgerung dieses Nützlings in unsere »Klein-Landschaft« getan sein.

Bei guter Pflege der Kompostmieten können wir als weiterer Gartengenossen die *Blindschleiche* vorfinden. Sie genießt die feuchte Wärme in dem Haufen als »Kinderstube« und nimmt Schnecken und anderes Kleingetier als Nahrung auf. Ist der Kompost jedoch trocken und heiß, könnte dort stattdessen die schädliche Werre einziehen.

Auch *Eidechsen* gehören zu unseren erwünschten Gartenbewohnern, wenn wir ihnen Gelegenheit bieten. Sie lieben eine Wärme, wie sie sich an Trockenmauern und aufgeschütteten Steinhaufen in der Sonne entwickelt und längere Zeit hält. Sie sind leidenschaftliche Insektenvertilger.

Kröten sollen im Garten nicht fehlen. Sie gehören zu den besten Schneckenvertilgern, aber nur dann, wenn wir ihre Lebensbedingungen berücksichtigen und sichern.

Die Kröten halten sich mit Vorliebe an feuchten Stellen auf, sie schätzen auch Sonne, nur nicht steinige und trockene Lagen. In Buschbohnen sind sie oft anzutreffen. Zum Laichen ist ein natürliches Gewässer Voraussetzung.

Bleibt das Laub unter Hecken und Sträuchern über längere Zeit hinweg liegen, finden vielleicht noch weitere nützliche Tiere Unterschlupf und Winternahrung. Haselbüsche locken im August Eichhörnchen an und machen mit ihrem lustigen Gebaren besonders den Kindern viel Freude.

Es gehört außerdem zu den Aufgaben des Gartenfreundes, die Nutzinsekten in ihrer großen Zahl und Vielfalt zu schützen und zu pflegen. Ihre Tätigkeit kann entscheidend für den Gesundheitszustand des Gartens und der Obstanlage sein. Wir werden darauf noch in den Kapiteln zu Fragen der Insektenregulierung sowie des Integrierten Pflanzenschutzes zurückkommen. Zwei Beispiele sollen zeigen, wie dieser Hinweis zu verstehen ist. Der Marienkäfer vertilgt als unermüdlicher Helfer im Garten sowohl im Larvenstadium als auch als ausgebildetes Insekt viele Blattläuse, ohne sie jemals ganz beseitigen zu können. Die tatsächlichen Schäden an den Kulturen fallen dann aber nicht mehr ins Gewicht, so daß sich der Einsatz von stärkeren Spritzmitteln erübrigt. Oder man betrachte die Larve der Florfliege *(Chrysopa carnea)*, den sogenannten »Blattlauslöwen«. Eine einzige Larve dieser Art vertilgt im Laufe ihrer etwa zweiwöchi-

Wer die Möglichkeit hat oder schaffen kann, so nützliche Tiere wie Kröten, Salamander, Eidechsen oder Blindschleichen dauerhaft bei sich anzusiedeln, darf seinen Garten mit Recht ein gesundes Stück Natur nennen.

gen Entwicklung 200 bis 300 Blattläuse und in einer Stunde etwa 30 bis 50 Spinnmilben. Grund genug, sich bei der täglichen Gartenarbeit dieser Helfer immer wieder zu erinnern.

Das Milchschaf

Viele Menschen ziehen es heute vor, den Wohnsitz aus der Großstadt heraus in einen Ort mit mehr ländlichem Charakter zu verlegen. Dort sind die Grundstücksflächen in der Regel größer. Es gibt nicht nur eine obstbaumbestandene Wiese, sondern oft auch kleinere Weideflächen, die entweder intensiv gepflegt oder wirtschaftlich genutzt sein wollen.

In dieser Situation interessieren sich manche Gartenfreunde für die Haltung des Milchschafes, das früher vornehmlich in Friesland zu Hause war, heute aber in allen ihm zuträglichen Gegenden zu sehen ist. Das Milchschaf gedeiht weniger gut in der Herde, wie das bei den Landschafen der Fall ist, um so besser aber in enger Beziehung zum Menschen. Eine gute Pflege lohnt es durch seine vielfältigen Gaben und große Anhänglichkeit, den Kindern und Jugendlichen bringt es eine sinnvolle Aufgabe.

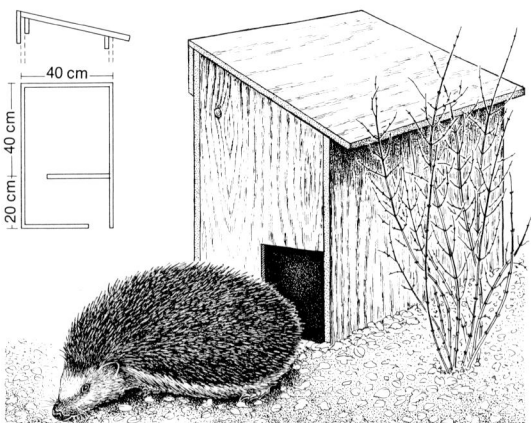

Für den nützlichen Igel kann man anstatt eines Zweighaufens auch einen selbstgebastelten Unterschlupf bereitstellen.

Allerdings kann der Schafhalter nicht wie jeder andere in die Ferien fahren. Die Tiere wollen täglich versorgt sein und ihren Weidegang haben. Aber eine gut überlegte Stalleinteilung und Weideplanung erspart viele mühsame Arbeitsstunden.

Ein Tier benötigt je nach Güte des Bodens und der Grasnarbe etwa 20 bis 25 Ar Wiesen- und Weidefläche, die sowohl zum Heuen wie zum Abweiden genutzt werden sollte. Die erforderlichen Strohmengen lassen sich vielleicht auf dem nächsten Bauernhof besorgen, gleiches gilt für das Zusatzfutter wie Trockenschnitzel und Hafer (jeweils etwa 100 kg je Tier und Jahr).

Ein Holzschuppen ist oft vorhanden und läßt sich für unseren Zweck leicht umbauen. Er muß hell, trocken und gut zu lüften sein. Für ein Muttertier sind 2 bis 2,5 m² erforderlich. Der hochwertige Schafdung ist in jedem Garten willkommen. Der Stall wird nicht jeden Tag gemistet. Der Dung bleibt liegen, es wird an jedem Tag eingestreut (Tiefstall), und erst nach ein bis zwei Monaten das ganze ausgebracht und auf dem Kompostplatz aufgesetzt und weiterbehandelt. Gelegentliche Beigaben von Torf zur Einstreu haben sich zum Aufsaugen der Flüssigkeit bewährt. Zusammengerechtes Laub im Herbst sollte nur sehr sparsam eingestreut werden, es ist als Strohersatz nur bedingt tauglich. Weiteres wird noch im Abschnitt über Kompost zu besprechen sein.

Ein Mutterschaf gibt nach dem Lammen am Tage etwa 2 Liter Milch, es können aber auch 3,5 sein. Im Herbst läßt die Milchmenge nach, und etwa zwei Monate vor dem erneuten Lammen bleibt sie ganz weg. Eine Jahresleistung von 550 bis 650 kg Milch sollte erreicht werden.

Die Milch schmeckt bei einwandfreier Haltung so gut wie die beste Alpenmilch. Sie ist fettreich und von großem Nutzwert, hat außerdem mehr »flüssige« Milchfette als die Kuhmilch. Die Schafmilch ist vielseitig verwendbar und läßt sich zu einer vorzüglichen Sauermilch, zu Joghurt, Kefir, Käse und Quark sowie zu der geschätzten Schwedischen Langmilch verarbeiten.

Die Tiere werden einmal im Jahr geschoren, am besten nach den Eisheiligen, also Mitte Mai. Von einem Schaf fallen etwa 4 bis 7 kg Wolle an. Sie ist – bei entsprechender Fütterung – weich, dabei kräftig und ungewöhnlich lang. Deshalb eignet sie sich besonders gut zum Handspinnen. In kaltem oder lauwarmem Regenwasser gewaschen, behält sie ihren natürlichen Fettgehalt. Man kann die Wolle selber verarbeiten oder bei der Milchschafzüchtervereinigung gegen entsprechend hochwertige Produkte eintauschen.

Nachwuchs ist erwünscht. Hat man mehrere Tiere, wird man die Deckzeit etwas verschieben, damit das eine Schaf früher, das andere später lammt (Trächtigkeit 144 Tage). Das Milchschaf ist sehr frohwüchsig. In einem Jahr bringt es im allgemeinen zwei Lämmer zur Welt, Drillinge sind häufiger als Einlinge. Diese Lämmer haben ein gutes Jahr später auch schon wieder Junge. So ist bald eine kleine Herde beisammen. Schöne Tiere mit guter Abstammung lassen sich leicht verkaufen, aber auch das Fleisch findet im Haushalt dankbare Abnehmer. Der Züchter weiß, was er seinen Tieren gefüttert hat, er wird eine solche Qualität im Handel nicht immer bekommen. Wer sich mit der Milchschaf-Haltung und -Zucht befassen will, sollte sich rechtzeitig und umfassend orientieren. Neben der Fachliteratur (Schwintzer 1979) helfen die Züchtervereinigungen sehr bereitwillig.

Rücksicht auf den Nachbarn

Die Freude an der Schönheit und sinnvollen Gestaltung des Gartens sollte sich nicht nur auf das eigene Grundstück beschränken, vielmehr muß auch von Anfang an das Verständnis und Verantwortungsgefühl gegenüber dem Nachbarn walten. Eine wirklich schöne und auf einem größeren Areal harmonische Gartenlandschaft entsteht nur in einer Gemeinschaft von gleichgesinnten und interessierten Menschen. Diese Vertrauensbasis, das Bewußtsein, den anderen nicht stören zu wollen, bedarf gerade bei der Anlage eines Gartens einiger Sachkenntnis, Übung und Einfühlung.

Besteht Einigkeit hinsichtlich des Baus einer Stützmauer, der Pflanzung von Obstgehölzen oder des Stehenlassens von alten großen Bäumen, dann bedarf es keiner gesetzlichen Regelung; die Absprache genügt, und niemand wird daran Anstoß nehmen. Läßt sich dieses Einvernehmen zunächst nicht herstellen oder geht es um die Gestaltung der Anlage zwischen dem Wohnhaus und der Straße, müssen die Bestimmungen des Nachbarrechts beachtet werden. Sie sind Sache der einzelnen Bundesländer und deshalb etwas verschieden.

Worum es dabei im Haus- und Wohngarten geht, soll anhand der diesbezüglichen Verordnungen von Baden-Württemberg (Pelka 1980) erläutert werden, wobei wir uns auf den Abstand bei Sichtblenden, Hecken, Obstgehölzen, Ziersträuchern und Bäumen sowie auf die Höhe von Erdmieten und Kompostanlagen beschränken wollen.

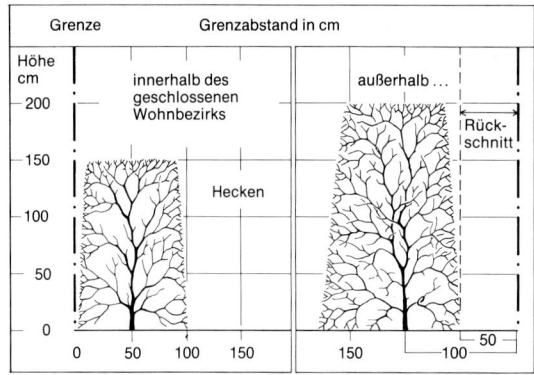

Grenze	Grenzabstand in cm	
Höhe cm	innerhalb des geschlossenen Wohnbezirks	außerhalb ...
	Hecken	Rückschnitt

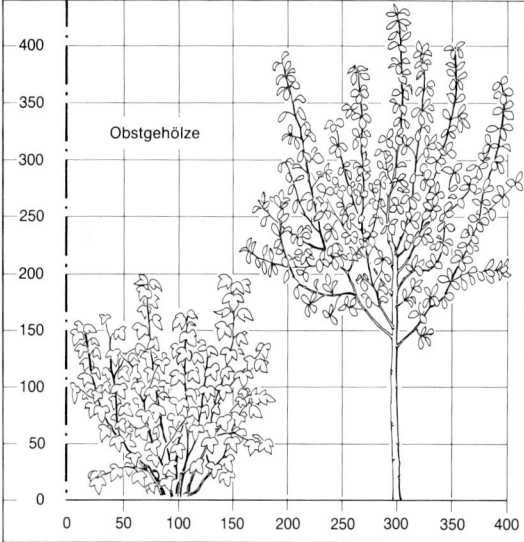

Obstgehölze

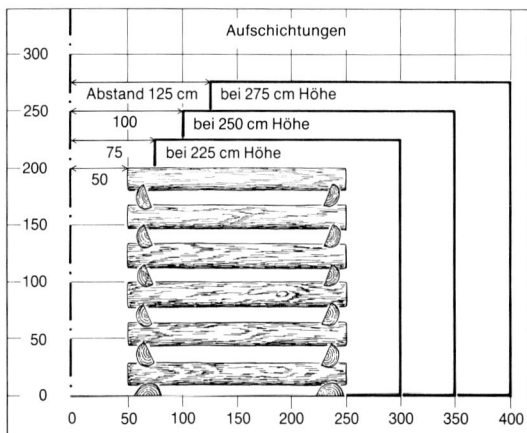

Aufschichtungen

Abstand 125 cm bei 275 cm Höhe
100 bei 250 cm Höhe
75 bei 225 cm Höhe
50

Der vorgeschriebene Grenzabstand richtet sich nach der endgültigen Höhe von Hecke, Baum, Strauch oder Holzstapel

Gelingt es uns, von Anfang an den Notwendigkeiten Rechnung zu tragen und auch noch hinsichtlich der Bepflanzung, der Wahl der Arten bis hin zu der Blütenfarbe der einzelnen Gehölze eine Abstimmung mit den Nachbarn zu erzielen, dann kann die Gartenanlage am besten die Erwartungen erfüllen.

Der vorgeschriebene Mindestabstand in der Nachbarschaft von öffentlichen Straßen und Wegen, bei Spaliervorrichtungen oder Anlagen außerhalb geschlossener Ortschaften ist der Fachliteratur zu entnehmen.

Grenzabstände auf Grundstücken innerhalb geschlossener Ortschaften

	Abstand
Tote Einfriedungen	
Drahtzaun	kein
Sonstige tote Einfriedungen	
bis 1,50 m Höhe	kein
über 1,50 m Höhe	um das Maß der Mehrhöhe über 1,50, also bei
	2,00 m = 0,50 m
	2,50 m = 1,00 m
Hecken aller Art	
bis 1,50 m Höhe	kein
über 1,50 m Höhe	um das Maß der Mehrhöhe über 1,50 m
Beerensträucher und Stämme	
bis 1 m Höhe	0,50 m
1–2 m	1,00 m
Kern- und Steinobst	
bis 4 m Höhe	2,00 m
über 4 m Höhe	3,00 m
Ziersträucher, Laub- und Nadelbäume	
bis 1 m Höhe	0,50 m
bis 2 m Höhe	1,00 m
bis 4 m Höhe	1,00 m
über 4 m Höhe	1,50 m
Großwüchsige Laub- und Nadelbäume	8,00 m
Komposthaufen, Erdmieten	
bis 2 m Höhe	0,50 m

Vom Umgang mit dem Boden

Der Boden

Unsere Erde ist überzogen von einer vergleichsweise hauchdünnen, lebendigen Haut, die wir Boden nennen. Sie bildet eine Art Grenz- oder Übergangsschicht zwischen dem festen Gestein unten und der schützenden Atmosphäre oben. Der Boden und die Pflanzen und mit ihnen Tier und Mensch können dort leben, wo Licht, Luft, Wärme, Wasser und Gestein zusammenkommen.

Wenn wir durch unseren Garten gehen, betrachten wir die Bäume, die Rosen, die Glockenblumen, die Bohnen und den Lauch – und bemerken doch kaum den Boden, in dem unsere Pflanzen wurzeln. Er steht nicht im Zentrum unserer Blicke und oft auch nicht unseres Bewußtseins. Aber nur aus der Kenntnis der Lebensbereiche können wir richtig handeln und eingreifen.

Beim Umgraben und bei der Hackarbeit lernen wir seine Eigenschaften ein wenig kennen, wir spüren und sehen: locker – fest, bindig – zerfallend, feucht – trocken, dunkel – hell usw. An der Wuchsfreudigkeit oder am Kümmern der Pflanzen können wir unsere Fehler erkennen. Graben wir einmal tiefer, so sehen wir, daß der Boden geschichtet ist, nach unten hin

Grundelemente der Bodenbildung.

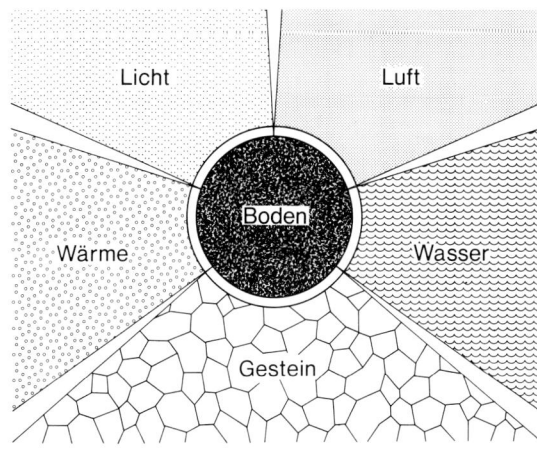

dringt der Spaten viel schwerer ein. Oben ist er meist dunkel, porös und stark durchwurzelt, nach unten hin wird er meist braun, heller und dichter, bis wir schließlich auf das unveränderte Gestein kommen, das locker oder fest sein kann.

Vom Garten in die Landschaft

Unser Garten liegt nicht isoliert, er ist eingebettet in eine Landschaft, auch wenn er, heckenumgeben und eingefriedet, uns von der Umgebung abschirmt. Ein Blick in die Landschaftsverhältnisse kann uns helfen, die Vorgänge in unserem Garten zu verstehen. Der Gartenzaun ist keine natürliche Grenze. Der Garten ist Teil einer Landschaft, die durch Flachland, Hügel, Berge und Täler gegliedert ist. Pflanzengesellschaften, Äcker und Wälder prägen das Bild einer Landschaft.

Die Erdoberfläche hat sich über lange Zeiträume der Erdentwicklung verändert und wandelt sich heute noch. Es entstand die feste Erdkruste über dem plastischen Erdmantel. Durch Fließvorgänge und Aufwölbungen noch plastischer Gesteinsmassen entstanden die Gebirge. Eiszeiten, Wasser, Wärme, Kälte und Luftbewegungen sorgten für die Verwitterung, Abtrag und Vermischung. An der Erdoberfläche finden wir so die unterschiedliche Geländegestalt und die verschiedenen Gesteine. In älteren Zeiten entstanden die Urgesteine oder Tiefengesteine, wie der Granit mit den wichtigsten Mineralen Quarz, Glimmer und Feldspat sowie die Gneise und Porphyre. Später entwickelten sich die Sedimentgesteine Sandstein, Tonstein, Kalkstein und Schiefer. (Näheres bei Cloos 1958.) In Zeiten der Bildung von Sedimentgesteinen entstanden durch Vulkantätigkeit jüngere Tiefengesteine wie Basalte und Phonolithe.

Die Erdkruste besteht zu rund 95 % aus Tiefengesteinen, an der Oberfläche stehen aber etwa 70 % Sedimentgesteine an. Diese in Zusammensetzung, Dichte und Verwitterbarkeit unterschiedlichen Gesteine sind das Ausgangsmaterial für die Bodenbildung. Es entwickelten sich darauf charakteristische Bodentypen unter bestimmten Klimabedingungen.

Unsere Klein-Landschaft Garten ist eng verbunden mit der größeren Landschaft Tal, Hang oder Flachland und geht in fließenden Übergängen in Länder und Kontinente über. Durch Gewässer und Meere sind diese miteinander verbunden und bilden mit der schützenden Atmosphäre ein ganzes: die Erde. Meeresströmungen und Luftbewegungen, bedingt durch Sonneneinstrahlung und Erdbewegung, sind verbindende Elemente. Sonnenlicht und Sonnenwärme, Mondrhythmen und Planetenwirkungen ermöglichen und beeinflussen das Leben auf dieser Erde.

Verwitterung und Bodenart

Wie entstehen die Böden? Betrachten wir zeitrafferartig die Vorgänge, wie wir sie heute in der Natur vorfinden. Steine liegen in einer Berglandschaft. Ihre Oberfläche wird zersetzt, Wasser kann eindringen und durch Eisbildung Gesteinsbrocken absprengen. Steine im Flußbett werden verschoben und reiben sich gegenseitig, kleines feineres Material wird mit dem Wasser transportiert und gelangt bis in die Täler. Chemische Lösungsvorgänge und biologischer Abbau vollenden die Verwitterung.

Das Gestein wird durch die Verwitterung zerkleinert in verschiedene Korngrößen: Steine (> 20 mm ⌀), Kies (20 bis 2 mm), Sand (2 bis 0,06 mm), Schluff (0,06 bis 0,002 mm), Ton (<0,002 mm). Es werden die Minerale wie Quarz, Feldspate, Glimmer, Hornblenden, Augite, Karbonate, Tonminerale und Oxide angegriffen, und Kalium, Kalzium, Magnesium, Natrium, Phosphor u. a. in ihren Salzen lösen sich heraus.

Diese Bestandteile sind die mineralischen Ausgangsmaterialien für die Bodenbildung. Aus der Zusammensetzung der Korngrößen mit ihren Mischungsverhältnissen ergibt sich die Bodenart. Durch eine

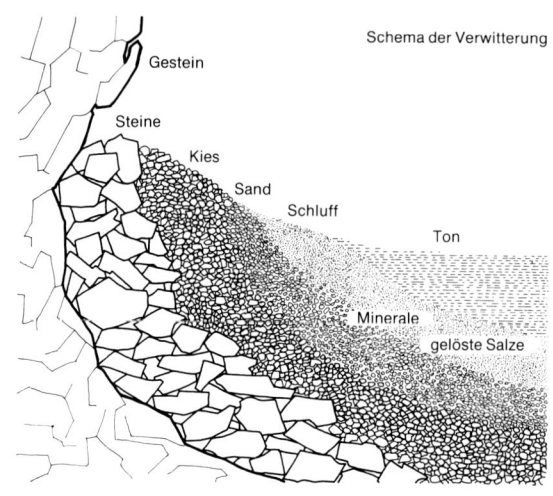

Schema der Verwitterung

Gestein
Steine
Kies
Sand
Schluff
Ton
Minerale
gelöste Salze

einfache Methode kann jeder Gärtner die Bodenart selber bestimmen. Ein wenig Boden wird in der Hand leicht angefeuchtet und nach der unten folgenden Tabelle (vereinfacht nach Schlichting und Blume 1966) bestimmt.

Die Bodenart gibt zunächst nur den Grad der Verwitterung und die Mischungsverhältnisse der Korngrößen des Mineralbodens an. Böden können auf verwitternden Festgesteinen wie Granit, Gneis, Basalt, Sandstein, Tonstein oder auf Lockergesteinen wie Flußablagerungen (vom Kies bis zum Ton), Windablagerungen (Löß vorwiegend Schluff) oder durch Gletschereis vermahlenes Gestein (Geschiebelehm – ein Gemisch von Ton, Schluff, Sand und Kies) entstehen.

Grobe Bestimmung der Bodenart	Bodenart	Abkürzung
1. Läßt sich der Boden nicht bleistiftstark ausrollen		
– und ist nicht bindig	Sand	= S
– und ist bindig	lehmiger Sand	= lS
2. Läßt sich der Boden nicht zu halber Bleistiftstärke ausrollen	stark sandiger Lehm	= SL
3. Läßt sich der Boden zu halber Bleistiftstärke ausrollen		
– knirscht zwischen Zeigefinger und Daumen	sandiger Lehm	= sL
– knirscht nicht oder wenig und zeigt beim Abrieb eine stumpfe Oberfläche	Lehm	= L
4. Zeigt eine glänzende Oberfläche und knirscht zwischen den Zähnen	lehmiger Ton	= lT
5. Ist weich wie Butter	Ton	= T

Zusammensetzung des Bodens

Betrachten wir einmal die grobe Zusammensetzung eines Oberbodens, so ergibt sich am Beispiel eines Wiesenbodens (nach Schroeder, 1978) das grafisch festgehaltene Bild.

Der weitaus gewichtigste Teil wird vom Mineralkörper eingenommen. Das Wasser ist kein destilliertes Wasser, sondern enthält gelöste Salze und Schleimstoffe aller Art und ist, wie auch das Meerwasser, der Bereich, in dem die Organismen leben. Auch die Luft ist keine Luft, wie wir sie einatmen, sondern entspricht eher der Luft, die wir ausatmen. Sie enthält weniger Sauerstoff (unter 20 %) und mehr Kohlendioxid (über 0,2 %).

Der geringere Anteil an festen Bestandteilen ist die organische Substanz, die in Mineralböden zwischen 1 und 10 % , in Moorböden bis zu 100 % ausmachen kann. Im Beispiel des Wiesenbodens liegt sie bei 5 %, das entspricht auch etwa einer guten Gartenerde. Diese relativ geringe Menge verändert den Boden sehr stark.

Bodenorganismen verwandeln die Stoffe

Man kann damit rechnen, daß etwa 5 % der organischen Substanz Bodenorganismen sind. Umgerechnet auf 1 m² Bodenfläche bis 20 cm Tiefe macht das 650 g aus, entsprechend 6,5 t auf einen Hektar (10 000 m²), das entspricht einem Gewicht von 13 Kühen. Von einem Hektar Futterfläche werden aber im Jahr etwa 2 Kühe ernährt. Wie ist es möglich, daß eine so große Menge an Bodenorganismen von der gleichen Fläche leben kann?

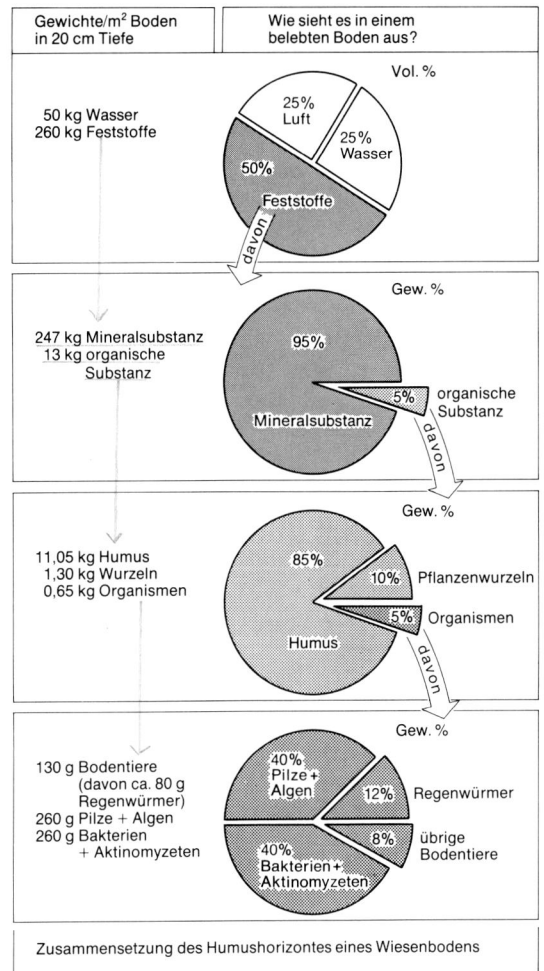

Zusammensetzung des Humushorizontes eines Wiesenbodens

Welche Organismen sind es? Hier eine Auswahl:

Säugetiere:	Kaninchen, Hamster, Mäuse ⎫ oben nicht gerechnet
Reptilien:	Eidechsen, Schlangen ⎭
Gliedertiere:	Insekten und ihre Larven, z. B. Ameisen, Springschwänze, Hundertfüßler, Doppelfüßler; Asseln, Milben, Spinnen
Würmer:	Regenwürmer, Enchyträen, Nematoden, Strudelwürmer
Schnecken:	verschiedener Art und Größe
Einzeller:	Geißeltierchen, Wurzeltierchen, Wimpertierchen (Größenordnung 0,005 bis 0,05 mm)
Bakterien:	sehr große Anzahl von Spezialisten (Größenordnung um 0,001 mm)
Aktinomyzeten:	pilzähnliche Bakterien (Größenordnung um 0,001 mm)
Pilze:	mit ihren Hyphen (weiße Pilzfäden)
Algen:	grüne Zellenketten

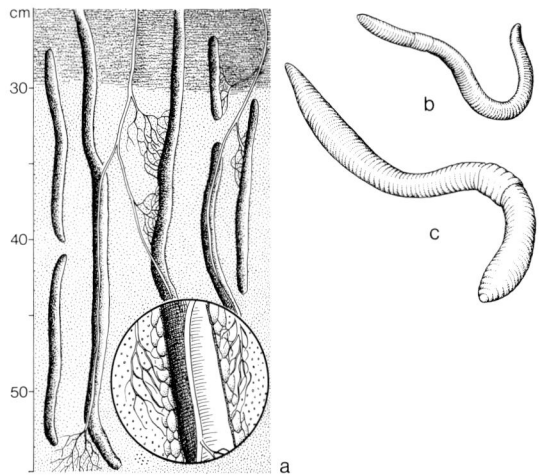

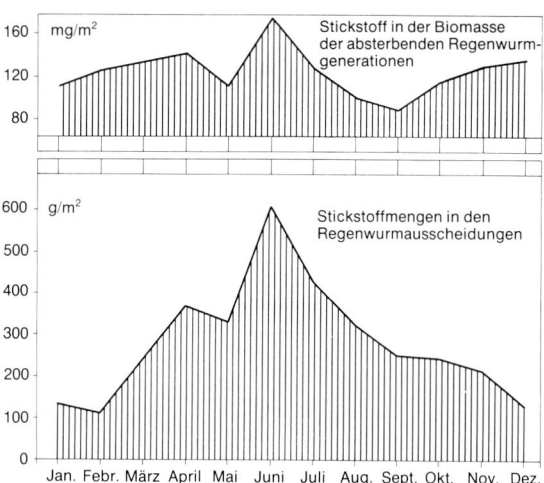

Regenwürmer verarbeiten Bodenteilchen mit ihrer Pflanzennahrung zu fruchtbaren Ton-Humus-Körpern. In ihren Erdröhren wachsen Bakterienrasen; Wurzeln folgen gerne diesen nährstoffreichen und bodenbelüftenden Gängen. **a = Profil eines Wiesenbodens; b = Kleiner Mistwurm (*Eisenia foetida*); c = Großer Regenwurm (*Lumbricus terrestris*).**

Stickstoffanreicherung des Bodens durch den Regenwurm.

Die Vielfalt ist verwirrend. Im allgemeinen kennt man nur die Regenwürmer, unsere großen Helfer, weil man sie und ihre Tätigkeit sehen kann.

Diese Organismen vollbringen im Dunkel der Erde den Verdauungsprozeß, den wir Rotte nennen. Die Pflanzenteile werden in feuchtem Zustand von Pilzen und Bakterien vorverdaut, von Insekten und anderen Kleinlebewesen zerkleinert, von Würmern aufgenommen, mit Erde vermischt und schließlich von den

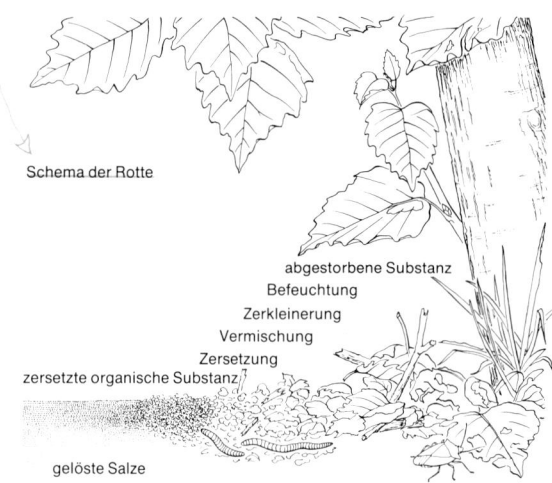

Schema der Rotte

abgestorbene Substanz
Befeuchtung
Zerkleinerung
Vermischung
Zersetzung
zersetzte organische Substanz

gelöste Salze

Mikroorganismen bis in ihre einzelnen Bestandteile zersetzt (v. Wistinghausen 1978).

Die Organismen nehmen dabei die Verdauungsprodukte der vorigen auf, sie reichen die Arbeit praktisch weiter. Jedes Kleinlebewesen ist spezialisiert auf eine ganz bestimmte Aufgabe und immer nur unter ganz bestimmten Lebensbedingungen (Feuchte, Luft, Nährstoffe usw.) lebensfähig. Ändern sich diese Lebensbedingungen, auch mit durch seine Tätigkeit, stirbt es ab und dient anderen zur Nahrung. Alle Organismen sind nur Teile eines Ganzen und können nicht als einzelne, in sich geschlossene Wesen betrachtet werden.

Ton und Humus

Stark vereinfacht: Aus einer Pflanze entsteht durch Rotte mehr und mehr zersetzte organische Substanz bis hin zu anorganischen Mineralstoffen; aus einem Stein entsteht durch Verwitterung feinst verriebenes Material bis in die Tonfraktion. Das alles, einschließlich Zwischenstufen, sind Ausgangssubstanzen für Neubildungen im Boden.

Aus dem Gesteinsverwitterungsprodukt entstehen neue Minerale, sekundäre Tonminerale, wie Kaolinit, Illit und Montmorillonit, die ähnlich wie Glimmer blättchenförmig aufgebaut sind. Die Tonminerale bleiben in einem kolloidalen Schwebezustand (Tonkolloide). Dieser gallertartige Zustand kann sich ändern z. B. bei hoher Salzkonzentration im Boden, durch eine Veränderung der Bodenreaktion (pH-Wert): Die Tonminerale degenerieren, kristallisieren aus, es fallen die Salze aus.

Organische Substanz wird durch Mikroorganismen und chemische Reaktionen bei Luftzufuhr und neutraler Bodenreaktion zu Huminstoffen, dem eigentlichen Humus, umgebaut. Auch die Huminstoffe befinden sich im Boden in einem kolloidalen Zustand. Unter Luftabschluß, z. B. durch Nässe, geht die Rotte in Fäulnis über. Es wird Schwefelwasserstoff (im Boden an der blauschwarzen Farbe und durch Geruch wahrnehmbar) und Methan (Sumpfgas) gebildet.

Tonminerale und Huminstoffe lassen ihre mineralische und organische Herkunft nur schwer erkennen, sie gehen Verbindungen zu Ton-Humus-Komplexen ein. Auch hier haben wir wieder fließende Übergänge. Ton-Humus-Komplexe entstehen vorwiegend durch Vermischung und Verknetung im Regenwurmdarm.

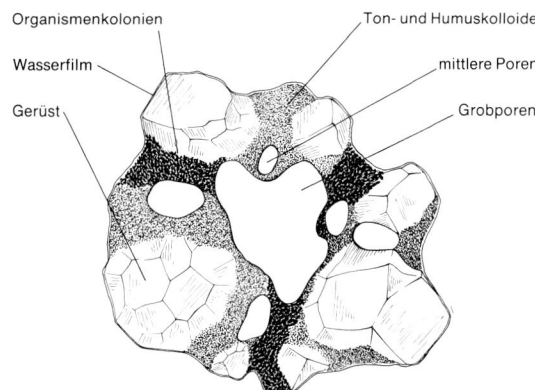

Krümelaufbau, schematisch dargestellt.

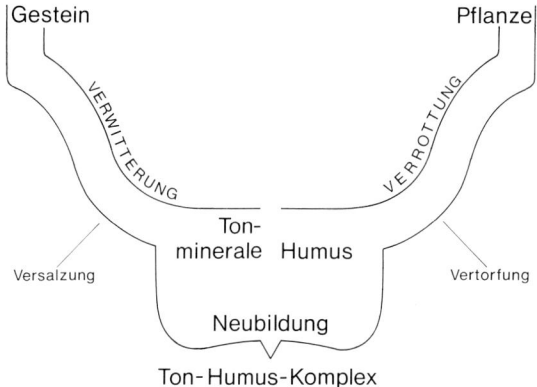

Bodenkrümel und Bodengefüge

Durch die Tätigkeit der Organismen und durch chemische Bindungen (Kalziumbrücken) werden die einzelnen Bodenbestandteile, wie Quarzteilchen, Silikate, Tonkolloide, Humuskolloide, miteinander zu Krümel verbaut. An den Oberflächen der festen Teilchen liegt ein Wasserfilm. Bakterienkolonien, die in diesem »Meer«-Wasser leben, verkleben mit Schleimstoffen die festen Teilchen, Pilzhyphen und Haarwurzeln der Pflanzen halten die Gebilde zusammen. Sekera (1951) bezeichnet diesen Vorgang als Lebendverbauung.

Die Krümelbildung führt zu einem stabilen Bodengefüge. Wir sprechen von einem garen Boden, der elastisch ist und in dem die Wasserführung, Luftführung und Erwärmung optimal ist. Die Bodenkrümel haben ein günstiges Verhältnis von Grobporen (lufterfüllt und Wasser-führend), Mittelporen (Wasser-

haltend) und Feinporen (fest gebundenes Wasser) und sind sehr widerstandsfähig.

Auch die Mineralbestandteile, besonders Ton, können zu festen Aggregaten verbacken (Polyeder, Prismen, Säulen, Platten usw.). Sie lassen jedoch die Wurzeln schwerer eindringen und verschlämmen unter starkem Wassereinfluß. Durch Frost und Bodenbearbeitung können größere feste Klumpen zu kleineren Aggregaten zerfallen. Das ist oft eine Voraussetzung für die Krümelbildung.

Bodenentwicklung und Bodentypen

Der Boden entsteht von der Oberfläche in das Gestein hinein. Bei einem festen Gestein wie Granit oder Kalkstein geht das sehr langsam, bei einem Lockergestein wie Sand, Löß oder eiszeitlichem Geschiebelehm geht das schneller. Erste Pflanzen, wie Flechten, besiedeln das Gestein. Mit fortschreitender Verwitterung folgen höhere Pflanzen und dringen mit ihren Wurzeln ein; und mit diesen beginnt sich Humus zu bilden. Die Verwitterung schreitet fort. Die Pflanzen finden immer mehr Bodenraum und entwickeln sich optimal. Unter feuchten Klimabedingungen oder durch störende Eingriffe können Bodenbestandteile, wie Tonkolloide oder Humuskolloide, versalzen und ausgewaschen werden. Diese Bestandteile werden im Untergrund angereichert, führen zu Verdichtungen, und die Wurzeln breiten sich nicht mehr nach unten aus. Auf verdichteten Horizonten wird Wasser aufgestaut, der lufterfüllte, durchwurzelbare Raum verringert sich, und die Pflanzen verkümmern. Böden können sich zur optimalen Ausbildung entwickeln, aber auch wieder durch Auswaschung, Verdichtung und Wasserstau degenerieren. Es entstehen bei der Bodenbildung charakteristische Horizonte, ein Vorgang, der in Jahrhunderten abläuft. Die Abbil-

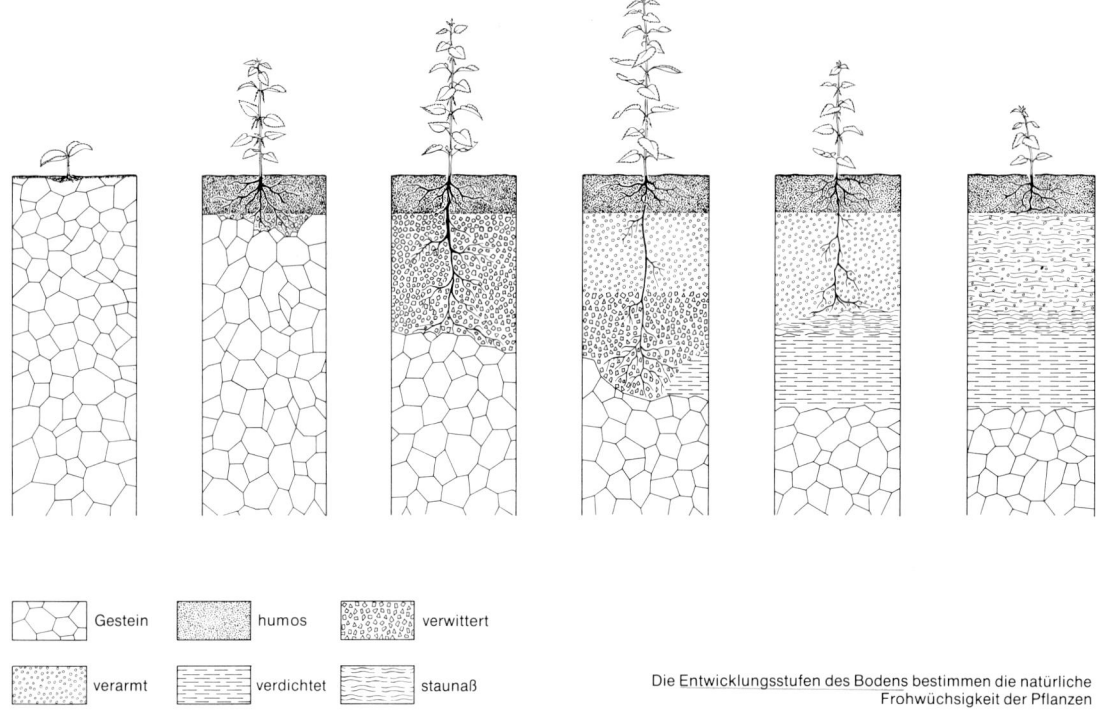

	Gestein		humos		verwittert

	verarmt		verdichtet		staunaß

Die Entwicklungsstufen des Bodens bestimmen die natürliche Frohwüchsigkeit der Pflanzen

dung versucht schematisch einen solchen Ablauf beispielhaft zu verdeutlichen.

Die Vielfalt der bodenbildenden Faktoren, wie Ausgangsgestein, Klima, Grundwasser, Pflanzenarten, führen zu einer Vielfalt von Bodentypen.

In Gebirgslagen auf Kuppen und Hängen finden wir flachgründige Böden vor, die auf Kalkgestein als Rendzina, auf Tiefengestein als Ranker (Stadium 2 in der Abbildung) bezeichnet werden.

Dort entstanden an Lagen, die vor Erosion geschützt sind, braune Verwitterungsböden (Braunerde, Stadium 3).

In den großen Becken oder Bördegebieten, vorwiegend im Osten, in trockenen Gebieten haben sich auf Löß tiefgründige humose Schwarzerden (Tschernosem) entwickelt.

Im mitteleuropäischen Raum, in weiten Ebenen oder östlich von Erhebungen hat sich Löß abgelagert; dort entstanden bei feuchtem Klima Auswaschböden (Parabraunerde, Stadium 4) oder auf Sand, wie in der norddeutschen Heidelandschaft, arme sandige Auswaschungsböden (Podsol), die einen dichten dunkelbraunen Horizont unter dem gebleichten Sand zeigen. In beiden Fällen können Stauschichten ent-

stehen mit der Entwicklung zu Stauwasserböden (Pseudogley, Stadium 6).

Im Grundwasserbereich, in Niederungen oder Flußtälern entstanden Grundwasserböden (Gley). Die Entwicklung kann dort fortschreiten bis zur Moorbildung.

In Landschaften mit tonigem Gestein, wie z. B. in einer Keuperlandschaft, entwickeln sich die Böden sehr langsam – es entstehen Tonböden (Pelosol).

Die Aufgabe des Gärtners wird es nun sein, durch seine Maßnahmen das Land, welches er vorfindet, in einen Gartenboden umzuformen. Dabei können und dürfen die Maßnahmen von Standort zu Standort nie die gleichen sein. Ein sandiger Boden in einem warmen Klima reagiert anders als ein toniger Boden unter Grundwassereinfluß.

Bodenfruchtbarkeit

Das Wachstum und der Wuchs unserer Gemüsepflanzen, Blumen, Sträucher und Bäume zeigen uns am besten an, ob unser Boden fruchtbar ist oder nicht. Um bei Kümmerwuchs zu wissen, was vorliegt,

46

um helfend eingreifen zu können, müssen wir einige Kenntnisse besitzen.

Gründigkeit: Die Wurzel braucht genügend Raum, um sich ausbreiten und innig mit dem Boden verbinden zu können. Das Tiefenwachstum kann begrenzt werden durch festes Gestein, Grundwasser oder Stauwasser, mangelnde Durchlüftung, verdichtete Schichten (Steine, Eisenablagerungen, Pflugsohlen), also durch unbelebten Boden.

Wasser: Nicht nur unsere Pflanzen sind durstig, auch die Bodenorganismen brauchen Wasser zum Leben. Es kommt darauf an, daß der Boden das Wasser aufnimmt (Infiltration), es speichert und überschüssiges in das Grundwasser entläßt. Durchlässige leichte Sandböden nehmen das Wasser auf, speichern wenig und lassen es durchsickern. Lößböden neigen leicht zu Verschlämmung und Oberflächenabfluß am Hang, schwerer Ton quillt, alle Poren werden dicht, das Wasser kann nicht einsickern, der Boden vernäßt. Humose Böden saugen sich wie ein Schwamm voll, überschüssiges Wasser kann absickern.

Luft: Pflanzenwurzeln und Organismen atmen im Boden. Große Poren sind luftgefüllt, bei günstigen Verhältnissen wird das sich bildende *Kohlendioxid* ausgeatmet. Dichte und wassererfüllte Böden können nicht atmen.

Stickstoff macht etwa 78% der Luft aus. Er kann von den Pflanzen nicht direkt aufgenommen werden. Mikroorganismen im Boden und in Symbiose mit den Schmetterlingsblütlern binden den Stickstoff. Durch Niederschlag werden geringe Mengen an Stickstoff in den Boden gebracht.

Wärme: Dunkle Böden erwärmen sich leichter als helle. Nasse Böden sind kalt durch Verdunstungskälte, halten aber eindringende Wärme besser. In trockenem Boden ist der Wärmefluß gehemmt, deswegen sind diese Böden, besonders wenn sie in Mulden liegen, durch Spätfröste gefährdet.

Die optimalen Wachstumsbedingungen liegen bei schwach saurer Bodenreaktion (pH 6,5) in milden lehmigen Böden. Sandige Böden sollten etwas saurer sein, tonige Böden neutral bis schwach alkalisch. Durch Vernässung, Luftabschluß, aber auch durch bestimmte Pflanzen, wie Heidekraut, wird der Boden sauer. In kalkhaltigen Böden herrschen alkalische Bedingungen.

Mineralstoffe: Die Pflanzen nehmen die Mineralstoffe als gelöste Salze aus der Bodenlösung auf. Stickstoff (N), Phosphor (P), Kalium (K) sind die von Justus von Liebig als Hauptnährstoffe gefundenen Elemente, die durch Kalzium (Ca), Magnesium (Mg) und Schwefel (S) erweitert werden. Hierzu kommen Spurenelemente wie Bor (B), Molybdän (Mo), Eisen (Fe), Mangan (Mn), Zink (Zn), Kupfer (Cu), Silizium (Si).

Die Mineralstoffe werden aus den verwitternden Mineralien gelöst, Phosphor aus dem Apatit, Kalium aus dem Feldspat, Magnesium aus Glimmer, Kalzium aus dem Kalk usw. Aus der Atmosphäre kommen Mineralstoffe in feinster Verteilung hinzu. Alle diese Salze werden von der Pflanze aufgenommen und verwandelt. Die Pflanze ist durch Lebensprozesse befähigt, aus mineralischen Substanzen einen organisch gewachsenen Körper aufzubauen.

»Die unorganischen Kräfte schaffen immerdar nur Unorganisches, durch eine in dem lebendigen Leib wirkende höhere Kraft, deren Diener die unorganischen Kräfte sind, entsteht der organische, eigentümlich geformte, vom Krystall verschiedene und mit vitalen Eigenschaften begabte Stoff.« (Liebig)

Durch Rotte bzw. Mineralisierung werden die Mineralstoffe wieder in den Boden zurückgeführt und bleiben im Kreislauf. Gelöste Salze lagern sich an Ton- und Humuskomplexen an, können dort nicht ausgewaschen, aber leichter von den Wurzeln herausgelöst und aufgenommen werden.

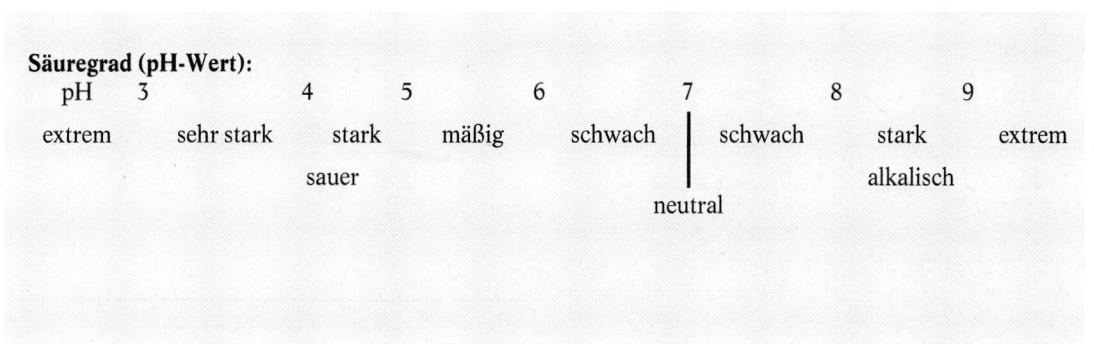

Säuregrad (pH-Wert):

pH	3		4	5	6		7		8		9	
	extrem	sehr stark	stark	mäßig	schwach		schwach		stark		extrem	
			sauer							alkalisch		
							neutral					

Bodenstruktur: An der Struktur kann man am besten den Zustand des Bodens erkennen (vgl. Seite 45). Ist er krümelig und läßt sich leicht bearbeiten, so sind auch die Wachstumsbedingungen für die Pflanze günstig. Ein garer Boden ist elastisch, läßt Wasser eindringen, trocknet nicht so leicht aus und verträgt auch Druck und starke Regengüsse.

Strukturschwache Böden neigen leicht zur Verschlämmung und besonders am Hang zum Abtrag. Der Verschlämmung folgt der Abtrag, die Erosion in der Landschaft.

Sandige Böden in Einzelkornstruktur sind durchlässig, halten kein Wasser, und mit der versickernden Bodenlösung werden die Mineralstoffe ausgewaschen.

Tonige Böden quellen bei Nässe und lassen keine Luft eindringen. Bei Trockenheit schrumpfen sie und bilden steinharte, grobe Klumpen (Aggregate).

Wir sprechen von leichten Böden (Sand), weil sie einfach zu bearbeiten sind und schon kurze Zeit nach dem Regen das Weiterarbeiten erlauben, und von schweren Böden (Ton). Diese erfordern größere Arbeitsleistungen und reagieren bei Nässe sehr empfindlich, weil sie leicht verschmieren, bei Trockenheit aber grobe Aggregate (Klumpen) bilden. Sie müssen im richtigen Zeitpunkt bearbeitet werden (Minutenböden).

Optimal ist der sandige Lehm (sL), in dem sandige und tonige Anteile in einem guten Gemisch, durchsetzt von Humus, vorliegen.

Humus: Die zersetzte und mineralisierte organische Substanz kommt zum Teil über die Bodenorganismen und Pflanzen wieder in den Kreislauf zurück und bildet den Nährhumus, zum anderen Teil werden stabile Huminstoffe aufgebaut, es entsteht der Dauerhumus. Vom Zustand und der Menge der organischen Substanz hängen im Grunde all die anderen Fruchtbarkeitsmerkmale ab.

Bodenuntersuchung

Diese Fruchtbarkeitsmerkmale geben uns die Möglichkeit, Aufschluß über den Zustand unserer Böden zu bekommen. Zunächst muß der Standort bekannt sein: Ort, Höhe über dem Meeresspiegel, Niederschlag, Temperatur, Lage, Ausgangsgestein, Bodenart, Bodentyp, Strukturzustand, Bodennutzung. Das kann der Gärtner ohne große Schwierigkeit auch selbst ermitteln. Des weiteren können im Herbst nach Vegetationsende Proben gezogen werden, am besten mit dem Bohrstock aus 20 cm Tiefe entnom-

men, gleichmäßig verteilt über die Fläche. Unter Umständen geben Proben aus dem Untergrund mehr Aufschluß. Wenn kein Bohrstock vorhanden ist, nehme man den Spaten, achte aber darauf, daß kein Keil entsteht. Pro Ar werden etwa 10 Einstiche entnommen und gut gemischt, Mindestmenge 1 kg je Probe.

Diese können nun auf chemischem Wege auf pH-Werte, Kohlenstoff (C × 2 = organische Substanz), Stickstoff (das C-N-Verhältnis ist wichtig für die Beurteilung des Humuszustandes), die Mineralstoffe Phosphor, Kali, Magnesium und eventuell auch Spurenelemente untersucht werden. Zur Beurteilung der Laboruntersuchungen sollte ein Fachmann herangezogen werden. Einfache Düngerempfehlungen, die daraus abgeleitet werden, sind meist nicht standortgerecht.

Das Untersuchungsergebnis kommt eines Tages zurück, es gilt nun, es zu lesen und zu verstehen. Üblicherweise enthält es folgende Daten:

Der Kalkzustand kann mehrfach ausgedrückt sein:
a) in einer Säurenwertzahl (pH)
b) es wird der Kalkgehalt (als $CaCO_3$) und der Kalkbedarf (als CaO) genannt.

Die Gehaltsangaben für Phosphorsäure (P_2O_5), Kali (K_2O) und Magnesium (Mg oder MgO) werden ausgedrückt in mg (Milligramm) je 100 g Boden. Die Gehalte tragen im Text zumeist Prädikate wie g (= gering), m (= mittel) und h (= hoch).

Welche Angaben braucht der Hausgärtner und welche nicht?

Das Wissen um die Bodenstruktur ist von Bedeutung. Sandiger Lehm (sL) ist der ideale Gartenboden.

Unentbehrlich sind die Angaben zum *Kalkzustand*. Jede Gemüseart hat ihren spezifisch günstigsten pH-Wert; sie liegen durchweg im engen Bereich zwischen 6 und 7,5. Das kann an folgender Aufstellung deutlich werden (nach Buffler, Reich 1979, verändert)

Lauch, Petersilie, Möhre, Mangold	6 – 7,5
Blumenkohl, Rotkohl, Rote Rüben,	
Weißkohl, Wirsing, Zwiebeln	6,5 – 7,5
Spargel, Sellerie, Schwarzwurzeln	6,3 – 7,5
Rosenkohl, Erbsen, Endivien	6,5 – 7,5
Gurke, Salat	6,0 – 7,3
Spinat, Rettich, Radies, Kohlrabi,	
Grünkohl, Bohne	6,0 – 7,5
Tomate	5,5 – 7

Es ist einfach, mit wohlbemessenen Kalkgaben (Algenkalk) – sehr gut sind auch die Knochenmehle im organischen Dünger – den pH-Wert etwas anzuheben. Das Absenken eines zu hohen pH-Wertes (bei Rasen, Heidegärten, Rhododendron) ist ungleich schwieriger: Physiologisch sauer wirkende Dünger bewerkstelligen das nur langsam; eine Notmaßnahme stellt das »Ansäuern« mit 2 %iger Eisessiglösung dar. Soll für Moorbeetpflanzen rasch eine optimale Bodenkondition bereitgestellt werden, so ist die Pflanzung in ein Substrat aus saurem Torf (nach Aushub alkalischen Bodens in eine geräumige Grube einzufüllen) am sichersten. Übrigens: Heute haben viele Gartenböden die Tendenz zu »versauern«. Die Versauerung hängt eng mit permanentem Humusschwund zusammen.

Die Angaben zu *Phosphor* und *Kali* braucht der Hausgärtner nur bedingt, nämlich dann, wenn schwere Überdüngungen mit diesen Stoffen vorliegen. Angaben zu *Magnesium* beruhigen, wenn sie ausreichende Mengen anzeigen, denn: ohne Magnesium kein Blattgrün!

In der üblichen Analyse fehlen Angaben zum *Humusgehalt* und über *Stickstoff* (N). Beides kann man als Besteller anfordern. Die wichtige Prüfung des Humusspiegels ist aber aufwendig und daher mit Mehrkosten verbunden. Ein Stickstoffbefund könnte uns leicht davonlaufen, denn N ist sehr beweglich. Schon bevor die ermittelte Zahl in die Hand des Auftraggebers kommt, ist sie nicht mehr verläßlich.

Fehlende Angaben zum Humusspiegel – nicht nur der Erwerbsgärtner braucht die Daten unbedingt! – dürfen den Hausgärtner etwa folgenden Standpunkt einnehmen lassen: Der Humusstand ist in jedem Fall zu verbessern, durch Kompostieren, Mulchen, organisches Düngen, auch durch Einsaat von Gründüngungspflanzen. Die Gefahr, des Guten zu viel zu tun, besteht eigentlich nie.

Manches kann der Hausgärtner selber testen

Die Bodenart kann man leicht durch die *Fingerprobe* ermitteln; darauf wurde bereits hingewiesen. Die Durchführung verlangt nur ein wenig Einübung. Die *pH-Wert-Bestimmung* mit Indikatorstäbchen (in jeder Apotheke erhältlich) will einstudiert sein und erfordert große Sorgfalt. Am leichtesten – dabei genau genug – ist das Arbeiten mit Tabletten der Calcitest-Methode (im Fachhandel erhältlich): Bodenmischprobe ein Zentimeter hoch ins Glasröhrchen einfüllen, Tablette hinzugeben; darüber 2,5 cm hoch destilliertes Wasser; Röhrchen oben mit dem Daumen zuhalten und anderthalb Minuten lang kräftig schütteln. Lösung zwei Minuten lang stehen lassen, Einfärbung mit Farbtafel vergleichen und pH-Wert ablesen.

Analyse mit 14 Daten

Folgende Daten werden bei der ausführlichen Analyse (nach Balzer) erarbeitet: Humus (%), pH nach KCl und Wasser, Kalzium; P_2O_5 auf Pflanzenverfügbarkeit und auf Citrat-Reserve; K_2O auf Pflanzenverfügbarkeit und auf Vorrat; MgO ebenfalls zweifach wie bei K_2O, dann noch Kupfer, Eisen, Mangan und Zink. Eine derart umfangreiche Analyse dient vornehmlich dem Landwirt und Erwerbsgärtner, aber auch so mancher Gartenfreund will es so genau wissen. Die vielen Daten ergänzen sich zu einem dichten Informationsraster, das genauere, fast optimale Anwendungen zur Gesundung des Bodens ins Blickfeld rückt. Den größten Vorteil hat derjenige, der sich – mit Zeitabstand von der ersten – dazu entschließt, noch eine zweite Analyse anzufordern. Anhand dieser Kontrolle – die Veränderungen im Boden registriert – kann die Kulturplanung noch präziser konzipiert werden zum Vorteil der Dauerfruchtbarkeit und der Ertragsqualität. Eine solche Großanalyse kann z. B. auch sinnvoll sein, wenn auf einem Grundstück sich eine größere Obstanlage befindet, deren Nutzung noch Aussicht auf Wertsteigerung verspricht.

Bodenbearbeitung – flach oder tief?

Unser Gartenboden ist ein belebtes, durchgeformtes und gestaltetes Gebilde, in welchem, wie wir eingangs gesehen haben, die Elemente Wasser, Licht, Luft sowie Wärme in ihrer Durchdringung und Wirksamkeit im Jahreslauf eine entscheidende Rolle spielen. Er ist ein in dünnen Horizonten geschichtetes System, das sich von der Oberfläche nach unten hin durch Verwitterung, Wurzelwachstum, Rottevorgänge und Humusbildung aufbaut. Die Prozesse der Bodenentstehung können durch die Bearbeitung gefördert oder gestört werden, sei es durch Untergrundlockerung, Umgraben, flache Hackarbeit oder Mulchen.

Die in den letzten Jahren oft recht heftig geführte Diskussion um eine tiefe oder flache Bodenbearbeitung könnte wesentlich sachlicher geführt werden, wenn man sich mehr an der Natur der unterschiedlichen Böden orientieren würde.

Der beobachtende Gärtner bemerkt sehr bald, ob er im Herbst oder Frühjahr zum Spaten greifen muß oder diesen besser im Schuppen hängen lassen sollte. Warum? Bodenorganismen sind, wie schon dargestellt, Spezialisten, die ganz bestimmte Lebensbedingungen brauchen. Flora und Fauna der oberen Erdschichten sind im unteren Boden weitestgehend nicht

Schwere Böden verlangen gelegentlich eine tiefe Bodenbearbeitung.

existenzfähig und umgekehrt. Deshalb kann man leicht zu dem Schluß kommen, daß jegliche tiefe und besonders die wendende Bodenbearbeitung von Nachteil sei. Die Struktur eines tätigen Bodens baut sich jedoch nach einer Bearbeitung schnell wieder auf. Wenn genügend Luft und Wärme vorhanden ist, regenerieren sich die krümelbildenden Helfer im Boden in kurzer Zeit. Der Aufbau wird gefördert durch die wachsende Pflanze, in deren Wurzelbereich (Rhizosphäre) die Organismen besonders aktiv sind. Wenn also nach einer tieferen Bearbeitung, welche die Umsetzung durch Luftzufuhr fördert, kein Bewuchs folgt, kann diese dazu führen, daß die organische Substanz abgebaut, mineralisiert wird und ein Strukturschwund eintritt.

Für lehmige und besonders für tonige Böden, die nicht gut strukturiert sind, ist ein Umgraben und Liegenlassen in grober Scholle vor dem Winter von Vorteil, weil durch das gefrierende Wasser die groben Aggregate gesprengt werden (Volumenvergrößerung etwa 9 %). Wir sprechen dann von *Frostgare*, die zunächst nur eine mechanische Zerkleinerung ist. Sie bietet aber günstige Voraussetzungen für das zeitige Abtrocknen und Erwärmen im Frühjahr sowie die Bildung einer echten Gare. Sind die Böden dagegen humusreich, gut strukturiert und krümelig, d. h. in garem Zustand, so reicht die flache Bearbeitung im Frühjahr aus.

In warmen, sandigen Böden sollte man nicht zuviel herumrühren. Sie benötigen eine krümelige, bodenbedeckende Oberschicht, welche vor Austrocknung schützt. Durch jede tiefere Bearbeitung wird der Abbau organischer Substanz, der zur Mineralisierung führt, gefördert. Diese Böden sind sehr durchlässig, mit dem sickernden Wasser, besonders bei hohen Niederschlägen, wandern die Mineralstoffe in den Untergrund; vor allem in Zeiten, in denen kein Bewuchs vorhanden ist. Zwischenfrüchte (Gründüngung) oder Wintergemüse, nicht zu spät im Jahr ausgesät, so daß sie sich vor Eintritt der kalten Jahreszeit entwickeln können, verhindern die Auswaschung und sorgen für den Humusaufbau. Im Frühjahr können dann die Ernterückstände oder Grünmassen der Zwischenfrüchte gemulcht oder eingearbeitet werden.

Vom Frühjahr an setzen sich die Pflegearbeiten in den Kulturen über den Sommer hin fort. Ein flaches Hacken zwischen den Pflanzenreihen erfolgt in kurzen Zeitabständen und verhindert die Verdunstung des Wassers, indem die Kapillaren, in welchen sonst das Wasser aufsteigt, unterbrochen werden. Durch Verdunstung entsteht aber Kälte. Wird dieser Vorgang durch das Hacken unterbrochen, so erwärmt sich der Boden leichter. Keimendes Unkraut wird zugleich am Aufwuchs gehindert. Diese Arbeit ist bis zum Schließen der Reihen notwendig. Voraussetzung für das Hacken ist die Aussaat und das Pflanzen in Reihen, breitwürfige Saat läßt diese Art der Pflege nicht zu.

Durch Mulchen im Sommer kann ein Großteil dieser Arbeiten eingespart werden. Das Unkraut kommt im allgemeinen nicht hoch; falls dieses allerdings die Mulchdecke durchstößt, ist die Pflegearbeit sehr erschwert.

Ein weiterer Aspekt der Bodenbearbeitung ist folgender: Jeder Eingriff bringt Luft und somit eine Anregung der Umsetzungen in den Boden. Bestehendes wird zerstört, neue Struktur muß aufgebaut werden. In diesem Zustand können kosmische Kräfte wirksam werden. Wenn wir die Bodenbearbeitung mit den rhythmischen Vorgängen in Zusammenhang bringen, greifen wir regulierend ein. Gerade diese Frage beschäftigt uns noch in einem späteren Kapitel. Aus dem Gesagten ergibt sich, daß der Gärtner nur für seinen Garten entscheiden kann, wie und wann er seinen Boden bearbeitet, ob er mulcht, flache oder tiefe Maßnahmen ergreift. Jede Handhabung muß jedoch in Beziehung stehen mit den anderen, bodenaufbauenden Hilfen wie Düngung, Präparateanwendung und Pflanzenbau, und kann durch rhythmisches Vorgehen unterstützt werden.

Geräte zur Bodenbearbeitung

Hier zu sparen wäre völlig fehl am Platze, wenn auch der Hausgärtner mit wenigen Geräten auskommt. Diese müssen aber in bester Ausführung zur Verfügung stehen, hand- und zweckgerecht sein. Die Handhabung von Spaten und Rechen darf als bekannt vorausgesetzt werden, andere sind weniger gebräuchlich, gewinnen jedoch im biologisch orientierten Gartenbau zunehmend an Bedeutung. Dazu gehören der in manchen Gegenden Mitteleuropas altbekannte Krail als Zinkenhacke, die bewährte Grabgabel und nicht zuletzt der neue SZ-Wühler oder »Sauzahn«. Diese Geräte sparen nicht nur Kräfte, sondern

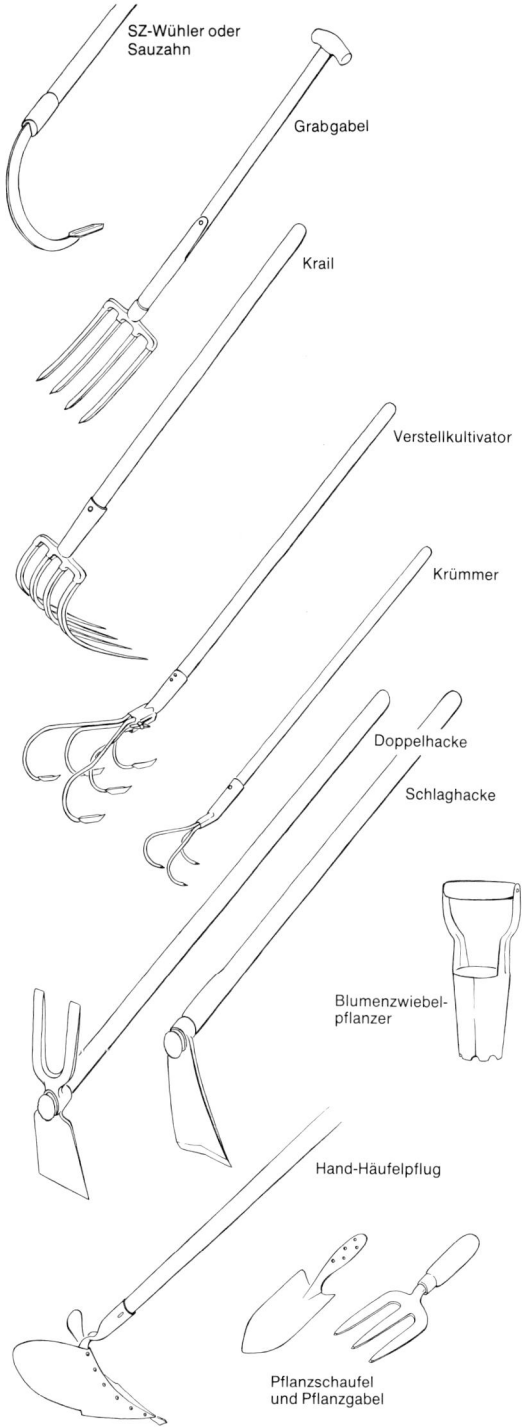

SZ-Wühler oder Sauzahn

Grabgabel

Krail

Verstellkultivator

Krümmer

Doppelhacke

Schlaghacke

Blumenzwiebelpflanzer

Hand-Häufelpflug

Pflanzschaufel und Pflanzgabel

Auswahl moderner und bewährter Garten-Handgeräte.

51

schonen auch die Bodenstruktur und tragen damit zur Verlebendigung des Boden bei. Einige Hinweise zu einzelnen Geräten seien hier zum besseren Verständnis angeführt.

Grabegabel. Handgerät mit Holzstiel (T-Griff): vier flach geschmiedete kräftige Stahlzinken. Zum Umgraben wie mit dem Spaten, doch müheloser. Zum Bodenlockern: einstechen, dann Gabel am Stiel fassen, vorwärts und rückwärts bewegen, ggf. auch verkanten, um eine harte Bodenschicht aufzubrechen.

SZ-Wühler. Ziehhaken aus Stahl, sichelförmig gebogen mit Gänsefußschar. Stielgerät. Arbeitet wie Kultivator, doch leichter zu handhaben, da einspurig. Durch günstigen Anstellwinkel intensives und tiefes Greifen bei geringem Kraftaufwand. Der »Gänsefuß« behält die Eindringtiefe bei und rutscht beim Ziehen nicht heraus.

Anwendung: bodenschonendes Flachlockern.

Nebenleistungen: Das Unkrautjäten gelingt besser, Erntehilfe bei Wurzel- und Knollenfrüchten.

Hinweise für die spatenlose Bodenbearbeitung: Zuerst ziehe man den SZ-Wühler im Abstand von 10 bis 12 cm von A nach B, neben dem Beet rückwärtsgehend. Dann bringe man Kompost oder organische Düngemittel dünn auf und ziehe diagonal zum ersten Schnitt von B nach A durch. Da die Gartenerde bei der Bearbeitung etwas mitwandert, ebnet man sie mit einem Rechen leicht ein (siehe Seite 115).

Zur Stielmontage: Am besten ist ein Spezial-Eschenstiel geeignet. Man nimmt den Stielbuckel nach unten und schlägt das keilartige Blatt in das eingekerbte Stielende.

Ziehhacke. Die von Gregor Wolf vor Jahrzehnten entwickelte, auch Kultivator genannte Ziehhacke hat die alte Schlaghacke verdrängt. Der mit drei bis fünf Zinken (Gänsefüßen) ausgestattete Verstellkultivator leistet das Fünf- bis Siebenfache einer Schlaghacke; sie dient zum Flachlockern und Feinkrümeln.

Zum Jäten und Feinkrümeln im engzeilig gestellten Beet wird der schmale, dreizinkige Krümmer oder »Grubber« (Kleinjäter) benutzt, der statt Gänsefüßen angespitzte, einfache Rundstahlzinken aufweist.

Kreuzhacke. Eine besondere, in Süddeutschland altbekannte Form der kombinierten Schlag- und Ziehhacke ist für bestimmte Arbeiten (außerhalb des regelmäßigen Beetes) nach wie vor unübertroffen.

Hand- und Krümelhacken stehen außerdem in verschiedenen Ausführungen zur Verfügung. Mittels Bodenantrieb rotierende Hacksterne zerkleinern Krusten und verschlämmte Oberflächen schnell und wirksam. Bei einigen läuft ein Pendelhackmesser mit,

andere Bauarten besitzen Hacksterne, deren Winkelstellung in besonderer Weise zur Bodenoberfläche angeordnet ist.

Krail. Mit dem süddeutschen Wort »Krail« wird eine Dunghacke von besonderer Art bezeichnet: dieser Vierzahn ist ein stahlgeschmiedetes Stielgerät mit klauenartig im rechten Winkel abgebogenen Zinken. Der Krail dient zur Beetvorbereitung: Halbtief lockernd durchhacken oder quer bzw. diagonal zum Beet ziehend-stoßend hin und her führen, um Klumpen zu zerkleinern, Kompost und andere Dünger oberflächlich einarbeiten und die Beete einebnen.

Hand-Häufelpflug. Bei Zug am entsprechend schräg gehaltenen Stiel gräbt sich die gehärtete Stahlspitze mehr oder weniger tief in den Boden ein, wobei die Seitenflügel die Erde teilen und nach beiden Seiten hin aufwerfen.

Zum Anhäufeln von Kartoffeln und Gemüsepflanzen, Anhügeln von Pflanzdämmen für Erdbeeren sowie Ziehen von Saat-, Pflanz- und Bewässerungsrillen. Arbeitsbreiten 14, 20 und 26 cm.

Gartengeräte für Kinder. Kinder ahmen zuerst spielerisch nach, was die Erwachsenen im Garten machen. Da ist es nur recht, dem Kind beizeiten die seiner Körpergröße angepaßten Gartenwerkzeuge in besten Ausführungen in die Hand zu geben: den Spaten (11,5 cm breit), den kleinen Rechen (8 Zinken), eine Hacke (8,5 cm) und eine Schaufel (10,5 cm breit), alles in gediegener Stahlqualität und mit echten Holzstielen.

Motorhacken. Überschreitet die Gartengröße etwa 300 m² Beetfläche erheblich, so ist an ein Motorgerät zu denken. Man wähle aus dem großen Angebot das mit möglichst niedriger Drehzahl; eine zu schnelle Rotation der Hacksterne würde mehr schaden als nützen, die vorhandene Bodengare zerschlagen und den Bodenaufbau und die Aktivität der Mikro- und Kleinfauna nur behindern.

Außer den genannten Geräten kann selbstverständlich auch auf die Fülle der heute zur Verfügung stehenden praktischen Hand- und Kleingeräte zurückgegriffen werden. Sie sind in allen Fachgeschäften zu haben. Dabei entwickelt jeder Gärtner eine Vorliebe für dieses oder jenes Gerät, welches unter seinen Verhältnissen eine befriedigende Arbeit ermöglicht und sich im langjährigen Einsatz bewährt hat.

Das Düngen im Garten

Was ist düngen?

Aufgabe und Ziel aller Düngungsmaßnahmen ist es, die natürliche Fruchtbarkeit des Gartenbodens zu erhalten und zu mehren. Die Antwort ist nur im ersten Augenblick eingängig und leicht faßlich, denn seit den grundlegenden Arbeiten von Liebig und seinen Nachfolgern verbergen sich dahinter große Unterschiede in der Betrachtungsweise. Die Agrikulturchemie sah es seit der Mitte des vorigen Jahrhunderts immer als ihre Aufgabe an, die Düngung unter dem Gesichtspunkt der Versorgung mit bestimmten Stoffen zu betrachten. Damit ließen sich die Erträge auch im Gartenbau deutlich steigern, allerdings mit Folgen, die heute als Krankheiten und Schädlingsbefall, Belastungen der Umwelt und vieles mehr sichtbar werden.

Laatsch (1958) geht da schon einen deutlichen Schritt weiter, wenn er feststellt: »Heute steht ein anderes Problem im Vordergrund des Interesses: Was benötigen die verschiedenen Böden zu ihrer Gesunderhaltung?« Oder in anderen Worten ausgedrückt: Man darf nicht nur die Stoffbedürfnisse der Kulturen und deren Befriedigung im Auge haben, sondern muß die Frage danebenstellen: Wie ist der fruchtbare Boden mit der daraufwachsenden Pflanze als Einheit zu sehen, welche Maßnahmen müssen ergriffen werden, um das Zusammenwirken beider im Jahreslauf nicht zu stören, sondern zu fördern und anzuregen? Die Gedanken Steiners gehen in die gleiche Richtung, wenn er zu dieser Fragestellung bemerkt: »Man muß wissen, daß das Düngen in einer Verlebendigung der Erde bestehen muß, damit die Pflanze nicht in die tote Erde kommt und es schwer hat, aus ihrer Lebendigkeit heraus das zu vollbringen, was zu ihrer Fruchtbildung notwendig ist.«

Die beste Lehrmeisterin ist die Natur selber. An ihren Lebensabläufen läßt sich beobachten und erfahren, wie dort die Substanzumwandlung und -vermehrung vor sich geht. Man betrete nur einen gesunden Mischwald, wie er heute noch in vielen Landschaften anzutreffen ist. Unter dem Schirm des lichten Hochwaldes gedeiht eine Vielzahl von Gräsern, Kräutern und Sträuchern. Sehr vieles vergeht davon im Herbst und verwandelt sich mit Hilfe der Mikroben und anderer Bodenlebewesen in die angenehm duftende Walderde. Hinzu kommen die Abgänge von den im Wald lebenden Tieren, die Exkremente, Federn und Haare, das Chitin der Insekten und niederer Bodentiere, Horn und Knochen des Wildes. Die Baumwurzeln dringen in den Boden, zum Teil tief in den Untergrund ein und fördern mit Hilfe der begleitenden Bodenorganismen Mineralstoffe zutage; oben, im durchlichteten Blätterdach, bilden sich mit Hilfe der Kohlensäure der Luft Kohlenhydrate aus: die feste Substanz entsteht. Durch die Niederschläge, in enger Verbindung mit der Bodenflora und -fauna wird Substanz angereichert, Stickstoff herangeführt und gebunden. Die abgestorbene Substanz wird wieder aufgelöst und mit den durch die Verwitterung freiwerdenden Mineralstoffen zusammengeführt. In diesem Kreislauf entsteht erneut Humussubstanz, und der Boden wird aufgebaut.

Durch den Acker- und Gartenbau muß der Mensch notwendigerweise in die Naturprozesse eingreifen. Er wandelt Naturstandorte in Kulturböden um, die gelenkte und intensive Umsetzungsvorgänge verlangen, wenn fortlaufend hohe Erträge erzeugt werden sollen. Das geschieht durch Bodenbearbeitung, Düngung und Pflanzenbau. Dabei kann letzterer auch zur Substanzvermehrung beitragen. So bauen die zurückbleibenden Wurzeln und Ernterückstände das Erdreich auf, Gründüngungspflanzen werden zur Bodenbelebung und Stickstoffanreicherung ausgebracht.

Im Hausgarten ist es der Kompostplatz, wo alle Materialien wie Laub, Gemüse- und Küchenabfälle, Rasenschnitt, Grabenaushub und vieles mehr zusammengetragen und in fruchtbare Erde umgewandelt werden. In der Landwirtschaft fällt bei entsprechender Tierhaltung der Dünger an. Der Gärtner muß meistens die tierischen Substanzen käuflich erwerben und dem Kompostmaterial zusetzen. Erst dann entsteht die gehaltvolle Gartenerde, die für das Wachstum der Kulturen wichtig ist.

Das richtige Kompostieren will gelernt sein. Wir müssen uns deshalb in folgenden Abschnitten mit diesen Fragen auseinandersetzen.

Kompostplatz und Kompostbehälter

Der Kompostplatz soll vom Wohnhaus wie von den Gartenbeeten gleich gut zu erreichen und auch bei unfreundlicher Witterung begehbar sein. Eine einfache Heckenanlage oder Baumgruppe, bestehend z. B. aus Hainbuche, Haselnuß, Schneeball und Holunder, sorgt für den gewünschten Halbschatten und relative Windruhe. Im Gartengelände ist allerdings bei dem Holunder Vorsicht geboten. Nicht rechtzeitig geerntete Beeren fallen herab und werden leicht zertreten oder von den Amseln verstreut, was zu sehr lästigen Kotflecken führen kann. In kleineren Gärten und bei beschränktem Raum lassen sich am Kompostplatz oft nur zwei Sträucher anpflanzen. Der wohltuende Ein-

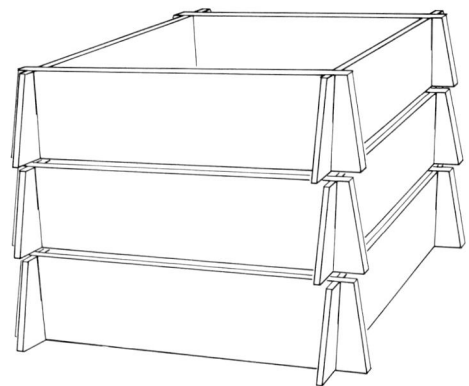

Gut durchlüftbare Behälter aus Holz oder Zementasbestplatten (es gibt noch eine Reihe anderer Arten und Formen) ermöglichen nicht nur die erwünschte Verrottung der Gartenabfälle, sondern sorgen auch für Ordnung und Sauberkeit auf dem Kompostplatz.

fluß ist damit sicherlich sehr begrenzt, dennoch sollte auch auf diese Hilfe nicht verzichtet werden. Befestigte Wege (Steinplatten) rechts und links der vorgesehenen Mieten sind bei Regenwetter und nassem Herbst hilfreich, in größeren Gartenanlagen unumgänglich. Der Wasseranschluß befindet sich in unmittelbarer Nachbarschaft. Wurde die Installation versäumt, muß der Gartenschlauch lang sein, um an jeder Ecke des Platzes zur Verfügung zu stehen. Steht gar neben dem Wasserhahn noch ein Bottich, kann dort das Leitungswasser abstehen und sich erwärmen (s. Zeichnung Seite 18).

Die Rottevorgänge gehen nur dann wunschgemäß vonstatten, wenn die Mieten unmittelbar auf dem Mutterboden aufsitzen. Ist noch eine Grasnarbe aus früherer Nutzung vorhanden, wird diese umgebrochen. Auf Stein- oder Betonunterlagen kann sich kein Bodenleben entwickeln, sie sind deshalb für jegliche Kompostanlage ungeeignet. Eine leichte Erhöhung in der Mitte des Platzes bewirkt, daß bei starken Regenfällen das Wasser leichter seitlich abfließen kann. Der Komposthaufen verträgt keinen »nassen Fuß«.

Kompostbehälter. Kleine Gartenanlagen erlauben es oft nicht mehr, einen geräumigen Mietenplatz einzurichten. Um die anfallenden Garten- und Küchenabfälle dennoch sinnvoll zu verwerten, greifen immer mehr Hausgärtner zu einem Kompostbehälter.

Es gibt Ausführungen in Holz, aus Drahtgeflecht, feuerverzinktem Blech, Beton oder Kunststoff. Die einfache Holzkonstruktion (Eigenbau aus Brettern oder Fichtenstangen) wird dabei den Anforderungen noch am ehesten gerecht. Die Abfälle können hier gesammelt, mit etwas Branntkalk, guter Erde, altem Kompost durchmischt werden. Eine befriedigende Substanzumwandlung ist von diesem Verfahren allein jedoch nicht zu erwarten. Entweder müssen wir den Inhalt nach der ersten Rotte umsetzen, oder wir heben den Behälter nur ab und bereiten uns durch mehrmaliges Versetzen des Holzgestells eine regelrechte Kompostmiete, die dann noch mit den biologisch-dynamischen Heilkräuterzusätzen präpariert werden sollte.

Die Kompostbereitung

Nicht ohne Grund kommt im Gartenbau der Zubereitung von Komposterden besondere Bedeutung zu. Anders als in der Landwirtschaft, wo vornehmlich tierische Dünger anfallen, hat es der Gärtner mit einer Fülle von Abfallstoffen zu tun, die gesammelt, angefahren und verarbeitet sein wollen. Nicht alles

Der Kompost – Grundlage der Bodenfruchtbarkeit.

läßt sich gleich gut zubereiten. Haus- und Küchenabfälle erfordern eine andere Behandlung als Rinderdung oder Pferdemist, so daß aufgrund des anfallenden Materials zunächst zwischen verschiedenen Kompostarten unterschieden werden muß.

Garten- und Hauskompost. Hier werden alle Gartenabfälle wie Unkraut (vor der Blüte), Laub, gelegentlich auch Gras aufgebracht, ferner das übriggebliebene Mulchmaterial, angewelkte Gründüngung und Gemüseabfälle aus der Küche.

Mistkompost ist besonders wertvoll und sollte in keinem größeren Grundstück fehlen. Wo der Rinderdung nicht mehr zu bekommen ist, nehmen wir mit Pferdemist vorlieb, wenn dieser auch mehr Sorgfalt in der Temperaturführung erfordert.

Spezialkomposte bestehen vornehmlich aus reinem Laub, Sägemehl, Stroh oder Trester aller Art. Müllkomposte enthalten in der Regel Klärschlamm und scheiden damit für den gärtnerischen Gebrauch aus.

So sinnvoll die spezielle Zubereitung der Erden, aufgrund des verschiedenen Ausgangsmaterials, für einen Gärtner im Blumen- und Zierpflanzenbau oder

bei einer großflächigen Feldgemüsekultur auch sein mag, der Gartenfreund auf kleinem Grundstück wird sich zufriedengeben müssen, alle Abfallstoffe in *einer* Miete – gut gemischt – aufzusetzen. Dabei richtet sich die *Mietengröße* nach den jeweiligen Bedürfnissen und Möglichkeiten. Der Haufen soll eine Breite von 1,20 bis 1,50 m haben, die Höhe beträgt etwa 80 cm, wobei die Seiten schräg abfallen. Nur in größeren Gärtnereien läßt sich die Miete an einem Tag aufsetzen, im Hausgarten dauert das wesentlich länger. Es ist deshalb erforderlich, das anfallende Material zu sammeln und mit Stroh- oder Rohrmatten, altem Heu, Reisig und anderem immer gut abzudecken. Wir sind das auch der Ordnung und dem Nachbarn schuldig.

Einmal in der Woche wird das sperrige Gut, wie Krautstrünke, Astwerk, alte Stauden, vergangene Sommerblumen, mit Hacke oder Beil zerkleinert, mit der Gabel insgesamt ordentlich vermischt und locker aufgesetzt. Die Mischung ist der Schichtung vorzuziehen. Besonders bei ungeübten Gartenfreunden entstehen sonst leicht Verdichtungszonen, welche später die Zirkulationsprozesse in der Miete hemmen. Auch hier decken wir das Ganze gleich wieder ab. Nach einer gewissen Zeit wird der Komposthaufen die gewünschte Größe bekommen haben, die endgültige Abdeckung erfolgt dann wieder mit Stroh, altem Heu, gegebenenfalls mit wenig Erde. Das Ganze muß atmen können. Jeder Gärtner eignet sich im Laufe der Zeit ein Gespür dafür an, welche Substanzen sich unter seinen besonderen Verhältnissen dafür eigenen.

Das Kompostmaterial

Besteht das Material mehr aus Sägemehl, altem Heu oder viel Laub, so handelt es sich um kohlenstoffreiche (C) Substanzen. Fallen dagegen viele Küchen- und frische Gartenabfälle, junges Gras oder abgemähte Gründüngung an, dann haben wir es mit einem eiweißreicheren Material zu tun, in welchem der Stickstoffanteil (N) höher ist. Der Fachmann spricht deshalb von dem Kohlenstoff-Stickstoff- oder C-N-Verhältnis, welches in Zahlen ausgedrückt möglichst eng sein sollte. Auch hier kann der Rindermist wieder als Maßstab dienen, der ein C-N-Verhältnis von 15 : 1 hat, während wir bei der Laubstreu von Linde, Eiche und Buche ein solches von 40 bis 60:1 finden. In einem guten Kompost dürfen deshalb die tierischen Abfallstoffe nicht fehlen und müssen gegebenenfalls zugekauft werden. Zur Streckung des Materials, aber auch zur besseren Verrottung hat sich das Einbringen von Erden, Gesteinsmehlen und organischen Dungstoffen als nützlich erwiesen.

Die Zuschläge zum Komposthaufen. Hier ist an erster Stelle die gute *Gartenerde* zu nennen, die bis zu 5% (Vol. Prozent) eingearbeitet werden kann. Sie ist feuchtkrümelig einzustreuen, trockenes Material entzieht die notwendige Feuchtigkeit. Bauaushub, tonhaltige Erden und anderes eignen sich meist nicht zur Aufbesserung des Kompostmaterials. Es bedarf der vorherigen Aufbereitung in einer speziellen Miete unter Frosteinwirkung, um das zähe Material krümelig zu bekommen.

Tierischer Dung verträgt die Beigabe von *Kalk* nicht, bei allen Küchenabfällen, frischem Gras und sonstigen eiweißreichen Substanzen ist die Beigabe von Branntkalk (2 bis 4 kg je m^3) hingegen dringend erforderlich. An seiner Stelle läßt sich auch der Algendünger in doppelter Menge verwenden.

Die biologisch-dynamischen Präparate werden aus bekannten Heilkräutern hergestellt (hier nicht im natürlichen Größenverhältnis). Beispiel der Einbringung in die Komposthaufen. Ba = Baldrian, Br = Brennessel, Ei = Eichenrinde, Ka = Kamille, Lö = Löwenzahn, Sch = Schafgarbe.

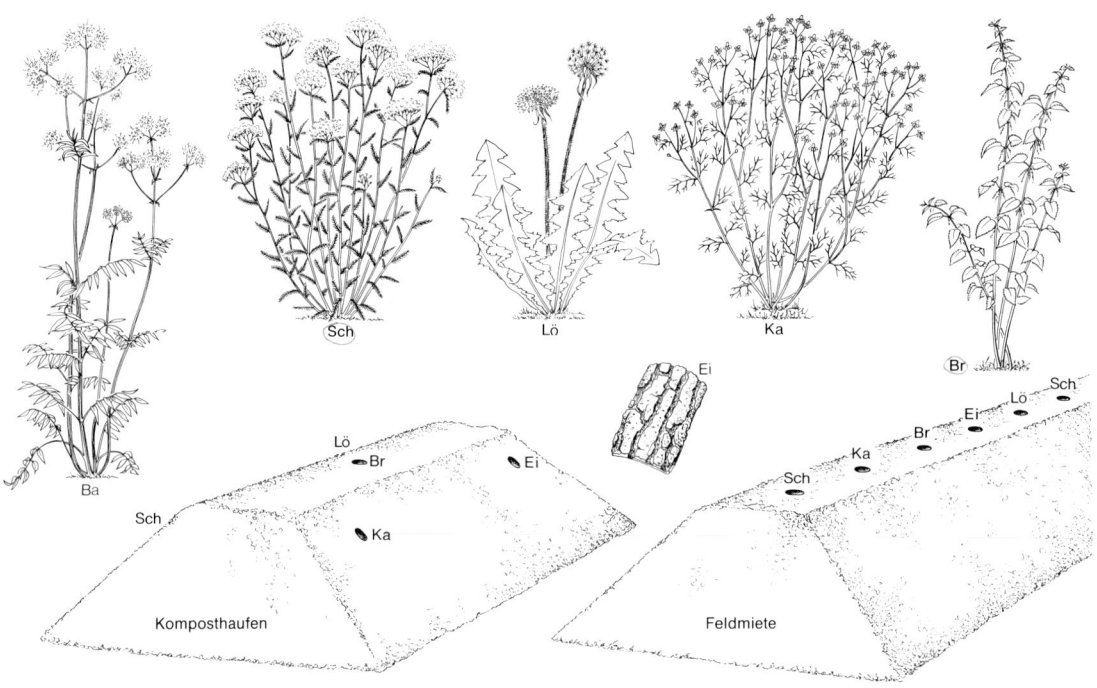

Komposthaufen

Feldmiete

In gleicher Weise streuen wir auch bei Bedarf *Basalt-mehl* ein und auf leichten Böden ist die Zugabe von speziellen *Tonmehlen* (z. B. Edasil 1 kg pro m³) hilfreich, weil dadurch die Bildung von Ton-Humus-Komplexen gefördert wird. Ergeben die Bodenproben im Garten mangelhafte Phosphorwerte, dann ist die Beigabe von *Knochenmehl* (5 bis 8 kg je m³) – oder auch 10 kg Hühnertrockendung bzw. 5 kg Rohphosphat – sinnvoll. Das gleiche ist vom Kali zu sagen, welches in Form von *Holzasche* (3 bis 5 kg je m³) eingestreut werden kann. Bleibt noch der Stickstoff, der sich bei fehlendem tierischen Dung in Form von *Hornspänen* (4 bis 6 kg je m³) zuführen läßt.

Hat die Kompostmiete ein Drittel der gewünschten Höhe erreicht, dann werden *die biologisch-dynamischen Kompostpräparate* in Mengen von je einem Kaffeelöffel voll, entsprechend der Skizze, beigegeben. Kann die Maßnahme erst nach Fertigstellung des Haufens erfolgen, dann stoßen wir mit einer Stange 50 cm tief Löcher und geben die Präparate hinein. Die Löcher werden wieder gut verschlossen, so daß die Präparate allseitig vom Kompostmaterial umgeben sind. Das flüssige Baldrianpräparat wird in handwarmem Wasser 5 bis 10 Minuten gerührt und zum Abschluß über die fertige Miete fein versprüht (2 bis 3 cm³ Baldrianblütenextrakt auf 5 Liter Wasser). Die Angaben beziehen sich auf 3 bis 5 m³ Kompostmaterial.

Auf sorgfältige Abdeckung ist stets zu achten. Auf die Präparate selber kommen wir noch zu sprechen.

Was läßt sich bei den Rottevorgängen beobachten?

Jedem Gärtner ist bekannt, daß sich aufgesetzter Mist in den ersten Tagen stark erhitzt und dabei sehr viel Substanz von den Mikroorganismen verbraucht wird. Die Miete verliert dabei schnell an Volumen, sie »sackt« zusammen. Eine durchaus unerfreuliche Erscheinung, die sich erfahrungsgemäß mit Hilfe der Präparate vermeiden läßt. Der weitere Verlauf wird von Pilzen geprägt, die Stoffe setzen sich langsam um, der unangenehme Geruch verschwindet. Schließlich treten Bodentiere auf, der Mistwurm vermehrt sich rasch und entfaltet eine rege Tätigkeit. Nach einigen Monaten haben sich die Vorgänge aufeinander abgestimmt, die Rotte verläuft in ruhigen und überschaubaren Bahnen der Reife entgegen. Die angenehm nach Walderde duftende Substanz ist des Gärtners ganze Freude und zeigt an, daß die Substanzumwandlung gelungen ist.

Bockemühl (1978) hat diese Vorgänge untersucht und folgendermaßen dargestellt: Jeder Komposthaufen ist in drei Zonen unterteilt. Die äußere, also die

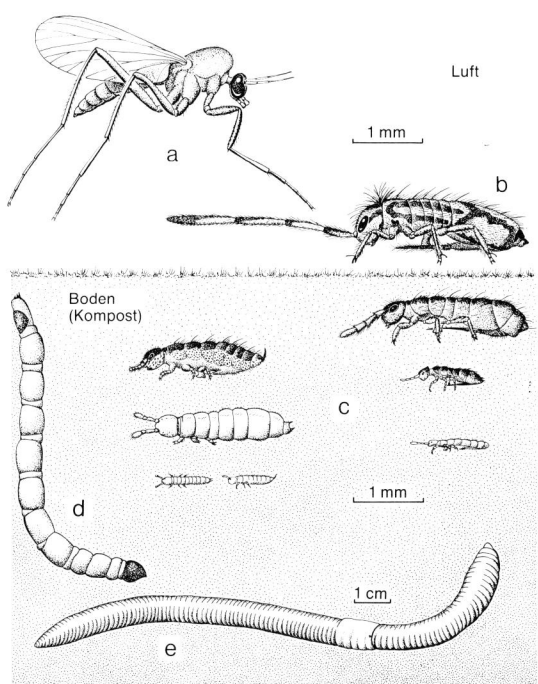

Einige Beispiele aus der Fülle von humusschaffenden Kleintieren, die in Boden und Kompost leben. a = Mücke, b und c = Springschwänze, d = Mückenlarve, e = Regenwurm.

Oberfläche der Miete, ist durch die Abdeckung geschützt, jedoch relativ locker in der Struktur. Eine Zwischenzone besitzt deutliche Eigenwärme, die von dort aus den ganzen Haufen durchzieht, der Kern bleibt oft fest und verrottet nur langsam, da die Umsetzungsvorgänge außen beginnen und sich mehr oder weniger schnell – das hängt von der Kunst des Kompostmeisters ab – nach dem Inneren zu fortsetzen. Dabei gilt es nicht nur zwischen drei Zonen zu unterscheiden. Auch der zeitliche Ablauf der Rotte ist deutlichen Gliederungen unterworfen, die von ganz bestimmten Organismen getragen und durchgeführt werden.

Die 1. Phase wird vornehmlich durch die Bakterien geprägt, die durch starke Stoffwechseltätigkeit hohe Temperaturen erzeugen können. Dadurch werden die Lebenskeime insbesondere der höheren Organismen aufgelöst, das Material wird gleichsam »hygienisiert«, pathogene Keime gehen zugrunde.

Die 2. Phase beherrschen die Hutpilze. Mit ihren Hyphen (Pilzfäden) breiten sie sich auf der ganzen Oberfläche aus und sind überall an ihrem sporentragenden Hut zu erkennen. Sie sind in der Lage, den durch die erhöhten Temperaturen der ersten Phase als Ammoniak entweichenden Stickstoff aufzunehmen und in den Rotteprozeß zurückzuführen.

Die 3. Phase vollzieht sich in Form einer fortschreitenden Verwandlung. Jetzt treten vermehrt Insekten, z. B. Springschwänze, Asseln und andere Bodentiere auf, die mittels ihrer Beißwerkzeuge das Material zerkleinern. Das wuchernde mikrobielle und pilzliche Wachstum wird dadurch deutlich eingedämmt.

Die 4. Phase ist durch das Auftreten der Mistwürmer (*Eisenia foetida*) gekennzeichnet. Sie stellen eine innige Verbindung zwischen Bodenkrümeln und organischen Substanzen her. Die ins Schwarze gehende Verfärbung der Stoffe spricht für ein enger werdendes C-N-Verhältnis, die Anfänge einer stabilen Humusbildung werden sichtbar.

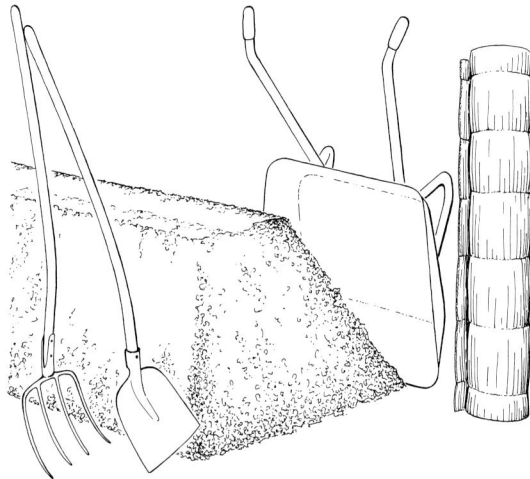

Mit diesen Geräten kann jeder Kompost bereiten: Mistgabel, Schaufel, Schubkarre, Strohmatte.

Besondere Hinweise zur Kompostierung

Die Umsetzungsvorgänge im Komposthaufen laufen nur dann zur Zufriedenheit ab, wenn das Material weder zu naß noch zu trocken ist. Der richtige Wassergehalt liegt zwischen 50 und 60%, die Stoffe fühlen sich dabei noch feucht an, das Wasser tropft jedoch bei Druck in geballter Faust nicht ab. Übernäßte oder ausgetrocknete Komposte lassen sich nur durch Umsetzen bei Zugabe von trockenem Material oder Wasser ausgleichen. Diese Arbeit sollte nur bei warmem Wetter vorgenommen werden.

Im Gartenbau war es üblich, den Komposthaufen einmal im Jahr umzusetzen. Dies trifft heute nur noch für die erste Miete auf einem neuangelegten Kompostplatz zu. Später sind, neben der gewonnenen Erfahrung, auch die inzwischen zahlreich angesiedelten Kleinlebewesen wirksam, und die Einwirkung der Präparate macht ein Umsetzen überflüssig.

Je nach Jahreszeit und Außentemperatur ist das Material innerhalb von 12 Monaten ausgereift. Dennoch läßt sich der zeitliche Ablauf verkürzen, wenn man nach etwa drei Monaten, also im Übergang von der dritten zur vierten Phase, die Miete umsetzt, nochmals präpariert und gut abdeckt.

Unkrautsamen in der Komposterde werden manchem Hausgärtner immer wieder zum Verhängnis. Kommt blühendes oder samentragendes Unkraut in die Mieten, so keimt es nur teilweise an (und geht dann zugrunde), der überwiegende Teil überlebt als Samen und macht sich dann im Garten um so mehr breit. Vorsicht ist deshalb am Platze.

Frischer Rasenschnitt eignet sich schlecht zur Kompostierung. Er fällt rasch zusammen, fault in nasser und schimmelt in trockener Jahreszeit. Das Material sollte am besten gleich in die Miete eingemischt oder zum Mulchen im Garten verwandt werden.

Bei halb- oder unverrotteten *Hobelspänen* und *Sägemehl* ist immer Vorsicht geboten. Sie rufen auf dem Land Schädlingsbefall (Drahtwürmer der *Agriotes-*Arten) hervor. Vollständige Vererdung ist bei diesen Substanzen Bedingung.

Laub von Bäumen und Sträuchern, aus dem Obst- und Ziergarten fällt im Herbst so reichlich an, daß es fast als Unrat betrachtet wird. Jedoch zu unrecht! Nach der individuellen Natur der Bäume und Sträucher enthält das Laub soviel Gerüst- und Feinstofflichkeit, daß sein Kompost im Gartenbau durch nichts anderes zu ersetzen ist. Bei der Anzucht von Stecklingen, Jungpflanzen und Blumen, gemischt mit Mistkomposten und anderen Erden, wird es seinen sicheren Platz auch in Zukunft behalten.

Die zur Kompostierung anfallenden Laubarten sind gut zu mischen, Einseitigkeiten einzelner Arten gilt es zu vermeiden. Das Material soll mäßig feucht sein, zu nasse Blätter breite man vorher an der Luft zum Abtrocknen aus. Auch hier hat sich die Zugabe von guter Erde bewährt, die Beimischung von Bentonit (1 bis 3%) regt die Wurmtätigkeit deutlich an. Die auch sonst bewährten Beischläge wie Basaltmehl, Algomin

Präparatepflanzen: Baldrian (oben links), Kamille (oben rechts), Brennessel.

(1 bis 2%), Blattalgenextrakte in Spuren und organische Mischdünger (1 bis 2%) fördern Arbeit und Ernährung der Bodentiere, bewirken eine gleichmäßige Rotte. Gründliche Präparierung und leichte Abdeckung vor dem Winter runden die Arbeit an der Miete ab. Die nach Ablauf von 12 Monaten entstandene, angenehm nach Wald duftende Komposterde zeigt an, daß sich der pflegliche Umgang mit dem Laub gelohnt hat.

Stroh bereitet am wenigsten Mühe, wenn es im Freien den Herbst und Winter über lagert und dabei brüchig wird. Außerdem ist das C-N-Verhältnis mit 50 bis 100 : 1 ein sehr weites, was bei der Weiterbehandlung zu berücksichtigen ist. Gründliche Mischung mit anderen Materialien wie z. B. Erde, Grünabfällen, Horn- und Blutmehl, regelmäßige Jauchegaben, ist notwendig, um eine gute Vererdung zu erreichen.

Obsttrester fällt in Platten an. Im Regen leicht breitgestreut, weicht er schnell auf und zerfällt. Zur Verbesserung (Säurebindung) geben wir 10 kg Basaltmehl je 1 m³ sowie einen Eimer voll vom letztjährigen Kompostmaterial hinzu. Auch hier können weitere Zuschläge (Erden, tierischer Dung) das ganze nur besser machen.

Fäkalien, heute auch im Klärschlamm enthalten, gehören nicht in den Garten. (In gut vererdetem Zustand läßt sich das Material zur Rekultivierung von Ödland, im Straßenbau [Böschungsbelag] und bei Aufforstungen verwenden.)

Wenn Steiner von einem »persönlichen Verhältnis« spricht, das der Landwirt und Gärtner im Umgang und bei der Zubereitung der Düngersubstanzen entwickeln muß, so spricht er damit Entscheidendes aus. Auch dem Gartenfreund wird die Arbeit am Komposthaufen durch das Jahr hindurch nur dann Freude bereiten, wenn er an den Lebensvorgängen in der Miete steten Anteil nimmt, beobachtet, wie Bakterien, Pilze, Springschwänze, Mistwürmer und vieles mehr sich entfalten und wieder vergehen, durch deren Tätigkeit innerhalb weniger Monate eine fruchtbare Erde entsteht. Das ist manche Mühe wert!

Die biologisch-dynamischen Düngerpräparate

Wir haben nun die Kompostierung in der technischen Handhabung und in bezug auf die biologischen Abläufe kennengelernt. Die Wahl eines beschatteten Kompostplatzes sowie die Art, wie man verschiedenste Materialien aufsetzt, ermöglicht der Kleinlebewelt tätig zu werden.

Welche Handhabungen bietet nun die biologisch-dynamische Wirtschaftsweise, um diese Umsetzungsvorgänge bei der Rotte zu führen und dem Kompost die Lebendigkeit zu geben, die er beim Düngen an den Boden weitergeben kann? Rudolf Steiner hat dafür die Düngerzusatzpräparate entwickelt. Sie werden aus den bekannten Heilpflanzen *Schafgarbe, Kamille, Brennessel, Eichenrinde, Löwenzahn* und *Baldrian* zubereitet. Äußerlich erscheinen sie als trockene bis feuchtkrümelige Substanzen in schwarz-, rötlich-, grau- und gelbbrauner Farbtönung. Diese geht auf spezielle Fermentierungsvorgänge zurück, bei denen die Heilpflanzen in tierischen Organen zu bestimmten Jahreszeiten im Boden den Umwelteinflüssen ausgesetzt werden. Der Baldrian steht lediglich als Blütenextrakt zur Verfügung. Jedes Präparat hat neben der eigenartigen Färbung und Konsistenz auch einen charakteristischen Geruch, der bei Kamille und Baldrian am meisten dem ursprünglichen Blütenduft ähnelt.

Diese sechs Heilpflanzenpräparate werden dem Kompost in kleinsten Mengen – wie schon beschrieben – einzeln und in bestimmten Abständen zugesetzt und wirken sich organisierend auf den Kompostierungsvorgang aus.

Die Wirksamkeit kleinster Mengen ist in vielen Lebensbereichen hinreichend bekannt, wenn man nur an Gewürze, Düfte, Spurenelemente oder auch an die lebensregulierenden Vitamine denkt, die ihre Wirkungen ausströmen bzw. ausstrahlen lassen oder als Katalysatoren dienen. Schon vor einem halben Jahrhundert hat man Vergleichskomposte mit und ohne Präparate angelegt. Dabei zeigte sich unmittelbar, daß die Miete unter Präparateeinwirkung nicht so heiß wurde und geringere Feuchtigkeitsverluste hatte, wobei im weiteren Verlauf der Kompost weniger zusammenfiel und die milde Wärme länger erhalten blieb. Eine reichere Besiedelung mit Kompostwürmern und eine verkürzte Rottezeit ließen sich ebenfalls feststellen.

Weil derartige Erscheinungen auf Veränderungen in der Organismenaktivität hinweisen, lag es nahe, die Beobachtungen durch Versuche zu erhärten. Dabei zeigte sich, daß die Präparate insgesamt auf Hefen in einer Verdünnung von 1 zu einer Billion noch wachstumssteigernd wirkten, einzeln ausgebracht die Vermehrung von Bodenbakterien noch stark beeinflußten. Die Versuchsreihe (nach Pfeiffer 1948) ergab das in der Tabelle festgehaltene Bild.

Im Mietenversuch ergab sich nach zwei Monaten ein 10facher Bakterienbesatz, während die Schimmelbildung eingeschränkt wurde (Pfeiffer 1956). Neuere

Millionen Bakterien je Gramm Material

	Versuchsanfang	Versuchsende aerobe	anaerobe
Schafgarbenpräparat	30	910	–
Kamillenpräparat	90	3000	–
Brennesselpräparat	60	1050	470
Eichenrindepräparat	30	2000	–
Löwenzahnpräparat	70	360	180

Untersuchungen bestätigen die anregende Wirkung der Präparate auf das Bakterien- und Pilzwachstum im Kompost (Abele 1973) und den Abbau pflanzenschädigender Stoffe im Flüssigmist (Abele 1976). Aber auch höher organisierte Düngerbewohner wie humusbildende Collembolen (Bockemühl 1978) und Mistwürmer reagieren positiv auf die Präparatebeigaben.

In einem anderen Versuch (Pfeiffer 1956 und v. Grone 1929) wurde eine längliche Kiste mit durchlöcherten Zwischenwänden unterteilt, die einzelnen Abteile mit vergleichbaren, doch verschieden behandelten Erden und jeweils einer gleichen Anzahl Regenwürmer gefüllt. Nach vier Tagen waren die meisten Würmer in der biologisch-dynamisch präparierten Abteilung zu finden.

Wahlversuche mit Pflanzen, welche auf die Trennwand zwischen präpariertem und unpräpariertem Boden gesetzt wurden, bildeten deutlich mehr Wurzeln im präparierten Bereich aus. Im Topfversuch im Gartenbau entwickelten die Wurzeln der im Versuch verwandten Schmetterlingsblütler

im üblich gedüngten Boden 9,5 g
im biologisch-dynamisch gedüngten Boden 16,2 g

Wurzelknöllchen je 100 Pflanzen (Pfeiffer 1956). Inzwischen fand Abele (1973) heraus, daß unter der Präparateeinwirkung bis zehnmal soviel Cyanocobalamin (Vitamin B_{12}) im Boden gebildet wird. Es fördert die Stickstoffbindung aus der Luft durch die Knöllchen- oder bodenbewohnenden Bakterien. Da die gasförmigen Stickstoffverluste geringer werden, nehmen die Stickstoffmengen in der Erde zu.

Präparierter Stallmistkompost regt in besonderem Maße die Knöllchenbildung von Leguminosen und die Regenwurmtätigkeit im Boden an, führt zu einer natürlichen Vertiefung der Krume und zur Auflösung schädlicher Bodenverdichtungen (Abele 1973, v. Wistinghausen 1977, Spieß 1978). Im Vergleich von vier Kompostierungsmitteln zeigte Fürst 1966 auf, daß nach 10monatiger Kompostierungsdauer von Stallmist die biologisch-dynamische Variante sowohl bei Gesamtstickstoff als auch im Humusgehalt die höchsten Werte bildete.

Die bisherigen Darstellungen beschränkten sich nur auf die Präparatewirkungen im biologisch nachweisbaren Bereich, die jedoch nicht als Stoffwirkungen erklärbar sind. Besondere Bedeutung kommt außerdem den strahlenden Wirkungen zu (z. B. mit der Wünschelrute wahrnehmbar), die hier nicht zerstörend, sondern aufbauend wirken.

Diese Auswahl von Untersuchungsergebnissen mag erkennen lassen, was Rudolf Steiner meinte, wenn er 1924 im Hinblick auf die Präparate sagte, daß damit »etwas ganz Fundamentales zur Aufbesserung des Düngers« geschieht.

Die *Aufbewahrung der Präparate* erfolgt, damit die Wirkung erhalten bleibt, in Blumentöpfen, Glas-, Steingut- oder Porzellangefäßen, die allseitig von ei-

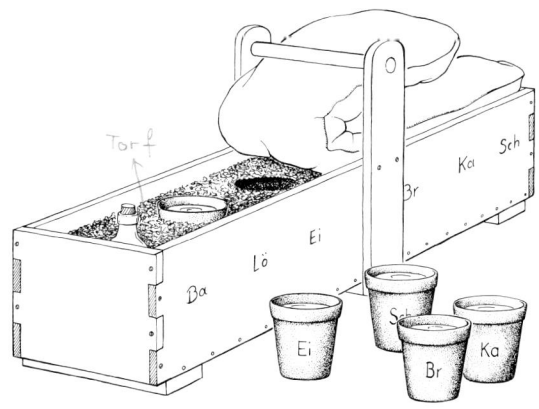

Die sorgfältige Aufbewahrung der biologisch-dynamischen Präparate ist von besonderer Wichtigkeit.

ner mindestens 7 cm starken Torfschicht umgeben sein sollten.

Durch den Zusatz der sechs Heilpflanzenpräparate werden alle Dünger wie Kompost, Mist oder Jauche entscheidend verbessert. Als fester Bestandteil der biologisch-dynamischen Arbeit sind sie erfahrungsgemäß durch nichts zu ersetzen. Bei größerem Bedarf, z. B. in landwirtschaftlichen Betrieben, werden die Anwender die notwendigen Mengen selber herstellen. Jährlich stattfindende Lehrveranstaltungen und Demonstrationen vermitteln das hierzu notwendige Rüstzeug. Die jeweiligen Termine müssen bei den örtlichen Arbeitsgemeinschaften erfragt werden. Der Hausgärtner wird dort auch seinen Bedarf decken.

Die Gründüngung

Der Gärtner möchte mit Hilfe der Gründüngung den Gehalt an organischer Substanz verbessern und das Bodenleben anregen. Diesem Ziel dient der Anbau ganz bestimmter Kulturen, welche, meist noch vor der Blüte gemäht, frisch oder in leicht angewelktem Zustand in den Boden eingearbeitet werden. Im naturgemäßen Anbau kommt diesen Bemühungen besondere Bedeutung zu. Sie stehen gleichgewichtig neben der Kompost- und Erdbereitung, der Fruchtfolge oder dem Einsatz der Hilfs- und Pflegemittel.

Wie historische Zeugnisse beweisen, ist die Gründüngung schon sehr lange bekannt. Wir nehmen heute an, daß bereits die Römer mit der »Wolfsbohne« (unserer heutigen Lupine) in ähnlichem Sinne arbeiteten. Für den Gartenbau haben diese Verfahren allerdings erst gegen Ende des 19. Jahrhunderts an Bedeutung gewonnen, als Schultz-Lupitz im Ackerbau die Lupineneinsaat einführte. Besonders auf leichten Böden ließen sich dadurch aus folgenden Gründen die Erträge sehr rasch anheben:

1. Schon im Aufwuchs fördert die Bodenbedeckung deutlich eine Schattengare, vermindert damit die Gefahren der Erosion und aktiviert das Bodenleben.
2. Das frische Grün besitzt ein enges Kohlenstoff-Stickstoff-Verhältnis und damit viel pflanzliches Eiweiß, wie auch Eiweißvorstufen und Kohlenhydrate, die den Humusaufbau fördern und vermehren.
3. Die Wurzelmassen schließen auch die tieferen Schichten des Erdreichs auf. Deshalb kann sich die nachfolgende Kultur besser nach unten entfalten, was ihre Wasser- und Nährstoffversorgung begünstigt.

Angesichts der Tatsache, daß sich relativ viele Pflanzen zu Gründüngungszwecken verwenden lassen, ist zunächst zwischen folgenden Arten zu unterscheiden. Den ersten Platz nehmen die *Leguminosen* mit allen Kleearten, Lupinen, Erbsen, Bohnen und anderen mehr ein. An zweiter Stelle folgen die *Kreuzblütler* mit dem Raps, Senf, Ölrettich usw. Hinzu kommt noch ein weniger bekanntes Gewächs, der Bienenfreund (*Phacelia*), das, wie der Name besagt, auch von den Imkern sehr geschätzt wird.

Die Leguminosen

Der Name Leguminose kommt aus dem romanischen Sprachbereich, »Legumen« heißt: »Das Schiffchen«. Die Familie umfaßt etwa 12 000 Arten, die bekanntesten davon gehören der Unterfamilie der Schmetterlingsblütler (Papilionaceae oder auch Fabaceae) an. Alle Vertreter besitzen die Fähigkeit, den Stickstoff, der als farb- und geruchloses Gas zu 78 % in der Luft enthalten ist, in den Wurzel- und Blattbereich aufzunehmen. Dies geschieht mit Hilfe der sogenannten Knöllchenbakterien (*Bacillus radicicola*), die in echter Symbiose mit den Pflanzen leben. Die Bakterien wandern bald nach der Samenkeimung durch die Wurzelhaare in die Gewächse ein und veranlassen die Bildung von Wurzelknöllchen. Jeder Gärtner sollte gelegentlich bei seinen Bohnen oder Erbsen diesen Vorgang studieren. Die Bakterien vermögen sich auf Kosten der von den Leguminosen gelieferten organischen Substanz zu ernähren und besitzen die Fähigkeit, den Stickstoff der Bodenluft in Eiweißverbindungen überzuführen. Jedoch nicht nur das: Wenn

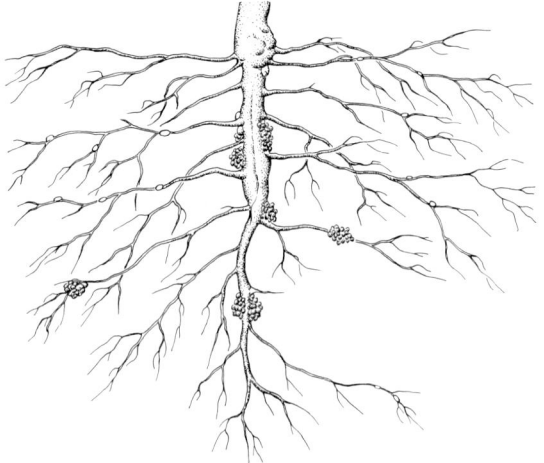

Wurzelknöllchen beherbergen symbiontische Bakterien, die Luftstickstoff binden können.

die Wirtspflanze vergeht, zerfallen auch die Wurzelknöllchen, der Stickstoff gelangt in den Boden, indem er mit Hilfe von anderen Bakterien aus dem Eiweiß gelöst und in Stickstoffverbindungen übergeführt wird.

Wie schon bemerkt, umfaßt die Familie der Leguminosen sehr viele Arten. Darunter befinden sich je nach Klima und Wasserbedarf, nach Kiesel- und Kalkgehalt des Bodens verschiedene Vertreter. Die einen bevorzugen einen sauren, kieselreichen Sandboden (Lupinen, Serradella), andere gelangen nur auf kalkreichem, alkalischem Untergrund (Luzerne, Esparsette) zur vollen Entfaltung. Es gibt Arten, die ausdauernd und winterhart (Rotklee, Weißklee) sind, und andere, die wiederum beim ersten Frost vergehen (Sommerwicke). Für die Blumenrabatte hat man die perennierenden (ausdauernden) Arten der Lupine zu farbenprächtigen Blütenstauden gezüchtet. Manche Leguminosen gedeihen noch auf trockenstem Boden, andere brauchen viel Wasser wie Erbsen und Wicken, kurzum, der Gartenfreund kann sich heute den Stickstoffsammler aussuchen, der auch in seinen speziellen Verhältnissen noch gedeiht.

Nur einen Stoff vertragen die Leguminosen im Boden nicht oder nur in geringen Mengen: den Stickstoff selber. Gehört es doch zu ihrer Aufgabe, ihn als Gas aus der Luft aufzunehmen und einzubinden. Lediglich in der ersten Wachstumsphase ist ein geringes Angebot an Stickstoffverbindungen erforderlich. Damit aber die Lebensgemeinschaft mit den Wurzelknöllchen in Gang kommt, muß Stickstoffdüngung unterbleiben. Die Knöllchen entfalten sich sonst nur spärlich oder gehen gar in der Entwicklung zurück. Die bodenfördernde Wirkung der Leguminosen wird somit in Frage gestellt. Bei gekonntem Einsatz der stickstoffsammelnden Pflanzen in Kleegrasmischungen und als Gründüngung sowie bei Meliorationsvorhaben kann die Stickstofflücke völlig geschlossen werden. Der finnische Professor Virtanen bekam für diesen Nachweis 1945 den Nobelpreis.

Während die Erbsen und Bohnen in keinem Gemüsegarten fehlen, die Kleesaaten rein oder mit Gräsern und Kräutern gemischt in verstärktem Maße im Haus-, besonders aber Obstgarten zur Aussaat kommen, gilt es hier, eine Kulturart besonders herauszustellen, die im Bereich der leichten Böden nicht zu ersetzen ist und deshalb eingehender beschrieben werden soll.

Die Lupine (*Lupinus*) liebt den Quarz und damit den sandigen Boden und ist deshalb auf den leichten Äkkern Norddeutschlands als hervorragende Kultur- und Pionierpflanze zu Hause. Sie sollte im Hausgarten nicht nur als Zierstaude, sondern auch als Gründüngungspflanze noch viel intensiver eingesetzt werden.

Eine kalkhaltige Erde lieben die Lupinen nicht, wenn sich diese Abneigung auch nicht unmittelbar an den pH-Zahlen ablesen läßt. Selbst eine Bodenreaktion von pH 6 bis 7 kann, sofern nur der Untergrund sandig ist, noch zu einem freudigen Wachstum führen. Eine weitere, hervorragende Eigenschaft dieser Pflanzenfamilie ist, daß sie eine kräftige Pfahlwurzel bilden und damit den Untergrund aufzuschließen vermögen.

Im allgemeinen sät man Ende April, Anfang Mai aus und läßt sie bis zur Blüte kommen, aber nicht in Samenreife gehen. Das Abmähen, möglichst etwas kleinhäckseln und einarbeiten in den Boden, erfolgt in gewohnter Weise. Früh abgeerntete Gartenflächen lassen sich noch bis zum 20. Juli zur Bodenbelebung und -verbesserung mit Lupinen einsäen. Als Geschöpfe südlicher Bereiche lieben sie gerade den Nachsommer und Herbst und entfalten dabei ein üppiges Wachstum mit reicher Blüte. Sie lassen sich dann noch im Spätherbst einarbeiten, frieren jedoch im Winter vollständig ab und bieten damit eine willkommene Bodendecke. Lupinen eignen sich gut als Vorkultur für Kartoffeln und alle Gemüsearten, die stark ins Blatthafte hineingehen, wie Krautarten, Fenchel usw. Für Obstbäume und Beerensträucher ist das Kraut außerdem ein gutes Mulchmaterial.

Es gibt über 300 Lupinenarten, die zum größten Teil in Nordamerika beheimatet sind. Davon haben sich allerdings nur drei einjährige Arten in der Landwirtschaft Mitteleuropas bewährt. Es sind dies die Weiße, Gelbe und Blaue (schmalblättrige) Lupine, die sich in Wuchs, Samengröße und -farbe wesentlich unterscheiden. In Mitteleuropa hat hauptsächlich die Gelbe Lupine (*L. luteus*) an Bedeutung gewonnen. Die Schmalblättrige oder Blaue Lupine (*L. angustifolius*) wird bei uns am größten (bis zu 1,20 m und darüber) und ist auch hinsichtlich des Bodenkalkes und des Wärmebedürfnisses nicht so anspruchsvoll. Bei tiefer Wurzelentfaltung ist sie jedoch nicht so blattreich, wirkt sperrig und beschattet weniger, was wiederum die Neigung zu stärkerem Unkrautwuchs fördert. Die vielen bunten Spielarten sind jedem Blumenfreund bekannt und aus den Staudenbeeten nicht mehr fortzudenken.

Der Weiße Steinklee (*Melilotus alba*). Als zweijährige, winterharte und anspruchslose Pionierpflanze vermag der Weiße Steinklee oder Bokharaklee dank seiner starken Pfahlwurzel die so oft vorhandenen

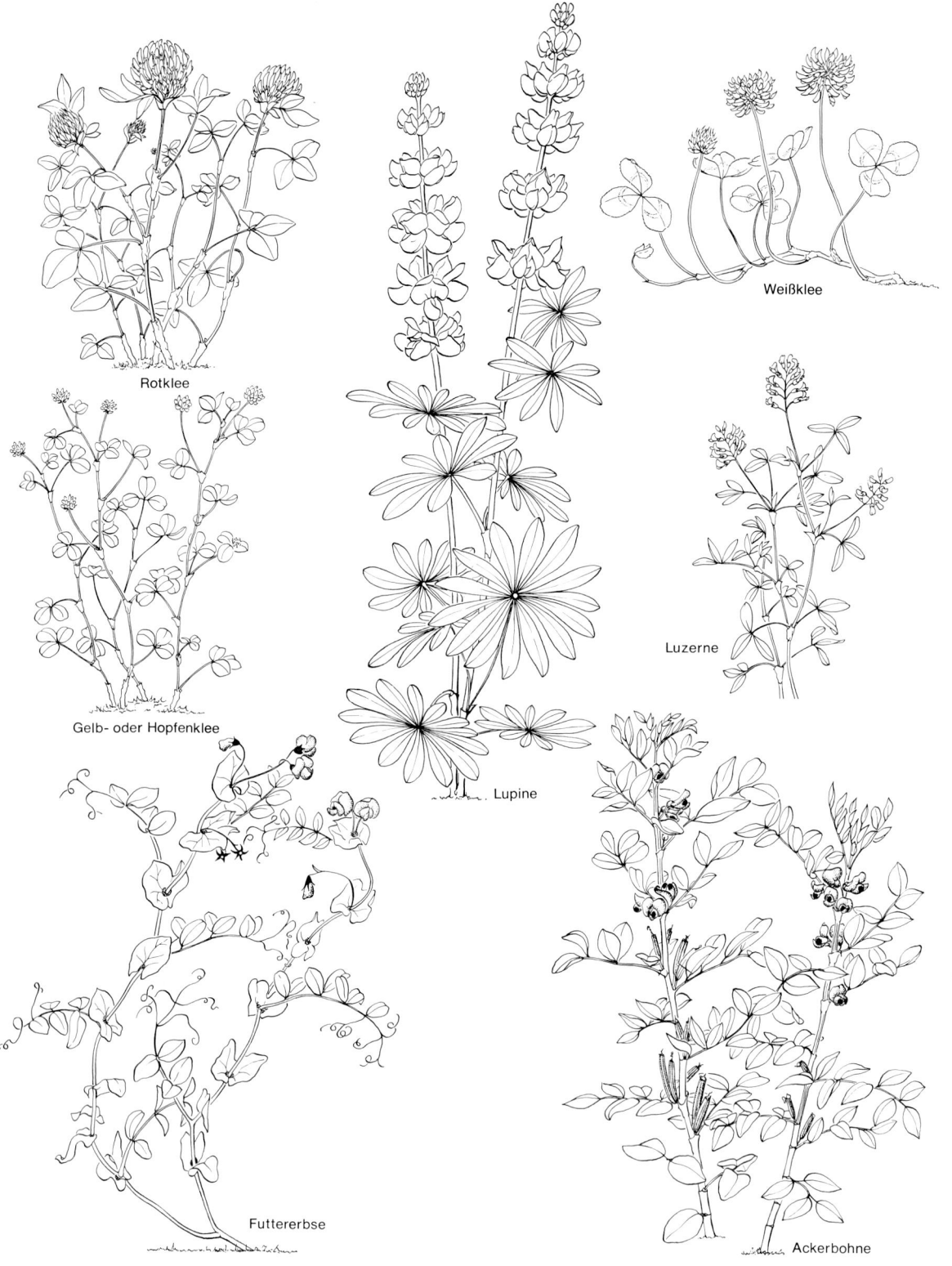

Rotklee

Weißklee

Gelb- oder Hopfenklee

Lupine

Luzerne

Futtererbse

Ackerbohne

64

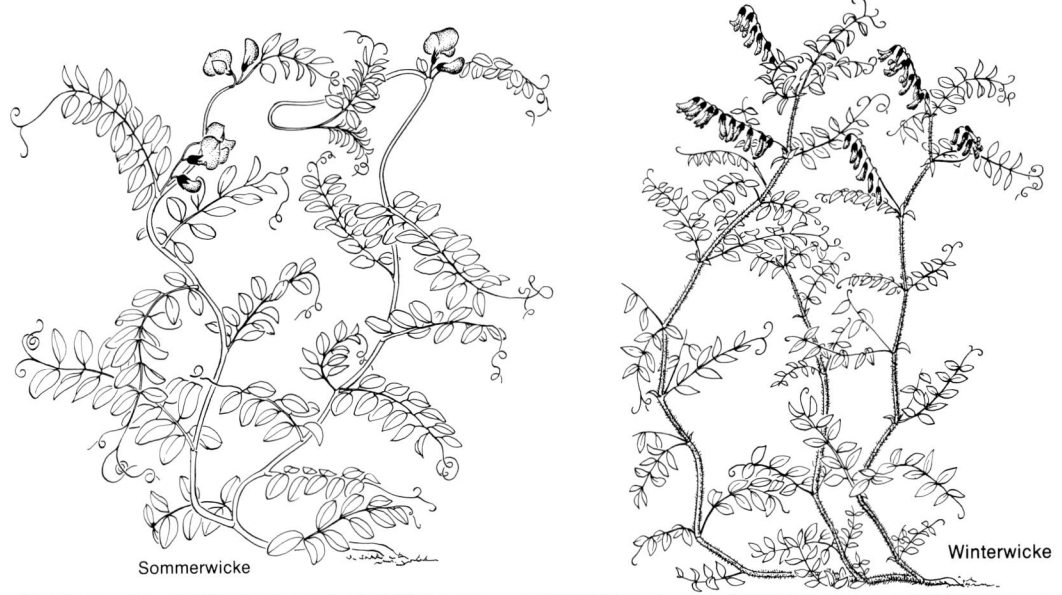

Sommerwicke

Winterwicke

Gründüngungspflanzen, nach Ansprüchen und Boden geordnet

Deutscher Name	Botanischer Name	Bodenart	pH	Saatzeit	Saat-menge g/m²	winterhart
Buchweizen	*Fagopyrum sagittatum*	leichte trockene Lagen	schwach bis stark sauer	Frühjahr bis Ende August	10–15	nein
Serradella	*Ornithopus sativus*	Sandboden	sauer	Frühjahr bis Mitte August	5–10	ja
Gelbe Lupine	*Lupinus luteus*	Sandboden bis lehmiger Sand	sauer bis schwach sauer	Frühjahr bis Anfang Sept.	20–30	friert ab
Blaue Lupine	*Lupinus angustifolius*					
Sonnenblume	*Helianthus annuus*	warme Böden	schwach sauer	Frühjahr bis Ende Juli	4–6	nur leichte Frühfröste
Bienenfreund	*Phacelia tanacetifolia*	alle Böden	neutral bis schwach sauer	Frühjahr bis Ende August	2–4	nur sehr bedingt (bis −8 °C)
Inkarnatklee	*Trifolium incarnatum*	mittlere Böden	schwach sauer bis neutral	Ende Juli bis Anfang Sept.	4–8	ja, ausgesprochen Herbst-Winterklee
Perser Klee	*Trifolium resupinatum*	mittelschwere Böden	schwach sauer bis alkalisch	Mai bis Juli	5–6	friert ab
Sommerwicke	*Vicia sativa*	alle Böden	schwach sauer bis alkalisch	Frühjahr bis Mitte August	20–30	friert ab
Winterwicke	*Vicia villosa*	leichte bis mittel-schwere Böden	schwach sauer bis neutral	Anfang August b. Mitte Sept.	15–20	ja
Ölrettich	*Raphanus sativus*	mittelschwer	neutral bis schwach alkalisch	Frühjahr bis Anfang Sept.	4–6	nur sehr bedingt
Weißer Steinklee	*Melilotus alba*	mittlere bis schwere Böden	neutral	Frühjahr bis Anfang Sept.	4–6	ja
Gelbklee	*Medicago lupulina*	mittlere bis schwere Böden	neutral	März bis Juni	3–5	ja
Futtererbse	*Pisum sativum*	alle Böden	neutral bis alkalisch	Frühjahr bis Mitte August	20–30	friert ab
Gelbsenf	*Sinapis alba*	mittelschwer	alkalisch	Frühjahr bis Ende August	4–6	friert ab
Winterraps	*Brassica napus*	mittelschwer	alkalisch	August	4–6	ja (bis −15 °C)
Esparsette	*Onobrychis viciifolia*	nur kalkhaltige Böden	alkalisch	Frühjahr bis Mitte August	25–40	ja

65

Bodenverdichtungen aufzuschließen und ist zur Re-kultivierung nach dem Hausbau, zur Erschließung von Ödländereien und ähnlichen Bodenverbesse-rungsvorhaben bestens geeignet. Da die Wurzeln immer wieder ausschlagen, ist die Kultur im zweiten Jahr gut einzuarbeiten.

Die Kreuzblütler

Neben ihrem Artenreichtum zeichnen sich die Kruzi-feren durch eine große Vitalität aus. Kein Wunder, daß ein hoher Prozentsatz der Ruderal(Ödland)-Pflanzen dieser Familie entstammen. Gelingt es jedoch, diese Wachstumsfreudigkeit durch züchteri-sche Maßnahmen »in den Griff« zu bekommen, so entstehen Arten, die sich im Futter- und Gründün-gungsanbau vortrefflich verwenden lassen, wobei die Entwicklung weiterer neuer Sorten dieser Familie si-cherlich noch nicht abgeschlossen ist.

Alle Arten gehören zu den Stickstoffzehrern und sind deshalb für eine Düngung dankbar. Sie halten jedoch auch durch Erzeugung reichlicher Grünmasse und ein günstiges Kohlenstoff-Stickstoff-Verhältnis den Stickstoff im natürlichen Kreislauf fest. Wollen die Leguminosen nicht mehr so recht wachsen, was viel-fach am Phosphormangel liegen mag, dann bieten die Kreuzblütler einen willkommenen Ersatz, sofern sie nur selber ausreichend mit Stickstoff versorgt wer-den. Gegen die Kohlhernie (eine gefährliche Pilz-krankheit, welche die Wurzeln befällt) sind sie aller-dings nicht gefeit, deshalb ist besonders auf leicht sauren Böden Vorsicht geboten.

Gelbsenf (*Sinapis alba*). Im Haus- und Kleingarten wird bevorzugt der *Gelbsenf* ausgebracht. Er ist leicht zu beschaffen, wächst schnell heran und ist sowohl als Vor- wie auch als Nachfrucht gut geeignet. Ende August bis Anfang September ausgesät, läßt er das Beet grün in den Winter gehen, durchwurzelt die Oberkrume ordentlich und friert schließlich bei den ersten Frösten ab. Man erhält auf diese Weise am Winterende ein saatfertiges Beet, das nur noch leich-ter Bearbeitung mit dem Krail bedarf. Bei der Aus-saat im Frühjahr kann man nach G. Franck (1978) folgendermaßen verfahren: Jedes Beet oder freie Stück Land, das bei Beginn der Gartenarbeiten noch nicht benötigt wird, sät man breitwürfig mit Senf ein. Der Boden wird dadurch schnell beschattet, die Gare gefördert und erhalten. Steht dann auch diese Fläche zur Aussaat oder Pflanzung an, läßt sich der Senf in jedem Wachstumsstadium leicht oberflächlich einar-beiten oder bleibt zur Abdeckung liegen.

Ölrettich (*Raphanus sativus*). Dank seiner starken Wurzelentwicklung ist auch der Ölrettich im Garten noch recht brauchbar, friert allerdings in milden Wintern nicht immer ab und stellt auch an die Dün-gung größere Ansprüche.

Raps (*Brassica napus*). Gleiches gilt von den weiter-entwickelten Rapssorten wie 'Petranova', die alle mehr oder weniger winterhart sind und deshalb im Frühling gründlich eingearbeitet werden müssen.

Manche Kulturen lassen sich gut miteinander mi-schen. So ist ein Gemenge von Sommerwicken oder Erbsen mit Gelbsenf sehr gebräuchlich, Senf mit Öl-rettich (⅔ zu ⅓) bringt reichlich Blatt- und Wurzel-masse zur gleichen Zeit.

Im gärtnerischen Anbau schätzt man nach wie vor das Landsberger Gemenge, bestehend aus Inkarnat-klee, Welschem Weidelgras und Winterwicke, der Hausgärtner wird lieber zu einer zusammengestellten *Leguminosenmischung*, z. B. dem Rotenburger-Kom-bi-Gemeng (Cohrs) greifen. Es gibt viele Möglichkei-ten, sie müssen nur genutzt werden.

Phacelia

Einer ganz anderen Pflanzenfamilie, den Wasser-blattgewächsen (Hydrophyllaceae), gehört die Phace-lia (*P. tanacetifolia*, Bienenfreund oder Büschel-schön) an. Sie ist dem Imker seit Generationen als eine der besten Bienenweidepflanzen bekannt und wird immer wieder gerne angebaut. Ihre Verwen-dung als Futterpflanze in der Landwirtschaft ist erst kürzeren Datums, und in der Gründüngung hat sie noch nicht die notwendige Beachtung gefunden. Sie stellt keine besonderen Ansprüche an die Boden- und Wasserverhältnisse, so daß man auch in trockenen Lagen zu dieser Kultur greifen kann. Leichte Dün-gung ist allerdings wünschenswert. Sie liefert dann durch schnellen Aufwuchs sehr viel grüne Masse und unterdrückt damit in ihrer Nachbarschaft jeglichen Unkrautwuchs.

Der Wert der Phacelia liegt im Sommeranbau. Sie kann nach frühreifenden Kulturen wie Frühkartof-feln, Pflückerbsen u. a. m. rein oder in Mischung gut angebaut werden. Spätester Termin ist Ende August. Der Frühjahrsanbau ist nicht zu empfehlen, da sie dann vor Mitte Juli nicht die gewünschten Erträge bringt. Vielfach wird die Phacelia auch im Gemenge angebaut, so u. a. mit Ölrettich, Lupinen, Serradella. Zu erwähnen ist noch ihre Widerstandsfähigkeit ge-gen Frühfröste (Temperaturen bis zu −7 °C).

Die richtige Behandlung der Grünmasse

Steht der Aufwuchs im Garten prächtig da, gilt es zu entscheiden, in welcher Form die grüne Blattmasse dem Boden zugute kommen soll. Die Leguminose besitzt nur dann die volle Düngewirkung, wenn sie kurz vor der Blüte gemäht und eingearbeitet wird, noch bevor der Stickstoff in Wurzel und Blatt sich in Sameneiweiß umgewandelt hat. Dabei kommt sowohl der Wurzel als auch dem Blatt – wenn auch nach Art verschieden – eine durchaus eigene Wirkung zu. Bei Klee halten sich z. B. beide die Waage, Stengel und Blatt der Lupine sind in der Düngewirkung der Wurzel deutlich überlegen. Es bedarf weiter der Feststellung, ob der Boden auch große Blattmassen »verdauen« kann, z. B. flach eingearbeitet als Oberflächenkompostierung, oder dieselben dem Boden besser nach dem Abmähen in Form einer Abdeckung dienen können. Von der Kompostierung auf Haufen ist dagegen abzuraten. Dazu gehört sehr viel praktische Erfahrung und der notwendige Erfolg bleibt meistens aus. Entschließt sich der Gärtner jedoch zum Unterpflügen oder Untergraben, dann dürfen die Blattmassen nur flach eingebracht und mit Erde bedeckt werden (Vorsicht vor Versäuerung!). Weniger Mühe bereiten dagegen die frostempfindlichen Leguminosen (z. B. Perserklee). Der Aufwuchs friert ab und gibt das Land zu einer späteren Bearbeitung frei. Diese kann auf schweren Böden noch im Spätherbst erfolgen – um die Frostgare zu nutzen –, Sandböden gestatten die Bearbeitung bis zum Frühjahr.

Mulchen, Bodenbedeckung und Flächenkompostierung

Die Begriffe lassen sich wohl gedanklich fassen, in der gärtnerischen Praxis jedoch nicht genau abgrenzen. Wie so oft gibt es auch hier fließende Übergänge. Dabei liegen den drei Handhabungen folgende Gedanken zugrunde.

An den Vorgängen im gesunden Mischwald können wir lernen, daß eine Bodenbedeckung das Bodenleben und damit den Humusaufbau fördert. Dabei lassen sich als erstes Strukturschäden verhindern, starke Regenfälle treffen die Oberkrume nicht unmittelbar, der Verschlämmung und Verkrustung wird vorgebeugt. Infolge der deutlich abgemilderten Sonneneinstrahlung unterbleibt auf tonigen Böden die Rißbildung und starke Austrocknung, die Bodenatmung erfährt eine deutliche Verbesserung. Im Halbschatten entfalten die Bodentiere ihre volle Regsamkeit und verwandeln damit die organische Bodendecke in eine langsam, aber stetig fließende Nährstoffquelle, deren Bedeutung nicht unterschätzt werden darf. Nicht zuletzt gehen der Unkrautbesatz und damit die Hack- und Pflegearbeiten spürbar zurück.

Mulchen. Darunter verstehen wir die Abdeckung der Bodenoberfläche mit abgemähten Gründüngungspflanzen, frischem nichtblühendem Unkraut, Gras u.a.m., welche auf dem gleichen Stück oder in unmittelbarer Nachbarschaft herangewachsen sind. Die organische Substanz wird entweder im Verlauf weniger Sommerwochen von den Bodenorganismen vollständig aufgenommen oder, je nach den Notwendigkeiten im Garten, früher oder später mittels Hacke in die Oberfläche leicht eingearbeitet. Die Rotte verläuft dadurch schneller.

Flächenkompostierung. Bei ihr wird nicht nur grüne Substanz, sondern leicht angerotteter Dünger, unfertiges Kompostmaterial auf das Land gebracht und leicht eingearbeitet. Wesentlich besser ist allerdings, wenn auf den Beeten vorher eine Gründüngung (z. B. Gelb- oder Weißklee) ausgesät worden ist, welche den leichten »Kompost- oder Dung-Schleier« durchwächst und mit Hilfe der nachfolgenden Bodenflora und -fauna die gewünschte Stoffumwandlung bewerkstelligt.

Bodenbedeckung. Sie unterscheidet sich insofern von den vorigen Verfahren, als hier altes Stroh, angewelkter Rasenschnitt oder angerottetes Laub in dem Garten ausgebracht werden und ihre Wirksamkeit in beschriebenem Sinne entfalten.

Der Arbeitsbericht von K. Hanke kann zusammenfassend am besten deutlich machen, worum es bei diesen praktischen Handhabungen geht. Sie schreibt zu diesem Thema folgendes:

»Als ich 1952 aus einer steinigen Schafweide am Nordhang der Schwäbischen Alb auf leichtem flachgründigem Kalkverwitterungsboden ein fruchtbares Gartenland für unser Institut schaffen wollte, stand ich vor einigen Problemen.

Der umgegrabene Boden war im trockenen Sommer von tiefen Rissen durchzogen, in die man die Hände hineinstecken konnte. Da war alles organische Bodenleben gestört. Kamen nach trockenen Wochen endlich sehnlichst erwartete Gewittergüsse, lief das Wasser durch die Risse in den unteren Gesteinsschichten talabwärts davon. Die obere Erdschicht war rasch verschlämmt, verschlossen und wertvolles Regenwasser lief auch oberirdisch ab, da half selbst die inzwischen entstandene Terrassierung an unserem schrägen Hang nicht ausreichend.

Bei einem Spaziergang in den nahen Wald bewunderte ich die herrliche Laub-Humus-Schicht und begann nun, mich intensiv mit der Bodenbedeckung zu beschäftigen. An unserem Waldrand mit seinen Gräben sammelten wir mit den Kindern viel Buchen-, Ahorn- und Eschenlaub. Auch holten wir Grabenaushub und

Rasensoden und verkompostierten alles mit etwas Ätzkalk und organischem Mischdünger sowie einigen Karren Regenwurmkompost. Es wurden lange Haufen, gut abgedeckt mit verfallenem Gras und feucht gehalten mit Brennessel- und anderen präparierten Pflanzenjauchen.

Im Spätherbst wurden freigewordene Beete flach gehackt und mit dem nun halbverrotteten Laubkompost gleichmäßig und nicht zu dick bedeckt. Wir hatten natürlich nicht genügend davon für unsere zahlreichen langen Beete. Nun wurden frisch abgeerntete Flächen ebenfalls leicht gehackt und mit Rote-Rüben- und Rettichblättern, Selleriekraut, Chicoréeblättern, noch nicht in Samen gegangenen Unkräutern, Brennesseln, Gras und auch halbverrottetem Kompost dünn bedeckt.

Auch hatten wir im August Winterroggen eingesät – eine gute Vorkultur für Karotten –, im Frühjahr mit dem Krail eingehackt oder gemäht, wenn er zu hoch geworden war; die Möhrenfliege meidet dann Anfang Juni zur Eiablage diese jungen Möhrenwurzeln.

Im Gemüsegarten werden im Herbst fortlaufend Beete frei, die mit Landsberger Gemenge, auch mit Zottelwicken eingesät wurden. Über den Winter sahen unsere bedeckten Beete farbig und lustig aus, nicht mehr braun und klumpig die Erde – sie hatten eine Haut bekommen, unter der sich die Regenwürmer und andere Kleinlebewesen herrlich entwickeln konnten. Die festgetretenen Wege waren mit der Grabgabel umgegraben, denn da muß ja auch Luft in den Boden hinein.

Wie sah nun der nur flach gehackte Boden im Vorfrühling aus? Die Bodenbedeckung war weitgehendst verrottet, die Reste wurden mit dem Krail leicht untergehackt. Bei mildem Wetter wimmelte es von Regenwürmern! Die Erde ist gut feucht ohne zu kleben, locker, porös, wohlriechend, weit besser als jede Frostgare! Das Saat- und Pflanzbett ist ganz rasch und leicht herzustellen. Tiefe Bodenrisse kennen wir auch in trockenen Monaten nicht mehr.

Das sieht nun sehr verlockend aus, aber man muß doch seinen Gartenboden kennen. Auf schweren und noch unbelebten Lehmböden, die erst kürzere Zeit biologisch-dynamisch gepflegt wurden, muß man unbedingt im Herbst umgraben, man braucht die Frostgare! Wir haben den Gemüsegarten in Beete eingeteilt, die nicht betreten werden dürfen, damit sie schön locker bleiben.

Beerenobst kann man das ganze Jahr über gemulcht halten, sehr gut im Spätherbst mit Schweinemist – nur darf man keine Wühlmäuse im Garten dulden! Tomaten, Paprika und Gurken bleiben gut feucht unter der Mulchschicht, das Unkraut sitzt locker und läßt sich leicht entfernen.

Zusammenfassend ist zu sagen, daß aus unserer steinigen, flachgründigen, trockenen Schafweide – dank der beschriebenen Maßnahmen – ein tiefgründiges, fruchtbares Gartenland geworden ist.«

Pflanzengärwässer, Tees, Jauchen

Das gesunde Wachstum der Pflanzen hängt nicht allein von der Bodengrundlage, der Bearbeitung und Pflege ab. Das Witterungsgeschehen im Jahreslauf, trocken-kalte Perioden im Frühjahr oder feucht-warme Tage im Sommer können zu Wachstumsstörungen und Anfälligkeiten führen; Pilz- und Insektenschädigungen gilt es zu überwinden. Gibt es naturgemäße Hilfsmittel, um die Kulturen zu unterstützen, zügiges Wachstum zu fördern und die Anfälligkeiten herabzusetzen? Steiner weist in diesem Zusammenhang auf die Verwendung von Brennessel und Ackerschachtelhalm hin. In Form von Tees, Abkochungen oder Jauchen können sie gute Dienste leisten. Man muß damit nur rechtzeitig beginnen.

Zunächst wird es darauf ankommen, die notwendigen Holzbottiche bereitzustellen. Dies ist am Kompostplatz, neben einer Dachrinne, am Schuppen oder am Hause möglich. Für ausreichende Abdeckung ist einmal wegen der Geruchsbelästigung, zum anderen im Hinblick auf die Gefahrenmomente (spielende Kleinkinder können hineinfallen!) Sorge zu tragen. Regenwasser ist immer noch dem Leitungswasser vorzuziehen. Welche Pflanzen werden bevorzugt zur Zubereitung der Gärwässer benutzt?

Die Brennessel (*Urtica dioica*). Man verwendet dazu etwa 10 kg Grünmasse auf 100 l Wasser. Die Pflanze wird zu diesem Zweck in vollem Wachstum, noch vor der Blüte, geschnitten. Bei warmer Witterung beginnt die Gärung rasch und ist nach 1 bis 2 Wochen abgeschlossen. Tägliches Umrühren von wenigen Minuten am Morgen und Abend fördert den Vorgang. Die Jauche läßt sich dann fortlaufend 1:10 verdünnt verwenden. Sind die Hilfen schon im zeitigeren Frühjahr erforderlich, kann man junge Brennesseln mit heißem Wasser aufbrühen und das ganze als Tee verwenden. Auch bietet der Handel heute getrocknetes Brennesselpulver an, welches allerdings nur als Ersatz für die frische Nessel genommen werden sollte. Der Behälter läßt sich leicht immer wieder nachfüllen, der Inhalt steht dann das Jahr hindurch zur Verfügung. Drohen erste Herbstfröste, wird die Brühe über den Kompost gegossen und erfüllt damit auch noch einen guten Zweck.

Um die Wirkungsweise dieses Gärwassers zu verstehen, sollte man die Brennessel in der Natur aufsuchen und ihre speziellen Fähigkeiten an Ort und Stelle studieren. Sie siedelt sich bevorzugt dort an, wo Menschen Schutt und Abfälle, altes Eisen abgelagert haben. Das reichverzweigte Wurzelwerk trägt dazu bei, den Unrat in relativ kurzer Zeit in wohlriechende Erde zu verwandeln.

Das dunkelgrüne, volle Blattwerk sitzt an einem kräftigen vierkantigen Stengel und zeichnet sich durch starke Chlorophyllbildung und ein besonderes Verhältnis zum Eisen aus. Beachtenswert ist ihre Verbindung zwischen Kiesel und Kalk in den Brennhaaren. Der untere Teil derselben ist durch Kalkeinlagerungen verhärtet, während die Spitze infolge ihres Kieselgehaltes brüchig wird: Ein Hinweis mehr auf die doppelte Wirksamkeit der Brennessel als Brühe oder Jauche zur Belebung und Förderung des Pflanzenwachstums sowie als Kaltwasserauszug zur Schädlingsabwehr. Die äußerlich so schmucklose Staude ist außerdem reich an Mineralstoffen, Vitaminen und pflanzlichen Wirkstoffen, die ihre Wertschätzung in der Jungtierfütterung, aber auch in der Naturheilkunde verständlich machen. All diese Eigenschaften teilen sich der Jauche mit und fördern und unterstützen die Blattentwicklung und das Pflanzenwachstum.

Einem leichten Blattlausbefall an Rosen, Bohnen und anderen Pflanzen läßt sich mit einem 24stündigen Kaltwasserauszug der Brennessel begegnen. Rechtzeitig, unter Umständen mehrmals angewandt, führt er zum Verschwinden des unliebsamen Befalls.

Der Ackerschachtelhalm (*Equisetum arvense*). Er zeichnet sich durch hohen Kieselgehalt aus, der uns als Mittel zur Pilzbekämpfung gute Dienste leistet. Dabei kann es sich nur um den Ackerschachtelhalm und nicht um den Sumpf-, Wald- oder Riesenschachtelhalm handeln.

Als Pflanze vereinigt der Ackerschachtelhalm eigenartige Gegensätze in seiner Entwicklung. Die streng gegliederten, grünen Sprosse, die, kleinen Tannenbäumchen ähnlich, von Mai bis in den Herbst hinein an Feld- und Wiesenrainen oder Grabenrändern und Bahndämmen anzutreffen sind, entspringen einem oft sehr üppig wuchernden Wurzelstockgeflecht, durch welches die Pflanze zu einem recht lästigen Unkraut werden kann. Dieser, jedem Gärtner bekannten Erscheinung ist jedoch noch eine andere vorgelagert. Bevor sich die grünen Sprosse entwickeln, treibt der Ackerschachtelhalm im März–April etwa 20 cm hohe, blasse, rotbraune Sporen-Triebe, aus de-

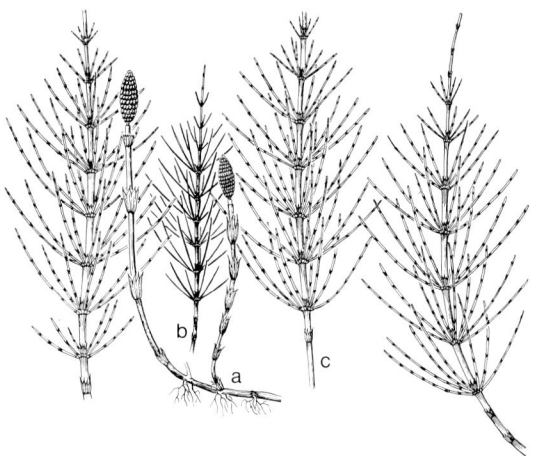

Entwicklungsstadien des Ackerschachtelhalmes. a = Sporenträger im Frühjahr, b = junger grüner Sproß, c = ausgereifte Pflanze im Hochsommer.

nen unzählige, staubfeine Sporen fallen. In dieser merkwürdigen Doppelnatur und dem hohen Kieselgehalt sowie kaum zu vermutenden schwefelsauren Salzen mag begründet liegen, warum Steiner diese Pflanze als vorbeugendes Heilmittel gegen alle pilzlichen Schädigungen genannt hat.

Das Kraut soll nicht vor August gesammelt werden, da es an den Spitzen, solange sie noch hellgrün sind, weiterwächst. Erst im Nachsommer, wenn die Wedel voll ausgereift sind, besitzen sie den hohen Kieselgehalt, der früher zur Reinigung von Geschirren etc. benutzt wurde, deshalb der Name »Zinnkraut«.

Zur Gewinnung der Brühen gehen wir einen anderen als bei der Brennessel beschriebenen Weg. Hier werden 500 g trockene Pflanzensubstanz (oder pulverisierte Droge) auf etwa 5 l Wasser bei schwacher Flamme eine ganze Stunde lang gekocht. Den Absud gibt man anschließend in einen Bottich, mit Regenwasser auf das Fünffache verdünnt, und rührt in den folgenden Tagen mehrmals um. Das Ganze läßt sich nun fortlaufend als Spritzbrühe verwenden, auch wenn die Flüssigkeit im weiteren Verlauf eine jaucheartige Konsistenz angenommen hat. Diese sollte vornehmlich auf den Boden versprüht werden. Dies geschieht am zweckdienlichsten in dem Zeitraum Februar bis Anfang Mai und in der für das Pflanzenwachstum so charakteristischen Wende Mitte Juli bis Mitte August sowie nach Beendigung der Gartenarbeiten im Oktober–November. Damit wird der Pilzgefahr am besten vorgebeugt. Auf spezielle Handhabungen werden wir noch zurückkommen.

Der Komfrey (*Symphytum* × *uplandicum*). Das geschätzte Heilkraut, auch Beinwell genannt, ist eine in Rußland entdeckte natürliche Hybride von *Symphytum asperum* (Komfrey) und *Symphytum officinale* (Beinwell). Die zweite ist eine ausdauernde Wildpflanze, die in Auen, feuchten Wäldern und Wiesen Mitteleuropas beheimatet ist.

Der Komfrey sollte auch auf unserem Kräuterbeet nicht fehlen. Als Heilpflanze immer wieder gepriesen, wird er in neuester Zeit hinsichtlich eines in den Blättern enthaltenen Alkaloides allerdings zu medizinischen Zwecken in Frage gestellt. Den Gärtner interessieren jedoch ganz andere Eigenschaften: Die vortrefflichen Wirkungen der Dunggüsse und Brühen. Wer einmal seine Zimmerpflanzen damit behandelt hat, möchte die Pflanze fortan auch im eigenen Garten kultivieren. Komfrey erzeugt große Blattmengen und ist zudem in der Lage, Kalireserven im Boden zu erschließen. Wurzeln und Blätter lassen sich gemeinsam verwenden. Die Wurzeln sind im April kurz vor Blühbeginn zu ernten, die Wirkstoffe weisen dann im Pflanzenkörper die größten Gehalte auf; die Blätter werden bis zum Eintritt der Herbstfröste fortlaufend geschnitten. Dabei ist Trocknung und Lagerhaltung für die weitere Verwendung im Winter sinnvoll.

Der Ansatz der Brühe für den laufenden Verbrauch unterscheidet sich von dem bisher Gesagten nur wenig. Wir nehmen wiederum 10 kg Blattmasse auf 100 l Regenwasser und geben im April noch etwas Wurzelsubstanz hinzu. Nach wenigen Tagen »angegoren« läßt sich das ganze, drei- bis fünffach verdünnt, als wachstumsförderndes und anregendes Gießwasser verwenden. Zur Kultur der Zimmerpflanzen im Winter wird man mit den getrockneten Wurzeln, vornehmlich aber Blättern analog verfahren, d. h. mit heißem Wasser aufbrühen und mehrere Tage stehen lassen. Nicht zu Unrecht wird immer wieder auf den ausgewogenen Gehalt an Nährstoffen, insbesondere an Kalium in dieser Pflanzenart hingewiesen. Ein Grund mehr, sich dieser wertvollen Kultur zu bedienen.

Weitere Pflanzen für Aufgüsse und Brühen

Damit sind die Möglichkeiten zur Herstellung pflanzlicher Spritzbrühen jedoch noch nicht erschöpft.

Schnittlauch. Wo sich die Gelegenheit bietet, wird man immer gerne noch zusätzlich zum Schnittlauch greifen und hat mit der Brühe ein weiteres Hilfsmittel gegen pilzliche Erkrankungen bei empfindlichen Kul-

turen unter Glas, im Freiland z. B. bei Tomaten, Erdbeeren und anderen mehr, zur Hand.

Hirtentäschel (*Capsella bursa-pastoris*) zeichnet sich nicht nur durch eine besonders vielseitige, sondern auch selten harmonische Zusammensetzung der Inhaltsstoffe aus. Aufgüsse und Brühen werden deshalb besonders gerne zum Übersprühen von vernachlässigten oder einseitig beanspruchten Böden verwandt. Außerdem zeigt es immer wieder deutlich belebende Wirkungen auf Kulturen, die durch übergroße Hitzeeinwirkungen u. a. m. in Mitleidenschaft gezogen worden sind.

Bei den hier genannten Pflegemitteln handelte es sich vornehmlich um Kräuteraufgüsse und -brühen, wobei der Grad der Gärung oder Verjauchung von den jeweiligen äußeren Bedingungen abhängt.

Wermut- und Rainfarn (*Artemisia absinthium* und *Chrysanthemum vulgare*). Der Wermut ist nicht nur im Kräuterbeet ein Gewächs, welches das Wachstum anderer Kulturen beeinträchtigt; der eigentümliche Geruch hat sowohl als Droge als auch als Tee eine abstoßende Wirkung auf die anfliegenden Schadinsekten. Es stellt also ein mildes »Vergrämungsmittel« dar, wobei Wermut und Rainfarn in ihrer Wirkensweise keinen Unterschied aufweisen.

Die Herstellung der Tees ist einfach: 3 kg Droge werden mit kochendem Wasser überbrüht, ziehen gelassen, abgeseiht und auf 100 l Spritzflüssigkeit aufgefüllt. Wie wir noch sehen werden, ist nicht nur hier, sondern bei allen flüssigen Hilfs- und Pflegemitteln, die zum Aussprühen verwandt werden, die Zugabe von Haftmitteln anzuraten.

Die Zubereitung von Pflanzengärwässern und -jauchen muß nicht auf die genannten Pflanzen beschränkt bleiben. Der geübte Gärtner wird sich gerne der Hilfen von Zwiebelschalen, Knoblauchzehen und anderem mehr bedienen. Hier bestimmen jedoch die persönlichen Erfahrungen und jeweiligen Arbeitsverhältnisse (z. B. viele Kulturen unter Glas) den Einsatz. Ein weiterführendes Eigenstudium ist damit verknüpft.

Warum organische Düngemittel?

Die Aufgabe der Düngung ist es, nicht nur die Pflanzen zu ernähren, sondern das Leben im Boden anzuregen und den Humusaufbau zu fördern. Darauf wurde schon wiederholt hingewiesen. Hier kommt es nunmehr auf die praktische Handhabung an. Sie führt am schnellsten zum Erfolg, wenn der Gärtner zu Substanzen greift, die erst kürzlich aus dem Lebensprozeß herausgegliedert oder ausgeschieden worden sind. Die organischen Dünger wirken nicht wie mineralische Nährstoffgaben, die auf das im Boden befindliche oder als Regen herunterkommende Wasser angewiesen sind; tierische Abfallstoffe regen das Leben im Erdboden an und tragen zur Vermehrung der Organismenwelt bei.

So wie die Pflanze zu ihrer Entwicklung Feuchtigkeit und Salze aus dem Erdreich, Luft und Wärme aus dem Umkreis braucht, benötigen auch die Pilze, Bakterien und Kleintiere im Boden diese Elemente zum Wachstum und Gedeihen. Das muß bei der Verwendung von organischen Düngemitteln stets bedacht werden. Sie stellen zunächst einen Komplex dar, der aufgebrochen, zerteilt und verarbeitet, boden- und pflanzengerecht zubereitet werden muß. Auch darüber war eingangs schon die Rede. Da sowohl die Entwicklung der Pflanzen als auch die Tätigkeit der Bodenorganismen von den äußeren Faktoren wie Wärme und Wasser abhängen, ist ihr Entstehen und Vergehen eng miteinander verbunden. Ist es im Frühjahr feucht und warm, werden sich beide rasch und zügig entwickeln, bleibt das Wachstum bei kalter Witterung stehen, verarbeiten und verdauen auch die Helfer im Boden weniger. Damit werden die zugeführten organischen Dungstoffe wesentlich besser und zeitgerechter ausgenutzt.

Das meinte auch Justus von Liebig, als er im vorigen Jahrhundert von der größeren Ergiebigkeit der organisch gebundenen Nährstoffe sprach, und Pfeiffer (1957) bestätigte diese Erfahrungen aus biologisch-dynamischen Zusammenhängen heraus, indem er von der zwei- bis dreifachen Wirkung derartiger Substanzen gegenüber Nährstoffen in mineralischer Form sprach. Aufgrund langjähriger Versuche im Obstbau hat Fürst (1967) die Aussagen erneut bestätigen können.

Versucht man, eine Übersicht über die Hilfsdünger für den naturgemäßen Land- und Gartenbau zu gewinnen, so muß man zunächst zwischen folgenden Gruppen unterscheiden:

1. Pflanzliche Dungstoffe
2. Tierische Dungstoffe
3. Substanzen vom Tier
4. Mischungen aus vorgenannten Ausgangsstoffen.

Pflanzliche Dungstoffe

Im letzten Jahrzehnt der biologisch-dynamischen Entwicklungsarbeit ergab sich als interessante neue Erkenntnis, daß Restmaterial aus der industriellen Früchteverwertung zu einem auch langfristig ausrei-

chenden Dünger für die entsprechende Fruchtart werden kann.

Trester. Hier ist in erster Linie an den Apfeltrester zu denken, den Heß und Lust (1978) mit organischen Dungstoffen angereichert und zu Kompost verarbeitet haben und seit 15 Jahren mit etwa 150 dt je Hektar in der Apfelanlage verwenden. Graefe (1975) von der Wiener Akademie der Wissenschaften hat entsprechende Versuche mit Traubentrester durchgeführt und mit 2 bis 5 cm Flächenkompostierungsauflagen von verrottetem Trester die besten Erfolge in bezug auf Erntemenge und Gesundheit der Traubenkulturen erzielt. Im biologisch-dynamischen Kaffeanbau in Mexiko werden seit 14 Jahren mit Kaffeekirschenpulpakomposten Ödlandflächen rekultiviert und, wie Merckens (1976) beschrieb, auch mengenmäßige Ernteverbesserungen erreicht.

Diese wenigen Beispiele sollen darauf hinweisen, daß man die meist örtlich begrenzten Möglichkeiten der Tresterverwertung wahrnimmt. Dabei muß berücksichtigt werden, daß mit Fremdtrestern unter Umständen auch Pflanzenschutzmittelreste in den Betrieb gelangen können. Rückstandskontrollen sind u. U. Voraussetzung für eine Verwendung. Das geschieht nicht, wenn wir die Gelegenheit haben, Hopfentrester zu bekommen, die sich ausgezeichnet verkompostieren lassen. Durch den bei feuchter Hitze vorgenommenen Extraktionsprozeß sind hier, wie auch bei den Biertrebern, eventuelle Pflanzenschutzmittelreste mit größter Wahrscheinlichkeit wirkungslos geworden.

Trester sind ausgesprochene Lieferanten organischer Materialien mit ganz geringen Gehalten an Düngenährstoffen. Sie liefern uns damit aber ausgezeichnete Substanzen für die Humusbildung. Geringere Mengen an Zuschlagstoffen und ein durch die biologisch-dynamischen Präparate geordneter Kompostierungsablauf lassen dann die oben beschriebenen Düngewirkungen entstehen.

Neben diesen vorwiegend in frisch-feuchter Form und damit nur für die unmittelbare Umgebung des Herstellungsortes interessanten Trestern und Trebern sei noch auf die Handelsdüngemittel pflanzlicher Natur hingewiesen, die in trockener Form als Sackware weite Verbreitung finden.

Rizinusschrot. Da hat sich in letzter Zeit der Rizinusschrot immer mehr Freunde erworben. Die bei uns einjährige Schmuckstaude (*Ricinus communis*) aus der Familie der Wolfsmilchgewächse wird in ihrer Heimat Sansibar baumhoch und liefert die Rizinusbohne, aus der Öle für medizinische und technische Zwecke ausgepreßt werden. Die Rückstände ergeben

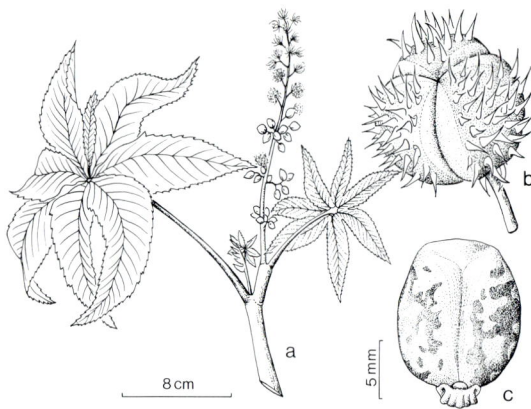

Zweig des Rizinus-Strauches. a = Blütenstand, b = Kapsel, c = reifer Samen, der nach Entzug des Öles geschrotet als wirksamer Dünger verwendet wird.

geschrotet ein hervorragendes Düngemittel. Bei der Verwendung im Obstbau wurde entdeckt, daß die Kragenfäule (*Phytophthora cactorum*) durch Rizinusschrot-Gaben ausgeheilt werden kann.

Rindenkompost. Neuerdings kommen verschiedene Arten von Rindenkompost als gesackte Handelsware auf den Markt. Sicher haben wir hier eine interessante Alternative zum Torf, denn die praktischen Erfahrungen mit Baumrinden besonders auf schweren und schwersten Böden haben gezeigt, daß zerkleinertes Rindenmaterial zur Lüftung und Lockerung einen erstaunlich guten Beitrag leistet. Allerdings sind die Nährstoffgehalte recht niedrig. Zudem gibt es immer wieder Partien, in denen – als Folge einer Übersprühung der Stämme nach dem Einschlag – Rückstände von Insektiziden nachgewiesen werden. Der Fachhandel oder Gartenbaubetrieb sollte sich deshalb vor dem Einkauf die Schadstofffreiheit garantieren lassen.

Algenextrakte. Zum Abschluß der Aufzählung von pflanzlichen Düngestoffen sei noch auf die leicht und vielseitig anwendbaren Algenextrakte hingewiesen. Es handelt sich meist um braune Blattalgen aus dem Atlantik.

Wie das Blatt als mittleres Pflanzenorgan in Licht und Luft atmet, Stoffe aufnimmt und verwandelt, so vermag auch die Alge im Wasser eine intensive Lebenstätigkeit zu entfalten. Kein Wunder, daß die Analysen Mengenverhältnisse an Nährstoffen und Spurenelementen aufweisen, wie sie sonst nur vom Meerwasser bekannt sind. Grün- und Braunalgen enthalten mehr als 60 Spurenelemente neben einer ganzen Reihe von wachstumsfördernden Wirkstoffen in leichtlöslicher Form. Sie können von den Blättern und Wurzeln der höheren Pflanzen unmittelbar aufgenommen werden.

Damit bietet sich für die Praxis ein handliches Mittel in Form von »Algifert« oder »Polymaris« zum Sprühen und Gießen an, bei dem die Wirkung u. U. schon nach Stunden zu sehen ist. Blatt- und Blütenfarben entwickeln sich kräftig, eine bessere Widerstandsfähigkeit gegenüber Krankheiten und Schädlingen ist zu bemerken.

Die aus den verschiedenen Wild- und Kulturkräutern wie Brennessel, Komfrey oder Hirtentäschel leicht herzustellenden Pflanzengärwässer seien hier nur der Vollständigkeit halber nochmals erwähnt.

Tierische Dungstoffe

Reiner Rinder- oder auch Pferdedung wird dem Hausgärtner nur gelegentlich zur Verfügung stehen. Er ist auf trockene, abgesackte Ware angewiesen, die es noch gar nicht so lange gibt. Eine Ausnahme bildet hier allerdings der echte Peru-Guano.

Peru-Guano ist schon lange geschätzt und bekannt. Bereits um die Mitte des vorigen Jahrhunderts wurden an den regenarmen Küstenstrichen von Peru –

Guano, einer der wertvollsten tierischen Dünger.

Vogelparadies an den Küsten von Peru.

später auch an der Neufundländischen Küste – schier unerschöpflich anmutende Lagerstellen von Exkrementen der Seevögel für den Export nach Europa entdeckt. Millionen dieser Tiere, die sich aus dem gewaltigen Fischreichtum des Humboldtstromes ernähren, setzen auch heute noch ihren Kot auf Küsten und Inseln ab, wo er jahrelang unter der glutheißen Äquatorsonne rottet und sich zu einem Düngerkomplex wandelt, der in seiner Eigenart nicht nachgeahmt werden kann.

Ganze Schiffsflotten transportierten bald diesen Naturdünger überall dorthin, wo man eine konzentrierte Düngewirkung zu schätzen wußte. Verständlicherweise sind die Vorräte an echtem Peru-Guano inzwischen so begrenzt, daß dieser wertvolle Dünger nur noch in kleinen und überteuerten Mengen erhältlich ist. Er eignet sich noch heute zur Pflege von Zimmerblumen.

Hühnermist. An die Stelle des Guanos ist vielfach der getrocknete und aufbereitete Hühnermist getreten. Aus Großgeflügelhaltungen stammend, findet man ihn inzwischen in ganz Europa. Es sind das vorwiegend reine Kotsubstanzen ohne Einstreubeigabe, die in mehlig-krümeliger oder pelletierter Form als abgegorene oder frisch getrocknete Ware unter den verschiedensten Namensgebungen im Fachhandel zu beziehen sind. Darunter finden sich Angebote, die keine Antibiotika enthalten.

Geflügeldünger wirken bekanntermaßen stark, was man bei der Verwendung dieser Düngerart beachten sollte. Einige Hersteller liefern ausgezeichnete Gebrauchsanweisungen und Einzelanleitungen. Es empfiehlt sich, die Mengenangaben nicht zu überschreiten. Für die Kompostierung von schwer verrottbaren Abfällen, wie z. B. Baumlaub, Staudenstengel, Kohlstrünke, ist die Beigabe von 5 bis 10 kg je m³ Kompostmaterial empfehlenswert. Die Umsetzungsvorgänge gehen dadurch schneller vonstatten.

Rindermist ist inzwischen als getrocknete Sackware erhältlich. Man kann ihn von den Mastrindergehegen Kaliforniens oder den Weidegebieten der europäischen Küstenstreifen beziehen. In Frankreich wird Rinderdünger zusammen mit entölten Weintraubenkernen zu Kompost verarbeitet.

Substanzen vom Tier

Wir unterscheiden zwischen den organischen Hilfsdüngern, die

1. von ganzen Tieren gewonnen worden sind und solchen, die
2. tierischen Organen und Substanzen entstammen.

Der ersten Gruppe ist das *Tierkörpermehl* zuzurechnen. Es wird aus ganzen, gefallenen Tieren hergestellt, das Fett ist im Verlauf der Zubereitung entzogen worden. Getrocknet und abgesackt dient das Mehl vornehmlich als Futtermittel, im Gartenbau ist es nur selten anzutreffen.

Neben dem kostbaren »echten« Guano ist der französische *Fisch- oder Biskaya-Guano* getreten. Als Ausgangsmaterial dienen ganze Seefische sowie Fischabfälle. Die Substanzen werden entölt, mit Magnesiumkalken angereichert und mittels Luftzufuhr einer Fermentation unterworfen.

Blutmehl liefert uns einen wertvollen und hochkonzentrierten, schnellwirkenden organischen Hilfsdünger. Das Material wird im Spezialverfahren schonend getrocknet und abgesackt auf den Markt gebracht. Neben Beimischungen in Erden und anderes mehr eignet es sich besonders zur Herstellung von Düngerbrühen (Flüssigdüngung).

Von den zur Verarbeitung gelangenden Tierhäuten werden gelegentlich Reste zerkleinert und als Zusatzdünger angeboten.

Ledermehl. Hier ist bei der Verwendung Vorsicht am Platze, da die zur Gerbung verwandten Metallsalze Schäden hervorrufen können (Vorschriften beachten).

Als wertvolle Hilfsmittel dienen ferner solche Dünger, die aus *Horn und Klauen, Borsten, Federn oder Knochen* hergestellt werden. Wie aus der nachfolgenden Tabelle ersichtlich, enthalten die erstgenannten vornehmlich Stickstoff, Knochen bringen uns – wie der Hühnerkot – den Phosphor in die Erde.

Hornmehl ist relativ schnell wirksam und deshalb zur direkten Ausbringung auf die Beete sowie für die Zubereitung von Spezialerden geeignet.

Horngrieß wird von den Bodenorganismen nicht so rasch aufgeschlossen. Die wachstumsfördernde Wirkung läßt deshalb bei kühler Witterung etwas länger auf sich warten.

Hornspäne dienen zur Anreicherung des Kompostmaterials, können aber auch mit Regenwasser zu Jauchen (Dunggüsse) angesetzt werden.

Leider rösten einige Firmen das zähe Hornmaterial, um es leichter mahlen zu können. Dabei »gerinnen« einige Eiweißanteile, die dann der Verrottung schwe

rer zugänglich sind; das setzt den optimalen Düngewert im Sinne einer Bodenbelebung herab. Für den Gartenbesitzer sind die Horndüngerprodukte bequem zu handhaben, weil er für jeden Zweck gezielt die beste Düngerzubereitung einsetzen kann.

Haar- und Borstendünger vom Schwein, mit Haut und Klauenteilen versetzt, finden im Gartenbau nur selten Verwendung. Von der frischen und nassen Ware, vom Schlachthof direkt abgegeben, ist immer abzuraten. Trockene, abgesackte Borsten lassen sich leicht und gut in den Komposthaufen einarbeiten, sind relativ reich an Stickstoff und verbessern damit die Erden. Gleiches läßt sich vom Federmehl sagen.

Knochendünger. Knochen bieten in konzentriertester Form organisch aufgebautes Kalziumphosphat an. Etwa 30% davon finden wir im entfetteten und entleimten Knochenmehl. Wird ein schwächerer Entzug der Begleitsubstanzen vorgenommen, so erhält man gedämpfte leimhaltige Knochenmehle, die bei etwa 18 bis 22% Phosphat noch rund 4% Stickstoff aufweisen. Dieser sitzt in den Leimresten und kann zu schnellerem Aufschluß des Phosphates führen, weil damit den Mikroorganismen eine vielseitigere Ansatzmöglichkeit geboten wird. Der Knochendünger ist leider knapp, da die Substanzen sich auch sehr gut als Futterzusatzstoffe eignen.

Städtische Abfallstoffe. Gelegentlich werden Dünger aus städtischen Abfallstoffen dem Hausgärtner angeboten. Es handelt sich dabei um *Klärschlamme*, die in verschiedener Weise zubereitet sind, oder um sogenannte *Stadt- oder Müllkomposte*, bei denen aufbereitete Siedlungsabfälle alleine oder mit vorbehandelten Klärschlämmen gemischt verkompostiert werden. Zweifellos handelt es sich hierbei um wertvolle organische Stoffe, die wieder in den Kreislauf eines Naturzusammenhanges gelangen müssen. Die außerordentlich vielfältige und von Standort zu Standort auch wechselnde Zusammensetzung macht es jedoch schwer, diese Substanzen für den Hausgarten – der Erzeugung von Nahrungspflanzen – zu empfehlen. Allenfalls können Stadtkomposte, wenn man ihre Herkunfts- und Herstellungsweise genauestens kennt, im Hausgarten für die Rasenpflege Verwendung finden. Sie sind ansonsten für die öffentliche Grünpflege, die Wiederbegrünung bei Straßen- und Bahnbauten, für die Rekultivierung von Eingriffen in die Landschaft, wie Kiesgruben, Steinbrüchen, die Neuanlage von Waldungen und dergleichen geeignet.

Organische Mischdünger

Dem Gartenbesitzer werden die wenigsten der hier beschriebenen Substanzen in reiner Form angeboten.

Dagegen sind viele Mischungen aus den genannten Naturstoffen auf dem Markt, die als voll-organisch, rein-organisch oder organische Mischdünger bezeichnet werden. Die Zusammensetzung fußt auf praktischen Erfahrungen und dient dem Ziel, den Organismen die günstigste Zusammensetzung der verschiedenen organischen Stoffe für die biologisch gesunde Entwicklung des Bodens anzubieten. Dabei wird nicht nur auf ein ausgewogenes Verhältnis der verschiedenen Kernnährstoffe gesehen, sondern noch ein besonderes Kennzeichen organischer Dungstoffe ausgenutzt. So enthält z. B. der organische Mischdünger »Oscorna« außer den Nährstoffen Stickstoff und Phosphor noch geringe Mengen Kalium und eine Reihe wertvoller Spurenelemente in organischer Bindung. Die Hersteller sind ferner bestrebt, mit Hilfe verschiedener Vermahlungen solche Dünger herzustellen, die einmal sofort, zum anderen durch die ganze Wachstumsperiode hindurch Wirksamkeit zeigen. Wir haben bereits bei dem Hornmehl, dem -grieß und den -spänen darauf hingewiesen.

Was im Erdreich im Laufe der Zeit geschieht, kann der Gärtner beschleunigen, wenn er etwa 5 bis 15 kg Mischdünger mit einem Kubikmeter reifer Komposterde versetzt und 14 Tage bis drei Wochen im Haufen – mit einer Plane leicht abgedeckt – liegen läßt. Die Wirkung eines solchen Substrates ist sehr viel stärker, hält jedoch nicht so lange an.

Zusammensetzung organischer Dünger (in Prozent)

Düngemittel	organ. Substanz	Stickstoff	Phosphorsäure	Kali	Kalk	Magnesium
Rizinusschrot	75	5	2,5	1,5		
Rindenkompost	50	0,06	0,005	0,05	0,6	
Braunalgen-Pulver-Konzentrat	60	0,9	0,14	1,9	1,2	1,0
Brennesseljauche 10%iger Ansatz	0,15	0,07	0,003	0,021	0,026	
Trockensubstanz	50	23,3	1,07	7	8,76	2,6
Holzasche, Fichte	–	–	5,9	11,5	44,9	
Guano, Peru	50	6	12	2	12	1
Hühnermist, trocken	30–70	3–4	3–5	2–3	7–14	1–3
Rinderdung, trocken, Cal.	45	1,6	1,5	4,2	4,1	
Pferd-, Schafdünger Mischung, tr., Fr.	84	4,5	0,8	2,6	2,9	0,3
Tiermehl	70	8	12–32	phosphorsaurer Kalk		
Blutmehl	60–70	12	1,5	0,8	1	
Borsten	80	11				
Federn	75	12				
Hornmehl	65–75	10–12				
Hornspäne	85–90	14				
Knochenmehl, gedämpft	30	4–5	18–22	0,2	27	
Mischdünger Oscorna-Animalin	60	6	9	1		

Weitere Substanzen zur Düngung und Bodenverbesserung

Tonminerale

Im Kapitel über den Boden hörten wir von der Verwitterung der Gesteine, die bis in die Einzelteile, Silikate, Oxide und gelöste Salze, zerlegt werden. Aus diesen Grundbestandteilen entstehen im Boden Neubildungen, die sekundären Tonminerale wie Kaolinit, Illit und Montmorillonit, Aluminiumsilikate, in die andere Elemente wie Eisen, Magnesium, Kalium usw. eingebaut sind.

Die Tone haben die Eigenschaft, Wasser aufzunehmen und zu quellen und bei Wasserabgabe zu schrumpfen. Sie lassen sich im feuchten Zustand plastisch formen. Im Boden halten sie das Wasser und binden austauschbar gelöste Salze. Diese Eigenschaften sind besonders ausgeprägt beim Montmorillonit durch seine große innere Oberfläche (600 bis 800 m^2/g) und Quellfähigkeit. Tonminerale können auch in größeren Lagerstätten gefunden und abgebaut werden, wie z. B. der *Bentonit* in Niederbayern. Bentonit – benannt nach dem ersten Fundort Fort Benton (USA) – enthält etwa 50% Montmorillonit, 15 bis 20% Illit und 5 bis 10% Kaolinit. Er ist entstanden durch Verwitterung von vulkanischen Tuffen im Tertiär.

Im Land- und Gartenbau finden sowohl Gesteins- wie auch Tonmehle Verwendung. Bei Gesteinsmehlen findet der Tonbildungsprozeß im Boden oder Kompost statt, bei Tonmehlen übernimmt man die günstigen Eigenschaften der Tonminerale. Bodenorganismen, insbesondere die Regenwürmer, sorgen für innige Vermischung und Bildung von Ton-Humus-Komplexen. Besonders leichte Sandböden sind dankbar für Ton-Anwendungen, aber auch schwere Kalkböden lassen sich aufwerten. Gute Struktur, ein verbesserter Wasserhaushalt und befriedigende Erträge schon nach wenigen Jahren sprechen für diese Handhabung. Der Ton wird damit zu einem wichtigen Bindeglied zwischen den betont sandigen oder kalkhaltigen Böden, Eigenschaften also, die uns noch bei der naturgemäßen Schädlingsabwehr beschäftigen sollten.

Die große innere Oberfläche der Tonminerale hat nach der Reaktorkatastrophe von Tschernobyl an Bedeutung gewonnen. In der Tierfütterung angewandt (200 bis 300 g je Kuh und Tag) konnten dadurch bedeutende Cäsiumgehalte gebunden und ausgeschieden werden. Was dem Tier hilft, kann im Boden nur förderlich sein. Die Beigaben in den Kompost, das Ausstreuen auf den Erdboden stellen deshalb bei nachweislichen Belastungen eine empfehlenswerte Maßnahme zur Bindung der Cäsiumwerte dar.

In der praktischen Anwendung von Bentonitmehl im Gartenbau gilt auch hier die Regel: öfter eine kleine als einmal eine große Gabe. Dabei ist die Ausbringung direkt auf das Land immer möglich, den besten Zeitpunkt bestimmt die Fruchtfolge (in die Gründüngung oberflächlich einstreuen) und der Zustand des Landes. Dabei sind Mengen von 2 bis 4 dt/ha ausreichend, die man auch gut mit organischen Düngern und Algomin mischen kann. Allerdings ist auch hier das Einstreuen in den Komposthaufen die einfachste Methode (3 kg je m^3 Material); die Substanz wird dadurch am schnellsten von den Bodenorganismen aufgenommen und umgewandelt. Zu große Mengen können aber die Umsetzung hemmen, der Kompost wird dann schmierig und dicht.

Die starke Haftfähigkeit des Bentonits wird als Beigabe zu Spritzbrühen genutzt. Beim Stammanstrich im Obstbau sind die Tonminerale unentbehrlich.

Das Basaltmehl

Wenn im Gartenbau Gesteinsmehle aus Granit, Gneis, Porphyr, Dolomit, Mergel und Gips verwendet wurden, hatte man zunächst immer die chemische Zusammensetzung dieser Gesteine im Auge. Diese rein stoffliche Betrachtung hatte eigentlich nur bei Mergel und Gips volle Gültigkeit. Der Mergel verwittert leicht und stellt damit dem Boden beachtliche Mengen an Kalk und Magnesium zur Verfügung, während der Gips durch seinen Schwefelgehalt die Verwitterung fördert und weitere Nährstoffe im Boden erschließt. Die anderen Gesteine wie Granit, Gneis und Schiefer – um nur einige zu nennen – verwittern viel schwerer und bringen unter natürlichen Verhältnissen in Mitteleuropa Böden hervor, die für den Gartenbau wenig oder gar nicht geeignet sind. Zum besseren Verständnis der Basaltmehl-Anwendung müssen wir jedoch noch andere Gesichtspunkte beachten. Die »dynamische« Betrachtungsweise ist damit auf das engste verbunden. Im erdgeschichtlichen Werden spielen Feuer und Wasser eine bedeutsame Rolle. Beide Elemente haben – wenn auch zu verschiedenen Zeiten und in unterschiedlicher Weise – zusammengewirkt und die Grundlagen unseres Mineralreichs geschaffen. Man denke nur an die gewaltigen Kalkschichten des Muschelkalks von Jura und Kreide, die aus einer Überfülle des tierischen Lebens der damaligen Meere hervorgegangen sind. Ganz anders die Entstehung der vulkanischen Gesteine, deren Bildung eng mit dem »Feuerelement« verbunden

Basaltsäulen im Steinbruch Roßdorf bei Darmstadt.

ist. Dabei müssen wir heute unter dem Begriff »Feuer« sehr verschiedene Abstufungen der Wärme verstehen, wenn wir uns mit den Lebensvorgängen befassen, aus welchen einstmals die sogenannten Glutflußgesteine hervorgegangen sind.

Im Unterschied zu den Kalkformationen blieben im Erdgeschehen die heißen Stoffmassen durch lange Zeiträume hindurch plastisch und bildsam. Sie bewegten sich fließend und quellend im Erdbereich. Erst allmählich erstarrten auch diese zu hartem Gestein und blieben nur noch in begrenzten Gebieten der Erde weich und flüssig. Die heute noch tätigen Vulkane offenbaren das immer wieder. Einmal aus den feurigen Untergründen herausgeschleudert, erstarren die Lavaströme rasch zu einer scheinbar toten, ganz unbelebten Schlacke. Wir stehen vor der merkwürdigen Tatsache, daß sich aus einem erstarrten Mineral sehr schnell fruchtbare Erde bilden kann. Dabei ist das Geheimnis dieser Fruchtbarkeit nicht allein in den Stoffen zu suchen und in der Analyse abzulesen. Es hängt auf das engste mit der Entste-

hungsgeschichte zusammen. Die Lava bekommt dadurch Eigenschaften, die der Chemiker in ihrer Wirkung nicht definieren kann, sehr wohl aber der Bauer und Gärtner bemerkt, der an den Hängen eines solchen Vulkans seine Weinberge oder Äcker anlegt.

In Mitteleuropa gibt es zwar keine frische Lava wie am Ätna oder Vesuv in Italien, dafür aber Gebirgsstöcke, wo wir diese Basaltlava als wunderbare Säulen bewundern, großflächig abbauen und verarbeiten können (Kaiserstuhl, Schwarzwald, Odenwald). In der Verwitterung liefert dieser Basalt, wenn er als feines Mehl in den Mist oder Kompost hineingegeben wird, nicht nur wichtige Spurenelemente, sondern er fördert auch nachhaltig die Entstehung der Ton-Humus-Komplexe, indem die Prozesse der Verwitterung und Tonneubildung direkt mit der Humifizierung, der Stoffumwandlung, zusammengebracht werden.

Zur Anwendung: Auf schweren Keuperböden und auch auf tonarmen Sanden ist Basaltmehl besonders geeignet. Bei erstmaliger Ausbringung (reicht dann für mehrere Jahre) 10 bis 20 dt/ha. Bei regelmäßiger

Anwendung im Obstbau, Sonderkulturen, Gartengelände 2 bis 3 dt/ha im Jahr. Vor empfindlichen Unterglaskulturen (Kopfsalat im Winterhalbjahr) immer wieder staubfein ausgebracht, fördert es die Wuchsfreudigkeit deutlich und vermindert die Anfälligkeit bei Pilzbefall und Virosen. Auf die Verwendung in Mist und Kompost wurde bereits hingewiesen.

Analyse: Die einzelnen Basaltvorkommen zeigen unterschiedliche Gehalte an Kalk, Magnesium u. a. m. Interessant ist dabei ein Vergleich mit dem getrockneten und außerordentlich fruchtbaren Nilschlamm, der Lebensgrundlage der Ägypter seit alters her.

	Luzian-Steinmehl	Nil-schlamm
Kieselsäure (SiO_2)	48,3%	48,50%
Aluminiumoxid (Al_2O_3)	19,2%	19,35%
Kalziumoxid (CaO)	8,1%	3,31%
Magnesiumoxid (MgO)	8,3%	2,95%
Kaliumoxid (K_2O)	1,7%	0,98%
Eisenoxid (Fe_2O_3)	8,1%	10,47%
Manganoxid (MnO_2)	0,1%	0,23%
Natriumoxid (Na_2O)	2,6%	0,81%

Außerdem noch zahlreiche Spurenelemente wie Kupfer, Zinn, Schwefel, Molybdän, Titan, Selen, Brom, Chrom, Vanadium, Nickel u. a. m.

Der Algenkalk

Vor der französischen Atlantikküste, der Bretagne und Normandie, haben sich in Jahrtausenden mächtige Barrieren aus Rotalgen (*Lithotamnium calcareum*) gebildet. Sie gedeihen in der vom Gezeitenrhythmus (Tidenhub bis zu 14 Meter) durchlichteten und vom Golfstrom durchwärmten Wasseratmosphäre in 20 bis 100 m Meerestiefe. Wegen ihres roten Farbstoffes werden sie auch vielfach Korall-Algen genannt. Sobald sie mit der Luft in Berührung kommen, verschwindet die Rotfärbung und verwandelt sich in ein weißliches Hellgrau. Im Unterschied zu den Grünalgen (Laminarien, *Ascophyllum*, *Fucus* usw.) besitzen sie keine Haftorgane, sondern sitzen unmittelbar auf felsigem Untergrund auf und ernähren sich direkt aus dem Meer. Die Rotalge hinterläßt ein Kalkgerüst, das sich im Laufe der Zeit zu mächtigen Riffen und Bänken aufgetürmt hat. Heute werden diese bis zu vielen Kilometern langen und breiten Gebilde mittels kleiner, seetüchtiger Schiffe in jährlich steigenden Mengen abgebaut.

Die Rotalge besitzt unbehandelt eine grobkörnige Struktur. An Land wird die Substanz so schonend wie möglich von 20 auf 5% Feuchtigkeit herabgetrocknet, gereinigt und staubfein gemahlen. Die wesentlichen Bestandteile sind kohlensaurer Kalk organischer Herkunft, der Magnesiumgehalt ist ebenfalls beachtlich. Zahlreiche Spurenelemente, vom Meerwasser her bekannt, erhöhen den Wert. Rotalgen weisen außerdem ein reiches Mikrobenleben auf.

Die bretonischen Bauern verwendeten dieses Produkt seit Jahrhunderten mit gutem Nutzen zur Düngung und Fütterung. Sie nannten ihn »Maerl«. Nachdem technische Fragen gelöst werden konnten, stieg der Verbrauch in West- und Mitteleuropa sprunghaft an. Die Bedeutung der Rotalgen ist im Land- und Gartenbau nicht mehr zu übersehen. Sie machen die Erde krümelig, beeinflussen den Wasserhaushalt und beheben relativ rasch einen Kalkmangel. Nach »Tschernobyl« ist die Aufnahme von Strontium in den Pflanzen in hohem Maße von dem Kalkgehalt des Landes abhängig. Es kommt deshalb darauf an, daß in den Böden ein leichter Überschuß dieses Minerals vorhanden ist.

Die Verwendungsmöglichkeiten sind also vielfältiger Natur. Zudem wird in dem Algenkalk der hohe Anteil an Magnesium besonders geschätzt. Gleiches gilt von den in organischen Komplexen gebundenen Spurenelementen.

Ungleichgewichte in der Zusammensetzung der Böden lassen sich durch Algomin ausgleichen. Zur Blattdüngung – also in flüssiger Form – wurden die Präparate zunächst in Oberitalien (Obstbau) eingeführt, in unserem Raum bevorzugt man jedoch die staubtrockene Form. Die Ausbringung erfolgt mit Stäubegeräten, im Hausgarten ist auch das Ausstreuen von Hand möglich. Pilzliche Erkrankungen lassen sich auf diese Art leichter beherrschen (z. B. Krautfäule, *Phytophthora infestans*). Bei Schädlingsbefall eingesetzt, dringt der staubfein gemahlene Algenkalk in den tierischen Organismus ein. Der Entzug von Körperflüssigkeit ist die Folge, das Absterben der Organismen unausbleiblich. Bei starkem Befall sind gegebenenfalls Wiederholungen erforderlich, der Druck von Stäubegeräten erhöht die Wirkung. Weiße Flecken am Blattwerk sind ungefährlich und verschwinden rasch, Verbrennungen treten nicht auf.

Noch einige Zahlen: Bei erstmaliger, großflächiger Anwendung zwecks Anhebung des Kalkgehaltes im Boden – je nach pH-Wert – 8 bis 12 dt/ha. Bei jährlichem Gebrauch (Sonderkulturen) kann man auf 2 bis 3 dt/ha zurückgehen. Zum Verstäuben benötigt man 35 bis 50 kg/ha, die Spritzbrühe enthält 2,5% Algenkalk (Vorsicht Pumpe, Verunreinigungen durch Sand). Auf die Beigabe in der Kompostierung wurde ebenfalls schon hingewiesen.

Weicherdiges Rohphosphat

Phosphate sind in mehr oder weniger löslicher Form im Boden vorhanden und werden von der Pflanze aufgenommen. Im Bereich der Wurzel haben wir die größte Umsatzaktivität, dort werden auch schwerer löslicher Phosphate aufgeschlossen. Sind aber die Phosphatwerte in verschiedenen Böden zu gering (arme Sandböden) oder ist das Phosphat zu fest gebunden (z. B. an Kalk im alkalischen Bereich oder an Aluminium im sauren Bereich), so sind auch die Umsetzungsvorgänge gehemmt. Geringe Phosphatgaben können hier Abhilfe schaffen und Lösungsvorgänge einleiten. Dabei eignen sich schwerlösliche Rohphosphate, wenn keine anderen phosphathaltigen Substanzen, wie Knochenmehl und Geflügelmist, zur Verfügung stehen.

Woher kommen die Rohphosphate und was zeichnet sie im besonderen aus? Im erdgeschichtlichen Werden des Tertiärs kam es u. a. auch im Bereich des afrikanischen Kontinentalsockels (im sog. Schelfmeer) zu phosphorhaltigen Ausfällungen und Ablagerungen vornehmlich durch Fische und wirbellose Tiere. Den Niederschlag dieser prähistorischen Vorgänge finden wir heute in den Phosphatlagern von Marokko und Tunesien, wobei der Region um Gasfa eine besondere Bedeutung zukommt.

Das weicherdige Rohphosphat wird in dieser Region im Untertagebau in 50 bis 100 m Tiefe (jeweilige Schichthöhe 2 bis 3 m) abgebaut. Die nachfolgende Zubereitung konzentriert sich im wesentlichen auf eine staubfeine Vermahlung, wodurch einmal eine große reaktionsfähige Oberfläche entsteht, zum anderen die Kalkphosphatknöllchen aufgebrochen werden. Die relativ leichte Verfügbarkeit des Minerals ist die Folge. Das Endprodukt ist im Handel unter der Bezeichnung »Hyperphosphat« zu haben, gemischt mit Algomin ergibt es den vielseitig verwendbaren Algen-Phosphat-Dünger (55% Gasfa-Phosphat, 45% Algomin).

Wenn erforderlich, kann das Rohphosphat – besonders auf leicht sauren Böden – direkt ausgebracht werden (je nach Bodenanalyse 2 bis 3 dt/ha). Besser, weil wesentlich sparsamer, ist allerdings die Beigabe von 10 kg in 1 t Kompostmaterial (auch Stallmist) fein einzupudern. Die mineralische Substanz kann auf diese Weise von den pflanzlichen (Pilze) und tierischen Organismen aufgenommen werden und steht später durch Umsetzungen im Boden den Kulturen zur Verfügung.

Die Ameisensäure-Löslichkeit – als Maß für die Pflanzenverfügbarkeit – wird mit 75 bis 78% angegeben.

Was enthält Hyperphosphat? Neben vielen Spurenelementen liegen vor:

Gesamtphosphorsäure (P_2O_5)	26,6%
Gesamtkalk (CaO)	48,0%
Magnesium (MgO)	1,1%
Kieselsäure (SiO_2)	3,0%
Aluminium Al_2O_3)	1,0%

Kalimagnesia – nur selten im Gebrauch

Die schweren Böden Mitteleuropas leiden selten unter Kalimangel. Als Verwitterungsprodukte von Feldspaten, Glimmern, Hornblenden und anderen enthalten sie von Natur aus Kalivorräte, die es immer wieder durch geeignete gartenbauliche Maßnahmen zu aktivieren gilt. Allein am Kalifeldspat, der rund 17% Kalium (K_2O), 18% Aluminium (Al_2O_3) und 64 bis 65% Kieselsäure (SiO_2) enthält, wird deutlich, welche Reserven hier verborgen liegen.

Dennoch tritt gelegentlich im Gartenbau, wo es heute nur selten noch Stallmist und gar keine tierische Jauche (1 m^3 Rinderjauche enthält etwa 15 kg Kali) mehr gibt, Kalimangel auf. Im Hausgarten wird man sehr leicht mit kalireicher Holzasche, die man über den Kompost oder besser direkt ausstreut, für Abhilfe sorgen können. Der Erwerbsgärtner bedient sich dann des chlorfreien Kalimagnesia (Patentkali), das 28% Kalium und 9% Magnesium als Sulfat enthält. Dabei sei noch auf folgendes hingewiesen: Das Element Cäsium (Reaktorkatastrophe von Tschernobyl) ist chemisch dem Kalium nahe verwandt. Es wird deshalb im Gartenbau darauf ankommen, daß den Pflanzen genügend Kalium zur Verfügung steht und damit die Cäsium-Aufnahme vermindert wird. Eine ausreichende Kaliversorgung des Bodens sollte deshalb auch im Hausgarten gewährleistet sein.

Der Torf

Er wird in den letzten Jahrzehnten nicht nur im Zierpflanzenbau zur Zubereitung verschiedenster Erden, sondern auch im Haus- und Gemüsegarten in steigendem Maße verwendet. Um das Für und Wider dieser Handhabung besser beurteilen zu können, müssen wir zuerst fragen: Was ist eigentlich Torf?

Torfe sind mehr oder weniger unzersetzte organische Substanzen, die unter Wasser- und Luftabschluß konserviert wurden, und deshalb nicht im Erdboden eine Rotte durchmachen konnten. Die Entstehung, nach den Eiszeiten beginnend, ist unterschiedlich. In Tälern und vor allem in verlandenden Seen entstanden Niederungsmoore. Schilf, Rohrkolben, Seggen, schließlich auch Erlen und Weiden wuchsen vom Ufer aus immer weiter in die meist flachen Seen hinein. Die absterbenden Pflanzen konnten unter Luft-

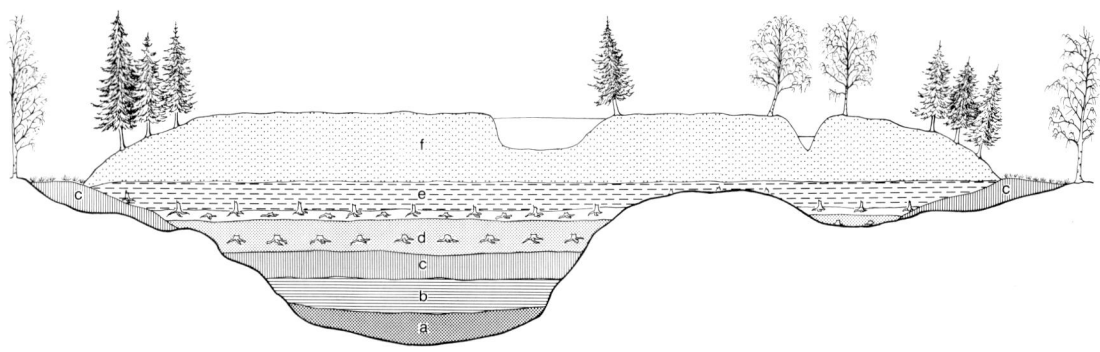

Schematischer Schnitt durch ein echtes Hochmoor, das sich über Flachmoorablagerungen aufgebaut hat. a = Mudden, b = Schilftorf, c = Seggentorf, d = Erlenbruchtorf, darüber Birkenkiefer-Übergangswaldtorf, e = stark zersetzter Sphagnumtorf, f = schwach zersetzter Sphagnumtorf.

abschluß nicht verrotten und bauten den relativ nährstoffreichen Niederungsmoortorf auf.

Hochmoore entstanden dagegen auf Hochflächen in armen Sandgebieten mit vielen Niederschlägen und hoher Luftfeuchtigkeit. Hier wuchsen Torfmoose (Sphagnum), Binsen, Glockenheide, Wollgras und anderes mehr, Pflanzen, die säureliebend sind und Jahr für Jahr eine Schicht aufbauten, die sich heute relativ einfach abtragen läßt. Dabei sind ältere Torfe dunkelbraun und stärker zusammengepreßt (Schwarztorf), jüngere dagegen heller und fast unzersetzt (Weißtorf). Die so entstandenen Torfpolster, in verschiedenen Schichten übereinander gelagert, erreichen eine Stärke von 10 bis 12 m.

Wie sich die Moore gegenüber den Einwirkungen von unten (der Erde) und von oben (Licht, Luft und Wärme) weitgehend abschließen, so hat auch der Torf ähnliche Eigenschaften angenommen. Er isoliert, konserviert, und hält damit die Zirkulationsprozesse zwischen Boden und Pflanze, der ganzen Umwelt schlechthin, zurück. Unter diesen Gesichtspunkten kann Torf einen Gartenboden nicht wesentlich verbessern, als Isoliermaterial, zum Abschirmen, Feuchthalten aber eine große Hilfe sein.

Wo lassen sich die Eigenschaften des Torfs überall nutzen? Von der Verwendung im Zierpflanzenbau, wo es sich um Topfkulturen und Jungpflanzenanzucht handelt, wurde schon gesprochen. Die Azaleen- und Erikenkulturen sind ohne Torfsubstrate nicht zu denken. Sollen sich auf kalkhaltigen Böden (insbesondere in Süddeutschland) Rhododendren, Azaleen, Kulturheidelbeeren und andere Moorbeetpflanzen länger als nur vorübergehend halten, kann auf Torfbeigaben ebenfalls nicht verzichtet werden. Fließt ferner die Feuchtigkeit in stark sandigen oder kieshaltigen Böden nach unten rasch ab, so können geringe Mengen von Torf hilfreich sein, ja den Bodenaufbau durch das Festhalten wertvoller Humussubstanzen sogar fördern. Viele Gärtner greifen auch bei der Kultur schwerer Böden zu diesem Material, wenn es sich um Neuanlagen handelt, obwohl sich dort oft Gleiches – oder gar Besseres – mit Hilfe der Leguminosen erreichen ließe. Dabei kann es sich im naturgemäßen Gartenbau nur um die Verwendung von Torfballen ohne mineralische Beigaben handeln, die, was immer wieder zu Irrtümern führt, im Handel als »Düngetorf« angeboten werden.

Schließlich sei nochmals an die positiven Eigenschaften des Torfes bei der Kompostierung und Aufbewahrung der biologisch-dynamischen Präparate erinnert. Die abschirmenden und abschließenden Wirkungen sind dort durch nichts anderes so leicht und gut zu erreichen.

Man sollte immer bedenken, daß Torf kein Düngemittel im Vergleich zu anderen Humussubstanzen ist, auch wenn er mit der Zeit, bei genügend Zutritt von Luft und Wasser, feucht und schwarz wird. Er ist sauer, und seiner Entstehungsgeschichte nach ein konserviertes Material, welches nur langsam in die Bodenbildungsprozesse integriert wird.

Vom Zusammenklang der Lebensprozesse

Rhythmen tragen das Leben

Ein Kind steht an einem kleinen Tümpel oder Teich und wirft voller Freude und Übermut einmal kleine, dann wieder große Steine in das Wasser. Der Aufschlag der harten Gegenstände ruft – je nach Größe und Gewicht – auf der spiegelglatten Wasserfläche kleinere oder größere konzentrische, wellenförmige Bewegungen hervor. Sie breiten sich in gleichmäßigen Schwingungen aus, treffen am nahegelegenen Ufer auf, gleiten zurück und durchdringen einander so lange, bis sich die bewegende Kraft erschöpft hat. Wer kennt dieses Bild nicht? Und dennoch: Wie selten fühlt sich der Zuschauer veranlaßt, über das hier offenbar werdende Prinzip des rhythmischen Geschehens in den Naturreichen nachzudenken? Das Bild ist deshalb so aussagekräftig, weil die Vorgänge überschaubar sind. Das Kind, die Steine und das Wasser wirken zusammen und zaubern ein Erscheinungsbild hervor: Die rhythmisch bewegte Welle, die entsteht, sich rasch ausbreitet und ebenso schnell wieder vergeht.

Wir haben damit ein Sinnbild vor uns, über welches sich immer wieder nachdenken läßt, denn das gesamte Leben auf der Erde vollzieht sich in bestimmten und charakteristischen Abläufen, denen rhythmische Ordnungen zugrunde liegen. Der Begriff »Rhythmus« ist alt. Die Griechen verstanden ihn als »Fluß«; heute ist man geneigt, ihn besser mit »Bewegungsordnung« zu übersetzen. Wir denken dabei an den Ablauf der Jahreszeiten von Winter und Sommer, Frühjahr und Herbst, Wachsen und Vergehen, Tag und Nacht, Ein- und Ausatmen. Der Gärtner weiß, wann er die Saat in die Erde bringen muß, das Wachsen der Kulturen hängt in besonderem Maße von Wärme, Licht und Feuchtigkeit ab, und er wird bestrebt sein, noch vor den ersten Frösten im Herbst die Ernte einzubringen. Das richtige Handeln zur rechten Zeit im Ablauf des Gartenjahres will erlernt sein, die auslösenden Faktoren werden jedoch als gegeben hingenommen oder vorausgesetzt.

Die Wissenschaft hat sich mit den Fragen nach der Bewegungsordnung erst in den letzten Jahrzehnten stärker auseinandergesetzt. Die Phänomene, wenn auch immer bekannt und selbstverständlich genutzt, entzogen sich lange Zeit der physikalischen Erfassung nach Maß, Zahl und Gewicht. Dabei hat sich Goethe mit der ihm eigenen Intensität in seinen naturwissenschaftlichen Schriften schon frühzeitig diesen Fragen zugewandt. Er trieb auch meteorologische Studien und wurde dabei auf den Rhythmus der doppelten täglichen Luftdruckwelle aufmerksam, die an jedem Barometer abgelesen werden kann. Diese Pulsation mutet wie ein Ein- und Ausatmen des Erdorganismus an. Ein anderer Rhythmus enthüllte sich Goethe beim Studium der pflanzlichen Wachstumsentfaltung, welche sich in ständigem Wechsel von Ausdehnung und Zusammenziehung vom 1. Sproßblatt bis zum Samenkorn in drei Stufen vollzieht. Dieser Rhythmus führte Goethe zur Erkenntnis der »Metamorphose der Pflanze«. Für ihn sind Ausdehnung und Zusammenziehung »die Grundeigenschaften der lebendigen Einheit« oder an anderer Stelle betont er: »Das Geeinte zu entzweien, das Entzweite zu einigen, ist das Leben der Natur; dies ist die ewige Systole und Diastole, das Ein- und Ausatmen der Welt, in der wir leben, weben und sind« (Verhältnis zur Allgemeinen Physik Nr. 739).

Das Leben auf der Erde ist vom Sonnenlauf geprägt, ohne die wärmende Kraft vermag nichts zu gedeihen. Doch ist es die alles bewegende Sonne allein? Haben die anderen Gestirne keinen Einfluß auf das irdische Geschehen? Die Menschheit hat sich über diese Fragen seit Jahrtausenden Gedanken gemacht. Der jeweilige Erkenntnisstand, das Volksbrauchtum, die geographische Lage und vieles mehr spielten dabei eine besondere Rolle. Die Beobachtungen konzentrierten sich schon frühzeitig auf den Mond und dessen Einfluß auf das Wasser. Hier sind Ebbe und Flut die bekanntesten und augenscheinlichsten Phänomene, welche durch die Anziehungskraft des Erdtrabanten hervorgerufen werden. Doch bleibt es nicht dabei. Die Geowissenschaft spricht heute in gleicher Weise von den Gezeiten des *festen* Erdkörpers, der sich in gleichem Zeitraum von 12 Stunden und 25 Minuten rhythmisch hebt und senkt. »Genaue Messungen haben uns gezeigt, daß nichts auf der Erde fest ist, sie lebt, atmet und verändert sich. Die Erforschung dieser geodynamischen Vorgänge steht heute im Mittelpunkt des Interesses der Geowissenschaften.« (Sigl 1976). Es nimmt nicht wunder, daß bei diesen Bemühungen auch Vorgänge in der Lufthülle einer erneuten Überprüfung unterzogen und weiterführenden Untersuchungen unterworfen werden.

Es kann hier nicht unsere Aufgabe sein, auf die »Lunationsrhythmen des menschlichen Organismus« (Heckert) einzugehen, die Phänomene im Tierreich bieten Stoff genug, um zu verdeutlichen, was mit diesen Darstellungen gezeigt werden soll. Wenden wir uns deshalb den Fragen der Rhythmen bei Tier und Pflanze zu.

Brehm beschreibt in seinen »Tierleben« (1914), wie der Palolo-Wurm (*Eunice viridis*) der Samoa- und Fidschi-Inseln am Tage vor dem letzten Mondviertel im Oktober–November seine Hinterenden abstößt und damit die Fortpflanzung ermöglicht und gleichzeitig zu einem Volksfest anregt, denn »… die ersten Würmer kommen mit dem Grauen des Morgens, ihr Gewimmel nimmt zu und wird am stärksten bei Sonnenaufgang, aber nach 2 bis 3 Stunden ist alles verschwunden. Alt und jung hat sich am Strande eingestellt und geht unter fröhlichen Scherzen in das Wasser am Gestade, dem Erntesegen, den ihnen das Meer bietet, entgegen.«

Wesentlich zurückhaltender wurden an südkalifornischen Stränden die Mitteilungen von dem sogenannten Grunion-Run, der Laichzeit dieser Fischart (*Leurestes tenuis*) aufgenommen. R. R. Ward beschreibt das Ereignis folgendermaßen (»Die Biologischen Uhren« S. 29ff): »In warmen Sommernächten finden sich Tausende von Menschen an der Westküste Kaliforniens … ein und warten auf die Grunions … Die Brandungswellen rollen heran, es ist ein Tag nach dem ersten monatlichen Höchststand der Flut. Als dann der Ebbestrom einsetzt, reiten Tausende von schlanken, silbrigen Fischen auf den Wellenkämmen und lassen sich auf den feuchten Sand spülen. Der Strand schimmert wie ein Lamettameer. Der Fortpflanzungszyklus beginnt.«

Und noch ein drittes Beispiel, das vom Atlantischen Feuerwurm (Gattung *Odontosyllis*), dessen hellleuchtendes Drüsensekret zur Begattungszeit schon Columbus irritiert haben soll. Ward beschreibt sehr eindrucksvoll, wie die Laichzeit dieses Meerestieres sehr genau nach dem Kalender, der jeweiligen Mondphase und einer bestimmten Tageszeit festgelegt zu sein scheint.

In heimischen Gewässern lassen sich am Beispiel der Blankaal-Wanderungen weitere Mondrhythmen nachweisen. Aufgrund der ausgewerteten Fangbuch-aufzeichnungen (Jens 1952/53) der Jahre 1938 bis 1944 sowie 1949 und 1950 vom Oberrhein und vor Rügen ergibt sich zweifelsfrei, daß ein Maximum der Wanderungen bei abnehmendem Halbmond (letztes Viertel) und ein solches bei zunehmendem Halbmond (erstes Viertel) nachgewiesen werden konnte.

Diese Beispiele mögen genügen. Sie stehen für mehr als einhundert inzwischen nachgewiesene Rhythmen, deren Abhängigkeit vom Gang des Mondes nicht mehr bezweifelt werden kann (Schad, in Vorbereitung).

Die biologischen Uhren

Seit Jahren beschäftigt Wissenschaftler die Frage nach den auslösenden Faktoren, die zu den erstaunlichen Phänomenen der biologischen Uhren führen. Nach Auffassung des amerikanischen Zoologen J. L. Cloudesley-Thompson gibt es nur drei Möglichkeiten, welche die Lebensrhythmen auslösen oder hervorrufen:

1. Sie sind entweder erlernt
2. oder ererbt,
3. sind durch Reaktionen auf kosmische Reize hin bedingt.

Vereinfacht dargestellt lassen sich daraus zwei wissenschaftliche Richtungen ableiten. Zum ersten ist es Erwin Bünning (1958), der die Anschauung vertritt, die »biologische Uhr« sei eine endogene, dem Organismus innewohnende. Ein eigener Zeitmesser also, der sich auf äußere Einflüsse, den Lauf der Sonne, des Mondes u. a. m. einstellen kann. Dagegen vertritt der amerikanische Biologe Frank A. Brown die Ansicht, daß es reale, exogene, kosmische Einflüsse sind, welche zu den rhythmischen Phänomenen führen, wobei der auslösende »Faktor X« eben noch nicht gefunden sei. Die Begründungen beider Richtungen lassen sich vermehren, weitere Argumente werden gefunden und dennoch: Zur Erklärung der Phänomene reichen sie beide nicht aus. Denn in jedem Organismus kann sich nur dann eine eigenständige rhythmische Tätigkeit entfalten, wenn auch äußere Faktoren in gleichem Maße mitwirken können. Man denke dabei an die Resonanz zweier Saiten, die nur dann zu einem Miteinander-Schwingen und -Klingen gebracht werden können, wenn die Schwingungszahl (Frequenz) die gleiche ist.

Der Mond und das Pflanzenwachstum

Zunächst mußte der Eindruck entstehen, als handle es sich bei dem rhythmischen Geschehen um ein subtiles Wechselspiel zwischen dem Mond, dem Wasser und den Meerestieren; diesbezügliche Vorgänge im Pflanzenwachstum blieben lange Zeit unbeachtet. Dies ist verwunderlich, kommt doch dem Wasserhaushalt im Pflanzenreich eine viel größere Bedeutung zu, als dies bei den Tieren der Fall ist. So schwanken die Wassergehalte im Frischgewicht im allgemeinen zwischen 75 und 90% und betragen bei der Kartoffelknolle z. B. 75%, bei der stark wasserhaltigen Gurke gar 95%.

Es war wiederum Brown (1954), der aufgrund von Versuchen an den Stoffwechselvorgängen bei der Kartoffel eindeutige Beziehungen zwischen der Ablaufgeschwindigkeit der Prozesse im rhythmischen Zusammenspiel zwischen Mond und Jahreslauf aufgezeigt hat. Die Arbeiten von Abrami (1972) führen jedoch weiter. Die Untersuchungen wurden im Botanischen Garten der Universität von Padua durchgeführt und betrafen das Schneeglöckchen, den Hohlen Lerchensporn, das Buschwindröschen, den Beinwell, Bärenlauch und Giersch sowie die Ackerglockenblume. Abrami interessierte der Ablauf von Wachstumsrhythmen, wobei er deutliche Unterschiede zwischen 29,5, 14,7, 9,7 und 7,3 Tagen feststellen konnte. Die ersten zwei Komponenten zeigten dabei am deutlichsten eine Korrespondenz zu den Phasen des Erdtrabanten, wobei der synodische Mondumlauf (von einem Vollmond zum anderen) mit 29 Tagen und 12 Stunden anzusetzen ist. Die Wachstumsgeschwindigkeit ist bekanntlich von der Außentemperatur abhängig. Bei kaltem Wetter ist sie langsamer als bei warmem. Wie Abrami nachweisen konnte, ist die Kopplung des Wachstums an die Temperatur nicht immer gleich stark, sondern wechselt lunarperiodisch. Bei Neumond ist sie enger, während bei Vollmond die genannten Pflanzen unabhängiger von der äußeren Temperatur wachsen. Damit ist die Brücke zu einem besonderen Anliegen der biologisch-dynamischen Arbeit geschlagen.

In den Darstellungen zum Landwirtschaftlichen Kurs wies Steiner unter anderem auch darauf hin, »daß das Wasser die Verteilung der Mondenkräfte im Erdenbereich bewirkt ...«. Den Tagen um Voll- und Neumond wurde dabei eine besondere Bedeutung zuerkannt. Die vielfältigen Hinweise, nicht zuletzt in anderen Ausführungen Steiners, haben G. Wachsmuth (1951) angeregt, diesen Fragen nachzugehen. Umfangreiche Veröffentlichungen hinsichtlich des Atmungsrhythmus der Erde im Tages- und Jahresablauf, der tagesperiodischen Prozesse im Pflanzen- und Tierreich sowie der Humanmedizin sind das Ergebnis. Es ist weiter an das alte Volkswissen im schweizerisch-alemannischen Raum zu denken, wo

im bäuerlich-gärtnerischen Bereich dem »Obsi- und Nidsi-Gang« des Mondes, d. h. das Auf- und Abwärtssteigen des Erdtrabanten zu höheren oder niederen Bewegungskreisen, bei Aussaat und Pflanzung, aber auch Bodenbearbeitung und Düngung besondere Bedeutung beigemessen wurde.

Dies alles führte schon in den Jahren 1930 bis 1940 dazu, in biologisch-dynamischen Arbeitszusammenhängen Aussaatempfehlungen auszusprechen und zu eigenen Versuchen anzuregen. Die fortlaufenden Aussaaten von Radies im Sommerhalbjahr bieten dazu nach wie vor die besten Voraussetzungen. Diese Pflanzen wachsen schnell und reagieren deutlich auf Saattermine und äußere Wachstumsbedingungen, indem sie z. B. die knackige, köstliche Frucht ausbilden oder zur Verholzung, zu Form- und Geschmacksveränderungen bis hin zum schnellen Schießen neigen. Der tägliche und wenig zeitraubende Umgang mit dieser Kultur erlaubt es dem Gärtner, sich mit der ungewohnten Thematik vertraut zu machen, die Sinne (z. B. Auge, Geruch und Geschmack) zu schulen und seine Urteilsgrundlagen zu erweitern.

Nach 1945 nahmen Franz Rulni und H. Schmidt die Arbeiten wieder auf und reichten in Form kalendarischer Empfehlungen die bekanntgewordenen Ergebnisse an interessierte Gärtner und Landwirte weiter. Dabei blieb es nicht nur bei den Hinweisen auf die Wirksamkeiten des Voll- und Neumondes, sondern es war das besondere Anliegen des Autors H. Schmidt, aufgrund eigener Erfahrungen in der Tierzucht auf die negativen Auswirkungen der Mondstellungen in den Knoten (Kreuzungspunkte von Mond- und Sonnenbahn) hinzuweisen.

Aufgrund des Nachvollzuges dieser anfänglichen Bemühungen wurde es Maria Thun sehr bald deutlich, daß im

siderischen Umlauf des Mondes (dieser bezeichnet den Weg desselben von einem Stern des Tierkreises bis wieder zurück zum gleichen Stand) von 27 Tagen und 7 Stunden noch weitere Möglichkeiten für den Landwirt und Gärtner verborgen liegen, um das Pflanzenwachstum zu fördern und anzuregen.

In Anlehnung an Wachsmuth werden hier die zwölf Bilder in je vier Gruppen unterteilt, die von besonderer Bedeutung für die Elemente Erde, Wasser, Licht und Luft sowie der Wärme im Bereich der Lebensprozesse, des Pflanzenwachstums sind.

Danach ergibt sich für das Dreieck
Widder – Löwe – Schütze
(bei Thun »Wärme-Trigon« genannt)

Υ	Widder	Ω	Waage	$\odot$	Sonne
Υ	Stier	$\mathfrak{M}$	Skorpion	$\mathbb{C}$	Mond
$\mathbb{I}$	Zwillinge	$\nearrow$	Schütze	$\overset{+}{\delta}$	Erde
$\mathfrak{S}$	Krebs	δ	Steinbock		
Ω	Löwe	$\approx$	Wassermann		
$\mathfrak{M}$	Jungfrau	$\mathcal{H}$	Fische		

Die Kalendersymbole.

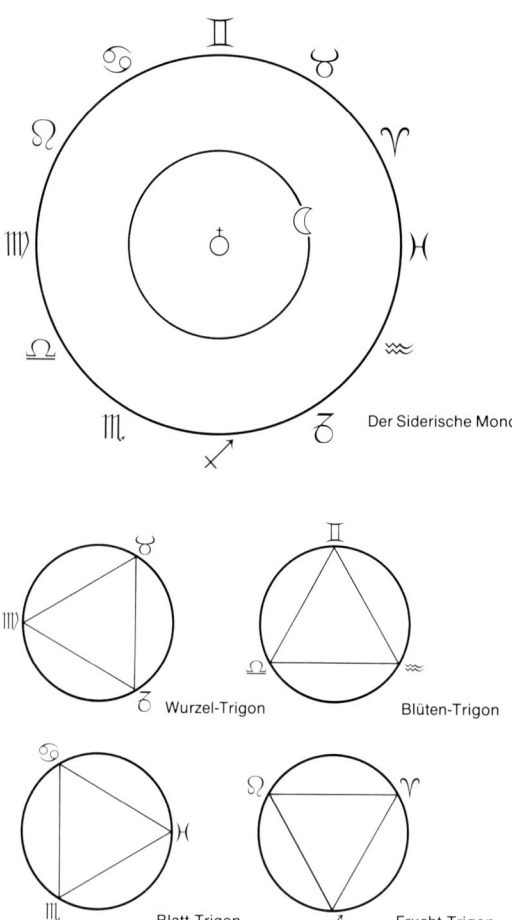

Der Siderische Mond

Wurzel-Trigon   Blüten-Trigon

Blatt-Trigon   Frucht-Trigon

Oben: Weg des Mondes vor dem Hintergrund der Tierkreisbilder (»Siderischer Umlauf«). Unten: Die vier Trigone mit den je drei Sternbildern gleicher Wirksamkeit.

ein maximaler *Fruchtertrag* und gilt für die Kultur von Gurke, Tomate, Bohne, alle Getreidearten.

Die Bilder
   Zwillinge – Waage – Wassermann
   (als »Licht-Trigon« bezeichnet)
rufen die *Blühfreudigkeit* hervor und wirken sich besonders bei allen Blütenpflanzen günstig aus.

Das »Wasser-Trigon«
   Fische – Krebs – Skorpion
bringt ein Maximum an *Blattmasse* und betrifft alle Salate, Spinat, Lauch und die Kohlarten.

Schließlich verbessert die Stellung des Mondes im »Erd-Trigon«
   Stier – Jungfrau – Steinbock
die Knollen- und Wurzelerträge bei Möhre, Schwarzwurzel, Sellerie, Kartoffel sowie bei Radies und Zwiebel.

Dabei lassen sich nicht nur Wachstum und Ertrag fördern, wenn an den bestimmten Tagen Saat und Pflanzung sowie Bodenbearbeitung und alle Pflegemaßnahmen (Ausbringung der biologisch-dynamischen Spritzpräparate) vorgenommen werden.
Die graphische Darstellung (Thun 1974) zeigt, wie die Angaben zu verstehen sind. Auch hier wurde wieder zu Radies gegriffen und das Knollen-, Blatt- und Samengewicht sowie die Wurzellänge in marktfähigem bzw. erntereifem Zustand ermittelt. In Anlehnung an den Sonnenstand im Frühlingspunkt beginnt die Versuchsanordnung in den Fischen und folgt dem siderischen Mondumlauf von 27⅓ Tagen. Dabei wird deutlich erkennbar, daß die höchsten Knollenerträge bei Aussaat an den Wurzeltagen (Stier, Jungfrau, Steinbock), die besten Blatterträge bei Fische-, Krebs- und Skorpion-Saat zu finden sind. Die Wurzellängen zeigen ebenfalls unterschiedliche Größen, d. h. bei dem besten Knollenertrag ist die Wurzelentwicklung am schwächsten, bei den Blattagen ist das umgekehrt der Fall. Schließlich sei noch auf den Samenertrag hingewiesen, der bei Saaten im Widder, Löwen und Schützen am höchsten ist.
Weitere Versuche erstreckten sich auf den jeweiligen Bodenzustand am Saattag. Jede Bearbeitung der Erdoberfläche beeinflußt mehr oder weniger stark den Wasser- und Lufthaushalt, die Bodenflora und -fauna der Oberkrume. Beobachtungen dieser Art lagen auch den Gepflogenheiten im alemannischen Raum zugrunde, wenn die Empfehlungen dahin gingen, z. B. nur bei dem abwärts – nidsi – gehenden Mondlaufe, also von den Bildern Zwillinge bis Schütze, die

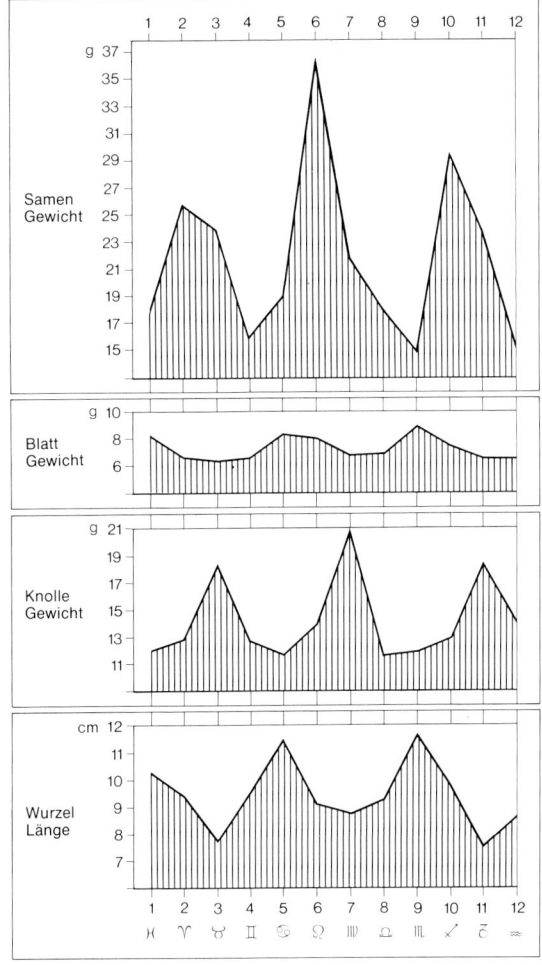

Gesetzmäßigkeiten der Saatzeit-Konstellationen und ihr Einfluß auf Ausbildung und Ertrag von Wurzel, Knolle, Blatt und Samen bei Radies.

Äcker zu düngen und zu bearbeiten. Die graphische Darstellung zeigt den zeitbedingten Einfluß der Bodenbearbeitung bei Sommergerste mit deutlicher Ertragssteigerung bei Schütze und Widder, wobei eine zusätzliche Gabe des Hornkiesel-Sprühpräparates eine weitere Förderung bewirkt.

Aus den mehr als 30jährigen, durch mehrere Dissertationen (Abele 1973, Graf 1977, Spieß 1978) bestätigten Forschungsarbeiten von Frau Thun ergeben sich ernstzunehmende Empfehlungen für den Praktiker, deren er sich gewiß nicht immer in der Hektik

des Alltags und bei allen möglichen Unbilden der Witterung bedienen kann. Sie stehen aber nunmehr dem biologisch-dynamisch arbeitenden Land- und Gartenbau zur Verfügung, sofern lange genug (vier bis fünf Jahre) die Kompost- und Spritzpräparate Anwendung fanden und der Bodenzustand damit besser geworden ist. Finden die Angaben im Garten Anwendung, so sollten die einzelnen Maßnahmen aufgezeichnet sowie aufmerksam und kritisch beobachtet werden.

Die Fragen des rhythmischen Geschehens bekommen durch die aufgezeigten Möglichkeiten eine andere Qualität. Es kann sich nicht darum handeln, wie das eingangs geschilderte Kind Steine in ein ruhendes Gewässer zu werfen und damit Wellenbewegungen hervorzurufen, sondern aus Einsicht und Erfahrung heraus das zu tun, was zur Stärkung der Lebensvorgänge führen kann. Und welcher Gärtner wollte sich dieser Möglichkeiten nicht bedienen?

Alle Angaben in den Anbauempfehlungen beziehen sich stets auf das sichtbare Geschehen am Sternenhimmel und nicht auf die konventionellen Kalenderangaben.

Dazu ein Beispiel: Am 21. März, dem Frühlingspunkt, steht die Sonne vor dem Sternenbild der Fische und nicht vor dem Widder, wie allgemein angegeben. Der sogenannte Widderpunkt geht auf Hipparch (190 bis 125 v. Chr.) zurück. Infolge der Präzession der Sonne ist dieser heute bis zu dem Sternbild Fische zurückgewandert.

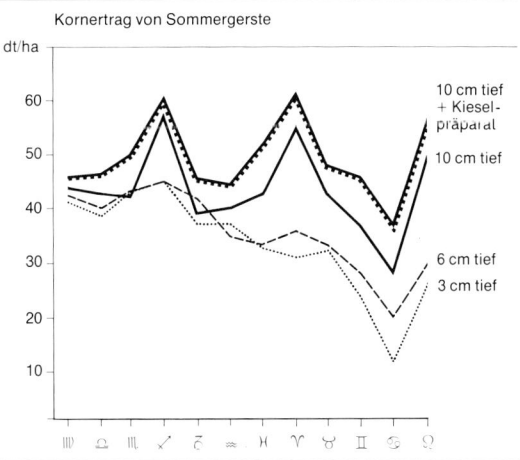

Versuche haben gezeigt, daß der Ertrag von der Bodenbearbeitungstiefe, der Mondstellung im Tierkreisbild und der Anwendung des Hornkieselpräparates beeinflußt wird.

Das Hornkieselpräparat wird auf die heranwachsenden Kulturen feinst versprüht.

Die Spritzpräparate Hornmist und Hornkiesel

In der Pflanze haben wir das Organ der Erde vor uns, welches mit der Wurzel in der Dunkelheit des Bodens, mit Blatt und Blüte aber im Licht der Sonne lebt. Dabei verlaufen die Lebensvorgänge – wie wir im vorigen Kapitel gesehen haben – in Rhythmen, welche durch die Beziehungen der Erde und dem sie umgebenden Kosmos bedingt sind. Die biologisch-dynamischen Spritzpräparate verschaffen uns die Möglichkeit, fördernd und unterstützend in dieses Kräftespiel einzugreifen.

Das *Hornmistpräparat* (Nr. 500), hergestellt aus Kuhmist, fördert die Bodenbelebung, also die Vorgänge, welche sich im Dunkel des Bodens abspielen, während das *Hornkieselpräparat* (Nr. 501) im Blatt-, Blüten- und Fruchtbereich, im Licht wirksam wird. So wie die Pflanze nur in der Ergänzung dieser beiden Pole leben kann, ergänzen sich die beiden Spritzpräparate, die, gezielt eingesetzt, das Pflanzenwachstum fördern und unterstützen können.

Über den Umgang mit diesen Mitteln liegen jahrzehntelange praktische Erfahrungen vor. In wissenschaftlichen Untersuchungen von Klett (1968), Klein (1968), Abele (1973), Pettersson und v. Wistinghausen (1977), Samaras (1977), Spieß (1978), v. Wistinghausen (1979) wurde der Wirksamkeit der Präparate nachgegangen. Die selbständige Herstellung derselben ist wünschenswert und zu erlernen, ausführliche Darstellungen dazu überschreiten jedoch den Rahmen dieser Schrift. Es gilt auch hier das bereits bei den Düngerpräparaten (Seite 62) Gesagte.

Herstellen der Spritzflüssigkeit

Die Präparate werden in handwarmem Wasser kräftig eine volle Stunde lang in wechselnder Drehrichtung gerührt. Dabei sollte jedesmal in dem Gefäß ein tiefer Flüssigkeitstrichter entstehen, der Wechsel erfolgt nach etwa einer Minute. Man verwendet vom

Hornmistpräparat 4 Portionen oder etwa 250 g,
beim Hornkieselpräparat 4 Portionen oder 4 g
auf jeweils 40 l Wasser für 1 ha oder 10000 m².

Bei einem Gartengrundstück von 1000 m² oder 10 Ar läßt sich die Menge reduzieren auf

30 g bei Hornmist und
0,5 g Hornkiesel } auf je 5 l Flüssigkeit.

Dazu können Gefäße aus Holz, Glas, Steingut, Emaille oder Hartkunststoff verwandt werden. Metallbehälter sind ungeeignet.

Ausbringen der Präparate

Der Hornmist wird tropfenweise verteilt oder leicht versprüht auf den Erdboden ausgebracht; dies kann bei bedecktem Himmel oder in den Abendstunden am besten geschehen.
Hornkiesel fordert eine neblig-feine Verteilung; sonniges Wetter unterstützt die Wirkung des Quarzes.
Das Ausbringen kann auf verschiedene Weise erfolgen, im Handel ist für jede Grundstücksgröße das entsprechende Gerät zu haben. Der Hausgärtner wird mit einer Handpumpe, Saugschlauch und einem Eimer leicht auskommen, damit lassen sich auch im Obstbau Niederstämme gut erreichen.
Handlicher ist dagegen ein Spritzgerät mit 5- bis 10-Liter-Behälter zum Umhängen. Besonders die Hausfrau wird damit gut zurechtkommen.
Seit vielen Jahrzehnten sind die tragbaren Rückenspritzen aus Messing oder Kunststoff eingeführt (Füllinhalt 10 bis 15 l). Mit einem zusätzlichen Verlängerungsrohr lassen sich damit bereits Bäume übersprühen.
Dem Erwerbsgärtner stehen moderne Diesel-Aggregate zur Verfügung. Sie lassen sich bei entsprechender Sauberhaltung auch für die Präparate-Ausbringung verwenden.

Auch für große Gärten lassen sich mit dieser Einrichtung die notwendigen Spritzpräparate anrühren. Im Kleingarten genügt ein Eimer.

Zum Hornmistpräparat

Der Verdauungsvorgang der Kuh ist ein kompliziert-geregelter Prozeß. Das Rind als Wiederkäuer mit etwa 200 l Magen-Darm-Inhalt lebt ganz in der Verdauung. Bei der Präparation des Dunges wird diese in einer gesteuerten Fermentierung fortgesetzt. Der Mist kann so, wenn auch in geringen Konzentrationen, die sich durch den Rührvorgang dem Wasser mitteilen, auf die Lebensvorgänge im Boden befruchtend einwirken. Die günstigsten Zeiten im Garten sind dafür Frühjahr und Herbst, in denen hauptsächlich Düngung und Bodenbearbeitung, Säen und Pflanzen durchgeführt werden. In diesen Monaten findet das Hornmistpräparat auch vornehmlich seine Anwendung.
Dabei wiederholen sich für den Gärtner oft die gleichen Arbeiten und es wird gar nicht möglich sein, für jedes Gartenbeet einzeln das Präparat anzurühren. Das ist auch nicht notwendig, wenn man sich daran gewöhnt hat, die Spritzungen zu den genannten Zeitpunkten im Gartenjahr auszubringen.
Die Belebung des Bodens und Kräftigung des Pflanzenwachstums infolge der konsequenten Anwendung

**Spritzgeräte gibt es in vielen Ausführungen und Größen.
Hier sind die drei für den Hausgarten wichtigsten Typen in
einem Bild zusammengefaßt.**

dieses Mittels ist aber auch die Voraussetzung für die
nachfolgende Spritzung des Hornkieselpräparates.
Daraus ergibt sich die Grundregel: Erst den Hornmist auf den Boden zur Förderung des Wurzel- und
Jugendwachstums, dann das Kieselpräparat auf die
grüne Pflanze, wenn sie zu wachsen, sprießen und
sprossen beginnt. Es schadet dabei nichts, wenn mit
dem Auge nicht sogleich Unterschiede zwischen einem behandelten oder unbehandelten Beet deutlich
werden, handelt es sich doch um feinstoffliche Wirkungen, die einen anderen Maßstab erfordern. Nach
einiger Übung wird jedoch auch der Gärtner manches beobachten und entdecken können.

Es sind besonders die Leguminosen, die sehr schnell
durch ein üppigeres Wachstum und kräftigere Grün-
färbung auf das Präparat reagieren. Bleibt bei anderen Kulturen dieser Eindruck aus, dann werden sich
im Wurzelwachstum deutlichere Unterschiede zeigen. Wir werden im Ausgraben einzelner Pflanzen
gewahr, wie sich das Wurzelwerk ausgesprochen

nach der Tiefe hin ausstreckt. Das hat seine Bedeutung nicht nur für das Durchdringen eines größeren
Bodenraumes, sondern unterstützt auch die Wasserversorgung aus tieferen Schichten. Ähnliches stellt
der Gärtner immer wieder an seinen Pikierkästen
fest. Die jungen Pflänzchen bekommen einen wesentlich kräftigeren Wurzelballen. Der Wissenschaftler
stellt Humusmehrung und Strukturauflockerung sowie eine Vertiefung des durchwurzelbaren Bodenraumes fest (Pettersson und E. v. Wistinghausen 1977).

Zum Hornkieselpräparat

Die Pflanze ist, einmal anders ausgedrückt, ein Licht-
Sinnes-Organ der Erde. Zur Blatt-, Blüten- und
Fruchtbildung benötigt sie Licht und Wärme. Durch
das Hornkieselpräparat, hergestellt aus dem lichtver-
mittelnden Kiesel, der sich am schönsten im Bergkri-
stall zeigt, soll gerade diese Wirkung verstärkt
werden.

Das Kieselpräparat, in sehr geringen Konzentrationen eingerührt in Wasser und feintropfig versprüht,
wirkt sich fördernd auf die Blatt-, Blüten-, Fruchtbildung und die Ausreifung – je nachdem, wann es eingesetzt wird – aus. Während Hornmist zur Saat,
Pflanzung oder gleich nach der Aberntung von wei-

terwachsenden bzw. wieder austreibenden Kulturen verabreicht wird, läßt sich für den Zeitpunkt der Hornkieselgabe eine so einfache Grundregel nicht angeben. Dafür können wir aber mit dem Hornkieselpräparat während der verschiedenen Stadien des Pflanzenwachstums auch viel differenzierter an und mit der Pflanze arbeiten.

Und das wollen wir jetzt einmal betrachten: Die Saat ist ausgebracht, das Hornmistpräparat termingerecht versprüht worden. Es folgt die Anfangszeit der Jungpflanze, in welcher Hornkiesel vermieden werden muß, denn er könnte u. U. die Pflanze schädigen. Deutlich wird das, wenn man umgepflanzte Setzlinge zu früh mit Kiesel behandelt, ehe sie richtig eingewurzelt sind. Man bekommt dann leicht Blattvergilbung, rasches Aufschießen oder beispielsweise lockerflatterige Salate, die nicht recht kopfen wollen. Schon mancher hat an diesen negativen Erscheinungen bei zu früher Kieselanwendung seine Zweifel an der Wirksamkeit der winzigen Präparatmenge überwunden und ist zu der Erkenntnis gelangt, daß die wachsenden Pflanzen sich zuerst mit der Erde ganz verbunden haben, eingewurzelt und angewachsen sein müssen, ehe man mit dem Kiesel die Lichtausnutzung und die Wachstumsvorgänge fördern kann.

Nun sind unsere Gemüse alle mehr oder weniger einseitig ausgerichtete Züchtungen; sie entwickeln ein bestimmtes Pflanzenorgan in besonderem Maße. Der Gärtner spricht deshalb von Wurzel-, Blatt- oder Fruchtgemüsen. Damit sind bereits die Anhaltspunkte für eine geregelte Anwendung dieses Präparates gegeben. Sie besagen: Der Hornkiesel wird dann aus-

Der Quarzkristall muß sehr fein vermahlen und verrieben werden, um später als Präparat verwendet werden zu können.

Quarzkristall.

gebracht, wenn man den ersten Ansatz der späteren Frucht erkennen kann. Wir sehen z. B., daß sich die Möhrenwurzel ganz leicht zu röten beginnt, die Herzblätter des jungen Salates leicht eindrehen, die ersten Erbsenschoten sichtbar werden, haselnußgroße Tomaten heranwachsen.

Hier folgt gerne der Einwand, daß die Fruchtgemüse in der Regel Knospen, Blüten und Früchte aller Stadien aufweisen und sich somit gar kein geeigneter Spritztermin finden ließe. Dazu hat sich in der Praxis folgende Lösung ergeben: Der Hornkiesel wird zur Anregung im Blatt- und Blütenbereich vormittags ausgebracht. Je früher am Morgen man die Arbeit durchführt, um so sicherer wirkt das Präparat. Die Morgenstunde ist noch nicht die Zeit der Blüten, die dann entweder geschlossen oder durch eine Tauhülle geschützt sind. Untersuchungen ergaben ferner, daß der Kiesel auch auf die für jede Entwicklungsstufe typischen Stoffwechselvorgänge einwirkt. Damit erklärt sich, weshalb bei Wurzelgemüsen, z. B. der Möhre, zur Zeit der Reife auch Nachmittagsspritzungen empfohlen werden. In den Abend- und Nachtstunden werden in der Pflanze die am Tageslicht gebildeten Stoffe dorthin geleitet, wo sie zum weiteren Aufbau bzw. Einlagerung kommen sollen. Das Präparat unterstützt diesen Vorgang. Doch damit nicht genug. Die reifenden Brombeeren bekommen beispielsweise ebenfalls nachmittags den Kiesel, damit auch die Ranken rechtzeitig ausreifen und damit widerstandsfähiger gegen Pilzbefall sowie das Abfrieren im Winter werden. Gleiches hat sich im Obstbau gezeigt. Die Qualität der Früchte läßt sich fördern, wenn man zur Reifezeit und nach der Ernte Hornkiesel am Nachmittag versprüht. Die Nacherntebehandlung wirkt sich hier infolge Kräftigung des Holzes noch im nachfolgenden Jahr aus.

Interessante Ergebnisse waren auch bei Licht-Schatten-Versuchen von Engqvist (1963) und Klett (1968) festzustellen. Der starke Einfluß des Hornkieselpräparates zeigt sich z. B. darin, daß unter Beschattung gewachsene Kulturen infolge der Kieselbehandlung die gleichen Ertragswerte wie die im vollen Licht, aber ohne Präparatanwendung, gezogenen Varianten ergaben.

Bei Zuckerrüben konnte Abele (1973), aus der gärtnerischen Praxis liegen ähnliche Erfahrungen vor, durch Hornkiesel-Behandlung einen um mehr als 20% erhöhten Zuckergehalt feststellen.

Die neueren Versuche bestätigen also, was in einer Fülle von Ergebnissen seit den dreißiger Jahren vorliegt und vielseitige Praxiserfahrung geworden ist. Sie reicht von der Widerstandsfähigkeit gegenüber Schädlingsbefall bis hin zur deutlichen Förderung des Wachstums, bessere Ausreifung der Früchte, vermehrtem Gehalt an ätherischen Ölen und Verbesserungen im Geschmack und in der Haltbarkeit.

Über die Qualität

Heute streitet man viel über die Qualität der landwirtschaftlichen und gärtnerischen Produkte, nur ist die Verständigung oft schwierig, weil jeder etwas anderes darunter versteht.

Der Hausgärtner freut sich im allgemeinen über wohlgelungenes Gemüse aus dem eigenen Garten, denn er kennt ja seinen Anbau. Die Frage nach der Qualität tritt meist erst dann auf, wenn das Gemüse Handelsware wird und im Laden gekauft werden muß. Dabei läßt sich der Qualitätsbegriff in ein dreiteiliges System gliedern (Schuphan 1976), wobei zu unterscheiden sind:
- äußere Beschaffenheit
- Gebrauchswert
- biologischer Wert.

Was ist darunter zu verstehen?

Die *äußere Beschaffenheit* wird charakterisiert aufgrund von Sinneswahrnehmungen: Größe, Form, Farbe, Fehlerfreiheit, Geruch, Geschmack, und geht ein in die Klassifizierung nach Handelsklassen. Schuphan urteilt darüber: »Die äußere Beschaffenheit der Handelsklassen ist keine Gütegarantie für den Verbraucher in ernährungsphysiologischer Hinsicht.«

Der *Gebrauchswert* bezieht sich auf die technische Verarbeitbarkeit wie Mahl- und Backqualität des Getreides, Vermälzbarkeit von Braugerste, Schälbarkeit der Kartoffel, Lagerfähigkeit des Obstes etc. Unterschiedliche Anforderungen an die Nahrungsmittel werden je nach Interessengruppen vom Erzeuger, Händler, Verarbeiter oder Verbraucher gestellt.

Der *biologische Wert* wird auf Nährwert, Bekömmlichkeit und Gesunderhaltung bezogen und drückt sich aus in wertgebendenen (z. B. Zucker, Eiweiß, Vitamine, Mineralstoffe) und wertmindernden (z. B. Nitrat, freie Aminosäuren, Pestizidrückstände) Inhaltsstoffen. Einzelne Stoffe wirken sich ernährungsphysiologisch mehr oder weniger günstig auf den Organismus aus. Üblicherweise läßt sich dies heute durch entsprechende Zusammenstellungen bzw. durch Zusätze von Vitaminpräparaten oder Mineralstoffen ausgleichen.

Die Qualität wird dabei in jedem Falle auf den Verwendungszweck bezogen.

Die äußere Beschaffenheit hat Einfluß auf die Handelsfähigkeit,

   das Nahrungsmittel wird zur Ware.

Der Gebrauchswert bezieht sich auf die Verarbeitbarkeit,

   das Nahrungsmittel wird zum Werkstoff.

Der biologische Wert drückt sich in den Inhaltsstoffen aus,

   das Nahrungsmittel wird zum Nährstofflieferanten.

Die Menschen haben sich daran gewöhnt, Qualität nur in Beziehung zu einem Verwendungszweck zu sehen. Ist das auch für Lebensbereiche, zu denen die Ernährung gehört, berechtigt?

Die Frage nach der Qualität ist an Werkstoffen aus der industriellen Herstellung verhältnismäßig leicht zu lösen, da es sich um bekannte, vom Menschen durchdachte Zusammenhänge handelt, die berechenbar sind. Ein Werkstoff muß zug- oder druckfest, er muß beständig sein. Ein Motor soll bei entsprechender Pflege lange funktionsfähig bleiben usw. Nahrungsmittel dagegen sind bei aller menschlichen Mithilfe aus Naturprozessen entstanden, die durch analytische Methoden immer nur teilweise erfaßt werden können.

Der Verbraucher hat nicht die Möglichkeit, analytisch an die Beurteilung einer Qualität heranzugehen. Er kauft seine Äpfel und Kartoffeln – entsprechend seinen Ernährungsgewohnheiten – im allgemeinen mit dem Auge. Die Hausfrau stellt jedoch oft fest, daß Produkte, die äußerlich ansprechend sind, zu wünschen übrig lassen.

Sie kann den wirklichen Wert der Ware aufgrund von Aussehen, Festigkeit, Geruch, Geschmack oder Verderblichkeit selbst beurteilen und stützt sich dabei auf ihre Erfahrungen. Ein schön aussehender Apfel sollte auch duften, gut schmecken und das Wohlbefinden der Familienmitglieder fördern. Diese Erfahrung kann heute durch überdeckte Mängel getäuscht werden, eine allgemeine Verunsicherung ist die Folge.

Außerbetriebliche Mittel, wie Mineraldünger, Herbizide, Fungizide, Insektizide und Wachstumsregler, die zum Teil als Rückstände zurückbleiben, beeinflussen mehr oder weniger die äußere Beschaffenheit. Die Möglichkeiten der Qualitätsbeurteilung durch die Sinne allein reichen deshalb nicht mehr aus.

Die Grundlagen für eine Qualitätsbeurteilung lassen sich am besten an der Pflanze selbst entwickeln. Die Pflanze wächst und gedeiht im Zusammenspiel von Licht und Wärme mit der Erde. Bodenart und Zustand, Humus und Mineralstoffgehalt sowie Spurenelemente, deren Verfügbarkeit und Nachlieferungsvermögen, sind von großer Bedeutung. Sorte, Fruchtfolge, Düngung, Klima, Witterung und Aussaatzeitpunkt haben großen Einfluß auf den Ertrag und die Qualität von pflanzlichen Produkten. Viele Faktoren also bestimmten die Qualität (E. v. Wistinghausen 1973, 1976, 1979, Abele 1977), die immer wieder beachtet und geprüft werden müssen.

Wie kann Qualität festgestellt werden?

1. Beobachtungen an wachsenden Pflanzen

Der erfahrene Gärtner beobachtet den Pflanzenwuchs im Anbau, um festzustellen, welche pflegerischen und wachstumsfördernden Maßnahmen wann und wie durchgeführt werden müssen. Besonders gilt es, Form und Farbe, Entwicklungsstadien der Kultur sowie den Befall von Schädlingen zu beobachten. Eine Pflanze, die in übermäßigem Licht, in großer Wärme und dazu noch trocken steht, wächst kümmerlich. Sie zeichnet sich durch kleine, feste, kurzgestielte Blätter aus, die meist gelb sind. Die Kultur geht rasch in Blüte, wird früh-, auch notreif oder geht im Extremfall ein.

Das Wachstum auf einem feuchten, mineralstoffreichen Boden, insbesondere bei hohem Stickstoffangebot, führt zu großblättrigen und dunkelgrünen Gewächsen. Sie beginnen spät mit der Blüte, die Früchte reifen nicht aus. Beide Extreme sind Ursache für eine geringe Widerstandsfähigkeit gegenüber Pilz- und Insektenbefall. Die Haltbarkeit der Produkte ist gering. Das optimale Wachstum, und damit auch die Ausbildung einer guten Qualität, liegt zwischen diesen Extremen.

Veränderungen der Pflanzenformen entstehen ferner durch unterschiedliche Licht- oder Schattenwirkungen (Klett 1968, Pettersson 1970, Bockemühl 1975). Überhaupt spielen das Klima und die Jahreswitterung, Licht, Wärme und Niederschläge im Pflanzenwachstum eine übergeordnete Rolle. Wir unterscheiden heute Licht- und Schattenqualitäten. Bei variierter Düngung ist ein ähnlicher qualitativer Unterschied zu beobachten. Bei zu starker Düngung – seien es nun mineralische oder organische Handelsdünger – zeigen die Pflanzen eine Schattenqualität. Wenn jedoch Stallmist, Kompost oder Gründüngung so gegeben werden, daß die Pflanze aus dem belebten Boden wachsen kann und gesunde Blätter entwickelt, setzt auch in der richtigen Weise der Reifungsprozeß ein, der Entfaltungs- und Gestaltungsprozeß steht im Gleichgewicht. Die Widerstandsfähigkeit und Gesundheit der Pflanze ist hierfür ein Gradmesser. Durch das Zusammenspiel aller Faktoren entstehen gesunde Früchte mit guten äußeren und inneren Qualitätsmerkmalen.

2. Analytische Untersuchung – Zusammenspiel der Stoffe.

Der heutige Qualitätsbegriff orientiert sich meist am Vorhandensein bestimmter Inhaltsstoffe und an ihren Mengenverhältnissen.

»Chemische Gehalte an einem Stoff werden in Prozent der Frischsubstanz oder meist besser der Trockensubstanz ausgedrückt. Häufig begegnet man der Anschauung, daß ein höherer Gehalt auch eine bessere Qualität anzeige. Das trifft in mancher Hinsicht zu, führt aber, falls man den Gedanken zu weit treibt, zu absurden Urteilen. Die wünschenswerte chemische Komposition einer Pflanze wird durch das Verhältnis zwischen verschiedenen Substanzen ausgedrückt. Dieses ist für jede Pflanzenart charakteristisch. Es ist nicht konstant, sondern verändert sich während des Wachstums und hat in jedem Wachstumsstadium eine gewisse Variationsbreite. Fallen Gehaltszahlen außerhalb dieser Variationsbreite, dann ist die Pflanze stofflich nicht mehr ausgewogen, und es treten Störungen auf. Diese kommen nicht immer in der Pflanze selbst zum Vorschein, können sich aber physiologisch im nächsten Organismus der Nahrungskette, in Tier und Mensch stark auswirken und unerwartete, nicht erwünschte Wirkungen hervorrufen.« (Koepf und Mitarbeiter 1976, S. 256).

Wenn Pflanzen auf ihre Inhaltsstoffe untersucht werden, erhält man je nach Düngung und Erntezeitpunkt usw. unterschiedliche Werte. Folgendes Schema soll dies verdeutlichen.

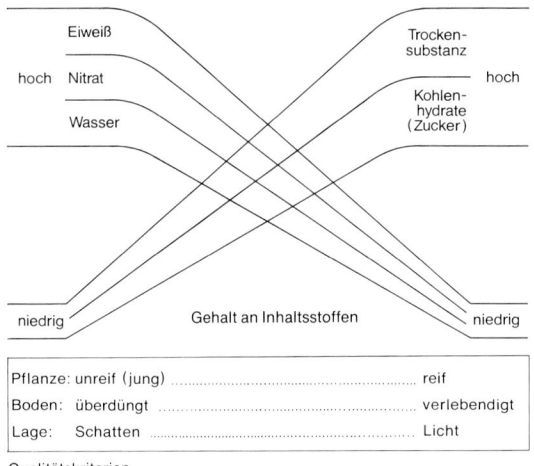

Qualitätskriterien

Die Inhaltsstoffe zeigen je nach Düngung und Erntezeitpunkt unterschiedliche Werte.

Mit zunehmender Reife nimmt die Trockensubstanz in der Pflanze zu, ebenso erhöht sich der Kohlenhydratgehalt. Dementsprechend haben wir eine Abnahme des Wassergehaltes im Reifeprozeß zu beobachten. Gleichermaßen nimmt der Nitratgehalt und meistens auch der Roheiweißgehalt ab (E. v. Wistinghausen konnte dieses in Versuchen 1979 bestätigen). Ernten wir eine unreife Frucht, so stellt man einen hohen Wassergehalt, hohe Nitratwerte und eine große Menge freier Aminosäuren fest. Gleiche Werte

werden aber auch bei überdüngten Früchten gefunden, obwohl die Produkte ausgereift sind. Man spricht hier von einer physiologischen Unreife. Diese Überdüngungen beruhen meist auf einer zu hohen Gabe leichtlöslichen Stickstoffs. Auch mit organischen Handelsdüngern kann man Pflanzen überdüngen, z. B. bei zu hohen Mengen, oder direkt aufs Feld gebrachten Gaben (Klein 1968). Daher ist es ratsam, alle organischen Handelsdünger über den Kompostierungsprozeß gehen zu lassen oder zumindest in Verbindung mit Kompost, Mistkompost oder bei einer Gründüngung auszubringen.

3. Geschmack, Geruch und Haltbarkeit

Die *Geschmacks- und Geruchsbeurteilung* ist sehr schwierig und von Mensch zu Mensch unterschiedlich. Wissenschaftliche Methoden der Sinnesprüfung sind in der Ausarbeitung begriffen. Für die Hausfrau ist es beim Kauf von Obst und Gemüse schwierig und oft nicht möglich, Geschmacksunterschiede wahrzunehmen oder festzustellen.

Bei der Zubereitung der Nahrung hingegen können Geschmacksunterschiede gut wahrgenommen werden. Beim Kochen von Kohl z. B. fällt der angenehme Geruch im Unterschied zu einem penetranten auf. Optimal gezogenes Gemüse ist dabei auch wesentlich bekömmlicher. Das zeigt sich bei empfindlichen Menschen besonders deutlich bei allen Kohlgemüsen. Die Verhältnisse spiegeln sich auch in der *Haltbarkeit* wider. Hierunter versteht man das Vermögen eines Produktes, Lagerung und Transporte gut zu überstehen. Gewichtsverluste sollen nur geringfügig sein, Form, Konsistenz, Frische und Nahrungswert müssen weitgehend erhalten bleiben. Außerdem sollen die Produkte widerstandsfähig gegenüber pilzlichen Schädigungen sein.

Samaras (1978) hat in vielfältigen Enzym- und Haltbarkeitsuntersuchungen folgendes gefunden:

»1. Im Durchschnitt aller vergleichbaren Düngungsversuche einschließlich Düngersteigerungen ergaben mineralische Dünger gegenüber organischen Düngern einen um 54% höheren Lagerungsverlust in Form von Schrumpfung oder Verderbnis, eine um 16% höhere Atmungstätigkeit und einen um 10,5% höheren Schwundverlust.

2. Von den geprüften organischen Düngern wirkten Stalldung-Kompost und Tiefstalldung im allgemeinen günstiger als frischer Stalldung, Gülle und Müllkompost. Torf wirkte ausgesprochen ungünstig.

3. Durch Steigerungen der Gaben organischer Dünger wurde das Lagerungsverhalten ausnahmslos verbessert, durch Steigerung der Gaben mineralischer

	Aussaat: 24. März	21. April	19. Mai
Mineraldüngung NPK 50/50/80 kg/ha	Verlust in % 20,2	89,4	64,6
Stallmistkompost präpariert 200 dt/ha	39,8	82,8	86,4
Stallmistkompost präpariert 200 dt/ha + Spritzpräparate	4,7	7,8	11,2

Einfluß verschiedener Dünger (bei drei Aussaatterminen) auf die Haltbarkeit von Möhren.

Dünger, insbesondere von Stickstoff, aber fast regelmäßig verschlechtert.«
E. v. Wistinghausen (1979) weist den Einfluß der Präparate-Anwendung und der Aussaatzeit auf die Haltbarkeit von Möhren nach. Nach 5 Monaten Lagerung in Tontöpfen in einer Erdgrube ergab sich das in dem Diagramm wiedergegebene Bild.

4. Bildschaffende Methoden
Bei der chemischen Untersuchung werden die Pflanzen zerstört, die Lebensprozesse können aber auf diese Weise nicht miterfaßt werden, da sie nicht direkt an Stoffe gebunden sind. Diese sind vielmehr als Ergebnisse von Lebensprozessen anzusehen. Engqvist (1975, 1977) schreibt:
»Im Pflanzenleben werden Stoff und Form, Ponderabilien und Imponderabilien unentwegt zur Einheit verschmolzen. Das Werden und Vergehen der Pflanze macht darauf aufmerksam, daß z. B. die Gestalt nicht von der Materie abzuleiten ist, denn sie zerfällt – trotz der vorhandenen Materie – wenn das Leben entweicht, und wenn lebendige Entwicklungen entstehen und Gestaltungen sich bilden, müssen sich die Stoffe dem pflanzlichen Bauplan einfügen. Für Pflanze, Tier und Mensch können wir feststellen, daß die Stoffe unentwegt umgelagert werden im Stoff-Wechsel. Die Gestalt aber bleibt bestehen oder entwickelt sich – trotz der in dauerndem Fluß sich befindenden Stoffverwandlungen.
Wenn wir Pflanzennahrung zu uns nehmen, essen wir nicht nur Stoffe. Die Kräfte, die diese Substanzen

Kupferchlorid-Kristallisation von Roten Rüben.
Von oben: Saft unreifer Früchte, Saft reifer Früchte, Saft von acht Monate gelagerten Früchten.

aufgebaut haben und noch mit diesen verbunden sind, werden bei der Verdauung frei und verbinden sich mit unserer ätherischen Organisation, diese kräftigend, damit sie ihre vielseitigen Lebenstätigkeiten vollführen kann. Diese ›Lebensqualität‹, welche die Pflanze vermittelt, entweicht bei den analytischen Untersuchungen. Man treibt das Lebendige aus, wenn man die Pflanzensubstanz in ihre Stoffe zerlegt. Die beiden ›bildschaffenden Methoden‹, die Kupferchlorid-Kristallisation (nach Pfeiffer 1959) und die Steigbildmethode (nach Kolisko 1939), können nicht Pflanzenstoffe registrieren. Sie können dagegen etwas aussagen über den Belebungsgrad, über die Organisationshöhe einer pflanzlichen Substanz. In diesen beiden Methoden liegen Möglichkeiten, die Analyse zu ergänzen. Durch Miteinbeziehung der Lebensprozesse in den Qualitätsbegriff muß dieser eine notwendige Erweiterung erfahren. Es ist eben nicht gleichgültig, ob der Belebungsgrad einer Kulturpflanze, die Mensch oder Tier zur Nahrung dient, hoch oder niedrig ist. Es ist nicht gleichgültig, ob die ätherische Organisation in Mensch und Tier ausreichend oder ungenügend angeregt wird.«

Der Vergleich der Stadien »unreif«, »reif« und »gealtert« zeigt, daß die Rote Rübe ausgereift sein muß, um ein koordiniertes, gut durchgestaltetes Ganzheitsbild formen zu können, in dem die Kupferchlorid-Kristallisation mit einer für die Rote Rübe typischen Formgebung überprägt wird. Die unreife Rübe ist dazu noch nicht imstande. Die typischen Nadelgefüge sind zwar erkennbar, doch sind die Verzweigungen noch ungleichwinklig und schlecht koordiniert.

Die alternde Rübe ergibt noch einige Monate hindurch das typische Nadelmuster gut ausgeformt. Eine Erschlaffung des Formvermögens tritt zuerst in der Randzone auf, greift dann auf die Mittelzone über und zuletzt auf die Innenzone, wo die Rundformen sich zu geraden Nadelzügen strecken, die sich stern- oder kreuzartig anzuordnen pflegen. Verbunden mit der Erschlaffung der typischen Formgestaltung verändert sich auch die Nadelgestalt. Die Nadeln werden überwiegend »lichtdurchlässig«, länger, auch breiter und enden stumpf. Zuletzt treten wieder »lichtundurchlässige« Nadeln bzw. Nadelverbackungen auf.

Menschliche Ernährung und Qualität

Es ist sehr schwer, Normen einer Qualitätsbeurteilung für die menschliche Ernährung aufzustellen, die von jedermann akzeptiert werden können. Die Kriterien für den Wert eines Nahrungsmittels liegen ja nicht in diesem, sondern in dem Menschen, der sie als Nahrung zu sich nimmt. Die Qualität kann eigentlich nur an der Reaktion des menschlichen Organismus festgestellt werden. Die modernen Maßstäbe der Bewertung sind alle von der Reaktion des menschlichen Organismus im Zusammenhang mit der Stoffzusammensetzung der Produkte entwickelt worden.

Die Bewertung des Nahrungsmittels in seiner Ganzheit – die sich in Gestalt der Pflanze, im Zusammenspiel der Inhaltsstoffe, im Geschmack, Geruch und Haltbarkeit sowie in der Bildgestalt der Kristallisation und der Steigbilder ausprägt – ist bisher im allgemeinen unberücksichtigt geblieben.

Die Zusammensetzung der einzelnen Mahlzeiten ist fernerhin von Wichtigkeit. Hierbei spielen die Altersstufen und auch die Lebensveranlagungen (Temperamente) eine Rolle. Schmidt (1975) und Renzenbrink (1974, 1977) versuchen auf diesem Gebiet weitere Einsichten zu geben.

Die richtige Ernährung ist in jedem Fall sehr individuell – sie dient als Lebensgrundlage für den arbeitenden, denkenden und fühlenden Menschen. Die Nahrung soll uns Kraft, Ausdauer und Gesundheit vermitteln.

Die Gesundheit des Gartens – unsere Aufgabe

Warum werden Pflanzen krank?

Beim täglichen Rundgang durch den Garten beobachten wir mit Freude das Wachsen unserer Kulturen. Eines Tages im Frühjahr entdecken wir an den Blütenkelchen und Knospen der Rosen massenhaft hellgrüne Blattläuse. Die Knospen werden braun, blühen nicht mehr auf oder fallen ab.

Jedes Jahr geschieht es aufs neue, daß Schädlinge auftreten und zu spät bemerkt werden. Auch in einem biologisch-dynamischen Gartenbau können Schädlinge und Krankheiten mitsamt den nachfolgenden Ertragseinbußen nicht als unabänderlich hingenommen werden. Mit allen Kulturmaßnahmen ändert der Mensch ohnehin die natürlichen Lebensbedingungen der Gewächse und ist damit auch verpflichtet, durch pflegende Maßnahmen in das Geschehen im Garten helfend und regulierend einzugreifen.

Schädigungen durch Pilzbefall, Insektenfraß, Schnecken oder Würmer treten meist dort auf, wo die Pflanzen nicht zügig wachsen oder sich in irgendeiner Weise nicht in normaler Kondition befinden; also dort, wo die Umweltbedingungen wie Boden, Wärme, Wasser und Licht oder die Mineralstoffe sich im Ungleichgewicht befinden.

Bei der Pflege der Kulturen helfen sich Landwirte und Gärtner mit Mitteln, die in Laboratorien entwickelt und industriell hergestellt werden. Sie sind überall käuflich zu erwerben. Man denke an die Pestizide, die je nach ihrem Anwendungsbereich Insektizide, Akarizide, Molluskizide oder Fungizide genannt werden und im allgemeinen giftig sind. Diese Mittel lassen sich mehr oder weniger gezielt einsetzen, dabei sind Nebenwirkungen generell nicht zu vermeiden. Der Einsatz der Pestizide bedeutet in jedem Fall einen starken Eingriff in die ökologischen Verhältnisse und kann sich über die Nahrungskette bis zum Menschen hin auswirken (Schaumann 1979).

Solche Mittel werden besonders dort benötigt, wo durch die Düngung Ungleichgewichte im Boden und in der Pflanzenentwicklung hervorgerufen worden sind. Zum Beispiel dann, wenn der Stickstoff in zu großen Mengen verwendet worden ist, um einen höheren Ertrag zu erhalten. Als Folge davon kann sich ein Humusschwund einstellen, denn der überreichlich gegebene Stickstoff bringt auch die Humusvorräte vorzeitig zum Abbau. Gewiß wachsen die Pflanzen schneller, üppiger, werden dunkelgrün. Aber im Innern haben sie ein locker-schwammiges Blattgewebe. Da die Salzdünger stets mit der Feuchtigkeit im Boden reagieren, entstehen mit jedem Regen Wachstumsschübe, vielleicht schon zu einem Zeitpunkt, in dem die Wärme in der Umgebung der Pflanze noch nicht für deren weitere Entwicklung ausreicht.

Demgegenüber zeigt sich immer wieder, daß biologisch-dynamisch heranwachsende Pflanzen etwa 10% mehr Trockensubstanz, also weniger Wasser, enthalten. Es ist durchaus einleuchtend, daß lockere, in unregelmäßigen Wachstumsschüben entstandene Pflanzen auch anfälliger gegen pilzliche Angriffe sind.

Weiter ist bekannt, daß durch die Abnahme des Humusgehaltes im Boden das sogenannte *antiphytopathogene Potential* absinkt, d. h. je weiter der Humusgehalt unter den am Standort erforderlichen Wert absinkt, um so anfälliger werden die Pflanzen gegen pilzliche und tierische Angriffe (Scharpf 1971).

Die geschilderten Veränderungen im Stoffwechselgeschehen der Pflanzen bei einseitiger Düngung führen auch dazu, daß sich ihr charakteristischer Geruch ändert. Als Folge davon können z. B. Insekten gerade diese Gewächse stärker aufsuchen, sich vermehren und sie schädigen.

Zu den beschriebenen Gesichtspunkten kommt noch ein weiterer: Die Pflanzensoziologie stellt fest, daß in der Wildnatur ganz bestimmte Pflanzengemeinschaften auftreten, die sich u. a. aus der Bodenart und den klimatischen Bedingungen ergeben. Oder anders ausgedrückt: In einer bestimmten Klimalage bilden sich im Laufe langer Zeiten entsprechende Böden aus, die ihrerseits von den dazu passenden Pflanzengesellschaften besiedelt werden.

Nun will der Gärtner die Wildnatur gewiß nicht wiederherstellen, aber er kann für seine Zwecke viel bei ihr lernen. Er möchte alles besser machen, als es die Natur ohne ihn vermag. Er verlangt reichere Ernten vom Boden. Der Gärtner kann nicht anders, als in das Gefüge der Natur eingreifen, aber er darf es nur bis zu einem gewissen Grade und nur im Einklang mit den Gesetzen der Natur.

Möchte man z. B. nördlich der Alpen Orangen kultivieren, kann man das nur im Glashaus erreichen, wie dies schon in früheren Jahrhunderten die Schloßgärtner zu tun pflegten. Wer an Birnbäumen, die ja in unserem Klima gedeihen, seine Freude haben möchte, darf sie nicht auf feucht-kühle Böden und in windige Standorte stellen, die von den meisten Apfelsorten durchaus noch vertragen werden. Die Gurken gedeihen in feucht-kühlen Jahren selbst dann nicht befriedigend, wenn man ihnen den nötigen Windschutz im Garten gibt. Ebensowenig können Kohlpflanzen zwischen trocken-warmen Steinplatten des Gartenweges wachsen, wo ein qualitativ hochwertiger Thymian bestens gedeiht. Diese Beispiele lassen sich beliebig vermehren. Überall sehen wir, daß die Abstimmung zwischen Bodeneigenart, Pflanzenbedürfnissen und klimatischen Gegebenheiten ausschlaggebend für einen gesunden Pflanzenwuchs sind.

Nun, im Garten läßt sich vieles regulieren. Glashaus und Frühbeete steigern die Wärmeeinwirkung, halten aber auch übermäßigen Regen ab. Gießkanne und Schlauch erlauben ausreichendes Wässern, Bearbeitung und Düngemittel beleben den Boden. Dabei kommt es zuallererst immer wieder darauf an, die Erde in einen Zustand zu versetzen, den wir als »lebendig« bezeichnen können. Nur so kann sich die Pflanze aus der Bodenaktivität heraus in ihrer Eigenart voll entfalten und gesund heranwachsen.

Aber selbst wenn wir uns konsequent von diesen Gesichtspunkten leiten lassen, können immer noch Schädigungen auftreten.

Denken wir nur an plötzliche Wettereinbrüche, an zu spätes Säen oder Pflanzen im Jahr mit allen bekannten Folgen. Weiter sei daran erinnert, daß unsere Gemüsekulturen durch die Art der Züchtung in Einseitigkeiten hinein gedrängt wurden: Von der Möhre verlangen wir dicke, ausgeprägte Wurzeln, das Blatt interessiert uns wenig, die Blüte auf keinen Fall. Vom Kohl erwartet man einen festen, harten Kopf, dagegen wünschen wir bei den Bohnen viele Hülsen, von den Tomaten zahlreiche Früchte. Diese züchterischen Einseitigkeiten bringen Unausgewogenheiten mit sich, die bei ungewöhnlichem Witterungsgeschehen zu gehemmtem Wachstum und auch zu Pilz- und Insektenbefall führen können.

Aus all dem ergibt sich, daß der Gärtner vor allem seine Aufgabe darin sehen muß, mit Hilfe einer sorgfältigen Bodenbearbeitung, Düngung und Pflanzenwahl einen belebten und tätigen Boden zu schaffen. Präparierte Dünger, die Anwendung der Spritzpräparate, Bodenbedeckung und durchdachte Fruchtfolgemaßnahmen müssen je nach Bedarf eingesetzt werden. Damit ist schon vieles erreicht, um eine Selbstregulierung anzuregen.

Was dennoch an Schädigungen auftritt, versuchen wir durch die Verwendung von Pflegemitteln, welche die Pflanzen in ihrer Widerstandsfähigkeit und ihrem Ausgleichsvermögen unterstützen, zu erreichen. Dazu werden die verschiedensten Stubstanzen, die möglichst auch wieder aus dem unmittelbaren Naturzusammenhang gewonnen sind, im naturgemäßen Gartenbau verwendet. Fassen wir die bisherigen Betrachtungen mit den Worten Sir Albert Howards zusammen (1979):

1. Insekten und Pilze sind nicht die wirklichen Ursachen der Pflanzenkrankheiten, sondern befallen nur ungeeignete Sorten oder unsachgemäß angebaute Kulturpflanzen. Ihre wirkliche Rolle ist die eines Zensors zur Ermittlung der unrichtig ernährten Früchte. Mit anderen Worten: Die Krankheitserreger müssen als die landwirtschaftlichen Professoren der Natur betrachtet werden.

2. Die Politik, Kulturpflanze gegen Krankheitserreger durch Spritzmittel, Pulver usw. zu schützen, ist unwissenschaftlich und ungesund, da ein solches Verfahren, selbst im Falle des Erfolges, bloß das Untaugliche erhält und das wahre Problem, wie man gesunde Kulturen erzeugt, verdunkelt.

Oder wie Otto Schmid 1979 schreibt: »Das Schädlingsproblem besteht weniger darin, daß Schädlinge an unseren Kulturpflanzen auftreten, sondern daß wir durch die Art unserer Produktionsweise und infolge unserer mangelhaften ökologischen Kenntnisse und Anstrengungen diesen Krankheiten und Schädlingen gegenüber nicht mehr Meister werden.«

Beim näheren Hinschauen ergibt sich dem unbefangenen Betrachter ein Leben in der Natur, welches sich mit gewissen Schwankungen im wesentlichen immer wieder zum tragenden Gleichgewicht zurückfindet. Entsprechende Kulturmaßnahmen, die uns diesem Ziel näher bringen und in Zukunft zu selbstverständlichen Arbeitsgrundlagen werden sollten, sind im Garten:

1. Die belebende Bodenbearbeitung und Düngung.
2. Eine Auswahl von Sorten, die dem Standort und den klimatischen Bedingungen angepaßt sind.
3. Die Beachtung der rhythmischen Vorgänge in den Naturreichen.
4. Die Förderung von Nützlingen im Tier- und Pflanzenreich.
5. Und erst zum Schluß der Einsatz von Hilfsmitteln zur direkten Bekämpfung.

Zum ersten Punkt wurden im Kapitel über den Boden eingehende Darstellungen gebracht.

Der zweite kann aus den örtlichen Erfahrungen heraus geklärt werden.

Zum dritten Punkt sagen die Arbeiten von Thun und Heinze (1973) vieles aus, die durch den jährlich herausgegebenen Aussaattage-Kalender auf den neuesten Stand gebracht werden.

Zum vierten Punkt gilt es zu bedenken, daß es um unsere Gartenpfleglinge, um die Pflanzen herum, eine Vielfalt von Lebewesen gibt. Von den höher entwickelten Säugetieren, Vögeln über die Reptilien und Amphibien bis hin zu den Insekten, Spinnen, Milben, Würmern, Nematoden sowie Pilzen und Bakterien reicht der Bogen der die Pflanzen begleitenden Lebewesen. Von diesen können die meisten zu Schädlingen im Sinne des Gärtners werden, müssen es aber nicht. In allen Tiergruppen finden sich Nützlinge, die uns zustatten kommen. Es kommt auf das Gleichgewicht des Naturhaushaltes an. Gerät es in Unordnung, können bestimmte Schaderreger einseitig überhandnehmen. Es kommt dann darauf an dafür zu sorgen, daß dieses Gleichgewicht wiederhergestellt wird. Das erfordert große Erfahrung und viel Fingerspitzengefühl.

Prof. Seifert (1976) erlaubte sich den Scherz, seinen Gartenbesuchern für jede gefundene *schädigende* Blattlaus eine Prämie auszusetzen, ohne dabei zahlen zu müssen. Das ist nicht jedermann sogleich möglich, aber doch erreichbar, wenn die genannten Punkte im Laufe der Jahre konsequent gehandhabt werden. Bis es soweit ist, setzen wir Pflege- und naturgemäße Pflanzenschutzmittel ein.

Kleine Pflanzenschadenskunde

Um die richtige Maßnahme zu finden, wie man einen Schaden an der Pflanze verhüten, heilen oder ausgleichen kann, müssen wir uns zunächst ein Urteil über die Art und Ursache des Schadens bilden. Im wesentlichen sind es vier Gruppen, die wir bei der Schädlingsbeobachtung und -bekämpfung zu beachten haben:

1. Stoffwechselstörungen (abiotische Ursachen)
2. Bakterien und Pilze (biotische Ursachen)
3. Insekten und Milben (biotische Ursachen)
4. Andere Tiere (biotische Ursachen)

Stoffwechselstörungen

Zweifellos sind die meisten Schädigungen im Gartenbau letztendlich auf die z. T. schon behandelten Stoffwechselstörungen in Boden und Pflanze zurückzuführen. Hier sind solche Veränderungen gemeint, die nicht mittelbar oder unmittelbar durch Organismen verursacht werden, sondern ihre Ursache in unbelebten Faktoren, z. B. im Witterungsgeschehen oder in einer schlechten Bodenstruktur, haben.

So wirkt sich z. B. die Hitze dörrend und welkend auf die Pflanzen aus, der Saftstrom wird gehemmt und Reifeerscheinungen treten vorzeitig ein, ohne dabei zur vollen Ausreifung zu führen. Zuwenig Licht oder ein Zuviel an Sonnenwärme stört die harmonische Pflanzenentwicklung, wobei das Zuwenig zum Hungerwuchs, die zu starke Lichtintensität mit verstellten Blattwinkeln und in der Folge mit rötender Schutzfärbung beantwortet wird. Letztere finden wir auch als eine Reaktion auf Frost und Kälte, wobei allen diesen Einseitigkeiten das Zurückbleiben des Wachstums gemeinsam ist.

Stauende Nässe im Boden nimmt den Wurzeln wie auch den Kleinlebewesen die nötige Luft. Die Umsetzungen gehen zurück und es fehlt am Wuchs. Die wasserprallen Pflanzen bleiben klein und gelb.

Gelbfärbung ist auch Kennzeichen vieler vom Boden ausgehender stofflicher Mangelerscheinungen, z. B. fehlender Stickstoff, der die gesamte Pflanze vergilben läßt. Magnesiummangel drückt sich ebenfalls in einer Gelbfärbung aus, die jedoch auf die Zonen zwischen den Blattrippen beschränkt bleibt, während der Eisenmangel stufenweise die ganze Blattfläche ergreift, um sie schließlich bis zum Weiß aufzuhellen. Dabei wird wieder einmal recht deutlich, wie die sogenannten Krankheiten der Pflanze letztlich eine Funktion, ein Ergebnis von Störungen des Komplexes Bodenleben-Pflanzenwelt sind, und es wird ferner klar, daß die vielfältigen Stoffwechselschäden, die an Pflanzen auftreten können, schon bei einem Mindestmaß an Bodenpflegemaßnahmen kaum Schwierigkeiten machen werden bzw. sich relativ leicht beheben lassen.

Anders ist das bei den Pilzen und Insekten, deren Entwicklung entscheidend vom Wettergeschehen mit beeinflußt wird.

Bakterien

Bereits in den vorigen Kapiteln haben wir festgestellt, daß diese einzelligen Lebewesen im Haushalt der Natur einen wichtigen Platz einnehmen. Sei es nun bei der ersten Phase des Kompostierungsprozesses, die in der Temperaturführung durch die Bakterien geprägt ist oder die Stickstoffaufnahme der Leguminosen, die durch die Knöllchenbakterien ermöglicht wird. Viele Gärtner werden auch die milchsaure Gärung mancher Gemüse, Fruchtgetränke oder Milchprodukte nicht missen wollen, an deren Zustandekommen ebenfalls Bakterien beteiligt sind. Der positiven Wirkung der Einzeller steht jedoch auch eine negative gegenüber. Der erfahrene Gärtner weiß, daß heute die Bakterienkrankheiten im Land- und Gartenbau verbreiteter sind, als allgemein angenommen wird. Sie zeigen sich vornehmlich in drei Erscheinungsformen.

Welke. Jeder kennt das Bild bei den Tomaten, wenn zuerst einzelne Blätter braun werden und welken, bis zuletzt die ganze Pflanze abstirbt. Wir werden bei der Besprechung dieser Kultur noch darauf zurückkommen.

Blattfall. Auch von der Blattfallkrankheit wird eine empfindliche Kultur besonders schnell befallen – die Gurke. Schon an den Keimblättern bemerkt man die Symptome. Es entstehen wäßrige Flecke, die bei größeren Pflanzen gelblich-braun werden. Auf den Früchten zeigen sich gleichfalls Flecken, zunächst dunkelgrün, später braun mit weißem Mittelpunkt.

Fruchtfäule. Einzelne Früchte gehen besonders schnell in Fäulnis über. Die Bakterienringfäule der Kartoffel ist dafür ein bekanntes Beispiel. Dabei zeigt sich beim Anschnitt einer äußerlich scheinbar gesunden Knolle innen eine ringförmige Fäule, welche die Frucht sehr schnell ungenießbar werden läßt.

Allen drei Beispielen ist ein rasches Ausbreiten der Schädigungen gemeinsam. In den meisten Fällen kommt die Hilfe zu spät. Die vorbeugenden Maßnahmen sind deshalb besonders wichtig. Das heißt: Sorgfältige Bodenbearbeitung und beste Kompostpflege sind Voraussetzung. Stetige, aber kleine Gaben von Basaltmehl werden immer wieder auf den Boden ausgestreut, die Fruchtfolge ist genau zu beachten.

Das Saat- und Pflanzgut muß absolut gesund sein. Man denke dabei besonders an die Kartoffel, wo das nicht immer der Fall ist und vom Hausgärtner oft übersehen wird.

Samen anfälliger Kulturen werden 20 Minuten lang in einer drei bis fünfprozentigen Wasserglaslösung gebadet, gegebenenfalls im Leinensäckchen. Man achte auf ein zügiges und lebhaftes Heranwachsen, witterungsbedingte Hemmnisse können durch die Pflegemittel wie Algifert oder Polymaris ausgeglichen werden. Mehrmalige Gaben von Artanax können als weitere Hilfe gelten. Nicht zuletzt wirkt das Hornkiesel-Präparat pilzlichen und bakteriellen Schäden entgegen, vom Ackerschachtelhalm kann ähnliches gesagt werden. Allerdings lehrt die Praxis im naturgemäßen Gartenbau auch, daß im Verlauf der Jahre gerade diese Krankheiten an Gewicht verlieren.

Pilze

Die charakteristischen Beläge (Pilzmyzel) oder Flecken mit Pusteln können auf der Ober- und Unterseite der Blätter erscheinen und punkt-, stern- oder ringförmige Gebilde oder unregelmäßige flächige »Pilzrasen« entwickeln. Dabei treten bei Belägen alle Farben bis auf Grün auf, wenn auch die weißgrauen Farbtönungen vorherrschen.

Feucht-warmes Wetter fördert häufig das Pilzwachstum. Die Luft und die Regentropfen tragen Pilzsporen heran, die bei günstigen Bedingungen keimen. Der Pilz dringt dann in das nahrhafte Gewebe ein und breitet sich aus.

Bei feucht-warmem Witterungsverlauf steigt die Atmungstätigkeit des Bodens und auch der CO_2-Gehalt. Die Bedingungen um die Pflanze herum ähneln den Verhältnissen in der oberen Bodenzone. Gerade dieser Bereich ist das eigentliche Lebensmilieu der Pilze, wo ihnen der Abbau organischer Substanz als Aufgabe im Haushalt der Natur zugefallen ist. So erklärt sich die Dynamik eines unter Umständen massenhaft auftretenden Pilzbefalls, wie er in schwül-feuchten Wetterlagen vorkommt, wobei triebig gedüngte Kulturen besonders anfällig sind.

Je belebter und damit pilzreicher aber die obere Bodenschicht ist, um so weniger Pilz-»Krankheiten« entstehen an den Pflanzen (Scharpf 1971). »Krankheit« ist bei Mensch oder Tier anders zu sehen als bei der Pflanze. Was im Organismus des Menchen oder des Tieres in Unordnung gerät, nennt man Krankheit. Dabei wirkt Seelisches mit und wird oft von Schmerz begleitet. Das gilt nicht in dieser Form für die Pflanze. Hier ist vielmehr die Umwelt ausschlaggebend.

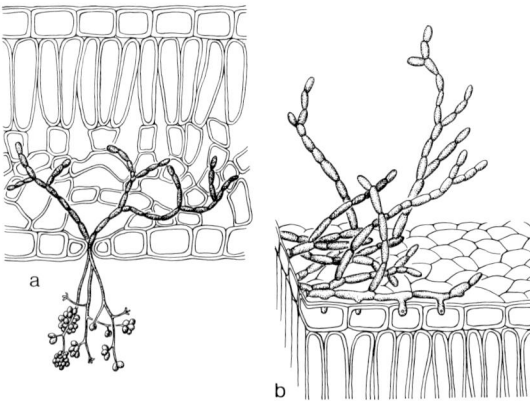

Falscher Mehltau (a): Das Myzel wächst durch die Spaltöffnungen auf der Blattunterseite in das Blattinnere. Echter Mehltau (b): Das Myzel wächst auf der Blattoberseite.

Regulierung von Pilzschäden

Schadbild	verursacht durch	Abhilfe-Maßnahmen und -Mittel vorbeugend	direkt
Keimpflanzen fallen um, zeigen braunschwarze Einschnürungen an der Stengelhalsbasis	verschiedene Keimlingspilze, z. B. *Pythium debaryanum*	– frisch angesetzte Anzuchterde mit Ton-Sand-Beimengung – gesundes Saatgut nicht zu eng, termingerecht gesät – Erde und Sämlinge mit Oscorna-Pilzvorbeuge, Schachtelhalmtee, Ledax-san, Bio-S, SPS, Ledax-mikrob oder Oscorna-Wurzelstärkung überbrausen, Frühbeete regelmäßig lüften	
speziell in den nassen Jahren weißlichgelbe Flecken auf der Blattoberseite und weiß- bis grauvioletter Pilzbelag an der Blattunterseite, später Absterben der Blattspitzen an Kohl, Spinat, Zwiebel, Salat, Reben	Falscher Mehltau *Peronospora*	– lockerer Boden bei dreijährigem Fruchtwechsel, Feuchtlagen meiden – Durchlüftung des Bestandes durch ausreichende Pflanzenabstände – Resistente Sorten – Schachtelhalmtee wiederholt auf Jungpflanzen sprühen	Oscorna-Pilzvorbeuge, Bio-S, Ledax-san evtl. mit 50 ml Wasserglas bis 3 Wochen vor der Ernte auf Blattunterseite sprühen. Bei Reben: 40 g Bio-S oder Oscorna-Pilzvorbeuge und 8 g Algifert/10 l Wasser, wiederholt nach Warnmeldung
mehlige Punkte auf den Blättern, später Pilzbelag auf Ober- und Unterseite, die Blätter vertrocknen vorzeitig. Hauptbefall gegen Ende der Vegetationszeit. Auftreten auch in Trockenjahren an Gurke, Kernobst, Aprikose, Pfirsich, Erdbeere, Stachelbeere, Reben	Echter Mehltau *Sphaerotheca, Erysiphe, Podosphaera*	– resistente Sorten – Schachtelhalm auf Boden – Engpflanzung vermeiden – Glaskulturen ausreichend lüften	Schachtelhalmtee, Oscorna-Pilzvorbeuge, Bio-S, Ledax-san oder Netzschwefel
vor allem in nassen Jahren grauer, flächiger Schimmelbelag rotbraune Flecken auf Blättern und Früchten, die teils mumifizieren	Grauschimmel *Botrytis cinerea*	– gute Bodenstruktur – luftiger Pflanzabstand – keine einseitige Stickstoffdüngung – Gesteinsmehlgaben – Oscorna-Pilzvorbeuge – Bio-S/Ledax-san in Jungwuchs – Knoblauch-Beipflanzung	Bio-S, Ledax-san, SPS, Oscorna-Wurzelstärkung, Oscorna-Pilzvorbeuge

unregelmäßige braune Flecken, erst an Blattspitzen, bei feuchter Wärme oft schlagartig ausbreitend. Blattunterseite meist mit weißlichem Pilzbelag, bei Tomate vorwiegend auf der Frucht braun bis grünschwarze Flecken, an Kartoffelknollen später eingesunkene braungraue Flecken, oft in Fäulnis übergehend	Krautfäule *Phythophthora infestans*	– gesundes Saatgut wenig anfälliger Sorten – Algenmehl morgens stäuben, 3–4mal vor der Blüte – Algifert in Jungwuchs sprühen	bei Gefahr des Befalls Ledax-san, Bio-S, Oscorna-Pilzvorbeuge

Artspezifische Pilzerscheinungen sind bei den Kulturanweisungen der einzelnen Pflanzungen beschrieben.

Behandlung von Pilzkrankheiten. Es ist einleuchtend, daß man durch sorgfältige Bodenbearbeitung und Pflanzenpflege vorbeugend am meisten erreichen kann. An den Kulturen selber läßt sich die Widerstandskraft fördern und entwickeln durch die Handhabung von Saatzeiten und Saatbad, termingerechte Pflegearbeiten mitsamt den Versprühungen der Präparate Hornmist und Hornkiesel.

Treten dennoch Pilze auf, so kann man ihnen in der Regel mit einfachen, ungiftigen Naturstoffen erfolgreich begegnen, wie dies oben an einigen Beispielen dargestellt wurde.

Nematoden

Die Schädigungen durch Nematoden (Älchen, Fadenwürmer) nehmen in manchen Jahren und Kulturen einen großen Umfang an. So beklagen zum Beispiel die Gartenfreunde immer wieder, daß der Anbau von Petersilie schon von der Aussaat her die allergrößten Schwierigkeiten bereitet. Eine genaue Untersuchung ergibt dann oft, daß Wurzelnematoden die Übeltäter sind. Dem Gärtner sind zahlreiche weitere Älchen bekannt. Sie können fast alle Blumen- und Gemüsekulturen befallen. Was sind die Ursachen für das Auftreten dieser Schädlinge und was kann man dagegen tun?

Zum besseren Verständnis zunächst ein Blick auf die Nematoden selbst. Etwa 5000 Arten sind bekannt. Für das menschliche Auge leben sie fast ganz im Verborgenen. Freilebend bevölkern viele Arten den Boden, andere sind Schmarotzer in Mensch, Tier und Pflanze, sogar im kleinsten Insekt kommen sie vor.

Die meisten sind winzig klein, glasig durchsichtig, ausgewachsen nur millimeterlang.

In jedem Kubikmeter Boden wird ihre Zahl in die Tausende und Abertausende angenommen. Trotz ihrer Winzigkeit haben sie für die Bodenbildung und das Bodenleben allergrößte Bedeutung. Wie die Regenwürmer sind sie am Stickstoffumbau und an der Stickstoffbeständigkeit beteiligt. Doch nicht nur die Erde, auch das Wasser ist von Nematoden besiedelt. Ein übermäßiges Auftreten von Pflanzennematoden ist ein Zeichen für Ungleichgewicht und Störungen im Boden bzw. in der betreffenden Kultur. Kein Wunder, daß dies bei sandigem und kiesigem Untergrund besonders deutlich wird. Es fehlt hier das verbindende Element, die Korrespondenz zwischen dem Unterboden und der Oberschicht, der ausreichende Humusgehalt, welcher erst die Kulturen gesund heranwachsen läßt.

Nun gibt es einen sehr brauchbaren Vermittler: den Ton. Er läßt sich sowohl als Kaolin wie als Bentonit oder gar über das Basaltmehl in hervorragender Weise einsetzen. Darüber ist schon gesprochen worden. Ferner sind die Anbauempfehlungen zu beachten. Dies wird schon bei der Petersilie deutlich, die nur in eine »weite« Fruchtfolge gestellt werden darf. Weiter sind alle frischen, unverrotteten Dünger zu meiden, nur guter Kompost darf den Beeten verabreicht werden.

Günstig ist außerdem immer, sogenannte *Feindpflanzen* zur Abwehr von Wurzelnematoden als Vorfrucht zu verwenden, deren Wurzelausscheidungen so wirken, daß aus den Eiern der Älchen die Larven schlüpfen. Diese versuchen sich dann in die Wurzeln der Pflanzen einzubohren, gehen dann aber mangels geeigneter Nahrung u. a. m. ein. An erster Stelle steht hier *Tagetes patula nana* (nicht *T. erecta*, da diese von Blattälchen befallen werden können). Ferner gehört dazu der Zuckerhutsalat, die Zichorienwurzel, Luzerne und auch Mais.

Im Rübenanbau – auf befallenen Flächen – wurde früher die Rübennematoden durch Fangpflanzen kurzgehalten. Als solche gelten Raps und Sommerrüben bzw. Sommerraps. Im Hausgarten ist der Sommerraps geeignet. Er darf jedoch nicht länger als vier Wochen auf den Beeten stehen, muß dann herausgerissen, schnell getrocknet und vernichtet (verbrannt) werden.

Am einfachsten wird es jedoch immer sein, vor der Aussaat oder Pflanzung Kaolin oder Kalzium-Bentonitmehl in die Bodenoberfläche einzuarbeiten. Die Nematoden lieben das nicht.

Insekten und Milben

Während Pilzerkrankungen vorwiegend bei feuchtwarmer Witterung auftreten, entwickeln sich die Schadinsekten besonders stark bei trocken-warmer Witterung. Das sind die äußeren Voraussetzungen. Das Nahrungsangebot einerseits und die natürlichen Feinde unter den Insekten und Vögeln andererseits sind die Regulatoren ihrer Vermehrung und Ausbreitung.

Die meisten Insekten machen eine mehrstufige Entwicklung und Verwandlung (Metamorphose) mit sehr großen Form- und Verhaltensunterschieden durch: Ei → Larve → Puppe (nicht bei allen Insekten) → Vollinsekt (Imago). Die meist mehrere Stadien durchlaufenden Larven, z. B. der Käfer, werden bei Schmetterlingen »Raupen« und bei Fliegen und Mücken »Maden« genannt.

Solange der Mensch nicht eingreift, spielt sich schon unter den Insekten selbst ein Gleichgewicht des Fressens und Verzehrtwerden ein, welches keine Art zum Überwiegen kommen läßt. Zu diesen interessanten Zusammenhängen veröffentlichte erstmals 1958 Dr. Hans Steiner eine Studie, bei der er rund *1000 Arten* von Gliedertieren in einem unbehandelten Apfelbaum fand. Etwa *300 Arten* lebten vom Baum, darunter etwa 70 Arten, die zu Schädlingen werden können. Rund *300 Arten* parasitierten andere Insekten, rund *200 Arten* lebten als Räuber und etwa *200 Arten* lebten von Flechten und Holzabfall und ähnlichem. Insgesamt werden in einer etwa 30jährigen Baumkrone rund 20000 einzelne Tiere angenommen. Je nach ihrem Verhalten gegenüber dem Apfelbaum stufte

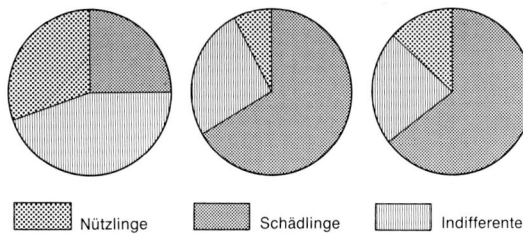

legend:
▨ Nützlinge   ▨ Schädlinge   ▨ Indifferente

Unter natürlichen Bedingungen herrscht ein Gleichgewicht zwischen Schädlingen, Nützlingen und Indifferenten (links). Bei Eingriffen in Form von chemischen Pflanzenschutzmitteln gegen Insekten (Mitte) und gegen Pilze (rechts) wird dieses ausgewogene Verhältnis deutlich nachteilig beeinflußt.

Steiner diese in schädliche, nützliche und indifferente Tiere ein. Beim unbehandelten Baum hielten sich Schädlinge und Nützlinge etwa die Waage und die Neutralen waren in der Mehrzahl. Miteinander bildeten sie eine stabile, natürliche Lebensgemeinschaft. Jedoch schon nach einer Behandlung gegen Insekten, wie auch nach einer Pilzbekämpfung mit chemischen Mitteln, waren von den überlebenden Insekten rund zwei Drittel Schädlinge, etwa ein knappes Viertel Neutrale und das restliche Zehntel Nützlinge.

Heute hat ein breites Angebot an chemischen Mitteln den Gesichtspunkt der unmittelbaren Bekämpfung immer stärker in den Vordergrund treten lassen. Dabei gingen vielfach alte Erfahrungen und Kenntnisse über die Naturzusammenhänge verloren. Konkrete Bemühungen und Einbeziehung einer gezielten Schädlingsdezimierung bei betonter Schonung oder gar Förderung der Nützlinge im Land- und Gartenbau sind erst zwei Jahrzehnte alt. Sie stoßen heute auf wachsendes Interesse in der Öffentlichkeit und haben zu praxisreifen Arbeitsmethoden geführt. Es wäre nur zu wünschen, wenn angesichts der vielen ungelösten Pestizidprobleme Gärtner und Bauern zu einer Zusammenschau der Naturphänomene gelangen könnten.

Für den Hausgärtner ist da vieles einfacher. Hier können manche Verfahren relativ leicht durchgeführt werden, die sich im großflächigen Anbau aus Gründen des Zeitaufwandes und der Kosten nicht realisieren lassen. Man denke z. B. nur an das Absammeln von Kohlweißlingsraupen.

Ein Blick auf die Blattläuse im Garten soll beispielartig zeigen, mit welchen Problemen wir es zu tun haben und worauf es ankommt. Es gibt sehr verschiede-

ne Blattlausarten, die durchaus unterschiedliche Bedeutung haben.

Bei der *Apfelgraslaus (Rhopalosiphum insertum)* sind Körper und Beine, wie auch die Rückenröhrchen am Hinterleib, hellgrün, den Rücken zieren zwei hellere Längsstreifen. Apfelgrasläuse können in großen Massen um die Blütezeit der Apfelbäume auftreten. Ihre Saugtätigkeit führt nur zu geringer Einrollung der Blätter, kurz nach der Blüte sind sie schon verschwunden – nämlich wieder auf die Gräser zurückgekehrt. Inzwischen dienten sie aber den natürlichen Blattlausfeinden als Nahrung, den Marienkäfern, Florfliegen- und Schwebfliegenlarven zum Beispiel. Es wäre also falsch, diesen ersten Ansturm von Apfelgrasläusen zu bekämpfen, weil man damit den von Blattläusen lebenden Insekten die Möglichkeit nimmt, sich ausreichend zu vermehren und die später auftretenden Blattlausarten kurzzuhalten. Zudem ist der Schaden durch Apfelgrasläuse so gering, daß im Erwerbsobstbau erst dann Regulierungsmaßnahmen getroffen werden, wenn mehr als 2500 bis 3000 Läuse sich von 100 Ästen durch Abklopfen sammeln lassen. Ein guter Rat: Man kaufe sich für das eingesparte Spritzmittel eine 6- bis 8fach vergrößernde Handlupe und ein gescheites Buch und lerne die Zusammenhänge der Kleininsektenwelt kennen.

Gefährlicher ist schon die *Grüne Apfelblattlaus (Aphis pomi)*, die man an den dunkel-schwärzlichen Fühlern, Beinen und Rückenröhrchen erkennt. Diese Art bewirkt ausgeprägtere Blattrollung, verbunden mit einer gewissen Wachstumshemmung. Auf dem bekannten Honigtau, der die Blätter überzieht, siedeln sich die schwarzen Rußtaupilze an. Den ganzen Sommer über kann man die Grünen Apfelblattläuse, meist in Kolonien, an starken Jungtrieben finden, im Herbst vorwiegend an den Triebspitzen.

Gefährlich ist dagegen die *Mehlige Apfellaus (Dysaphis plantaginea)*. Sie ist rötlichgrau bis blauschwarz gefärbt, die älteren Tiere erscheinen durch ihre Wachsausschwitzungen weißgrau bepudert. Es treten starke Blattrollungen auf, Triebstauchungen und Verkrümmungen selbst an älteren Holztrieben. Der Kleingärtner kommt hier in der Regel zu spät mit der Bekämpfung, weil er den Schaden erst bemerkt, wenn sich die befallenen Blätter schon ganz eingerollt haben. Allerdings geht das auch sehr schnell vor sich, so daß es sich empfiehlt, jede Woche mit der Lupe vor allem die Triebspitzen zu kontrollieren, und schon beim Erkennen der fahlgelben Jungtiere regulierend einzugreifen.

Wir nennen noch die *Faltenlaus (Dysaphis spec.)*, der Mehligen Apfellaus ähnlich, die blasige, gelb bis

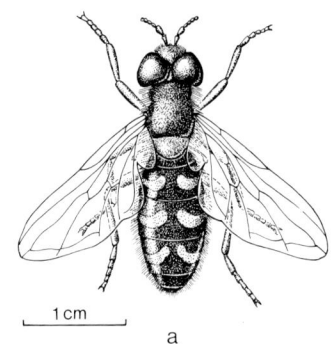

1 cm

a

Wichtige Nutzinsekten, in erster Linie Blattlausvertilger. a = Eine der zahlreichen Schwebfliegen. Während die Fliege von Blütenstaub und Nektar lebt, ernährt sich die Larve (nicht im Bild) ausschließlich von Blattläusen. b = Beim Marienkäfer (Siebenpunkt) stellen sowohl der Käfer als auch seine Larve den schädlichen Pflanzensaugern nach. c = Der Blattauslöwe ist die Larve der Florfliege (Goldauge).

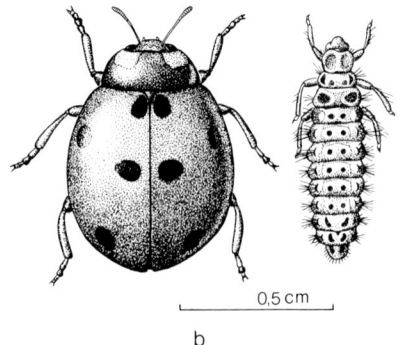

0,5 cm

b

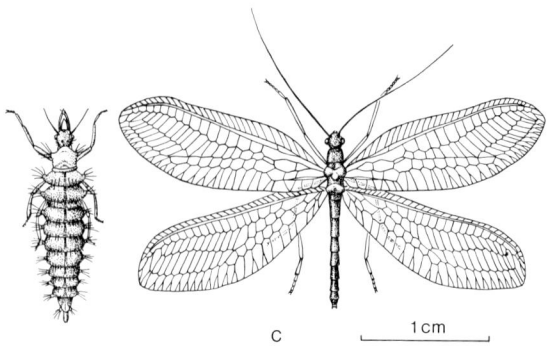

1 cm

c

Häufig vorkommende Schadinsekten und ihre Bekämpfung

Schadbild	verursacht durch	Abhilfe-Maßnahmen und -Mittel vorbeugend	direkt
an sonnig-trockenen Orten Wurzeln, Rinden, Stielgrund sind benagt Blattläuse werden betrillert, Blüten ausgefressen und Samen ausgegraben	Ameisen (Rasen- und Wegameise)	– stark riechende Kräuterjauchen, z. B. Nesseljauche, ausgießen – aromatische Tees, z. B. Pfefferminz, Majoran, Thymian, ca. 40 g/l auf Laufstraßen gießen – Zwischenkultur von Feldsalat – Algenkalk stäuben	– Nester mit kochendem Wasser durchtränken – Leimringe an Bäume anbringen – ECO-Ameisenstreumittel – frische Hefe mit Honig gemischt in Teller aufstellen
in der Erde harte, dünne, ca. 2,3 cm langer weißgelblich glänzende wurmähnliche Larven mit braunem Kopf; fressen an Wurzeln von Salat, in Rüben und Kartoffeln eingebohrt	»Drahtwürmer« (Larve der Schnellkäfer)	– häufig nach Wiesenumbruch und reichl. Gründüngung etc. – rechtzeitiger Umbruch, ggf. mit Kalkzugabe 2–6 kg/Ar – Salat als Fangpflanze setzen	– Scheiben von rohen Kartoffeln, Möhren, Rüben auf feuchten Boden aufdrücken – angelockte Würmer ablesen oder von Großvögeln absammeln lassen
in der Erde dickwalzige, mattglänzende, schmutzig-grünlich bis rötlichgraue Raupen mit bräunlichem Kopf und helleren Längsstreifen sowie 4 dunklen Warzen an jedem Körperabschnitt; lichtscheu, nachts fressend, oft spiralig eingerollt, vorwiegend an Salat, Kohl, Erdbeeren am Wurzelhals bis 5 cm Bodentiefe	Erdraupe des Wintersaateulenfalters (*Agrotis segetum*) u. a.	– Falterfang mit Fruchtsaft-Bier-Melasse-Lockfalle, Ende V–Ende VII und Mitte VIII–Ende XI. – Kulturen unkrautfrei halten, um Eiablage des Falters zu erschweren – Mulchgrün nur abgetrocknet in den Boden einarbeiten	– ablesen – wiederholt kräftig beregnen oder gießen
1 cm großer, oval gewölbter, gelbglänzender Käfer mit je 5 schwarzen Längsstreifen auf den Flügeln; pralle, hochgewölbte, fleischig schmutzig-rote Larven mit schwarzen Beinen, Warzen und Kopf von 5–15 mm Größe; fressen ab Juni an oberen Kartoffelblättern	Kartoffel- oder Coloradokäfer (*Leptinotarsa decemlineata*)	– gut verrotteter Dünger – Hühner, Fasanen fressen die Käfer – vorgekeimte Frühkartoffeln zeitig als Fangpflanzen legen, Käfer absammeln und zum Jaucheansatz verwenden	– absammeln – Larven am sonnigen Vormittag mit Algenkalk überstäuben – bei starkem Befall frühzeitig Pyrethrum-Mittel anwenden

welkende Pflanzen, Wurzeln fehlen; fingerdicke Gänge knapp unter der Erdoberfläche, gelegentlich faustgroße, klumpige Nester; heuschreckenartig geformtes, schwarzbraunes Insekt mit großen Grabschaufeln	Maulwurfsgrille, Erdkrebs, Werre (*Gryllotalpa vulgaris*)	– Spitzmaus, Star, Amsel, Dachs, auch Katze, Ringelnatter, Maulwurf sind natürliche Feinde – Boden genügend feucht halten	– Fallen-Töpfe, -Gläser, -Büchsen bodeneben eingraben – Nester ausgraben und vernichten – in die Löcher und Gänge gießen: 50 ml Salatöl und 20 ml Pyrethrum-Mittel auf 10 l Wasser
winzige »Sturzflieger«, schwirren beim Anrühren der Pflanzen auf; 2–4 mm große, reinweiß geflügelte, von oben wie ein spitzes Dreieck aussehende Motten; Eierchen und gelbgrüne Larven auf der Blattunterseite im meist zu trockenen Gewächshaus oder am warmen Blumenfenster; nur bei Sommertemperatur auch im Freiland; Saugflecken, Honigtau und nachfolgender Rußtau	»Weiße Fliege« oder Mottenschildlaus (*Trialeurodes vaporariorum*)	– da frostempfindlich, Beete unter Glas kurz ausfrieren lassen – unter Glas ausreichend lüften und gleichmäßige Boden- und Luftfeuchte erhalten	– Schlupfwespe Encarsia wird vom Erwerbsgärtner als natürlicher Feind eingesetzt (AID 30/1980) – 40 ml Pyrethrum-Mittel auf 10 l Wasser mit 40 °C im Glashaus versprühen, 2–3 Std. geschlossen halten
vorwiegend auf der Blattunterseite winzige rote (»Rote Spinne«), gelbliche und weiße Miniaturspinnen von ca. 0,5 mm Größe (Lupe), weißlicher Hauch von Spinnwebgewölle Saugtätigkeit läßt Blätter vergilben (teils treten kleine Wucherungen auf), vorzeitiges Absterben	Obstbaumspinnmilbe (*Panonychus ulmi*) Bohnenspinnmilbe (*Tetranychus urticae*)	– Schonen der natürlichen Feinde, wie Raubmilben und Raubwanzen, die schwefelempfindlich sind – für ausgeglichene org. Düngung, genügend Feuchte und Lüftung bei Glaskulturen sorgen	– Einsetzen von Raubmilben (käuflich) im Gewächshaus (AID 30/1980) – 100 g Preicobakt oder Edasil, auch Montigel und 5 l Nesseljauche und 5 l Wasser ggf. wiederholt spritzen – im Herbst oder zeitigem Frühjahr 500 g Preicobakt bzw. Oscorna-Rindenkräftigung und 500 g Wasserglas je 10 l zum Vernichten der Wintereier

leuchtendrot gefärbte Auftreibungen besonders an den Johannisbeerblättern verursacht. Es sieht in der Regel schlimmer aus, als es in Wirklichkeit ist. Denn auch diese Blattläuse wandern bald ab, und nur die bunten Blattblasen bleiben den Sommer über da. Rechtzeitige Kontrolle – besonders der Blattunterseiten im oberen Teil der Johannisbeerbüsche – ist ratsam.

Schließlich seien die *Schwarze Kirschenlaus (Myzus cerasi)* und die *Schwarze Bohnenlaus (Aphis fabae)* erwähnt. Zu starken Schäden durch die Bohnenlaus kann schon vorgebeugt werden, indem man die Bohnen in einer wüchsigen Periode genügend tief sät. Die Kirschenlaus wird gerne von Ameisen aufgesucht und gepflegt. Jeder aufmerksame Naturbeobachter kennt das Bild von der Ameise, die den Hinterleib einer Blattlaus »betrillert«, um der Blattlaus den begehrten Honigtau zu entlocken, den sie dann auch willig hergibt. Man kann sagen, daß die Ameisen die Blattläuse in diesen Fällen fast wie Kühe halten und »melken«. Man wird also bei einer Kirschenlaus zunächst den Ameisen wehren, was meist schon mit einer Aufbrühung von Wermut, Pfefferminze oder Thymian gelingt (500 g Frischkraut je 10 Liter).

Was tut man, wenn der Läusebefall beginnt bedrohlich zu werden? Ausgehend davon, daß diese Insekten trockene Wärme benötigen, kann man ganz einfach einmal um die Mittagszeit mit kaltem Wasser sprühen (sofern das der betreffenden Kultur nicht schadet). Das wird selbstverständlich nicht immer helfen, kann aber bei leichtem Befall genügen. Als weitere Mittel bieten sich der Kaltwasserauszug der Brennessel sowie die Sprüh- und Stäubemittel auf Pyrethrum-Basis an.

Mit der Beobachtung und Bekämpfung der Blattläuse ist es jedoch noch lange nicht getan. Der Gärtner und Gartenfreund hat sich mit weit mehr Schadinsekten auseinanderzusetzen. Die wichtigsten Vertreter sind in einer kurzen Aufstellung auf den Seiten 103/104 zusammengestellt.

Schnecken

Es gibt viele Schneckenarten, die der Gärtner kaum und nur der Fachmann zu unterscheiden vermag. Die Schnecken (Gastropoda) gehören neben den Tintenfischen und Muscheln zu den wichtigsten Weichtieren (Mollusca). Im Garten unterscheiden wir Nackt- und Gehäuseschnecken. Vertreter der Nacktschnecken sind die Egel-, Kielnackt- und Wegschnecken. Sie sind in Mitteleuropa weit verbreitet.

Von den Gehäuseschnecken ist die Weinbergschnecke am besten bekannt. Die Schnirkelschnecke wird

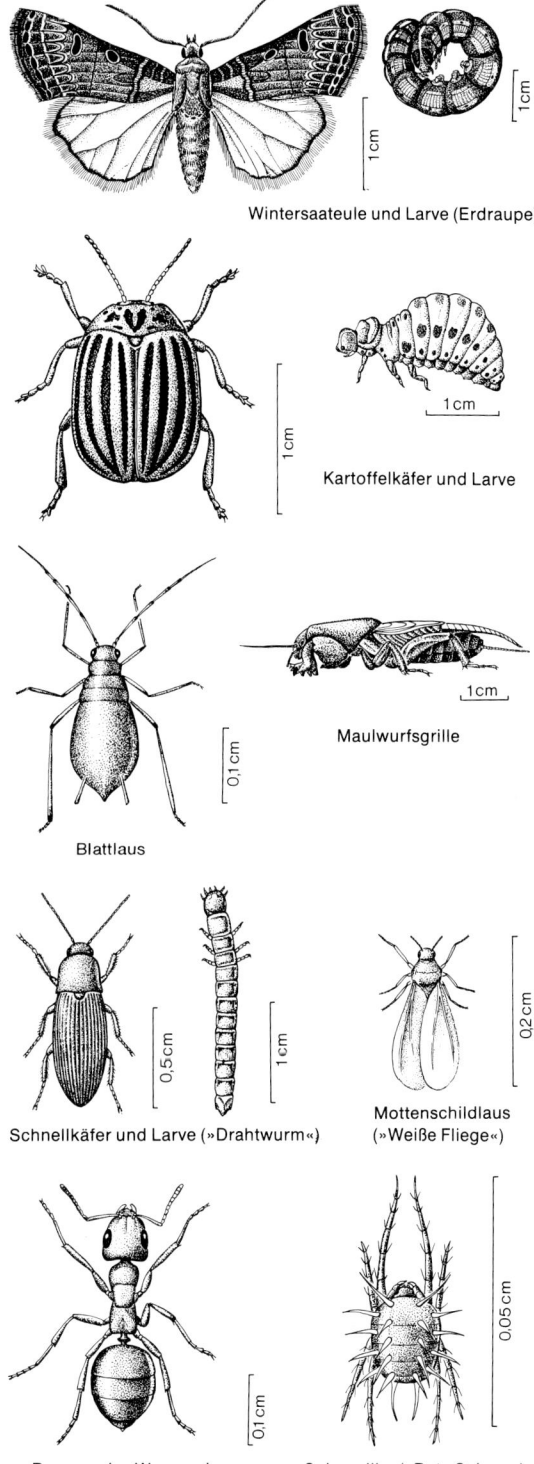

Wintersaateule und Larve (Erdraupe)

Kartoffelkäfer und Larve

Maulwurfsgrille

Blattlaus

Schnellkäfer und Larve (»Drahtwurm«)

Mottenschildlaus (»Weiße Fliege«)

Rasen- oder Wegameise

Spinnmilbe (»Rote Spinne«)

auch schon jeder in seinem Garten gesehen haben. Die wenigsten wissen, daß ihre Schleimausscheidungen wachstumsfördernde Wirkung haben. Im Vergleich zu dem Schaden, den sie anrichten, spielt das allerdings eine untergeordnete Rolle.

Obwohl es viele Bekämpfungsmethoden und eine nicht geringe Anzahl von Feinden der Schnecken gibt, müssen jedes Jahr mehr oder weniger große Schäden durch Schnecken hingenommen werden. Es sind schattige feuchte und geschützte Plätze, die den Lebensraum der Tiere ausmachen. Wo ein Hausgarten zu dicht bepflanzt ist und wenig Sonne und Luft hereinkommt, sollte man auflockern und zunächst so für Abhilfe sorgen. Sonst gibt es verschiedene Arbeitsmethoden, die sich einzeln oder kombiniert anwenden lassen.

Absammeln. In erster Linie wird man bei Schnecken einfach absammeln. Zu diesem Zweck legt man Bretter, die als Unterschlupf dienen, auf feucht gehaltene Trittwege zwischen die Beete aus. Dort schlüpfen sehr bald die Schnecken bei Tage unter und können leicht abgestreift bzw. eingesammelt werden. Ferner kann man faustgroße Holzwolle-Ballen gegen Ende des Sommers an Wegrändern auslegen. Unter diesem Material legen die Tiere mit Vorliebe ihre Eier ab, die dann zusammengefegt und vernichtet werden können.

Andernfalls findet man sie oft am Fuße der Kompostmieten. Wenn die Eiablage dort erfolgt (in die Komposterde), braucht man sich über eine entsprechende Vermehrung nicht zu wundern.

Meerrettichpflanzen locken die Schnecken an, gleiches gilt von Polsterstauden, was viel zuwenig bekannt ist. Auch dort kann man sie suchen und absammeln.

Der erfahrene Hausgärtner legt auf gefährdeten Beeten rohe Kartoffelscheiben aus. Die Schnecken nehmen in der Dunkelheit diese Leckerbissen gerne an und können dort abgesammelt werden. Gleiches trifft auch auf Drahtwürmer zu.

Schneckenabwehr. Seit einiger Zeit werden Schneckenzäune angeboten, meist aus einem Kunststoffprofil, die den Tieren den Zugang verwehren. Es gibt sogar solche, die mit einer Stromquelle verbunden sind.

Verschiedene *ausstreubare Substanzen* behindern oder hemmen die Fortbewegung der Schnecken. Sie veranlassen eine überreichliche Schleimabsonderung und schwächen die Tiere auf diese Weise. Zu diesen Stoffen gehören Kalk, auch Algenkalk, Sägemehl, Ofenruß (jedoch nicht vom Ölofen) sowie Steinmehl, trockene Fichtennadeln, Holzasche und Feinsand.

Ein etwa handspannenbreiter Streifen wird um die gefährdeten Beete gelegt, der aber meist nach jedem Regen zu erneuern ist.

Senf (*Sinapis alba*), der zwischen die Gemüsereihen ausgesät wird oder um die Beete herum zum Wachsen kommt, kann – wie oft beobachtet wurde – durch seine Besonderheiten als Kruzifere die Schnecken fernhalten.

Farnkräuter, Holunder, Rainfarn (*Tanacetum*), Schachtelhalm, Schafgarbe, Schnittmaterial von *Thuja*-Hecken, zwischen die gefährdeten Pflanzenreihen ausgelegt, sind aufgrund ihrer aromatischen Duftstoffe schneckenhemmende oder sogar -abweisende Mittel.

Kieselgur (Diatomeen-Erde) besteht aus scharf geformten Kieselgehäusen winziger Meerestierchen. Wenn man dieses Material auf die taufeuchten Pflanzen mit Druck aufstäubt, so verleidet das den Schnecken den Biß in die saftigen Blätter.

Man kann auch Tannensamen von *Abies alba* (3 g auf 1 l) in Wasser kurz aufkochen, über Nacht ziehen lassen und am nächsten Tag über die gefährdeten Kulturen spritzen. Das geht auf Hinweise von Dr. Steiner (1924) zurück.

Wenn wir Schnecken gesammelt haben, können wir daraus eine *Brühe mit deutlich abweisender Wirkung* herstellen. Man wirft Schnecken in frisch angesetzte Brennesselbrühe und läßt alles einige Tage verjauchen; die Jauche sprüht man über die Beete oder: Etwa 60 Schnecken werden in 8 l Wasser verjaucht, 3

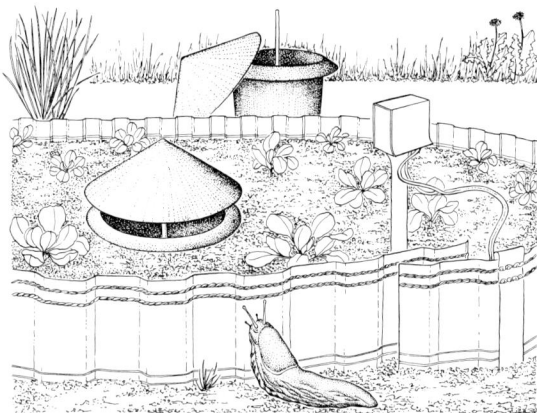

Gegen Schnecken helfen alte Hausmittel, aber auch moderne Methoden. Wir sehen eine probate Bierfalle mit Deckel (damit das Bier nicht durch Regenwasser verdünnt werden kann) und einen Elektro-Schneckenzaun. In der Praxis wird man die beiden Geräte natürlich nicht so wie im Bild miteinander verwenden.

bis 4 Tage lang mehrmals täglich wird die Flüssigkeit durchgerührt und dann ausgebracht. Die Erfahrung zeigt, daß die Schnecken solche Beete meiden.

Schneckenfallen. Bier übt eine ausgesprochene Lockwirkung auf die Schnecken aus, solange es unverdünnt angeboten wird. Man verwendet dazu flache Schalen oder Kunststoffbecher, die randeben in den Boden eingegraben werden und mit Bier gefüllt werden. Die Tiere werden stark angezogen und ertrinken in der Flüssigkeit. Neuerdings ist ein einfaches Gerät, die Schneckenfalle »Ex-Arion« zu bekommen, welche auf dem gleichen Prinzip beruht, jedoch mit einer Abdeckung versehen ist.

Natürliche Feinde. Jeder weiß, welche Bedeutung der Igel im Garten hat. Er sorgt nicht nur für eine Dezimierung schädlicher Insektenlarven, er räumt auch unter den Schnecken gründlich auf. Auch Kröten und Eidechsen sind dafür bekannt, daß sie als Schneckenvertilger im Garten Nutzen stiften.

Die Indische Laufente, besser noch die Khaki-Campbell-Ente, stellt mit Vorliebe Mollusken nach. In einem größeren Grundstück mit Wasserbecken kann man – wie in Gärtnereien gelegentlich auch heute noch zu sehen – einige Tiere bequem halten, muß aber dann stets die frischen Saaten und Pflänzlinge mit einem beweglichen Zaun schützen. Ältere Kulturen werden von den Enten nicht angenommen.

Die Raubschnecke *Daudebardia rufa* lebt als fleischfressende Gehäuseschnecke in Süd- und Mitteldeutschland. Sie vertilgt neben Regenwürmern und Asseln auch ihre eigenen Stammesgenossen. Man könnte diese Schnecken mit einem Fachmann in der Natur suchen und im eigenen Grundstück aussetzen.

Vögel

Zum einen wird der Gartenfreund bemüht sein, der Kohl- und Blaumeise, dem Rotschwanz oder der Heckenbraunelle im eigenen Grundstück Lebensräume zu schaffen, zum anderen verursachen die Amsel, Wacholderdrossel, Sperling, Stare oder Krähen und nicht selten durchziehende Finkenschwärme Schäden, die Gegenmaßnahmen herausfordern. Ob nun Würmer aus dem Komposthaufen gescharrt, Samen weg-, Keimlinge und Knospen angepickt oder Kirschen und Beeren heimgesucht werden, immer wieder bereiten solche Vogelschäden Verdruß. Man muß die eine *und* die andere Seite sehen. Die Vogelwelt

Von oben: Rainweide *(Ligustrum vulgare)*, Eberesche *(Sorbus aucuparia)*, Felsenbirne *(Amelanchier ovalis)*.

erfordert beides von uns: die liebevolle Hege und Pflege, daneben aber auch das Durchgreifen gegenüber einzelnen Arten, die in verschiedenen Bereichen zur Plage werden können.

Der wohltuende Einfluß der Gartenhecke auf die Vogelwelt wurde bereits eingangs angeführt. Hier kommt es nun auf das Zurückdrängen unliebsamer Gäste im Grundstück an, also auf die Frage: Was läßt sich im naturgemäßen Gartenbau gegen die Vogelschäden tun?

Das Füttern der Vögel im Hausgarten und am Fenster hat in den letzten Jahren einen Umfang angenommen, der jedes vernünftige Maß vermissen läßt. Die Natur hat ihre Geschöpfe nicht so schlecht ausgerüstet, daß sie den Winter nicht aus eigenen Kräften überstehen können. Diejenigen Arten, die in der kalten Jahreszeit nicht genügend Nahrung finden, ziehen rechtzeitig in südlichere Regionen ab. Wer erfreut sich nicht an den flinken Meisen, die bei der winterlichen Nahrungssuche in Büschen und Gezweig, in Rinden, Ritzen und Borken nach versteckten Insektenlarven und -puppen suchen? Nur an den wenigen kritischen Tagen, bei Rauhreif, Eisbildung und tiefem Schnee ist es sinnvoll, z. B. den Meisen ölhaltigen Samen anzubieten, den Amseln Küchen- und Obstabfälle auf dem Kompostplatz zur Verfügung zu stellen.

Kontrolle der Nester und Gelege: Spatzennester sind leicht zu erkennen, sie sehen unordentlich aus und bestehen aus dürrem Gras, Papierfetzen, Stroh und anderem mehr. Die tief braunschwarzen Eier mit Varianten bis hin zum Aschgrau unterscheiden sich von anderen Arten so deutlich, daß auch der Hausgärtner sehr schnell ein Auge dafür bekommen wird. Alle Nester sind immer wieder zu entfernen, beim Brutgeschäft notfalls die Gelege auszunehmen. In gleicher Weise verfährt man mit den Amseln und – je nach Häufigkeit des Vorkommens und je nach dem Schadrisiko – mit den Staren.

Krähen, Elstern und Eichelhäher können in ländlichen Gegenden manchmal sehr unangenehm werden. Nach wie vor ist das Aufhängen einer *Habicht-Attrappe* an einem zarten Perlonfaden oder dünnen Haselstecken in genügender Höhe empfehlenswert. Die abschreckende Wirkung kann bis 50 m im Umkreis ausmachen.

Als sichere Abwehrmaßnahme gegen Vogelfraß an Beerensträuchern und Kirschbäumen haben sich Netze (höchstens 26 mm Maschenweite) eingeführt. Sie halten unliebsamen Vogelbesuch am besten ab, sind aber relativ teuer und nicht ganz einfach im Gebrauch. Man muß damit umgehen können.

Keimende Saaten lassen sich auch mittels Zwirnsfä-

den schützen, die im Zickzack über das Beet gespannt sind. In Weinbergen und Obstanlagen sieht man oft über den Pflanzungen weiße und gelbe, etwa 10 cm breite Kunststoffbänder gezogen, die infolge der »verdrehten« Aufhängung im Winde »laufen« und damit einen abschreckenden Effekt ausüben.

Bei allen optischen Abschreckungsmaßnahmen zeigt sich, daß von der *blauen Farbe* eine besonders stark abweisende Wirkung ausgeht. So nimmt man z. B. einen blauen Kunststoff-Müllsack, stülpt ihn über eine Bohnenstange und bindet die obere Ecke mit der darin steckenden Stangenspitze windfest zusammen, steckt das ganze schräg in die Erde, und schon befindet sich ein blaues, abschreckendes Gebilde über dem gefährdeten Beet. Gelegentlich wird der Standort gewechselt.

Dabei sollte die gute alte Vogelscheuche nicht ganz vergessen werden. Sie läßt sich jedes Jahr erneut und auf jedem großen Grundstück in den gefährdeten Kulturen aufstellen. Freilich allein auf weiter Flur wird sie nur in begrenztem Umfang abschreckend wirken können. In Ab- bzw. Übereinstimmung mit den anderen Maßnahmen wird sie nach wie vor ihren Teil zur Abwehr der Vögel beitragen.

Glitzernde, reflektierende Körper, wie senkrecht hängende Bänder aus Aluminiumfolie, die dazu noch knistern, spiegelnde, blaugefärbte Glaskugeln, die auf einem 2 bis 3 m hohen Stab stehen, werden ebenfalls zur allgemeinen Abschreckung verwendet.

Dabei darf man die einfachsten Maßnahmen nicht vergessen. Gefährdete Saatreihen (z. B. Erbsen) lassen sich leicht mit Reisig abdecken. Gleiches gilt vom

Vögel lassen sich durch blaue oder silbrige Bänder abschrecken.

Die gute alte Vogelscheuche.

Komposthaufen, der zuerst am Fuß von Amseln heimgesucht wird. Oft bewirkt auch schon scharfer Sand auf den Reihen manches, das Picken wird den Vögeln dadurch verleidet. Zu Erbsen läßt sich zudem noch Sägemehl verwenden, wenn man kalkneutralen Boden besitzt.

Zum Winterausgang und im zeitigen Frühjahr suchen sich manche Vögel, vor allem der Gimpel, besonders gerne die schwellenden Knospen der Beerensträucher aus. Hier nimmt man Preicobakt oder Oscorna-Rindenkräftigung, mit Bentonit und Wasserglas verstärkt, und versprühe diese, gegebenenfalls auch in Wiederholung, über die Büsche. Besonders das Wasserglas sorgt für den leicht glasigen Überzug, welcher der Knospe jedoch nicht schadet, und verhindert damit den Vogelfraß sichtbar. Vielerorts gibt man der Sprühflüssigkeit noch einen 3%igen Wermuttee hinzu.

Die Wühlmaus

Wühlmausschäden gehören zu den unangenehmsten Erfahrungen des Gärtners. So können Obstbäume und Sträucher nach dem Winter nur schwachen Austrieb zeigen, und wenn man an dem Bäumchen rüttelt, hat es keinen Halt mehr. Aber auch die Wurzeln von Gemüsepflanzen werden u. U. der Reihe nach abgefressen. Fast voll ausgebildete Endivien- und Zichorienpflanzen welken plötzlich dahin und lassen sich ohne Widerstand vom Boden abheben. Die Wurzel ist bis ins Herz hinauf ausgefressen worden.

Die Wühlmaus, auch Schermaus, Wühl- oder Erdratte genannt, ist in allen Ländern des europäischen Kontinents heimisch. Als sehr scheues Tier verläßt sie das beschützende Erdreich vornehmlich in der Dunkelheit – um sich zu reinigen, nicht zur Nahrungsaufnahme. Deshalb läßt sich das Tier nur schwer ausmachen, seine Anwesenheit wird erst registriert, wenn der Schaden schon eingetreten ist.

Ein Paar Wühlmäuse bringt bei 3 bis 4 Würfen während eines Sommerhalbjahres etwa 30 Junge hervor, von denen etwa 10 den natürlichen Feinden zum Opfer fallen. Außerhalb der Paarungs- und Aufzuchtzeit leben die Tiere ungesellig, und je älter sie werden, desto seltener wird der Bau verlassen. Ein Wühl-

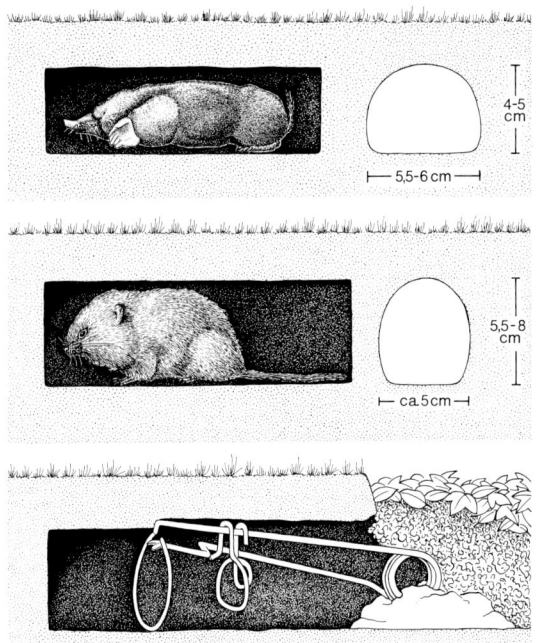

Schon die Gangform zeigt an, ob Maulwurf (oben) oder Wühlmaus (Mitte) am Werk sind. Die Drahtfalle (unten) eignet sich immer noch am besten zur Wühlmausbekämpfung.

mausbau wird bis in 2 m Tiefe angelegt, doch verlaufen die 10 bis 15 m langen Röhren des insgesamt 50 bis 80 m umfassenden Gangsystems meist recht flach unter der Erdoberfläche. Bis zu 10 Aus- und Einschlupflöcher, die nach der Benutzung wieder verschlossen werden, hat so ein Lebensbereich. Die Gänge sind hochoval, 5,5 bis 8 cm hoch und etwa 5 cm breit, während der Maulwurf querovale und etwas kleinere Gänge gräbt (siehe Zeichnung). Kleine flache und grobschollige, oft mit Pflanzenteilen halbkreisförmig durchsetzte Erdhaufen kennzeichnen die Wühlmaus, im Gegensatz hierzu wirft der Maulwurf größere Erdhügel auf, die u. U. Insektenreste enthalten. Der Wühlmausgang liegt etwas seitlich des Haufens. Ein weiteres Kennzeichen für Wühlmausgänge ist die Tatsache, daß darin keine Wurzeln zu finden sind, die dem Tier als Hauptnahrung dienen.

Die Wühlmaus bevorzugt hauptsächlich stärker wurzelerzeugende Pflanzen wie Kartoffeln, Knollen, Reben, Hopfen, Wurzelgemüse und auch Zwiebeln. Der Nahrungsbedarf ist erheblich.

Zum Aufsuchen der Gänge kann man einen dünnen Stab verwenden, oder mit dem Schuhabsatz den Verlauf des Ganges aufspüren. Ist einer gefunden, so wird er mit Spachtel oder Löffel scharfkantig freigelegt und nach etwa einer Viertelstunde kontrolliert. Ist die Öffnung wieder zugewühlt, so ist der Gang noch belaufen. Daraufhin legt man den Gang erneut frei und setzt eine *Wühlmausfalle* vorschriftsmäßig ein.

Je nach Landschaft findet man im Eisenwarenhandel die unterschiedlichsten Fallenformen. Neuerdings gibt es auch röhrenförmige Fallen aus Kunststoff, die nicht gespannt zu werden brauchen. Ist das Gerät eingesetzt, muß das Loch möglichst lichtdicht mit einem verwitterten Brettchen oder mit Pflanzenmaterial zugedeckt werden. Am besten schaut man gleich am nächsten Tag einmal nach. Es empfiehlt sich immer, an mehreren Orten des ausgedehnten Gangsystems Fallen einzulegen. Das Stellen einer Wühlmausfalle ist eine kleine Kunst. Man tut gut daran, sich von einem geschickten Nachbarn anfangs helfen zu lassen.

Weitere Ratschläge sind, die Gänge mit Wasser volllaufen zu lassen oder mit Auspuffgasen von Verbrennungsmotoren auszuräuchern. Bei den ausgedehnten und in verschiedenen Tiefen verlaufenden Gangsystemen verursachen diese Methoden aber einen großen Aufwand, ohne auch nur annähernd zum Ziel zu führen.

Erfolgversprechender sind *Ködermethoden*, bei denen ein attraktiver Futterstoff mit einer toxischen Substanz verbunden ist. Unter dem Namen »Quiritox« werden Köderbrocken gehandelt, die aus pflanzlichen und abbaubaren Gift- und Köderstoffen zusammengesetzt sind.

Immer wieder wird auch auf Mittel hingewiesen, die zur Vertreibung der Wühlmäuse dienen können. So gibt es Erfolge mit dem Anbau der Kaiserkrone (*Fritillaria imperialis*) und der Kreuzblättrigen Wolfsmilch (*Euphorbia lathyris*). Diese einfachen Hausmittel führen zwar auf gewissen Böden zur Vertreibung, niemals aber zur Beseitigung der Schädlinge, die wir unbedingt anstreben müssen.

Wenn der Garten groß genug ist, läßt sich auch ein besonderer *Fangplatz* einrichten, in dem man Topinambur-Knollen anpflanzt, die von der Wühlmaus besonders geschätzt werden. Die Tiere konzentrieren sich dann auf diese Stellen. Oder es können an den bekannten und gefährdeten Plätzen im Garten, z. B. in der Nähe des Komposthaufens oder an den Baumscheiben, nasse Säcke oder alte Bretter ausgelegt werden. Darunter gräbt die Wühlmaus gerne flache Gänge, in die man nach vorsichtigem Abheben der Bedeckung »Quiritox« einlegen kann und das ganze wieder zudeckt. Gleiches gilt für dauergemulchte Flächen.

Alles in allem bleibt die Fallenfangmethode die sicherste. Darüber sind aber die natürlichen Feinde nicht zu vergessen. Eine gut gezogene Hauskatze kann wesentlich zur Dezimierung dieser Schädlinge beitragen. Auch spürt mancher Hund (z. B. Terrier) die Gänge auf und bringt die Wühlmaus zur Strecke. Der Igel gilt ebenfalls als Wühlmausjäger. Draußen auf dem Land wird auch das Wiesel dem Schädling nachstellen, und dort sind Greifvögel ebenfalls gute Helfer.

Hilfs- und Pflegemittel für den Gartenbau

In diesem Abschnitt werden die wichtigsten Pflege- und Pflanzen- wie auch Bodenbehandlungsmittel aufgeführt, die für den Menschen und die Haustiere ungiftig sind, aus Naturstoffen bestehen, seit vielen Jahren eingesetzt werden und sich bewährt haben. Bei den meisten Mitteln ist die Hauptwirkungsrichtung auf eine Steigerung der Pflanzengesundheit und damit Widerstandsfähigkeit der Pflanzen abgestellt. Sie sind deshalb allgemein einsetzbar. Daneben gibt es noch speziell abgestimmte Dünge- oder Pflegemischungen für besondere Zwecke, wie z. B. Cohrs-Rosenspritzmittel, Oscorna-Rosenstärkung, Tannalgin zur Koniferenpflege, Cohrs-Erdbeerspritzmittel.

Die Aufstellung kann keinen Anspruch auf Vollständigkeit erheben. Es gibt eine ganze Reihe von wertvollen Spezialmitteln, die der interessierte Gartenfreund schon entdecken wird. Betrachten wir nun unser ABC der Pflege- und Pflanzenschutzmittel.

Algifert: Pulverförmiges Algen-Konzentrat zur Herstellung einer alle Nähr- und Spurenstoffe enthaltenden Blattdüngerlösung. Die Lösung (8 g je 10 l) fördert das Wachstum und erhöht die Widerstandsfähigkeit der Pflanzen, vorwiegend gegen Insektenangriffe.

Algomin: Korall-Algenkalk von der Atlantikküste, getrocknet und gepulvert. Zur Pilzregulierung, zum Beispiel bei Schorf, Mehltau, Krautfäule 200 bis 400 g je 100 m² gestäubt (möglichst mit Zerstäuber) oder mit 10 bis 20 l Wasser angerührt versprüht (Vorsicht Sand, die Brühe muß vorher abgestanden sein). Gegen Insekten wie Blattläuse, Kartoffelkäfer und deren Larven, Lauchmotte, Erdflöhe wird gestäubt. Auf reifenden Früchten entstehen unschöne Kalkflecken.

Ameisenstreumittel: Giftfreies Streumittel auf Phytonzidbasis.

Bacillus thuringiensis: In 20jähriger Forschungsarbeit ausgelesene und überprüfte Sporenformen des Bazillus, die zur biologisch einwandfreien Bekämpfung von Schmetterlingsraupen an Obst, Gemüse und Ziergehölzen bei fortschreitendem Befall eingesetzt werden. 10 g auf 10 l Wasser, unbedenklich für Mensch, Haustiere und Nützlingsinsekten.

Bio-S-neu und **Biosan:** Pflegemittel für Pflanzen aus Heilkräutern, organo-mineralischen Mischungskomponenten und Schwefel. 60 bis 80 g werden in 10 l Wasser zur vorbeugenden und direkten Behandlung bei Pilzkrankheiten wie Schorf, Echtem Mehltau, Sternrußtau und anderen eingesetzt. Man sollte etwa in 14tägigem Turnus spritzen.

Equisan: Flüssiger Schachtelhalmextrakt zur Vermeidung von Pilzbefall.

Etermut: Pflanzenpulverkombination mit Duftstoffwirkung zur Abwehr der Möhrenfliege. Bei der Saat und zur Flugzeit nach Vorschrift stäuben.

Kaliumpermanganat ist ein dunkellila gefärbtes Salz, das überaus sauerstoffaktiv ist und dadurch wuchsanregend und gleichzeitig pilzhemmend wirkt. In der Humanmedizin bekannt, wirkt es im Gartenbau bei Schorf- und Rostpilzen mit 1 bis 3 g je 10 l rein oder als Zusatz zu Netzschwefel. Es hat sich auch bei der Glashausdesinfektion bewährt.

Kalkalgenmehl siehe Algomin.

Kirschfruchtfliegenfalle: Gelbe, mit Leim bestrichene Tafeln werden in die gefährdeten Bäume (spätreifende Sorten) nach dem empfohlenen Plan günstig verteilt aufgehängt. Diese Fallen ziehen die Insekten an und halten sie fest.

Ledax-insekt siehe Pyrethrum.

Ledax-san siehe Bio-S.

Ledax-Stamm: Tonminerale und organische Substanzen sind zu einem Pulver kombiniert, das mit 500 g je 10 l zur Anstrichpaste, bei weiterer Verdünnung von 100 g je 10 l zur Stamm- und Kronenspritzbrühe für Obstgehölze und Beerensträucher wird. Elastische, glatte Rinde, frei von Flechten, Moosen und Wintereiern bildet sich bei regelmäßiger Anwendung. Knospenfraß und Frostschäden gehen schnell zurück.

Leimringe (»Fix-Fertig«) sind heute für den Hausgärtner wieder eine einfache und praktische Schutzmaßnahme zum Abfangen von Schadinsekten. Rolle von 2,50 m für etwa 4 Bäume.

NAB-Mischung: Je ein Drittel Netzschwefel, Algenkalk und Natrium-Aktiv-Bentonit werden trocken gemischt; als Spritzpulver, bei fallender Konzentration vom zeitigen Frühjahr bis zum Sommer, mit 100 g bis 40 g je 10 l vorwiegend bei Obstgehölzen als Pilzvorbeugung im Gebrauch.

NAB-plus: Fertigmischung für den Hausgarten.

Oscorna-Insektenschutz siehe Pyrethrum.

Oscorna-Pflanzenstärkung: Flüssiges wachstumsförderndes Aufbaumittel aus Heilpflanzen, Algen, Hefen und organischen Düngern. Gewebefestigend, erhöht Widerstandskraft gegen Schadorganismen. Als Blatt- und Gießdünger – auch für das Blumenfenster – vielseitig einsetzbar.

Oscorna-Pilzvorbeuge siehe Bio-S.

Oscorna-Rindenkräftigung siehe Ledax-Stamm.

Oscorna-Wurzelstärkung: Flüssiges Kräuter-Konzentrat zum Gießen, Spritzen und Tauchen von Knollen, Stecklingen und Saaten, fördert gesunde Bewurzelung, vermeidet Verpflanzungsschock. Gleichzeitig Pilz- und Virusvorbeuge für alle empfindlichen Kulturen.

Polymaris-Pflanzenkräftiger: Naturreines Flüssigkonzentrat aus Heilkräuter-Nordmeeralgen, Wildkräuter- und weiteren Extrakten aus organischen Düngern. Anwendung zum Gießen (200 ml je 10 l) oder zur Blattspritzung (100 ml je 10 l). Idealer Gießdünger für das Blumenfenster, fördert die Frohwüchsigkeit und Widerstandskraft der Pflanzen.

Preicobakt: Spritzpulverkombination aus verschiedenen Tonerden, tierischen und pflanzlichen Bestandteilen. Zur Aktivierung und Glättung der Rinde von Obstgehölzen und Beerensträuchern bei gleichzeitiger Beseitigung von Flechten, Moos und Wintereiern bietet es außerdem Schutz vor Frostschäden und Knospenfraß. 100 g je 10 l dient als Spritzbrühe mit grober Düse, 500 bis 600 g je 10 l finden als Anstrichpaste für Obstgehölze Verwendung.

Pyrethrum: Blütenauszug aus einer Chrysanthemen-Art, der als Berührungs- und Nervengift auf alle Insekten außer Bienen wirkt, außerdem ein starkes Fischgift ist und schnell abbaut. Meist werden Synergisten (gleichgerichtete synthetische Stoffe) zugemischt. Das Mittel ist für Mensch und Haustiere ungiftig, die Anwendung geschieht nach Vorschrift des Herstellers, Handelsnamen sind z. B. Spruzit, Ledaxinsekt, Oscorna-Insektenschutz, Parexan. Bei kühlem Wetter in 40 °C warmem Wasser ausspritzen. Eine Beigabe von 0,5 % Spiritus erhöht die Wirkung. Pyrethrum ist auch in Pulverform als Stäubemittel lieferbar.

Quassia: Aus dem tropischen Bitterholz *Quassia*, das in Form von Spänen oder Mehl geliefert wird, entsteht durch 24stündiges Einweichen und 1stündiges Abkochen von 150 bis 300 g Bitterholz je 10 l ein für alle Insektenarten tödliches Berührungs- und Fraßgift, welches jedoch für den Menschen harmlos ist. Bei Zugabe von 50 bis 250 g Pflanzenpflegeseife wird Quassia vorwiegend gegen Sägewespen und Blattläuse eingesetzt.

Quiritox: Pflanzliches Präparat zur Wühlmausbekämpfung mit stark anlockenden Eigenschaften. Die Brocken werden in die Wühlmausgänge eingelegt oder an einen Lockplatz (z. B. zwischen Topinambur) so ausgelegt, daß sie trocken bleiben. Man rechnet 100 g je Ar Gartenfläche.

Schnecken-Stop: Giftfreies Streumittel (Cohrs).

Schwefel (Netzschwefel) wird feinst vermahlen zu einem Spritzpulver als »Netzschwefel« aufbereitet. Mit 10 bis 50 g je 10 l entsteht eine pilztötende Lösung, die im Freien restlos verdampft. Sie wirkt aber auch in zu starker Konzentration lichtverstärkend bis zur Brennfleckenbildung. Die im biologisch-dynamischen Obstbau entwickelte NAB-Mischung (siehe dort) setzt diese Gefahr stark herab.

Seife (Pflanzenpflegeseife): Flüssige, neutrale Spezialseife, die mit 10 bis 30 ml je 10 l Wasser gegen alle Arten von Blattläusen wirksam ist. Weiter wird die Haft- und Benetzungsfähigkeit von Spritzbrühen verbessert, Insektengespinste lösen sich auf. Verwendung vorwiegend in der Obst-, Beeren- und Rebenpflege. Nicht in die Blüte spritzen!

Sil Ka Ben: Ein feinstvermahlenes Mineralpulver, stärkt das Pflanzenwachstum und läßt sich gegen Pilzschäden sowie saugende und blattfressende Insekten einsetzen (Fa. Snoek).

SPS: Konzentrat aus Wildkräuterextrakten, wasserklar. Ein hochaktives Pilz- und Virus-Vorbeugungsmittel. Sehr geeignet unter Glas, speziell bei Asternwelke. Auch als Stecklingsbewurzelungsmittel, zur Pflege von Aussaaten und pikierten Jungpflanzen gegen Keimlingspilze bestens bewährt. 200 ml je 10 l Wasser.

Wasserglas ist ein verflüssigter Kiesel, der über die Verschmelzung mit Kalium- oder Natriumsalzen entstanden ist und hochbasisch wirkt. Wir verwenden eine Lösung von Natriumwasserglas (Eier-Einlegemittel) mit 500 ml je 10 l im unbelaubten Zustand auf Obstgehölze zur Verklebung von Wintereiern der Schadinsekten, ferner als Lösung von 50 bis 100 ml je 10 l im belaubten Zustand zur fleckenfreien Pilzregulierung. Vorsicht bei Spezialgläsern (Brillen, Fensterscheiben), die u. U. einen trüben, festhaftenden »Schleier« bekommen können.

Weißöl-Emulsion: Sind an den Obst- und Ziergehölzen besonders viele überwinternde Blattlaus-, Schildlaus- und Blutlauseier vorhanden, so kann mit einer einfachen Weißöl-Emulsion (z. B. »Promanal«), ohne jeden Insektizid-Anteil, mit reichlich Brühe (300 ml je 10 l) bis zum Frühjahrsaustrieb gespritzt werden. Alternativ: Preicobakt oder Oscorna-Rindenkräftigung 100 g und Wasserglas 400 g je 10 l.

Gartenarbeit und Gartenpflege im Jahreslauf

Ein Gang durch das Gartenjahr

Die Frühjahrsarbeit

Wir brauchen uns nur an die altbekannte gärtnerische Praxis des mit Pferdemist bepackten Frühbeetes zu erinnern, um ein Beispiel dafür zu haben, wie ein von unten erwärmter Boden das Pflanzenwachstum fördert. Kommt noch die Glasbedeckung hinzu, so erlauben die Erwärmung von Boden und Luft das Wachstum der Kulturen in einen Zeitraum vorzuverlegen, in dem sie unter den Bedingungen des Freilandes noch gar nicht gedeihen könnten. Im herkömmlichen Gewächshaus wird mit der Heizung die Luft erwärmt, welche nicht nur den Aufwuchs der Kulturen fördert und belebt, sondern auch in den Boden

eindringt. Dieser Vorgang geht um so schneller vor sich, je lockerer die Struktur der Erde ist.

Im Freiland dauert dieser Prozeß sehr lange. Zwar erleben wir in manchen Jahren im Frühjahr schon schöne Tage, doch sind sie von kalten Nächten unterbrochen, und die Bodenerwärmung kann nicht vorankommen. Für den naturgemäß arbeitenden Gärtner ist jedoch die genügende *Erwärmung des Erdreichs* in besonderem Maße notwendig, um die Lebensvorgänge so weit zu steigern, daß die auf schnelles Wachstum angewiesenen Gemüse- und Blumenkulturen sich entwickeln können. Neben der Wärme ist aber auch noch die Feuchte zu beachten. Lehmböden bleiben besonders im Frühjahr lange kalt, da sie – je nach ihrer Zusammensetzung – sehr viel Wasser

Reihen lassen sich auch mit dem Rechen ziehen.

enthalten und es nur langsam abgeben (Verdunstungskälte). Dagegen ist auf Sand die Bestellung wesentlich früher möglich. Wer in seinem Garten lehmigen Sand hat, ist auch hier am besten gestellt.

Was tut also der Gärtner, um die notwendigen Voraussetzungen für das zügige Wachstum in den Frühjahrsmonaten zu schaffen?

Zunächst brauchen wir eine lockere Bodenstruktur, welche durch die vorwinterliche, dem jeweiligen Boden angemessene Bearbeitung, Fruchtfolge sowie entsprechenden Kompostauflage vorbereitet wurde. Je reicher ein Boden an organischen Substanzen ist, um so lockerer und bildsamer gestaltet er sich auch unter den Frosteinwirkungen des Winters. Hinzu kommt noch die dunkle Farbe, die der einstrahlenden Wärme im Frühjahr nur förderlich ist. War es im Herbst nicht möglich, die Kompostgaben termingerecht auszubringen, so läßt sich Versäumtes jetzt noch nachholen. Je früher, um so besser, damit der mögliche Unkrautbesatz in der Komposterde auch noch rechtzeitig auflaufen kann. Günstig ist, die Er-

fahrungen bestätigen dies immer wieder, das Ausbringen von Hornspänen und Horngrieß zur Lockerung und Durchlüftung der oberen Bodenschichten. Diese Horndünger können, sobald der Schnee fortgetaut ist, ausgestreut, und nach Abtrocknung des Landes oberflächlich leicht eingearbeitet werden. Auch Rizinusschrot fördert die Bodenstruktur und läßt sich in gleicher Weise verwenden. Allerdings hält die Wirkung nicht so lange an. Ferner sind es Feder- und Basaltmehl, welche die Erwärmung im Boden ebenfalls fördern können. Basaltmehl wird aber erst auf die oberflächlich schon abgetrockneten Beete gegeben, weil sonst leicht eine Verschmierung und Verschlämmung infolge der staubfeinen, wasseraufnehmenden Form dieses Hilfsmittels eintritt. Auf die Hilfen, die hier gerade der Basalt bieten kann, wurde bereits ausführlich hingewiesen. In anderer Weise bringen Federmehl oder -staub das Bodenleben und damit die Wärmeprozesse in Gang. Erfahrungen zeigten, daß bei verschiedensten Kulturen der Vorsprung im Wachstum 14 Tage ausmachen kann.

Gehen wir zu den *Präparaten* über. Das Ausbringen des Ackerschachtelhalmtees darf in keinem Garten versäumt werden. Nur durch rechtzeitigen und vorbeugenden Gebrauch läßt sich der Pilzgefahr begegnen. Wie wir weiter erfahren haben, wirkt das Hornmistpräparat anregend auf die Lebenstätigkeit im Boden und wird somit auch im Frühjahr über alle Flächen versprüht. Auf den Baldrian kommen wir noch zu sprechen.

Das Saat- und pflanzfertige Herrichten des Bodens ist der nächste Schritt. Die Beete wurden bereits mit dem Krail gelockert und dem Rechen eingeebnet. Ei-

Wie man säen kann:
Reihen-, Dibbel-, Haufen- und Breitsaat.

114

ne gute Krümelung ist damit erreicht. Die feinen Gartensämereien sind auf die beste Struktur in der Oberschicht angewiesen, durch Unterbrechung der wasserführenden Kapillaren bleibt die Bodenfeuchtigkeit erhalten. Man hüte sich aber, noch nicht genügend abgetrocknete Beete zu bestellen. Die Erde verschmiert, und eine verkrustete, unbelebte »Haut« weist die belebenden Umwelteinflüsse in starkem Maße ab. Waren bisher die Kompostgaben knapp, so läßt sich jetzt noch durchgesiebte Komposterde in die Saatrillen einbringen. Damit wird einmal die Pflanzenentwicklung gefördert, zum anderen aber auch in Trockenzeiten die Feuchtigkeit besser gehalten. Bei extremer Dürre ist es sogar ratsam, zuerst die Saatreihen durchdringend anzugießen, dann die Komposterde einzubringen, zu säen und mittels Rechen das Ganze zuzudecken. Falls erforderlich, läßt sich darauf noch eine leichte Schicht aus Sand oder Torf geben.

Die Aussaaten richten sich dabei nicht nur nach den günstigsten Terminen (nach Thun), sondern folgen auch der Beeteinteilung und Fruchtfolgeordnung, wie sie sich in vielen Jahren als praktikabel und hilfreich erwiesen hat. Zudem kann die Vorbereitung des Saatgutes (Saatbäder) noch manches verbessern.

Eine sorgfältig vorbereitete Frühjahrsarbeit bewahrt den Gärtner allerdings nicht vor nachfolgenden Witterungsunbilden. Er muß sich aufgrund der äußeren Gegebenheiten, also der Bodenstruktur, der Lage des Grundstückes sowie der klimatischen Bedingungen einer Landschaft immer wieder prüfend fragen, was alles in den Frühjahrswochen von April bis Juni eintreten kann oder anders ausgedrückt:

Das Beet ist vorbereitet, die Saat kommt in den Boden.

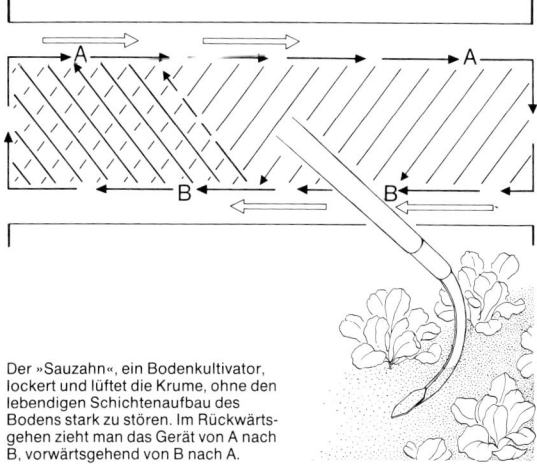

Der »Sauzahn«, ein Bodenkultivator, lockert und lüftet die Krume, ohne den lebendigen Schichtenaufbau des Bodens stark zu stören. Im Rückwärtsgehen zieht man das Gerät von A nach B, vorwärtsgehend von B nach A.

Mit welchen Störungen hat der Hausgärtner von Anfang an zu rechnen?

Hier gilt es zunächst die Gegensätze von kalt und warm oder naß und trocken zu berücksichtigen. In der Mehrzahl der Jahre hat man es auf schweren Böden mit dem Problem feucht und kalt zu tun. Die Böden kommen stark durchnäßt aus dem Winter heraus, ihnen fehlt die Luft, und die notwendigen Arbeiten lassen sich mehr schlecht als recht durchführen. Was sind die Folgen? Die Kulturen kommen nur langsam voran und sind anfällig gegen Fäulnis und andere pilzliche Erkrankungen (Schorf, Mehltau usw.). Minderwertige Qualität bei schlechter Haltbarkeit ist das Ergebnis. Neben den bereits geschilderten Düngemaßnahmen muß das Erdreich durch leichte und häufige Bearbeitung (Hacke, SZ-Wühler) aufgelockert werden. Die Zauberformel im Frühjahr heißt: *feuchte Wärme;* sie wird von der Mahnung begleitet: *Hacken, immer wieder hacken bzw. lokkern.* Wo nur irgendwie möglich, greifen wir ferner zur Hügelung der Kulturen. Sie bekommen dadurch mehr Luft, die Erwärmung tritt schneller ein, die Kleinlebewelt entwickelt sich dadurch intensiver.

Mit dem Pflanzenkonzentrat SPS kann man das Saatgut empfindlicher Kulturen nicht nur benetzen, sondern auch bei vielen Gewächsen die akute Pilzgefahr durch Übersprühen direkt bekämpfen. Das Hilfsmittel wirkt dabei unter Glas sehr sicher, allein im Freiland ist für die Ausbringung trockenes Wetter erforderlich. Außerdem hat sich die Beimischung von Polymaris als Stärkungs- und Haftmittel sehr bewährt. In den letzten Jahren fand in zunehmendem Maße auch Bio-S Anerkennung. Auf das Wasserglas wird ebenfalls immer wieder zurückgegriffen.

Wie sieht es in Erwartung heißer Tage und Wochen aus?

Zunächst besteht die Aufgabe, die Feuchtigkeit im Boden so lange wie möglich zu erhalten. Das Land wird wenig und ganz flach bearbeitet, die Verwendung von Bodenbedeckung und Mulch ist unumgänglich. Weiter ist dem *Kleinklima* im Garten besondere Aufmerksamkeit zu schenken. Wenn er schon unter Trockenheit leidet, dann darf es nicht noch obendrein »ziehen«, das heißt, der kalte Ostwind muß möglichst abgehalten werden, es ist für *Luftruhe* zu sorgen. Fehlen Hecken, Randpflanzungen oder Schutzwände, so können Aussaaten von Ziermais, Sonnenblumen etc. manches ausgleichen.

Die biologisch-dynamischen Spritzpräparate wenden wir in gleichmäßigem Wechsel an, einseitige Handhabungen sind zu vermeiden. Wir müssen außerdem darauf achten, daß die Kulturen zügig wachsen und nicht etwa längere Zeit hindurch »hocken« bleiben. In kalten Maiwochen kann das leicht geschehen. Tritt dieser Zustand ein, darf die Brennesseljauche nicht ausgehen. Sie muß gegebenenfalls zweimal wöchentlich verdünnt ausgesprüht und womöglich durch Verabfolgung von Dungwässern (Verjauchung von Hornspänen im Regenwasser) noch wechselweise ergänzt werden.

Sehr schnell beanspruchen auch mancherlei *Insekten* unsere Aufmerksamkeit. Gut, wenn der Gartenfreund hier schon Erfahrungen mit dem Wermut- und Rainfarntee sammeln und damit einen abschreckenden Effekt erzielen konnte. Auch sollte der »scharfe« Brennesselauszug nicht fehlen, der schon oft der beginnenden Blattlausplage ein rasches Ende bereitet hat. Haben sich aber die Insekten und deren Larven im Garten einmal breitgemacht, dann kann sich die Verstäubung von Algomin als hilfreich erweisen. Führt auch diese Maßnahme nicht zum gewünschten Erfolg, können immer noch die Pyrethrum-Mittel zum Einsatz kommen.

Nicht selten treten beide Situationen auf. Nach einem nassen März und April wird es im Mai plötzlich kalt und trocken. Der Hausgärtner hat dann gelernt, mit allen Hilfsmitteln und Maßnahmen fast »spielend« umzugehen, und wird sich zudem noch verstärkt des Baldrianpräparates bedienen, mit dem man vorbeugend den Frostschäden am besten begegnen kann.

Neben diesen Maßnahmen, die vornehmlich dem zügigen Wachstum unserer Kulturen galten, haben wir nicht die rechtzeitige *Aussaat der Gründüngung* vergessen. Dies betrifft in erster Linie das Ausbringen von Klee oder Leguminosengemischen sowie den Gelbsenf. Mit Hilfe dieser Gewächse wird die Bodenfruchtbarkeit nachhaltig gefördert, und gerade im Hausgarten können die vor der Blüte abgemähten Grünmassen zur Bodenbedeckung und Mulchung bestens verwendet werden.

Im Frühjahr ist außerdem der *Kompostplatz* geräumt worden. Überständige, alte Erden sollten in keinem Garten liegenbleiben. Wir benutzen jede Gelegenheit, soviel wie möglich organische Materialien zu sammeln und damit eine neue Miete anzulegen.

Doch zum Gemüsegarten zurück. Im Fortschreiten des Jahres ist die Zeit gekommen, das Hornkieselpräparat stärker einzusetzen. Kohlgewächse, Tomaten, Möhren, Schwarzwurzeln, kurz alle Pflanzen, bei denen sich der erste Fruchtansatz zeigt, bekommen dieses Pflegemittel. Damit wird Qualität, Reife, Aroma und Haltbarkeit veranlagt und gefördert.

Abgeerntete Beete erhalten vor der Neubestellung eine *Nachdüngung* mit Kompost (1 Eimer auf 4 bis 5 m^2) oder organischen Mischdünger (60 bis 100 g/m^2). Ferner lassen sich dazu auch Aufgüsse mit den bewährten Pflanzenjauchen, Geflügelmist, Guano oder Hornmehl verwenden. Man nimmt dazu 6 kg Dünger in 100 l Flüssigkeit aufgelöst. Nach 14tägiger Vergärung wird die Brühe bis zu 10fach verdünnt ausgebracht. Es ist verständlich, daß sich der Gärtner in den Frühjahrsmonaten vornehmlich dem Wachstum der Kulturen widmet, sich an dem Blühen und Sprossen erfreut. Der Umgang mit der Hacke, heute ist es vielfach der SZ-Wühler, das Aufbringen der Mulchdecke, die Einsaat von Lupinen oder Gelbsenf sollte ihn dennoch daran erinnern, daß sich gerade in dieser Jahreszeit beachtenswerte Vorgänge im Erdreich abspielen.

Bei Blühbeginn werden die Erdbeeren mit Stroh unterlegt.

Was geht in den Sommermonaten im Boden vor?

Schauen wir zurück auf das Frühjahr. Die Oberfläche der Gartenbeete wurde leicht gelockert und feinkrümelig gemacht. Der ausgebrachte Samen keimt, und als erstes erscheint ein feines Würzelchen, das pfeilgerade nach unten wächst. Man denke hier insbesondere an eine Pfahlwurzel. Wenig später erhebt sich aus dem gleichen Korn ein erster zarter Trieb, der in genau entgegengesetzter Richtung wächst, nach oben, dem Licht, der Sonne entgegen. Wir sprechen hier von einem zweifachen Geotropismus. Bei günstiger Witterung setzt sich das Wachstum nach unten schnell fort, im Gegensatz zum oberirdischen Pflanzenteil verwächst die Wurzel mit dem sie umgebenden Boden. Sie ist zunächst auf eine immerwährende Entwicklung angelegt, wobei sich an ihrer Spitze ständig neue Wurzelhaare bilden, die im Zurückbleiben rasch wieder vergehen. Beim Absterben der Wurzelhaare übt der saure Zellsaft – neben der durch Atmung entstehenden Kohlensäure – eine bestimmte, lösende Wirkung auf die Bodenteilchen aus. Auf diese Weise wächst und lebt die Pflanzenwurzel, wobei wir mehr einen in die Tiefe strebenden Typus (die Pfahlwurzel) einem sich halbkugelförmig ausbreitenden »sphärischen« Gebilde entgegensetzen können. In dieses Geschehen ist die Mikrobenwelt auf das engste verwoben. Ihre Besiedlungsdichte macht das 10- bis 20fache gegenüber dem undurchwurzelten Boden aus. Man spricht deshalb nicht zu Unrecht von der »Rhizosphäre«, welche das gesunde Pflanzenwachstum begleiten muß. Wurzel und Mikrobenwelt schaffen damit einen lebendigen Nährboden, den es zu pflegen gilt. Anregend und fördernd wirkt hier der Gärtner auf zweierlei Art ein. Zunächst ist es die Hacke oder der SZ-Wühler, mit dem unter anderem ständig Sauerstoff zugeführt wird, und zwar flach beginnend und von Woche zu Woche tiefer gehend. Die Bodenflora und -fauna mitsamt der sich ausbreitenden Wurzelregion wird dadurch mächtig angeregt und dankt es durch zügiges Wachstum. Die Folge ist ein stärkerer Verbrauch an Nährstoffen, Humussubstanzen u. a. m. Hier baut die Frühjahrsarbeit die Kraft des Bodens ab und setzt sie in Wachstum und Erträge um.

Die zweite Art der Bodenbelebung geschieht durch Mulchen und Abdecken. Der Boden bleibt dabei unter der Schutzschicht locker, in krümeligem Zustand. Die Mikrobenwelt wird stark angeregt, den Bodenorganismen geht das »Futter« nicht aus. Die Sonneneinstrahlung wird zudem gedämpft, der Wasserhaushalt auf trockenem Boden stabilisiert. Das feine Wurzelgeflecht breitet sich dicht unter der Bodenoberfläche

aus und trägt damit auf intensive Weise zum Wachsen und Gedeihen der Kultur bei.

Die Arbeit des Gärtners konzentriert sich darauf, in kürzester Zeit möglichst viele, frische und grüne Blattmassen zu erzeugen. Es ist deshalb berechtigt, hier von einer Phase der Eiweißbildung zu sprechen, während Stengel und Blätter nach außen und nach oben drängen. Im naturgemäßen Gartenbau (bei der Verwendung mineralischer Düngemittel ist das ganz anders), läßt sich ein üppiges Wachstum jedoch nur dann erreichen, wenn auch die Abbauvorgänge im Boden eine genügende Intensität erfahren. Daran wird heute viel zu wenig gedacht!

Wenn die Jahresmitte erreicht ist, kommt das Wachstum bei vielen Kulturen zum Stillstand. Auch die Wurzel hat ihre maximale Ausdehnung erreicht. Das Mikrobenleben geht deutlich zurück, selbst der Regenwurm wartet in größerer Bodentiefe auf bessere Zeiten. Die Kraft der Sonne lähmt das Leben – ja tötet es hier und da – und führt zu Stoffumwandlungen. Das Getreidekorn reift, die Kartoffel wird von Woche zu Woche größer, Kohlenhydrate werden gebildet. Bei vielen Pflanzen beginnt die Sommerblüte, das üppige Grün des Frühjahrs vergeht und das »Feuer« des Sommers offenbart sich in leuchtenden Farben, verströmt in Duftstoffen und konzentriert sich in ätherischen Ölen.

Die sommerliche Zäsur wird der Gärtner in vieler Hinsicht zur intensiven Arbeit nutzen. Zunächst wird der Hornkiesel zur Förderung der Reife, der Ackerschachtelhalm (nunmehr zum dritten Mal) zur Regulierung der Pilzgefahr eingesetzt. Die Bodenbearbeitung geht jetzt auch einmal in die Tiefe, dabei kann nicht viel falsch gemacht werden. Es ist Saatzeit für die Gründüngung; an vielen Orten müssen bis zum 20. Juli Salat und die Kulturen ausgesät werden, von denen wir im Herbst noch eine Ernte erwarten. Erste Regenfälle Anfang August zeigen uns den nahenden Herbst an. Ein letzter kräftiger Wachstumsschub läßt die Kulturen nochmals weiter wachsen, das Bodenleben stellt sich in gleicher Weise wieder ein. Dafür sind die Aufgaben andere geworden. Die abgestorbenen Wurzelrückstände, die ganze organische Substanz im Boden, bedarf der Umwandlung, die nicht nur vom Regenwurm, sondern von speziellen Zellulosezersetzern (Bakterien, Aktinomyzeten, Pilze etc.) durchgeführt werden. Die Anwesenheit bestimmter Tonminerale, insbesondere Bentonit, fördert diese Vorgänge deutlich. Wer denkt dabei nicht wieder an den Rotteprozeß im gesunden Mischwald, die Umsetzungsvorgänge im Komposthaufen! Bei zurückgehendem, oberirdischem Wachstum trägt – bei richtiger Behandlung – die Bodenflora und -fauna zur Substanzbildung, zum Aufbau bei. Dem zurückgehenden, oberirdischen Wachstum steht damit ein deutlicher Bodenaufbau, insbesondere der Förderung der Ton-Humus-Komplexe, gegenüber.

Von diesem Naturprozeß hat der Gärtner die Kunst des Kompostierens gelernt, und dies nicht nur vom Sommer bis zum Herbst, sondern das ganze Jahr hindurch. Die Betrachtung der Auf- und Abbauprozesse erscheinen damit in einem anderen Licht, sie spielen sich zudem noch auf mehreren Ebenen ab:

1. Durch das starke Eigenleben der Wurzel in enger Verbindung mit der Mikrobenwelt.

2. Die Maßnahmen des Gärtners mit Hacke und Spaten, aber auch der pflegenden, das Leben fördernden Bodenbehandlung mittels Mulchmaterial, Abdeckung und anderes mehr.

3. Das bewußte Herausnehmen derjenigen Vorgänge, die sich im Jahreslauf zwischen Hochsommer und Herbst im Erdreich abspielen: Substanzaufbau mit Hilfe der Kompostierung.

Die Herbstarbeit

Jetzt gilt es, die Ernte einzubringen und die Voraussetzungen für das gesunde Wachstum im nächsten Jahr zu schaffen. Denn sowohl Bodenbearbeitung wie Düngung im Herbst sollen den Boden instandsetzen, den mehrjährigen Kulturen (z. B. allen Obstarten) ein gutes Überwintern zu sichern und diesen sowie allen einjährigen Gewächsen, für das Frühjahr den besten Start zu geben. Die kommende Ernte wird weitgehend im Herbst veranlagt.

Das Lockern mit der Grabgabel und nachfolgendem leichten Krailen, wobei das gröbste Unkraut entfernt wird, ist eine gute Methode für entwickelte Gartenböden. Sie schont die natürliche Lagerung des Bodens, baut den Humus und damit die Fruchtbarkeit weiter auf. Kompost und Hilfs- und Pflegemittel, wie Basaltmehl oder Algomin können, sofern nötig, ausgebracht und ganz leicht oberflächlich eingearbeitet werden. Gleiches gilt für eine Mulchschicht aus angerottetem Laubkompost, Strohhäcksel und anderes mehr. Die verhaltene Lebenstätigkeit in der Erde kann sich dann auch bei milden Temperaturen über Winter fortsetzen, unsere geheimen Helfer im Boden finden genügend Nahrung.

Ist der Boden stark verunkrautet, wird man von Fall zu Fall entscheiden müssen, ob ein Umgraben in alter Art mit Wenden der Scholle angebracht ist. »Unentwickelte«, rohe und stark lehmhaltige Böden, wie sie zuweilen in Neubaugebieten anzutreffen sind, müssen umgewendet werden, damit der Frost tief ein-

Die Pastinaken werden geerntet.

greift und die sogenannte Frostgare entsteht. Um diesen Vorgang zu unterstützen, kann sogar unbelebte Erde auch in hügelbeetartige Reihen umgegraben bzw. aufgeworfen werden. Der Frost erreicht damit eine größere Oberfläche und Angriffsbreite. Bei den letztgenannten Möglichkeiten darf aber der Kompost auf keinen Fall mitsamt dem Unkraut in der Tiefe vergraben werden. Er würde dort unter Luftmangel leiden, den späteren Kulturen nicht in ausreichendem Maße zur Verfügung stehen, und, sofern es sich noch um unausgereifte Substanzen handelt, das Bodengefüge und nachfolgende Pflanzenwachstum stören.

Wenn wir uns bei der Arbeit stets von der Vorstellung leiten lassen, daß im rechten Zusammenspiel von Bodenbearbeitung und Düngung die Kulturen aus dem Vollen schöpfen können, dann werden auch zur rechten Zeit und in gewünschtem Maße die Früchte heranreifen, um derentwillen sich der Gärtner in einem langen Gartenjahr müht.

Das Saatgut

Vor 1945 war der stärkste Samenanbau in Mitteldeutschland, in der Gegend um Quedlinburg und Erfurt anzutreffen. Die Gebiete lagen im Regenschatten mit relativ geringem Niederschlag und warmen, fruchtbaren Böden. Mit Hilfe von Selektion und Kreuzung sind dort viele wertvolle Gemüsesämereien gezüchtet und auf den Markt gebracht worden.

Die Entwicklung wurde unterbrochen und in der Bundesrepublik unter erschwerten Bedingungen (rauhe Lagen, stärkere Niederschläge, weniger fruchtbare Böden) wieder aufgenommen. Kein Wunder, daß von den Firmen die eigentliche Samenvermehrung in die wärmeren und sommertrockenen Länder Südeuropas und Afrikas verlegt wurde. Dabei beschritt die Züchtung selber neue Wege, indem Hybridsorten geschaffen wurden, um einheitlich ausfallende, aber fremdbefruchtende Sorte zu schaffen und unerlaubten Nachbau zu verhindern. Sie spalten in der nachfolgenden Generation auf.

Qualität und Gewinnung des Saatgutes

Eine exakte Sortenprüfung hinsichtlich der Eignung neuer Züchtungen ist heute gegeben, man wird den Bedarf jedoch nur von solchen Firmen decken, die das Vertrauen des Fachmannes genießen. Dabei gilt es zu unterscheiden zwischen

– geschützten Sorten, die nur vom Inhaber herangezogen und in den Handel gebracht werden dürfen,
– freien Sorten, die keinem besonderen Schutz unterworfen sind,
– Lokalsorten von unterschiedlicher Herkunft.

In der biologisch-dynamischen Arbeit zeigt sich immer wieder, daß selbstgezogener Same oft besser und rascher keimt, die heranwachsenden Kulturen gesünder und kräftiger sind. Die geringe Mehrarbeit wird deshalb immer wieder gern getan. In erster Linie bieten sich dafür Erbsen, Stangen- und Buschbohnen an. Man läßt von der Kultur eine Reihe bzw. Stange stehen und erntet nichts, bis alles vollständig ausgereift ist. Nach dem Abernten, bei trockenem Wetter, läßt man Bohnen und Erbsen an einem luftigen, trockenen Ort nachreifen, die Samenkörner werden erst im Nachwinter der Hülse entnommen.

Freilandgurken-, Zucchetti- und Tomatensamen zu gewinnen, ist ebenfalls relativ einfach. Wir lassen die schönsten Früchte von gesunden, kräftigen Pflanzen vollständig ausreifen und an einem warmen, trockenen Ort liegen, bis sie fast zu faulen beginnen. Erst dann werden die Samen aus den Früchten genommen, ausgewaschen und auf saugfähigem Papier im Schatten getrocknet. Der Hausgärtner wird bald herausbekommen, welche Sorten er noch gerne weitervermehren möchte. Dabei ist nochmals hervorzuheben: Für die eigene Nachzucht können keine Hybridsaaten verwendet werden.

Wird das auf den Packungen vermerkte Verfallsdatum beachtet, ist bei geringem Bedarf die Durchführung einer *Keimprobe* überflüssig. Ist man sich über die Keimfähigkeit jedoch nicht sicher, kann man folgendermaßen verfahren:

Es werden 2 × 50 Samen ausgezählt, auf saugfähiges Papier in einen Teller oder Glasschälchen gelegt. Das ganze wird feucht, aber nicht naß gehalten und so abgedeckt, daß noch Luft hinzutreten kann. Nach einigen Tagen – je nach der Keimdauer – zählt man aus. Der Anteil der gekeimten Samen, bezogen auf 100, ergibt die Keimfähigkeit in Prozent. Der Keimfähigkeit entsprechend muß die Saatmenge ausgebracht werden.

Das Saatbad

Die Anwendung von Saatbädern hat sich immer wieder als nützlich erwiesen. Dazu werden die biologisch-dynamischen Kompostpräparate verwendet. Die Anregung hierzu geht auf langjährige Arbeiten und Untersuchungen von Pfeiffer und Künzel (1954) zurück. Die zubereitete Flüssigkeit wirkt intensiv auf das Samenkorn ein, fördert die Keimung und stärkt das Jugendwachstum in besonderem Maße.

Folgende Präparateaufschwemmungen haben sich besonders bewährt:

Hornmist für Spinat, Mangold, Rote Bete.

Kamille für Erbsen, Bohnen, Radies, Rettiche, Kohlpflanzen (also alle Schmetterlings- und Kreuzblütler).

Eichenrinde für alle Salatsorten und Buschbohnen.

Baldrian für Möhren, Chicorée, Gurken, Tomaten, Paprika, Kürbis, Zwiebeln, Porree, Sellerie.

Die flüssigen Präparate, der Hornmist sowie der Baldrian werden wie üblich gerührt und alsbald verwendet. Das Kamillen- und Eichenrindepräparat wird in handwarmem Regenwasser angesetzt, eine Portion (ein Kaffeelöffel voll) auf einen Liter Wasser und so lange gerührt, bis die Substanz ganz und gar mit dem Wasser verbunden ist. Sie bleiben dann 20 bis 24 Stunden zugedeckt bis zur Saatbehandlung stehen. Nun werden die Samen in Tonschalen geschüttet, sorgfältig etikettiert und mit der lauwarmen, vorbehandelten Flüssigkeit übergossen. Dann rührt man mit einem Holzstäbchen solange, bis kein Klümpchen mehr (z. B. bei Möhren) vorhanden ist. Man

Auf gut feuchtgehaltenem Fließpapier werden Samen zur Keimprobe ausgelegt. Die Schale ist dunkel aber luftig abzudecken.

kann auch das Saatgut in ein Stück Stoff (Leinensäckchen) einbinden und in die Flüssigkeit hängen.

Die Dauer des Bades ist verschieden lang. Man rechnet bei

Bohnen: 10 bis 15 Minuten, sodann möglichst bald aussäen.

Kohl: 30 Minuten.

Radies und Rettich: 15 bis 30 Minuten.

Erbsen: bis zu 2 Stunden im Saatbad belassen, dann noch etwa 24 Stunden mit einem feuchten Tuch bedecken. Die Erbsen keimen dadurch besonders schnell.

Alle anderen Samen benötigen eine Stunde. Eine Ausnahme bildet lediglich die Kresse. Der ausgebrachte, noch nicht angedrückte Samen wird hier mit der Flüssigkeit leicht übersprüht, da sonst das ganze zusammenklebt und nur mit großer Mühe getrocknet werden kann.

Nach dem Baden werden die Sämereien an einem schattigen Ort auf saugfähigem Papier zum Trocknen ausgelegt; sie können noch am gleichen Tag ausgebracht werden. Im allgemeinen ist es notwendig, die Aussaat bis spätestens zwei Tage nach dem Saatbad vorzunehmen.

Vom Gießen und Wässern

Der richtige und sparsame Umgang mit dem Wasser war seit altersher das besondere Anliegen der Bauern und Gärtner. Das nimmt nicht wunder, denn die Geschöpfe der Natur, der Rasen im Garten wie die Wiesen und Weiden, die Gemüsekulturen, Blumen oder

Obstgehölze sind in gleicher Weise auf das kostbare Naß, die ausreichende Wasserversorgung, angewiesen.

Als universales Gartengerät ist nach wie vor die handliche Gießkanne unentbehrlich. Für die Pflege eines etwas größeren Grundstückes hat die Technik heute vieles einfach gemacht. Die Leitungen sind rechtzeitig eingeplant und verlegt, ausreichende Zapfstellen installiert worden. Der Gartenschlauch mit verstellbarer Düse läßt sich bequem anschließen und gestattet uns, den Zierrasen, Gartenteich, das Frühbeet, die Kompostanlage und die Beerensträucher bequem zu erreichen. Der Regner kann zudem noch manches erleichtern. Wo sich am Haus oder im Garten ein Platz finden läßt, sind zudem noch Bottiche und Behälter zum Sammeln des Regenwassers aufgestellt worden. Und dennoch: Der Umgang mit dem Wasser ist eine Kunst, die gelernt und beherrscht sein will. Die Beachtung einiger Grundregeln zum Gießen und Wässern ist deshalb Voraussetzung für eine geordnete Gartenkultur.

Die erste Aufgabe besteht deshalb darin, mit wenig Wasser viel zu erreichen. Beim Ausbringen des Wassers ist auf den Bodenzustand Rücksicht zu nehmen. Die Bodengare sowie die lockere und humose Oberkrume sollten durch das Wässern nicht in Gefahr gebracht werden. Die Beete dürfen deshalb nur im Winter in grober Scholle liegenbleiben, im Frühjahr wird sogleich eingeebnet. Die feinstkrümelige, trockene Oberschicht schützt die kostbare Winterfeuchte vor dem Verdunsten. Nach Regengüssen wird die verschlämmte Krume sogleich erneut aufgelockert, der Wasservorrat bleibt erhalten, bei zunehmender

Ein Hausbrunnen leistet immer gute Dienste.

Mit Torf gefüllte Säckchen helfen das Leitungswasser zu enthärten. Im Hintergrund eine sehr geschickte Art, wie Gießkannen und Eimer gut und sauber aufgehoben sind.

Erwärmung können die Samenunkräuter noch vor Bestellung der Gartenkulturen aufgehen. Wurde auf eine tiefe Bodenbearbeitung verzichtet und stattdessen mit einer Bodenbedeckung gearbeitet, so läßt sich dieselbe im Frühjahr leicht und flach einarbeiten, der sparsame Umgang mit der Winterfeuchte wird dadurch ebenfalls erreicht. Auf größeren Grundstücken sind es zudem die Hecken und Gehölze, welche die Windruhe fördern und die Verdunstung abschwächen. Im einjährigen Anbau helfen die höher wachsenden Gemüsearten wie Tomaten, Stangenbohnen oder Erbsen am Drahtgeflecht, unser Kleinklima mitsamt der Bodenfeuchtigkeit zu schützen und zu bewahren. Die gute Wirkung von Schutzwänden, Schilf- und Rohrmatten ist nicht nur dem Gärtner in südlichen Klimaten bekannt, sie leisten auch in Mitteleuropa immer wieder gute Dienste.

Als weitere Regel gilt: Wasser ist nicht gleich Wasser. So wie ein leichter Frühjahrsregen bei warmem Wetter »Gold wert« ist, so schlimme Auswirkungen kann ein Wolkenbruch auf den Zustand des Bodens und das Pflanzenwachstum zeitigen.

Zum Sammeln des Wassers dienen Standen, Becken und Bottiche. Aber auch das Brunnenwasser sollte vor dem Ausbringen dort gesammelt und der Außentemperatur angepaßt werden. Das gleiche gilt vom Leitungswasser, heute sehr oft die einzige Quelle für den Hausgarten. Da es immer kalt und mehr oder weniger stark chlorhaltig ist, kann das täglich wiederholte Bewegen (Umrühren) in den Bottichen von Nutzen sein.

Jede Hausfrau weiß aus Erfahrung, daß Wasser hart oder weich sein kann. Im Gartenbau kann darüber nur die chemische Analyse erschöpfend Auskunft geben, und der Fachmann wird wissen, wie er mit seinem Brunnenwasser zu verfahren hat. Der milde Regen enthebt uns dieses Aufwandes, und deshalb schätzen wir ihn.

Die Anwendung des Wassers richtet sich nicht nur nach dem Bodenzustand, den Bedürfnissen der jeweiligen Kultur, sondern gleichermaßen nach dem Witterungsverlauf im Jahr. Wir lernen dabei zu unterscheiden zwischen dem Gießen und Spritzen (leicht sprühend und erfrischend) sowie Wässern und Beregnen.

Das Gießen beim Säen und Pflanzen ist jedem vertraut. Das Saatbeet im Freien benötigt im Frühjahr nur selten Wasser, allein die nächtliche Taubildung reicht hier schon aus. Anders ist es dagegen unter Glas, im Frühbeet und Folienhaus, wo mit der feinen Brause schon sehr behutsam gearbeitet werden muß (Vorsicht vor dem Verschlämmen). Anders ist das beim Pflanzen von Gemüsesetzlingen, Strauch oder Baum. Hier ist stets die Gießkanne – ohne Brause – zur Hand, in größerem Gelände leistet der Schlauch gute Dienste, immer bodennah und so, daß sich niemals Pfützen und ähnliches mehr auf den Beeten bilden können. Das Pflanzen geschieht stets bei feuchtem Boden, die Setzlinge besitzen ein ordentliches Wurzelwerk, welches den Erdballen halten kann. Das kräftige Angießen werden wir hier nicht versäumen und haben damit bei den Gemüsekulturen schon viel getan. Die Laub- und namentlich die Nadelgehölze erfordern allerdings bis Ende Juni besondere Aufmerksamkeit. Die Gehölze sollten nicht nur vor dem Auspflanzen stundenlang in Wasser gestellt werden, damit der ausgetrocknete Ballen sich wieder vollsaugen kann, auch später ist noch große Aufmerksamkeit erforderlich.

Wir merken uns weiter: Besser von Zeit zu Zeit ordentlich gießen, als öfters kleine Gaben ausbringen. Der Regenmesser im Garten kann uns dabei manches helfen. Ein Millimeter Niederschlag bedeutet 1 Liter pro Quadratmeter. Wir müssen aber bei richtiger Vorratsbefeuchtung mit 15 bis 20 l/m² rechnen. Das sind mindestens zwei volle Gießkannen.

Das Spritzen mit der Gießkanne oder dem Gartenschlauch gehört zu den besonderen Fertigkeiten des Gärtners. Die Pflanze ist in der Lage, durch Blatt und Stengel eine Menge Feuchtigkeit aufzunehmen. Das spielt eine besondere Rolle in Trockenperioden, im städtischen Bereich mit erhitzten Straßen und Mauern. Hinzu kommt, daß in der Sommerzeit (Mai bis

August) während der kurzen Nächte und langen heißen Tage oft der wohltuende Tau ausbleibt. Dann
ersetzen diese Spritzungen am Morgen und Abend
den nächtlichen Tau und erfrischen die Kultur.
Das Wässern ist bei lang anhaltender Trockenheit
unumgänglich. In südlichen Klimaten wird dabei das
Wasser durch Rinnen und Kanäle in die jeweilige
Kultur geleitet. Dank der Technik ist in Mitteleuropa
das Beregnen an seine Stelle getreten. Für die Arbeit
im Freien und unter Glas stehen heute Einrichtungen
zur Verfügung, die allen Ansprüchen genügen. Das
enthebt den Gärtner jedoch nicht der Sorge, auf die
Laufzeit der Geräte und die ausgebrachte Wassermenge besonders zu achten.

Nicht jede Tageszeit ist zum Gießen und Wässern
geeignet: Die Morgenstunden werden zu Recht besonders empfohlen und sind bei Unterglaskulturen,
namentlich in der licht- und wärmearmen Jahreszeit,
Voraussetzung. Das Blattwerk muß noch vor Abend
abgetrocknet sein, damit Unterkühlungen in der
Nacht – schon aus Heizungsersparnis – vermieden
werden. In der heißen Tageszeit wird kein Gärtner
gießen wollen, leichte Erfrischungsgüsse am Abend
können manches ausgleichen, durchdringendes Beregnen und Bewässern sollten jedoch wegen der starken Abkühlung in der Nacht unterbleiben. In Trok-
kenzeiten setzen wir lieber in den frühen Morgenstunden die Beregnungsanlage in Gang, wobei sich
gegebenenfalls auch Spätfrostschäden noch abwen-
den lassen.

Bei dem zeitgerechten Gießen und Wässern werden
auch die meteorologischen Gesetzmäßigkeiten Berücksichtigung finden. Vor dem Durchzug einer Re-
genfront, die in trockenen Jahren sehr rasch wieder
verschwinden kann, fällt der Luftdruck nicht nur
über dem Erdboden, sondern auch im Krumenbe-
reich. Das »künstliche Naß« dringt infolgedessen besser in das Land ein, und der nachfolgende Gewitter-
guß wirkt sich nachhaltiger aus, hält besser an. Umgekehrt ist immer wieder festzustellen, daß bei Hoch-
druck-Wetterlage auch der Regner nur ein Überleben
der Kulturen gewährleistet, ordentlich eindringen
und tiefer wirken kann hier das Wasser nicht.

Die Beachtung der kosmischen Rhythmen verleiht
den Maßnahmen die notwendige Abrundung und gestattet es, mit dem kostbaren Naß sparsam und so
gezielt wie möglich umzugehen. Danach sollte jede
Kultur an dem ihr gemäßen Tag nicht nur bearbeitet,
sondern auch gegossen werden. Im Hausgarten wird
man nach allgemeingültigen Aussagen suchen, und
auf die Ausbringung des Wassers an »Blattagen« stoßen. Die Feuchtigkeit dringt hier besser in den Boden
ein und hält länger vor. Angesichts der beschränkten
Wasservorräte in trockenen Jahren ist uns allen auf-
gegeben, auch dieser Handhabung größere Beachtung zu schenken.

Was ist Unkraut?

Lästiges Unkraut
So nennt der Gärtner oft die Kräuter, die in den Beeten zwischen dem Gemüse oder den Blumen heranwachsen, dabei die Kulturpflanzen oder auch nur seinen Ordnungssinn stören.
Die Bezeichnung »Unkraut« ist immer nur bedingt
zutreffend, da es sich um Gewächse handelt, die in

**Kleinregner, Kreisregner und einstellbarer Walzenregner
(von links nach rechts) sind vielbenutzte Geräte zur Ra-
sen- und Beetbewässerung. Der Gartenschlauch sollte
nicht zu kurz bemessen sein.**

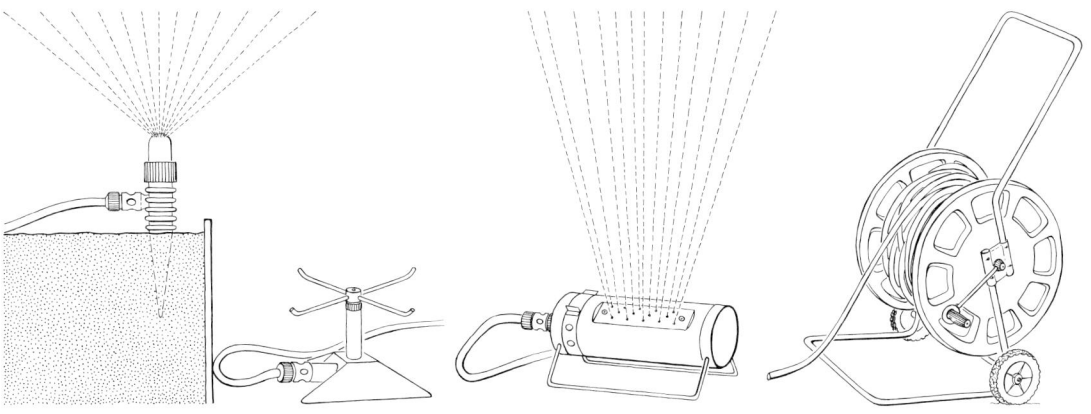

der Natur – am Feldrain, in Wiese oder Wald – stets ein Teil der ganzen Vegetation sind. Viele von ihnen dienen als Heilkräuter und solche wie Brennessel, Löwenzahn, Kamille und Schachtelhalm sind durch die Präparateherstellung aus der biologisch-dynamischen Arbeit nicht mehr fortzudenken. Die Kräuter werden nur dort lästig und sind unerwünscht, wo sie der Gärtner nicht haben möchte. Sei es nun zwischen den einjährigen Gemüsekulturen, wo eine Konkurrenz (Mineralstoffe, Licht, Luft und Wasser) auftreten kann, oder im Zierrasen, der beim Perfektionisten nicht einmal mehr von Gänseblümchen bestanden werden »darf«.

Der Vorrat an Unkrautsamen in jedem Boden ist fast unerschöpflich, die Wachstumskraft kaum zu bezähmen. Man denke hier nur an die Vertreter aus der Familie der Kreuzblütler, wie Ackersenf, Hirtentäschel oder Hellerkraut, deren Vielseitigkeit uns noch bei den Kohlgewächsen beschäftigen wird.

Wie die Unkräuter eng mit der jeweiligen Kultur hinsichtlich der Zeit, Keimung und des Aufwuchses verbunden sind, so offenbaren viele Vertreter dieser Pflanzen eine besondere Verbindung zum jeweiligen Standort und der Bodengrundlage. Sie können ausgleichend und bodenaufbauend wirksam werden. Die Vogelmiere (*Stellaria media*) tritt auf bei einem sehr stickstoffreichen Bodenzustand, die Distel (*Cirsium arvense*) dagegen, mit ihren hohlen Stengeln, die bis in die Wurzeln hineinreichen, bringt Luft in den verdichteten Boden. Die Brennessel (*Urtica dioica*) hinterläßt am Abfallplatz hinter dem Haus eine dunkle, fruchtbare Erde. Der Huflattich (*Tussilago farfara*) gedeiht mit seinen großen, wasserverdunstenden Blättern dort, wo stauende Nässe ist. Man spricht deshalb von bodenanzeigenden Pflanzen, die dem Gärtner immer wieder Aufschluß hinsichtlich Bodenqualität, Nährstoffversorgung, Bearbeitungsfehler und manches mehr vermitteln können.

Zeigerpflanzen

In der folgenden Aufstellung (aus Boas 1958 und Ellenberg 1950) sind die Pflanzen zusammengestellt, die vorwiegend auf den genannten Standorten vorkommen. Dabei erscheinen die meisten Pflanzen in mehreren Sparten, z. B. die Esparsette (*Onobrychis*) wächst vorwiegend auf einem lehmigen, kalkreichen Standort oder die Ackerröte (*Sherardia*) auf einem kalkreichen, humosen Lehm. Eine Beurteilung des Standortes nach Pflanzengemeinschaften ist sicherer, aber aus Raumgründen hier nicht möglich. Eine Zusammenstellung, wie sie hier versucht wird, muß immer unvollständig bleiben.

Sand
Knäuel (*Scleranthus annuus*)
Pechnelke (*Viscaria vulgaris*)
Saatwucherblume (*Chrysanthemum segetum*)
Sandbeifuß (*Artemisia campestris*)
Silbergras (*Corynephorus canescens*)

Lehm
Ackerhahnenfuß (*Ranunculus arvensis*)
Ackerkratzdistel (*Cirsium arvense*)
Ackerröte (*Sherardia arvensis*)
Esparsette (*Onobrychis viciifolia*)
Kleiner Wiesenknopf (*Sanguisorba minor*)
Klettenlabkraut (*Galium aparine*)
Schwarzer Nachtschatten (*Solanum nigrum*)
Wegwarte (*Cichorium intybus*)
Wiesensalbei (*Salvia pratensis*)

Ton
Gänsefingerkraut (*Potentilla anserina*)
Kriechender Hahnenfuß (*Ranunculus repens*)
Rittersporn (*Delphinium consolida*)
Teufelsauge (*Adonis aestivalis*)

Humos
Ackerhellerkraut (*Thlaspi arvense*)
Ackerröte (*Sherardia arvensis*)
Erdrauch (*Fumaria officinalis*)
Franzosenkraut (*Galinsoga parviflora*)
Klettenlabkraut (*Galium aparine*)
Rote Taubnessel (*Lamium purpureum*)
Schwarzer Nachtschatten (*Solanum nigrum*)
Vogelmiere (*Stellaria media*)

Trocken
Ackerziest (*Stachys arvensis*)
Feldbeifuß (*Artemisia campestris*)
Große Fetthenne (*Sedum telephium*)
Schmalblättriger Hohlzahn (*Galeopsis angustifolia*)
Sichelmöhre (*Falcaria vulgaris*)
Silbergras (*Corynephorus canescens*)
Wegwarte (*Cichorium intybus*)
Wiesensalbei (*Salvia pratensis*)

Feucht
Ackerminze (*Mentha arvensis*)
Beinwell (*Symphytum officinale*)
Binsen (*Scirpus*)
Blutweiderich (*Lythrum salicaria*)
Gänsefingerkraut (*Potentilla anserina*)
Kriechender Hahnenfuß (*Ranunculus repens*)
Sumpfkresse (*Rorippa silvestris*)

Sumpfschachtelhalm (*Equisetum palustre*)
Waldschachtelhalm (*Equisetum sylvaticum*)
Weiches Honiggras (*Holcus mollis*)

Kalkarm
Ackerstiefmütterchen (*Viola tricolor*)
Adlerfarn (*Pteridium aquilium*)
Hühnerhirse (*Panicum crus-galli*)
Knäuel (*Scleranthus annuus*)
Pechnelke (*Viscaria vulgaris*)
Sandbeifuß (*Artemisia campestris*)
Sauerampfer (*Rumex acetosella*)
Silbergras (*Corynephorus canescens*)
Weiches Honiggras (*Holcus mollis*)

Kalkreich
Ackerröte (*Sherardia arvensis*)
Esparsette (*Onobrychis viciifolia*)
Huflattich (*Tussilago farfara*)
Kleiner Wiesenknopf (*Sanguisorba minor*)
Rittersporn (*Delphinium consolida*)
Teufelsauge (*Adonis aestivalis*)
Wegwarte (*Cichorium intybus*)
Wiesensalbei (*Salvia pratensis*)

Verdichtet
Ackerkratzdistel (*Cirsium arvense*)
Ackerfuchsschwanz (*Alopecurus myosuroides*)
Breitwegerich (*Plantago major*)
Spitzwegerich (*Plantago lanceolata*)
Strahllose Kamille (*Matricaria matricarioides*)

Wir unterscheiden zwischen
einjährigen Samenunkräutern
wie Franzosenkraut, Melde, Ackersenf, und den
mehrjährigen Wurzelunkräutern,
von denen die Distel, der Huflattich und die außerordentlich lästige Quecke (*Agropyron repens*) bekannt sind.
So unerschöpflich auch bei den Einjährigen die Sa-
menvorräte im Boden und so lästig die immer wieder-
kehrenden Wurzelunkräuter sein mögen, der gärtne-
risch tätige Mensch ist aufgerufen, mit ordnender
und pflegender Hand dem »Wildwuchs« entgegenzu-
treten. Im naturgemäßen Gartenbau bieten sich dazu
verschiedene Möglichkeiten an.

Kultur- und Pflegemaßnahmen
Die auf den Boden gerichteten Kulturmaßnahmen
können besonders wichtig werden, wenn in Grundstücken das Wasser nicht abfließen kann, sich stau-

Selbstgebasteltes Handkarrengerät zum Abflammen von Unkraut.

ende Nässe bildet. An diesen Stellen wird sich sehr
schnell der Huflattich ansiedeln und nicht eher verschwinden, bis mit Hilfe von Dränagerohren oder offenen Gräben das Wasser abgeleitet worden ist.
In Fällen oberflächlicher Verdichtung reicht eine Untergrundlockerung mit anschließenden Tiefwurzlern
(Lupine, Bokharaklee, Ölrettich) oftmals aus.
Im Hinblick auf die Pflegemaßnahmen wurde bereits
darauf hingewiesen, daß im Kompostierungsprozeß
nur ein Bruchteil der Unkrautsamen zerstört wird.
Die immer wieder zu hörende Klage: »Seit ich kom-
postiere, habe ich Unkraut!« zeigt schwerwiegende
Fehler bei der Herstellung von Gartenerden auf. Ist
das Unglück nun einmal passiert – und der Kompost
nicht frei von unerwünschten Sämereien –, dann
muß das Material rechtzeitig auf den Gartenbeeten
ausgebracht und mittels Rechen wiederholt durchgearbeitet werden, bis der Unkrautsamen aufgegangen
und ihm durch erneutes Hacken ein Ende bereitet
worden ist.
Ähnlich verhält es sich beim Mulchen, wo niemals
reife Gräser zur Bodenbedeckung verwandt werden

dürfen. Mit einer stark wachsenden Gründüngung, z. B. Perserklee, gelingt es da schon wesentlich leichter, innerhalb weniger Monate des unerwünschten Unkrautes Herr zu werden.

Die sinnvolle Gliederung der Fruchtfolge ermöglicht es dem Gärtner, ordnend in das Pflanzenwachstum einzugreifen. Die Handhabungen werden sich auch hier günstig auswirken, da Einseitigkeiten in der natürlichen Pflanzengemeinschaft langsam verschwinden.

Bei der manuellen und mechanischen Bekämpfung wird es darauf ankommen, niemals den richtigen Zeitpunkt zu verpassen. Die Unkräuter müssen frühzeitig und gründlich mit der Hand herausgerissen und auf den Komposthaufen gebracht werden. Die Handhacke entfernt nicht nur den unerwünschten Aufwuchs, sie durchlüftet und belebt auch gleichzeitig den Boden und trägt damit entscheidend zum zügigeren Wachstum der Kulturen bei.

Maschinen können nur in größerem Gelände sinnvoll eingesetzt werden; sie scheiden zur Beseitigung von Unkraut im Hausgarten aus.

Unter physikalischer Unkrautbekämpfung versteht man das Abflammen und Dämpfen der Erden zur Beseitigung von unerwünschtem Aufwuchs bzw. Zerstörung der Keimfähigkeit der im Land oder in den Komposterden befindlichen Samen.

Das Abflammen mit Propangas

Die Methode ist erst im letzten Jahrzehnt wieder aufgegriffen worden. Da sie nicht nur in größeren Betrieben, sondern auch im Hausgarten bei der Sauberhaltung von Wegen und Plätzen von entscheidender Bedeutung sein kann, soll hier ausführlicher auf das Verfahren eingegangen werden.

Bei der Behandlung dieses Themas wird immer wieder die Frage vorgetragen: Soll man überhaupt abflammen? Entspricht dieses Verfahren einem naturgemäßen Gartenbau? Diese Frage ist um so berechtigter, je lebensnaher das eigene Grundstück bewirtschaftet werden kann. Die persönliche Entscheidung des Gärtners und der Zustand des jeweiligen Geländes wird hier ausschlaggebend sein. Zweifellos stellt das Abflammen einen harten Eingriff in das Lebensgefüge des Pflanzenreiches dar, wobei aber die Tatsache nicht zu gering bewertet sein sollte, daß hierbei keinerlei Umweltbelastungen durch Giftrückstände, noch solche auf Nahrungsmitteln entstehen. Nach bisherigen Ergebnissen erfährt auch die Lebewelt im Boden schon in 2 bis 3 mm Tiefe keinerlei Schädigungen durch die Hitzeeinwirkung. Zunächst soll anhand eines praktischen Beispiels dargestellt werden, wie die Arbeit auf einem Acker oder Gartenbeet durchgeführt wird.

Wir stehen vor der Aufgabe, eine Möhrenkultur mit möglichst geringer Handarbeit und ohne Verwendung chemischer Unkrautmittel sauber zu halten. Zu diesem Zweck wird mit Beginn der Bodenerwärmung, also Mitte März, das Land leicht gelockert und in den folgenden zwei Wochen jeweils einmal mit dem Rechen oberflächlich durchgearbeitet. Der erste Unkrautwuchs wird damit schon empfindlich gestört. Bis zur Saat – etwa acht Tage – bleibt dann der Boden unberührt liegen, die Samenkräuter können jetzt auskeimen. Das Säen erfolgt Mitte April, wobei mittels Druckrolle oder Rechen die Saatreihe leicht angedrückt wird. Gleichzeitig kann man zwei Versuchstöpfe ansetzen und diese ans Küchenfenster oder vor das Haus stellen. Die Möhren benötigen etwa 2 bis 3 Wochen zum Auflaufen, das Abflammen muß vor dem Aufgang der Saat geschehen; in den Töpfen kommen sie etwas früher, was die Beobachtung erleichtert. Der Aufgang im Freiland folgt im Abstand von wenigen Tagen. Jetzt ist es an der Zeit, mittels der Propangasflamme auf der Saatreihe entlangzufahren und das bereits aufgelaufene Unkraut zum Absterben zu bringen. Nach kurzer Zeit wird der Möhrenaufgang unbeschädigt folgen. Mit geringer Hackarbeit zwischen den Reihen läßt sich nunmehr das Beet sauberhalten. Bei einiger Übung ist auch im großflächigen Anbau das Jäten in den Zeilen kaum noch erforderlich.

Welche Erkenntnisse liegen diesem Arbeitsvorgang zugrunde? Jede Hausfrau kennt das Blanchieren zum Vorbereiten von Gemüse für die Tiefkühl-Konservierung. Das Gemüse wird kurzzeitig in heißes Wasser gelegt, dadurch gerinnt das pflanzliche Eiweiß, die Zellen sterben ab.

Auch bei der Abflammtechnik wird durch – allerdings noch viel stärkere – Hitzeeinwirkung auf lebende pflanzliche Zellen in ihnen eine nicht mehr rückgängig zu machende Eiweißveränderung herbeigeführt, worauf die Zellen und damit die Pflanzen absterben.

Das abgeflammte Kraut erscheint zunächst äußerlich fast unbeschädigt. Eine zuverlässige Aussage über den Erfolg der Maßnahme liefert die Fingerprobe; wenn man mit leichtem Druck ein behandeltes Blatt zwischen Daumen und Zeigefinger preßt, deutet eine bleibende, dunkelgrüne Druckstelle die Zellzerstörung an.

Geräte zur Abflammtechnik. Für den Gartenbau stehen heute drei verschiedene Gerätevarianten zur Verfügung und sind im Handel erhältlich:

das Rückentragegerät,
das Handkarrengerät (Abb. Seite 125),
das Schleppergerät.

Die mechanischen Bauelemente können auch im Eigenbau erstellt werden, während die Auswahl und Zuordnung der Gasinstallation der Fachmann durchführen muß. Die Sicherheitsvorschriften sind genauestens zu beachten. Der Campingfreund hat zudem noch den Vorteil, jederzeit die kleineren Gasflaschen (Kartuschen) verwenden zu können.

Das totale Abflammen wird meist als Vorauflaufverfahren, wie am Möhrenbeispiel gezeigt, angewendet. Es empfiehlt sich zur vorbeugenden Unkrautbekämpfung in allen Aussaaten, die eine lange Auflaufzeit haben, z. B. Ackersalat.

Das selektive Abflammen kommt meist als Nachauflaufverfahren zur Anwendung, wenn die Kulturpflanze eine größere Wärmeverträglichkeit (verholzte Stengel) als die zu bekämpfende Beipflanzengesellschaft aufweist. Dies ist in Baumschulen, im Kartoffel-, Mais-, Obst- und Weinbau möglich.

Das punktuelle Abflammen richtet sich gegen einzelstehende, hartnäckige oder horstbildende Unkräuter in Garten- und Hofanlagen (Wegränder, an Sträuchern und vieles mehr). Der günstigste Zeitpunkt für das Abflammen läßt sich nicht allgemeingültig sagen, sondern hängt von vielen Faktoren wie Jahreszeit, Unkrautart, Wuchshöhe und Besatzdichte ab. Grundsätzlich ist aber die Maßnahme um so wirksamer, je jünger das Unkraut ist. Zweikeimblättrige Pflanzen sind leichter zu bekämpfen als einkeimblättrige. Bei hartnäckigen Wurzelunkräutern ist die Maßnahme gegebenenfalls mehrmals zu wiederholen.

Das Dämpfen

Eine ganz andere Form der Unkrautbekämpfung ist das Dämpfen von Anzuchterden, Kompostmieten und ganzen Beetflächen. Bei diesem Verfahren wird mittels elektrischer oder ölbeheizter Aggregate Heißdampf erzeugt und in die Erden oder Beetflächen eingeleitet. Die Unkrautsamen werden durch die feuchte Hitze abgetötet. Der große Vorteil dieser Methode ist, daß zugleich auch mancherlei Schädlinge und Krankheitserreger wie Nematoden, Pilze und Bakterien auf diese Art ausgeschaltet werden.

Wie bei dem Propangas, bei dem Kohlendioxid und Wasser als ungiftige Rückstände übrigbleiben, belastet Wasserdampf die Umwelt überhaupt nicht. Die Erfahrungen haben zudem immer wieder gezeigt, daß infolge der Hitzeeinwirkung zwar die Bodenflora und -fauna in der bedämpften Erde nicht überlebt, sich jedoch aufgrund der günstigen Wärme- und Feuch

Mit Hilfe des Elektro-Erddämpfers läßt sich in bestimmten Fällen die Verpilzungs- und Unkrautgefahr in Anzuchtbeet und Pikierkasten bannen (Einsatz hier hochgezogen).

tigkeitsverhältnisse erstaunlich schnell wieder ansiedelt.

Im Gartenbau werden heute zwei Verfahren angewandt:

1. *Das Niederdruck (Sattdampf)-Verfahren* mit Temperaturen von 100 bis 120 °C bei kleineren Anlagen, geeignet vornehmlich zum Dämpfen der Pflanz-, Topf- und Vermehrungserden.

2. *Das Hochdruck-Dampfverfahren* mit Temperaturen von 180 bis 200 °C. Es ist absolut wirksam bei einer Flächenbehandlung von 25 bis 30 cm Bodentiefe; gründliche Lockerung muß allerdings vorangegangen sein.

Das Hochdruckverfahren kommt nur für größere Gartenbaubetriebe in Frage. Es richtet sich auf die direkte Behandlung von Beeten und/oder Anzuchtflächen und ist entsprechend teuer.

Der Hausgärtner wird seine Erde in mehr oder weniger kleinen Portionen dämpfen und zu einem handlichen Erddämpfer (z. B. »Sterilo«) greifen. Der Kasten (aus korrosionsfester Spezial-Leichtmetallegierung) läßt sich leicht füllen und entleeren, die notwendige Wärme wird durch Heizröhren erzeugt. Ferner gibt es noch einen Klein-Erddämpfer, der mit Ölheizung betrieben wird und 1 m³ Erde faßt. Auch bei diesem Kleinverfahren gewinnt der Gartenfreund absolut unkraut- und keimfreie Anzuchterde.

Vorsorge für den Winter

Das Einlagern

Wer einen Garten bearbeitet, ist nicht nur darauf bedacht, während der Wachstumszeit laufend Frischgemüse auf den Tisch zu bringen. Er sorgt auch für den Winter vor, in dem das Selbstgezogene solange wie möglich zur Verfügung stehen soll. Dazu bieten sich verschiedene Möglichkeiten an.

Es beginnt schon früh mit der ersten Erbsenernte, deren überständige Schoten wir im Hause trocknen und später gut verwenden können. Bald darauf kommen die frühen Sorten von unserem Frischgemüse, die relativ schnell schießen, platzen oder nicht verzehrt werden können. Das erste aufspringende Weißkraut kann zu Sauerkraut verarbeitet werden, Rote Bete werden ganz oder als Salat eingedünstet, Kohlrabi in Scheiben geschnitten, blanchiert und eingefroren; gleiches gilt für den schnell zum Schießen kommenden Spinat.

Auch wenn darüber kein Zweifel besteht, daß alles frisch Geerntete gehaltvoller ist, so muß man dennoch im Sommer, wenn von allem zuviel dasteht, zum Einmachen übergehen und sich merken: Alles was später doch gekocht werden muß, läßt sich jetzt schon entsprechend verarbeiten. In ähnlicher Weise wird die Hausfrau später mit dem Herbstkraut, den Einlegegurken und manchem mehr verfahren. Wir kommen darauf noch ausführlich zu sprechen.

Das Einwintern von Gemüse im *Sandeinschlag* ist nach wie vor eine sichere Methode, sofern das Haus einen guten Keller besitzt. Dieser muß sich allerdings ordentlich lüften lassen, eine Temperatur im Winter von 4 bis 5 °C halten und am besten naturgewachsenen Boden besitzen. Wir bringen auf einer bestimmten Fläche eine etwa 20 cm hohe Sandschicht auf und können darin nicht nur Zuckerhutsalat mit den Wurzeln dicht an dicht einschlagen, sondern in gleicher Weise mit dem späten Kohlrabi, Kopfkohlarten und manchem mehr verfahren. Die Produkte sind regelmäßig auf Faulstellen hin zu kontrollieren, der Sand sollte stets *leicht* feucht gehalten werden. Dabei benötigen die Wintermöhren nicht einmal eine solche Lagerung, sofern noch Kartoffeln im Keller aufbewahrt werden. Warum? Obenauf Kartoffeln und darunter die Möhren bekommt beiden gut, da einmal die Möhren den notwendigen Schutz vor Zugluft bekommen, zum anderen die Kartoffeln Feuchtigkeit abgeben.

Diese Herbstarbeit geht noch schneller vonstatten, wenn zum Einschlagen ein Frühbeet zur Verfügung steht und die nährstoffreiche Erde vorher genügend

tief ausgehoben worden ist. Bei eintretendem Frost kann leicht das Glas darübergedeckt und gegebenenfalls mit weiterem Abdeckmaterial (Folie, Matte) noch frostsicherer gemacht werden.

Eine alte und relativ einfache Methode ist das *Einlagern in Erdfurchen.* Besonders Kohlarten stehen dadurch längere Zeit zur Verfügung. Allerdings vertragen nur rundköpfige Sorten von Weiß- und Rotkraut dieses Verfahren. Wir wählen dazu feste, geschlossene Köpfe aus, die von 2 bis 3 Blättern umschlossen sind. Die freistehenden Umblätter werden entfernt. Die so zurechtgeputzten Köpfe, an denen Strunk und Wurzel bleiben, werden umgekehrt in einen Graben gestellt, so daß nur noch die Wurzeln sichtbar sind. Das Kraut hält sich so bis zum Frühjahr hin tadellos frisch, vorausgesetzt, daß sich im Graben kein Wasser ansammelt, der Untergrund also durchlässig ist. Um auch bei hartem Frost ohne Schneedecke Gemüse entnehmen zu können, bringt man eine dicke Laub- oder Strohdecke über das ganze aus.

Beim regelrechten *Einmieten* von Kohl wird anders verfahren. Zunächst sind Strunk und Wurzeln zu entfernen, die Krautköpfe werden sodann lagenweise übereinander geschichtet, mit Zwischenlagen aus scharfem Sand (gewaschenem Flußsand). Man verlegt dann in der Mietenbasis in Längsrichtung einen Strang Dränagerohre, der an beiden Mietenenden aus der Ummantelung hervorschaut und bei frostfreiem Wetter zwecks Luftzufuhr geöffnet werden kann. Ein zweiter kommt auf den Mietenscheitel, um die Atmungswärme des Kohls austreten zu lassen. Der Schutzmantel besteht aus einer inneren Erdschicht (10 cm dick), einer Strohlage (30 cm stark) und einem äußeren Erdmantel (10 bis 15 cm dick), der sich bei Temperaturen bis zu −20 °C bewährt hat.

Anstelle des Einmietens im freien Gelände hat sich in zunehmendem Maße die Anlage einer kleineren *Erdgrube* in unmittelbarer Nähe des Wohnhauses besonders bewährt. Damit ist es auch dem Hausgärtner möglich, bis in das Frühjahr hinein das eigene Gemüse gesund und frisch zu konservieren.

Das Gelände soll frei von Grundwasser und Steinen etc. sein. Ein Schattenplatz unter Bäumen oder der Nordseite des Hauses ist zu bevorzugen. Die Maße betragen etwa 70 cm Tiefe und gleichfalls 70 cm lichte Weite. Die Länge richtet man am besten nach der Menge der einzulagernden Früchte ein. Unter 1,20 bis 1,50 m sollte sie jedoch nicht betragen, damit sich die einzelnen Gemüsearten gut getrennt voneinander halten lassen, besonders, wenn noch ein Fach für Kartoffeln in Betracht kommt. Da es sich um eine Dauereinrichtung handelt, kann man die Wände mit

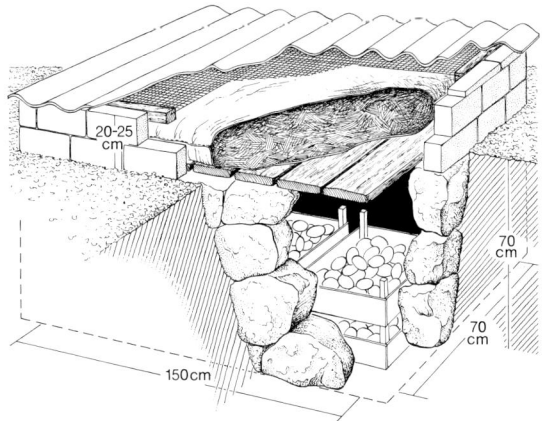

In einer solchen Erdgrube, gut zugepackt und überdeckt, lassen sich Gemüse und Kartoffeln über lange Zeit hin naturfeucht, kühl und dunkel aufbewahren.

festem Material, Ziegel- oder auch Natursteinen auskleiden (kein Holz!), der Boden bleibt naturbelassen. Als Unterteilung verwenden wir Obstkisten, die nebeneinander und übereinander gestellt werden. Auf das eingebrachte Gut werden dann – der Reihenfolge nach – gelegt: einzelne Holzbretter, Strohmatratze oder -sack, gerahmtes und dichtschließendes Haarsieb als Mäuseschutz, schräggestelltes Regendach aus Eternitplatten oder anderem Material. Dazu ist eine aufgemauerte Umrandung von 20 bis 25 cm über dem Erdniveau erforderlich. Außerdem kann noch gegen seitliches Einfrieren rings um die Grube ein Laubschutz angebracht werden, der sich jedoch meistens als überflüssig erweist.

Die sachgerechte *Lagerung von Winterobst* ist in den meisten Haushalten nicht leicht zu bewerkstelligen. Dies liegt einmal daran, daß der Apfel auch nach der Abnahme vom Baum noch lebt und atmet, zum anderen an den begrenzten Möglichkeiten in einem modernen Wohnhaus. Die Notwendigkeiten einer Lagerhaltung werden heute leider schon bei der Bauplanung nicht mehr berücksichtigt.

Wenn der Apfel – die einzelnen Sorten unterscheiden sich da erheblich – den ganzen Winter hindurch frisch und genießbar bleiben soll, muß der durch die Verdunstung eintretende Wasserverlust des Obstes in Grenzen gehalten werden. Der Verlust macht oft 4 bis 7% und noch darüber aus, was eine sehr rasche Schrumpfung zur Folge hat. Der Handel darf nur mit einem Gewichtsverlust von 3% rechnen. Um das zu erreichen, bedarf es einer Luftfeuchtigkeit von über 85%, optimal ist eine relative Luftfeuchtigkeit von 92% bei einer Raumtemperatur von 3 bis 4 °C. Wie läßt sich das erreichen?

Zunächst ist schon viel gewonnen, wenn der Keller einen naturgewachsenen Boden besitzt, der sich mit Ziegelsteinen wenigstens teilweise auslegen läßt. Diese werden vor der Einlagerung bis zur vollen Sättigung mit Wasser übersprüht, gelegentlich ist eine nochmalige Wassergabe im Frühjahr erforderlich. Als Ersatz kann man in einem Betonkeller eine Ziegelwand aufrichten, die ebenfalls durchdringend zu befeuchten ist.

Fehlt ein kühler Keller – wie in fast allen neuen Wohnhäusern – dann muß die notwendige Kälte durch ständiges Lüften in den Nachtstunden erreicht werden.

Auch das Einschlagen bzw. Umhüllen der Obstkisten mit ganz dünner und leicht durchlöcherter Folie kann zu einer längeren Haltbarkeit beitragen. Die Atmungstätigkeit wird dabei herabgesetzt, durch die Löcher in der Folie jedoch nicht ganz unterbunden. Selbstverständlich ist größtmögliche Sauberkeit erforderlich, d. h. der ganze Raum ist vor jeder Winterperiode zu weißen, der Boden mit Kalk ganz leicht zu überstreuen.

Der Hausgärtner wird zudem immer daran denken, daß jegliche Lagerhaltung nur dann befriedigen kann, wenn das Obst und Gemüse von einwandfreier Beschaffenheit ist.

Die hier aufgezeigten Möglichkeiten setzen jeden Hausgärtner in die Lage, die Früchte des Jahres – gemäß ihrem eigenen Lebensrhythmus – solange wie möglich frisch und genießbar zu halten. Mit eigenen Gartenerzeugnissen lassen sich auch die Wintermonate überbrücken, ohne immer wieder zu allen möglichen Importen greifen zu müssen. Der Grundsatz, vorwiegend das Gemüse zu verzehren, das in der jeweiligen Landschaft herangewachsen ist, hat auch heute noch für viele Menschen, besonders aber für den passionierten Gärtner, Gültigkeit. Das sollte nicht eng und dogmatisch aufgefaßt werden, aber dennoch zu Überlegungen anregen, ob immer wieder im tiefen Winter der grüne Kopfsalat oder die Tomaten aus dem fernen Süden hereingekauft werden müssen, und nicht der sehr schön gelagerte Rotkohl, das Sauerkraut, die Möhren oder Rote Bete, nicht zuletzt der Zuckerhut, guten Ersatz bieten können.

Zu den ältesten Konservierungsmethoden gehören das

Trocknen und das Säuern. Beide sind von hohem biologischen Wert, wenn auch durch weniger ausgereifte Handhabungen (wie z. B. das unsachgemäße Einsäuern in Stadthaushalten und die Trocknung von Gemüsen im Hungerjahr 1917/18) die vielfältigen Möglichkeiten stärker in den Hintergrund getreten sind. Dabei ist bei Trockengemüse und -obst die Qualität der Nahrungsmittel am besten erhalten, sowohl hinsichtlich der Gehalte an Mineralstoffen, Vitaminen und Fermenten als auch an Kohlenhydraten und Eiweiß.

Das Trocknen

Für dieses Verfahren eignen sich Obst, Gemüse und Kräuter. Die Arbeit läßt sich mit geringem Kostenaufwand durchführen und ist zudem noch energiesparend. Auch die Aufbewahrung des Trockengutes stellt keine besonderen Anforderungen. Es wird trocken und kühl in Säckchen aufgehoben, Gewürze füllt man in Dosen oder Gläser, die sich fest verschließen lassen. So beansprucht alles sehr wenig Raum. Um später das Trockengut wieder tisch- und speisefertig zu machen, muß man nur ein wenig mehr vorplanen, als wenn die Nahrungsmittel aus dem Einmachglas oder der Kühltruhe herausgeholt werden. Je nach dem Produkt ist ein 12- bis 24stündiges Einweichen in kaltem Wasser erforderlich, damit die entzogene Feuchtigkeit wieder aufgenommen werden kann.

Empfehlungen für das Trocknen von Kräutern, Tees, Gemüsen und Obst im Sila-Haushalt-Trockenapparat (nach E. Könemann, Auszug)

Temperatur °C	Trockenzeit ca.	
20–25	2 –2,5 Std.	*Würz- und Heilkräuter, Lindenblüten* etc.: ganze Pflanzen oder nur Blätter/Blüten auch von Wildkräutern, Gartenkräuter sehr schonend nur bei milder Wärme
35–40	2,5–3 Std.	*Petersilien-Wurzeln:* waschen, schaben, in Scheiben schneiden
45–50	3 –4 Std.	*Pilze: nur frische, aromatische Ia*
behutsam, milde Temperatur!		Speisepilze: verlesen, putzen und je nach Dicke auch in Scheiben schneiden. Kleine Pfifferlinge nicht waschen, ganz
40–45	2,5–3 Std.	*Lauch/Porree:* putzen, Stücke schneiden
40–45	2 –3 Std.	*Spinat:* gut waschen, abtropfen lassen, dick, aber locker auf Hürde ausbreiten
50–60	2,5–3 Std.	*Erbsen:* auspahlen, ebenso Bohnenkerne kurz bis zum Weichwerden vordämpfen, abkühlen lassen
50–60	3,5–4 Std.	*Grüne (fadenfreie Sorten!) Bohnen:* erst 5–6 Min. abwallen, dann brechen oder schnibbeln, abkühlen lassen
40–45	3 –3,5 Std.	*Paprika, Tomaten* speziell für Suppen, Saucenwürze: Paprika vierteln, entkernen, Tomaten abreiben, halbieren
50–60	3,5–4 Std.	*Blumenkohl, Brokkoli:* in Röschen zerteilen, kurz in Kaltwasser legen, dann in Wasser mit etwas Essig vorkochen, ca. 10 Min., abkühlen lassen
60–50 absenken	4,5–6 Std.	*Rosenkohl:* verputzen, ganz oder halbiert trocknen
45–50	2,5–3,5 Std.	*Weißkohl, Wirsing:* putzen, Blätter 6–8 Min. abwallen, Herz- und Blattrippen entfernen, Wirsing auch ganz lassen, dann feinschneiden, abkühlen lassen
50	2 –3,5 Std.	*Rotkohl:* wie oben putzen und abwallen, dem Kochwasser etwas Essig zugeben, ggf. auch etwas Zucker
50–70 – senken	4 –5 Std.	*Äpfel (ausgereift, hellfleischig):* schälen, in Ringe schneiden und zur Farberhaltung evtl. in Essigwasser legen, abtropfen lassen (Schalen ergeben getrocknet Apfeltee)
wie bei Äpfeln		*Birnen:* unter Wasser schälen, feste Sorten in Zuckerlösung vorkochen, vierteln. Kleine Sorten auch ganz als »Hutzelbirnen« *Quitten* ebenso behandeln und trocknen
50–55	5 –6 Std. mit Stein:	*Süß- und Sauerkirschen, Mirabellen:* gut verlesen, entstielen, mit Stein trocknen

Ein einfacher Dörrapparat (links eine Einzelhürde). Leistungsfähigere Anlagen arbeiten mit Elektroheizung und Ventilator.

Trockenobst braucht nach 24stündigem Einweichen nicht gekocht zu werden; das gilt nicht für Gemüse. Das Obst muß also nur die für das Trocknen erforderliche Temperatur von 30 °C über sich ergehen lassen – eine Wärme, die einem Nach- oder guten Ausreifen entspricht. Der Reifeprozeß wird dadurch gleichsam weitergeführt.

Um diese Arbeit hat sich Könemann sehr verdient gemacht. Auf ihn geht die Entwicklung des sehr handlichen und praktischen Trockenapparates (Sila) zurück (siehe Zeichnung). Dieses Gerät hat als Grundausstattung vier Hürden, weitere kann man dazukaufen. Der Boden mißt 42 × 32 cm, so daß er auf zwei Platten des Elektro- oder Gasherdes paßt. Da die Rahmenleisten der Hürden schräg nach außen gerichtet sind, kann die Luft nach allen Seiten hin entweichen. Die Temperatur läßt sich nur durch das Einlegen eines Weckthermometers in die Hürden feststellen und regulieren. Die Hausfrau wird aber schnell ein Gefühl dafür entwickeln, wie die Gasflamme oder die Elektroplatte eingestellt werden muß. Und noch eines: Verschiedene Gemüse sind vorher zu blanchieren. Das ist notwendig, um das Gewebe des Trockengutes vor der Trocknung aufzuschließen, da es sonst später kaum weich zu kochen ist.

Häufig wird die Frage gestellt, ob man Trockengut nicht auch im Backofen herstellen kann. Das Fehlen jeglicher Luftzirkulation und die Schwierigkeit, die Temperatur ganz niedrig zu halten, lassen die in den Backstuben heute immer noch geübte Handhabung als wenig empfehlenswert erscheinen.

Das Einsäuern

Dazu fehlt es nicht an historischen Berichten. Schon Plinius spricht von einem Verfahren, um grünen Kohl auf langen Reisen »frisch« zu halten. Man verwandte hierzu den »Salzkohl«, der an den Küstengegenden Italiens vorkam, schnitt ihn ab und legte ihn in trockene Ölkrüge ein, die dann – um die Luftzufuhr zu verhindern – verstopft wurden. Dabei trat die gewünschte milchsaure Gärung auf. Ein anderes Verfahren im alten Rom war dem Einlegen der Oliven in Salzlake nachgemacht. Dieses Einlegen – unter Beigabe von Gewürzen – nannte man »Compositus«. Ein Wort, das sich dann zu »Kumpost« umwandelte. Mit diesem Wort hat sich das »Sauerkraut« im 11. Jahrhundert in Mitteleuropa eingebürgert. Unter »Kompost« verstehen wir heute allerdings etwas ganz anderes.

Die Milchsäure ist von allen organischen Säuren diejenige, welche das Wachstum der Kleinlebewelt am stärksten hemmt. Nur daraus ist ihre Stellung in der Zubereitung von Nahrungsmitteln zu verstehen. Die praktischen Handhabungen sind – wie bereits erwähnt – schon sehr lange bekannt. Milchsaure Gärgemüse spielten bei allen Völkern eine große Rolle, sowohl in der Nahrung als auch in der Versorgung über Mangelzeiten hinweg.

Noch vor wenigen Jahrzehnten säuerte man die Nahrung in offenen Stein- oder Tonkrügen bzw. Holzfässern ein. Dr. Kuhl entwickelte einen Spezial-Gärtopf, der absolute Sicherheit für das Gemüse und seine einwandfreie und saubere Aufbewahrung erlaubt. Es

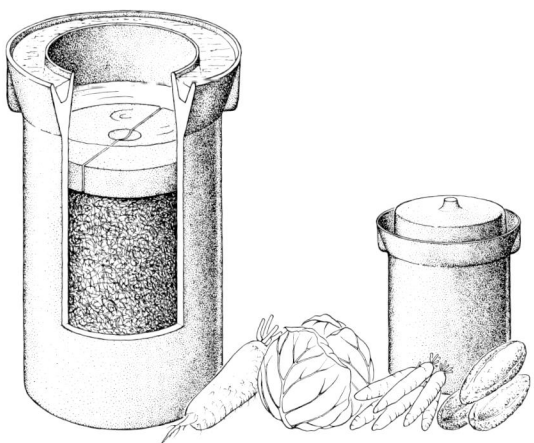

Ein idealer Gärtopf für die Zubereitung und Aufbewahrung von milchsaurem Gemüse, vor allem Sauerkraut.

handelt sich dabei um einen Steintopf, der im oberen Rand eine Rinne besitzt, in die der Steindeckel genau hineinpaßt. Die Rinne wird mit Wasser gefüllt, dann schließt der Deckel hermetisch ab, es können keine schädlichen Fremdkeime (die das Kraut oder Gemüse verderben könnten) von außen eindringen, umgekehrt kann aber die während der Gärung entstehende Kohlensäure ohne weiteres entweichen.

Bei den älteren, offenen Töpfen, bei denen das Gemüse mit einem Tuch und Brettchen sowie einem belastenden Stein bedeckt wurde, bildete sich bald die sogenannte Kahmhefe, die einen unappetitlichen, schmierigen Belag bildet: Diese wird im Kuhl-Topf weitgehend vermieden. Es bildet sich allenfalls ein leichter Hefeniederschlag im Moment der ersten Gärung. Je nach der Raumtemperatur dauert der Säuerungsvorgang 2 bis 4 Wochen.

Das Gemüse bleibt in dem Gärtopf sauber und frisch. Es ist nicht erforderlich, wie bei offenen Töpfen, das bedeckende Tuch, Brett und den Stein in mühseliger Prozedur alle acht Tage abzuwaschen. Im offenen Topf muß zumeist auch die obere Schicht des Gemüses weggeworfen werden, weil sie durch Kahmhefe u. a. praktisch ungenießbar gemacht wird. In dem Spezial-Gärtopf sind derartige Unannehmlichkeiten nicht zu erwarten. Das Gärgut bleibt appetitlich und genießbar bis auf den Grund. Die entstehende »Gemüsegärbrühe« enthält Mineralsalze, Fermente und hochwertige Milchsäure, die zum Teil Heilwirkungen ausüben können.

Bei diesen Gärungen kam und kommt man niemals damit aus, die Vorgänge ohne Salz ablaufen zu lassen. Man gab früher große Mengen an Salz (etwa ½ kg auf 50 kg Kraut und bei Bohnen noch viel mehr), was nicht sehr gesundheitsfördernd war. In dem Spezial-Kuhl-Gärtopf werden etwa 120 bis 150 g Salz auf 50 kg Gemüse verwendet, das dann im eigenen Saft eingepreßt wird. Was soll das Salz bewirken? In jedem Gemüse ist auch Eiweiß vorhanden, das im Zerfall in Fäulnis übergeht. Vor dieser Fäulnis bewahrt das Salz, bis der gewünschte Gärprozeß abgelaufen ist. Dann ist genügend Milchsäure vorhanden, um die Haltbarmachung zu gewährleisten.

Welche Gemüsearten lassen sich einsäuern? Wie erwähnt, ist als älteste Sauernahrung – neben der Sauermilch – das Sauerkraut bekannt. Man nimmt zum Einsäuern die saftigsten Weißkohlköpfe des Herbstes, die sich immer länger halten als solche aus früheren Tagen des Jahres. Als Gewürze werden Bohnenkraut, Wacholderbeeren, Kümmel, Dillsamen u. a., auch Apfelstücke und Zitronenschnitze hinzugefügt. Um die Gärung zu beschleunigen, setzt man zuweilen auch Buttermilch zu.

Rotkohl kann auf die gleiche Art eingesäuert werden. Das Einsäuern von Bohnen ist mit einem Fragezeichen zu versehen; die Bohnen enthalten den Stoff Phasin, ein Alkaloid, das sich in Blausäure aufspaltet und nur beim Kochen entweicht, durch das Einsäuern aber nicht vernichtet wird. Gurken, Karotten und Rote Rüben dagegen eignen sich gut.

Der Gemüsegarten

Von der Entwicklung der Kulturpflanzen

Pflanzen bilden eine bestimmte Gestalt aus, sie wachsen, entwickeln ihre Organe, stehen im Stoffaustausch mit der Umwelt, erzeugen Nachkommen, sterben ab. Pflanzen sind Lebewesen. Jeder weiß das, auch wenn sie nicht jeder so behandelt.

Als Lebewesen durchlaufen Pflanzen eine Entwicklung, haben eine Geschichte. Das Entstehen und Vergehen des einzelnen Organismus dauert wenige Monate bis einige Jahre. Eine Pflanzenart dagegen kann eine viele Jahrhunderte lange Entwicklung erleben, in deren Ablauf sich das Aussehen und die innere Beschaffenheit der Einzelwesen verändern. Während so langer Zeit sind Pflanzengruppen entstanden, die wir heute in Feld und Garten anbauen. Wir nennen sie Kulturpflanzen und drücken damit aus, daß der Mensch dabei bis heute eine sehr wichtige Rolle gespielt hat. Auch in Zukunft wird er durch die Züchtung einen wesentlichen Beitrag leisten.

Die Kulturpflanze und die Wildpflanze, von der sie abstammt, gehören zwar zur gleichen Pflanzenfamilie, aber eine ganze Menge unterschiedlicher Merkmale machen sie zu recht entfernten Verwandten.

Botanische Familien einiger Gartenpflanzen

Kreuzblütler:	Kopf-, Blumen-, Rosenkohl, Kohlrabi, Radies, Rettich, Meerrettich, Kresse
Korbblütler:	Kopfsalat, Endivie, Schwarzwurzel
Baldriangewächse:	Feldsalat (Rapunzel)
Gänsefußgewächse:	Spinat, Rote Bete
Kürbisgewächse:	Kürbis, Gurke
Doldenblütler:	Sellerie, Möhre, Petersilie, Kümmel
Liliengewächse:	Porree, Zwiebel, Knoblauch, Spargel
Schmetterlingsblütler:	Erbse, Bohne, Linse
Knöterichgewächse:	Gemüseampfer, Rhabarber
Nachtschattengewächse:	Tomate, Kartoffel
Rosengewächse:	Erdbeere, Himbeere, Brombeere, Rose, Quitte, Apfel, Birne, Kirsche, Pflaume Aprikose, Pfirsich

Meist deuten die Wildpflanzen einer Familie bereits die typischen Fähigkeiten zur Blatt-, Frucht- oder Samenbildung an, die bei den Kulturpflanzen derselben Familie voll entwickelt sind. So zeigen die Wildarten der Kreuzblütler (Hederich, Hellerkraut, Hirtentäschel) in ihrer üppigen Samenbildung eine besondere Veranlagung für Blüh- und Fruchtbildungsvorgänge. Bei den Kultur-Kreuzblütlern herrscht die Neigung zur Üppigkeit, die im Blütenbereich der Pflanze zuhause ist, auch in anderen Organbereichen vor. Aus Stengel, Blättern und Wurzeln wurden gestauchte, rundliche und fleischige Formen gezüchtet. Am Beispiel einer Pflanzenfamilie werden die Variationsmöglichkeiten besonders deutlich.

Der Rettich hat seine »Wurzelfrucht« ganz im Boden angelegt; das Radieschen hat sie schon teilweise in die oberirdischen Pflanzenteile angehoben. Beim Kohlrabi ist der Stengel kurz und zu einer fleischigen Sproßknolle angeschwollen, die ringsherum die Blätter trägt. Beim Kopfkohl sind die Blätter an einem verkürzten Sproß nahe zusammengerückt und bilden eine dicke Kugel, während sich beim Rosenkohl die Seitenknospen in den Blattachseln zu runden »Blattfrüchten« herausgebildet haben. Eine fleischige Umbildung des Blütenstandes hat den Blumenkohl hervorgebracht. Er zeigt in gedrungener Form, was beim Brokkoli lockerer und weniger gestaucht geblieben ist. So hat der Mensch durch züchterische Arbeit den Charakter der Wildarten in jeweils anderer Richtung entwickelt.

Von der Natur zur Kultur

Wildpflanzen leben vollkommen der Natur unterworfen und zeigen deshalb eine große Vielfalt an Arten.

Auch innerhalb einer Art sind Pflanzen mit sehr verschiedenen Eigenschaften vertreten. Diejenigen, welche für den Menschen wertvolle Merkmale besonders deutlich ausgeprägt hatten, standen am Anfang der langen Entwicklung, die zu den Kulturpflanzen geführt hat.

Schon seit dem Beginn landwirtschaftlicher Kultur griff der Mensch durch Züchtung in die Welt der Pflanzen ein. In früheren Zeiten wurden grundlegende Veränderungen in der Gestalt der Pflanze erreicht, bis hin zur Umformung einzelner Organe in Fruchtkörper, die der Nahrung dienen.

Heute ist es möglich, in Kenntnis der Vererbungsgesetze, durch Kombination und Auslese Verbesserungen an vorhandenen Kulturpflanzen zu erreichen. Grundlegende Neuerungen, wie die Züchtung von Kultur- aus reinen Wildpflanzen können dadurch nicht gelingen. Die Züchtung neuer Sorten ist ein notwendiger Schritt zur Erhaltung der Arten, da die modernen Hochzuchtsorten leicht ihre Reproduktionskraft und Widerstandsfähigkeit verlieren.

Zuchtsorten sind ausgesprochene Spezialisten mit vielen, dicken Körnern, süßen Früchten oder Wurzeln, die stark anschwellen. Spezialisten, die überhaupt einen viel stärkeren Wuchs zeigen, die neue Lebensäußerungen und neue Bedürfnisse haben. Der Mensch nennt sie leistungsfähiger als ihre Vorfahren, und die Erfolge mit den gezüchteten Merkmalen geben ihm Recht. Andere Fähigkeiten sind diesen speziellen Züchtungen jedoch verlorengegangen. Generell kann man sagen, daß die Kulturpflanzen an Vitalität eingebüßt haben. Anspruchsvoller sind sie geworden. Sie haben, entsprechend ihrer gesteigerten Wuchsleistung, einen höheren Bedarf an Wasser und

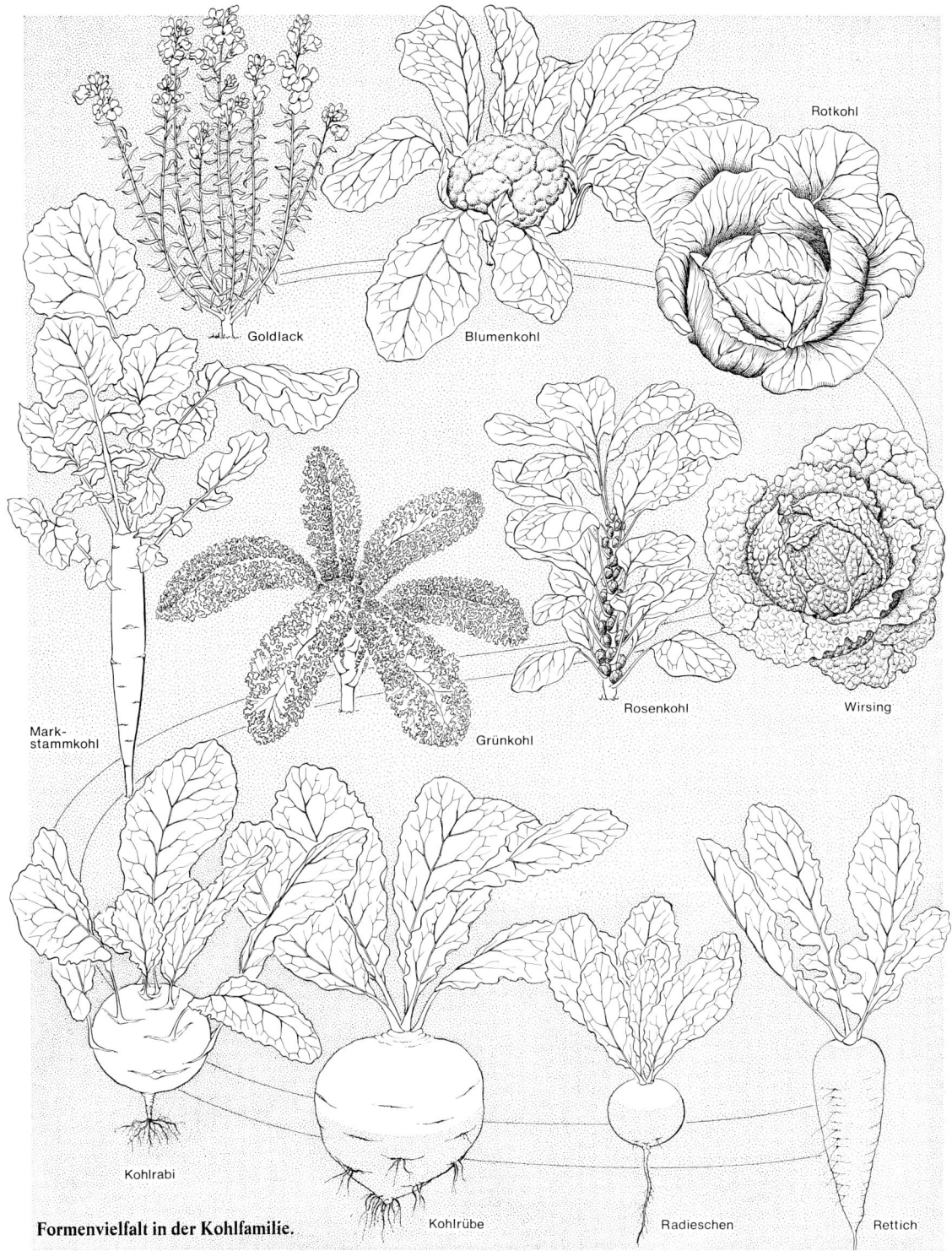

Goldlack

Blumenkohl

Rotkohl

Mark-
stammkohl

Grünkohl

Rosenkohl

Wirsing

Kohlrabi

Kohlrübe

Radieschen

Rettich

Formenvielfalt in der Kohlfamilie.

Gurken und Salat als Mischkultur.

Nährstoffen. Die Widerstandskraft gegen Krankheiten und Schädlinge hat dagegen in vielen Fällen deutlich nachgelassen. Bei Zwiebeln und Erbsen konnte ein direkter Zusammenhang zwischen der Schalenfarbe und erhöhter Anfälligkeit bereits nachgewiesen werden. Viele Kulturpflanzen könnten ohne Pflege nicht mehr überleben. Beim Kohl kann der Kopf, der den Sproß umhüllt, so fest sein, daß der Blütenstiel nicht mehr durchdringen kann. Damit wäre jede Samenbildung für das Fortbestehen der Art in der Natur unmöglich.

Eine gute Sorte allein ist noch nicht alles. Damit Kulturpflanzen ihre Fähigkeiten voll entfalten können, brauchen sie Hilfe. Richtige Sortenwahl, gesundes Wachstum, ausreichend Wasser, gut gepflegter Boden und natürlich die Mithilfe des Wetters zusammen versprechen eine gute Ernte. Das weiß jeder, der das Geschehen in seinem Garten aufmerksam beobachtet.

Weltbürger aus bestimmten Heimatgebieten

Als ständige Begleiter des Menschen sind die meisten unserer Nahrungspflanzen auf der ganzen Welt heimisch geworden. Die immer wieder gestellte Frage nach ihrer Urheimat ist gleichbedeutend mit der Frage nach ihren Wildarten.

Als diese Zusammenhänge aufgeklärt waren, hat sich gezeigt, daß nur in bestimmten Regionen der Erde die gesuchten Arten in außergewöhnlichem Formenreichtum vorhanden sind. Es sind die Gebirge und Hochgebirge der Tropen und Subtropen rund um die Erde. Nur in dieser landschaftlich und klimatisch sehr abwechslungsreichen Umgebung konnten viele Pflanzenarten verschiedene Typen hervorbringen, die dem Menschen genügend Auswahl boten. Deshalb sind dort auch die ersten großen Ackerbaukulturen zu finden. Man nennt diese Gebiete Mannigfaltigkeits- oder Genzentren.

Ausgehend von diesen Heimatgebieten hat der Mensch durch seine Wanderschaft, seinen Ackerbau, seine Handelsbeziehungen und nicht zuletzt durch seine züchterischen Erfolge die zu Kulturpflanzen gewordenen Arten auch in anderen Teilen der Welt angesiedelt.

Heimatgebiete einiger Gartenpflanzen

Gebirge Chinas und Nepals:	Gartenbohne, Rettich
Hindustan:	Gurke, Rettich
Zentralasien:	Erbse, Kresse, Möhre, Rettich, Zwiebel, Knoblauch, Spinat
Vorderasien:	Erbse, Gurke, Kresse, Möhre, Zwiebel, Porree, Petersilie, Kopfsalat
Mittelmeergebiet:	Erbse, Kohl, Petersilie, Zwiebel, Knoblauch, Porree, Kopfsalat, Sellerie Kresse, Rhabarber
Abessinien:	Erbse, Kresse
Mittelamerika:	Bohne, Paprika, Tomate
Südamerika:	Kartoffel, Bohne, Tomate, Paprika

Grundsätze der Fruchtfolge

Elemente der Fruchtfolge

Heute gibt es einen ganzen Wissenschaftszweig, der sich mit der Soziologie der Pflanzen beschäftigt. Man hat gelernt, aus dem Zusammenleben bestimmter Gräser und Kräuter Rückschlüsse auf die Bodenart, die Feuchtigkeitsverhältnisse und das Klima zu ziehen. Jedes Grünland setzt sich aus Gräsern, Kleearten und Kräutern zusammen. Bäume und Sträucher bilden im Wald eine artenreiche Lebensgemeinschaft, in der sich die Pflanzen in ihren Ansprüchen ergänzen und auf das beste untereinander wie mit den Verhältnissen des Standorts vertragen. Dieses Merkmal setzt sich einerseits von den Pflanzen ausgehend nach unten durch die Wurzeln über die bodenbildenden Organismen bis hin zur verwitternden Gesteinsgrundlage fort. Andererseits ist die Pflanze oberirdisch umgeben von Insekten und Vögeln in einer von Licht, Wärme und Feuchte bestimmten Luft. Ganze Landschaften erhalten durch die Wechselwirkung solcher Faktoren im »Haushalt der Natur« ihr eigenes Gepräge.

Der Landbau greift in das Gefüge ein und zerstört seine Wechselbeziehungen bis die Monokultur übrigbleibt, bei der nur noch eine Pflanzenart über weite Strecken den Boden bedeckt. Alle anderen Gewächse, die sich von selbst immer wieder dazwischendrängen, werden als Unkräuter betrachtet. Zweifellos hat diese Art des Anbaus ihre guten Gründe, aber man mußte erkennen, daß nach der Art, wie die Natur die Pflanzen gemeinschaftlich nebeneinander wachsen läßt, ein Wechsel im Nacheinander eingerichtet wer-

den muß. So kam man zur Fruchtfolge, die in der Landwirtschaft zum Halm-Blatt-Fruchtwechsel verbessert wurde.

Zunächst aber stand die Vorstellung von den Nährstoffansprüchen einzelner Pflanzenarten für den Fruchtwechsel im Garten im Vordergrund und führte zur Folge von

Starkzehrern wie Tomaten, Gurken, Kohlarten, Sellerie, Lauch, Salat, die eine starke Düngergabe brauchen;

Rosenkohl und Salat zwischen Erdbeerjungpflanzen.

Mittelzehrern wie Kohlrabi, Zwiebel, Karotten, Rote Bete, Schwarzwurzeln, Chicorée, Rettich, Radies, Feldsalat und alle Gewürzkräuter, die im Jahre nach den Starkzehrern auf das Beet kommen und die Nachwirkung der Düngergabe ausnutzen, während im dritten Jahr

- *Schwachzehrer* wie die Hülsenfrüchte den restlichen Dünger aufbrauchen. Gleichzeitig aber wirken sie durch ihr Stickstoffbindevermögen und die Eigenart ihrer Wurzeln, festliegende Phosphate lösen zu können, auf den Boden wieder aufbauend.

Diese dreiteilige Fruchtfolge erfüllt gerade noch die aus Erfahrung gewonnene Forderung, daß verwandte Gemüsearten frühestens nach drei Jahren wieder auf das gleiche Beet kommen dürfen. Denn sonst treten in der Monokultur Bodenkrankheiten, Bodenmüdigkeit und Schädlingsbefall auf.

Mischkultur

Ein großer Fortschritt war in den dreißiger Jahren das Aufkommen der Mischkultur, die sich von der Durchführbarkeit her für den Hausgarten bestens eignet. Andererseits fehlen gerade dem Freizeitgärtner dafür oft die notwendigen Kenntnisse.

Was ist unter Mischkultur zu verstehen? Schon seit längerer Zeit weisen Beobachtungen von Landwirten und Gärtnern darauf hin, daß sich manche Pflanzen in Gegenwart bestimmter Nachbarn besser oder schlechter entwickeln als bei alleinigem Stand. Die Ursachen aufzuklären, ist allerdings schwierig, da viele Faktoren während des Wachstums eine Rolle spielen und versteckte Mittel und Wege einen Einfluß ausüben. Bei vielen Pflanzen wurden Wirkstoffe gefunden, die über Wurzeln, Blätter, Blüten oder Früchte abgegeben werden. Obwohl es sich bei diesen Substanzen nur um ganz geringe Mengen handelt, haben sie eine erhebliche Wirkung. Wenn z. B. Äpfel mit Kartoffeln im gleichen Raum lagern, behindert Äthylen, ein Bestandteil der Ausscheidungen reifer Äpfel, das Austreiben der Kartoffeln. Im Gemüseanbau fördern Wurzelausscheidungen der Tomate das Wachstum von Sellerie. Doch nicht alle diese Stoffe haben eine günstige Wirkung. Das zeigt der Wermut besonders deutlich. Er hemmt das Wachstum von Fenchel, Kümmel, Salbei oder Zitronenmelisse, selbst wenn er von diesen einen Meter Abstand hat.

Außer den bereits erwähnten Möglichkeiten eignen sich Gurken zum gemeinsamen Anbau mit Bohnen oder mit Erbsen. Tomaten können auch mit Petersilie gemischt werden, nicht aber mit Kohlrabi oder Fenchel. Buschbohnen und Sellerie passen ebenso zusammen wie Kohlrabi und Rote Bete. Nicht zu empfehlen ist der Anbau von Weißkohl zusammen mit Majoran. Innerhalb dieser Kombinationen sind, mehr oder weniger stark, beide Partner betroffen. In der folgenden Tabelle werden einige Fälle aufgezählt, in denen eine einseitige Förderung bzw. Hemmung durch eine bestimmte Nachbarkultur beobachtet wurde:

	gefördert durch
Sellerie	Buschbohnen
Bohnen	Möhre oder Blumenkohl
Majoran Buschbohnen Salat, Porree	Möhre
	gehemmt durch
Tomaten Kartoffeln Bohnen	Walnuß
Stangenbohnen	Zwiebeln
Bohnen	Knoblauch

Es ist möglich, daß im Freiland der gewünschte Effekt nicht immer eintritt, da Bodenlebewesen Wurzelausscheidungen abbauen können, bevor eine Beeinflussung benachbarter Pflanzen zustande kommt. Durch die Luftbewegung werden die leicht flüchtigen Wirkstoffe fortgetragen. Auch aus diesem Grund ist ein Windschutz aus Sträuchern oder Hecken zu empfehlen.

Randpflanzen. Seit langem kennt der Mensch Pflanzen mit kräftigem Aroma, mit besonders wirksamen Inhaltsstoffen. Er verwendet sie als Gewürz oder zu Heilzwecken. Als Beigabe am Rand eines Beetes gepflanzt, können sie das Wachstum einer Kultur fördern. So werden zu Tomate Petersilie empfohlen oder Knoblauch zu Kartoffeln. Allgemein geeignete Randpflanzen sind Baldrian oder die Esparsette, die

Sellerie und Lauch, zwei Vertreter des Wurzelgemüsebeetes (Seite 143).

als stickstoffsammelnder Schmetterlingsblütler auch für die Gründüngung wertvoll ist. Kamille in großer Anzahl oder Mohn sollen als Randpflanzen schädlich sein. Dagegen wirkt sich Meerrettich am Rande von Kartoffelflächen günstig aus.

Mischkultur und Pflanzenschutz. Pflanzliche Stoffe haben eine enge Beziehung zur Insektenwelt. Manche Stoffe locken Insekten an, andere wirken abstoßend. Auch hier bietet die Mischkultur eine Möglichkeit, die Schädlingsbekämpfung überflüssig zu machen. Tomaten oder Wermut zwischen Radies, Rettiche oder Kohl gepflanzt, halten Erdflöhe fern. Von Kopfsalat und Kohlrabi wird die gleiche Wirkung berichtet. Möhren und Zwiebeln nebeneinander vertreiben gegenseitig die Zwiebel- bzw. Möhrenfliege. Gegen den Kohlweißling bei Blumenkohl kann Sellerie oder bei Weißkohl auch die Tomate eingesetzt werden.

Diese Wirkungen sollten als vorbeugende Maßnahmen angesehen werden, die bei akuter Gefahr durch andere, z. B. Spritzen von pflanzlichen Präparaten unterstützt werden müssen.

Obwohl über die gegenseitige Beeinflussung höherer Pflanzen schon manches bekannt ist, sind viele Zusammenhänge noch ungeklärt und nicht jeder Einzelfall läßt sich als allgemeingültig betrachten. Wer die Hinweise zum Ausprobieren nutzt, kann unter den gegebenen Boden- und Klimaverhältnissen die nötigen Erfahrungen sammeln. Eigene Beobachtung ist nicht zu ersetzen.

Dynamische Fruchtfolge

Um sich in Fruchtfolgefragen einzuarbeiten und den Fruchtwechsel später umfassend und sachgerecht handhaben zu können, braucht man weiterführende Informationen. Sie lassen sich aus der Betrachtung der Gemüse direkt beziehen. Gartengemüse haben die Eigenschaft, von den vier Organen Wurzel, Blatt, Blüte und Frucht jeweils eines so stark zu betonen, um dessentwillen wir die Kultur von Gemüse betreiben. Im Sprachgebrauch haben sich Begriffe wie Frucht-, Blatt- oder Wurzelgemüse eingebürgert. Die Blüte ist zwar Voraussetzung für das Fruchtgemüse, dient in der Regel aber selbst nicht als Nahrungsmittel. Eher schon als ausgesprochenes Heilmittel, wenn sie vom Menschen genossen wird. Der Blumenkohl bildet hier eine Ausnahme.

Wenn wir vom biologisch-dynamischen Grundsatz ausgehen, daß Düngen der Verlebendigung des Bodens zu dienen hat und außerdem die Erfahrung hinzunehmen, daß die Pflanze den Boden aufbaut, so läßt sich daraus ein Bild für die Fruchtfolge im Garten entwickeln. Es wird davon ausgegangen, daß die Stoffe des Bodens in der Folge der Jahre in unterschiedlicher Menge zur Ausbildung eines jeweils anderen Organs herangezogen werden. Die ganze Pflanze entsteht dann im Rhythmus von vier Jahren als Wirkung des Bodens. Die Blüte gehört selbstverständlich dazu. Die Erfahrungen von mehr als zwei Jahrzehnten haben die Tragfähigkeit dieses Fruchtfolgeprinzips bestätigt, wobei sich die zeitliche Abfolge so darstellt:

1. Jahr Fruchtgemüse
2. Jahr Blüten
3. Jahr Blattgemüse
4. Jahr Wurzelgemüse.

Demnach benötigen wir vier Beete, wobei eines für überwiegend blühende Pflanzen eingerichtet wird. Wen es zu viel Überwindung kostet, Sommerblumen, Bienenpflanzen oder Heilkräuter in der Gemüsefolge einzubeziehen, kann als Ersatz Frühkartoffeln legen.

In den meisten Hausgärten ist es außerdem üblich, Erdbeeren anzubauen. Dafür plant man ein fünftes Beet ein, weil die Erdbeeren mehrere Jahre stehen bleiben.

Die »dynamische Fruchtfolge« sieht in der schematischen Übersicht folgendermaßen aus:

	Beet 1	Beet 2	Beet 3	Beet 4	Beet 5
1. Jahr	Frucht	Wurzel	Blatt	Blüten	Erdbeere
2. Jahr	Blüten	Frucht	Wurzel	Blatt	Erdbeere
3. Jahr	Blatt	Blüten	Frucht	Wurzel	Erdbeere
4. Jahr	Wurzel	Blatt	Blüten	Frucht	(Erdbeere)

140

Nach längstens vierjähriger Kultur sollten die Erdbeeren auf ein neues Beet kommen. Erfahrungsgemäß ist Wurzelgemüse die beste Vorfrucht, z. B. Frühmöhren bei Juli-August-Pflanzung. Ist eine Frühjahrspflanzung von Erdbeeren vorgesehen, hat sich Winterwickroggen als Vorkultur, die leicht nach Frühmöhren ausgesät werden kann, bewährt. Das geräumte Erdbeerbeet wird mit Blattgemüse besetzt, da es lange nicht mehr von Blattkulturen bestanden war und gerade für die schädlingsanfälligen Kreuzblütler gute Voraussetzungen bietet. Damit hat der durch die Erdbeerkultur auftretende Sprung in der Fruchtfolge (auf Beet 3) sogar günstige Wirkungen. Der weitere Verlauf der Fruchtfolge sieht dann so aus:

	Beet 1	Beet 2	Beet 3	Beet 4	Beet 5
5. Jahr	Erdbeere	Wurzel	Frucht	Blüten	Blatt
6. Jahr	Erdbeere	Frucht	Blüten	Blatt	Wurzel
7. Jahr	Erdbeere	Blüten	Blatt	Wurzel	Frucht

Selbstverständlich kann die Erdbeerkultur auch schon nach drei Jahren erneuert werden. Sie käme dann auf Beet 4. Überhaupt stellt sich im Umgang mit diesem dynamischen Fruchtfolgeprinzip schnell heraus, daß sein praktischer Vorteil in der Beweglichkeit und individuellen Gestaltungsfreiheit liegt. Nur die Grundordnung der viergliedrigen Pflanze ist bindend.
Es bleibt der persönlichen Vorliebe überlassen, welche Art von Wurzel-, Blatt- bzw. Fruchtgemüse man anbauen möchte. Denn es gilt die Bindung an die beschriebene Folge nur für die Hauptkulturen, während Vor-, Zwischen- und Nachkulturen auf dem gleichen Beet den üblichen Erfahrungen gemäß gestaltet werden können. Schließlich sind Spinat und alle Arten von Salat neutral im Sinne dieser dynamischen Fruchtfolge und können überall als Vor-, Begleit- und Nachkultur eingesetzt werden. Damit kommen wir schrittweise wieder zur Mischkultur, die das Ideal eines gesunden Pflanzenbaus darstellt, zurück. Das Prinzip der Natur wird auf höherer Ebene vom Menschen gehandhabt.

Die Einrichtung der Fruchtfolge
Nachdem wir die Grundsätze einer pflanzen- und bodengerechten Kulturfolge kennen, gehen wir an die Einrichtung einer individuell passenden Fruchtfolge. Dazu sind drei Schritte notwendig:
1. Die Zuordnung der wichtigsten Gemüse zur Frucht-, Blatt-, Wurzelgruppe wird festgestellt (siehe Tabelle A).
2. Wir suchen aus, welche Vor-, Begleit- und Nachkulturen zu dem Gemüse passen, das als Hauptkultur die längste Zeit auf dem Beet wächst (siehe Tabelle B 1, 2 und 3).
3. Vorfrucht- und Nachbauempfehlungen sind zu berücksichtigen; Tabelle C gibt eine Anleitung, während Tabelle D erprobte Folgen von Hauptfrüchten einschließlich der Blütenpflanzen zeigt, die dann mit den B-Tabellen kombiniert werden können.

Die folgenden Tabellen helfen, diese drei Schritte durchzuführen:

Tabelle A	Zuordnung
Tabelle B 1, B 2 und B 3	Beispiele für Vor-, Haupt- und Nachkulturen auf dem Frucht-, Blatt- und Wurzelgemüsebeet
Tabelle C	Nachbauempfehlungen
Tabelle D	Vorschläge für eine Folge von Hauptkulturen.

Damit hätten wir alle Voraussetzungen für die persönlich geprägte Fruchtfolge, die Boden und Pflanze zur Qualitätsbildung führt, weil sie der Pflanze gerecht wird und den Boden gesundet.
Mit der abschließenden Tabelle E bekommen wir einen Überblick über Anbauvoraussetzungen, Kulturdauer und Ernteerträge im Verlauf des Gartenjahres.

Junge Erbsen am Drahtgeflecht.

Tabelle A   Zuordnung der wichtigsten Gemüsekulturen

Fruchtgemüse	Blattgemüse	Wurzelgemüse
Buchweizen	Blumenkohl	Chicorée
Buschbohnen	Endivien	Kartoffeln
Erbsen	Feldsalat	Lauch
Erdbeeren	Fenchel	Möhren
Getreide	Grünkohl	Pastinake
Gurken	Kohlrabi	Petersilienwurzel
Obstarten	Rapunzel	Radies
Paprika	Rosenkohl	Rettich
Puffbohnen	Rotkohl	Rote Bete (Randen)
Stangenbohnen	Salate	Rüben
Tomaten	Spinat	Schwarzwurzeln
Zucchini	Steckrüben	Sellerie
	Weißkohl	Zwiebeln
	Wirsing	
	Zuckerhut	

Tabelle B 1 Fruchtgemüsebeet

Vorkultur	Hauptkultur	Zwischenbau	Nachkultur
Radies	Buschbohnen		Ackersalat
Kohlrabi	Buschbohnen	Pflücksalat	Erdbeeren
			Zuckerhut
			Feldsalat
	Erbsen		Knollenfenchel
Kopfsalat	Gurken	weiterwachsende Zwiebeln	Ackersalat
Steckzwiebeln am Beetrand			
Kopfsalat	Gurken	Schnittsalat	Spinat
			Radies
Radies	Paprika	Kerbel	
Schnittsalat	Stangenbohnen	Gurken	Chinakohl
Kopfsalat	Stangenbohnen		Feldsalat
Kopfsalat	Tomaten	Radies	
Spinat	Zucchini	Radies, Rettich	Feldsalat

Tabelle B 2 Blattgemüsebeet

Vorkultur	Hauptkultur	Zwischenbau	Nachkultur
Früherbsen	Blumenkohl		Endivien
Rettich	Broccoli	Radies	
Kopfsalat	Eissalat		Zuckerhut
Rettich	Eissalat		Endivien
Mairüben	Kopfsalat		Rote Bete
Kohlrabi	Neuseeländer Spinat		
Kohlrabi und Salat im Wechsel	Rosenkohl oder Spätkohl anderer Art		

Tabelle B 3 Wurzelgemüsebeet

Vorkultur	Hauptkultur	Zwischenbau	Nachkultur
Kohlrabi	Bleichsellerie		Endivien
Frühmöhren mit Markier-Radies	Lauch		Endivien
Radies	Möhren	Kopfsalat	
Radies	Schwarzwurzel	Kopfsalat	
Radies	je zwei Reihen Schwarzwurzeln und Lauch		
Frühmöhren	Sellerie		
Frühsalat und Frühkohlrabi im Wechsel	Sellerie	weiterwachsende Vorkultur	
Spinat	Sellerie		
Frühmöhren mit Markier-Radies	Zwiebeln		Feldsalat oder Schnittmangold

Tabelle C   Nachbauempfehlungen (verändert nach Buffler, Reich)

Kultur	geeignete/ungeeignete Vorfrucht
Fruchtgemüse	
Bohnen	vertragen sich selbst als Vorfrucht (eventuell auch nach Kohl)
Erbsen	nicht nach Lauch oder Zwiebeln (drei Jahre Abstand nach letztem Anbau, eventuell auch nach Kohl)
Gurken	vertragen alle anderen Gemüse
Tomaten	vertragen sich selbst und alle anderen Gemüse, ausgenommen Kartoffeln
Blattgemüse	
Kohlarten	nach Hackfrüchten und Leguminosen (nicht nach Kreuzblütlern)
Salat	nach allen Vorfrüchten
Spinat	nach Frühkartoffeln (eventuell nach Erbsen oder Buschbohnen)
Wurzelgemüse	
Lauch	nach allen Vorfrüchten außer Zwiebeln
Möhren	nach Kohlarten, Getreide
Rettich	nach allen Vorfrüchten außer Kreuzblütlern
Rote Bete	nach Salat, Kohlrabi (nicht nach Spinat und Mangold)
Schwarzwurzeln	nach allen Vorfrüchten
Sellerie	nach Blumenkohl und Spinat (nicht nach Sellerie, Möhren oder Petersilie)
Zwiebeln	nach Kohlarten (eventuell nach Gurken oder Möhren)

Tabelle D   Vorschläge für eine Folge von Hauptkulturen

1. Jahr	2. Jahr	3. Jahr	4. Jahr
Fruchtgewächse	blühende Pflanzen	Blattgemüse	Wurzelgemüse
Markerbsen	Sommerblumen oder	Weißkohl	Möhren
Puffbohnen	Kartoffeln oder	Rotkohl	Pastinake
Zuckererbsen	einjährige blühende	Wirsing	Schwarzwurzeln
Buschbohnen	Heilkräuter wie	Blumenkohl	Rote Bete
Stangenbohnen	Kamille Ringelblume	Rosenkohl Blumenkohl	Sellerie
Stangenbohnen	Dill, Boretsch Malve, blau	Kohlrabi	Lauch
Gurken	Majoran Phacelia	Rosenkohl	Petersilie
Gurken	Kapuzinerkresse	Mangold	Steckrüben
Tomaten	Esparsette	Salat Wirsing	Kräuter einjährig

Tabelle E   Saat, Pflanzung, Ernte im Garten- und Feldgemüsebau

Erläuterung: A = Anfang, M = Mitte, E = Ende des Saat-, Pflanz- oder Ernte-Monates, der mit einer Ziffer bezeichnet wird (z. B. A3 = Anfang März). kK, wK = kalter, warmer Kasten; hwK = halbwarmer Kasten; Wh = Warmhaus; F = Freiland. Es handelt sich um mittlere Angaben, die je nach der örtlichen Klimalage etwas verändert werden müssen.

Botanische Familien:

Ba	Baldriangewächse	Gu	Gurkengewächse	Kr	Kreuzblütler
Do	Doldenblütler	Hü	Hülsenfrüchte	Li	Liliengewächse
Gä	Gänsefußgewächse	Ko	Korbblütler	Na	Nachtschattengewächse

Gemüseart	Ausaat Zeit	Menge g/Ar	Anzucht	Pflanzung Zeit	Weite in cm	Bot. Familie	Ernte
Februar							
Puffbohnen	A–3	–	kK	E2-A3	40×30	Hü	M6–8
Salat, Maikönig	M	4–5	wK	M3	25×25	Ko	E4
Sommersalat	M fortl.	4–5	wK	E3	25×25	Ko	E5
Blumenkohl	A–E	5–8	wK	4	50×50	Kr	5–7
März							
Blumenkohl	M–4	5–8	hwK	E4	60×50	Kr	E7–8
Kohlrabi	M	12–18	wK	4	25×25	Kr	5–7
Tomate	A–E	–	wK	M5	70×60	Na	A7
Rotkohl	A–E	4–8	wK	4–5	50×45	Kr	6–7
Weißkohl	A–5	3–5		5–6	50×60	Kr	8–9
Wirsing	A–5	5–7	wK	4	50–45	Kr	10
Porree	A–E	12–16	wK	5–6	30×15	Li	9–3
Sellerie	A–E	1	wK	5–6	45×40	Do	9–11
Puffbohnen	A–E	2300	F		40–50	Hü	6–7
Schalerbsen	A–4	2000	F		35	Hü	6–8
Zuckererbsen	A–4	2000	F		40	Hü	6–8
Feldsalat*	A–E	100–200	F		10–15	Ba	
Kopfsalat	A–7	15–25	F		30×25	Ko	7–9
Möhren, kurze	A–M	60–80	F		20 25	Do	6–7
Möhren, halblange	A–E	40–60	F		25–30		7–9
Möhren, lange	M–4	30–40	F		30–40		10–11
Pastinake	A–5	60	F		30×10	Do	A8
Petersilie Schnitt	A–4	80–100	F		25	Do	10–11
Radieschen	A–4	180–250	F		10–20	Kr	5–6
Frührettich	A–4	60–100	F		20–25	Kr	5–6
Schwarzwurzeln	A–4	150–250	F		25–30	Ko	Winter
Spinat	A–4	300	F		25–30	Gä	5–6
Zwiebeln	A–E	80–150	F		25–30	Li	7–9

*März-Aussaat von Feldsalat ist fragwürdig!

Tabelle E   Saat, Pflanzung, Ernte im Garten- und Feldgemüsebau (Fortsetzung)

Gemüseart	Aussaat Zeit	Menge g/Ar	Anzucht	Pflanzung Zeit	Weite in cm	Bot. Familie	Ernte
April (s. auch März)							
Buschbohnen	E	–	WhTopf	E5	40×40	Hü	7
Stangenbohnen	E	–	WhTopf	E5	80×60	Hü	7–9
Gurken im Topf	E	–	Wh	E5	120×30	Gu	7–9
Rosenkohl	A–E	4–7	F	6–7	50×50	Kr	11–1
Rotkohl	A–E	4–8	F	6	50×60	Kr	10–11
Weißkohl	A–E	3–5	F	6	50×60	Kr	9–11
Wirsing	A–E	3–5	F	5–6	50×60	Kr	9–11
Rote Bete	A–5	240	F	6–7	30×10	Gä	9–11
Markerbsen	A–5	2100	F		35–40	Hü	6–8
Schnittmangold	A–5	120–150	F		30–40	Gä	6–10
Möhren, lange	A–6	35–40	F		30–40	Do	10–11
Rettich, Herbst	A–7	60	F		25–30	Kr	9–10
Kohlrabi	E–7	9–12	F	7–8	40×30	Kr	8–9
Mai (s. auch April)							
Blumenkohl im Topf	A–6	–	kK	M7	50×50	Kr	9–11
Chicorée	A–A6	30–40	F		40×12	Ko	11
Grünkohl	A–6	5–10	F		45×50	Kr	10–3
Buschbohnen	A–7	1800	F		50–60	Hü	7–9
Stangenbohnen	M	1000–1500	F		80×60	Hü	7–9
Feuerbohnen	M	1800	F		100×60	Hü	7–9
Juni (s. auch Mai)							
Sommersalat	M	4–5	F	M7	30×25	Ko	M9
Winterendivie	A–E	15–20	FkK	8	30×30	Ko	19–12
Zuckerhut	A–7	20	F		30×30		
Juli (s. auch Juni)							
Grüne Pflückbohnen	M	1200	kK	A8	40×40	Hü	M9
Speiserüben	A–8	40–60	F		25×10	Kr	10
Chinakohl	E–A8	30–40	F		50×30	Kr	10
August							
Spinat	A–E	300	F		25–30	Gä	Herbst-Frühj.
Feldsalat	A–10	150–200	F		15	Ba	Winter
September/Oktober (s. auch August)							
Salat 'Maiwunder'	M10	4–5	kK	A4	25×30	Ko	E5

Das Hügelbeet

Auf die Bedeutung der Hügelbildung und des Anhäufelns wurde bereits hingewiesen. Diese Maßnahmen bewirken bei vielen Kulturen ein freudigeres Wachstum mit teilweise beachtlichen Ertragssteigerungen sowie eine deutliche Verbesserung der Bodenstruktur. Und noch eines: Diese Anbaumethode verspricht eine größtmögliche Pflanzengesundheit bei ausgezeichneter Qualität der Produkte.

Diese Erkenntnisse liegen dem Hügelbeet zugrunde, dessen Anlage nach Beba-Andrae folgendermaßen vor sich geht:

An einem sonnigen Platz, möglichst in Nord-Süd-Richtung, wird eine flache Mulde von 1,4 bis 1,6 m Breite ausgehoben. Die Länge richtet sich nach dem vorhandenen Platz und den eigenen Möglichkeiten. Der herausgeworfene Mutterboden ist sorgfältig am Rande aufzusetzen; mit ihm muß das Beet später wieder abgedeckt bzw. durchmischt werden.

Wie aus der Skizze (Seite 148) ersichtlich, kommen die nur langsam verrottenden Abfälle wie Zweige, Äste und grobes Holz zuunterst in die Mitte des Beetes (a). Handelte es sich vorher um eine Grasfläche, so folgen als nächstes die umgekehrten Grassoden (b) sowie eine Schicht Laub vermischt mit Gartenabfällen wie Brennesseln, Rasenschnitt und anderem mehr (c). Damit sich keine Hohlräume bilden, ist das Material von Anfang an sorgfältig zu packen und gut anzufeuchten. Es folgt eine Schicht angerotteter Dung oder unfertiger Kompost (d), der noch mit Würmern bevölkert ist. Die Außenschicht bildet feiner, reifer, mit der vorhandenen Gartenerde vermischter Kompost (e). Muß nicht gespart werden, kann in alle Schichten feine Erde zugegeben, in die oberen Schichten organische Düngemittel eingestreut werden. Gutes Anklopfen fördert den Aufbau und die Entwicklung des Hügelbeetes!

Die Anlage des Hügelbeetes im Herbst bietet mehrere Vorteile. Einmal lassen sich vielerlei Gartenabfälle sinnvoll verwenden, zum anderen setzt sich das Ganze bis zum Anpflanzen im Frühjahr ab. Die Rottevorgänge sorgen für die notwendige Bodenwärme, und zeitige Frühjahrsaussaaten zeigen ein freudigeres Wachstum. Gefahren durch Spätfröste lassen sich gegebenenfalls durch einen Folientunnel vermeiden,

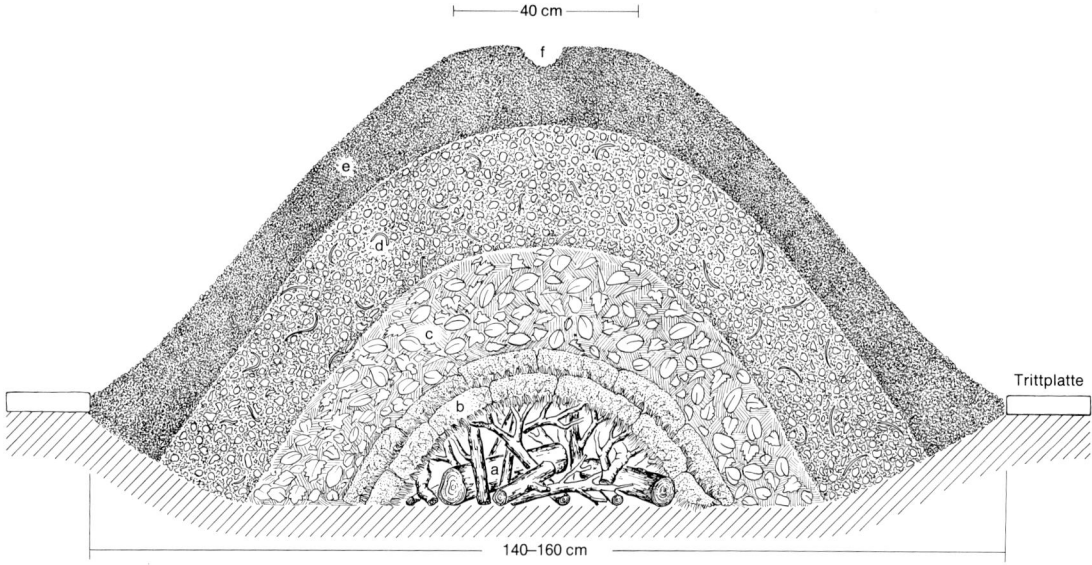

Erhöhter Boden wird lebendiger. Dies macht man sich mit der Anlage eines Hügelbeetes zunutze. a = ein etwa 25 cm dicker Kern aus Holzteilen, b = doppelte Lage umgedrehter Grassoden, c = etwa 20 cm grobe Pflanzenabfälle, d = etwa 15 cm angerotteter Dung oder halbreifer Kompost, e = Mantel aus etwa 25 cm guter Gartenerde, f = Gußrinne.

Versprühen von Baldrianblütenextrakt ist ebenfalls hilfreich.

Durch den groben Unterbau des Hügelbeetes ist der Wassertransport aus dem Unterboden unterbrochen, so daß die Kulturen – ganz besonders auf leichteren Böden – auf reichlich Gießwasser angewiesen sind. Eine Rinne obenauf (f) kann dies erleichtern.

Für diese Art der Kultur sind sehr viele Gartengewächse geeignet. Hinsichtlich der Anordnung und Auswahl der Pflanzen wird jeder Gartenfreund bald sein persönliches System entwickeln. Ratschläge hinsichtlich der Methode können deshalb nur allgemeiner Natur sein. So wird man im ersten Jahr Tomaten pflanzen, läßt sie aber nicht zu hoch wachsen. Für Erdbeeren wird oft im dritten Jahr das ganze Beet beansprucht, gleiches gilt für Kartoffeln, die in ein etwa 15 cm tiefes Loch gelegt und nicht angehäuft werden. Außerdem sind auch beim Hügelbeet die Anbaurichtlinien zu beachten. Starkzehrer gedeihen in den ersten beiden Jahren am besten. Schon im zweiten Jahr wirken Leguminösen (Bohnen, Erbsen) belebend und wachstumsfördernd.

Eine ständige Mulchschicht aus Rasenschnitt ist anzuraten. Sie verhindert bei starken Regenfällen das Abschwemmen der Erde, setzt die Verdunstung herab und erhöht das Speichervermögen des Wassers. Es kann nicht genug darauf hingewiesen werden, daß Wühlmäuse ein Hügelbeet bevorzugt heimsuchen.

Nach 4 bis 6 Jahren ist die organische Substanz eines Beetes weitgehend abgebaut, so daß trotz der noch verbleibenden, dicken Humusschicht eine Neuanlage gerechtfertigt ist. Das Hügelbeet läßt sich einebnen und mit Dauerkulturen wie Beerensträuchern, Obstbäumen und anderem bepflanzen. Auf diese Weise erfährt mit der Zeit der ganze Garten eine nachhaltige Bodenverbesserung.

Der Gemüseanbau im Freiland

Gesichtspunkte zur Gliederung

Die vorangegangenen Kapitel haben gezeigt, daß sich der Gemüseanbau auf verschiedene Weise ordnen läßt. Am Anfang stand die Gliederung hinsichtlich des Düngerbedarfs der einzelnen Kultur mit der Einordnung der Gewächse in Stark-, Mittel- und Schwachzehrer. Die Gesichtspunkte, die der Fruchtfolge nach Thun zugrunde liegen, führten weiter zur Anwendung im Garten. Weit gebräuchlicher ist die Beschreibung einzelner Pflanzenfamilien, die wiederum eine bestimmte Gliederung nahelegen.

Wir wollen hier, von der Salatkultur ausgehend, die spezielle Entwicklung der Gemüsearten über Blatt,

Stengel und Wurzel betrachten. Sie ist gleichsam von der Mittellage nach unten, in den Erdbereich, gerichtet, und führt dort zurück zur Kopf- und Blütenbildung. Erst dann wird der Blick auf bestimmte Glieder einzelner Pflanzenfamilien gelenkt.

Der Botaniker mag die Systematik vermissen, der Gartenfreund wird jedoch Ansätze zur Goetheschen Naturbetrachtung wiederfinden.

Salat das ganze Jahr hindurch

Wer erinnert sich nicht an vergangene Tage, wenn der erste grüne Kopfsalat auf den Mittagstisch kam und deutlich machte, daß der Sommer vor der Tür steht? Mittlerweile ist auch hier vieles verbessert und weiterentwickelt worden. Neue, wenn auch wesentlich empfindlichere Sorten stehen zur Verfügung, beheizte Frühbeete und Folientunnel bis hin zum Kleingewächshaus im Garten, Großanbau in den Gärtnereien und Importe aus günstigeren Klimaten gestatten es heute, das ganze Jahr hindurch grünen Kopfsalat auf den Tisch zu bringen. Und dennoch will die Vielfalt im eigenen Anbau gelernt sein. Dies erfordert eine genaue Kenntnis der geeigneten Sorten, der vielfältigen Möglichkeiten in der Fruchtfolge, besonders in der Mischkultur, einen nahrhaften Boden und einen sorgfältigen Umgang mit dem Wasser.

Mit wenigen Ausnahmen benötigen fast alle Salate einen frischen, humosen und kräftig gedüngten Boden. Wenn erforderlich, sind sie für reifen Mist- oder Gartenkompost dankbar. Trockene und rauhe Lagen bringen schwerlich zarte und feste Köpfe hervor. Fleißiges Gießen und Wässern ist Voraussetzung.

Alle Salate sind zum Mischfruchtanbau wie geschaffen.

Grüner Salat (*Lactuca sativa* var. *capitata*)

Der Kopfsalat, auch grüner Salat genannt, gehört zur Familie der Korbblütler (Compositae). Von Vorderasien in den Mittelmeerraum eingeführt, war die Pflanzenfamilie schon im Altertum bekannt und im europäischen Raum seit dem späten Mittelalter im Anbau. Das besondere Verhältnis dieser Kultur zum Licht und zur Wärme erfordert Aufmerksamkeit. Man unterscheidet deshalb sehr genau zwischen Frühjahrs-, Sommer- und Herbstanbau. Das heißt, bei den ersten und letzten Aussaaten im Jahr sind die Langtagsorten (nicht tagneutral) auszuwählen, die im Sommer bei zu viel Licht und Wärme schnell zum Schießen kommen. Für den Sommeranbau eignen sich nur tagneutrale Sorten, die relativ lang einen festen Kopf behalten können.

Im März sät man in den kalten Kasten 'Maikönig-Freiland' oder 'Attraktion' (die Sorten richten sich immer nach den örtlichen Gegebenheiten). Ausgepflanzt in das Freiland wird im April. Es schließen sich Folgesaaten alle zwei bis drei Wochen bis Mitte Juli an, wobei man naturgemäß von Mai bis Juli nur tagneutrale Sommersorten wie 'Kagraner Sommer' oder 'Laibacher Eis' (sogenannter Krachsalat) verwendet. Von Mitte August bis Mitte September folgt der Winterkopfsalat (z. B. 'Maiwunder') in besonders milden und geschützten Lagen. Im Winter kann eine leichte Reisigabdeckung hilfreich sein. In allen Fällen ist die Direktsaat mit anschließendem Verziehen dem Verpflanzen vorzuziehen, weil die Kultur dann bei heißem Wetter nicht so leicht schießt und die Pfahlwurzel sich ungestört entwickeln kann.

Zudem werden die Köpfe voller und zarter, was den größeren Saatgutbedarf und die Arbeit des Verziehens wieder wettmacht. Pflanzabstände sollten unter Glas 25 × 25 cm, im Freiland 30 × 25 cm betragen, bei Sommersorten (Krach- oder Eissalat) können sie noch über 30 × 35 cm liegen.

Durch den Anbau von Schnittsalat oder Lattich ('Gelber Runder Früher') oder Pflücksalat ('Australischer Gelber') kommt man schneller in den Genuß des frischen Grüns. Beide Arten werden in Reihen von 15 bis 20 cm Abstand gleichzeitig mit dem ersten Kopfsalat ausgesät und mehrmals abgeschnitten beziehungsweise gepflückt. Eigentlich handelt es sich um – wenn auch geschätzte – Lückenbüßer, die nur im späten Frühjahr Ernten bringen, dann aber bald der Folgesaat weichen sollten.

Gartenkresse (*Lepidium sativum*)

Die Gartenkresse, ein Kreuzblütler, kann das ganze Jahr über herangezogen werden, erfreut sich jedoch besonders im zeitigen Frühjahr (hoher Vitamingehalt) allgemeiner Beliebtheit. Die Aussaat kann schon am Küchenfenster breitwürfig in Schalen und Saatkisten erfolgen. Gartenkresse keimt rasch und der Schnitt beginnt nach 2 bis 3 Wochen. Es ist nicht nur auf ausreichende Feuchtigkeit zu achten, sondern auch darauf, daß der Boden für diese Kulturart nur einmal verwendet werden darf.

Brunnenkresse (*Nasturtium officinale*)

Gartenfreunde, die ein größeres Grundstück am Hang besitzen, auf dem überdies eine Quelle entspringt oder ein kleiner Bach sprudelt, können das Gewässer als Kulturraum nutzen. Im fließenden Wasser läßt sich Brunnenkresse anbauen, die von Liebhabern als würziges Feingemüse geschätzt wird. Dabei ist die Erntezeit von Oktober bis Mai zu berücksichtigen, das heißt, das Wasser muß immer fließen und darf nicht zufrieren. Günstige klimatische Bedingungen mit nicht zu harten Wintern sind Voraussetzung. Wo kein Bach vorhanden ist, kann Brunnenkresse auch im Trog kultiviert werden. Die Aussaat der Brunnenkresse erfolgt im August in Saatkisten oder Töpfen. Die jungen Pflanzen setzt man später in den Trog oder Behälter. Sie können auch zusammen mit den Töpfen ins Wasser gestellt werden. Die Erde muß besonders nahrhaft sein, reichliche und gute Kompostgaben sind erforderlich. Die Wasserführung ist so zu handhaben, daß die Spitzen der Pflanzen immer noch atmen können, also aus dem Wasser herausschauen. Ist der Aufwuchs soweit ge-

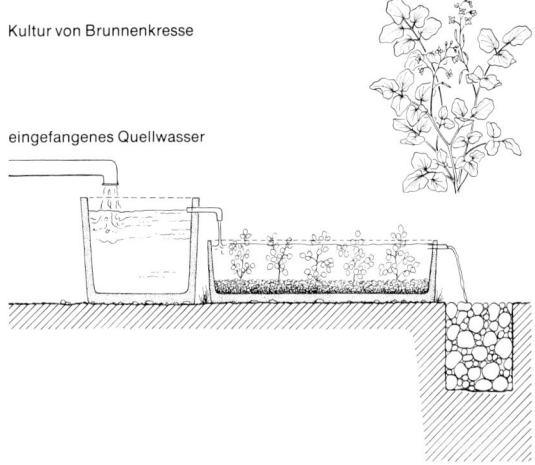

Kultur von Brunnenkresse

eingefangenes Quellwasser

diehen, werden die Spitzen der Pflanzen mit 6 bis 8 cm Länge abgeschnitten. Die folgende Ernte dieses Feingemüses ist bereits nach vier bis sechs Wochen möglich. Eine Nachdüngung ist ratsam.

Endivie (*Cichorium endivia*)

Im Spätsommer und Herbst bietet sich die Winterendivie an. Ebenfalls ein Korbblütler, kann sie von Mitte Juni bis Mitte Juli als Nachfolgekultur auf ein gut vorbereitetes Beet an Ort und Stelle ausgesät oder später (30 × 30 cm) verpflanzt werden. Wie der Kopfsalat, stellt auch die Winterendivie einen recht hohen Anspruch an die Nährstoffversorgung des Bodens und verträgt keine Trockenheit. Neben der ausreichenden Düngung kommt deshalb der guten Bodenpflege (Hacken) und gleichbleibender Feuchtigkeit besondere Bedeutung zu.

Die spät ausgebrachten Endivien lassen sich ohne Schaden bis etwa minus 4 Grad Celsius im Freiland halten. Man kann sie auch mit Wurzelballen ausheben

und nebeneinander im Kasten oder trockenen Keller einschlagen (immer gut lüften). Als Sorten empfehlen sich neben anderen 'Eskariol' und 'Rosabelle'.

Salatzichorie, Chicorée (*Cichorium intybus* var. *foliosum*)

Eine in letzter Zeit immer mehr beachtete Kultur ist der Zichoriensalat (Fleischkraut) der Sorte 'Zuckerhut'. Gleichfalls ein Korbblütler, ist er erst in den letzten Jahrzehnten zu dieser Form herangezüchtet worden. Die 30 bis 40 cm hohen, dichtgewickelten, zuckerhutförmigen Köpfe ähneln im Geschmack den Endivien, sind jedoch wesentlich unempfindlicher gegen Frost. Sie vertragen ohne Folie bis minus 6, mit leichter Abdeckung bis minus 10 °C. Die Aussaat erfolgt Ende Januar bis 10. Juli an Ort und Stelle. Man verzieht dann auf 20 bis 25 cm, der Reihenabstand beträgt etwa 30 cm. Zum Überwintern eignen sich nur feste und gut ausgereifte Köpfe. Der Einschlag im Frühbeet ist auch hier möglich. Die Aufbewahrung mit Wurzelballen im trockenen Keller in Sand oder leicht angefeuchtetem Sägemehl erfolgt im November.

Zur Zubereitung wird der Zuckerhut, ähnlich dem Endiviensalat, fein geschnitten, grobe Rippen sind zu entfernen. Der biologisch-dynamisch gezogene ist nicht so bitter, eventuell kann man ihn vor dem Schneiden kurz in kaltes Wasser legen.

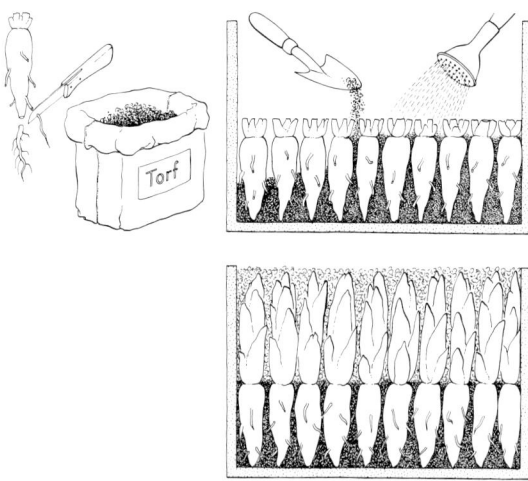

Die Chicorée-Treiberei bringt den ganzen Winter hindurch wertvollen Frischsalat. Die sauberen Wurzeln werden dabei in feuchte Erde eingeschlagen und mit einem Erd-Sand-Gemisch notfalls auch Torf abgedeckt.

Eis- oder Krachsalat wird im Hochsommer geerntet.

Zur gleichen Familie gehört der Chicorée, den man ebenfalls gut im Hausgarten anbauen kann. Bei einiger Übung ist die Kultur sehr einfach. Jeder tiefgründige Gartenboden eignet sich, wenn er im Jahr zuvor mit Mistkompost oder vor der Aussaat mit organischem Mischdünger bedacht worden ist. Die Aussaat erfolgt sehr dünn Ende Mai bis Anfang Juni mit einem Reihenabstand von 40 cm. Die Sämlinge werden auf 12 bis 15 cm vereinzelt. Nach dem ersten Hacken ist eine Bodenbedeckung (Mulch) sehr günstig, der Boden darunter bleibt feucht und locker bis in den Herbst hinein. Anfang November werden mit einer Grabgabel die Wurzeln sorgfältig herausgenommen und die Blätter 3 cm über dem Kopf entfernt. Das Herz darf nicht verletzt werden. Die Wurzeln werden wie üblich im Keller eingeschlagen.

Neigt sich der Vorrat an Endivien oder Zuckerhut dem Ende zu, beginnt die Treiberei der Chicoréewurzeln. Sie werden im Keller nebeneinander in eine leichte, gut feuchte Erde gesetzt und ganz bedeckt. Darauf kommt noch eine etwa 20 cm dicke Schicht aus Sand, notfalls aus Torfmull. Hat der Keller eine

Temperatur von mindestens 10 bis maximal 15 °C, kommen die Triebe rasch. Die Ernte kann nach drei bis vier Wochen, sobald die gelben Spitzen aus dem Sand herausschauen, beginnen. Es wird immer nur ein Satz angetrieben, so daß man den dank seiner Bitterstoffe sehr gesunden Chicorée in der an Salat armen Zeit über viele Wochen ernten kann.

Chinakohl (*Brassica pekinensis*)
Es bleibt nun noch der Hinweis auf den Chinakohl, einen bisher nicht so verbreiteten Kreuzblütler. Seine Stellung in der Fruchtfolge – Chinakohl darf nicht auf Kohlrabi oder Frühkraut folgen – will auch bedacht sein. Gute Kompostgaben zur Vorkultur sind empfehlenswert. Chinakohl ist eine Langtagpflanze, darf also nicht zu früh ausgesät werden. Termine sind Ende Juli/Anfang August. Der Reihenabstand für die Aussaat soll 40 bis 60 cm betragen, vereinzelt wird auf 25 bis 40 cm. Es ist auch möglich, Chinakohl im Frühbeet anzuziehen und ab Mitte August ins Freiland auszupflanzen. Gute Vorbereitung des Beetes und Wässern fördern den Aufwuchs. Die Sorten

'Hongkong' und 'Granat' (nur bedingt lagerfähig) haben sich in unseren Breiten bewährt. Ab Anfang Oktober bis Mitte November wird geerntet, mehr als minus 3 °C Frost verträgt er nicht. Wie bei allen Kohlarten ist der Kopf gut lagerfähig und läßt sich unter 6 °C etwa bis Weihnachten aufheben. Der Einschlag mit Wurzelballen im Frühbeet oder Keller ist möglich, aber auch in diesem Fall ist die Haltbarkeit begrenzt.

Besondere Aufmerksamkeit verdient die Tatsache, daß Chinakohl sehr früh von den Schnecken befallen wird.

Acker- oder Feldsalat (*Valerianella locusta*)

In keinem Garten wird die Aussaat von Acker- oder Feldsalat unterbleiben. Es handelt sich um ein Baldriangewächs, das als heimische Wildpflanze erst im späten Mittelalter in Kultur genommen worden ist. Als ausgesprochene Langtagpflanze wird Feldsalat Anfang August bis Anfang September ausgesät, entweder breitwürfig direkt auf das Land oder in Reihen von 10 bis 15 cm Abstand. Der Same wird nur leicht abgedeckt, mit der Schaufel angeklopft und gut feucht gehalten. Die Keimung verläuft sonst unbefriedigend. Wichtige Sorten sind 'Dunkelgrüner Vollherziger' oder 'Holländischer Breitblättriger'. Um mit dem Unkraut fertigzuwerden, flammt man im Erwerbsgartenbau nach vier bis sechs Tagen das Beet ab. Späte Aussaaten halten sich den Winter über gut und bringen schon im zeitigen Frühjahr an frostfreien Tagen frischen Salat. Man kann ihn auch im September in den Kasten säen und bei Frost und Schnee mit Fenstern abdecken, um möglichst gleichmäßig schneiden zu können.

Weitere Kulturmaßnahmen. Gerade im Salatanbau dürfen die weiteren Kulturmaßnahmen nicht vernachlässigt werden. Auf die besonderen Ansprüche dieser Kultur an Boden und Düngung wurde schon eingangs hingewiesen. Bei allen Aussaaten ist nicht nur das Ausbringen von Hornmist, sondern auch die Beachtung der Gestirnskonstellationen nach Thun besonders wichtig, um eine volle Blattmasse zu erzielen und die Neigung zur Schosserbildung zu bremsen. Nach dem Auflaufen beziehungsweise Verpflanzen verspühen wir nochmals Hornmist. Dagegen darf der Hornkiesel wegen der Gefahr des Schossens nicht zu früh gegeben werden, sondern erst, wenn sich die Herzblätter deutlich nach innen zu drehen beginnen. Der Salatfäule tritt man mit regelmäßigem Ackerschachtelhalm- und Basaltmehlgaben entgegen. Besondere Aufmerksamkeit beanspruchen in diesem Fall nur die Kulturen unter Glas.

Spinat (*Spinacea oleracea*)

Spinat erfreut sich als Salat nur im Frühjahr einer gewissen Beliebtheit. Dennoch läßt er sich in jedem Garten dreimal im Jahr sehr gut kultivieren:

1. zum Verbrauch im Spätwinter und im zeitigen Frühjahr; Aussaat Ende September/Anfang Oktober
2. für die Ernte im Mai bis Juni; Aussaat Anfang bis Mitte März
3. für die Ernte im Herbst bis Anfang Winter; Aussaat Anfang August.

Als Sorte bietet sich nach wie vor 'Matador' an. Bei Mehltaugefahr greift man zu einer mehltauresistenten Sorte wie 'Vital GS'. Die Aussaat erfolgt in einem Reihenabstand von 25 bis 30 cm direkt auf das Beet. Hinsichtlich des Nitratgehaltes im Spinat muß auch bei organischer Düngung Zurückhaltung geübt werden.

Neuseeländer Spinat (*Tetragonia tetragonioides*)

Wenn wir auf Spinat und manche Salatarten verzichten müssen, vermag im Hochsommer der Neuseeländer Spinat die Lücken auszufüllen. Eine wertvolle Gemüseart, die leider noch zu wenig bekannt ist. Wie der Name besagt, wird er in Neuseeland und Australien, aber auch in Südamerika und Japan seit Jahrhunderten angebaut. Er wurde von Cook im Jahre 1772 nach Europa eingeführt.

Der Neuseeländer Spinat gehört botanisch zu den Eisenkrautgewächsen (Aizoaceen), wird einjährig kultiviert und ist besonders frostempfindlich. Die Zeit von der Keimung bis zum ersten Schnitt beträgt acht bis zehn, bis zum vollen Ertrag 14 bis 16 Wochen, und bis zur Samenreife vergehen vier bis fünf Monate. Die Wurzeln breiten sich flach aus, ohne in die Tiefe zu gehen. Die Stengel werden mehr als 1 m lang, verzweigen sich und treiben aufwärtswachsende Seitentriebe mit eirunden Blättern. Die unscheinbaren gelblich-grünen Blüten sitzen in den Blattachseln. Es kommt Selbst- und Fremdbestäubung vor. Im Herbst ausgesäter oder ausgefallener Samen keimt im folgenden Frühjahr. Oft macht man sich diese Vermehrung zunutze. Gebräuchlicher ist jedoch die Frühjahrsaussaat, die zum einen mit vorgequollenen Samen ab Ende März, in warmen Lagen, direkt ins Freiland erfolgen kann oder die Vorkultur in Töpfen mit drei bis fünf Samenkörner je Gefäß. Die Temperatur sollte bei 8 bis 10 °C gehalten werden. Die Unterbringung im Frühbeet ist günstig. Ausgepflanzt wird nach den Spätfrösten im Mai, bei Folienabdeckung unter Umständen früher. Der Pflanzabstand beträgt 1 × 1 m.

Die Ansprüche an den Boden sind hoch. Neuseeländer Spinat bringt nur nach guter Mistkompostdüngung die gewünschten Erträge. Sonnige und warme Lagen sind zu bevorzugen. Auf mageren Böden und in rauhen Klimaten entwickeln sich nur kleine Blätter. Dafür ist die Pflege leicht, wobei das stete Wässern die Hauptsache ist. Zwischenkulturen mit schnellwachsenden Gemüsearten wie Radies oder Kopfsalat sind zwecks besserer Platzausnutzung angebracht.

Die jungen Pflanzen sollen bald entspitzt werden, damit sich die Seitentriebe kräftig entwickeln. Später begünstigt häufigeres Ernten die Bildung neuer Triebe. Ungeschnittene Pflanzen wachsen stark in die Länge, bilden viele Blüten und Samen, aber wenig und nur kleine Blätter aus. Die Ernte der Blätter und Triebspitzen beginnt frühestens Mitte Juni, wenn die Triebe 20 bis 30 cm lang sind, und kann bis in den November hinein fortgesetzt werden. Der erste Frost bereitet der Kultur ein schnelles Ende. Die Zubereitung in der Küche kostet wenig Mühe. Ein Grund mehr, diesem wertvollen Gemüse mehr Beachtung zu schenken.

Mangold (*Beta vulgaris* var. *vulgaris*)

Die zu Unrecht wenig geschätzte Kultur gehört wie Spinat, Rote Bete, die Gartenmelde oder Futterrübe zur Familie der Gänsefußgewächse. Bei Mangold ist die Wurzelbildung zugunsten der Blattentwicklung ganz zurückgegangen. Auch er vermag die sogenannte Spinatlücke in gleicher Weise wie der Neuseeländer Spinat zu schließen. Im allgemeinen sind zwei Sorten bekannt. Als Blattmangold verwendet man die Sorte 'Lukullus', die wie Spinat behandelt wird. Von der Rippensorte 'Silberweiß' werden die Blattstiele und Rippen wie Spargel zubereitet. Die Kultur ist einfach. Gesät wird im April bis Anfang Mai: Blattmangold im Reihenabstand von 30 cm mit späterem Vereinzeln in der Reihe auf 10 bis 15 cm. Rippenmangold wünscht Reihenabstände um 40 cm und Pflanzenabstände um 30 cm.

Unter Schonung der Herzblätter werden die äußeren Blätter durch Pflücken oder Schneiden von Ende Juni bis in den späten Herbst hinein geerntet. Der Nährstoffbedarf gilt als mittelmäßig und wird am besten durch organischen Mischdünger gedeckt. Das Ausbringen einer Bodenbedeckung ist sinnvoll. Die Kultur erfordert dadurch weniger Pflege und zeigt ein üppiges Wachstum.

Rote Rüben (*Beta vulgaris* var. *conditiva*)

Die auch als Rote Bete oder Randen bezeichnete Gemüseart gehört wie Spinat und Mangold zur Familie der Gänsefußgewächse. Die fleischig aufgetriebene, blutrot bis violett gefärbte »Rübe« ist eine Verdickung des Sproßteils zwischen Wurzelansatz und Keimblättern (Hypokotyl) und ähnelt in gewisser Weise dem Radieschen. Der Name »Rote Bete« leitet sich von der lateinischen Bezeichnung Beta vulgaris ab, einer Pflanze aus dem Mittelmeergebiet. Sie war schon im Altertum bekannt, fand aber erst im 16. Jahrhundert in Mitteleuropa Eingang. Die Pflanze ist verhältnismäßig anspruchslos und bringt sowohl auf leichten wie auf schweren Böden die gewünschten Erträge. Sie stellt auch keine besonderen Ansprüche an die Düngung: Frischer Mist kann den feinen, leicht süßlichen Geschmack verderben.

Die Aussaat ins Freiland beginnt Anfang April und erfolgt bis in den Juli hinein. Die Kultur ist deshalb als Zweitfrucht in günstigen Lagen gut geeignet. Die Abstände sollten in den Reihen 10 cm, zwischen den Reihen 30 cm betragen. Verpflanzen ist möglich, bei genügend Feuchtigkeit wächst die Rote Rübe schnell weiter. Häufiges Hacken begünstigt das Wachstum.

Sellerie (*Apium graveolens*)

Die Herkunft dieser Kulturpflanze geht auf den Sumpfsellerie zurück. Sie ist im gesamten Mittelmeergebiet, aber auch in Nordeuropa heimisch, und zwar überall dort, wo salzhaltige Böden vorkommen. Heute werden drei Arten von Sellerie angebaut: Schnitt-, Bleich- und Knollensellerie. Letzterem kommt die größte Bedeutung zu. Die Knolle entwickelt sich aus Teilen des Sprosses, des Hypokotyls und Teilen der Wurzel. Gute und störende Einflüsse von oben und unten kommen hier in besonderem Maße zusammen und führen zu den Problemen im Anbau.

Der Sellerie bildet keine Pfahlwurzel. Schon die junge Pflanze hat ein reich verzweigtes Wurzelsystem, das sich besonders in den oberen Bodenschichten ausbreitet. Sellerie ist ein Flachwurzler, was schon beim Pikieren und Umpflanzen zu berücksichtigen ist. Man sollte ihn deshalb lieber etwas höher als zu tief setzen. Auf Hügelbeeten gedeiht er ebenfalls gut. Ein guter Boden fördert die Kultur, reichliche Düngergaben mit Mistkompost sind Voraussetzung. Besonders Schweinemist entspricht dem starken Salzbedürfnis dieser Pflanze. Auch Holzasche oder geringe Mengen von Kalimagnesia bei kaliarmen Böden sind zu empfehlen. Da sich die Wurzeln flachgründig ausbreiten, verlangt die Kultur besonders viel Wasser.

Die Anzucht erfolgt rechtzeitig unter Glas, zumal Aufgang der Samen und Anfangsentwicklung gelegentlich sehr langsam verlaufen können. Da Spätfröste die Bildung von Schossern verursachen, sollte man nicht vor Ende Mai oder Anfang Juni auspflanzen. Der Pflanzabstand beträgt 40 × 40 cm, gegebenenfalls auch 45 × 40 cm. Auf eine Hornmistspritzung reagiert Sellerie besonders gut, Hornkiesel folgt gleich nach dem Anwachsen. Sobald die Knolle angesetzt hat und sich die unteren Blätter niederlegen, unterbleibt jegliche Hackarbeit. Sellerie in Mischkultur anzubauen, ist nicht überall ratsam. Neuerdings setzt sich im Hausgarten allerdings die Zwischenpflanzung zu Tomaten und die Zwischensaat von Radies und Salat immer mehr durch.

Unter den Krankheiten dieser Kultur sind Pilzkrankheiten am störendsten. Frühzeitiges und mehrmaliges Besprühen des Bodens mit Schachtelhalmjauche ist deshalb notwendig. Die Blattfleckenkrankheit (*Septoria apii*) kann heute weitgehend durch Baden des Saatguts in Wasserglas vermieden werden. Dazu setzt man eine 3- bis 5prozentige Lösung an und taucht das Saatgut 15 bis 20 Minuten lang. Das Ganze wird dann über ein Haarsieb abgegossen und auf Filterpapier getrocknet. Mit Sand vermischt, läßt sich die Aussaat leichter bewerkstelligen. In der Regel ist dann ein mehrmaliges Überbrausen in den Pflanzkisten mit SPS-Lösung nicht mehr erforderlich. Außerdem ist auf widerstandsfähige Sorten sowie einen genügend weiten Abstand in der Fruchtfolge zu achten. Sellerie sollte erst nach vier Jahren wieder auf das gleiche Beet kommen.

Einer schwachen Entwicklung sowie einem Ausfaulen der Knolle von innen begegnet man mit Gaben von Korall-Algenkalk. Wachstumsstockungen und Kräuseln der Blätter lassen auf Blattwanzen schließen. Die sofort wirksamen Pyrethrum-Mittel können dann hilfreich sein. Guter Boden, eine harmonische Düngung mit reichlicher Wasserversorgung und gesundes Pflanzgut bieten die Gewähr, auch im Hausgarten eine befriedigende Selleriekultur zu erzielen.

Pastinake (*Pastinaca sativa*)

Das auch Welsche Petersilie, Hammel- oder Hirschmöhre genannte Wurzelgemüse zählt zu den Doldenblütlern und ist der Möhre in vielem ähnlich. Diese alte Kulturpflanze wurde schon von unseren Vorfahren gesammelt und ist als solche über Jahrhunderte bekannt. Ihr großer Wert für die menschliche und tierische Ernährung ist in ihrem reichen Gehalt an verschiedenen Mineral- und Wirkstoffen zu sehen.

Die Kultur der Pastinake im Garten ist sehr einfach. Man kann sie einjährig durch Aussaat im zeitigen Frühjahr oder zweijährig durch Ausbringen im Sommer heranziehen. Im ersten Falle erfolgt die Aussaat von März bis Mai mit einem Reihenabstand von 20 bis 30 cm. Leider ist die Keimkraft oft schlecht. Da die Keimdauer sechs bis acht Wochen beträgt, ist eine Zwischenkultur mit Radies, Gartenkresse oder Schnittsalat anzuraten. Die Pflegemaßnahmen bestehen im Vereinzeln auf 10 bis 15 cm und Offenhalten des Bodens durch wiederholtes Hacken. Bei anhaltender Trockenheit ist zu wässern. Eine Bodenbedeckung mit Mistkompost verträgt die Pastinake, im Gegensatz zur Möhre. Schwächere Wurzeln lassen sich bereits am Ende des Sommers im Haushalt verwenden. Die eigentliche Ernte findet im Spätherbst statt. Die Wurzeln werden im Keller in Sand eingeschlagen, können aber, da sie vollkommen frosthart sind, auch den Winter über im Boden bleiben. Diese Maßnahme ist bei Aussaaten im späten Frühjahr oder Sommer erforderlich. Letzter Erntetermin für beide Anbauformen ist der Zeitpunkt, wenn sich im Frühjahr die Blütenstengel zu entwickeln beginnen. Die Wurzeln werden dann hart und holzig und verlieren rasch an Wert. Analoge Erntetermine ergeben sich, wenn die Pastinakenwurzeln als Viehfutter Verwendung finden sollen. Ihre Verfütterung im Frühjahr ist hinsichtlich des großen Vitamingehaltes von Vorteil. Auch in der menschlichen Ernährung sollte diesem Wurzelgemüse wieder größere Beachtung geschenkt werden.

Möhre (*Daucus carota* ssp. *sativus*)

Im Hochsommer fallen auf trockenen Wiesen weiße Blütenschirme auf, die auf 30 bis 60 cm hohen Stengeln sitzen. Abends biegen sich die noch nicht voll entwickelten Blütenstände herab. Im älteren Stadium entfalten sich weiße, zusammengesetzte Dolden, in deren Mitte fast immer eine dunkelrote, verkümmerte Blüte zu sehen ist. Die Früchte sind mit Häkchen und Stacheln versehen und bilden innerhalb der Dolde eine vogelnestartige Vertiefung. Bei dieser Pflanze handelt es sich um die Wildmöhre, die durch Züchtung zu den heutigen Kulturformen entwickelt wurde.

Die Möhre hat die Fähigkeit, den Boden aufzuschließen. Sie zieht die Mineralstoffe gleichsam an sich und ist deswegen besonders empfindlich gegenüber jedweder Düngung. Ein sandiger Lehm mit gutem Humusgehalt bietet annähernd ideale Verhältnisse. Qualitativ gute Möhren wachsen auch auf nicht zu einseitigen Sand- und Tonböden, sofern sie nicht überdüngt sind. Zu schwere Böden lassen sich mit Sand verbessern.

Mangold.

Rosenkohl.

Fruchtfolge und Düngung. Möhren gedeihen am besten dort, wo keine unverrotteten organischen Substanzen im Boden vorhanden sind. Nur auf sehr armen Böden ist eine geringe Gabe gut verrotteten Kompostes möglich. Organischer Mischdünger mit Basaltmehl kann ebenfalls angewandt werden. Gerade durch zu reichliche Düngung tritt nicht selten die Möhrenfliege auf. Es ist nicht ganz leicht, in einem kleinen Hausgarten gesunde Möhren anzubauen, zumal die Möglichkeiten einer weiten Fruchtfolge beschränkt sind und Mitglieder der eigenen Pflanzenfamilie wie Sellerie, Petersilie und Fenchel nicht vorher angebaut werden sollten. Eine günstige Vorfruchtwirkung besitzen Getreide, Lauch, Bohnen oder Salat. Die Mischkultur mit Zwiebeln ist allgemein üblich, vermag aber auch keine groben Fehler im Anbau auszugleichen.

Aussaat. Die Möhre verlangt gut gelockerte Böden. Schwere sind im Herbst umzugraben. Auf leichten kann die Bearbeitung noch im Frühjahr erfolgen. Auf alle Fälle ist ein feines, abgesetztes Saatbett notwendig. Nicht alle Samen keimen, ältere werden am besten mit neuen gemischt. Der geübte Gärtner kann die Keimfähigkeit durch die Riechprobe feststellen. Etwas Möhrensamen wird in der Hand zerrieben. Der angenehme, frische Geruch nach Möhren zeigt noch brauchbare Qualität an. Das Einmischen von Radies- oder Salatsamen ist empfehlenswert, da sie schneller aufgehen und frühzeitiges Hacken erlauben.

Die Aussaatstärke richtet sich nach der Sorte, dem Boden und dem Verwendungszweck, die Saattiefe beträgt 1 bis 2 cm. Die feinen Samen verlangen einen guten Bodenschluß. Dies läßt sich durch Überwalzen oder Anklopfen mit einer Schaufel erreichen. Wurde das Beet vor der Saat mehrmals oberflächlich mit dem Rechen bearbeitet, bereitet das Unkraut keine große Mühe mehr. Wie bereits beschrieben, leistet auch das Abflammen gute Dienste.

Sorten. Die Wahl der geeigneten Sorte spielt im Möhrenanbau eine wichtige Rolle.

Frühe Möhren wie 'Gonsenheimer Treib', 'Amsterdamer Treib' und 'Marktgärtner Frühstamm' sind für den frühesten Anbau im Gewächshaus, im Frühbeet, im kalten Kasten oder unter Folie geeignet. Beim Heranwachsen muß gut gelüftet bzw. abgedeckt werden. Die Sorten reifen bald aus, bleiben aber relativ klein. Die Ernte beginnt Anfang Mai.

Mittelfrühe Möhren, wie 'Marktgärtner' oder 'Nantaise', eignen sich für den Fall, daß keine Möglichkeiten zum Verfrühen gegeben sind. Sie brauchen zwar etwas länger, werden dafür aber größer, ohne zu schießen oder zu platzen. Je nach Aussaatzeit werden mittelfrühe Sorten als Früh-, Sommer- oder auch als Lagermöhren (bis Weihnachten) behandelt. In reifem Zustand dürfen sie vor allem im Sommer nicht zu lange stehen bleiben, da sie sonst leicht aufreißen. Der letzte Satz kann im Oktober-November geerntet und kurz eingelagert werden. Er muß jedoch ausgereift sein, was an der Herbstfärbung des Laubs zu erkennen ist.

Späte Möhren sind für das Einlagern gedacht. Sie wachsen langsam und dürfen nicht zu spät gesät werden, da sie bis Oktober ausreifen sollen. Als Sorten empfehlen sich auf schweren Böden 'Rothild', auf leichten 'Lange rote Stumpfe'.

Pflege und Ernte. Mit dem Auftreten der Möhrenfliege muß ab Mitte Mai gerechnet werden. Als Abwehr- und Abschreckungsmittel dient das Pflanzenpräparat Etermut, dessen Wirkung jedoch nur einige Zeit anhält. Nach zwei bis drei Wochen sollte deshalb nachgestreut werden. Sind die Möhren etwa 8 bis 10 cm hoch, ist ein leichtes Anhäufeln der Erde sinnvoll. Die Fliege wird dadurch in der Eiablage gehindert. Man ist am ehesten dieser Sorge enthoben, wenn der Anbau in zugigem Gelände erfolgen kann. Warme Ecken und Mulden im Garten ziehen Schadinsekten besonders an. Das ist bei der Planung zu bedenken.

Eine gesunde Möhrenkultur im Hausgarten vom Frühjahr bis zum Herbst ist heute keine Selbstverständlichkeit mehr. Nur die konsequente Beachtung aller angeführten Maßnahmen ermöglicht es, auch im naturgemäßen Gartenbau zu den gewünschten Erfolgen und notwendigen Erträgen zu kommen.

	Reihenabstand	Saatzeit	Saatgutbedarf	Endabstand in der Reihe
Frühe Möhren	20 cm	Jan.–März	60–80 g/Ar	1 cm
Mittelfrühe Möhren	25 cm	März–Juni	50 g/Ar	1,5 cm
Späte Möhren	30 cm	April–Mai	30–40 g/Ar	2 cm

Schwarzwurzel (*Scorzonera hispanica*)

Sie gehört zur Familie der Korbblütler und ist in Europa beheimatet. Als Wildpflanze bereits bekannt, wurde die Wurzel gesammelt und als schmackhaftes Gemüse zubereitet. Wie viele Gewächse, fand auch die Schwarzwurzel erst im 16. Jahrhundert Eingang in die Klostergärten. Sie hat bis heute eine gewisse Sonderstellung behalten. Das mag mehrere Gründe haben. Die Kultur verlangt einen tiefgründigen, nicht zu schweren Boden. Der erste Aufwuchs braucht Zeit und verunkrautet leicht. Schließlich ist bei der Ernte besondere Vorsicht geboten. Nicht zuletzt bereitet die Zubereitung in der Küche einige Mühe.

Dennoch sollte die Schwarzwurzel in keinem Hausgarten fehlen. Ihr Geschmack ist aromatisch und sie bereichert die Speisekarte vom Herbst bis in das Frühjahr, wo andere Wurzelgemüse wie die Möhre oft nicht mehr in ausreichender Menge und Qualität zur Verfügung stehen.

Der Anbau ist relativ einfach, sofern die Bodenansprüche erfüllt sind. Fehlt die Tiefgründigkeit, dann ist eine ausreichende Lockerung des Untergrundes (notfalls Rigolen) im vorangegangenen Herbst erforderlich. Frische Düngung ist in jedem Falle zu vermeiden. Die Aussaat erfolgt im März 1 bis 2 cm tief, damit noch bis zum Herbst die Pfahlwurzel heranwachsen kann. Bei Aprilsaaten ist das in der Regel nicht mehr der Fall. Der Reihenabstand beträgt 25 bis 30 cm, in der Reihe wird auf 5 cm vereinzelt. Die Wurzel kann den Winter über im Boden bleiben, sie ist winterhart. Erst im folgenden Frühjahr wird sie zum unmittelbaren Verbrauch herausgenommen.

Bei der Ernte, ob im Herbst oder im Frühjahr, ist zu beachten, daß die Wurzeln leicht abbrechen. Man

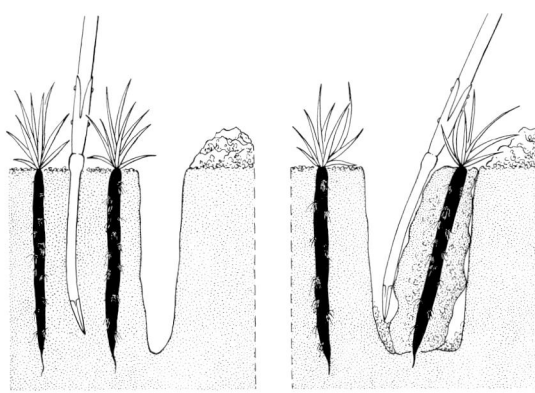

Zur Schwarzwurzelernte öffnet man erst einen Graben, in welchen die Erdscholle mit der Wurzel hineingedrückt wird. Die lange Wurzel läßt sich dadurch leicht aus der gelockerten Erde herausziehen, ohne dabei abzubrechen.

hebt deshalb vor der ersten Reihe einen spatentiefen Graben aus und gewinnt damit Platz, um die Wurzeln vorsichtig herausdrücken zu können.

Die Familie der Kreuzblütler

Die Familie der Cruciferae umfaßt etwa 1500 Arten, die selbst für den Spezialisten nicht immer leicht zu unterscheiden sind. Vertreter dieser Familie treten im Garten nicht nur als lästiges Unkraut wie Hederich oder Hirtentäschel auf, sondern finden z. B. auch als bodenaufbauende Gründüngungspflanzen (Gelbsenf und Ölrettich) Verwendung. Die Kreuzblütler versorgen den Menschen das ganze Jahr hindurch mit einer Vielzahl von Gemüsearten. Diesem kaum überschaubaren Artenreichtum liegt ein ungewöhnliches Wachstumspotential zugrunde, das sich einmal in einer sehr hohen Samenproduktion darstellt. Man hat ausgerechnet, daß ein Hirtentäschel 64 000 Samen im Jahr hervorbringen kann. Zum anderen läßt sich bei Kruziferen durch gezielte Züchtung ein besonderer Arten- bzw. Formenreichtum entwickeln. Dies beweist ein Blick auf die verschiedenen Gemüsearten dieser Familie.

Bei Rettich und Radieschen spielt sich der »Fruchtbildungsprozeß« noch ganz im Bereich der Wurzel ab. Bei der Kohlrübe ragt der Fruchtkörper schon erheblich mehr aus der Erde heraus, während beim Kohlrabi der gleiche Prozeß in den gestauchten und zu einer Knolle umgebildeten Sproß verlegt ist. Beim Markstammkohl umfaßt er den langen, dickfleischigen Stengel, den Grünkohl erkennt man an den stark gekrausten und gezackten Blättern. Die Knospen in den Blattachsen werden im Rosenkohl zu kleinen, festen Köpfen, den Rosen, umgeformt. Große Blattmassen schließen sich zu festen Köpfen zusammen, die beim Rotkohl größte Härte erlangen können. Der Kreis kohlartiger Nahrungspflanzen schließt sich mit dem Blumenkohl, bei dem die »Fruchtbildung« in den Blütenbereich verlagert wurde. Als weiterer Vertreter dieser Familie denke man noch an den Goldlack, der durch Farbtiefe und intensiven Duft seiner Blüten besticht.

Rettich und Radies (*Raphanus sativus* var. *niger, Raphanus sativus* var. *sativus*)

Der Rettich gehört zu den ältesten Kulturpflanzen überhaupt. Bereits beim Bau der Pyramiden sollen ihn die Arbeiter verzehrt haben. Die Rettichrübe gilt als geschätzte Zukost, deren Geschmack vom Gehalt bestimmter Senföle herrührt und der vom Gärtner bis zu einem gewissen Grade durch Pflegemaßnahmen und Wassergaben beeinflußt werden kann. Der Boden sollte humusreich und tiefgründig sein. Auf schweren, tonigen Böden wird die Rübe schlecht ausgeformt und bekommt einen bitteren Geschmack. Auf mageren Sanden schießt der Rettich leichter und wird pelzig. Frischen Dung verträgt er wegen der Rettichfliege absolut nicht und ist damit ein typischer Vertreter der zweiten Tracht. Leichte Gaben eines organischen Mischdüngers können gegebenenfalls notwendig sein. Die Kultur läßt sich oft dort durchführen, wo gerade ein Beet freigeworden ist. Rettich ist als Vor- und Nachkultur immer geeignet.

Im Anbau ist zwischen Treib-, Sommer- und Herbstrettich zu unterscheiden. Die Frühtreiberei unter Glas beginnt bereits im Januar. Die Aussaat im Freiland erfolgt in günstigen Lagen bereits im März. Sommerrettiche werden von April bis Juli gesät, der Termin für die Herbstkultur liegt zwischen Juli bis spätestens Mitte August. Der Reihenabstand beträgt 20 bis 25 cm, in der Reihe wird oft einzeln gelegt (»gestupft«) und je nach Rübengröße auf 8 bis 12 cm vereinzelt. Die Kulturdauer beträgt bis zur Reife sechs bis acht Wochen. Folgeaussaaten sind angebracht. Die Pflege der Rettiche ist für den nahezu problemlos, der regelmäßiges Hacken und tüchtiges Gießen nicht scheut.

Und noch ein Hinweis: Herbstrettiche sollte man nicht zu spät ernten, sondern vielmehr rechtzeitig in Sand einschlagen. So kann man Geschmacksverluste vermeiden.

Das Radieschen oder der Monatsrettich besitzt viele Eigenschaften des Rettichs und kommt in den verschiedensten Zwischenformen vor. Die Rübe ist entweder rund und intensiv rot oder weiß und zylinderförmig und bleibt wesentlich kürzer als der Rettich. Radies sind Flachwurzler und verlangen einen humosen Boden in absolut sonniger Lage. Im Schatten bilden sie Kraut, aber keine Knollen, auf armen Böden entwickeln sich Schosser und minderwertige Qualitäten. Sie vertragen ebenfalls keinen frischen Dung. Wie kaum eine andere Kultur eignen sich Radies zur Zwischenpflanzung und als Vor- oder Nachkultur. Wie der Name Monatsrettich sagt, benötigen sie im Sommer nur vier Wochen zur Reife, bei Aussaaten im zeitigen Frühjahr sind es fünf bis sechs Wochen. Der Anbau kann von Februar bis September erfolgen, wobei die ersten Freilandsaaten – ab März möglich – oft wegen der Erdflöhe nicht gelingen. Diese Schädlinge kann man zwar mit Pyrethrum-Mitteln bekämpfen, vertreibt damit aber auch nützliche Insekten. Schnelle Abhilfe schafft der kalte Kasten, in dem auch Februarsaaten zur Zufriedenheit gedeihen. Wenn auch Folgesaaten grundsätzlich immer vorgenommen werden können, sind die Wochen im Hochsommer für eine Kultur wenig geeignet. Die Radieschen schießen besonders schnell und werden leicht holzig. Nur bei ausreichender Bodenfeuchte und regelmäßigem Gießen bleibt die Frucht zart und saftig. Der Reihenabstand beträgt im Freiland 10 bis 20 cm, unter Glas etwa 10 cm; vereinzelt wird auf 5 bis 8 cm, da zu enger Stand die Ausbildung der Rübe beeinträchtigt. Sind die Bedingungen günstig, werden Radies wenig Mühe bereiten und bei rechtzeitiger Ernte auch im Geschmack befriedigen. Radies dürfen auf den Beeten niemals alt werden.

Kohlrabi (Brassica oleracea var. gongylodes)

Dieses begehrte Gemüse läßt sich vom zeitigen Frühjahr an unter Glas und bis in den Herbst hinein im Freiland kultivieren. Kohlrabi ist gleichsam eine »Universalkultur«, die sich nicht nur als Vor- und Nachkultur, sondern auch als Zwischenpflanzung einsetzen läßt. Obwohl eine Brassica-Art, stellt sie nicht die hohen Ansprüche an Boden und Düngung wie die Krautgewächse, sondern gibt sich auch mit einem Standort in zweiter Tracht zufrieden.

Die blauen Sorten sind den weißen vorzuziehen. Sie wachsen zwar etwas langsamer und brauchen dadurch in ihrer Entwicklung einige Tage mehr, sind dafür aber widerstandsfähiger gegen Wachstumsstockungen und faulen nicht so leicht. Die weißen Sorten werden zudem schneller holzig. Empfehlenswert sind für Frühjahrs- und Sommerkulturen die Sorten 'Roggli blau' und 'Azur Star', für Sommer und Herbst 'Blusta' und 'Blauer Speck'.

Hinsichtlich der Düngung ist der Kohlrabi in etwa wie der Salat zu behandeln. Auch als Folgekultur, z. B. nach Lauch, bringt er noch gute Ernten. Wie bei allen Kohlarten ist die Anzucht gesondert vorzunehmen. Beim Auspflanzen muß sich der Sproß, an dem einmal die Knolle heranreifen soll, stets über der Erde befinden.

Da sich auch die unempfindlicheren, blauen Sorten nur beschränkt halten lassen, sind mehrere Sätze im Jahr erforderlich. Die erste Anzucht erfolgt unter Glas im Februar. Der Hausgärtner wird sich die Pflanzen am besten beim Gärtner kaufen. Ausgepflanzt wird im April. Nach guter Anzucht (»Wärmepuffer«) übersteht die Kultur bis minus 3 °C. Reihen- und Pflanzabstand der frühen Sorten betragen 25 auf 25 cm, bei Zwischenpflanzungen richtet man sich nach der Hauptkultur. Der zweite Satz kommt nochmals in den kalten Kasten oder ab Ende April auf das Saatbeet ins Freiland.

Letzte Aussaaten der Sorte 'Blauer Speck' erfolgen Ende Juni. Der Abstand bei späten Kulturen sollte etwa 40 × 30 cm betragen. Von der Pflanzung bis zur Ernte benötigen Frühsorten etwa acht, spätere sechs bis sieben Wochen. Besitzt der Hausgärtner eine Gefriertruhe, läßt sich Kohlrabi, blanchiert in die Kühltruhe gegeben, ausgezeichnet konservieren.

Kopf-, Rosen-, Blumenkohl, Brokkoli (Brassica oleracea var. capitata, B. oleracea var. gemmifera, B. oleracea var. botrytis, B. oleracea var. italica)

Die Wildformen der heutigen Kohlgemüse, die mehr als 30 Arten umfassen, reichen von Ost- und Mittelasien bis nach Westeuropa. Das Genzentrum (S. 136) liegt offenbar im Mittelmeergebiet, dem Bereich der alten europäischen Kulturen. Bereits im griechischen und römischen Altertum zählten die Kohlgemüse zu den gängigen Kulturpflanzen. Nur Blumen- und Rosenkohl sind verhältnismäßig jung.

Kohl ist in der Regel eine Zweijahrespflanze, die im ersten Jahr die Pflanzenmasse aufbaut, welche schließlich als Gemüse verzehrt wird. Erst im zweiten Jahr kommt sie zur Blüten- und Samenbildung. Eine Ausnahme stellten früher Blumenkohl und der Brokkoli dar, die im ersten Jahr bis zur Samenreife gelangen. Inzwischen existieren auch zweijährige Sorten.

Oben: Weißkraut.
Unten: Brokkoli.

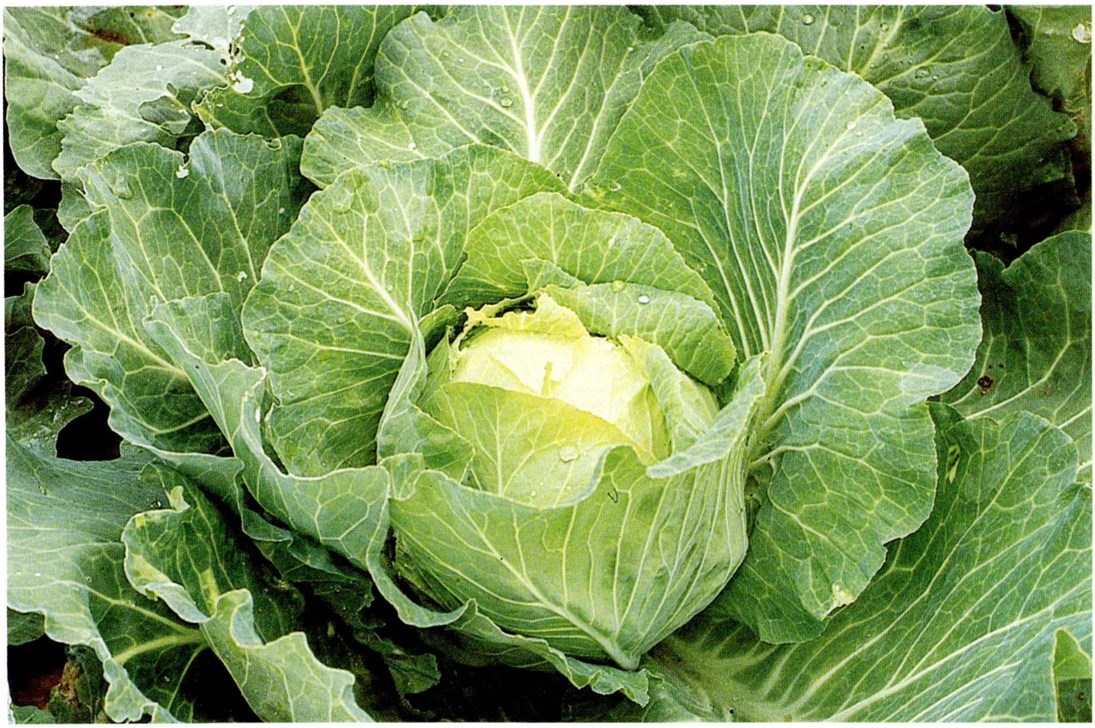

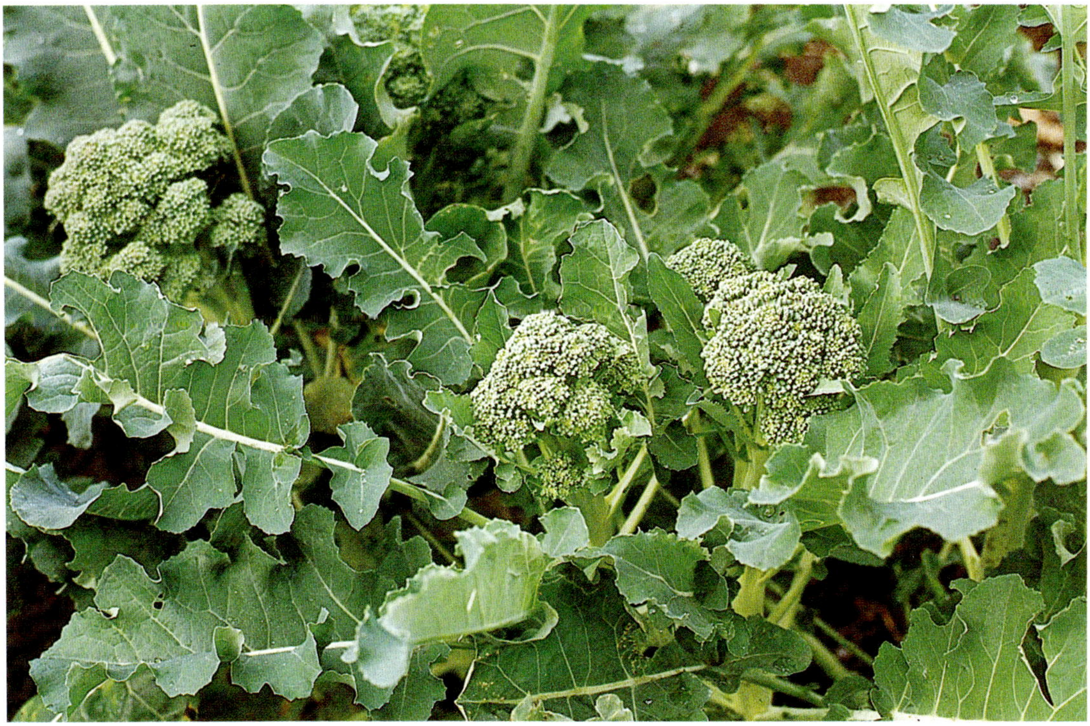

Weißer Kohlrabi.

Die Kohlarten zeichnen sich durch ein starkes Wurzelwachstum mit vielen Nebenwurzeln und einem dichten Filz von Wurzelhaaren aus. Wirsing, Weißkraut und Blattkohl entwickeln noch in 1 m Tiefe ein dichtes Wurzelnetz, um die Nährstoffe und Wasser der tieferen Bodenschichten ausnutzen zu können. Alle Kohlarten benötigen einen großen Bodenraum und stellen hohe Ansprüche an die Bodenfeuchtigkeit. Deshalb liegen die bevorzugten Anbaugebiete im nördlichen Küstenbereich mit seiner ständigen hohen Luftfeuchtigkeit. Auch Teile Bayerns und die Fildern um Stuttgart sind altbekannte Anbaugebiete. Der Wärmebedarf der Kohlarten ist im allgemeinen gering. Nur Blumenkohl und die feinen Kohlrabisorten sind anspruchsvoller; am genügsamsten ist der Grünkohl. Der Lichtbedarf dieser Kulturpflanzen ist dagegen als hoch einzustufen. Die Kopfbildung setzt jedoch erst verstärkt ein, wenn die kühlen Nächte beginnen, die Sonne im Jahreslauf also sinkt.

Fruchtfolge. Nur alle drei bis vier Jahre sollten Kohlarten auf dem gleichen Beet stehen. Das betrifft be-

sonders Blumenkohl, Rosenkohl, Grünkohl, Wirsing und Kohlrüben. Als Vorfrucht haben sich alle Arten von Hülsenfrüchten wie Erbsen oder Bohnen bewährt.

Bodenansprüche. Tiefgründige, mittelschwere, humusreiche Lehm- und Tonböden mit einer Reaktion von etwa pH 7 werden bevorzugt. Saure Böden verursachen eine Schwächung des Wachstums und führen zur Anfälligkeit gegenüber pflanzlichen und tierischen Schädlingen. Die Frühsorten sind für leichteren bis mittelschweren Boden geeignet, während Spätsorten auf mittleren bis schweren Böden angebaut werden sollten.

Düngung. Organische Düngung wird von allen Kohlarten gut ausgenützt. Sie eignen sich für die erste Tracht auf gut verrottetem Stallmistkompost. Zu frischer Stallmist begünstigt einen erhöhten Kohlfliegenbefall. Die Harmonie der Nährstoffe, wie sie im präparierten Kuhmist vorliegt, ist besonders für die Blattkohlarten wichtig. Blumenkohl und Brokkoli reagieren gut auf eine Beigabe von Geflügelmist. Als Kopfdüngung haben sich Brennesseljauche in einer Verdünnung von 1:5, Algifert, Polymaris und Oscorna-Pflanzenstärkung bewährt.

Bodenbearbeitung. Kohlarten sind ausgesprochene Hackfrüchte. Krusten und Trittverdichtungen sollten sofort gelockert werden. Mehrmaliges, flaches Bearbeiten fördert die Wuchsfreudigkeit und verhindert den Aufwuchs von Unkraut. Mulchen z. B. mit Grasschnitt hat sich vielerorts bewährt.

Präparate. Mit der Einarbeitung der Herbst- oder Frühjahrsdünger gibt man am Nachmittag Hornmistpräparat zur allgemeinen Bodenbelebung. Vor oder kurz nach der Pflanzung erfolgt eine weitere Gabe. sechs bis acht Wochen danach wird zum ersten Mal mit Hornkiesel gespritzt und zwar in den frühen Morgenstunden. Es ist vorteilhaft, etwa zwei bis drei Wochen vor dem Erntebeginn das Kieselpräparat nachmittags zu geben. Durch diese Maßnahmen wird das Aroma und der Trockensubstanzgehalt wesentlich gesteigert. Dies hat auch eine günstige Wirkung auf die Lagerfähigkeit.

Anzucht. Als Saaterde verwendet man gut verrottete Kompost- und Mistbeeterde. Für die Aussaatzeiträume kann man sich anhand der Tabelle über den »Anbau der Kohlarten im Jahreslauf« orientieren. Nach der Aussaat beugt man durch Gießen mit Schachtelhalmtee in der Verdünnung 1:5 gegen Pilzkrankheiten vor. Die Anzucht der Jungpflanzen, besonders der frühen Kohlrabi sollte bei Temperaturen von 16 bis 18 °C erfolgen, um ein späteres Schossen zu verhindern.

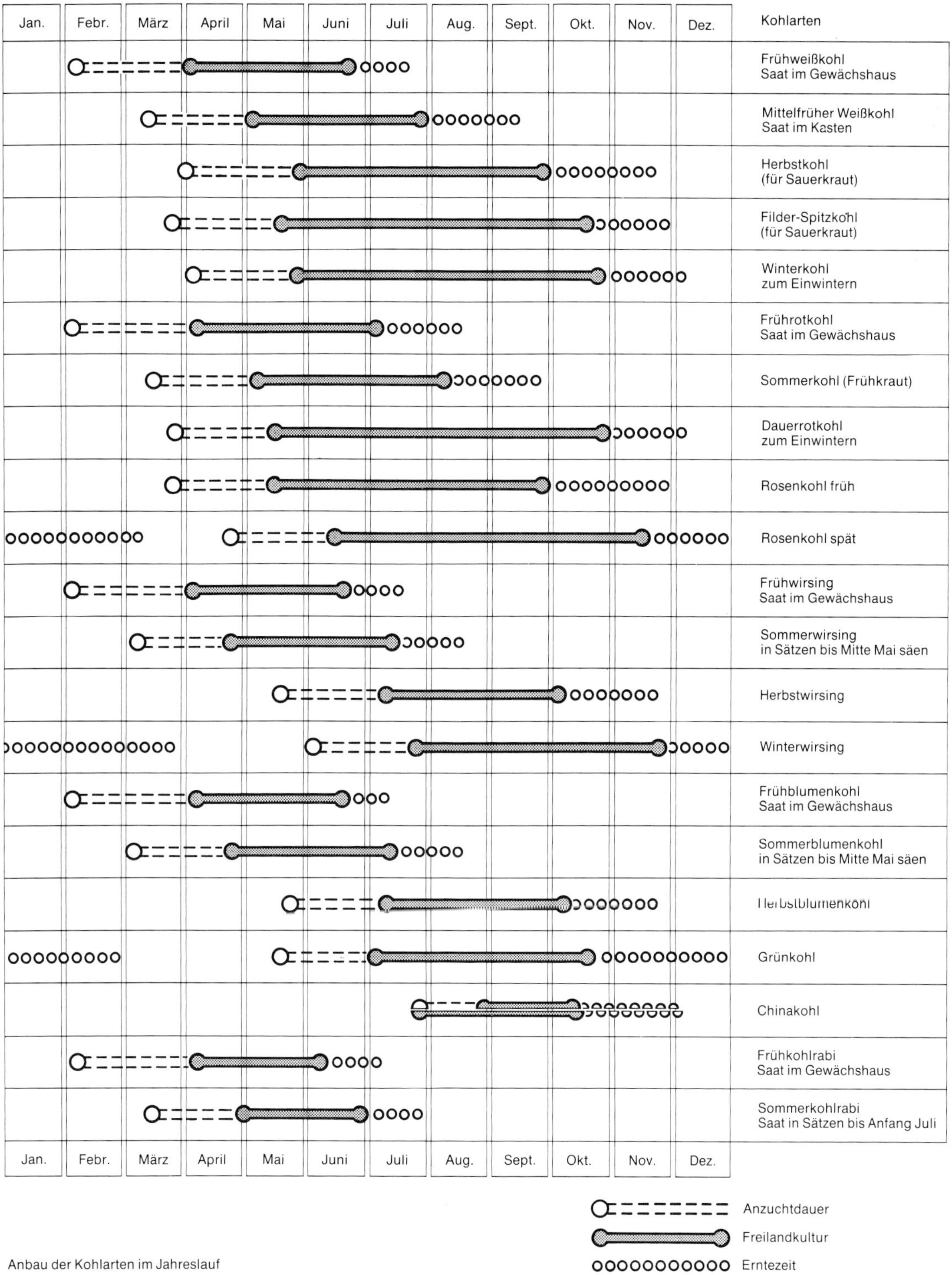

Jan.	Febr.	März	April	Mai	Juni	Juli	Aug.	Sept.	Okt.	Nov.	Dez.	Kohlarten
												Frühweißkohl Saat im Gewächshaus
												Mittelfrüher Weißkohl Saat im Kasten
												Herbstkohl (für Sauerkraut)
												Filder-Spitzkohl (für Sauerkraut)
												Winterkohl zum Einwintern
												Frührotkohl Saat im Gewächshaus
												Sommerkohl (Frühkraut)
												Dauerrotkohl zum Einwintern
												Rosenkohl früh
												Rosenkohl spät
												Frühwirsing Saat im Gewächshaus
												Sommerwirsing in Sätzen bis Mitte Mai säen
												Herbstwirsing
												Winterwirsing
												Frühblumenkohl Saat im Gewächshaus
												Sommerblumenkohl in Sätzen bis Mitte Mai säen
												Herbstblumenkohl
												Grünkohl
												Chinakohl
												Frühkohlrabi Saat im Gewächshaus
												Sommerkohlrabi Saat in Sätzen bis Anfang Juli
Jan.	Febr.	März	April	Mai	Juni	Juli	Aug.	Sept.	Okt.	Nov.	Dez.	

Anbau der Kohlarten im Jahreslauf

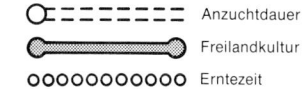

Anzuchtdauer
Freilandkultur
Erntezeit

Die Jungpflanzen dürfen nie ballentrocken werden. Ausgepflanzt wird möglichst dann, wenn der Boden in 20 cm Tiefe eine Temperatur von 6 °C hat. Je nach Lage ist dies ab März oder April der Fall. Gute Wurzelballen schützen vor Kälterückschlägen. Die Jungpflanzen werden schließlich bis zu den ersten Blättern in den Boden gesetzt.

Sollte eine Kohlkultur z. B. durch Trockenheit in Verzug gekommen sein, kann Brennesseljauche rasch Abhilfe schaffen. Sie wird entweder als Dungguß im Wurzelbereich oder als reine Spritzung aus frischem Brennesselwasser ausgebracht. Die Durchführung erfolgt jeweils am Nachmittag.

Lagerung. Kraut kann man gut für den Winter einlagern. Die Möglichkeiten wurden bereits angesprochen.

Krankheiten und Schädlinge. Die Kohlhernie, auch »Klumpfußkrankheit« genannt, ist besonders auf leichten Böden eine weit verbreitete Krankheit. Die Erreger sind Schleimpilze, die vom Boden her in die Wurzeln eindringen und geschwulstartige Auftreibungen verursachen. Dieselben zerfallen im Herbst, womit das Erdreich dann auf vier bis sechs Jahre mit Sporen verseucht ist. Wichtigste Gegenmaßnahme ist die Aufkalkung des Landes auf pH 7,5 bis 8, das vertragen die Sporen nicht. Die Beschaffung einwandfreier Erden, ganz gesundes Pflanzgut und eine weitgestellte Fruchtfolge sind weitere Notwendigkeiten. Nach einem Befall ist die Kultur erst nach sieben Jahren wieder auf das gleiche Beet zu bringen. Befallene Pflanzen sind zu vernichten.

Die Larve der Kohldrehherzmücke, einer Gallmückenart, verursacht das Drehen der Herzblätter und verhindert die Kopfbildung. Der Befall tritt Ende Mai bis Anfang Juni ein. Beste Bodenbearbeitung und gut verrotteter Dünger, Verwendung von Steinmehlen sowie eine weitgestellte Fruchtfolge sind vorbeugende Maßnahmen. Dazu sollten die Anzuchtbeete nicht im Schatten liegen. Bei drohendem Befall mehrmals in kurzen Abständen Artanax oder Pyrethrum-Mittel auf die Pflanzen sprühen.

Von der Kleinen und Großen Kohlfliege ist besonders erstere *(Hylemya brassica)* ein gefürchteter Schädling der Kohlarten. Die kleine Kohlfliege ähnelt der Stubenfliege und legt ihre Eier Ende April bis Anfang Mai am Wurzelhals der Pflanzen in den Boden ab. Die Maden zerfressen Wurzeln und Stengelhals, was zum Absterben der Gewächse führen kann. Meistens ist nur die erste Generation gefährlich. Blumenkohl wird besonders heimgesucht. Die Setzlinge sind in gefährdeten Lagen besonders früh oder spät zu pflanzen, tief zu setzen und leicht anzuhäufeln.

Liebstöckel als Vergrämungsmittel zwischen die Reihen gelegt, wiederholtes Stäuben mit Algenkalk oder Basaltmehl und Verwendung von Spruzit-Staub schützen die Pflanzen. Die Mischkultur mit Tomaten wirkt sich ebenfalls günstig aus.

Die Große Kohl- oder Rettichfliege *(Hylemya floralis)* ist weniger gefährlich und wie ihre Artgenossin zu bekämpfen. Die Verwendung von frischem oder rohem Dung ist in jedem Falle zu vermeiden.

Der bekannte Kohlweißling, ein Falter, legt fast den ganzen Sommer hindurch seine goldgelben Eier an die Blattunterseiten der Kohlgewächse. Die Raupen verursachen Fraßschäden und die Verschmutzung der Kultur. Die Falter sind zunächst mit Teeaufgüssen zu vergrämen. Im Jugendstadium der Raupen werden das Bakterienpräparat *Bacillus thuringiensis* oder ein Pyrethrum-Mittel in starker Konzentration versprüht.

Brokkoli auch Spargelkohl genannt, ist dem Blumenkohl nahe verwandt. Anstelle der weißen entwickeln sich grün-violette Blumen, die keinen Sonnenschutz erfordern. Man erntet den Hauptsproß, wenn die einzelnen Knospen gut entwickelt sind. Die gelben Blüten dürfen noch nicht aufgegangen sein. Damit ist die Ernte jedoch nicht beendet. Nunmehr beginnen die Seitentriebe, die fortlaufend mit den etwa 10 cm langen Stielen geerntet werden können, zu wachsen. Zubereitet wird Brokkoli wie Blumenkohl. Der Geschmack ist kräftiger, der Nährstoffgehalt etwas höher.

Im Anbau ist wie bei Blumenkohl zu verfahren: Aussaat Ende Februar in den Kasten, ab Ende März in das Anzuchtbeet im Freiland. Zwei bis drei Sätze lassen sich anbauen. Der letzte folgt spätestens Anfang Juni. Die Standweite nach dem Verpflanzen liegt etwa bei 50 × 40 cm. Wie alle Kohlarten verlangt auch Brokkoli einen gut gedüngten Boden und ausreichende Wassergaben. Schattenspendende Hecken fördern das Gedeihen. Die Schädlinge sind bei Brokkoli die gleichen wie bei den anderen Kohlarten. Der Grad des Befalls ist jedoch nicht so hoch. Gegebenenfalls gelten die gleichen Schutzmaßnahmen wie für das übrige Kohlgemüse.

Küchen- oder Speisezwiebel *(Allium cepa)*
Als eines der ältesten Kulturgewächse der Erde wuchs die Zwiebel bereits im Nilschlamm. Wie Knoblauch, Schnittlauch, Lauch und andere gehört sie zur Familie der Liliengewächse (Liliaceae) und damit zu den Monokotyledonen (Einkeimblättrige). Ihr Sproß ist extrem gestaucht und bildet eine Schei-

Zwiebeln werden gesteckt.

be, von der die Blatt- und Wurzelentwicklung ausgeht. Man bezeichnet sie auch als Zwiebelboden oder Zwiebelkuchen. Auf der Zwiebelscheibe sind die am Grund verdickten Blätter oder Schalen übereinandergreifend angeordnet. Die Zwiebel bildet beim Schossen einen blattlosen Stiel, der die Blütenstände trägt. Dennoch ist für die meisten *Allium*-Arten die vegetative Vermehrung charakteristisch. Knoblauch zeigt dies deutlich. Mehrere Tochterzwiebeln werden von einer gemeinsamen Hülle umgeben. Sie stammt von der Mutterzwiebel, die während der Neuanlage der Tochterzwiebel geschrumpft und abgestorben ist.

Die Kultur verdankt ihre Bedeutung den ätherischen Ölen, die in der ganzen Pflanze, besonders aber im unteren Teil, enthalten sind. Die Zwiebel ist ein stark wasserhaltiges Organ, Verhärtung oder Verholzung tritt wie bei allen Liliengewächsen nicht auf.

Als bester Boden gilt fest und gut gelagerter schwacher Löß. Ein schwerer und tonhaltiger Boden beeinträchtigt die Haltbarkeit und zu sandige Böden lassen den notwendigen Ertrag nicht zu. Ausreichend Sonne fördert das Wachstum, ausreichend Wasser während der Hauptwachstumszeit darf ebenfalls nicht fehlen.

Düngung. Ausgewogenheit verdient auch bei der Düngung besondere Beachtung. Neben einem ausgereiften Kompost kommt, sofern noch erforderlich, phosphorhaltiger Hühnerdung oder Peru Guano den Ansprüchen der Zwiebel besonders entgegen.

Vermehrung. Die Küchenzwiebel wird ausschließlich durch Samen vermehrt. Möglich ist die ein- und zweijährige Kultur. Letztere führt zunächst zur Gewinnung von Steckzwiebeln, die während des Winters gelagert werden. Die gängigste Sorte ist nach wie vor 'Stuttgarter Riesen'. Im März werden die kleinen Zwiebeln gesteckt, d. h. nur leicht in den Boden gedrückt. Die Termine nach Thun sind besonders zu beachten, damit ein »Herausspringen« vermieden wird. Der Reihenabstand beträgt 30 cm, in der Reihe 5 cm. Als Langtagpflanze hat die Zwiebel das Wachstum um Johanni abgeschlossen. Vom Umtreten der Schlotten ist man heute abgekommen. Die Haltbarkeit fördert man am besten, wenn die Zwiebeln mit einer Grabgabel aus der Erde herausgehoben werden und noch einige Tage, trockenes Wetter vorausge-

Aufbereitete Frühjahrszwiebeln.

setzt, auf dem Beet liegenbleiben. In Zöpfen aufgehangen oder lose gelagert, verlangen sie einen kühlen, aber frostfreien Raum. So sind sie bis in das nächste Jahr hinein haltbar.

Einjahreskultur. Wo günstige Klimaverhältnisse eine Überwinterung im Freiland zulassen, wird bei der Einjahreskultur Mitte August direkt ins Freie gesät. Sonst benützt man das Frühbeet mit leichtem Winterschutz. Von dort kann man im März auf ein Gartenbeet pflanzen. Im gleichen Monat erfolgt auch die Frühjahrssaat direkt auf das Land. Bei zu dichtem Stand wird auf ca. 5 cm vereinzelt, wie sich überhaupt die Zwiebelgröße durch mehr oder weniger großen Abstand, ganz dem Klima und jeweiligen Bodenverhältnissen entsprechend, regulieren läßt.

Werden die für den Zwiebelanbau notwendigen Grundbedingungen beachtet, ist schon viel gegen Pilz- und Insektenbefall getan. Anfällig ist in der Regel nur die einjährige Kultur. Besonders der Falsche Mehltau kann den Aufwuchs bei feuchter Witterung empfindlich schädigen.

Vorbeugende Gaben von Schachtelhalmtee oder -jau-che sind deshalb notwendig. Einem Insektenbefall wirkt die Mischkultur mit Möhren entgegen. Das Hornkieselpräparat ist bei einer Licht und Wärme liebenden Frucht besonders wirksam; es fördert die Reife und Haltbarkeit.

Schalotte.

Wie der lateinische Name *Allium ascalonicum* aussagt, brachte man die Schalotte oder den Eschlauch frühzeitig mit der Stadt Askalon im vorderen Orient in Verbindung. Ihr Anbau wurde im vorderen Orient schon im Altertum wegen ihres charakteristischen Aromas betrieben.

Heute sind vornehmlich gelb oder rötlich gefärbte Sorten auf dem Markt. Erstere wurden hauptsächlich in Holland kultiviert. Virusfreie Ware war stets ein besonderes Anliegen.

Als »Deutsche Schalotten« wurden in der Regel die rötlichen Sorten bezeichnet. Soweit bekannt, kamen sie als Importe aus Rußland und zeichnen sich durch eine feste Zwiebel aus. Sie gedcihen sehr gut auf Sandböden.

Die Kultur verträgt keinen frischen Dünger; kleinere Gaben von verrottetem Vogeldung (Guano oder Hühnermist) können dagegen verabreicht werden. Dabei ist zu bedenken, daß die Schalotte anfällig für Virosen und Grauschimmel (*Botrytis*) ist. Dies mag auf die ständige vegetative Vermehrung zurückzuführen sein.

Die Brutzwiebeln lassen sich in günstigen Lagen schon im September-Oktober stecken. Gegebenenfalls ist ein Frostschutz notwendig. Sicherer ist das Ausbringen im März. Die Pflanzweite beträgt im allgemeinen 20 × 15 cm.

Winterheckzwiebel.

Diese Zwiebelart *(Allium fistulosum)* ist in Sibirien beheimatet und hat ihren festen Platz in den Hausgärten verloren, zumal weniger die Frucht als die aromatischen Schlotten als vitaminreiche Kost im Winter begehrt waren. Ähnlich der Schalotte erfolgt das Stecken im Frühherbst. Die Zwiebel bleibt dann den Winter über im Freien stehen. Alle zwei bis drei Jahre wird die Kultur umgepflanzt. Man teilt die am stärksten bestockten Büsche in einzelne Zwiebeln auf, liest die schönsten und kräftigsten aus und pflanzt sie wieder Anfang August in 30 cm Abstand.

Knoblauch (*Allium sativum*)

Ein naher Verwandter des Lauchs ist der Knoblauch. Bei ihm kann es zu keiner Schaftbildung kommen, da sofort die Zwiebel angelegt wird. Aus jedem Internodium des Zwiebelkuchens entwickelt sich eine kleine Zwiebel, die Zehe. Die Frucht setzt sich aus den Zehen zusammen. Das Stecken erfolgt im April, Reihenabstand etwa 20 cm, in der Reihe 15 cm. Die Kultur verlangt gute und warme Böden mit leichter

Düngung im Vorjahr und ist deutlich anspruchsvoller als die Küchenzwiebel. Dafür ist der Geschmack nicht jedermanns Sache, was dem Anbau deutliche Grenzen setzt.

Porree (*Allium porrum*)

Der Porree oder Lauch nimmt unter den *Allium*-Arten eine Sonderstellung ein. Während Zwiebel und Schalotte tiefes Setzen nicht vertragen und lieber Luft und Sonne ausgesetzt sind, ist der Porree auf eine größere Pflanztiefe angewiesen. Nur so liefert er den langen, unten weißen Schaft. Lauch gibt es als Sommer-, Herbst- und Wintersorten. Der Sommerporree ist rasch wachsend und bringt beachtliche Erträge, muß jedoch, das gilt auch für den Herbstlauch, bis zum Eintritt stärkerer Fröste geerntet sein. Beide lassen sich aber auch frostsicher einschlagen und können dann im Winter verwandt werden. Als besonders geeignet haben sich die Sorten 'Titan', 'Langschaft-Riese' und 'Elefant' erwiesen. Die Kultur verträgt eine kräftige, leicht triebige Düngung, wobei auch gelegentliche Dunggüsse das Wachstum nachhaltig fördern können.

Im allgemeinen wird man die Pflanzen unter Glas heranziehen, wobei die Aussaat Anfang März erfolgt. Von Mai bis Juni pflanzt man aus. Im April wird ins Freiland gesät. Der Reihenabstand beträgt 30 cm, in der Reihe 15 bis 20 cm. Frühpflanzungen vertragen einen weiteren Abstand, späte Kulturen sollten enger gestellt werden. Mit einem Rechenstiel werden bis zu

Der Lauch wird in Rillen gesetzt, eingeschwemmt und immer wieder angehäufelt. Nur so bekommt er einen langen und kräftigen Schaft.

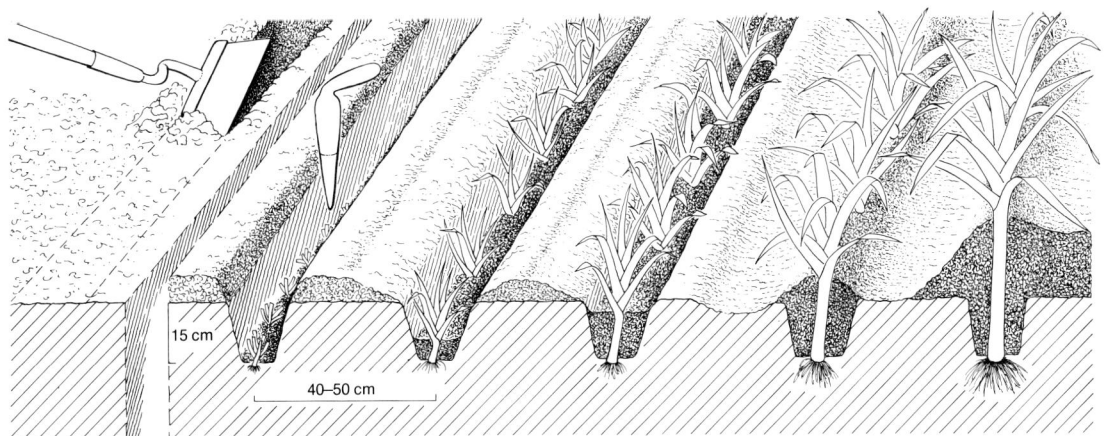

15 cm

40–50 cm

Lauchernte im Herbst.

20 cm tiefe Löcher in das Beet gestoßen oder ebenso tiefe Gräben mit der Hacke gezogen. Dort werden die Setzlinge eingepflanzt und leicht eingeschwemmt. Weder Blatt noch Wurzeln sind zu beschneiden, wie diesbezügliche Versuche immer wieder ergeben haben. Hackarbeiten und Regengüsse ebnen nach einiger Zeit die Gräben oder Pflanzlöcher ein. Nachfolgendes Anhäufeln fördert das Wachstum und die Ausbildung des weißen, kräftigen Schaftes. Die Wintersorten wie 'Blaugrüner Winter' können bei Frosteintritt ausgegraben werden, halten aber auch unter der Schneedecke den Winter über im Freien durch. Lediglich starke Kahlfröste vernichten die Kultur.

Krankheiten und Schädlinge. Die Zwiebelgewächse sind allgemein recht robust. Anbaufehler können jedoch Krankheiten und Schädlingsbefall begünstigen. Dem Falschen Mehltau bei Zwiebeln ist mit konsequenter Anwendung von Schachtelhalm-Brühe zu begegnen. Die Zwiebelfliege tritt im Wurzelbereich der Bäume und in Schattenlagen besonders gerne auf. Solche Standorte sind deshalb zu meiden. Die Misch-

kultur mit Möhren kann manchen Schaden verhindern, ebenso das Bestäuben der Kultur mit Gesteinsmehl oder die Verwendung von Pyrethrum-Mitteln (Staub).

Ähnliches gilt für die Lauchmotte. Sie verursacht einen Fensterfraß. Die befallenen Blätter sehen weißlich aus und knicken um. Die Larven sind relativ einfach mit der Hand abzudrücken, die Blätter anschließend zurückzuschneiden. Da sie rasch wieder nachtreiben, erübrigt sich meist der Einsatz von Pyrethrum.

Spargel (*Asparagus officinalis*)

Der Spargel ist ein geschätztes, wenn auch hinsichtlich seiner Inhaltsstoffe nicht besonders wertvolles Gemüse, das in Mitteleuropa überwiegend als Bleichspargel angebaut wird. Er gehört neben den Zwiebelarten, Porree und Schnittlauch zu den Liliengewächsen, wobei die Artverwandtschaft (Ausbildung des Wurzelstocks) mit dem Maiglöckchen unverkennbar ist. In seiner Wildform ist der Spargel an Wasserläufen und in Auen beheimatet, aber auch an sandigen

Meeresstränden häufig anzutreffen. Der Spargel war schon den Römern bekannt. Die heutigen Kulturmethoden lassen sich bis in das 15. Jahrhundert zurückverfolgen.

Schon immer galten humose oder leicht lehmhaltige Sandböden mit einem Mindestgehalt an organischer Substanz von 2,5 bis 3 % als beste Grundlage für den Spargelanbau sowohl aus arbeitstechnischen als auch aus geschmacklichen Gründen. Im Klein- und Hausgarten läßt sich auf jedem Boden ein Spargelbeet anlegen, sofern man genügend Sand oder Sandboden beschafft hat. Vor Beginn der Anlage sollte der Boden mindestens einmal Hackfrüchte oder Leguminosen getragen haben. Tiefgründiges Lockern, eventuell Rigolen, ist empfehlenswert.

Das Spargelbeet plaziert man in sonniger Lage; ein Südhang eignet sich bestens. In der Regel werden die Reihen in Nord-Süd-Richtung gezogen, stauende Nässe oder hoher Grundwasserstand sind zu vermeiden. Im Hausgarten wird ein einreihiges Beet in einer Breite von 1,50 m angelegt. Die Länge spielt keine Rolle. Kommen mehrere Reihen nebeneinander infrage, ist ein Abstand von 1,50 m von Reihe zu Reihe einzuhalten. In der Mitte des Beetes wird ein mindestens 40 cm breiter und 30 cm tiefer Graben ausgehoben, die Aushuberde rechts und links von ihm hügelförmig aufgesetzt. Danach wird die Grabensohle aufgelockert und gut verrotteter Mistkompost, am besten Rindermist, eingearbeitet. In der Mitte des Grabens werden die Spargelpflanzen im April mit einem Mindestabstand von 40 cm gesetzt. Es eignen sich am besten kräftige, einjährige Sämlinge, die mindestens fünf bis sechs Knospen und wenigstens zehn kräftige Wurzeln haben.

Es lassen sich auch zweijährige Pflanzen noch gut verwenden. Die eigene Aufzucht aus Samen setzt weitere Kenntnisse voraus und ist nicht empfehlenswert. Als brauchbare Sorten haben sich unter anderem 'Ruhm von Braunschweig', 'Schwetzinger Meisterschuß', 'Huchels Leistungsauslese' oder 'Lucullus' erwiesen.

Bevor man pflanzt, werden die Stellen, wo eine Pflanze stehen soll, gekennzeichnet. An jeder markierten Stelle errichtet man mit etwas Kompost oder guter Gartenerde einen kleinen Hügel von etwa 8 bis 10 cm Höhe. Auf diesen wird je eine Spargelpflanze gesetzt, deren Wurzeln gleichmäßig nach allen Seiten hin ausgebreitet und mit Erde leicht abgedeckt werden. Sie dürfen während der weiteren Pflanzarbeiten nicht durch Sonne und Wind austrocknen. Danach wird der Pflanzgraben mit einer Mischung aus Mist- und anderem Kompost soweit angefüllt und mit Aushub-

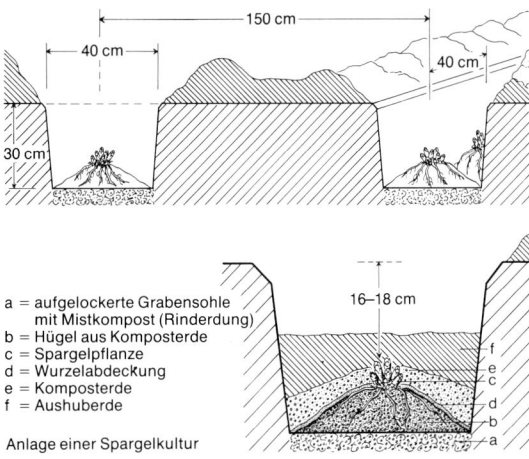

a = aufgelockerte Grabensohle mit Mistkompost (Rinderdung)
b = Hügel aus Komposterde
c = Spargelpflanze
d = Wurzelabdeckung
e = Komposterde
f = Aushuberde

Anlage einer Spargelkultur

erde abgedeckt, daß sich der Kopf der Spargelpflanzen mit den Knospen etwa 18 cm unter dem Niveau der ursprünglichen Oberfläche befindet. Schließlich wird die Anlage noch mit Hornmistpräparat übersprüht, dem Ende Mai auf das bereits entwickelte Spargelkraut der Hornkiesel folgt. Der Graben bleibt das ganze erste Jahr offen, lediglich das Unkraut muß fortlaufend entfernt werden. Dabei ist es durchaus möglich, die seitlich verbliebenen Hügel der Aushuberde gut zu düngen und mit Salat oder Kohlarten zu bepflanzen. Im Verlauf des ersten Winters wird bei offenem Wetter wieder gut ausgereifter Kompost in die Pflanzgräben eingebracht. Im Frühjahr folgt nochmals Hornkiesel; schließlich füllt man das ganze mit der noch vorhandenen Aushuberde vollständig auf. Die breiten Streifen zwischen den Pflanzreihen können nun zum Anbau weiterer Gemüsearten wie Buschbohnen, Gurken, Rote Bete oder Sellerie genutzt werden. Die Grünteile der jungen Spargelpflanzen erhalten, über Sommer und Herbst verteilt, mehrmals das Hornkiesel-Präparat.

Im zweiten Winter erfolgt nochmals eine kräftige Düngung der ganzen Fläche. Hornmist wird zum beginnenden Frühjahr gegeben.

Ende März bis Anfang April, noch vor dem Austrieb der Pflanzen, werden über den Spargelreihen 35 cm hohe Wälle, die am Grunde etwa 50 cm breit sind, gleichmäßig errichtet und mit einem Streichbrett oder einer Schaufel sorgfältig geglättet. Die dafür erforderliche Erde entnimmt man seitlich, auch wenn sich dadurch die Wege in kleine Gräben verwandeln.

Im dritten Jahr der Entwicklung kann man bereits die ersten Spargel stechen. Die Ernte beginnt etwa Mitte April und endet grundsätzlich am 24. Juni. Die Spargelstangen werden auf 17 bis 20 cm Länge mit Spezialmessern gestochen. Sofern die Spargelstangen freigelegt wurden, sind die Löcher in den Wällen wieder zu schließen und zu glätten. Dabei müssen die Beete täglich mehrmals, an kühlen Tagen nur einmal durchgesehen werden. Die Arbeiten müssen vorsichtig vorgenommen werden, um die Wurzelstöcke nicht zu verletzen. Aus Gründen der Vorbeugung gegen Schädlinge werden grundsätzlich alle Stangen, auch die ganz schwachen, gestochen.

Nach Beendigung der Ernte sind die Wege gut zu lockern und die Hügel sofort einzuebnen. Anfang Juli bekommt das grüne Kraut eine Hornkieselgabe. Im Spätherbst, nach dem Vergilben, schneidet man das Spargelkraut so tief wie möglich unter der Erdoberfläche ab und bedeckt die Schnittflächen wieder sorgfältig mit Erde. Da nunmehr die Jahresarbeiten stets die gleichen bleiben, schließt sich der Kreis. Eine Spargelkultur kann 15 Jahre alt werden, unter günstigen Bedingungen sogar 18 Jahre und mehr. In den letzten Erntejahren sind die Beete meistens nicht mehr so einheitlich, doch zur Gewinnung von Grünspargel immer noch tauglich.

Die jährlichen Spargelerträge schwanken beträchtlich. Dies hängt vornehmlich von der Witterung des jeweiligen Frühjahrs ab. Hinzu kommt, daß nach einer Rodung die Anlage viele Jahre keinen Spargel mehr tragen darf.

Bei sorgsamer Einhaltung der biologisch-dynamischen Prinzipien und absolutem Vermeiden einer triebigen Düngung spielen pilzliche und tierische Schädlinge auch heute eine untergeordnete Rolle.

Pilzkrankheiten. An erster Stelle steht der Spargelrost (*Puccinia asparagi*). Er befällt ab Juli das Kraut, das dann zu vergilben beginnt. Da sich gleichzeitig die Sommer- und Wintersporenlager am Kraut befinden, schneidet man es vorbeugend im Herbst so tief wie möglich unter der Erdoberfläche ab und verbrennt es. Weitere Gefahren drohen vom »Wurzeltöter« (*Rhizoctonia crocorum*), der die Wurzel mit einem rot-violetten Mycel überzieht. In feuchten Sommern und bei zu dichtem Stand tritt gerne der Grauschimmel (*Botrytis cinerea*) auf, der das Kraut zum Absterben bringen kann. Zuletzt sei noch die Wurzelbräune (*Zopfia rhizophila*) erwähnt, die vielfach als gefährliche Pilzerkrankung angesprochen wird. Hat man die Düngempfehlungen beachtet, lassen sich aus Erfahrung alle pilzlichen Erkrankungen mit Hilfe von Schachtelhalmjauche und -tee weitgehend zurückdrängen.

Tierische Schädlinge. Der Spargelfliege kommt besondere Bedeutung zu. Zum Glück entwickelt sie nur eine Generation, die zur Zeit des Spargelstechens erscheint. Es darf deshalb kein Sproß zu oberirdischer Entfaltung kommen. Am meisten gefährdet sind Neuanlagen im zweiten Jahr. Die Fliegen legen ihre Eier ab Mitte April in die Triebspitzen der Spargelstangen ab, in denen sich die Maden nach unten durchfressen. Krumme und bei warmem Wetter plötzlich abwelkende Stangen sind deshalb so tief wie möglich auszustechen und zu verbrennen. Durch das Spargelhähnchen sind ebenfalls die Jungpflanzen am meisten gefährdet. Der Spargelkäfer legt seine Eier parallel zu den Feintrieben ab. Beide Arten lassen sich durch ein Mittel auf Pyrethrum-Basis ausreichend bekämpfen.

Grünspargel. Wegen seines besonderen Gehaltes an Inhaltsstoffen (Provitamin A, Vitamin C) hat der Grünspargel an Bedeutung gewonnen. Seine Kultur ist wesentlich einfacher als die des Bleichspargels, obwohl die Anlage eines Beetes im Prinzip die gleiche ist. Gepflanzt wird in nur 15 cm tiefe Gräben mit einem Reihenabstand von 1,20 m. Das jährliche Anlegen der Wälle entfällt, da die Pfeifen am Licht grün werden sollen. Bei der Sortenwahl wird den Weißköpfigen der Vorzug gegeben. Man erntet, wenn sich die Spitzen der Stangen zu entfalten beginnen; die Stangen sind dann etwa 15 bis 25 cm lang. Gestochen wird unmittelbar über der Erde – auch hier restlos. Verholzte Teile schneidet man ab, Ernteschluß ist ebenfalls der 24. Juni. Der etwas strenge Geschmack ist vielleicht nicht jedermanns Sache, bringt jedoch eine pikante Abwechslung in den Küchenplan.

Gurke (*Cucumis sativus*)

Wie Kürbis, Melone oder Zucchetti gehört die Gurke zur Familie der Cucurbitaceae (Gurkengewächse). Sie stammt ursprünglich aus Ostindien, wo sie bereits vor über 3 000 Jahren angebaut wurde. Schon Albertus Magnus bringt eine Beschreibung der Gurkenkultur. Sie scheint erst bedeutend später allgemeine Anerkennung als Gemüse gefunden zu haben.

Heute erfreut sich die Gurke einer ähnlichen Wertschätzung wie die Tomate. Für beide gilt das Bestreben, sie zu jeder Jahreszeit, vor allem als Salat, auf den Tisch bringen zu können. Sie werden deshalb in großen Mengen herangezogen. Es gibt Formen und Sorten, die sich in ihrer Anbauwürdigkeit voneinander unterscheiden. Während unter heizbarem Hochglas die bekannten langen Salatgurken den Vorzug genießen und für den Frischverzehr gedacht sind, baut man in den Frühbeeten, unter dem Folientunnel oder im Freiland vor allem Einlegegurken (Gewürz-,

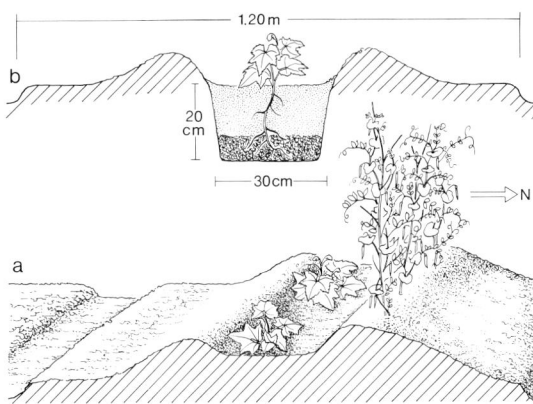

a = Hügelkultur steigert die Bodenfruchtbarkeit, was im Verein mit Windschutz anspruchsvollen und empfindlichen Kulturen (hier Gurken) zugute kommt. b = Mit guter Komposterde werden nicht nur die Rillen aufgefüllt, stark verrotteter Dünger kann auch zum »fortlaufenden Gebrauch« seitlich rechts und links aufgepackt werden.

Essig-, Salz- und Dillgurken) sowie Schälgurken an. Allen Fruchtgemüsen ist die Vorliebe für Wärme gemeinsam. Kälte oder gar Frost vertragen sie nicht. Dabei spielt beim Anbau der Windschutz eine große Rolle. Dunkle, leicht erwärmbare Böden mit hohem Humusgehalt bringen die besten Erträge. Schwere, nasse wie auch leichte und trockene Böden sind nur bedingt tauglich. Sie können aber, zumindest im Hausgarten, durch verstärktes Einarbeiten von gutem Mistkompost verbessert werden. Gaben organischer Handelsdünger und Gesteins- oder Tonmehle fördern die Gartenerden nachhaltig und verhelfen den Pflanzen zu einem zügigen Wachstum. Alle Gurkengewächse verlangen ein reichliches Humusangebot, sind aber relativ schwache Zehrer und deshalb günstige Vorfruchtpflanzen. Für die nachfolgende Kultur bleiben viele Nährstoffe und eine ausgezeichnete Bodengare übrig.

Saat, Anzucht, Pflege. Steht ein Frühbeet zur Verfügung, kann schon Ende April mit der Anzucht in 7 bis 9 cm weiten Töpfen begonnen werden. Die Ernte läßt sich damit verfrühen, das Frostrisiko verringern, mit dem bei Direktsaat Mitte Mai ins Freiland noch zu rechnen ist.

Als Substrat dient eine gute und ausgereifte Komposterde, der wir etwas Torf beimischen. Je Topf steckt man 2 bis 3 Korn, gießt mit SPS oder Oscorna-Wurzelstärkung an und hält die Aussaat feucht warm und vor Frost geschützt. Jeweils die zwei stärksten Pflanzen kommen ab Mitte Mai ins Freiland. Vielerorts ist es dennoch notwendig, die Jungpflanzen mit Plastikhauben oder ähnlichen Abdeckungen nachts vor Kälte und übermäßigen Niederschlägen zu schützen.

Die Direktsaat ins Freiland erfolgt ab Mitte Mai. Eine Reihe kommt auf ein Beet von 1,20 m Breite. Dabei zieht man eine 2 bis 3 cm tiefe Rille und stupft alle 30 cm etwa 3 bis 4 Körner. Später wird auf 1 bis 2 Pflanzen je Horst ausgedünnt. Als Abdeckung dient reifer Kompost. Das vorherige Saatbad oder das Besprühen mit einer zweiprozentigen SPS-Lösung sowie das Angießen mit diesem Wildkräuterauszug fördert die Keimkraft und stärkt die Widerstandsfähigkeit gegen Infektionen.

In vielen Gärten ist es üblich, die Gurken auf handspannenhohen Dämmen, wie sie der Gärtner im Gewächshaus anlegt, auszubringen. Die Erde erwärmt sich leichter, was die Kultur nur fördern kann.

Die Wurzeln der Gurken reichen nicht tief in die Erde. Sie verbreiten sich in der Horizontalen. Eine zusätzliche Bewässerung in der Zeit des stärksten Fruchtansatzes ist deshalb meist erforderlich. Sie erhöht wesentlich die Leistung und Lebensdauer der Kultur.

Der Anbau unter Folie bringt eine Ernteverfrühung von etwa zehn Tagen bei 30 % höherem Ertrag, kann jedoch nur mit Vorbehalten als eine Verbesserung angesehen werden. Der abgeschirmte Boden entbehrt der belebenden Kräfte, wie sie im Austausch mit der Atmosphäre wirksam werden. Dagegen ist die Gurke sehr dankbar für eine Bodenabdeckung aus Gras, Pflanzenabfällen und ähnlichem.

Die Kultur benötigt für eine reiche Ernte nicht nur ein bis zwei Nachdüngungen mit hochwertigen organischen Mischdüngern, möglichst in flüssiger Form, sondern auch das regelmäßige Versprühen biologisch-dynamischer Präparate. Angesichts des flachen Wurzelsystems ist im übrigen bei allen Pflegearbeiten wie Hacken, Unkrautjäten äußerste Vorsicht geboten.

Schädlinge und Krankheiten. Im naturgemäßen Anbau sind Schädlinge und Krankheiten nicht so verbreitet, verlangen aber dennoch besondere Aufmerksamkeit. Der Hausgärtner fürchtet am meisten den Befall mit Echtem Mehltau, die Bildung von Bitterstoffen oder die Gurkenkrätze (wäßrige Flecke). Dank intensiver, züchterischer Arbeit stehen heute resistente Sorten zur Verfügung, die in jedem Samenkatalog ausgewiesen und immer zu bevorzugen sind. Auf die Pflanzenpflegemittel wurde bei der Saat schon hingewiesen. Selbstverständlich gehört auch der Ackerschachtelhalm dazu. Bei Insektenbefall wie Blattläuse oder Spinnmilben helfen Pyrethrum-Mittel. Außerdem dient eine weitgestellte Fruchtfolge der Gesunderhaltung der Kultur. Gurken sollten laufend geerntet und mit Ausnahme der Schälgurken nicht zu groß abgenommen werden.

Der Anbau unter Glas wird an anderer Stelle besprochen.

Gartenkürbis, Zucchini
(Cucurbita pepo var. *giromontiina)*

Die auch als Zucchetti oder Sommerkürbis bezeichneten Gewächse zählen ebenfalls zu den Cucurbitaceae und haben in den letzten Jahrzehnten im Gartenbau den Kürbis in zunehmendem Maße abgelöst. Er spielt nur noch in der Tierernährung eine beschränkte Rolle. Im Hausgarten genügen wenige Pflanzen. Sie sind mit den großen gefingerten Blättern und den gelben Blüten, die von den Bienen beflogen werden, ein Schmuckstück jeder Anlage. Die Pflanze rankt nicht, so daß die Nachbarbeete durch die Kultur nicht gefährdet werden. Man erntet die Früchte mit etwa 20 bis 30 cm Länge, obwohl sie auch größer werden, dann aber nicht mehr so zart und wohlschmeckend sind. Rechtzeitig geerntet, wächst die Pflanze weiter und bildet erneut Blüten und Früchte.

Der Gartenkürbis ist ähnlich der Gurke frostempfindlich. Wird auf das Vorkultivieren in Töpfen oder Kästen verzichtet, kann man Zucchini ab Mitte Mai unmittelbar ins Freiland bringen. Je 1 m werden je drei Samen gelegt; überzählige Pflänzchen sind beim Heranwachsen zu entfernen. Wenn auch die Ernte bis zum ersten Frost andauert, so wird von der ersten Aussaat, trotz zügigen Wachstums, bei längerem Stehenbleiben der Ertrag schnell geringer. Es empfiehlt sich deshalb, Mitte Juni nochmals einen Satz auszubringen, wobei die jüngeren Pflanzen im September auch eher vom Mehltau verschont bleiben.

Düngung und Pflege sind wie bei den Gurken zu handhaben. Ein besonders gutes Wachstum erfolgt nach einer großzügigen Mistgabe, die mit organischen Düngern angereichert und mit der Erde vermischt wird. Das Wässern in trockenen Perioden ist selbstverständlich. Für die Kultur ist es günstig, wenn bei heißem, trockenem Wetter die Luftfeuchtigkeit mittags durch leichtes Überbrausen erhöht wird. Es ist auch sinnvoll, Zucchini an die feuchteste Stelle des Gartens zu setzen, oder ihm eine schattenspendende Nachbarpflanze im Westen zu geben. Insgesamt ist diese Gemüseart anspruchslos und bereitet kaum Probleme.

Tomate *(Lycopersicon lycopersicum)*

Sie gehört zu der in Europa nur schwach vertretenen Pflanzenfamilie der Nachtschattengewächse (Solanaceae) und ist wie die Kartoffel aus dem heimischen Anbau nicht mehr fortzudenken. Ursprünglich in Mittel- und Südamerika beheimatet, wurde sie in Europa zunächst als Zierpflanze kultiviert und hat sich erst in den Anfängen dieses Jahrhunderts als Nahrungspflanze durchgesetzt. Sie erinnert wenig an hochgiftige Mitglieder dieser Familie wie Tollkirsche (*Atropa bella-donna*) oder Bilsenkraut (*Hyoscyamus*). Andererseits hat sie aber mit der Kartoffel und dem Tabak den größten Düngerbedarf und die starke Wuchskraft gemeinsam.

Der Anbau im Freiland setzt eine sehr kräftige Mistkompostdüngung voraus; spätere Dunggaben sind anzuraten. Leider ist durch die erhöhte Anfälligkeit dieser Kultur der Anbau großer Flächen im Freiland in Mitteleuropa nicht mehr vorstellbar. Auch die Pflanzung auf dem gleichen Beet, wie noch vor wenigen Jahrzehnten üblich, kann heute nicht mehr empfohlen werden. Nur in trockenen und warmen Jahren wird der Anbau im Freiland befriedigen. Deshalb wird sich immer eine einfache selbstgezimmerte Abdeckung, z. B. ein folienbespannter Rahmen aus Holz lohnen. Warme Mauerplätze oder eine Südwand unter geschütztem Vordach sind ebenfalls bevorzugte Plätze. Die Tomate wünscht einen »trockenen Kopf«, aber »nassen Fuß«. Deshalb sollten Blätter und Stamm beim Gießen nicht naß werden. Eine Mulchschicht spart Wasser und trägt zur Belebung des Bodens bei.

Im allgemeinen bietet sich im Freiland die einreihige Pflanzung (Nord-Süd-Richtung) an. Auf Hügelbeeten fühlt sich die Tomate besonders wohl, leichtes Anhäufeln war der Kultur schon immer förderlich. Der Abstand von Pflanze zu Pflanze beträgt 50 bis 60 cm. Eine ausreichende Luftbewegung zwischen den Pflanzen vermindert den Pilzbefall. Bei einer Doppelreihe ist ein Abstand von 70 cm von Reihe zu Reihe einzuhalten. Dabei gilt es zu berücksichtigen, ob und welche Zwischenkultur vorgesehen ist. Kräftige Sämlinge sind Voraussetzung für eine schnelle Entwicklung. Die Anzucht im Blumenfenster oder Gewächshaus sollte schon im März beginnen. Zu groß gewordene Pflanzen können, nachdem man die unteren Blätter entfernt hat, leicht schräg und tief gesetzt werden. Das Einlegen des ganzen Stengels ist nur als Not- und Verjüngungsmaßnahme zu betrachten. Nach den Eisheiligen wird ausgepflanzt.

Die starke Wuchskraft der Tomate erfordert ständiges, lockeres Anbinden und Ausgeizen der Seitentrie-

Tomaten und Kohlgewächse stellen hohe Anforderungen an die Bodenfruchtbarkeit. Deshalb stellen wir sie gerne auf Dämme und Hügel.

be in den Blattachseln mit den Fingern. Nach wie vor ist die Ausbildung nur des kräftigen Haupttriebs erwünscht.

Etwa Mitte August führt die Ausbildung neuer Fruchtstände zu keinem Ergebnis mehr und man entfernt sie deshalb. Die Triebspitze bleibt im Freiland allerdings erhalten.

Die letzten Früchte nimmt man vor dem ersten Frost ab, notfalls grün, und bringt sie zum Nachreifen im Haus oder an einer freien Stelle im Frühbeetkasten unter.

Die Kultur unter Glas wird später behandelt.

Krankheiten. Die Anfälligkeit der Tomate gegen äußere Einflüsse hat in den letzten Jahren stark zugenommen. Anspruchsvollere und empfindlichere Sorten sowie klimatische Veränderungen können zur Schwächung der Kultur beigetragen haben.

Voraussetzung für einen gesunden Wuchs ist einwandfreie Setzware. Weitere Wachstumshilfen gewähren die Algenpräparate Algifert und Polymaris. SPS oder Oscorna-Wurzelstärkung, schon bei der Anzucht angewandt, kräftigt und beugt Infektionen vor. Der gefürchtete Erreger der Krautfäule *(Phytophthora infestans)* ruft an den Früchten die sogenannte Braunfäule hervor, auch eine Folge der Nässe von oben. Neben der Abdeckung läßt sich mit Bio-S, Oscorna-Pilzvorbeuge und Wasserglas viel erreichen.

Schmetterlingsblütler

Auf die Bedeutung der Schmetterlingsblütler (Leguminosen) im Garten wurde schon mehrmals hingewiesen. Dank ihrer Fähigkeit, mit Hilfe der Knöll-

chenbakterien Stickstoff aus der Luft aufnehmen und in Pflanzeneiweiß umwandeln zu können, sind sie nicht nur als Gründüngungspflanzen, sondern auch als Gemüse im Garten unentbehrlich. Die Selbstversorgung mit Stickstoff erlaubt es, sie in zweiter oder dritter Tracht in die Fruchtfolge einzugliedern, wobei nur auf ärmeren Böden zum besseren Aufwachsen eine leichte Kompostgabe vor der Saat erforderlich sein kann. In guten Lagen erübrigt sich diese Maßnahme. Genügend Feuchtigkeit, bei Erbsen besonders vor der Blüte, erhöht den Ertrag. Auch die Bohnen sind für ausreichend Wasser dankbar. Mit ihresgleichen sind Leguminosen vielfach unverträglich. Insbesondere Erbsen sollten frühestens nach drei, besser erst nach sechs Jahren wieder auf dem gleichen Platz angebaut werden. Der Ertrag läßt sonst deutlich nach. Bohnen sind nicht so empfindlich.

Buschbohne (*Phaseolus vulgaris* var. *nanus*)

Dieses Gemüse ist aus Amerika eingeführt worden und hat schon im 16. Jahrhundert im Mittelmeerraum vielerorts die heimischen Hülsenfrüchte verdrängt. Buschbohnen sind anspruchsvoller hinsichtlich Düngung und Bodengare als die Erbse und sollten deshalb nach einem Starkzehrer in zweiter Tracht angebaut werden. Gegebenenfalls ist mit reifem Kompost oder organischem Mischdünger der Bodenzustand zu verbessern. Alle Bohnen lieben Bodentemperaturen von 10 bis 12 °C und sind besonders frostempfindlich. Das ist bei der Aussaat stets zu berücksichtigen. Nicht selten greift der Gärtner deshalb zur Vorkultur in Töpfen unter Glas und nimmt später noch den Folientunnel zuhilfe. Das Auspflanzen beziehungsweise die Saat ins Freiland erfolgt erst nach den Eisheiligen. Die Direktsaat kann in regelmäßigen Abständen bis Mitte Juli erfolgen. Ein Reihenabstand von 50 bis 60 cm und in der Reihe je 5 cm ein Korn sind einzuhalten. Bei Horstsaat von vier bis sechs Bohnen beträgt der Abstand 40 × 50 cm, die Saattiefe etwa 2 cm. Abgedeckt wird am besten mit feuchtem Torf oder gutem Kompost, um ausreichende Feuchte und Durchlüftung zu garantieren. Man sollte nur frisches Saatgut verwenden. Für die ersten und letzten Aussaaten dürfen nur frühreifende Sorten ausgebracht werden wie 'Marona' (braunes Korn), 'Maja' (weißes Korn) oder 'Maxi' (braunes Korn). Die Sorte 'Hildora' liefert eine rundhülsige Wachsbohne. Die braunkörnigen Sorten sind unempfindlicher gegen Auflaufkrankheiten und können infolgedessen in guten Lagen schon früher als die weißkörnigen ausgebracht werden. Nach dem Auflaufen wird gehackt und nach einiger Zeit angehäufelt. Nur in einem belebten und warmen Boden können die Bohnen zur Zufriedenheit gedeihen.

Stangenbohne (*Phaseolus vulgaris* var. *vulgaris*)
Stangenbohnen eignen sich nicht immer für einen kleinen Garten und stellen zudem an Boden und Düngung höhere Ansprüche als Buschbohnen. Höherer Ertrag und längere Pflückzeiten entschädigen aber für den größeren Aufwand. Da die Pflanzen über zwei Meter hochranken können, dabei immer linkswindend, bedürfen sie besonderer Stützen in Form von Holzstangen oder Stahldrahtstäben von jeweils drei Metern Länge. Im Glashaus lassen sich Schnüre verwenden. Die Stangen werden in Form einer Pyramide, eines Zeltes oder als Draht-Stangen-Gerüst erstellt. Um jeden Pfahl legt man acht bis zehn Körner im Halbkreis aus. Der Abstand von einer Stange zur anderen beträgt 60 cm, Reihenweite etwa 80 cm. Sorgfältige Bodenpflege und Anhäufeln fördern Gesundheit und Ertrag. Die Vielzahl der Sorten zwingt uns, die Auswahl für die eigenen Beete nach allgemeinen Gesichtspunkten zu treffen. Die auf dem Markt befindlichen Sorten sind grün und rund, grün und flach sowie gelb und rund ober gelb und flach.
Gelbe Sorten sind empfindlicher und müssen rechtzeitig geerntet werden. Dafür sind sie von besonderer Zartheit. Die flachhülsigen Arten vertragen eine frühe Saat, sind aber leicht härter als rundhülsige Sorten. Der Gartenfreund wird nach einiger Übung bald zwischen den verschiedenen Sorten unterscheiden lernen. Eine Ausnahme bilden insgesamt die Feuerbohnen, die den Garten mit ihren leuchtend roten Blüten beleben. Sie vertragen auch ungünstigere Standorte mit Temperaturen bis zu minus 2 °C. Die Hülsen sind groß, rauh und behaart. Diese Nachteile machen sich jedoch in geschnittenem und gekochtem Zustand nicht mehr bemerkbar. Bei der Ernte sollte man vorsichtig sein, um nicht zuviele junge Triebe zu beschädigen.
Alle Leguminosen reagieren deutlich positiv auf biologisch-dynamische Spritzpräparate.
Als Schädling tritt gerne die Schwarze Bohnenlaus auf, die sich bei rechtzeitigem Erkennen noch mit frischer Brennesseljauche, später mit Mitteln auf Pyrethrum-Basis vertreiben läßt. Genügend weiter Stand sowie regelmäßige Gaben von Ackerschachtelhalm halten den Pilzbefall zurück.

Puffbohne (*Vicia faba*)
Im Gartenbau kommt der Puffbohne, auch Sau- oder Pferdebohne genannt, nur noch geringe Bedeutung

Puffbohne.

zu. Sie verlangt eine frühe Aussaat Ende Februar oder Anfang März, verträgt leichte Fröste bis minus 3 °C und gedeiht auch gut mit Vorkultur im Kasten und späterem Auspflanzen. Der Reihenabstand beträgt 40 bis 50 cm, in der Reihe 10 cm, bei Pflanzung bis zu 30 cm. Hacken und häufeln fördert das Wachstum. Geerntet wird, solange die Kerne in den dicken filzigen Hülsen noch grün sind. Das Dicke-Bohnen-Gericht wurde noch vor wenigen Jahrzehnten sehr geschätzt. Mittlerweile hat sich auch hier die Geschmacksrichtung gewandelt. Dennoch sind Puffbohnen in der Tierfütterung nach wie vor üblich.

Erbse (*Pisum sativum*)
Zwar weniger anspruchsvoll als die Bohnen, sind Erbsen jedoch für einen leicht humosen und kalkhaltigen Boden dankbar. Auch hier ist zwischen hoch- und niedrigwachsenden Sorten sowie zwischen Schal-, Pal- oder Brockelerbsen, Mark- und Zuckererbsen zu unterscheiden. Von letzteren werden die ganz jungen Hülsen verwendet, noch bevor sich grö-

ßere Körner ausbilden. Brockelerbsen sind verhältnismäßig unempfindlich gegen Spätfröste, und können deshalb von Anfang März bis April ausgesät werden.

Markerbsen vertragen Kälte am wenigsten und kommen erst ab Mitte April bis spätestens Mitte Juli in den Garten. Niedrige Sorten gedeihen ohne Stütze, höherwachsende verlangen einen Halt, am besten einen vorgefertigen Drahtzaun, der sich immer wieder verwenden läßt. Damit die Kultur nicht durcheinandergeworfen wird und Halt zum Klettern findet, steht das Geflecht in Windrichtung hinter den Pflanzen, so daß der Wind die Erbsen an das Gitter drückt. Der Reihenabstand beträgt 30 bis 40 cm. Der Abstand in der Reihe liegt etwa bei 3 cm oder alle 5 bis 6 cm zwei Korn. Anhäufeln und genügend Feuchtigkeit vor der Blüte fördern den Ertrag. Folgesaaten alle zehn bis 14 Tage erlauben eine lange Ernte dieser angenehmen und einfachen Kultur.

Bei weitgestellter Fruchtfolge und sachgemäßer Mischkultur fällt der Erbsenwickler keinesfalls zur Last.

Allerdings ist gegen Vogelfraß, insbesondere durch Tauben, bis 5 cm tief zu säen. In ländlichen Bereichen läßt sich vielfach eine zusätzliche Reisigabdeckung nicht vermeiden.

Beide Fruchtarten verbessern als Leguminosen nicht nur den Bodenzustand und die Nährstoffversorgung, sie sind auch als Vor- und Nachkultur sowie für den Mischanbau bestens geeignet.

Knollenfenchel (*Foeniculum vulgare*)

Dieser Doldenblütler wird vornehmlich im Mittelmeerbereich angebaut. Es ist dabei heute zwischen dem Gewürz- und dem Gemüse- oder Knollenfenchel zu unterscheiden. Seit altersher findet in Mitteleuropa nur der leicht süßlich und aromatisch schmeckende Samen als beruhigender und die Verdauung fördernder Tee Verwendung. Die knollenförmig verdickten Blattscheiden werden seit wenigen Jahrzehnten als schmackhaftes Gemüse, gedünstet oder gebacken sowie als Salat zubereitet. Warme Lage, guter Bodenzustand und reichliche Düngung sind Voraussetzungen für ein gutes Gedeihen.

Da die Aussaat erst zwischen dem 20. Juni und 10. Juli erfolgt (Sorte 'Latina Neuzucht verb. Bologneser'), steht die Kultur günstig in zweiter Tracht nach Kopfsalat, Kohlrabi, Erbsen oder Frühkraut. Eine frühere Aussaat führt zum Schossen, eine spätere bringt nicht genügend Masse. Wie bei allen Sommersaaten ist auf genügend Bodenfeuchtigkeit zu achten. Der Reihenabstand für die Aussaat beträgt 40 cm,

später wird auf etwa 20 bis 25 cm vereinzelt. Durch Hacken können Luft und Wärme in den Boden eindringen. Auch rechtzeitiges Häufeln ist angebracht, wenn im September die Nächte kühler werden. Im Herbst kann der Fenchel bis zu minus 4 °C vertragen, mit dem Wachstum ist es dann jedoch vorbei. Ab Mitte September beginnt die Ernte der größeren Knollen; bis Ende Oktober sollte die Kultur eingebracht sein. Der Einschlag erfolgt im Frühbeetkasten, die Knolle wird dabei mit Erde bedeckt. Das Laub ist handhoch über der Knolle abzuschneiden. An warmen Tagen ist der Kasten zu lüften. Bei der Lagerung im Keller verfährt man in ähnlicher Weise.

Knollenfenchel wird nur selten von Schädlingen befallen. Das Auftreten von Läusen ist ein Zeichen von Trockenheit – rechtzeitiges Gießen mit Zugabe frischer Brennesselbrühe führt rasch zum Erfolg.

Rhabarber (*Rheum rhabarbarum*)

Neben dem Rhabarber sind noch zwei Knöterichgewächse (Polygonaceae) im mitteleuropäischen Raum bekannt, nämlich der Buchweizen und der Sauerampfer. Hinter dieser Pflanzenfamilie steht jedoch eine ganze Reihe von Gewächsen, die vom Ackerknöterich über den Buchweizen, Sauerampfer und Rhabarber bis hin zum stark und hoch rankenden *Falltopia aubertii* (»Braut im Schleier«, »Herbstflieder«) reicht. Alle zeichnen sich durch eine ungemeine Wüchsigkeit aus und bevorzugen einen schwach sauren Boden. Bei fast allen finden wir eine interessante Rotfärbung im Stengelbereich. Bei Rhabarber wird dies besonders deutlich. Es ist noch heute üblich, die Güte des Rhabarbers nach der Rötung des Blattstengels zu beurteilen.

Die Heimat des Rhabarbers ist Ostasien, wo er schon lange vor unserer Zeitrechnung Verwendung fand. Als Arzneipflanze kam die Kultur im Mittelalter nach Europa, als Speiserhabarber wurde er verhältnismäßig spät eingeführt. Erst um die Mitte des vorigen Jahrhunderts fand das Gewächs, von England kommend, im norddeutschen Raum Eingang.

Viele Züchtungen sind seit seiner Einbürgerung entstanden. Das Züchtungsideal war, Stiele möglichst groß, dickfleischig und von blutroter Farbe zu bekommen. Die höchste Qualität ist anscheinend mit der Sorte 'Holsteiner Blut' erreicht worden.

Aus kräftigen, rundkuppigen, von mehreren Schalen umhüllten Knospen brechen schnellwachsende Blattriebe hervor und entfalten nach kurzer Zeit auf dickfleischigen langen Stielen sitzende, am Rande lappige Blattschirme. Wie bei allen Pflanzen, die den frischfeuchten Humus lieben, wie Kürbis, Gurke oder Verwandte des Huflattichs, ist auch beim Rharbarber das Bestreben zu finden, den Standort zu überdachen und sich unter dem dichten Blattwerk einen Ort besonders hoher Lebendigkeit zu schaffen, aus dem sich in rascher Folge Blatt um Blatt mit saftreichen Stielen entwickelt. Dumpffeuchte, warme Luft zwischen Boden und Blattschirm schafft eine Zone mit einem Kleinklima von besonders hohem Wert. Nur so werden die Stiele zart und vollsaftig. Genau wie bei der Gurke muß bei Rhabarber die schnelle Blattentfaltung gefördert werden. Dafür eignet sich gut verrotteter Rindermist. Jede Pflanze erhält mindestens drei Schaufeln voll, teils nur aufgelegt, teils leicht eingearbeitet. Die Düngergabe erfolgt am besten im Spätherbst, wenn die Blätter abgestorben sind. Bei der Neuanlage einer Rhabarberkultur ist die Nährstoffversorgung noch reichlicher zu bemessen. Bis zu fünf Schaufeln sind erforderlich. Der Boden ist vorher mindestens zwei Spaten tief zu lockern. Zur Pflanzung werden nur Teilstücke von alten Stöcken verwendet, eine Sämlingsvermehrung bringt nichts Gutes. Ein alter Stock kann mit einem geschärften Spaten zwei bis viermal geteilt werden. Abgetriebene Pflanzen dürfen jedoch keine weitere Verwendung finden. Es ist darauf zu achten, daß die durch den Spaten entstandenen Wundflächen glatt sind. Quetschungen führen leicht zu Fäulnis. Die Teilstöcke können beim Pflanzen in eine Preicobakt- oder Oscorna-Rindenkräftigungs-Lösung getaucht werden. Der Herbstpflanzung wird im allgemeinen der Vorzug gegeben. Nur in Notfällen wird man im März vermehren. Man setzt die Pflanze so in den Boden, daß sie nach dem Austrieb in einer kleinen Mulde einige Zentimeter unter der Oberfläche steht. Der Stock sollte zur Entfaltung 1,2 m im Quadrat bekommen. Für einen Hausgarten sind lediglich 2 bis 3 Rhabarberpflanzen erforderlich. Die Kultur entwickelt sich im ersten Jahr langsam, bedarf der Pflege und Schonung. Die Ernte beginnt erst im darauffolgenden Jahr Ende April und kann durch Strohabdeckung oder eine Auflage von angerottetem Pferdedung verfrüht werden. Man wird nie alle Stiele auf einmal herausbrechen, sondern der Pflanze noch genügend Blattwerk zur Aufrechterhaltung der Lebensprozesse belassen. Auf alle Fälle gilt es immer wieder, das Blühen durch rechtzeitiges Herausbrechen der Blüte mitsamt dem Stengel zu verhindern. Es leidet sonst die Güte des Rhabarbers, die Kultur erschöpft sich schnell. Je nach Witterungsverlauf hört die Ernte ab Mitte Juni auf. Spätere Entnahmen bringen nicht mehr die gewünschte Qualität, außerdem leiden die Stöcke darunter. Sie können gut 8

bis 12 Jahre auf der gleichen Fläche stehen und müssen sich erst dann einer Verjüngungskur durch Teilung und einem Platzwechsel unterziehen.

Die oft beim Genuß von Rhabarber als unangenehm empfundene, starke Säure tritt zurück, wenn biologisch-dynamische Spritzmittel, insbesondere der Hornkiesel, regelmäßig angewandt werden. Es ist keineswegs schwierig, Rhabarber anzubauen. Jeder Hausgärtner wird sich ohne großen Aufwand die notwendige Menge in der an eigenem Obst armen Jahreszeit heranziehen können.

Gärtnern unter Glas und Folie

Im zweiten Kapitel wurde schon auf die Möglichkeiten hingewiesen, die sich heute dem Gartenfreund bieten, der mit der Arbeit »unter Glas« beginnen möchte. Frühbeet, Folientunnel oder Kleingewächshaus gestatten es, den verschiedensten Bedürfnissen gerecht zu werden. Es stellt sich nun die Aufgabe, die großen oder kleinen, teuren oder bescheidenen Einrichtungen sinnvoll zu nutzen.

Das Herrichten von Frühbeeten

Im Erwerbsgartenbau sind die pflegeaufwendigen Frühbeetanlagen stark zurückgegangen. Das Frühbeet hat jedoch immer noch Vorzüge, die der Hausgärtner nicht übersehen sollte.

Genannt seien die Anzucht abgehärteter Jungpflanzen, die Erwärmung durch das Packen mit Mist, die Nutzung zur Gemüseeinlagerung während des Winters. Auch das frühe Abtreiben von Wurzelpetersilie, Schnittlauchstöcken und von Chicoréewurzeln, die im Freiland vorgezogen wurden, ist im Frühbeet möglich. Frühbeete und niedrige Folientunnel eignen sich gleich gut für die Kalttreiberei im Frühjahr sowie für Sommer- und Herbstkulturen.

Das Packen. Am besten eignet sich der einfache Frühbeetkasten. Er wird 50 bis 60 cm tief ausgehoben und die oberste Mutterbodenschicht von etwa 20 cm zur späteren Wiederabdeckung seitlich angehäuft. Nun wird, sofern zu beschaffen, trocken gelagertes Laub, frischer Pferdemist oder Hopfentrester schichtweise eingebracht, gut gewässert und besonders an den Rändern eingetreten. Die verdichtete Packhöhe sollte 30 bis 40 cm betragen. Anschließend bringt man den seitlich abgelegten Mutterboden wieder auf. Die Deckerde soll mittelschwer, d. h. ausgewogen sein in ihrem Gehalt an Humus, Tonanteilen und Sand. Torf sollte nur wenig verwendet werden.

Saatfertiges Frühbeet.

Er ist kein Ersatz für Humus, wie er auf dem Komposthaufen entsteht.

Zwischen Deckerde und Glas muß ein ausreichender Abstand von 15 bis 20 cm den für das Wachstum erforderlichen Luftraum schaffen. Säen und Pflanzen kann man nach zwei bis vier Tagen, nachdem sich der Kasten erwärmt hat. Eine Kontrolle mit dem Thermometer ist angebracht. Als Isolierung gegen Wärmeverluste empfiehlt sich eine Laubpackung an den äußeren Stehwänden. Nachts sind die Fenster mit Strohmatten oder Brettern zu bedecken. Auch das Verkleiden und Abdecken mit Styroporplatten in Stärken von 3 bis 4 cm bewährt sich immer wieder.

Das Packungsmaterial hat auch nach Beendigung der Treiberei und der anschließenden Sommernutzung noch seinen Wert. Es stellt nach kurzer Rottezeit auf dem Komposthaufen eine vorzügliche Misterde dar. Nicht überall sind die genannten Packmaterialien für den Hausgarten zu erhalten. Deshalb soll hier noch auf die Verwendung von Torf und organischen Düngemitteln als Notlösung eingegangen werden.

Einem Ballen Torf (0,21 m³), ausreichend für eine Fläche von etwa 1½ Holländerfenstern (0,80 × 1,50 m) werden 10 kg organischer Mischdünger oder Rizinusschrot, 2 kg Kalimagnesia, 1 kg kohlensaurer Kalk, 1,3 kg Zucker zur Einleitung der Wärmeentwicklung beigegeben. Der Zucker wird erst nach dem Anfeuchten des Torfs in Wasser gelöst hinzugefügt. Der Torf muß soweit gewässert werden, daß sich mit der Hand aus der Mischung etwas Wasser herauspressen läßt. Nun wird alles gut durchgemischt. Nach einigen Stunden bis wenigen Tagen setzt eine starke Wärmeentwicklung ein, die bis zu 30 °C und mehr erreicht. Nun kann der Kasten 30 bis 40 cm hoch gepackt werden. Alle anderen Handgriffe entsprechen dem Packen mit Pferdemist. Temperaturverlauf und Erfolgsaussichten sind bei beiden Methoden gleich.

Das Material, bestehend aus Torf und organischen Düngern, ist später nicht wertlos. Es ergibt einen guten Humusdünger, wenn man die Masse mit Erde vermischt und einige Zeit auf dem Komposthaufen rotten läßt. Unter Umständen, wenn der Torf noch nicht zu sehr zersetzt ist, kann die aus dem Kasten

Aufbau und Einrichtung von Frühbeeten.

genommene Mischung im Jahr darauf nach erneuter Aufbereitung wieder zur Frühbeetpackung benutzt werden.

Heizung. Bodenerwärmung läßt sich ferner durch die Installation einer Heizung erreichen. Auch hier gibt es verschiedene Wege. Technisch relativ einfach, finanziell aber aufwendig ist, die Warmwasserversorgung des Wohnhauses anzuzapfen. Weitere Möglichkeiten bieten die elektrische Kabel- sowie die Maschendrahtheizung.

Für weitere Informationen sei auf das Studium der einschlägigen Literatur verwiesen.

Frühbeetkästen müssen gelüftet, bewässert und schattiert werden. Zum Lüften benutzt man Kanthölzer mit Einschnitten, um die Fenster verschieden hoch stellen zu können. Vorsicht bei starkem Wind ist dabei immer geboten. Das Schattieren mit Rohrmatten oder Kunststoffgewebe dient neben der Lichtführung ebenfalls dem Temperaturausgleich.

Hohe Temperaturen schaden bei größerer Luftfeuchtigkeit weniger. Der Gießarbeit kommt deshalb besondere Bedeutung zu. Sie wird im Hausgarten meist mit der Kanne vorgenommen. Damit wird man den verschiedenen Ansprüchen der Kulturen am besten gerecht.

Der Anbau im Frühbeet oder unter Folie

Auch im geschützten Anbau folgen in der Regel drei Gemüsearten aufeinander. Geeignete Sorten mit kürzerer Kulturzeit oder günstiges Klima lassen auch vier oder gar fünf Folgen zu. Durch geschickte Vergesellschaftung kann diese Zahl noch weiter erhöht werden. Bei Mischkultur wird der vorhandene Platz

gut genutzt, der Küchenzettel bereichert, das Unkraut kurz gehalten und bei günstiger Zuordnung findet eine gegenseitige Wachstumsförderung statt.

Wie im Freiland beachte man auch im Frühbeet die Fruchtfolge. Sie ergibt sich fast von selbst, denn als lohnende Hauptkultur im Sommer wird man zumeist Fruchtgemüse wählen. Im Frühjahr folgen entweder Blatt- oder Wurzelgemüse, im Herbst entsprechend Wurzel- oder Blattgemüse.

Um das vierte Glied Blütenpflanzen in die Fruchtfolge einbeziehen zu können, bauen wir im Kasten hin und wieder Sommerblumen an oder ordnen sie dem Fruchtgemüse zu. Besonders geeignet sind *Calendula* und Kapuzinerkresse, beide mit schädlingsabweisenden Eigenschaften. Kapuzinerkresse dient zusätzlich als Bodendecker. Natürlich bieten sich auch andere Arten an. Manches sollte für die eigenen Verhältnisse erprobt werden.

Zu den in der Tabelle auf Seite 178 angegebenen Kulturen sollen noch einige Hinweise aufgeführt werden.

Frühjahrskulturen müssen durch Abdecken der Fenster mit Matten oder Brettern vor Kälte geschützt werden. Alle Arten sind mit zunehmendem Wachstum mehr und mehr zu lüften; besonders betrifft das den Kopfsalat. Stets durchdringend, dafür nicht so häufig wässern. Der Kopfsalat ist mit Beginn der Kopfbildung empfindlich gegen zu hohe Luftfeuchtigkeit. Deshalb sollte man nicht zu spät im Tagesablauf wässern.

Rettich und Radies wachsen bei etwas höheren Temperaturen, aber stets ausreichender Feuchtigkeit rasch heran und bleiben zart. Zu Radies läßt sich Kohlrabi leicht zuordnen.

Dem phantasiebegabten Gartenfreund sind keine Grenzen gesetzt: Auch Zucchini und Melone lassen sich im gleichen Frühbeetkasten pflanzen.

Die Sommerkulturen haben den Wärmeanspruch gemeinsam, differieren aber hinsichtlich ihres Luft- und Wasserbedarfs: Gurken lieben eine gleichmäßige Temperatur von mindestens 16 bis 18 °C bei gleichzeitiger hoher Luftfeuchtigkeit, die nur durch häufiges Besprühen mit temperiertem Wasser und schwacher Lüftung zu erreichen ist. Sie sind die geeignete Kultur für den gepackten Kasten, sofern sie frühzeitig angebaut werden. In der Regel packt man das Frühbeet für die Vorkultur Kopfsalat. Selbst dann bekommen die Gurken noch genügend Fußwärme nachgeliefert. Bei Sonne und kühlen Außentempera-

turen schattiere man eher leicht, anstatt zuviel zu lüften. Ausgesprochene Hitzeperioden im Sommer überstehen allerdings auch Gurken nur, wenn man sie tagsüber ganz abdeckt und mehrmals besprüht.

Die aus dem europäischen Süden stammende Zucchini ist viel anspruchsloser. Sie kann und muß wegen ihres enormen Wachstums etwa beim Ansetzen der ersten Früchte ganz abgedeckt werden und übersteht dann sowohl Hitze als auch kürzere, kühle Witterung erstaunlich gut. Rankenlose Sorten fruchten besser. Die Früchte sind vielseitig in der Küche verwendbar und eignen sich auch zum Rohverzehr als Ergänzung oder als Ersatz von Gurken.

Melonen haben die höchsten Wärmeansprüche. Außerdem lieben sie volles Licht bei ausreichender Bodenfeuchtigkeit. Sie erfordern eine lange Kulturzeit, weil der Fruchtansatz erst nach zweimaligem Stutzen

Einige Fruchtfolgen für eine ganzjährige Nutzung des Frühbeets

Frühjahr	Sommer	Herbst
Kopfsalat	Gurken	Möhren (Ernte Frühjahr)
Rettich und Radies	Zucchini oder Auberginen	Feldsalat
Kohlrabi	Melonen	Endivien

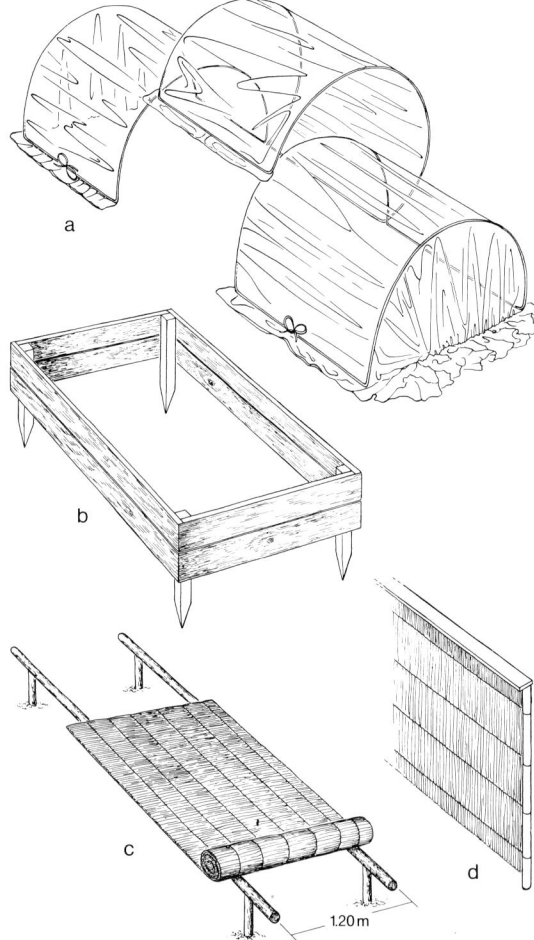

Verschiedene Schutzvorrichtungen zur Ernteverfrühung und Wachstumsförderung. a = Folientunnel (jeder Teil aufklappbar), b = der gute alte Wanderkasten, c = Rohrmatte als Sonnen- und d = Windschutz.

der Ranken erfolgt. Nicht in jedem Klimabereich und jedem Jahr wird man also Früchte in der gehofften Zahl ernten können.

Die drei genannten Sommerkulturen bilden ein flaches Wurzelsystem aus und sind äußerst dankbar für eine, in diesem Fall halbreife, jedoch präparierte Kompostgabe und für eine gelegentliche Nachdüngung mit gleichem Material. Für das spätere Wachstum und zur Einsparung von Gießarbeiten wirkt sich eine nicht zu dicke Mulchdecke günstig aus. Hackarbeiten, die den flachen Wurzeln nur schaden, erübrigen sich. Einzelne, die Mulchdecke durchstoßende Unkräuter lassen sich leicht mit der Hand entfernen.

Die Herbstkulturen bedürfen im Frühbeet besonderer Aufmerksamkeit, wenn man sie noch im heißen Spätsommer und Frühherbst sät oder auspflanzt. Meist wird die ersten Tage gut schattiert, und erst allmählich werden die Pflanzen an Sonne und Luft gewöhnt. Die Möhrensaat bleibt den Winter hindurch ohne Bedeckung, sofern genügend Schnee fällt. Ein leichtes Anhäufeln des Bodens im Spätherbst schützt die jungen Pflanzen vor Frost, der vor allem zusammen mit Wind stärker schaden kann. Erst etwa Anfang Februar werden Fenster aufgelegt, dann aber häufig gelüftet.

Feldsalat liebt ein luftiges, kühles Klima. Bei Frosteintritt sind Fenster zweckmäßig, denn es soll dann geerntet werden, wenn es im Freiland nicht mehr möglich ist. An frostfreien Tagen ist immer zu lüften, damit der Feldsalat gesund bleibt. Mehltauresistente Sorten sind zu bevorzugen.

Endivie erfordert mehr Pflege, weil sie gegen Fäulnis infolge Frosteinwirkung empfindlich ist. Sie muß bis zum Jahresende abgeerntet sein.

Zur Ergänzung der Fruchtfolge-Vorschläge lassen sich die nachstehenden Arten einfügen oder austauschen.

Folienabdeckungen bringen frühere Ernten.

Frühjahr: Frühe Möhren, Karotten oder Kresse. Schnittlauchballen rodet man im November und läßt sie ausfrieren, um sie im Winter im Kasten einzuschlagen. Im Herbst ausgegrabene Petersilienwurzeln treiben unter Glas ebenso nach und liefern in der vitaminarmen Zeit ein wertvolles Würzkraut.

Sommer: In wärmeren Lagen sind es Gemüsepaprika, sonst Gemüsefenchel oder in ungünstigen Sommern die Buschbohne, welche die Fruchtfolge bereichern können.

Bei Paprika legt man die Fenster später auf ein einfaches Gestell hoch. Durch das Entfernen der Blüten bis auf wenige Exemplare lassen sich besonders große Früchte erzielen, die auch zum Füllen in der Küche geeignet sind. Wer mit Paprika Erfolg hat, sollte auch einmal die der Tomate nahe verwandte Eierfrucht (Aubergine) anbauen. In guten Sommern wird der Anbau gelingen. Als Kurztagspflanze blüht die Eierfrucht zumeist erst im August. Der beste Erntezeitpunkt liegt beim Erreichen des für die blauschwarzen Früchte charakteristischen Fettglanzes.

Im Herbst, nach der Aussaat bis Mitte Juli, kann man ebenfalls noch Buschbohnen zur Reife bringen. Steht Chicorée zur Verfügung, lassen sich die Wurzeln jetzt im Frühbeet antreiben. Dazu werden die Blätter bis auf 3 bis 4 cm abgeschnitten und die nicht zu schwachen Wurzeln, etwa 15 cm hoch mit Erde bedeckt, senkrecht und dicht an dicht in feuchte Erde eingeschlagen (s. Seite 150). Auch der länger im Freiland verbleibende Zuckerhut kann durch das Einschlagen im Frühbeet vor Frost geschützt werden.

Wer schon zeitig Erdbeeren ernten möchte, der pflanze im Frühherbst, eventuell auch noch Anfang des Frühjahrs, Jungpflanzen ins Frühbeet. Dazu eignen sich besonders einjährige Pflanzen mit Erdballen. Viel Luft ist allerdings erforderlich.

Mischkulturen. Das Frühbeet ermöglicht auch andere Mischkulturen und Fruchtfolgen. Die beteiligten Arten fördern sich gegenseitig durch Schädlingsabwehr, Produktion von pflanzenverfügbarem Stickstoff (Bohnen), Wurzelausscheidungen und durch Bodenbeschattung.

Beispiele:
Möhre und Spinat / Buschbohne / Weiße Frühjahrs-zwiebel
Radies und Kresse / Möhre / Salat / Spinat
Sommerrettich und Buschbohne
Herbstrettich und Buschbohne
Kastengurken und Buschbohne

Jungpflanzenanzucht. Sehr frühe und wüchsige Säm-linge wie frühester Salat, Kohlrabi oder Blumenkohl sind eigentlich nur im heizbaren Kasten oder im Kleingewächshaus anzuziehen. Sonst sollte man sie lieber beim Gärtner einkaufen, als eine fragwürdige Fensterbrettanzucht vorzunehmen.

Aussaaten im warmen Kasten sind anfänglich zu schattieren, gleichmäßig feucht zu halten und vor Kälte zu schützen. Das Substrat wird feinkrümelig, aber gießfest aus Kompost und Lehmzusatz bereitet. Die Samen drücke man gut an. Das Benetzen oder Baden (s. Seite 120) des Saatgutes ist anzuraten.

Aussaatzeiten. Innerhalb eines weitgespannten Zeit-raumes können gerade unter Glas die günstigsten Aussaattermine gewählt werden. Das gleiche gilt für die Anwendung der biologisch-dynamischen Präpara-te sowie den Einsatz der Hilfs- und Pflegemittel wie Ackerschachtelhalm, Brennesseljauche oder SPS und Polymaris.

Das Folienhaus im Jahresablauf
Zwischen Frühbeetkasten und Gewächshaus nimmt das Folienhaus eine Mittelstellung ein. Da die Unter-

Zucchini und Tomaten unter Folie.

konstruktion wegen des geringen Gewichts der Folie relativ leicht sein kann, ist die Selbstanfertigung auch größerer Anlagen aus vorgefertigten Teilen durchaus möglich. Zudem wird ein Folienhaus in der Regel nicht beheizt. Wärmeverlust und Heizkosten stehen in keinem Verhältnis zum Erfolg. Dennoch ist vieles möglich. Ein Gang durch das Jahr macht das deutlich.

Schon Anfang März, gelegentlich auch früher, können die Frühjahrskulturen gesät oder gepflanzt werden:

Rettich und Radies ab Ende Februar,
Kopfsalat ab Anfang März ('Victoria Treib', 'Unico'),
Kohlrabi ab Ende März ('Azur Star'; Schossergefahr bei starker Kälte!),
Spinat ab Februar.

Ende April kommen bereits die Stangenbohnen hinaus. Als Zwischenkultur in den späteren Pflückwegen bieten sich Kresse, Radies und Dill an.

Ab Anfang Mai, wenn Salat und Rettich geerntet sind, belegen Tomaten oder Paprika das Folienhaus, etwas später auch Gurken.

Mitte August kann Petersilie für die Herbst- und Frühjahrsnutzung ausgesät werden, Ende des Monats pflanzt man nochmals Kohlrabi.

Anfang September lassen sich noch Kopfsalat oder Endivien setzen, Saaten von Radies folgen bis Ende des Monats. Der Termin für den Feldsalat ist der 15. bis 25. September. Er kann dann geerntet werden, wenn es im Freiland infolge des Winterwetters nicht mehr möglich ist.

Weitere Vorschläge für Kulturfolgen gehen aus der folgenden Tabelle hervor.

Tomaten in Töpfen herangezogen.

Damit sind dem Gärtner weitere Möglichkeiten gegeben, ohne allzu großen Aufwand und ohne hohe Heizölkosten nicht nur frühen oder späten Rettich und Salat, sondern auch Gurken und Tomaten zur Verfügung zu haben.

Der Anbau im geheizten Gewächshaus

Ein fest installiertes und beheiztes Gewächshaus bietet fast unbegrenzte Freiheit bei der Wahl der Saat- und Pflanztermine. Daß es unrentabel ist, Tomaten und Kopfsalat an Weihnachten ernten zu wollen, steht außer Frage.

Jan.	Feb.	März	April	Mai	Juni	Juli	Aug.	Sept.	Okt.	Nov.	Dez.
		Kopfsalat			Tomaten			Feldsalat			
	Möhren und Radies					Zucchini		Kopfsalat, Rettich			
		Rettich, Radies	Bohnen			Petersilie					
Feldsalat		Kohlrabi	Gurken			Endivien					

181

Speziell im Gewächshaus ist die Zufuhr von organischem Material in Form von Kompost, Mist und naturgemäßen Düngern wie Hornmehl oder Rizinusschrot, ferner Stroh und Gras als Mulchmaterial, sehr wichtig. Man muß dafür sorgen, daß sich bis zum Winter im Oberboden alles zersetzt bzw. umgewandelt hat und keine unverrotteten, rohen organischen Substanzen im Boden vorhanden sind. Das würde zu erhöhtem Pilzbefall der Winterkulturen führen. Je nach der Ausgangslage kann der Humusgehalt von Gewächshausböden im Laufe einiger Jahre auf 10 bis 15% organische Substanz angehoben werden und dies nur mit einer jährlichen Kompostgabe zur jeweiligen Hauptkultur, wie Gurken oder Tomaten. Im Sommer geht die Verrottung sehr schnell vor sich, sofern für genügend Luft und Feuchtigkeit im Boden gesorgt wird. Im Herbst kann dann ohne Bedenken Kopfsalat, Kohlrabi, Rettich oder Kresse folgen.

Für ein gutes Licht-, Luft- und Wasser-Verhältnis ist zu sorgen. Zuviel Wasser und zuwenig Licht und Luft fördern Pilzkrankheiten, zuviel Luft (Zugluft) und zuwenig Wasser (trockene Hitze) begünstigen den Insektenbefall.

Ab und zu sollte geprüft werden, wie es mit der Bodenfeuchtigkeit in 40 cm Tiefe bestellt ist. Die wenigsten Kulturen nehmen ihren Wasserbedarf aus der obersten Bodenschicht auf, sondern ihre Wurzeln reichen meist tiefer hinab. Mit einem Probebohrer, notfalls Spaten, entnehmen wir Erde aus tieferen Schichten. Sie sollte angenehm feucht sein, weder zu trocken noch zu naß. Die Erfahrung lehrt, daß in vielen Fällen der Boden zu trocken ist und gründlich bewässert werden muß. Man merke als Faustregel, daß Kulturen im Gewächshaus die doppelte Wassermenge benötigen als im Freiland. Das entspricht 1500 mm Niederschläge im Jahr. Das gesammelte Regenwasser reicht bei 750 mm im Jahr nur zur Hälfte.

Auch bei der Bodenbearbeitung unter Glas gilt der Grundsatz, die Lebensprozesse zu fördern. Es ist hinlänglich bekannt, daß wiederholtes, maschinelles Fräsen die Bodenstruktur schädigt. Daraus folgt: soviel wie möglich Handarbeit! Bei regelmäßigen Kompostgaben und intensiver Bodenbedeckung genügt meist eine flache und sparsame Bodenbearbeitung mit Handhacke, Krail oder SZ-Wühler. Für die Lockerung sehr fester Böden oder Trittwege benützt man die leichte Grabgabel ohne zu wenden.

Aus der untenstehenden Tabelle sind die üblichen Anbautermine und Vorschläge für die Anzucht im Gewächshaus zu entnehmen.

Endivien, Ackersalat und Spinat können im Herbst und Winter ebenfalls angebaut werden. Sie wachsen jedoch auch in einem ungeheizten Haus.

Pflanzenanzucht. Für das bevorstehende Arbeitsjahr können die Jungpflanzen schon im Herbst gezogen werden. Dies gilt besonders für den ganz frühen Kopfsalat, der schon im Januar ausgepflanzt wird, jedoch eine Aussaat im Oktober–November verlangt. Eine Anzucht über die lichtärmste Zeit hinweg ist jedoch teuer und auch dann nur in sehr hellen Häusern möglich. Es wäre ratsam, hierfür die Pflanzen für die ersten Sätze beim Gärtner zu kaufen. Mit der eigenen Anzucht beginnt man am besten erst im Januar.

Die Anzuchterde wird bereits im Sommer zuvor aus reifem Kompost mit Torf und Sand, eventuell auch mit gesiebtem Lehm oder Bentonit und geringen Mengen organischem Handelsdünger zubereitet. Das Überpudern der Aussaaten mit Holzkohlengrus und mehrmaliges Überbrausen mit SPS verhütet das Umfallen und stärkt die Widerstandskraft. Nach der Keimung bei gleichmäßiger, teilweise hoher Wärme (Paprika verlangt 22 bis 24 °C) und Feuchtigkeit wird zumeist pikiert. Soweit die Anzuchterde preßbar ist, verwendet man Erdtöpfe, sonst Torftöpfe und Multiplatten oder man pikiert in flache Obststeigen.

Jan.	Feb.	März	April	Mai	Juni	Juli	Aug.	Sept.	Okt.	Nov.	Dez.
Kopfsalat		Tomaten oder Paprika						Rettich		Kresse	ChicoréeL
Kohlrabi			Tomaten					Rettich oder Radies			
Rettich		Bohnen				Gurken				Kresse	Chicorée
	Kopfsalat		Gurken		Petersilie						

Rechtzeitiges Verpflanzen und gelegentliches Verstellen verhindert den Geilwuchs. Als Anbauhilfen einige Keimtemperaturen:

Mehr Raum zum Weiterwachsen verschafft das Pikieren.

	Optimal	Minimal	Praxisüblich
Kopfsalat	15 °C	3–5 °C	12 °C
Kohlrabi	25 °C	2–3 °C	14–15 °C
Kohl	25 °C	2–3 °C	14–15 °C
Tomaten	23 °C	9 °C	18–19 °C
Gurken	32 °C	16–19 °C	22 °C
Sellerie	25 °C	10–12 °C	20 °C
Lauch	20 °C	1–2 °C	12 °C

Anleitungen für einige Gewächshauskulturen

Salatgurke

Das Auspflanzen im Gewächshaus soll bei mindestens 18 °C Luft- und 14 °C Bodentemperatur erfolgen. Aufgehäufte Reihen werden mit organischem Material gedüngt, das außerdem die Wärmeaufnahme und Wasserhaltekraft verbessert. Man verwendet am besten eine Mischung aus verrottetem Stalldung, mit etwas Lauberde und Tonmineralen versetzt. Die Mischung ist rechzeitig herzustellen und zuvor mit organischen Mischdüngern sowie Buchenholzkohle einem Rotteprozeß zu unterwerfen. Die Pflanzreihe wird nun mit der beidseitig abgelegten Aushuberde wieder eingedeckt und mit strohhaltigem Material gegen Abschwemmen und Austrocknen geschützt. Der Reihenabstand beträgt etwa 1,50 m, in der Reihe gelten 50 bis 60 cm als brauchbares Maß. In etwa 2 m Höhe wird ein genügend starker Draht gespannt, an dem die Pflanzen mit Sisalschnüren angehängt werden, sobald sie groß genug sind. Die Schnur läßt sich mit einem Seglerknoten, der sich nicht zuzieht, am Fuß der Pflanze befestigen. Von Zeit zu Zeit wird die Pflanze um die Schnur herumgelegt. Der Haupttrieb wird bei Erreichen des oberen Spanndrahtes festgebunden und nach weiteren 20 cm entspitzt. Ab 80 cm Höhe nimmt man die Seitentriebe nach jeweils zwei Gurkenansätzen ab; unter dieser Höhe sind alle Seitentriebe und Fruchtansätze zu entfernen. Je nach Wachstumszustand können etwa drei der besonders frühen Stammgurken belassen werden. Die übrigen nehme man ab, da sie nur schwächen.

Hausgurken lieben ausgeglichene, ziemlich hohe Temperaturen mit mindestens 18 °C bei hoher Luftfeuchtigkeit. Um eine gespannte Innenluft zu erhalten, darf nur wenig gelüftet werden, besonders dann, wenn die Sonne scheint oder ein kalter Wind weht. Bei Wärme sind Kultur und Boden mehrmals täglich zu übersprühen, jedoch nicht mehr nach 15 Uhr, da die Pflanzen nachts trocken sein müssen. Für das Besprühen eignet sich eine feine Zerstäuberdüse an einem Schlauch, der in alle Ecken des Gewächshauses reicht. Auch eine Sprühanlage in Höhe des Spanndrahtes ist möglich.

Sind die angehäufelten Reihen durchwurzelt, wird eine neue, etwa 2 cm starke Kompostschicht aufgelegt. Die Kompostgabe wird alle 8 bis 14 Tage wiederholt, denn nur so lassen sich über 3 bis 4 Monate hinweg genügend und gesunde Gurken ernten.

Während der Anzucht bedient man sich vor allem des SPS, erstarkte Jungpflanzen bekommen Algifert. Etwa eine Woche nach der Pflanzung beginnen wir mit den Pflegespritzungen, die das Auftreten von Krankheiten und Schädlingen weitgehend verhindern. Man wechselt mit den verschiedenen Mitteln nach den jeweiligen Bedürfnissen der Kultur ab. Algifert dient der Versorgung mit Spurenelementen, Bio-S und Oscorna-Pilzvorbeuge beugen Pilzkrankheiten vor, Polymaris und Oscorna-Pflanzenstärkung bewähren sich stets als Blattdünger im Ertragsstadium. Auch die selbsthergestellte Brennesseljauche oder der Schachtelhalmtee regen an und schützen vor Krankheiten. Das gelegentliche Stäuben mit Algomin stellt die Magnesium-Kalk-Versorgung sicher, die Verwendung feiner Buchenholzkohle unterstützt die Kali-

wirksamkeit. Je Pflanze eine Handvoll frostmürber Lehm oder Tonminerale am Fuß der Pflanze schützt vor der gefürchteten Welkekrankheit.

Die Gurke ist lichtbedürftig, muß aber bei anhaltend sonnigem Wetter unter Glas durch eine leichte Schattierung vor Verbrennungen geschützt werden. Von größter Bedeutung ist dabei die Erhaltung einer genügenden Luftfeuchtigkeit durch Sprühen mit temperiertem Wasser. Hierdurch können der Gurkenmehltau und die Rote Spinne wirksam zurückgehalten werden. Letztere läßt sich außerdem durch den Einsatz von Raubmilben *(Phytoseiulus persimilis)* bekämpfen. Ist es im Glashaus einmal zu kalt geworden, läßt sich durch Versprühen von Baldrian der Erwärmungsprozeß unterstützen. Grundsätzlich soll die Temperatur im Haus auch nachts 18 °C nicht unterschreiten. Es muß also auch im Sommer häufig geheizt werden. Die optimale Tagestemperatur ist lichtabhängig und liegt an hellen Tagen bei 25 bis 27 °C.

Damit der Hausgärtner ermessen kann, wie viel Gurkenpflanzen er für den Bedarf der Familie, einschließlich gelegentlicher Geschenke, setzen sollte, muß er wissen, daß bei jeder Pflanze mit mindestens 15 Früchten, meist jedoch mit 25 oder gar 30 Stück zu rechnen ist. Aber Gurken können nicht lange aufbewahrt werden, bei 10 bis 12 °C längstens sieben bis acht Tage. Die Verwertung von Überschüssen durch Einfrieren ist möglich. Gefriergurken sind jedoch nicht jedermanns Geschmack.

Tomate

Wie bereits betont, läßt sich die Tomate mit Paprika und Stangenbohnen, keinesfalls aber mit Gurken im gleichen Raum kultivieren. Der dennoch wünschenswerte gleichzeitige Anbau beider Kulturen läßt sich, je nach der Gewächshausbauart, durch eine provisorische oder feste Unterteilung am besten mit Folie durchführen. Eine getrennte Klimasteuerung, d. h. das voneinander unabhängige Lüften und Bewässern der Abteilungen, ist erforderlich.

Bei geringem Bedarf bezieht man die Jungpflanzen vom Gärtner, denn die Anzucht dauert bei einer März-Aussaat und 22 bis 24 °C Tages- und 14 bis 16 °C Nachttemperatur etwa zwei Monate. Es muß außerdem pikiert und in einen 11-cm-Endtopf getopft werden. Beim Zukauf sollte man geeignete Treibsorten verlangen. Für das Auspflanzen gilt ein Abstand in den Reihen von etwa 40 cm, zwischen den Reihen (Doppelreihe) etwa 60 cm. Außerdem ist ein Pflückweg von etwa 90 cm zu berücksichtigen. Es wird tief in den erwärmten und mäßig feuchten Boden gepflanzt. Am Anfang sollte man nicht zu häufig wässern, um die Ausbildung eines verzweigten und gesunden Wurzelsystems zu ermöglichen.

Aufleitung. Nach dem Anwachsen wird eine am Wurzelhals befestigte Sisalschnur in etwa 2 m Höhe an einen kräftigen Spanndraht gebunden. In dieser Höhe wird später der Leittrieb abgeschnitten. Bis es soweit ist, windet man die Pflanzen wöchentlich um die Schnur und entfernt alle Seitentriebe. Die ersten drei Blütentrauben müssen täglich zur Mittagszeit gerüttelt werden. Nur so entwickeln die unteren Dolden einen vollen Fruchtansatz.

Nährstoffversorgung, Wasser. Für einen guten Fruchtansatz ist eine ausgewogene Nährstoffversorgung erforderlich. Einer regelmäßigen Nachdüngung ist deshalb ähnlich der Gurke größter Wert beizumessen. Neben Kompost eignet sich dazu bestens eine verdünnte Rinderjauche oder ein zubereitetes Gärwasser, bestehend aus Brennesselbrühe und Hornmehlaufguß.

Der hohe Wasserbedarf der Tomate von etwa 10 l je Woche und m² wird durch regelmäßiges Wässern von unten gedeckt. An ein oder zwei Vormittagen pro

Schlangengurken unter Glas.

Tomaten unter Glas.

Woche bei sonnigem Wetter und gleichzeitigem Lüften wird gegossen. Hat man etwa ab Mitte Juni Mulchmaterial zur Verfügung, wird der Boden nach einer letzten, flachen Hackarbeit und nochmaliger Nachdüngung abgedeckt. Das spart Wasser, schützt das Bodenleben und verhindert die Verunkrautung.

Pflege und Präparate. Das Präparat Hornmist wurde bereits bei Anzucht und Pflanzung gegeben. Es fördert die stofflichen Umsetzungen im Boden. Weitere Gaben, sofern arbeitstechnisch einzurichten, können auch später noch ausgleichend und bodenverbessernd wirken.

Die Tomate ist sehr licht- und luftbedürftig. Sie wird deshalb nicht schattiert, bei warmer Witterung aber reichlich gelüftet. Die Kultur liebt eine deutliche Absenkung der Nachttemperaturen. Gärtner lüften deshalb auch nachts ein wenig, heizen aber trotzdem etwas in kühlen Nächten. Die Lichtnutzung läßt sich durch Hornkieselgaben verbessern. Spritzungen mit Algifert und Polymaris haben sich ebenfalls bewährt.

Krankheiten und Schädlinge. Unter Glas und bei Lufttrockenheit schafft immer wieder die Weiße Fliege besondere Probleme. Gegen dieses Insekt müssen rechtzeitig und regelmäßig Pyrethrum-Mittel eingesetzt werden. Dazu eignet sich sowohl die flüssige, unter Zusatz von Pflanzenpflegeseife, sowie die staubtrockene Form. Die Unterseite der Blätter ist verstärkt zu behandeln (siehe auch Tabelle Seite 104).

In den letzten Jahren hat man mit dem Einsatz der Schlupfwespe *Encarsia formosa* gute Erfolge erzielt. Die Bakterienwelke und die Korkwurzelkrankheit führen ebenfalls zu Verlusten. Neben einer weitgestellten Fruchtfolge oder dem Dämpfen der Erde empfiehlt es sich besonders, die notwendigen Kulturarbeiten nur an trockenen Pflanzen durchzuführen sowie das Ausgeizen niemals mit Messer und Nagel, sondern nur durch Herausbrechen der Seitentriebe vorzunehmen. Nicht zuletzt ist der früher gern angelegte Tomatenkompost aus abgeernteten Pflanzen nicht mehr zu empfehlen. Abgestorbenes Material sollte verbrannt werden.

Stangenbohne

Stangenbohnen aus dem Gewächshaus sind zart und weich, fein im Geschmack und werden als Gemüse und Salat geschätzt. Man legt sie in Horsten mit sechs bis acht Korn zusammen, wobei der Abstand in der Reihe etwa 60 cm beträgt. Der Abstand von Reihe zu Reihe richtet sich nach der jeweiligen Zwischenkultur und den Trittwegen. Bevor die Pflanzen mit Ranken beginnen, wird die Schnur unten ganz lose um die vier bis fünf kräftigsten Jungpflanzen gebunden und wiederum oben am Spanndraht befestigt. Die schwachen Pflanzen werden rechtzeitig entfernt. Die Bohne windet sich dann von allein hinauf. Bei luftigem, nicht zu engem Stand bleibt die Kultur weitgehend gesund.

Zwischenkultur

Auf den alle zwei bis vier Wochen freistehenden Flächen, das ist innerhalb eines Jahresablaufs verschieden, läßt sich immer wieder Kresse ausbringen. Auf gut geebneter, angeklopfter und gründlich bewässerter Erde werden etwa 70 g je m² breitwürfig gesät und nicht mit Erde bedeckt. Wärme und gleichmäßige Feuchtigkeit lassen die Samen rasch und sauber keimen. Es darf nicht mehr gegossen werden, sobald die Pflänzchen größer als 1 cm sind. Der notwendige Wasserbedarf ist deshalb vorher zu verabreichen.

Schnittlauch läßt sich im Winter willig antreiben, wenn die gerodeten Ballen einige Zeit im Freien ausfrieren konnten. Ein achtstündiges Tauchbad in warmem Wasser von 40 °C beschleunigt das Antreiben, ist aber ab Februar nicht mehr erforderlich.

Chicorée

Das Treiben von Chicoréewurzeln läßt sich im Glashaus ohne besonderen Aufwand durchführen. Die Handhabung ist bereits auf Seite 150 beschrieben worden und kann auf die Verhältnisse im Glashaus übertragen werden.

Aus der Fülle der Möglichkeiten können die Hinweise dem Gartenfreund nur Anregungen vermitteln, es mit bescheideneren Möglichkeiten auch einmal unter Glas und Folie zu versuchen.

Die Gartenkräuter

Der Kräuteranbau ist nicht nur für Küche und Haus von besonderer Bedeutung, er bringt auch durch die Förderung der Nutzinsekten, der Nachbarschaftswirkungen auf andere Pflanzen und nicht zuletzt als Zulieferer für Pflanzenjauchen und Tees eine anregende Wirkung in den natürlichen Kreislauf eines Gartens. Seit altersher werden vornehmlich Vertreter folgender Pflanzenfamilien als Heil- und Gewürzkräuter angebaut: der Lippenblütler, der Doldenblütler und der Korbblütler. Weitere Familien wie Kreuzblütler, Schmetterlingsblütler, Rosen- und Liliengewächse sind nur mit einzelnen vertreten.

Lippenblütler (Labiatae)

Angesichts der Fülle von Gewürzkräutern in dieser Pflanzenfamilie wird sie auch als »Apothekerfamilie« bezeichnet. Salbei, Thymian, Rosmarin, Pfefferminze und Zitronenmelisse sind die bekanntesten Vertreter. Ihre besondere Fähigkeit besteht darin, aus mikroskopisch kleinen, gestielten Drüsen, je nach Art über die Oberfläche von Blättern, Stengeln oder Blüten verteilt, ätherische Öle auszuscheiden. Diese Kräuter sind vornehmlich im Mittelmeerraum mit einem kurzen, regenreichen Frühling und warmen, trockenen Sommer beheimatet. Statt üppiges Wachstum zu entfalten, nutzen sie die Sommerwärme, um ätherische Öle, Duft- und Aromastoffe zu entwickeln.

Doldenblütler (Umbelliferae)

Eine bedeutende Rolle unter den Würzkräutern spielen Doldengewächse wie Kümmel, Dill, Kerbel, Petersilie, Liebstöckel oder Anis. Ihre ätherischen Öle, Harze, Aromastoffe treten im Gegensatz zu den Labiaten nicht an die Oberfläche der Pflanze. Die Umbelliferen muß man zerreiben oder kauen, um ihre besonderen Eigenschaften wahrzunehmen. Sie sind keine Gewächse warmer Zonen, sondern bevorzugen trockene Gebiete der nördlichen Halbkugel. Feucht-warmes Klima entspricht nicht ihren Bedürfnissen.

Korbblütler (Compositae)
Diese Familie beschäftigt jeden Gärtner in besonderem Maße. Unter den 13000 bis 14000 Arten findet man nicht nur den Salat, es gehören auch die Kamille, der Löwenzahn und viele Blumen wie Astern, Dahlien und Sonnenblumen dazu. Als Gewürz- und Heilpflanzen haben neben der Kamille der Beifuß, die Eberraute oder der Wermut eine besondere Bedeutung.

Anzucht und Vermehrung der Kräuter
Wir unterscheiden einjährige und mehrjährige Kräuter, die bei sinnvoller Eingliederung in den Garten verschiedene Standorte bekommen müssen.
Einjährige Kräuter haben nur eine begrenzte Wachstumszeit. Sie werden in jedem Jahr neu ausgesät, in den meisten Fällen an Ort und Stelle ins Freiland. Nur einige wenige wie Basilikum, in rauheren Lagen auch der einjährige Majoran, werden wegen ihrer starken Frostempfindlichkeit besser im Frühbeet oder in der Saatkiste vorgezogen und nach den Eisheiligen ins Freiland gepflanzt. Bei geringem Bedarf empfiehlt es sich, die wenigen Jungpflanzen zuzukaufen.
Mehrjährige Kräuter werden in der Regel entweder durch Kastenaussaat oder, in klimatisch günstigen Lagen, auf gut vorbereiteten Freiland-Saatbeeten angezogen und später vereinzelt. Im Hausgarten eignen sich dazu Beetränder und die Zwischenräume zwischen den Reihen anderer Kulturen. Dabei entsteht gleichzeitig eine fördernde Wechselwirkung zu den Gemüsen. Außerdem wird das zur Verfügung stehende Land besser ausgenutzt. Spätestens Ende August bis Anfang September werden die Kräuter an ihren Bestimmungsort gepflanzt, damit sie noch vor dem Winter gut anwachsen und gekräftigt die Kälte überstehen.
Eine andere Vermehrungsart für ausdauernde Kräuter besteht darin, die Spitzentriebe einer Pflanze, als *Kopfstecklinge* bezeichnet, zu schneiden und im Frühbeet in leicht sandiger Erde zu bewurzeln. Es läßt sich dafür der Platz und die feuchtwarme Luft neben frisch gepflanzten Kastengurken nutzen. Überwachsen die Gurkenranken den Boden, kommen die bewurzelten Stecklinge zur schnelleren Kräftigung auf ein Anzuchtbeet, soweit Platz und Zeit reichen, an den Rand oder zwischen die Reihen einzel-

ner Gemüsebeete. Im Spätsommer werden sie dann ebenfalls an Ort und Stelle ins Freiland gesetzt. Besonders Estragon sollte man entweder über Stecklinge oder Wurzelteilung, nicht aber durch Aussaat vermehren. Merkwürdigerweise entwickelt der Aufwuchs aus Samen weniger Aroma.
Eine dritte Art der Vermehrung ausdauernder Kräuter ist die Teilung des Wurzelstocks kräftiger Pflanzen. Gleichzeitig erreicht man eine Verjüngung und neues, kräftiges Wachstum. Eine Teilung läßt sich z. B. leicht bei Schnittlauch bewerkstelligen, dessen freigelegte Ballen mit dem Spaten von der Seite her durchstochen oder mit den Händen auseinandergerissen werden. Bei Pflanzen mit Wurzelausläufern kann die Pfefferminze als Beispiel dienen.
Im Abstand von 30 cm werden etwa 5 cm tiefe Rillen gezogen, in die man, etwa 5 bis 10 cm voneinander entfernt, kräftige Wurzelausläufer vorjähriger Pflanzen einlegt, mit Kompost zudeckt und gut andrückt. Sie wachsen dann in der Regel rasch und kräftig weiter.

Pflege und Düngung der Kräuter
Die meisten Kräuter gedeihen in jedem normalen Gartenboden. Sie brauchen, besonders die mehrjährigen, ständige Pflege durch regelmäßiges Lockern und Lüften der Erde, wiederholtes Zurückschneiden und ausreichende Düngung mit gut verrottetem Kompost. Diesen gibt man nach dem letzten Schnitt im Spätsommer direkt auf den Boden und arbeitet ihn gut in die Oberfläche ein. Notfalls kann man die Düngung auch im zeitigen Frühjahr geben, sobald der Boden wieder frostfrei ist. In rauhen Lagen empfiehlt es sich, frostempfindlichere Arten wie Thymian, Salbei oder Weinraute leicht mit Fichtenreis oder Laub abzudecken. Auswinterungsschäden werden dadurch vermieden. Wie alle Gartenkulturen sollten auch die Kräuterbeete regelmäßig im Frühjahr und Herbst mit dem Präparat Hornmist gespritzt werden. Man kann dies auch im Sommer unmittelbar nach dem Schnitt wiederholen. Während des Aufwachsens und vor der Ernte darf der Hornkiesel nicht fehlen. Die Aromabildung und der Gehalt an ätherischen Ölen werden dadurch nachhaltig gefördert (s. Seite 90).

Ernte der Kräuter
Blätter und Triebspitzen zum sofortigen Verbrauch in der Küche kann man zu jeder Jahreszeit schneiden. Sind größere Mengen für das Trocknen gedacht, gilt es bestimmte Regeln hinsichtlich Jahres- und Tageszeit zu beachten.

In klimatisch günstigen Gegenden können die Kräuter zwei- bis dreimal im Verlauf des Sommerhalbjahres geerntet werden. In rauhen Lagen verbietet sich oft ein dritter Schnitt, da die Gewächse sonst nicht kräftig genug in den Winter gehen und leicht Frostschäden bekommen. Um eine zu frühe Verholzung einzelner Arten zu vermeiden, ist es gut, sie tief herunterzuschneiden; jedoch nicht so tief, daß sie nur schwer wieder ausschlagen können und deshalb bei nachfolgender Trockenheit leicht absterben. Da die einzelnen Kräuter sehr verschieden auf Schnitt reagieren, ist gutes Beobachten und Erfahrung notwendig, um stärkere Ausfälle zu vermeiden. So darf Lavendel in rauhen Lagen kaum zurückgeschnitten, sondern nur ausgelichtet werden.

Auch die Erntezeit der einzelnen Kräuter ist verschieden und hängt nicht nur von der jeweiligen Bodenbeschaffenheit, sondern auch von der Tages- und Jahreszeit ab. Da man vornehmlich Blätter und Stengel mit ihren ätherischen Ölen, Duft- und Aromastoffen ernten will – Kümmel macht eine Ausnahme –, sind die frühen Vormittagsstunden am besten geeignet. Die Sonne scheint noch nicht mit voller Kraft, der Tau ist abgetrocknet. An Regentagen wird man niemals Kräuter ernten.

Abwelken läßt man auf einem sauberen Tuch in einem trockenen, abgedunkelten Raum. Sobald wie möglich folgt das lose Bündeln und Aufhängen des Erntegutes an einem luftigen und gleichfalls trockenen Ort (Bodenkammer). Im zeitigen Herbst werden die Blätter von den Stielen entfernt, zerrieben und in verschließbaren Behältern, die möglichst nicht aus Kunststoff sein sollten, bis zur Verwendung aufbewahrt.

Anlage von Kräuterpflanzungen

Sie richtet sich wesentlich nach der Art und Größe eines Gartens. Als grundlegender Gesichtspunkt gilt, die gebräuchlichsten Küchenkräuter so in den Garten zu setzen, daß sie von der Hausfrau ohne Mühe erreicht und deshalb um so selbstverständlicher genutzt werden können. Ferner ist zu bedenken, daß Kräuter »Sonnenkinder« sind und einen besonnten Platz brauchen. Die Aromabildung, Heil- und Würzkraft der Gewächse hängen eng damit zusammen.

Einjährige Kräuter bekommen im Garten einen anderen Standort als die mehrjährigen. Dies ergibt sich aus der Notwendigkeit, daß sie jedes Jahr neu ausge-

Von oben: Meerrettich, Zitronenmelisse, Weinraute.

188

Lavendel.

günstig zwischen zwei Reihen von Wurzelgemüsen wie Karotten, Rote Bete, Petersilienwurzeln, Rettich oder Schwarzwurzeln ausbringen. Bis die Wurzelgemüse ihr Blattwerk ausbreiten, kann man Dill oder Kerbel schon schneiden. Beim einjährigen Bohnenkraut kommt man meist mit einem Satz aus, der in der anfangs erwähnten Art auf dem Sommerblumenbeet untergebracht werden kann. Auch Majoran und Basilikum passen hierher. Sie sollten wegen ihrer starken Frostempfindlichkeit im Kasten vorgezogen oder als Jungpflanzen gekauft werden. Basilikum verwendet man zu fast allen italienischen Gerichten, die von Jahr zu Jahr auch bei uns an Beliebtheit gewonnen haben.

In klimatisch günstigen warmen Lagen gedeiht auch Anis. Sowohl die zarten grünen Blättchen als auch die Samen dienen zum Würzen der Speisen. Koriander ist wie Anis ein Doldenblütler und setzt auch im Laufe eines Sommers Samen an. Sie werden für Kohlgemüse sowie für Brot und Gebäck verwendet. Das Gurkenkraut (Boretsch) hat einen so kräftigen Wuchs, daß wenige Pflanzen genügen. Sie werden direkt zwischen niedrige oder mittelhohe Sommer-

Liebstöckel.

sät werden müssen. Wir beziehen sie am besten in die Fruchtfolge der Gemüsebeete ein. Nach dem Prinzip der viergliedrigen Aufteilung in Wurzel- und Blattgemüse sowie Blütenpflanzen und Fruchtgemüse gehören sie größtenteils zu den Blütenpflanzen und werden auch soweit wie möglich auf das entsprechende Beet gebracht.

Es empfiehlt sich, einen Längs- oder Querstreifen des Sommerblumenbeetes für die einjährigen Kräuter zu verwenden. Wir haben jedoch auch die Möglichkeit, von den fünf oder zehn Beeten mit den verschiedenen Fruchtfolgen jeweils das Kopfende entlang des Hauptweges für die Kräuter zu nutzen. Bei einem 30 bis 40 cm breiten Streifen bleibt Platz für ein bis zwei kurze Reihen Kräuter. So lassen sich vom Hauptweg aus, der meistens trockener ist als die Wege zwischen den Beeten, alle Arten bequem erreichen. Diese Anordnung ist besonders gut für Petersilie, aber auch für Kümmel und Schnittlauch geeignet.

Einige Würzkräuter kommen so schnell zur Blüte, daß zwei bis drei Folgesaaten im Laufe des Sommers notwendig werden. Dies gilt für Dill und Kerbel. Besonders die erste Saat im zeitigen Frühjahr läßt sich blumen gesät. Die leuchtend blauen Blüten kommen zwischen gelber Kapuzinerkresse oder Ringelblumen besonders schön zur Wirkung.

Als einjährige oder auch zweijährige Pflanze gedeiht bei uns die echte Kamille, die zur Gewinnung von Tee und als Nahrung für die Bienen im Garten angesiedelt werden sollte. Wir pflanzen einige vorgezogene Sämlinge an einen freien, sonnigen Platz vor einer Hecke oder einer Mauer, wo sie sich versamen können. Die kleinen Jungpflanzen überwintern und bringen im zeitigen Sommer reiche Blütenstände hervor, die man teilweise wieder zur Samenbildung stehen läßt. So kann sich die Kamille im Verlauf der Jahre im ganzen Garten verbreiten. Die abgeernteten Pflanzen lassen sich als Mulchmaterial oder zur Kompostierung verwenden.

Ebenfalls zweijährig wächst die Petersilie, die in keinem Garten fehlen sollte. Im zeitigen Frühjahr gesät, wächst sie im Laufe des Sommers heran und geht im nächsten Jahr im Frühsommer in Blüte. Deshalb muß man in jedem Frühjahr erneut ein bis zwei kurze Reihen Petersilie aussäen. Die Reihensaat hat sich gegenüber der breitwürfigen Saat aus verschiedenen Gründen besser bewährt. Dabei gilt es folgendes besonders zu beachten:

1. Die Petersilie gehört in eine weitgestellte Fruchtfolge und darf erst nach mindestens vier Jahren auf den gleichen Platz zurückkehren.
2. Dem starken Düngerbedürfnis darf nur mit bestem Kompost oder organischem Mischdünger entsprochen werden. Niemals rohes und unverrottetes Material ausbringen!
3. Nur frisches Saatgut verwenden. Zur Vorbeugung gegen Pilzbefall erfolgt ein 15 Minuten dauerndes Tauchbad in 2%iger SPS-Lösung mit anschließender Nachtrocknung. Der Reihenabstand für die Aussaat beträgt 15 bis 20 cm. Die Saatrillen werden tiefer gezogen und mit Kompost aufgefüllt. Das Saatgut ist 1 cm tief einzubringen und leicht anzudrücken. Das Beet muß immer feucht sein. Besonders in der Keim- und Auflaufzeit ist für gleichmäßige Feuchtigkeit zu sorgen.

In rauhen Lagen ist im Winter eine Abdeckung mit Fichtenreisern erforderlich. Wissenswert ist, daß die glatte Petersilie einen wesentlich höheren Gehalt an Vitamin C besitzt als die krause. Da die letztere zum Dekorieren von Speisen besser geeignet ist, sollte man jeweils eine kurze Reihe von beiden Sorten anziehen.

Der Kümmel kann zwei- oder mehrjährig gedeihen. Im zweiten Jahr erscheinen die hohen Stengel mit den Blütenständen, im Spätsommer reift der Samen. In den folgenden Jahren nimmt aber der Ertrag ab.

Mehrjährige Kräuter lassen sich gut in eine Staudenrabatte möglichst in Küchennähe eingliedern. Dies kann zu einer reizvollen Gesamtwirkung führen, denn Kräuter zeichnen sich oft durch besondere Wuchsformen und Färbung des Blattwerkes aus. Bei unserem Plan eines kleineren Hausgartens bietet sich das Rabattenende (E) westlich der Terrasse an.

Die Skizze oben zeigt das Stück der Rabatte bis zu dem Absatz, wo sie sich verbreitert. Die Längsseite ist parallel zum Zaun zu denken. Die Kräuter sind hier zu Gruppen zusammengefaßt und in eine niedere Staudendecke einbezogen. Damit man die mittelhohen und hohen Pflanzen im Hintergrund trockenen Fußes erreichen kann, verlegt man einige Trittplatten zwischen den Stauden. Diese sollten polygonal und aus Naturstein sein.

Die Skizze unten zeigt eine Zusammenfassung der Kräuter auf einem Beet, das ebenfalls am genannten Rabattenende angelegt werden könnte. Es soll optisch von der übrigen Bepflanzung nicht getrennt sein. Zu den hohen Stauden gelangt man wieder über eine Reihe von Trittplatten, die hinter ihnen parallel zum Zaun verlegt worden sind. Die Pflanzen sind auf beiden Skizzen so verteilt, daß sonnenhungrige Arten vorwiegend an der Südseite des Beetes, feuchtigkeitsliebende wie das Löffelkraut mehr an der Nordseite zu stehen kommen. Bei schwerem Boden können wir die Erde für die »Sonnenkinder« durch Einarbeiten von scharfem Sand und Schotter durchlässiger machen. Einige Vertreter der mehrjährigen Kräuter, die aus verschiedenen Gründen weniger für ein solches Beet geeignet sind, werden am Schluß noch behandelt.

Für die erstmalige Bepflanzung dieses Beetes kann man die meisten Arten als Jungpflanzen kaufen oder sich kleine Ableger, mit dem Spaten abgestochen, schenken lassen. Einzelne Arten lassen sich am besten aus Samen ziehen wie Pimpinelle (Wiesenknopf) und Löffelkraut. Die Aussaat erfolgt direkt an Ort und Stelle (s. Kräuterliste Seite 194f.).

Rosmarin (1) ist sehr sonne- und wärmeliebend, dazu auch frostempfindlich. Deshalb topfen wir ihn im Herbst ein und überwintern ihn im kühlen Flur oder Treppenhaus.

Zitronenmelisse (2) verwendet man nicht nur als Würzkraut zu Salaten, sondern auch als erfrischenden Tee. Hierfür allerdings in getrockneter Form.

Estragon (3) gibt es in zwei Formen, deren Merkmale nur dem ausgesprochenen Kräuterliebhaber bekannt sind.

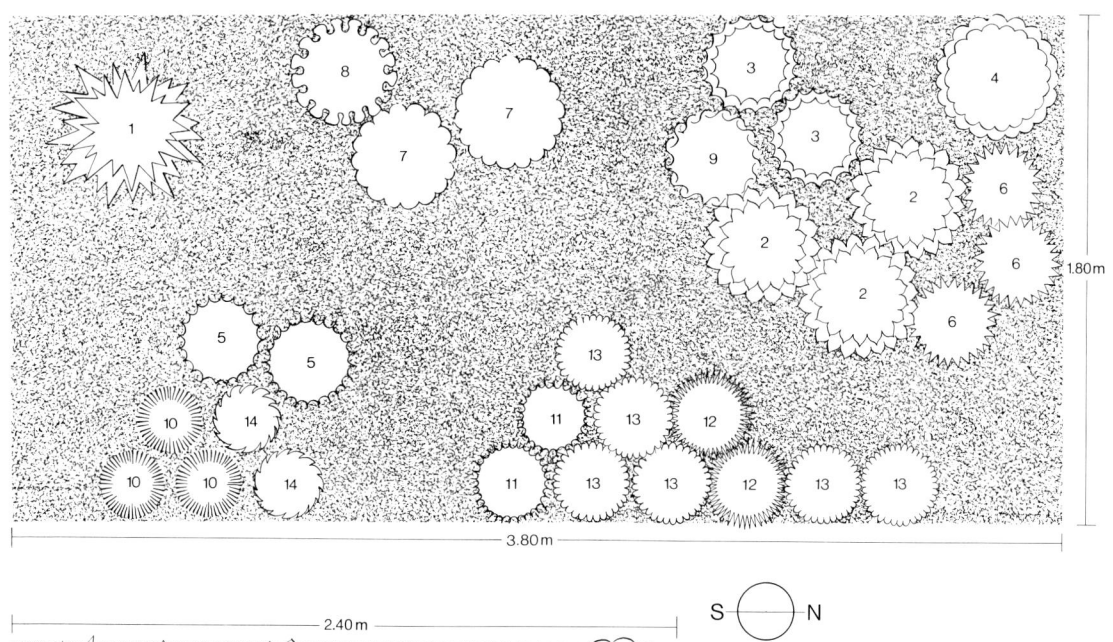

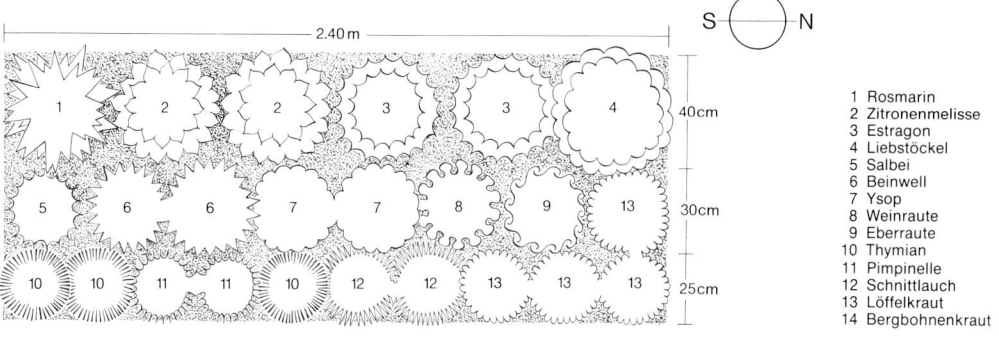

S — N

1 Rosmarin
2 Zitronenmelisse
3 Estragon
4 Liebstöckel
5 Salbei
6 Beinwell
7 Ysop
8 Weinraute
9 Eberraute
10 Thymian
11 Pimpinelle
12 Schnittlauch
13 Löffelkraut
14 Bergbohnenkraut

Zwei Beispiele für die Pflanzung von mehrjährigen Kräutern.
Oben: Zwischen den Kräutern läßt sich der freie Raum mit Schrittplatten und Stauden untergliedern. Mit Rosmarin, Salbei und Weinraute harmonieren Silberwurz (*Dryas octopetala*) sowie die Pfingst- und die Heidenelke (*Dianthus caesius* und *D. deltoides*). Zu den starkwüchsigen Kräutern wie Zitronenmelisse, Beinwell und Liebstöckel paßt die robuste Fetthenne (*Sedum hybridum* 'Immergrünchen').
Unten: Hier sind die Kräuter dicht gepflanzt und nach der Größe gestaffelt.

Liebstöckel (4) setzt man an die hintere Ecke des Beetes, damit es mit seinem raschen und kräftigen Wuchs die Nachbarn nicht zu sehr bedrängt.
Salbei (5) bekommt seinen Platz an der Südseite der Kräuterpflanzung. Die grauen, behaarten Blätter werden vorwiegend für den bekannten Kräutertee oder aber zum Würzen verwendet.

Beinwell (6) wird vor die Melisse gesetzt und von dieser an einer Seite eingeschränkt. Auf den anderen Seiten verhindert man die Ausbreitung durch regelmäßiges Hacken. Außerdem läßt er sich gut zwischen und entlang der Beerensträucher pflanzen. Die abgeschnittenen Blätter eignen sich zum Abdecken freier Stellen sowie für Tees und Jauchen. Der Beinwell ist bei uns im allgemeinen nur als Heilkraut bekannt. Die großen behaarten Blätter werden, solange sie jung sind, auch als Zusatz zu Spinat oder als Würzkraut zu Salat und Quark gebraucht. Um auch den Sommer über junge Blätter zur Verfügung zu haben, schneiden wir im Mai, sobald sich Knospen zeigen, die hochschießenden Haupttriebe bis eine Handbreit über dem Boden zurück. Dann treibt der Beinwell kräftig nach.
Ysop (7) entwickelt schöne, blauviolette Blütenstände. Man nimmt zwei Pflanzen, um eine zum Blühen kommen zu lassen.

Links oben: Fenchel.
Rechts oben: Boretsch.
Links unten: Salbei.
Rechts unten: Beifuß.

Weinraute (8) bietet mit ihrem silbergrünen Blattwerk und den schwefelgelben Blüten neben dem Ysop einen reizvollen Anblick. Von der Weinraute braucht man zum Würzen wegen des intensiven Geschmacks nur einige Blättchen.

Gleiches gilt für die *Eberraute* (9), die etwas bitter schmeckt.

In den Vordergrund unseres Beetes kommen *Thymian* (10) und bei genügend Platz das ausdauernde *Bergbohnenkraut* (14). Beide sind sonneliebend. Daran schließen sich *Pimpinelle* (Wiesenknopf) (11) und *Schnittlauch* (12) sowie das weniger bekannte *Löffelkraut* (13) an. Falls die Wuchsform des Schnittlauchs zum Charakter der übrigen Kräuter nicht paßt, pflanzt man ihn an den Rand eines Gemüsebeetes.

Das Löffelkraut wächst zwei- oder mehrjährig und bleibt den ganzen Winter hindurch sogar unter dem Schnee frisch grün. Es bindet im Blattbereich den Schwefel in Form von ätherischen Ölen, die der Meerrettich in der Wurzel und der Senf im Samen enthält. Deshalb haben die Blätter einen eigenartigen scharfen Geschmack. Sie zeichnen sich auch durch einen hohen Gehalt an Vitamin C aus. In einer Zeit, wo nichts Frisches aus dem Garten kommt, bereichert das Löffelkraut Salate, Butter und Quark. Im zeitigen Frühjahr geht es in Blüte. Dies führt fast zum Verschwinden der Blätter. Deshalb ist es ratsam, die Blüten vor der Samenbildung bis auf wenige Samenstände zur eigenen Saatgutgewinnung abzuschneiden. Dadurch entsteht wieder schneller kräftiges Blattwerk.

Einige mehrjährige Kräuter sind noch zu erwähnen: *Lavendel* kann zwar auch zum Würzen verwendet werden, ist aber hauptsächlich wegen des Duftes seiner Blüten beliebt. Zu Sträußchen gebunden kann man sie in den Kleiderschrank hängen. Lavendel läßt sich gut zwischen Blütenstauden oder am Rande eines Rosenbeetes einfügen.

Wermut enthält noch mehr Bitterstoffe als die Eberraute und die Weinraute. Neben schwarze Johannisbeeren gesetzt, wobei zu beachten ist, daß er Sonne liebt, wirkt Wermut vorbeugend gegen Säulenrost. Die Blätter werden außerdem als Teeaufguß oder Jauche (s. Seite 70) zur Schädlingsbekämpfung verwendet. Auch *Beifuß* und *Knoblauch* finden hier einen guten Standort. Letzterer behagt den Wühlmäusen nicht.

Sofern man Wert auf selbstgezogenen *Meerrettich* legt und die Arbeit nicht scheut, pflanzt man auch ihn zu den Beerensträuchern, und zwar auf die Schattenseite. Mit seinen großen Blättern braucht er viel Platz, tiefgründigen Boden und gleichmäßige Feuchtigkeit. Vermehrt wird am besten durch Wurzelschnittlinge (»Fechser«). Anfang April bringt man Fechser im Abstand von 30 bis 40 cm ins Freiland. Die bleistiftdicken, bis 40 cm langen Wurzelstücke werden etwas schräg in den Boden gesteckt. Die Köpfe müssen noch leicht mit Erde bedeckt sein. Um glatte Wurzeln ernten zu können, müssen sie im Juni abgerieben werden. Nach dem Freilegen wird die Hauptwurzel mit einem Tuch abgerieben, vorhandene Nebenwurzeln schneidet man glatt ab. Die Stangen werden im Herbst ausgegraben und für den Verbrauch im Winter eingeschlagen. Zur Verwendung des Meerrettichs im Obstbau bedarf es noch weiterer Darstellungen.

Auch die *Pfefferminze* sollte ein Fleckchen für sich erhalten, denn mit ihren Wurzelausläufern wuchert sie und kann zum Unkraut werden. Im Beispiel des kleinen Hausgartens (Seite 20) wäre ein geeigneter Platz neben dem Wasserbecken oberhalb der Frühbeete. Wenn man ganz sicher gehen will, schirmt man den Standort mit einem in die Erde eingelassenen Brett zur Staudenrabatte hin ab. Nach einigen Jahren sollte man den Platz wechseln, wenigstens aber die Bepflanzung oder die obere Erdschicht erneuern. Empfehlenswert ist die Sorte 'Mitcham', erkennbar an ihrem gedrungenen Wuchs und der leicht violetten Färbung von Stengeln und Blättern. Sie ist besonders wohlschmeckend.

Auch die großblättrige *Brennessel* kann im Garten zum Unkraut werden. Meist ist sie ohnehin nur als Unkraut bekannt. Als Zusatz zu Spinat, in Form von Kräutertees und als Pflanzenjauche ist sie jedoch unentbehrlich. Schließlich wird ihr eine besonders gute Wirkung beim Abdecken und Mulchen unter anderem von Tomaten zugeschrieben. Insgesamt regt die Brennessel das Wachstum an und wirkt kräftigend. Sie siedelt sich gern auf Unland an, so daß es nicht schwer ist, einige Wurzelstöcke oder -ausläufer in den Garten zu holen. Diese müssen in gelockerten Boden gesetzt und zu Anfang gut feucht gehalten werden. Ein Brennesselstreifen kann im Garten durch regelmäßiges Hacken entlang der Ränder auf begrenztem Raum gehalten werden. Um Ärger mit den Nachbarn zu vermeiden, sollte man ihn nicht entlang der Grundstücksgrenze legen. Auf dem Plan des Hausgartens ist ersichtlich, daß er sich unterhalb der Jauchetonnen gut einfügen ließe.

Mehrjährige Kräuter können also gut und bereichernd in den Garten einbezogen werden, ohne im jährlich wechselnden Bearbeitungsrhythmus der einjährigen Kulturen hinderlich zu wirken.

Die für den Hausgarten gebräuchlichsten Würz- und Teekräuter

Name	Familie	Anbau
Einjährige Kräuter		
Anis *Pimpinella anisum*	Doldenblütler	Freilandaussaat
Basilikum *Ocimum basilicum*	Lippenblütler	sehr frostempfindlich, Jungpflanzenanzucht und auspflanzen
Bohnenkraut, einjähriges *Satureja hortensis*	Lippenblütler	Freilandaussaat
Boretsch (Gurkenkraut) *Borago officinalis*	Rauhblattgewächse	Freilandaussaat
Dill *Anethum graveolens* var. *hortorum*	Doldenblütler	Freilandaussaat
Echte Kamille *Chamomilla (Matricaria) recutita*	Korbblütler	Freilandaussaat
Kerbel *Anthriscus cerefolium* ssp. *cerefolium*	Doldenblütler	Freilandaussaat
Koriander *Coriandrum sativum*	Doldenblütler	Freilandaussaat
Majoran, einjährig *Origanum majorana*	Lippenblütler	frostempfindlich, Freilandaussaat nur in klimatisch günstigen Lagen, sonst Jungpflanzenzucht und auspflanzen
Mehrjährige Kräuter		
Beifuß *Artemisia vulgaris*	Korbblütler	Jungpflanzenanzucht, auspflanzen
Beinwell *Symphytum × uplandicum*	Rauhblattgewächse	Wurzelstecklinge
Brennessel, großblättrige *Urtica dioica*	Nesselgewächse	Wurzelteilung, -ausläufer
Eberraute *Artemisia abrotanum*	Korbblütler	Jungpflanzenanzucht, auspflanzen
Estragon *Artemisia dracunculus*	Korbblütler	Kopfstecklinge oder Wurzelteilung
Knoblauch *Allium sativum*	Liliengewächse	im Freiland stecken
Kümmel *Carum carvi*	Doldenblütler	Freilandaussaat
Lavendel *Lavandula angustifolia*	Lippenblütler	Jungpflanzenanzucht, auspflanzen

Liebstöckel, Maggikraut *Levisticum officinale*	Doldenblütler	Jungpflanzenanzucht, auspflanzen
Löffelkraut *Cochlearia officinalis*	Kreuzblütler	Freilandaussaat
Meerrettich *Armoracia rusticana*	Kreuzblütler	durch Wurzelschnittlinge (»Fechser«)
Petersilie *Petroselinum crispum*	Doldenblütler	Freilandaussaat
Pfefferminze *Mentha × piperita*	Lippenblütler	Kopfstecklinge, Wurzelausläufer
Pimpinelle (Wiesenknopf) *Sanguisorba minor*	Rosengewächse	Freilandaussaat oder Jungpflanzenanzucht, auspflanzen
Rosmarin *Rosmarinus officinalis*	Lippenblütler	frostempfindlich Jungpflanzenanzucht, auspflanzen
Salbei *Salvia officinalis*	Lippenblütler	Jungpflanzenanzucht, auspflanzen
Schnittlauch *Allium schoenoprasum*	Liliengewächse	Aussaat, pflanzen oder Teilung
Thymian *Thymus vulgaris*	Lippenblütler	Jungpflanzenanzucht, auspflanzen
Weinraute *Ruta graveolens*	Rautengewächse	Jungpflanzenanzucht, auspflanzen oder Kopfstecklinge
Wermut *Artemisia absinthium*	Korbblütler	Jungpflanzenanzucht, auspflanzen
Winterbohnenkraut *Satureja montana*	Lippenblütler	Jungpflanzenanzucht, auspflanzen
Ysop *Hyssopus officinalis*	Lippenblütler	Jungpflanzenanzucht, auspflanzen
Zitronenmelisse *Melissa officinalis*	Lippenblütler	Jungpflanzenanzucht, auspflanzen

Der Obstgarten

Einführung

Um die Bodenfruchtbarkeit der Äcker zu steigern, empfahl Sekera den Landwirten, die natürlichen Verhältnisse im Grasland zu studieren, und die dort gesammelten Eindrücke auf die Bearbeitung des Ackers, der Düngung oder Gestaltung der Fruchtfolge zu übertragen.

Im gleichen Sinne sollten heute dem Obstbauern und -gärtner die natürlichen Verhältnisse eines Auwaldes als Vorbild für eine Obstpflanzung dienen. Im lichten Laubwald sind die Wildformen der heutigen Kulturarten beheimatet, ob sie nun aus mittel-, südeuropäischen oder asiatischen Klimagebieten stammen. Dabei haben uns schon in den ersten Kapiteln die Fragen der Bodenbildung und Humusvermehrung im gesunden Mischwald beschäftigt, und auch die Boden-

abdeckung, das Mulchen, ist immer wieder erörtert worden.

Haben wir die Lebensgemeinschaft des Waldes als natürlichen Standort der Wildobstgehölze und die Vorgänge der Humusbildung erkannt, kommt der Frage nach der geeigneten Bodenart für eine Obstanlage nicht mehr die allein entscheidende Bedeutung zu. Denn überall dort, wo Waldbäume wachsen, können auch Obstgehölze existieren. Es ist unumstritten, daß Lehmböden in allen Abstufungen, von der Schwarzerde über den Löß bis hin zum sandigen Lehm ideale Obstböden darstellen, aber nicht überall anzutreffen sind. Vor allem ist der gesamte deutsche Norden, abgesehen von den fetten Marschen der Flußniederungen, die auch das Obstanbaugebiet des Alten Landes ermöglichten, arm an Lehmböden. Leichtere, mehr oder weniger sandige Böden nehmen weite Flächen ein. Wie man gesehen hat, läßt sich auch der leichtere Boden nachhaltig verbessern und bietet dann ebenso die Grundlage für einen gesunden und ertragreichen Anbau.

Noch etwas gilt es zu bedenken. Die wichtigsten der in Mitteleuropa bekannten Obstarten gehören zu den Rosengewächsen (Rosaceae). Ob es sich nun um Apfel, Birne, Kirsche, Pflaume, Pfirsich oder Aprikose handelt, alle sind Rosaceen. Dies gilt auch für Schlehe, Himbeere und Brombeere bis hin zur Erdbeere. Formenreichtum und Gestaltungskraft kennzeichnet diese Pflanzenfamilie.

Nicht nur Apfel und Birne, sondern auch die Beerenfrüchte dieser Familie zeigen noch heute ihre ökologische Verbindung zum Waldsaum. Wer hat sich noch nicht an den Erdbeeren am Waldesrand, den oft verwilderten Himbeeren und Brombeeren erfreut? Der Schlehdorn an Steinriegeln und auf Ödland wird oft schon als lästig empfunden. Nicht zu übersehen ist in den lichten Wäldern im Frühjahr die blühende Wildkirsche.

Lediglich die Johannis- und Stachelbeeren, uns wertvolle Obstlieferanten, stammen aus der Pflanzenfamilie der Steinbrechgewächse.

Die Rosaceen sind nicht nur mit der Geschichte des Menschen aufs engste verbunden, sie begleiten ihn auch das ganze Jahr hindurch, sei es nun als Blüte oder als Frucht. Erst wenn man die Rosaceen einmal über einen längeren Zeitraum hinweg entbehren müßte, ließe sich ihr enormer Anteil an den Obstarten erkennen.

Der Hausgärtner kann sich wegen Platzmangels nicht der ganzen Fülle dieser Pflanzenfamilie bedienen. Er wird abwägen, wie groß das Erdbeerbeet sein kann oder ob die Himbeere noch als Sichtschutz zusätzlich gute Dienste leistet. Für Kinder kommt den Kirschen eine besondere Bedeutung zu, und der ältere Mensch wird sich fragen, ob es immer ein Apfelhochstamm sein muß und nicht der Niederstamm ausreichen kann.

Jede neue Anlage wird sich auch an der Beschaffenheit des Geländes orientieren müssen.

Pflanzvorbereitung und Pflanzung von Obstgehölzen

Unsere fruchttragenden Gehölze stehen unter Umständen lange Jahre am gleichen Standort. Eine gute Vorbereitung für die langfristige Kultur ist deshalb erforderlich. Soll Grünland, wie es bei vielen Hausgärtnern der Fall ist, zu einem Obstgarten umgestal-

tet werden, so genügt es meist, die ganze Fläche sauber abzumähen und einzuebnen. Danach sät man eine Mischung tiefwurzelnder Kleearten, unter anderem Hornschotenklee (50 g/Ar), Luzerne (120 g/Ar), Serradella (200 g/Ar) und Weißklee (40 g/Ar), gemischt mit feinem Reifkompost, breitwürfig aus. Die Mengenangaben stellen jeweils $\frac{1}{3}$ der Menge für eine Reinsaat der jeweiligen Kleeart dar.

Das Einarbeiten erfolgt mit einem Eisenrechen, besser einem Rasenlüftrechen. Ein nachfolgender Regen, notfalls muß gegossen werden, läßt alles leichter anwachsen.

Liegt dagegen ein offener Boden, etwa altes Ackerland, vor, ist die sommerliche Bedeckung durch ein Gemisch von Gründüngungspflanzen, das schon im Frühjahr ausgebracht werden kann, zur Verbesserung der Bodenstruktur zu empfehlen.

Herbst- oder Frühjahrspflanzung? Die im Herbst gesetzten Obstgehölze können bereits während des Winters eine Reihe neuer Wurzeln ausbilden und haben damit einen fast halbjährigen Vorsprung vor den im Frühjahr gepflanzten. Besonders auf extremen Standorten läßt sich die Arbeit auch im Frühjahr durchführen. Das Einwurzeln geht oft schneller und zügiger vonstatten; besonders dann, wenn die Pflanzgruben rechtzeitig, etwa drei Monate vor dem Setzen, ausgehoben worden sind. Bei der Novemberpflanzung geschieht dies im August, bei späterer Pflanzungen bis vor Eintritt des winterlichen Dauerfrostes. Bei frühzeitiger Anlage der Grube erfolgt durch die Frosteinwirkung als auch die warme und wechselfeuchte Witterung im Spätsommer eine Umsetzung des Aushubmaterials und der Beschaffenheit der Grubenwände. Die Anfangsentwicklung der weiterwachsenden Wurzeln aus der Pflanzgrube in den umgebenden, gewachsenen Boden wird dadurch erleichtert.

Die Pflanzgrube
Natürlich läßt sich in jedes rasch gegrabene Loch ein Baum oder Strauch setzen. Im Hinblick auf die langjährige Nutzungsdauer der Obstgehölze ist aber eine größere Sorgfalt als bei Hecken- oder Ziergehölzen erforderlich.

Zunächst gilt es, einen Bepflanzungsplan aufzustellen und die Lage der Grube auszumessen. Die Richtwerte sind aus der Tabelle zu entnehmen. Selbstverständlich spielen Bodengrundlage und klimatische Bedingungen eine wesentliche Rolle.

Wenn alle Pflanzstellen durch einen Pflock markiert sind, werden links und rechts am Rande der Grube

Für die Größe der Pflanzgruben gelten folgende Maße

	Weite	Tiefe
Beerensträucher (alle Arten)	0,80 × 0,80 m	40 cm, davon 20 cm ausgehoben und 20 cm umgegraben
Obstbäume (alle Arten)	1,20 × 1,20 m	60 cm, davon 40 cm ausgehoben und 20 cm umgegraben

– zwecks besserer Durchmischung – jeweils zwei bis drei Schaufeln Kompost auf dem Boden verteilt. Dann beginnt das Ausheben.

Bei Grasland oder Wiese wird als erstes der Rasensoden in einer Tiefe von 8 bis 10 cm abgehoben, auf den Kompostplatz gebracht und dort aufgesetzt. Nach einjähriger Rotte steht ein Material zur Verfügung, das sich zur Bedeckung der Pflanzscheiben verwenden läßt und die Bodenstruktur verbessert. Dagegen können Rasensoden, ohne den Rotteprozeß durchlaufen zu haben, sehr rasch zu Verunkrautung und unliebsamer Wurzelkonkurrenz führen.

Ist die Rasennarbe entfernt, wird im Geviert einen Spatenstich tief ausgegraben und die ganze Erde links vom Pflanzloch auf den vorher mit Komposterde bedeckten Platz geworfen. Danach graben wir für Strauchbeerenobst den Boden der Grube wie ein Gartenbeet um. Ist die Anlage für Baumobst gedacht, geht man tiefer, hebt noch eine zweite Spatenstichtiefe aus und legt die Erde auf den mit Kompost bedeckten rechten Platz ab. Schließlich wird auch hier der Boden der Pflanzgrube umgegraben. Das Ablegen nach rechts und links wird deshalb durchgeführt, damit nach dem Einsetzen des Bäumchens die Erde wieder in ursprünglicher Reihenfolge eingebracht werden kann. Zuunterst die zweite Schicht, oben wieder die erste.

Für Himbeeren, die in der Reihe mit einem Abstand von etwa 50 cm gepflanzt werden, sollte der Boden auf einer Breite von 50 bis 60 cm zweischichtig umgearbeitet, d. h. rigolt werden. Zweifellos ist die Vorbereitung zur Pflanzung mit besonderen Mühen verbunden, besonders auf schweren Böden ist die Bodenbearbeitung unbedingt notwendig. Leichte und gut gelockerte Erden ohne Sohlen- bzw. Tiefenverdichtung erlauben zwar eine geringe Verkleinerung (etwa um ⅓) der Reihenbreite, an der notwendigen Tiefe sollte man jedoch nichts ändern.

Über die offenliegende Erde wird Hornmist-Präparat ausgebracht und zur Bodenverbesserung zusätzlich Basaltmehl gestreut. Man rechnet für Beerensträucher jeweils 3 bis 4 kg, für Bäume 5 bis 8 kg je Ar.

Das Pflanzen

Der Boden sollte sich in einem mittelfeuchten Zustand befinden, weder schmieren noch stauben. Nun wird für Apfelbäume, die auf Unterlagen wie M 9, M 7 und M 4 veredelt sind, ein Pfahl gesetzt, der eine Handbreit neben den Mittelpunkt der Grube gegen die Hauptwindrichtung hin einzuschlagen ist. Kranke oder beschädigte Wurzeln des Bäumchens werden so abgeschnitten, daß die Schnittfläche schräg nach unten zeigt. Die übrigen, die mehr als bleistiftdick sind, kürzt man leicht ein. Dünne und faserige Wurzeln bleiben unbeschnitten. Das Eintauchen in einen Brei aus ⅔ Lehm und ⅓ Kuhfladen kann das Anwachsen beschleunigen. Ähnlich wirkt das Übersprühen mit Hornmistpräparat. Besonders bei zu erwarten-

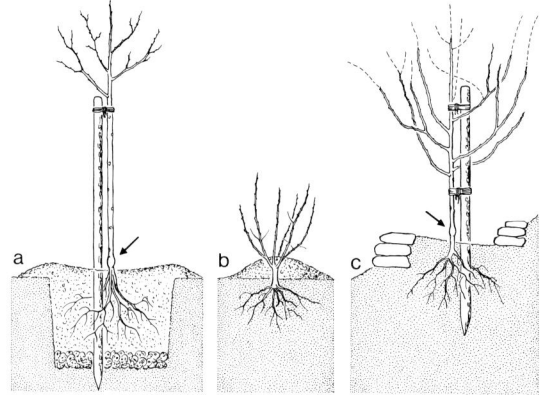

Obstbäume sind so hoch zu pflanzen, daß die Veredlungsstelle über der Erde liegt (a und c). Beerensträucher sind dagegen tief zu setzen oder gar anzuhäufeln (b).

Pflanzabstände einiger Obstgehölze

	Reihenabstand m	Abstand in der Reihe m
Apfel, Birne		
mittelstarkwachsend	4,5	3,4
starkwachsend	6	5
Hochstamm etwa	9	7
Süßkirsche		
mittelstarkwachsend	8	7
starkwachsend	9	8
Sauerkirsche	5–6	4–5
Pflaumen		
mittelstarkwachsend	7	6
starkwachsend	8	7
Pfirsich		
mittelstarkwachsend	6	5
starkwachsend	7	6
Johannisbeeren		
rote	2	1,5–1,8
schwarze	2,5–3	2,0–2,5
Stachelbeeren	2	1,5–1,8
Himbeeren	2	0,5
Brombeeren		
aufrechte	2	0,5
rankende	3	2,5–3

den Trockenperioden kann diese Maßnahme hilfreich sein.

Im Anschluß wird der ursprüngliche Unterboden von der rechten Seite um die Wurzeln herum eingefüllt, dann folgt die obere Schicht von der linken Seite. Die Pflanze ist dabei etwas zu rütteln, damit sich die feine Erde zwischen den Wurzeln absetzt.

Bäume werden so hoch gepflanzt, daß sich die Veredelungsstelle auch später, wenn sich die Erde gesetzt hat, immer noch etwa eine Handbreit über dem Boden befindet. Das gilt nicht für Beerensträucher, die eine Handbreit tiefer, als sie in der Baumschule gestanden haben, gesetzt werden können.

Schließlich wird, je nach Größe der Pflanzgrube, mit ein bis zwei Eimern Wasser durchdringend gegossen und das Bäumchen am Pfahl festgebunden.

Der Apfel

Abstammung und Baumaufbau der Äpfel

Als wichtigste Urform der europäischen Fruchtapfelsorten gilt *Malus pumila*, der Zwergapfel. Er stammt aus dem Kaukasus und wächst dort als niedriger Buschbaum. Je mehr er aus dem kontinentalen, ausgeprägt sommertrockenen, warmen Klima mit Schnee im Winter nach Westen kam, mußte er von der wechselfeuchten Bodennähe Mitteleuropas abgehoben werden. So bekam der Apfelbusch durch ständiges Entfernen der Seitentriebe einen Hochstamm. Erst in willkürlich bestimmter Höhe durfte sich eine Krone entwickeln. Diese Pumila-Formen nahmen Auswanderer im 18. Jahrhundert mit nach Amerika, wo sie den nordamerikanischen Wildapfel *Malus co-*

ronaria vorfanden. Manche Kreuzungsformen von *M. pumila* und *M. coronaria* kamen nach Europa zurück und spielen im heutigen Apfelsortiment eine wichtige Rolle.

Mit der Zeit wurde nicht nur die Stammlänge reguliert, sondern man lernte auch, die Eigenschaften verschiedenster Apfelformen durch Pfropfen und Veredeln zu kombinieren. So sind bis heute für alle gewünschten Zwecke und Standorte geeignete Baumformen entstanden.

Die Wesenseigenschaften der verschiedenen gepfropften Holzsorten werden über das Kambium vermittelt. Die Eigenart der Wurzel ist bestimmend für die Größe des Baumes und den früheren oder späteren Einsatz der Fruchtbildung. Deshalb fragt man beim Kauf zuerst nach der Apfelsorte, die die Krone bildet, dann nach dem Typ der Unterlage, welche die Wuchseigenarten bestimmt.

Schließlich kann noch der dazwischen liegende Stamm von einer dritten, besonders kräftigen, aber weniger gut fruchtenden Sorte genommen worden sein. Man spricht dann von einer Zwischenveredlung.

Unterlagen

Ein Blick auf die wichtigsten Unterlagen zeigt eine Rangfolge von der schwachwüchsigen M 9 über die mittelstarken M 7 und M 4 bis hin zur starkwüchsigen M 11 oder der kräftigsten, der Sämlingsunterlage. Sie allein wird aus Samen gezogen, während die M-Typen, die aus der englischen Versuchsanstalt East Malling stammen, vegetativ als Wurzelabriß vermehrt werden. Im biologisch-dynamischen Hausgarten ist M 9 nur bei besten Boden- und Klimaverhältnissen geeignet. Der kleine Wurzelstock kann die Nährstoffe für den frühzeitig und reich tragenden Baum nur aus einem eng begrenzten Bodenraum entnehmen. In der Regel wird man mit den Typen M 7 und M 4 bei mittleren Voraussetzungen richtig beraten sein. Bei extremen Ton- wie leichten Sandböden und rauhem Klima ist die M 11-Unterlage robust genug, um den relativ späten Ertragsbeginn wieder wettzumachen. In Zweifelsfällen ist immer der Fachmann zu befragen.

Sorten

Der Hausgärtner braucht Äpfel für den Frischverzehr, aber auch möglichst lange lagerfähiges Obst. Er wird sich also ein entsprechendes Sortiment pflanzen, wobei der Hauptanteil auf den Lagersorten liegt. Zunächst seien dazu einige Sorten genannt, nach Reifezeiten geordnet.

Bei der Sortenwahl kann diese Aufstellung nur einen Anhalt bieten. Man tut gut daran, die örtlichen Erfahrungen zu berücksichtigen und standortbewährte Sorten in die eigene Anpflanzung mitaufzunehmen. 'Cox Orange', 'Starking' und 'Golden Delicious' sind besonders anspruchsvolle Sorten.

Pflückreife	Sorte	Genußreife	lagerfähig im Keller bis
Juli	Klarapfel	Juli–August	September
August	James Grieve	September	Oktober
August	Gravensteiner	September	Oktober
September	Alkmene	September	November
September	Goldparmäne	September	Dezember
September	Ingrid Marie	September	Januar
September	Cox Orange	September	Februar
September	McIntosh	Oktober	Dezember
September	Holsteiner Cox	September	Januar
September	Jonathan	November	Februar
Oktober	Boskoop	Dezember	Januar
Oktober	Starking	November	Dezember
Oktober	Idared	Januar	April
Oktober	Golden Delicious	Oktober	Januar
Oktober	Glockenapfel	Februar	April

Ausgebreiteter Kompost im Obstgarten.

Pflege der Apfelbäume im Jahreslauf

Seit altersher wird der Apfel als Hochstamm kultiviert. Der fruchttragende Bereich, die Krone, ist durch einen kräftigen Stamm vom Boden in eine Höhe abgerückt, in der Luft, Licht und Wärme stärker einwirken können. Solche Bäume sind verhältnismäßig einfach zu pflegen. Sie tragen erst Frucht, wenn sich Wurzel, Stamm und Krone an Erde und Umgebung gewöhnt haben und eine gewisse Ausreife eingetreten ist.

Erst als man dazu überging, auch niedrigwachsende Baumformen zu entwickeln, d. h. die Krone näher dem Erdboden zu rücken und den noch jungen Baum zur Fruchtbildung brachte, wurde in Hochstamm- und Niederstamm-Obstbau unterschieden. Gleichzeitig wurde der Begriff des Intensiv-Obstbaus geprägt, der in erster Linie auf die zeitige und im Verhältnis zum Holzgerüst reichliche Fruchtbildung abzielt. Damit wurde aber auch eine aufwendige Pflege durch Düngung-, Schnitt- und Schutzmaßnahmen notwendig. Dieser gewissermaßen als künstliche Schöpfung zu betrachtende, vielfach aus Unterlage, Stammbild-ner und Edelreis zusammengesetzte Obstbaum ist auch stärkeren Angriffen und Beeinträchtigungen aus der Umwelt ausgesetzt.

So schien es zunächst sehr schwer, den an die Bodenoberfläche heruntergezogenen Niederstamm bei befriedigendem Ertrag und guter Qualität der Früchte in naturgemäßer Weise zu entwickeln. Dank langjähriger Bemühungen ist eine solche Pflege möglich.

Düngung. Sie stützt sich zunächst auf ausreichende organische Substanz, die dem Boden zur Verfügung stehen muß. Im allgemeinen sind 50 kg Trockenmasse je Ar anzusetzen.

Bei einem Jahresniederschlag von 700 mm lassen sich fünf bis acht Mulchgras-Schnitte mit etwa 20 kg/Ar Trockenmasse erreichen. Die fehlenden 30 kg sind durch Kompostgaben beizubringen. Je Ar und Jahr ist mit etwa drei bis vier Schubkarren voll Reifkompost zusätzlich zum Mulchschnitt zu rechnen.

Es empfiehlt sich deshalb, Zug um Zug die verschiedensten standortgerechten Kleearten zu säen. Weißklee, Schwedenklee und auch Hornschotenklee, wobei letzterer nicht überall den häufigen Schnitt er-

Die taglicht-empfindlichen Ohrwürmer schlüpfen gerne in holzwolle- oder heugefüllte Blumentöpfe. Nachts schwärmen sie aus und machen auf Kleininsekten wie Blattläuse Jagd.

trägt, sind dafür geeignet. Zur ausreichenden Ertragsbildung ist zudem eine Menge von etwa 6 kg/Ar organischer Mischdünger aus Horn-, Knochen-, Blutmehl einzusetzen. Zur allgemeinen Regulierung der Vorgänge im Boden wie auch zur Spurenelementversorgung wird eine Menge von etwa 3 kg/Ar Basaltmehl gegeben. Es kann sich bei diesen Empfehlungen nur um ein Grundschema handeln, da die verschiedenen Böden stets ihren Eigenarten entsprechend zu düngen sind. Die Beobachtung des Bodenzustandes, zusammen mit etwa zweijährig zu wiederholenden Bodenuntersuchungen, ist unumgänglich. Ferner wird der Gartenfreund sehr schnell am Entwicklungsstand der Kulturen ablesen können, ob die Maßnahmen da oder dort noch einer Verbesserung bedürfen. Daß zur Pflege des Bodens die regelmäßige Anwendung des Hornmist-Präparates gehört, ist selbstverständlich.

Schon in den ersten Kapiteln wurde auf die Bedeutung der Hecke hingewiesen. Das dort Gesagte gilt für den naturgemäßen Obstbau in besonderer Weise. Die Hecken umgeben den Obstgarten und mindern die Verwehung der Bodenkohlensäure, die für Blattbildung und Assimilation wichtig ist. Man hat in Heckenräumen eine um 2 bis 3 °C höhere Temperatur festgestellt, die besonders im Frühjahr für das Anlaufen der Bodenvorgänge und des Wachstums äußerst wertvoll ist. Nützliche Vögel finden dort Nistgelegenheiten. Es ist weiter wichtig, daß in der

Obstanlage etwa 20 bis 30 Nistkästen je Hektar aufgehangen werden. Für eine optimale Befruchtung ist Bienenhaltung angebracht. Untersuchungen von Dr. Hans Steiner (1958) von der Landesanstalt für Pflanzenschutz in Stuttgart haben ergeben, daß im Obstbau auf die Bienenhaltung dann verzichtet werden kann, wenn man es versteht, ein ausgewogenes Verhältnis zwischen Nutzinsekten, Schädlingen und dem großen Heer der weder schädlichen noch nützlichen Insekten aufrecht zu erhalten. Das erfordert den Verzicht auf die üblichen Pilz- und Insektenbekämpfungsmittel, die auch in dem Maße, wie sie in den Boden gelangen, den Aufbau des Bodenlebens beeinträchtigen.

Ein nach diesen Gesichtspunkten aufgebauter, vom Boden und der Umgebung der Bäume her gepflegter Obstgarten bietet die besten Voraussetzungen für gesund wachsende Obstgehölze, bei denen Krankheiten entweder gar nicht mehr auftreten oder mit einfachen und ungefährlichen Mitteln zu verhüten sind.

In der Folge werden die einzelnen Maßnahmen im Verlauf des Jahres beschrieben.

Februar–März. In diesen Monaten gibt es Tage, die sonnenhell und warm sind, denen aber kalte Strahlungsnächte folgen. Temperaturunterschiede von 15 bis 20 °C zwischen Tag und Nacht sind keine Seltenheit. Die Folgen zeigen sich schnell an den dünnen Rinden der Niederstämme, die starken Spannungen und Verdunstungskräften ausgesetzt sind. Frostrisse und Austrocknen des Stammes bis zur späteren Berostung der Früchte sind bekannte Erscheinungen.

Eine Spritzung des Baumes, der bis zum Wiedereinsetzen der Abendkälte abgetrocknet sein muß, an einem warmen Tag kann Schutz bieten. Man nimmt die Preicobakt-Mischung (s. Seite 112) oder stellt selbst eine Brühe, bestehend aus ⅓ Bentonit, ⅓ Algenkalk und ⅓ Kuhfladen her. Die Kuhfladen werden in erforderlicher Menge in einen Sack getan und mehrere Tage in das vorgesehene Spritzwasser zum Auslaugen gehängt. In vielen Fällen ist die Beigabe von Wasserglas empfehlenswert. Die Spritzbrühe wird damit haftfähiger und haltbarer gemacht.

Die beschriebenen Anwendungen können bis zum Austrieb erfolgen. Gleichzeitig ist an eine Hornmist-Spritzung auf den Boden sowie an Ackerschachtelhalm zur vorbeugenden Pilzbekämpfung zu denken. Beide Mittel lassen sich kombinieren, indem Hornmistpräparat in Ackerschachtelhalmtee als Spritzflüssigkeit angerührt wird.

Knospenspritzung. Die Blüten erfrieren oft schon in der Knospe und dies in einer Zeit, wo die stärkste Wachstumskraft im Baum wirksam wird. Durch eine

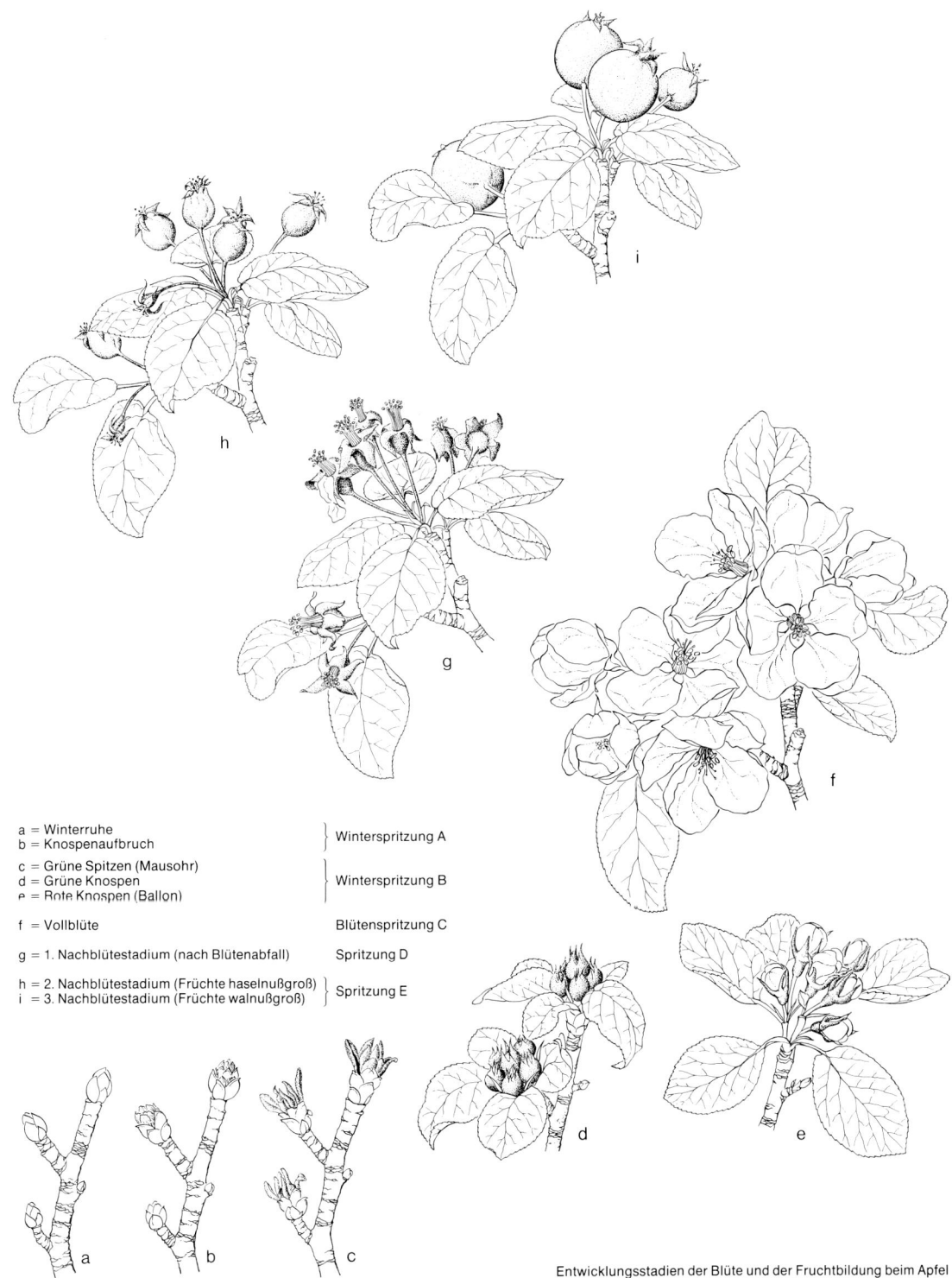

a = Winterruhe
b = Knospenaufbruch
} Winterspritzung A

c = Grüne Spitzen (Mausohr)
d = Grüne Knospen
e = Rote Knospen (Ballon)
} Winterspritzung B

f = Vollblüte — Blütenspritzung C

g = 1. Nachblütestadium (nach Blütenabfall) — Spritzung D

h = 2. Nachblütestadium (Früchte haselnußgroß)
i = 3. Nachblütestadium (Früchte walnußgroß)
} Spritzung E

Entwicklungsstadien der Blüte und der Fruchtbildung beim Apfel

Reicher Lohn eines Arbeitsjahres.

Hornkiesel-Spritzung läßt sich in gewissem Umfang erreichen, daß die Frostempfindlichkeit der Knospe abnimmt.

Erste Schorfspritzung. In der Regel kann man um die Blütezeit mit dem ersten ergiebigen warmen Regen rechnen, der den Flug der Wintersporen des Schorfes auslöst. Sie sind dann in großen Mengen in der Luft und keimen durch die Feuchtigkeit sofort auf dem jungen Grün. Im Hausgarten wendet man jetzt und in der Spritzfolge des ganzen Jahres Bio-S oder Oscorna-Pilzvorbeuge mit zuerst 100 g, nach der Blüte mit 50 bis 60 g je 10 l Wasser an. In Erwerbsobstanlagen ist Netzschwefel in den örtlich üblichen Konzentrationen das Mittel der Wahl. Es ist erfahrungsgemäß dringend notwendig, die ersten Spritzungen vor und nach der Blüte sorgfältig durchzuführen, um schorffreie Blätter und Früchte zu erhalten. Aus Tabellen (nach Mills und Laplante) ist zu ersehen, wie Feuchtigkeit, Temperatur und Zeit die Schorfentwicklung beeinflussen. Es empfiehlt sich außerdem, die örtlichen Warnmeldungen bezüglich der Spritzzeit genau

zu beachten. Nur wenn es den Wintersporen unmöglich gemacht wird, auf Blatt und Frucht Fuß zu fassen, ist die spätere Schorfregulierung zu bewältigen. Netzschwefel kann auch noch während der Blüte verwendet werden, ohne den Bienen zu schaden. Nach der Blüte reagieren empfindliche Sorten mit Verbrennungen, so daß 50 bis 60 g Bio-S auch im Erwerbsobstbau anzuwenden sind.

Blütenfröste. Fröste während der Blüte können die ganzen Ernteaussichten zunichte machen. Vor der Frostnacht ist möglichst schon zwischen 17 und 18 Uhr ein Versprühen von Baldrian-Präparat angebracht. 10 ml in 10 Liter handwarmes Wasser, kräftig vermischt, wird mit feinster Düse versprüht. Die Blüten dürfen nicht tropfnaß werden. Apfelanlagen haben damit Fröste bis zu minus 2 °C ohne Schäden überstanden. Bei ziehender Kaltluft ist die Wirkung jedoch nicht sicher. Wo solche Verhältnisse herrschen, sind die üblichen Frostschutzmaßnahmen wie Heizen, Beregnen oder Räuchern vorzuziehen.

Blattläuse. Das einfachste Mittel gegen Blattläuse ist die Anwendung einer Brühe aus Brennesseln. 1 kg wird 24 Stunden in 10 l kaltem Wasser angesetzt.

Ein weiteres Mittel gegen alle Insekten ist das jeweils zur Verfügung stehende Pyrethrum-Präparat. Polymaris und Algifert düngen über das Blatt und beugen Schädlingsbefall vor.

Apfelwickler. Ende Mai bis Anfang Juli fliegen die Falter des Apfelwicklers und legen ihre Eier auf die Früchte ab. Die Maden bohren sich ein. Zunächst lassen sich die Insekten mit starkem Wermut-Tee mit Wasserglas als Haftmittel vertreiben oder mit Pyrethrum direkt bekämpfen. Dabei muß besonders auf die Flugzeiten geachtet werden.

Fruchtentwicklung. Walnußgroße Früchte zeigen an, daß die Zellvermehrung abgeschlossen ist und eine Entwicklungsphase beginnt, die als Volumenvergrößerung bezeichnet wird. Dieser Vorgang wird durch das Hornkiesel-Präparat besonders gefördert. Das gleiche gilt, wenn die Frucht ihre volle Größe erreicht hat.

Der vorliegende Rahmenpflegeplan für Äpfel gilt grundsätzlich auch für alle anderen Obstarten, da sowohl die Anwendungen der biologisch-dynamischen Präparate als auch die Hilfs- und Pflegemittel zur Bekämpfung von Krankheiten und Schädlingen brauchbar und verträglich sind. Lediglich die Gewichtung hinsichtlich der jeweiligen Anfälligkeiten und der notwendigen Gegenmaßnahmen verschiebt sich je nach Standort und Kulturart.

Die folgenden Ergänzungen nehmen auf solche Besonderheiten bezug.

Spritz- und Pflegeplan für Äpfel

Voraussetzung für eine Gesunderhaltung der Apfelanlage sind der gezielte Aufbau eines lebendigen Bodens, der Einsatz von Düngerzusatzpräparaten wie Hornmist und Hornkiesel sowie die Beachtung der Hinweise des öffentlichen Warndienstes zur Terminwahl für die Schädlingsbekämpfung. Die Auswahl der Spritzungen soll den Notwendigkeiten der Anlage und der jahreszeitlichen Entwicklung des Apfels angepaßt sein. Die folgenden Mengenangaben der aufgeführten Präparate beziehen sich auf eine Lösung in 10 l Wasser (Normalkonzentration).

Winterspritzung Ⓐ	Februar bis zum Knospenschwellen	Wintereier der Roten Spinne und anderer Schädlinge: 100 g Preicobakt, Oscorna-Rindenkräftigung oder Mischung wie unter Blattfall	Vogelschutz; Nistkästen herrichten; Nistquirle in die Hecken schneiden
	Beginn des Knospenschwellens	Wintereier der Roten Spinne und andere Schädlinge: 300 g Promanal	

Hornmist-Schachtelhalm-Bodenpflege

Bei Wachstumsbeginn des Grases: Zur Aktivierung von Bodenleben und Wurzelwachstum, zur generellen Vorbeugung gegen Pilzkrankheiten:
500 g Schachtelhalmdroge in 5 l Wasser eine Stunde kochen; nach Abkühlen auf Handwärme abseihen; eine Portion Hornmist und eine Portion von jedem Kompostpräparat (außer Baldrian) zusetzen; nachmittags eine Stunde rühren und anschließend spritzen. Diese Spritzbrühe wird in jedem Fall normalkonzentriert angewandt.

Vorblütespritzungen Ⓑ — Mausohr- bis Ballonstadium

Wichtigste Schorfspritzungen:
Je nach Notwendigkeit im Abstand von 7 bis 14 Tagen wiederholen. Aufwandmenge:
    50–70 g Netzschwefel*
+ 30–40 g Bentonitpulver** <u>oder</u>
    80–100 g Bio-S bzw. Oscorna-Pilzvorbeuge
+ 20–30 g Bentonitpulver.

  * Bezüglich der Netzschwefelmenge richtet man sich nach örtlichen Erfahrungen. Die angegebenen Werte beziehen sich auf Gebiete mit hoher Luftfeuchtigkeit.
** Schwefel bzw. Bio-S mit Bentonitpulver trocken mischen, unter intensivem Umrühren ins Wasser geben.

Fruchtschalenwickler-Raupen verlassen in der Vorblütezeit ihr Winterquartier.
Schadensschwelle: mehr als 5–10 Raupen in 100 Blütenbüscheln.
50–70 g Netzschwefel + 20 ml Pyrethrum-Mittel; nach Kälterückfall Spritzung entsprechend dem Warntermin wiederholen.
Schlupf der Roten Spinne: 100 g Preicobakt + 50 ml Wasserglas

Ballon-Stadium	Hornkieselspritzung vormittags mit 0,5–1 l je Ar möglich. Sie fördert Fruchtfärbung und -süße.		
Blütenspritzung ©	Schorfgefahr: 20–40 g Netzschwefel oder 70 g Bio-S ohne Bentonit-Zusatz. Verregnete Blüte und Monilia-Gefahr: 300 g Meerrettichblatt oder zerquetschte Meerrettichwurzel überbrühen, nach Erkalten abseihen, auf 10 l auffüllen. Spritzung mit Feindüsen. Frostgefahr: 10 ml Baldrian-Präparat in lauwarmem Wasser kräftig verrühren; mit feinster Düse zwischen 16 und 18 Uhr vor erwarteter Frostnacht vernebeln. Spritzung auch morgens nach der Frostnacht möglich, aber ehe die Sonne wärmt.		
Erste Nachblüten-Spritzung ⓓ	nach Abfall der meisten Blütenblätter	Schorfverhütung und Blattpflege: 40–20 g Netzschwefel +40–20 g Algomin +40–20 g Bentonitpulver oder 60 g Bio-S bzw. Oscorna-Pilzvorbeuge +20 g Bentonitpulver	Zur Förderung von Wuchs und Widerstandskraft wird diesen Nachblütespritzungen 1 l Nesseljauche oder 8 g Algifert zugesetzt
Weitere Nachblüten-Spritzungen	durchgehend bis zum Beginn der Fruchtfärbung	Aufwandmenge: 40–20 g Netzschwefel (ab 20 °C Lufttemperatur nicht mehr als 20 g verwenden) + 40–20 g Algomin + 40–20 g Bentonitpulver entsprechend der Schwefelmenge oder 50 g Bio-S bzw. Oscorna-Pilzvorbeuge + 20 g Bentonitpulver Rote Spinne: 1 l Bentonitansatz + 3 l Nesseljauche + 15 g Netzschwefel oder 30 ml Pyrethrum + 10 g Baumseife Blattläuse: 1 kg grüne Nesseln, 24 Stunden in Kaltwasser ausgelaugt oder 10–20 ml Pyrethrum oder Mischung beider, jedoch ohne sonstige Zusätze, oder 30–40 g Pflanzenpflegeseife	wie bei 1. Nachblütenspritzung
Hornkiesel-Spritzung ⓔ	ab hasel- bis walnußgroßen Früchten	Etwa 0,5–1 l Hornkieselpräparat je Ar unter Zugabe von 1 l Nesseljauche zum Rührwasser vormittags sprühen. Diese Spritzbrühe wird in jedem Fall normalkonzentriert angewandt.	

Obstmaden-Spritzung	Termine nach Warndienst ab Anfang Juni	20 ml Pyrethrum; erfaßt gleichzeitig Blattläuse. Sonderspritzung ohne Zusätze, empfehlenswert an warmen Abenden auszubringen.
Hornmist-Spritzung	nach dem 2. oder 3. Mulchschnitt	Zur Unterstützung der Bodenaktivität in der Mitte der Vegetationszeit 0,5–1 l je Ar nachmittags, möglichst auf feuchten Boden. Diese Spritzbrühe wird in jedem Fall normalkonzentriert angewandt.

Weitere Nachblüten- u. Lagerschorf-Spritzungen Ⓕ

vom Beginn der Fruchtfärbung bis zur Reife

Schorf: 100–150 ml Natriumwasserglas

ab hier kein Schwefel mehr wegen Gefährdung der Lagerfähigkeit

Hornkiesel-Spritzungen

Während der Fruchtreife und solange noch Blattgrün vorhanden ist, wird mehrmals im Abstand von etwa 2 Wochen 0,5–1 l Hornkieselpräparat je Ar nachmittags versprüht: zur Holz- u. Fruchtausreifung, Förderung der Lagerfähigkeit und der Widerstandsfähigkeit gegen Pilze im nächsten Jahr. Diese Spritzbrühe wird in jedem Fall normalkonzentriert angewandt.

Blattfall- und Schachtelhalm-Spritzung Ⓖ

Zur Vorbeugung von Narbeninfektionen mit Krebs, wenn die Hälfte der Blätter abgefallen ist und/oder nach Abfall aller Blätter zur Laubrotteförderung und Rindenpflege:

   20 g Schachtelhalmdroge 1 Stunde kochen
+ 100–200 ml Natriumwasserglas
+ 2–3 l Bentonitansatz 10%ig
+ 200–300 g Algomin-Spritzkalk <u>oder</u>
   100 g Preicobakt bzw. Oscorna-Rindenkräftigung
   + 100 ml Wasserglas

Durch Zusatz von 200–300 g Rindergalle wird Schutz vor Wildverbiß und Knospenfraß, durch Zugabe von 2–3 kg frischem Rinderkot ist eine Rindendüngung erreicht.

Pflegemaßnahmen bei anderen Obstarten

Kernobst
Birne

Zeit-raum*	Krankheiten/Schäd-linge	Anwendung
A	Holzschorf	0,5 l Wasserglas + 100 g Algenkalk gut deckend aufsprühen.
A	Gitterrost	Pilz überwintert an Wacholder, zeigt dort im Zeitraum A bis B schleimige Auftreibungen an den dickeren Zweigen. Ausschneiden oder mit 80 g Netzschwefel behandeln. Bei Birnen im Zeitraum D vorsorglich und nach Auftreten rötlicher Flecken an Blättern mit 70–80 g Bio-S oder Oscorna-Pilzvorbeuge spritzen, eventuell wiederholen.

Steinobst
Kirsche

B	Schrotschuß	Tritt nur bei feuchter Frühjahrswitterung auf; vorsorglich 60–70 g Bio-S oder Oscorna-Pilzvorbeuge alle 14 Tage spritzen.
B–D	Gummifluß	Zunächst wie bei Monilia behandeln, da zumeist beide zusammen auftreten. Zusätzlich 2 Teelöffel Eichenrindenpräparat in 2 l Wasser aufschwemmen und nach 24 Stunden verdünnt im Traufbereich bei warmer Witterung verteilen.
B–E	Kirschenblattlaus	Unter Umständen hartnäckiger als andere Blattlausformen, daher häufiger behandeln (siehe Seite 105); vorsorglich Unterschlupf für Ohrwürmer anlegen.
C	Monilia	Triebe wo möglich 20 cm unterhalb der Befallstelle abschneiden. 5 l vergorene Nesseljauche + 0,5 l Wasserglas + 5 l Wasser im Kronentraufbereich auf den Boden gießen; je nach Baumgröße 10–50 l. Nach der Ernte zweimal Hornkieselpräparat im Abstand von 4 Wochen, Preicobakt-Kronenspritzung im Herbst.
C–D	Kirschfruchtfliege	Schlüpft vornehmlich Anfang Juni bei Gelbfärbung der Frucht (wenn Robinien blühen), dann gelbe Fangfallen »Rebell« aufhängen.

Pflaume, Zwetsche

A + D	Narrentaschen	100 g Preicobakt + 200 ml Wasserglas beim Knospenschwellen. Weiterhin 60 g Bio-S bzw. Oscorna-Pilzvorbeuge sofort nach der Blüte spritzen.
B	Schrotschuß	siehe Kirsche
C	Sägewespe	Unmittelbar nach Blütenblätterfall Pyrethrum-Mittel wie Parexan, Spruzit, Oscorna-Insektenschutz spritzen.
E	Pflaumenrost	Bei Auftreten der rostbraunen Pusteln an der Blattunterseite Spritzung mit 3 g Kalium-Permanganat.
E–F	Pflaumenwickler	Mitte Juli bis August alle 10 Tage Pyrethrum-Mittel spritzen.

Pfirsich, Aprikose

| A | Kräuselkrankheit | 0,5 l Wasserglas + 100 g Algomin gut deckend beim Knospenschwellen aufsprühen; 80 g Bio-S oder Oscorna-Pilzvorbeuge vor der Blüte und nach der Blüte auf das Blattwerk spritzen. |
| B oder E | Schildläuse | Mit 100 g Preicobakt Krone spritzen, Blattfall- und Schachtelhalmspritzung wie bei Apfel. |

*Die mit den Großbuchstaben gekennzeichneten Zeiträume entsprechen den im Spritz- und Pflegeplan für Äpfel genannten.

Reifezeiten wichtiger Sorten

Kernobst

Birnen

Pflückreife	Sorte	Genußreife	Lagerfähig bis
Juli/August	'Bunte Julibirne'	sofort	
Juli/August	'Juli-Dechantsbirne'	sofort	
August	'Frühe Trévoux'	14 Tage nach Ernte	
August/September	'Clapps Liebling'	September	
August/September	'Williams Christ'	14 Tage nach Ernte	
September	'Conférence'	Oktober	November
September	'Herzogin Elsa'	Oktober	
Oktober	'Köstliche von Charneu'	Oktober/November	
Oktober	'Gräfin von Paris'	Dezember	Februar
Oktober	'Alexander Lucas'	November/Dezember	Dezember
Oktober	'Edelcrassane'	November	Dezember

Quitte

Oktober	'Konstantinopel', apfelförmig	verwertungsreif November	
Oktober	'Lescovac', apfelförmig	Oktober–Dezember	
Oktober	'Champion', birnenförmig	Oktober–Dezember	

Steinobst (nach Lust 1970)

Sauerkirschen
auf Unterlage Vogelkirsche (*Prunus avium,* nicht *Prunus mahaleb*)

Pflückreife	Sorte
3. Kirschwoche	'Diemitzer Amarelle', hellrot, hellsaftig süß, reichtragend
4./5. Kirschwoche	'Beutelspacher Rexelle', dunkelrot, dunkelsaftig, sauer, reichtragend
6./7. Kirschwoche	'Schattenmorelle', dunkelrot, dunkelsaftig süß-sauer, reichtragend

Süßkirschen
Unterlage Vogelkirsche (*Prunus avium*)

1./2. Kirschwoche	'Kassins Frühe', geschmacklich beste Frühsorte, gute Erträge
3./4. Kirschwoche	'Spitze Braune', beste mittelfrühe Sorte, reichtragend
4./5. Kirschwoche	'Hedelfinger Riesenkirsche', sehr wertvolle mittelfrühe, reichtragende, großfrüchtige Sorte
5. Kirschwoche	'Große Schwarze Knorpelkirsche' sehr wertvolle, späte, reichtragende Sorte

Pflaumen, Renekloden, Mirabellen, Zwetschen
Unterlagen: Prunus 'Ackermann' ('Marunke') sowie Prunus 'Brompton'

Ende Juli/Anfang August	'Ersinger Frühzwetsche', schwachwüchsig, blau, reich und regelmäßig tragend
Anfang/Mitte August	'The Czar', schwachwüchsig, blau, reich und regelmäßig tragend
Anfang/Mitte August	'Ontario', mittelstark wachsend, gelb, reich und regelmäßig tragend
Mitte/Ende August	'Nancy-Mirabelle', starkwüchsig, gelb-grün, reich und regelmäßig tragend, kommt spät in Ertrag
Ende August/Anfang September	'Graf Althans Reneklode', mittelstarkwachsend, rötlichgelbe, große Frucht, reiche und regelmäßige Erträge
Ende August/Anfang September	'Große, grüne Reneklode', starkwachsend, grüngelbe, große Frucht, regelmäßig tragend, kommt später in Ertrag
Anfang September	'Wangenheims Frühzwetsche', starkwachsend, blau, reiche und regelmäßige Erträge
Ende September	'Hauszwetsche', mittelstark wachsend, dunkelblau bereift, reichtragend, gelbfleisig und steinlösend; bekannte Typen vermehren (Ausläufer) und im Anbau bevorzugen

Schnitt der Obstgehölze

Schon in alten Obstbaulehrbüchern wird die Notwendigkeit eines regelmäßigen Schnittes aller Obstgehölze verlangt. Die Maßnahme wird mit der Tatsache begründet, daß innerhalb weniger Jahre Baum und Strauch vollständig verwildern, und dabei mehr, aber immer kleinere und minderwertigere, häufig auch von Krankheiten und Schädlingen befallene Früchte liefern würden. Um vollwertige und gesunde Früchte zu erhalten, müssen sich sämtliche Obstgehölze Jahr für Jahr einem zweckmäßigen Schnitt unterziehen.

Viele nach der Pflanzung nicht geschnittene Jungbäume bedürfen dringend einer Korrektur, ältere aus verschiedenen Gründen ein vollständiges oder teilweises Umpfropfen. Manche Obstgehölze wachsen von der Veredlungsunterlage her zu stark und müssen in Höhe und Breite der Krone durch geeignete Maßnahmen zurückgehalten werden. Folgen von Hagelschlag, Sturmschäden, extreme Kälte oder durch Schädlinge und Krankheiten verursachte Holzschäden verlangen Eingriffe. Alternde Bäume benötigen oft eine starke Verjüngung, die sich durch kräftige Neutriebe in etwa halber Kronenhöhe an den Leitästen zeigt.

Das Holz der Obstbäume und Beerensträucher ist das Kapital, das die Früchte als Zinsen bringt. Es ist deshalb notwendig, unter Beachtung der Wuchseigenschaften der jeweiligen Obstart, Sorte und Baumform, die Entwicklung der Obstgehölze von der Pflanzung an bis in das Alter hinein sinnvoll, zweckmäßig und schonend zu betreuen. Man muß sich dabei immer von der Erkenntnis leiten lassen, daß jedes

Obstgehölz zuerst das ersetzen wird, was ihm genommen wurde.

Nach Hilkenbäumer »fällt dem Schnitt die Aufgabe zu, sowohl an jungen als auch am erwachsenen und alternden Baum im gesamten Kronenraum ein physiologisches Gleichgewicht zwischen Trieb und Ertrag herzustellen bzw. zu erhalten«. Dies ist leichter gesagt als getan. Die Fragen beginnen meist schon bei der Gestaltung des Kronenraums. Zu viele, oft bogenförmig abwärts hängende oder auch steil nach oben wachsende Äste verwehren dem Sonnenlicht den Zutritt und führen zum Absterben des Fruchtholzes. Das Kroneninnere wird leer und unproduktiv. Auch zu dichter Stand der Bäume führt zu den gleichen Folgen.

Da sich innerhalb der letzten Jahrzehnte die Schnittmethoden mehrmals drastisch geändert haben und zwischen den beiden Extremen Naturkrone und Kunstkrone hin und her gependelt sind, ist es verständlich, daß allgemeingültige Richtlinien der Beratung nicht immer breite Zustimmung finden.

Und doch läßt sich an den Obstgehölzen selbst ablesen, wo schon am Neutrieb die Schere anzusetzen ist. Es gilt zu berücksichtigen, daß die Entwicklung eines Jungtriebes vom Blatt- bis zum Fruchttrieb bei den Obstarten verschieden lang ist. Während beim Schnitt von Schattenmorelle, Pfirsich und Weinrebe schon lange deren Zweijahresrhythmus beachtet wird, erfolgte beim Apfel das Einbeziehen der drei Jahre dauernden Entwicklungsphase vom Leittrieb zum Fruchtzweig erst in den letzten Jahrzehnten. Damit sind wir beim Pillarschnitt, heute Spindelschnitt genannt, angelangt. Diese aus England stammende Schnittmethode wurde offensichtlich von dem um

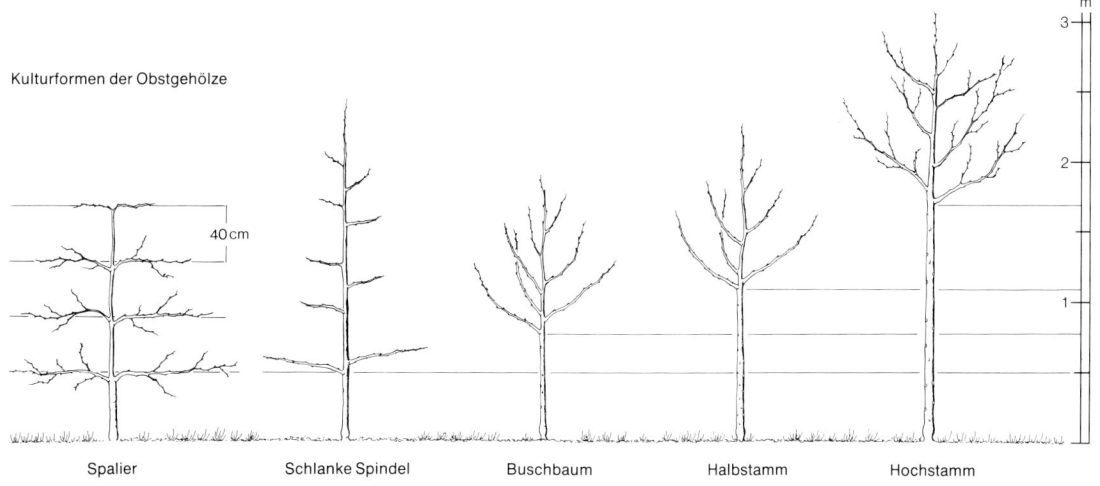

Kulturformen der Obstgehölze

40 cm

Spalier　　　　Schlanke Spindel　　　　Buschbaum　　　　Halbstamm　　　　Hochstamm die Jahrhundertwende in der Grafschaft Kent in England betriebenen Haselnuß-Großanbau mit seinem Schnitt auf ein- bis dreijähriges Tragholz übernommen.

Allgemein sollte man beim Pflanzschnitt schon die künftige Kronenform im Auge haben, so daß wir beim Erziehungsschnitt die erste Leitastgruppe in Streustellung, bestehend aus drei Ästen, stehen lassen. Nach dem Ertragsbeginn innerhalb weniger Jahre setzt, bei ständiger Überwachung der Kronenweiterentwicklung, der Erhaltungsschnitt ein. Dieser ist von größter Bedeutung für die alljährliche Neubildung von Blütenknospen auch an Zweigen, deren Früchte soeben heranreifen. Die reifende Frucht entwickelt Hemmstoffe, die eine sofortige weitere Bildung von Blütenknospen am gleichen Ast einschränkt.

Nach zwei bis drei Jahren Pause entstehen am gleichen Trieb aus Altersgründen keine Qualitätsfrüchte mehr. Erneuerungsmaßnahmen wie Kronenverjüngung oder gar Umpfropfen verhindern diese Erscheinungen.

Schnitt der Kernobstarten

Apfel

Diese wichtigste Kernobstart hat im Kaukasus ihre eigentliche Heimat. Heute tauchen die Wildformen nur noch als Unterlage für Veredelungen auf. Vom Hochstamm bis zum Spindelbusch sind alle Kronenformen Schöpfungen des Baumschulers.

Im Herbst gepflanzte Bäume bilden bei guter Bodenabdeckung schon über Winter neue Wurzeln und wachsen im Frühling rascher heran als solche, die

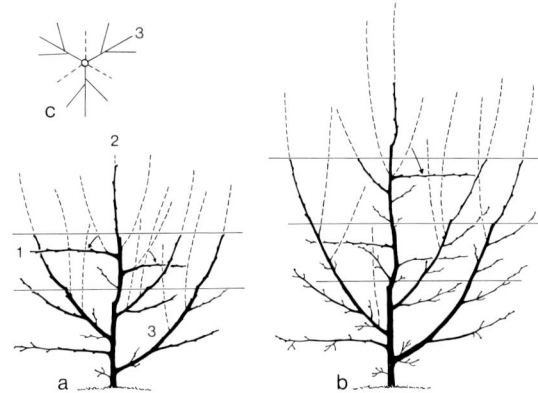

Apfel. a = erster Schnitt, b = zweiter Schnitt im Folgejahr, c = von oben gesehen, nach dem ersten Schnitt.
1 = Wenn Seitentriebe waagerecht gebunden werden, bilden sie zeitig Fruchtholz (»Fruchtzweige«) aus; 2 = Mitteltrieb (Stammverlängerung); 3 = Leitäste mit Seitentrieben.

erst im Nachwinter gepflanzt worden sind. Das Anschneiden der jungen Krone mit drei Leitästen als erster Astgruppe wurde bereits erwähnt. Dabei wird der Konkurrenztrieb der Stammverlängerung bis zum Astring entfernt. Die überzähligen einjährigen Triebe können ungekürzt waagerecht gebunden werden und bilden im Pflanzjahr bereits Blütenknospen. Ihre gleichzeitig herangewachsenen Verlängerungen werden im Frühjahr des zweiten Standjahres bis auf 1 cm Länge in der Zone der schlafenden Augen eingekürzt, während am älteren Teil des Triebes sich bereits die ersten Früchte entwickeln.

Nach der Ernte entfernt man restlos die ausgedienten Fruchtzweige unterhalb der Krone, und im Folgejahr reifen an den Seitenzweigen der Leitäste, in der jungen Krone, neue Früchte heran. Zurückgeschnitten werden nur die Astverlängerungen des Kronengerüstes, also Leitäste und Spitze. Wenn die Seitentriebe tragen sollen, müssen sie wachsen können. An der Fruchtfarbe wird man erkennen, ob sie zugunsten eines besseren Lichteinfalles im Laufe der Jahre verringert oder eingekürzt werden müssen. Entfalten sich die Baumkronen zu stark, bestehen mehrere Möglichkeiten der Regulation:

1. jeden zweiten Baum roden,
2. die ganze Kultur auf Spindelschnitt umstellen,
3. an sämtlichen Stämmen wirksame Saftbremsen einbauen.

Ein Obstbaum kann nur dann Optimales leisten, wenn seine Krone nur 80% des ihm zugewiesenen

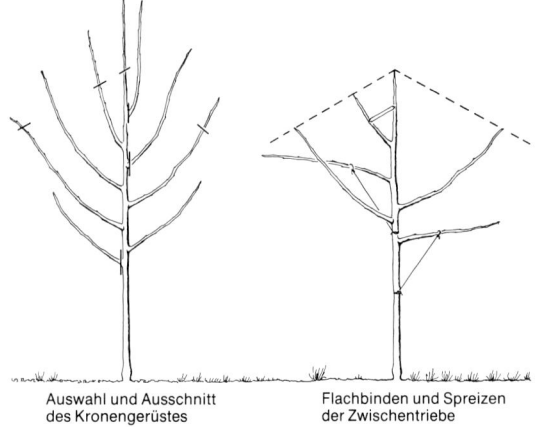

Auswahl und Ausschnitt des Kronengerüstes   Flachbinden und Spreizen der Zwischentriebe

Apfel. Kronenbehandlung nach dem Pflanzen.

Standraumes ausfüllt. Bei 5 m allseitigem Pflanzen-
abstand darf demnach der Einzelbaum nur einen ma-
ximalen Kronendurchmesser von 4 m haben.

Die Umstellung eines Baumes auf die Spindelform
(Pillarschnitt) ist nicht auf Apfel- und Birnbäume mit
schwachwachsender Unterlage beschränkt. Sie kann
mit Erfolg an allen Baumformen, sogar an den Seiten-
ästen von Hochstämmen, durchgeführt werden. Der
Schnitt ist besonders leicht durchzuführen, sofern
der ständige Wechsel von ein-, zwei- und dreijährigen
Trieben von unten bis oben beachtet wird.

Der Einbau von Saftbremsen in zu mächtig werdende
oder schon zu starke Baumkronen erfordert spezielle
Kenntnisse und Handfertigkeiten.

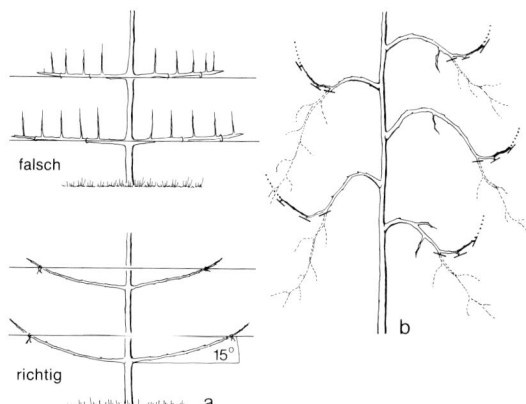

Pflegeschnitt bei Birnen. a = Den Kammwuchs an waage-
rechten Spalieranlagen vermeidet man durch Anheben der
Äste. b = Dem Hängewuchs bei freiwachsenden Birnbäumen begegnet man durch Einkürzen und jährliches Anschneiden der Zweigspitzen.

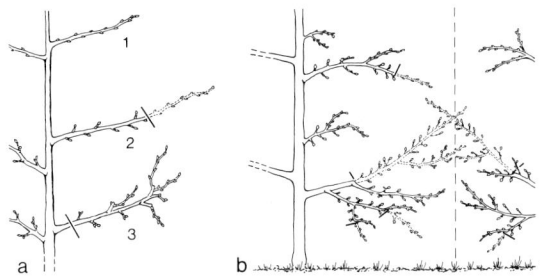

a = Bei der Schlanken Spindel muß der Wechsel von ein-
bis dreijährigen Trieben von unten nach oben beachtet
werden. 1 = Einjähriger Trieb bleibt erhalten. 2 = Der
zweijährige Trieb wird bis zur Sproßverlängerung vom
ein- zum zweijährigen Holz zurückgeschnitten. 3 = Am
dreijährigen Holz schneidet man bis auf einen Zapfen von
5 bis 6 cm zurück.
b = Obstbäume brauchen zur Entfaltung genügend Raum.
Beginnen die Äste sich gegenseitig zu behindern, ist ein
Rückschnitt unvermeidlich.

Birne

Dieser wärmeliebende Obstbaum wird als Hoch-
oder Niederstamm auf Sämlingsunterlage, als klein-
bleibender Spindelbusch auf Quittenwurzel oder in
Form von Wandspalieren gezogen. Die Schnittregeln
sind etwa die gleichen wie beim Apfel. Nur soll man
die waagerechte Stellung von fruchtenden Zweigen
vermeiden, weil dies zur Kammbildung mit einer
Vielzahl senkrechter Triebe führt. Deshalb läßt man
die Tragäste durch Anschneiden der Triebspitze auf
ein nach außen stehendes Auge immer im Winkel von
mindestens 15° ansteigen. Hochstämme mit Fichten-
wuchs, d. h. hängenden Ästen und mit der Leiter
nicht mehr erreichbarem Gipfel, können wie die Süß-
kirsche ohne weiteres um mehrere Meter gekappt

werden. Man muß aber dann bei allen Hängeästen an
der Spitze ein oberseitiges Auge anschneiden, um einen Aufwärtstrend einzuleiten. Je mehr sich der so
behandelte Trieb durch jährlichen Anschnitt auf ein
Auge nach außen der Höhe des Astursprungs nähert,
desto kräftiger wird er. Die ihm entspringenden Seitenzweige verbreitern allmählich die Krone und erlauben ein nochmaliges Köpfen des jungen Gipfels.
Die Birne ist überhaupt im Wuchs anpassungsfähiger
und williger als der Apfel. Das haben die vielen Spalierformen schon im letzten Jahrhundert bewiesen.

Quitte

Ein noch höheres Wärmebedürfnis als die Birne hat
die Quitte, die andererseits in Wuchs und Form recht
anspruchslos ist. Man spart sich bei dieser Obstart
viel Schnittarbeit, wenn man wie bei Birnen die
Kammbildung auf der Oberseite hängender Äste verhindert. Es genügt im allgemeinen, den Kronenman-
tel ab und zu auszulichten. Sonst müßte man alle
sechs bis acht Jahre verjüngen. Ein regelmäßiger
Schnitt ist überflüssig, weil die Quitte ohnehin am
jüngsten Holz, den Zweigenden, trägt.

Schnitt der Steinobstarten

Süßkirsche

Dieses wertvolle Obstgehölz baut wie Schachtelhalm
oder Kiefer ein in Stockwerken angeordnetes, quirl-
förmiges Astwerk auf, das mit zunehmender Länge

und Seitenverzweigung das Kroneninnere verdunkelt und dort zum Absterben der Frucht- und Bukettzweige führt. Deshalb ist schon beim Pflanzschnitt des Jungbaumes ein lockerer Kronenaufbau einzuleiten. Nur vier Leitäste im Winkel von 45° ansteigend und in Streustellung bleiben als erste Astgruppe. Notfalls werden sie hochgebunden oder abgespreizt. Man schneidet die Leitäste in Saftwaage auf eine Knospe nach außen hin an. Die Stammverlängerung wird dann so weit eingekürzt, daß der Dachwinkel zwischen ihr und den vier Endknospen der ersten Astgruppe 120° beträgt.

Je nach der Wuchskraft des jungen Baumes können unter Umständen bereits zwei Jahre später gut 1 m über der ersten Leitastgruppe vier weitere Seitentriebe als Leitäste einer zweiten Astgruppe angeschnitten werden. Der empfohlene Dachwinkel ist einzuhalten. Die zwischen beiden Leitastgruppen gebildeten sowie die an der oberen Stammverlängerung noch entstehenden Stammaustriebe bleiben vorerst als unbeschnittenes fruchttragendes Füllholz stehen. Es kann in den folgenden Jahren nach Bedarf verringert und eingekürzt werden.

Es ist eine Eigenart der Süßkirschen, nur am Anfang ihrer seitlichen Langtriebe Blütenknospen zu entwickeln. Alle übrigen Knospen bilden Blätter (Blattknospen). Diese Langtriebe werden zu den charakteristischen Bukettzweigen, die im folgenden Jahr die erwünschten Fruchtbüschel liefern. Schneidet man jedoch die Langtriebe zurück, entwickeln sich aus den verbliebenen Blattknospen anstelle des erwünschten Fruchtholzes wieder Schatten verursachende Langtriebe. Wir beschränken deshalb den jährlichen Rückschnitt auf den Gipfeltrieb und die Spitzen der acht Leitäste. Es lohnt sich bei der Ernte. Will man ältere, zu hoch gewachsene Kirschbäume auf eine rationelle und handliche Form umstellen, ist ein Kappen der Krone um etwa ein Drittel sofort nach der Ernte möglich. Das Auftreten von Gummifluß ist dabei nur auf feuchtkalten und schweren Böden zu befürchten. Aus der Vielzahl der Äste wählt man die acht künftigen Leitäste mit günstigen Abständen aus und schneidet sie außen auf schräg nach oben zeigende Äste oder Knospen an. Die übrigen dazwischenstehenden Äste werden auf weiter innen befindliche Zweige zurückgesetzt. Aus den entstehenden Gipfeltrieben ist durch Entfernen der Konkurrenz der günstigste freizustellen. In den meisten Fällen wird man ihn alljährlich stark einkürzen müssen, bis seine Spitze mit den allmählich aufwärts strebenden Spitzen der acht Leitäste den optimalen Dachwinkel von 120° bildet.

Sauerkirsche

Dieses Steinobst wächst wesentlich schwächer. Es gibt Sorten wie die bekannte 'Schattenmorelle', deren vorjährige Triebe nach dem Fruchten kahl bleiben und sich nur an der Spitze verlängern. Ohne Rückschnitt oder Verjüngung werden sie nach Jahren zu sogenannten Peitschentrieben, die bis zum Erdboden reichen. Andere Sorten wie die aromatische 'Köröser' – sie befriedigt im Ertrag nicht immer – bilden an der Basis der Fruchtstiele sofort wieder Blütenknospen und verkahlen dadurch nicht so rasch.

Beim Aufbau der Sauerkirschen-Rundkrone ist es wegen der enger stehenden Seitenzweige vorteilhafter, nur drei Leitäste in Streustellung als einzige Astgruppe und darüber wie an den Leitästen nur Fruchtzweige heranzuziehen. Der Schnitt erfolgt entsprechend ihrem Lichtbedarf regelmäßig im September, wenn die Gefahr eines Neuaustriebes nicht mehr besteht. Sobald man ein Jahr aussetzt, werden die Früchte sofort kleiner.

Dies zu beachten ist besonders bei Flachkronen wichtig. Man denke an Spalierwände, die sogar die Nutzung einer Nordostwand mit der 'Schattenmorelle' erlauben. Sie liefert dort ohne Gerüst jahrelang Früchte. An den fischgrätenförmig im Halbmeterabstand schräg nach oben verlaufenden Tragästen wird gleich nach der Ernte der kahle Trieb auf einen kräftigen, aus einem schlafenden Auge entstandenen Neutrieb zurückgeschnitten, der dann im folgenden Jahr fruchtet.

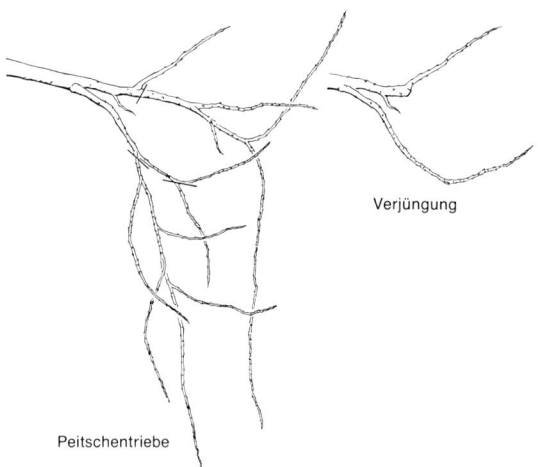

Verjüngung

Peitschentriebe

Der Hängewuchs (sog. Peitschentriebe) der Sauerkirsche (Schattenmorelle) muß durch einen Verjüngungsschnitt angehoben werden.

Pflaume

In diese Gruppe gehören auch Zwetschen, Renekloden und Mirabellen, die alle einen Kronendurchmesser von 3 bis 5 m erreichen. Da die Augen der Steinobsttriebe nur eine Lebensdauer von einem Jahr haben und im Schatten absterben, ist es ratsam, vor allem in Gebieten mit schweren Böden und höheren Niederschlägen bei der Kronenerziehung des Jungbaumes nur drei Leitäste als erste Astgruppe anzuschneiden. Die dazwischenstehenden Triebe werden waagerecht gebunden und entwickeln sich zu erstttragenden Fruchtzweigen. Insbesondere junge Zwetschenkronen schießen gerne nach dem Rückschnitt ihrer Leitäste mit starken Neutrieben besenartig in die Höhe. Diese sind auszulichten und zur Bildung einer breiten, offenen Krone durch Spreizhölzer in den optimalen Winkelabstand von 45° zur Stammverlängerung zu bringen. Bei zunehmendem Alter der Bäume lohnt sich alljährlich leichtes Auslichten und Verjüngen der Fruchtzweige sowie der Rückschnitt der Leitastverlängerungen in die Saftwaage. Dies gilt erst recht, wenn noch eine zweite Leitastgruppe mit großer Streuung herangewachsen ist. Deren Äste verwehren mit ihren Seitenzweigen der Sonne mehr den Zutritt, als eine Folge schwächerer Fruchtzweige an der Stammverlängerung.

Pfirsich

Als wärmebedürftige Obstart wächst der Pfirsich bei uns im Weinklima und auf günstigen warmen Böden so zügig wie eine Strauchweide. Seine Neutriebe schließen dort so frühzeitig ab, daß ihre gute Holzreife sie selbst auf Halbstamm frosthart macht. Um dem Wärmebedarf entgegenzukommen, bieten sich zwei Möglichkeiten von Standort und Baumform an: als Buschbaum mit höchstens 60 cm Stammhöhe oder als Wandspalier auf Süd- und Südostseiten mit 8 bis 10 m² Fläche je Baum.

Ein jährlicher, zeitlich gestaffelter Schnitt ist unerläßlich, weil unbeschnittene Pfirsichbäume von unten her bald verkahlen. Sie lassen beginnenden Gummifluß erkennen, werden in den oberen Partien von Pilzkrankheiten und Läusen befallen und sterben um Jahre früher ab als regelmäßig geschnittene. Der Pfirsich bildet drei verschiedene Triebformen:

1. kräftige, »wahre« Fruchttriebe mit Drillingsknospen, d. h. zwei Blütenknospen beiderseits einer Blattknospe,
2. kürzere und dünnere, »falsche« Fruchttriebe nur mit Blattknospen an der Spitze,
3. reine Holztriebe ohne Blütenknospen.

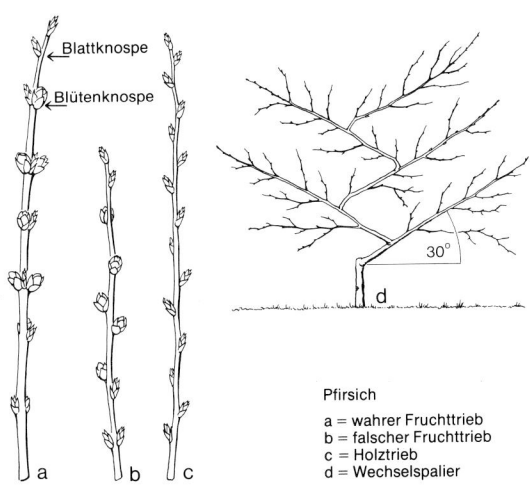

Pfirsich
a = wahrer Fruchttrieb
b = falscher Fruchttrieb
c = Holztrieb
d = Wechselspalier

Diese Eigenheiten erfordern einen Schnitt, der sehr stark von dem anderer Steinobstarten abweicht. Beim Pflanzschnitt des einjährigen Buschbaumes aus der Baumschule entfernt man im Frühjahr von unten her sämtliche Seitentriebe bis zu einer Höhe von 60 cm. Darüber werden drei bis vier kräftige Triebe von unten nach oben auf fünf bis drei Augen zur Bildung einer leistungsfähigen Krone bis zum Herbst eingekürzt. Die Stammverlängerung schneidet man eine Handspanne höher.

Der Erziehungsschnitt der Jungkrone erstreckt sich auf wenige Jahre und beginnt wegen des raschen Wachstums bereits im August des Pflanzjahres. An den drei bis vier Leitästen werden alle oberseits entstandenen, normalen wie vorzeitigen Seitentriebe glatt weggeschnitten. Die verbleibenden waagrechten werden durch Entfernen aller zu dicht stehenden, schwachen Triebe ausgelichtet, d. h. durch mehr Licht und Sonne begünstigt. Das Hauptaugenmerk ist dabei auf optimale Belichtung der kräftigen, wahren Fruchttriebe zu richten (Auslichtungsschnitt). Ab dem zweiten Standjahr sollte – bei sehr starker Wuchsfreudigkeit – unter Umständen ein Absetzen von steilen Haupttrieben auf flachere Seitentriebe stattfinden, da bei einem Anstiegwinkel von 30° vor allem an unteren Astpartien das Verkahlen verhindert werden kann. Erst im März–April setzt man dann die Verlängerungstriebe der Leitäste und der Stammachse etwa auf die Hälfte zurück, bis in etwa fünf Jahren die arbeitsmäßig günstige Maximalhöhe des Pfirsichbusches von 3 m erreicht ist.

Nach dem Abblühen im Mai, etwa bei Erbsengröße der jungen Früchte, führt man den eigentlichen Fruchtholzschnitt durch. Alle wahren Fruchttriebe werden auf zwei Blätter über der obersten Frucht eingekürzt. Das Laub der sich dort entwickelnden Neutriebe zusammen mit dem Laub der aus der Mitte der Drillingsknospen entstehenden Triebe versorgt die heranwachsenden Früchte mit Aufbaustoffen und macht ein Belassen der falschen Fruchttriebe unnötig. Es sei denn, der Fruchtansatz ist insgesamt, eventuell witterungsbedingt, nur spärlich. Dann wird aber möglicherweise ein Vereinzeln der Jungfrüchte notwendig, da der einzige Verlängerungstrieb dieser zeitlich oft etwas später abblühenden falschen Fruchtzweige sonst nicht zur erwünschten Fruchtgröße beitragen kann.

Der Erhaltungsschnitt hat die Aufgabe, die reichlich tragende Krone nach der Ernte durch jährliches Absetzen auf tiefer an den Leitästen entstandene Neutriebe zu verjüngen, um ein Überschreiten der Drei-Meter-Grenze zu verhindern. Bei älteren, bisher wenig geschnittenen, zu hoch gewordenen und schon ziemlich verkahlten Büschen lohnt sich meistens ein starker Verjüngungsschnitt bis ins alte Holz. Aus den zahlreichen Neutrieben läßt sich bald eine neue, leistungsfähige Krone heranziehen.

Geräte zur Pflege der Obstgehölze

Zunächst wird man an die Schnittgeräte denken. Es kann sich einmal um den laufenden Pflegeschnitt handeln, zum andern übernimmt ein Hausgärtner auch ältere oder ungepflegte Bäume, die zunächst mit der Säge ausgelichtet werden müssen, bevor es sich lohnt, mit der Schere an die Feinarbeit zu gehen. Daneben gilt es, alte Borken mit dem Schrapper und der Drahtbürste zu entfernen sowie Stamm- und Astwunden auszuschneiden, wozu man sich der Hippe, einem speziell geformten Messer, bedient. Nach der Schnittarbeit wird teilweise Wundverschlußmaterial benötigt, und um die Wuchsrichtung des Holzes zu leiten, ist Bindematerial erforderlich. Als interessierter Obstgärtner wird mancher das Veredeln selbst durchführen wollen und benötigt noch weiteres Material. Ausgezeichnete Darstellungen zu diesem Thema finden sich bei Schmid (1978). Im folgenden sollen die notwendigen Geräte angesprochen und kurz beschrieben werden.

Baumsägen in Form von Bügelspannsägen sind an erster Stelle zu nennen. In den Holzschalengriff rastet ein Spannhebel ein, der das knapp zwei Zentimeter breite Sägeblatt gespannt hält. Das Besondere an diesen Geräten ist, daß man das Sägeblatt in jede beliebige Winkelstellung zum Handgriff drehen kann. Damit ist bequem in jeden Astwinkel hineinzukommen.

Bei der anderen, weniger gebräuchlichen Sägeform, der Schwert- oder Aufastsäge ist ein kurvenförmiges, etwa vier Zentimeter breites und spitz zulaufendes Sägeblatt in einem revolverförmigen Kolbengriff fest eingenietet. Zwar unterbleibt das ständige Verstellen des Sägeblattwinkels, es ist jedoch mehr Übung und eine bessere Sägetechnik erforderlich.

Beide Sägeformen gibt es mit grob- und feingezahnten Blättern, die sich bei der Bügelsäge auswechseln lassen.

Baumscheren gibt es in vielfältigen Formen. Besonders zwei Ausführungen eignen sich für den Baumschnitt. Die einschneidige Amboßschere kann leicht zu Holzquetschungen führen, wenn die gerade Schneide nicht einwandfrei scharf ist. Für stärkeres Holz ab etwa einem Zentimeter Durchmesser ist die zweischneidige, kräftige Schere zu empfehlen. Die Schneide ist als Mulde zur Aufnahme des Zweiges ausgeformt, während die zweite Rundschneide einen ziehenden Schnitt ausführt.

Mit gleicher Schneidenanordnung gibt es langhebelige Zweihandscheren, die besonders zum Auslichten von starkem Holz im Bodenbereich von Beerensträuchern und Hecken dienen, also dort, wo man mit der Säge nicht hinkommt.

Als Gegenstück ist die Raupenschere zu nennen, die auf einer langen Stange aufsitzt. Mittels Seilzug kann man damit vom Boden aus sonst nicht erreichbare Baumpartien ausschneiden.

Hippe nennt man das in Schneide und Handgriff hakenförmig gebogene Baummesser, mit dem Verletzungen und Krankheitsherde im Holz, z. B. Krebswucherungen, ausgeschnitten werden können. Die Messer gibt es für jede Handgröße passend.

Alle Schnittwerkzeuge bedürfen einer sorgfältigen Pflege wie das Schleifen auf Naturstein (Belgischer Brocken), das Nachziehen der Schrauben und Ölen der Federn und Gelenke. Nach der Behandlung des Obstbaumkrebses empfiehlt sich die Desinfektion der Werkzeuge, z. B. mit Brennspiritus, bevor man am gesunden Holz arbeitet, das sonst leicht infiziert werden kann.

Schrapper heißt ein dreieckiges Messer von etwa 10 cm Schneidelänge und einem etwa 30 cm langen Stielhandgriff, der im Mittelpunkt des Messerdreiecks eingenietet ist. Damit schabt man Borken und Rinden vom Stamm und den dickeren Ästen, um den Schädlingen den Unterschlupf zu nehmen und die Tätigkeit des Kambiums anzuregen. Bei jüngeren Bäumen kann eine *Drahtbürste* verwandt werden.

Veredelungswerkzeuge, ihr Gebrauch und die hier nicht näher beschriebenen Techniken der Veredelung

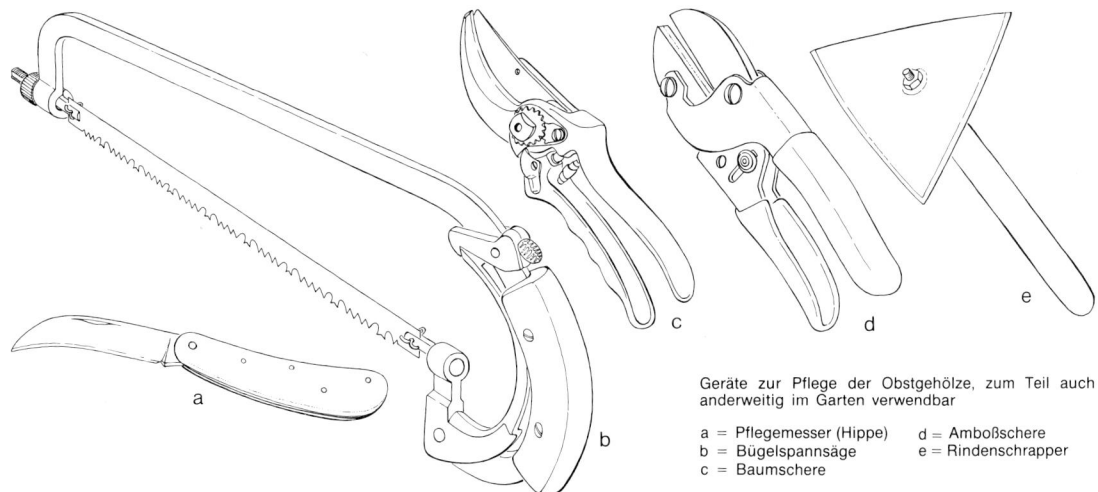

Geräte zur Pflege der Obstgehölze, zum Teil auch anderweitig im Garten verwendbar

a = Pflegemesser (Hippe) d = Amboßschere
b = Bügelspannsäge e = Rindenschrapper
c = Baumschere

lernt man am besten in einem Lehrgang oder läßt sie sich an den eigenen Gehölzen von einem Fachmann zeigen, der über entsprechende Erfahrungen verfügt. Im wesentlichen kommen Klingen mit geraden Schnittflächen und einer Nase zum Abheben der Rinde in Frage.

Bast dient schon seit langem als Bindematerial. Er hat den Vorteil, alt und brüchig zu werden, wenn der gebundene Zweig wächst und Gefahr läuft, eingeschnürt zu werden. Bei Draht und Plastikbefestigungen kommen Verletzungen und Einwachsungen gerade im Hausgarten leider häufig vor.

Handelsübliche Wachse und Dispersionen wie Lac-Balsam eignen sich als *Wundverschlußmittel*. Nach Antrocknen des Substrates empfiehlt sich, den ganzen Wundumkreis mit einem Preicobakt-Anstrich oder mit Oscorna-Rindenkräftigung zu bedecken, um damit das Kambium zur Wundüberwallung weiter anzuregen.

Das Beerenobst

Im kleinen Hausgarten liegt der Schwerpunkt des Obstbaus auf den Beerensträuchern. Insbesondere neu in die Arbeit eintretende Gartenfreunde werden sich stärker mit dem Beerenobstbau befassen. Mit Johannisbeeren, Stachelbeeren, Himbeeren, Erdbeeren oder Brombeeren haben sie auf geringem Raum bald Erfolg.

Leider steht der Hausgartenberater immer wieder vor der Schwierigkeit, daß trotz der relativ einfachen Kultur der verschiedenen Beerenobstarten immer wieder entscheidende Fehler in Anzucht und Pflege sichtbar werden, die nachträglich schwer auszugleichen sind. Hinzu kommt, daß über den speziell biologisch-dynamischen Anbau des Beerenobstes bisher nur wenig zusammenfassende Literatur vorliegt. Um diesem Mangel abzuhelfen, wird in den folgenden Abschnitten etwas breiter und ausführlicher auf die Kultur des Beerenobstes eingegangen. Eine große Anzahl von Einzelerfahrungen aus langjähriger Praxis wurden in den folgenden Kapiteln zusammengestellt. Dem Beerenobstliebhaber soll damit eine praktische Handhabe gegeben werden, die von den Anbauvoraussetzungen bis zum Schnitt der Beerengehölze reicht. Es darf hier auch noch auf diejenigen Beeren und Früchte hingewiesen werden, die über die bekannten Beerenobstarten hinaus von den Heckengehölzen gewonnen werden können, die den Garten umgeben. Einzelheiten dazu im Kapitel über den Heckenbau.

Die Himbeere

Die vielseitig verwendbare Himbeere, deren Wildfrüchte schon in der jüngeren Stein- und in der Bronzezeit gesammelt und die erstmals in mittelalterlichen Klostergärten in Kultur genommen wurde, ist »im Ganzen aber … Arznei für den Menschen. Wer im Fieber oder bei Lungenentzündung Himbeersaft zur Heilung und Erquickung getrunken hat, vergißt die Himbeere Zeit seines Lebens nie« (Rau).

Abstammung und natürlicher Standort

An unseren heutigen Kultursorten sind die europäische Wildform *Rubus idaeus* und die amerikanischen

Arten *Rubus occidentalis* und *Rubus strigosus* als Eltern beteiligt. Alle sind Waldpflanzen, botanisch Halbsträucher, deren alljährlich sich erneuernden Bodentriebe (Ruten) im zweiten Jahr, d. h. nach dem Fruchten, absterben. An lichten Stellen, Waldrändern, abgeholzten Hängen, in den Alpen bis auf 1850 m Höhe, findet man die heimische Waldhimbeere. Ihr leicht geschützter Standort ist immer mit einer mehr oder weniger starken Schicht Waldhumus, Laub und Moos bedeckt. Sie hält die Feuchtigkeit für die flachwurzelnden Pflanzen auch über Trockenperioden hinweg. Meist schieben sich noch niedrige Gräser und Kräuter der Waldflora zwischen die Himbeeren, mit denen sie eine Lebensgemeinschaft bilden. Hier ist der Boden immer locker, feucht und in guter Gare.

Boden und Klima

Das über die säurereichere Waldhimbeere Gesagte gibt wertvolle Hinweise für eine naturgemäße Kultur der säureärmeren Gartenhimbeere, deren Ansprüche natürlich etwas höher liegen. Ihr behagen zwar kräftige, lehmhaltige Böden am meisten, doch sie gedeiht auf sandigen oder steinhaltigen Erden, deren Wärme durch Humusgaben wie Kompost oder Rinderdung gedämpft werden konnte, ebenso gut. Himbeeren lassen sich auch auf feuchtem Grund, selbst auf ausreichend entwässerten Hoch- und Niedermoorböden, mit gutem Erfolg anbauen. Sie verlangen dann aber eine sonnige Lage, damit die Früchte und im Herbst auch die Ruten gut ausreifen.

Die Kulturhimbeeren lieben den gleichen Säuregrad des Bodens wie Roggen, Hafer, Buchweizen und Rhabarber. Leicht saurer Boden mit einem pH-Bereich zwischen 4,5 und höchstens 6,0 ist günstig. Auch stärker saure oder alkalische Böden lassen sich durch reichliche Humusgaben für die Himbeeren vorteilhafter gestalten. Dazu eignen sich besonders gut Laub- und Nadelkomposte, die nach der Ernte verabreicht werden und die Abdeckung im Herbst mit Falllaub aller Baumarten. Bei überschweren, tonhaltigen Lehmböden ist die Anpflanzung auf Wällen (Hügeln) anzuraten.

Begleitpflanzen, Untersaat

Heute, wo bereits auch gut gepflegte Himbeerbestände infolge zunehmender Krankheiten sinkende Erträge aufweisen, muß der bedrohte Gesundheitszustand wieder hergestellt und gefestigt werden. Dazu gehört nicht nur das allmähliche Anheben der Himbeerreihen auf Wälle durch reichlichere Kompost- und Steinmehlgaben, sondern auch das bewußte Schaffen von Lebensgemeinschaften (Pflanzengesellschaften) zwischen der Himbeere einerseits und den sie fördernden Begleitpflanzen andererseits.

Für kalkhaltige Böden (Jura) und Schieferböden im bergigen Gelände kommt in erster Linie die Esparsette als Begleitpflanze, wenn auch nur als Randpflanze, in Frage. Nach einem Hinweis von Steiner (1924) begünstigt sie durch ihre vielseitige Wirkung als Leguminose unsere Kulturen. Je nach Breite der Himbeerzeile genügen vier bis sechs Pflanzen pro laufenden Meter. Infolge des Schattenwurfes der bis zu 3 m hoch werdenden Himbeerruten wird sich die Esparsette nur am Rande der Reihen halten können. Ihre Lebensdauer beträgt acht bis zwölf Jahre.

Auch der ohne besondere Beziehung zur Bodenreaktion wachsende Weißklee kann zwischen die Himbeerreihen eingesät werden. Als Oberflächenwurzler liefert er über seine Knöllchenbakterien direkt Stickstoff und Wuchsstoffe an die obersten Himbeerwurzeln und wirkt als Bodenbeschatter. Wo es dem Weißklee zu warm ist, kann Gelbklee im Verhältnis 2:1 beigemischt werden. Für Sandböden empfiehlt sich auch Serradella. Sie ist vor der Blüte zu mulchen und wirkt der mit dem Alter der Anlage zunehmenden Bodenmüdigkeit entgegen.

Außer den genannten, nicht kletternden Leguminosen sind auch andere bodenpflegende Gewächse willkommen. Im Weinbauklima läßt sich vereinzelt die Traubenhyazinthe (*Muscari*) einsetzen, in kühleren Lagen leisten Szilla und Schneeglöckchen ähnliche Dienste. Infolge günstiger Nachbarschaftswirkung fördern sie die Himbeere und gehen zudem als Frühjahrsblüher in der Blattentwicklung rasch zurück. Damit finden Himbeere und Leguminose eine gute Ergänzung. Um die Wurzeln nicht zu verletzen, ist beim Vorbereiten des Bodens zur Einsaat nur ganz flach zu lockern.

Düngung und Bodenpflege

Zum Mulchen der Himbeerreihen, das unbeschadet der Bodendecker erfolgen kann, läßt sich sämtliches organisches Material verwenden. Die unbedingt notwendigen tierischen Substanzen liefern organische Mischdünger. Sehr wertvoll für diese Kultur ist außerdem Schweinemist, der kühler als Rinderdung ist. Bei Bedarf stehen außerdem Holzasche, Rohphosphat und Algenkalk zur Verfügung.

Biologisch-dynamische Pflegemaßnahmen

Als qualitätsfördernde Maßnahmen kommen noch die Anwendungen der biologisch-dynamischen Präparate hinzu. Sie sollen in der Reihenfolge ihrer Ausbringung während der Vegetationszeit nach den Erfahrungen von Hanke (1963) wiedergegeben werden. Im Prinzip gilt dies auch für die folgenden Beerenobstarten.

I. Vor der Pflanzung

1. Düngerpräparate rechtzeitig in die für die Anlage vorgesehenen Mist- und Kompostmieten einbringen.
2. Hornmistpräparat im Spätherbst auf die gut mit präpariertem Kompost angereicherten Wälle.
3. Schachtelhalmtee in den Preicobakt-Brei zum Tauchen der leicht eingekürzten Wurzeln unmittelbar vor dem Pflanzen.

II. Laufende Pflege

1. Hornmistpräparat im Vorfrühling vor dem Blattaustrieb auf die Erde.
2. Schachtelhalmtee im Frühjahr auf den Boden und das grüne Blatt.
3. Hornkiesel in der frühen Vormittagszeit auf das vollentwickelte Laub.
4. Hornkiesel nach der Blüte.
5. Hornmistpräparat nach der Ernte mit anschließendem Ausschneiden der alten Ruten und neuer Düngung der Wälle.
6. Schachtelhalmtee und präparierte frische Brennnesseljauche im Spätsommer bei eventuell beginnender Chlorose des Laubes.
7. Hornkiesel im Herbst zur Ausreifung der neuen Triebe, nachmittags gegeben.

Somit werden im Laufe der normalen Kultur zweimal Horndung (1., 5.), dreimal Hornkiesel (3., 4., 7.) und ein- bis zweimal Schachtelhalmtee (2., 6.) gegeben.

Krankheiten und Schädlinge

Bei richtiger naturgemäßer Pflege treten weder Himbeermaden noch die Rutenkrankheit auf. Letztere verschwindet sehr rasch wieder. Dennoch kann das Pflanzenpflegemittel Bio-S auch bei den Himbeeren vorbeugend wie heilend bei Pilzkrankheiten eingesetzt werden. Eine dreimalige Anwendung vom Austrieb bis zum Blühbeginn, eventuell zwei weitere nach der Ernte zur Abhärtung der jungen Ruten ist angemessen. Gegen Grauschimmel während der Reifezeit wird SPS eingesetzt.

Die Himbeerrutenmücke ist maßgeblich an der raschen Ausbreitung der Rutenkrankheit beteiligt. Ihre Larven überwintern im Boden dicht bei den Ruten. Anfang Mai schlüpfen die ersten 2 bis 3 mm großen Mücken, die sehr bald ihre Eier in Bodennähe in die natürlichen Hautrisse der jungen grünen, noch safti-gen Ruten legen. Die Fraßstellen der geschlüpften Larven fallen durch die violette Verfärbung der Stengelhaut auf. Hier findet dann der pilzliche Erreger der Rutenkrankheit offene Türen. In einem lebendigen Boden aber werden die Rutenmückenlarven durch Pilze und Bakterien dezimiert und sogar ganz ausgeschaltet. Nur in seltenen Fällen ist der Einsatz von Spritzmitteln auf Pyrethrum-Basis notwendig.

Sortenwahl

Vorauszuschicken ist, daß bei den Himbeersorten infolge ständiger Neuzüchtungen im In- und Ausland immer wieder andere Namen auftauchen. Folgende Sorten haben sich bewährt.

'Preußen', sehr kräftiger Wuchs, aber schwacher Wurzelschoßbildung und nicht ganz winterhart; Ruten ziegelrot, borstig, bis 3 m lang, empfindlich gegen Rutenkrankheit; Massenträger von mittelfrüher Reife; besonders bewährt in mittleren und hohen Lagen und auf leichten Böden.

'Schönemann', beachtenswerte neuere Sorte mit später Reife; sehr stark und straff wachsend; Früchte sehr groß, dunkelrot, süß-säuerlich, sehr aromatisch; sehr gut zum Saften geeignet (dunkel); bildet wenig Wurzelschosse; verhältnismäßig widerstandsfähig.

'Paul Camenzind', anspruchsvoll an den Boden, sehr kalkempfindlich, starkwachsend, großfrüchtig, aromatisch; für rauhere Lagen sehr geeignet, gesund.

'Malling Promise', sehr früh reifend, Wuchs sehr stark und aufrecht; Früchte hellrot mit nachreifender Spitze, etwas im Laub versteckt, sehr groß, erst bei Vollreife gut pflückbar; Geschmack mittel; einigermaßen widerstandsfähig, ziemlich trockenheitsresistent, starke Wurzelschoßbildung.

'Zefa 3' (auch 'Herbsternte'), bei normaler Kultur remontierend von Juni bis Frosteintritt oder nur von Mitte August bis Mitte September (Spätsommer); zu diesem Zweck im zeitigen Frühjahr alle Ruten über dem Boden abschneiden, von den neuen Trieben nur die 80 bis 120 cm hohen stehen und tragen lassen; gute Erträge, große, schön gefärbte, aromatische Früchte, auch zum Gefrieren geeignet.

Gelbfrüchtige Himbeeren gibt es in russischen Wäldern und seit 400 Jahren in europäischer Kultur. Am bekanntesten ist die 'Antwerpener Gelbe', eine ausgesprochene Liebhabersorte. Die schwarzfrüchtigen amerikanischen Himbeeren haben bei uns keinen Anklang gefunden. Selbstverständlich gibt es auch mit anderen Sorten örtlich gute Erfahrungen. Die Brauchbarkeit von Neuzüchtungen wird der erfahrene Anbauer immer am jeweiligen Standort zunächst nur mit einigen Pflanzen prüfen.

Anbautechnik und Schnitt

Abschließend noch einige Bemerkungen zur Anbautechnik, soweit sie nicht schon vorher angeschnitten wurde.

Bei mehrreihigem Anbau sollten mindestens 1,5 bis 2 m Reihenabstand eingehalten werden und die Reihen zum Zweck einer optimalen Belichtung von Nord nach Süd verlaufen. In den Reihen ist je nach Wuchsstärke der Sorte ein Abstand von 50 bis 80 cm von Pflanze zu Pflanze einzuhalten. Himbeeren sind Flachwurzler und dürfen wegen der Gefahr schlechter Rutenbildung nicht zu tief gesetzt werden. Zur Befestigung des Drahtgerüstes eignen sich am besten 2 m lange und ¾ Zoll starke, feuerverzinkte Alteisenrohre, die oben mit einem Pfropfen und einer Betonplombe verschlossen werden. Jeweils 10 und 80 cm unterhalb des oberen Endes werden 35 cm lange Flacheisen mit je zwei Löchern im Abstand von 30 cm an die Rohre angeschweißt. Die Rohre werden im Abstand von 10 bis 12 m so tief einbetoniert, daß die beiden oberen Spanndrähte etwa in 1,40 m Höhe verlaufen. Natürlich sind auch entsprechend verstrebte Holzpfähle brauchbar.

Auch beim Pflanzen von nur einer Reihe sollte man diese nicht breiter als 30 cm werden lassen. Dann haben die Ruten auch im unteren Bereich genügend Licht und können dort ebenfalls fruchten. Bei Herbstpflanzung werden die Ruten auf etwa 50 cm zurückgeschnitten, bei eventuell notwendiger Frühjahrspflanzung noch tiefer. Jungtriebe oder Ausläufer außerhalb des 30 cm breiten Streifens werden, wenn man sie nicht für eine Neupflanzung benötigt, rechtzeitig entfernt.

Nach der Ernte werden die abgetragenen Ruten sofort und möglichst tief am Boden abgeschnitten, ebenfalls alle kleinen Spättriebe. Nur sechs bis acht kräftige Ruten beläßt man je Stock.

Wenn im zeitigen Frühjahr die dünnen Spitzen der Tragruten gekappt werden, ergibt dies gleichmäßigere, große Früchte. Ist es zur Erntezeit zu trocken, ist Bewässerung notwendig.

Himbeeren wandern unterirdisch, deshalb sollte man den Platz für die Himbeerpflanzung überlegt auswählen.

Die Brombeere

Eigenschaften und Standortansprüche

Erst im Hochsommer, etwa Mitte Juli, reifen die schwarzen Früchte der Brombeere, die seit langem als Heilmittel bei Herz- und Kreislaufschwächen geschätzt werden. Sie enthalten viel Vitamin A, B und C, außerdem auch Eisen und von allen Obstarten am meisten Magnesium. Aroma und Ertrag werden um so besser, je mehr Sonne die schwarzen Früchte im Verlauf ihrer Reife erhalten. Die Vollreife erkennt man bei Pflückproben an der violetten Durchfärbung des Zapfens, an dem die kleinen Teilfrüchte sitzen. Diese müssen sich dabei deutlich abheben. Umgekehrt führen kalte, regenreiche Jahre zu ungenügender Ausreife und kleinen Früchten ohne Aroma. Deshalb gehört die Brombeere an warme Standorte und sonnige Lagen.

Oft dauert die Erntezeit dieser Beerenobstart bis Anfang Oktober. Sie ist von allen die genügsamste. Selbst auf armen Kiefernsandböden, aufgelassenen Weinbergen, Gesteinsböden und magersten Schafweiden kann die Brombeere bei entsprechender Pflege sichere Erträge abwerfen. Rund 5,5 kg pro Strauch oder 40 bis 120 kg/Ar sind zu erzielen. Ihre starke Bewehrung durch Stacheln an Trieben, Stielen und Hauptadern der Blätter einerseits sowie ihre bekannte, jedoch sortenbedingte Frostempfindlichkeit in kalten Wintern andererseits, sind keine stichhaltigen Gründe dafür, diese wertvolle Obstart nicht anzubauen.

Glücklicherweise treten Polarwinter mit minus 25 bis 30 °C Kälte nur etwa alle elf Jahre auf. Es gibt Brombeersorten, deren Tragruten auch diese Temperaturen ohne Schaden verkraften. In rauheren Gebieten legt man im Spätherbst vorsorglich die am besten mit Drahthaken an den Spanndrähten befestigten Tragruten der empfindlicheren Sorten auf dem Erdboden eng zusammen und bedeckt sie mit Torf, Laub oder Stroh, das durch Fichtenzweige noch beschwert wird. Die Schneedecke verstärkt zusätzlich diesen Kälteschutz. Hat man diese Vorbeugemaßnahmen nicht durchgeführt und sind die Tragruten bis zur Schneehöhe herunter erfroren, ist nur die Ernte eines Jahres verloren. Der unversehrte Wurzelstock treibt im Frühjahr mit sehr kräftigen Tragruten für das kommende Jahr wieder aus. Da außerdem bei den rankenden Sorten die Fruchtstände meist erst im letzten Maidrittel an den vorjährigen Haupttrieben erscheinen, ist auch die Gefahr von Spätfrostschäden sehr gering. Bei verspäteten Eisheiligen können mitunter die jungen, zarten Bodentriebe erfrieren. Sie müssen dann, soweit sie geschädigt sind, zurückgeschnitten werden und treiben bald wieder durch.

Herkunft und Sorten

Unsere sogenannte Waldbrombeere deckte jahrhundertelang den Bedarf unserer Vorfahren an diesen Früchten. Nachweisbar schon seit 1770 ist bei uns die geschlitztblättrige Art (*Rubus laciniatus*) in Kultur, die um 1900 hauptsächlich wegen ihrer schönen und zierlichen Belaubung empfohlen wurde. Sie ist sehr starkwüchsig und sehr stachlig. Die pflückreifen, bis 1,5 cm langen Früchte können einige Tage sogar unbeschadet im Regen hängen, dabei noch an Aroma (Minzenbeigeschmack) und Größe zunehmen. Wichtig ist aber ihre hohe, bereits vor 70 Jahren bestätigte Winterhärte. Sie braucht selbst im rauhen Klima nicht geschützt zu werden. Ebenso winterhart wie diese Sorte ist die mit nur 3 m langen Haupttrieben wesentlich schwächer wachsende und kürzer bewehrte farnblättrige Art (*Rubus filicifolius*) mit festfleischigen, sehr wohlschmeckenden Früchten, die ebenfalls durch längeres Hängenlassen an Geschmack gewinnen. Sie wird heute in der Schweiz bereits stark angebaut und sollte auch bei uns wegen ihrer genannten Vorteile der folgenden Sorte vorgezogen werden.

Die bekannteste und meistangebaute rankende Brombeersorte ist 'Theodor Reimers', 1889 in Hamburg ausgelesen. Sie wächst sehr kräftig und bildet alljährlich bis zu 5 m lange Haupttriebe, die im folgenden Jahr zehn bis zwölf Wochen hindurch große aromatische Beeren mit dem typischen Brombeergeschmack entwickeln. Hat man die Seitentriebe aber im Laufe des vorangegangenen Sommers nicht bis auf ein bis drei Blatt entfernt, d.h. sie mehr oder weniger lang belassen sowie die Haupttriebe im Spätwinter nicht um 1 bis 2 m eingekürzt, werden die Früchte wesentlich kleiner. Ihre Reife beginnt an der Spitze der Fruchtstände und schreitet nach rückwärts weiter. Man sollte diese Sorte mindestens zweimal in der Woche durchpflücken und dabei nur die vollreifen Früchte ernten. Diese leiden sehr durch Regen und fallen bald ab. 'Theodor Reimers' ist in strengen Wintern gefährdet und braucht eine vorbeugende Schutzabdeckung.

Während bei uns der erwerbsmäßige Brombeeranbau erst vor etwa 30 Jahren aufgenommen wurde, betreibt man ihn in Nordamerika schon seit langer Zeit. Die Kultursorten wurden aus Kreuzungen mehrerer dort heimischer Wildformen aufgebaut. Im Laufe der Jahrzehnte sind viele dieser, zwei verschiedenen Wuchsgruppen angehörenden, amerikanischen Sorten bei uns aufgetaucht und teils wieder aus dem Anbau verschwunden.

Die aufrechtwachsenden Brombeeren sind Flachwurzler ähnlich den Himbeeren, daher anspruchsvoll an den Boden, um ihre bis zu 3 m hoch werdenden und etwas verzweigten Triebe gut ausbilden zu können. Je nach Sorte besitzen sie eine mehr oder weni-

ger große Winterhärte. 'Wilsons Frühe', deren Ernte im letzten Julidrittel beginnt, ist nur schwach bewehrt, sehr reichtragend und gegenüber den Spätfrösten gänzlich unempfindlich und winterhart. Ihre mittelgroßen Früchte sind festfleischig, oft etwas saftarm, süßlich und erinnern im Aroma etwa an Holunder.

Seit 1900 werden immer wieder stachellose Brombeersorten angeboten, so auch der in Kärnten um 1935 aus der amerikanischen, bestachelten Sorte 'Youngberry' ausgelesene, nicht winterharte Typ 'Stachellose Youngbeere'. Inzwischen hat sich auch die aus England eingeführte 'Thornless Evergreen' gut bewährt, allerdings mehr in größeren Anlagen. Für den Hausgarten ist die neue Sorte 'Black Satin' eher zu empfehlen, denn sie ist früher reif und schlägt nicht immer wieder mit bedornten Trieben durch.

Ebenfalls aus Amerika stammen Artbastarde aus Brombeere und Himbeere, von denen die Loganbeere (*Rubus loganobaccus*) schon lange bekannt ist. Sie wurde 1880 in Kalifornien ausgelesen und bildet 3 bis 4 cm lange, ei- bis kegelförmige, schwach säuerliche, schwarzrote Früchte. In Amerika und England wird sie in großem Stil angebaut. Sie trägt sehr reich und wird für die Konservierung geschätzt. Der Strauch entwickelt bis zu 4 m lange Triebe, verlangt kräftigen Boden und warme Lage, da er gegen strenge Kälte empfindlich ist.

Pflanzung, Erziehung, Schnitt

Wegen ihrer fleischigen Wurzeln soll die Pflanzung der Brombeeren nur im Frühjahr erfolgen. Je nach Wuchsstärke der Sorte und der Bodenart sind für rankende Brombeeren Abstände von 2 bis 5 m vorzusehen. Sie können auch einzeln an sonnigen Hauswänden als Spalier gezogen werden. Mit Brombeeren verkleidete Drahtgerüste lassen sich auch zur Raumgestaltung des Gartenwohnteils verwenden. Pflanzstellen im Rasen umgibt man im Quadrat und niveaugleich mit Platten oder Klinkersteinen und sät Zwergkapuzinerkresse ein. Auch Leguminosen und Zwiebeln von Frühlingsblühern, wie beim Himbeeranbau beschrieben, können in den Wurzelbereich gepflanzt werden. Wenn die Brombeere auch mit geringerer Bodenfeuchtigkeit auskommt als die Himbeere, ist sie doch für gute Humusversorgung und Abdeckung sehr dankbar. Sowohl mit Totmulch (Grasschnitt, Stroh, Kompost) als auch mit Lebendmulch (bodendeckende Pflanzen) bleibt die Bodenfeuchte gleichmäßiger und die Wasserversorgung der Pflanze ist stets gesichert. Am besten kombiniert man beide

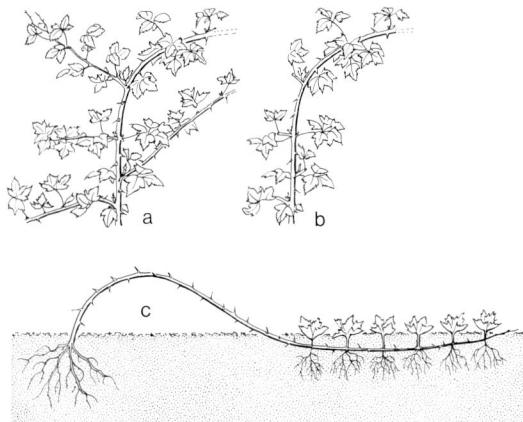

Die Seitentriebe der neugebildeten Brombeerranken (a) werden im Sommer auf 2 bis 4 Augen zurückgeschnitten (b). Mit dieser einfachen Ablegermethode (c), die sich für Brombeeren und Himbeeren eignet, vermehrt man seinen Pflanzenbestand.

Mulcharten, wie schon bei den Himbeeren angeregt wurde. Vor allem ist von der Pflanzung an der Standort von Wurzelunkräutern freizuhalten. An die Stelle von Quecke oder Giersch treten die wertvollen Leguminosen.

Für die Aufleitung der Tragruten oder -ranken an den in 60, 100, 140 und 180 cm Höhe verlaufenden Spanndrähten gibt es verschiedene, in der Praxis angewandte Möglichkeiten, die Ordnung und leichtes Arbeiten gewährleisten:

1. alle Tragruten nach links, den Nachwuchs nach rechts ziehen,
2. alle Tragruten an Draht 1 und 3 heften, den Nachwuchs an 2 und 4,
3. alle Tragruten auf die drei unteren Drähte verteilen, den obersten für den Nachwuchs reservieren.

Demzufolge trägt

1. jährlich wechselnd immer nur eine Hälfte des Gerüsts,
2. der Strauch jährlich wechselnd auf jeweils nur zwei Etagen,
3. der Strauch nur auf den unteren drei Drähten. Die jungen, am obersten Draht gut verholzten Ranken müssen immer im Frühjahr auf die drei unteren Drähte umgeheftet werden. Die letztere Methode empfiehlt sich auch dort, wo alle jungen Ranken vor Winteranfang am Boden einen Kälteschutz bekommen müssen.

Der Schnitt der Brombeeren ist kein Problem. Beim Pflanzen kürzt man die Ruten um ein Drittel bis zur Hälfte ein. Bei Winterende schneidet man die Tragruten der aufrechtwachsenden Sorten einheitlich auf 1,5 bis 2,0 m Länge zurück, je nach Boden und Triebstärke der Sorte. Nach der Ernte entfernt man die abgetragenen Ruten so dicht wie möglich am Boden, um dem Nachwuchs vollen Lichtgenuß zu verschaffen. Bei den rankenden Sorten sägt man am besten Ende Oktober die alten Ranken ebenfalls in Bodennähe ab, beläßt sie aber, wo es ausreicht, als Winterschutz für die jungen Ranken. Der laufende sommerliche Erziehungsschnitt der Nachwuchsranken wurde bereits beschrieben.

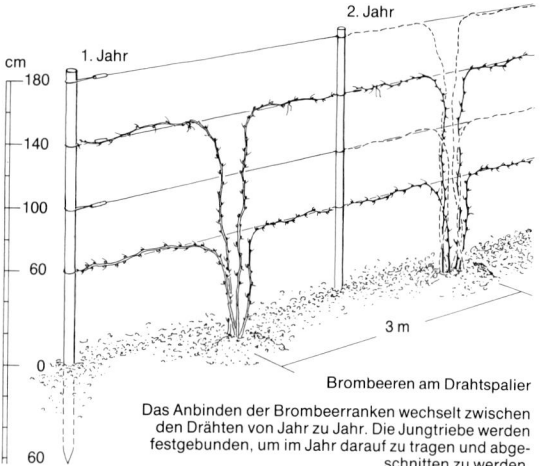

Das Anbinden der Brombeerranken wechselt zwischen den Drähten von Jahr zu Jahr. Die Jungtriebe werden festgebunden, um im Jahr darauf zu tragen und abgeschnitten zu werden.

Düngung und Pflegemaßnahmen

Die Düngung der Brombeeren ist die gleiche wie bei Himbeeren, nur bevorzugen sie einen etwas höheren Kalkgehalt im Boden als jene.

Die Reihenfolge und Art des Einsatzes biologisch-dynamischer Präparate wird in gleicher Weise vorgenommen wie bei den Himbeeren. Die Brombeerranken bleiben unter Umständen bis in den Spätherbst grün und saftig, was leicht zum Erfrieren im folgenden Winter führt. Neben den genannten Grundsätzen der Düngung empfehlen sich mehrmalige Hornkiesel-Spritzungen am Nachmittag ab August bis zum Blattfall. Damit werden die Ruten frosthärter. Vor dem Winter wird mit Preicobakt oder Oscorna-Rindenkräftigung ein zusätzlicher Winterschutz gegeben.

Es bestätigt sich immer mehr, daß das Auftreten von Schädlingen und Krankheiten vor allem von der Menge der Stickstoffdüngung abhängt. Wie beim Apfel sich die Rote Spinne (Spinnmilbe) mit steigenden Stickstoffgaben um so stärker vermehrt, dürfte dies auch der Fall bei der Brombeermilbe sein. Diese Schädlinge sitzen im Inneren der Beeren auf den hellen Fruchtzapfen und saugen an den Teilfrüchten, die dadurch nicht ausreifen und die rot bleibenden Beeren unbrauchbar machen. Bei konsequent durchgeführter biologisch-dynamischer Kultur wird dieser Schädling genauso wie die von einem Pilz verursachte Rutenkrankheit (*Rhabdospora ramealis*) und die bakteriell verursachte Mauke (kropfartige Wucherungen) kaum auftreten, geschweige denn, sich länger halten können.

Stellt man diese beiden Krankheitserscheinungen, rot bleibende Teilbeeren an der Frucht bei Milbenbefall, rotlila umrandete, braune, unregelmäßige Flecken an den Ruten in Bodennähe als Symptom der Rutenkrankheit fest, wird man nach der Ernte Bio-S oder Oscorna-Pilzvorbeuge mit 60 g/10 Liter spritzen. Die gleiche Maßnahme wiederholt man im folgenden Frühjahr, wenn die frisch austreibenden Jungruten 20 und 50 cm lang sind, sowie nochmals kurz vor Blühbeginn. Die bis jetzt noch geringe Anzahl von Schädlingen und Krankheiten der Brombeere erklärt sich damit, daß sie bei uns im Gegensatz zur Himbeere erst verhältnismäßig spät in Kultur genommen wurde und in großen Anlagen erwerbsmäßig erst seit wenigen Jahrzehnten angebaut wird. Darum ist sie auch bei einer die Natur sinnvoll unterstützenden Pflege bedeutend leichter gesund zu erhalten.

Die Johannisbeere

Herkunft

Im gesamten Beerenobstanbau steht die Johannisbeere wegen ihrer vielseitigen Verwendungsmöglichkeit wirtschaftlich an erster Stelle. Ihre botanische Bezeichnung *Ribes* wird von dem arabischen Wort *Ribas* abgeleitet, mit dem im Orient ein süßsäuerliches, erfrischendes Kompott bezeichnet wird, das die Araber aus dem im Libanon und Antilibanon wild wachsenden und auch kultivierten Rhabarber (*Rheum ribes*) zubereitet haben. Als sie ab 711 n. Chr. Spanien eroberten, fanden sie in den dortigen Bergen einen Beerenstrauch vor, dessen Früchte ein dem heimatlichen Ribas ähnliches Kompott lieferten. Deshalb gaben sie ihm denselben Namen, der von den mittelalterlichen Gelehrten übernommen wurde. Heute noch ist er im österreichischen Wort »Ribisel« erhalten. Im übrigen deutschen Sprachgebiet hat sich im 16. Jahrhundert die Bezeichnung Johannisbeere eingebürgert, die auf die Reifezeit der Früchte um Johanni (24.

Juni) hinweist. Über Frankreich und England ist die Johannisbeere allmählich in ganz Europa als Kulturpflanze verbreitet worden.

Heilkraft, Besonderheiten

Ihr hoher gesundheitlicher Wert war der Anlaß, daß sie gegen Ende des 14. Jahrhunderts zuerst als Heilpflanze erwähnt wurde. Die Schwarze Johannisbeere sogar erst um 1460, während die Weiße Johannisbeere, eine vermutlich englische Züchtung, erstmals im 16. Jahrhundert beschrieben wurde. Die Inhaltsstoffe der Roten Johannisbeere wirken verdauungsfördernd (roh gut kauen!) sowie blut- und hautreinigend. Die Schwarze Johannisbeere wirkt durch ihren Kalireichtum harntreibend, sie hilft bei Gicht und Rheuma sowie Erkältungskrankheiten. Der hohe Vitamin-C-Gehalt macht den Saft ihrer Früchte wie den Tee aus ihren grünen Blättern zu einem geschätzten Heiltrunk.

Verbreitung und Ansprüche

Heute kennt man von der Johannis- und Stachelbeeren umfassenden Gattung Ribes auf der ganzen nördlichen Erdhalbkugel über 150 wildwachsende Arten, die sich in sechs Gruppen einordnen lassen. Sie sind in mittleren Breiten in den Mittel- und Hochgebirgen bis in 2000 m Höhe, im Norden auch im Flachland zu finden. Unsere heutigen Johannisbeersorten stammen jedoch, direkt oder aus Kreuzungen, von nur fünf botanischen Arten aus den zwei Untergattungen *Ribesia* (Rote und Weiße Johannisbeere) und *Coreosma* (Schwarze Johannisbeere) ab. Infolgedessen weisen sie ganz bestimmte Eigenschaften und Kulturansprüche auf. Vor allem gedeihen sie auch in rauheren Klimaten und Lagen. Als Angehörige der Familie der Steinbrechgewächse (Saxifragaceae) hinterlassen alte gerodete Johannisbeersträucher einen wunderbar garen Boden.

Sorteneigenschaften

Die heute wichtigsten (von über 150 bekannten) Sorten sollen im Hinblick auf ihre Abstammung betrachtet werden, um Rückschlüsse auf ihre Ansprüche in der Kultur ziehen zu können. Zu der in den Auwäldern des milden Westeuropa heimischen Wildform *Ribes rubrum* gehören die frühreifen, blattfallempfindlichen, lockerbuschigen und anspruchsvolleren Sorten 'Versailler', 'Kirschjohannisbeere', 'Kritzendorfer', 'Heros', 'Fays Fruchtbare', 'Laxtons', 'Red Lake' sowie fast alle weißen, durchwegs süßeren Sorten. Die nordische *Ribes spicatum* ist die Stammform der anspruchsloseren 'Houghton Castle', vermutlich auch von 'Jonkheer van Tets'. Die in den Gebirgen Eurasiens beheimatete Felsenjohannisbeere (*Ribes silvestre*) lieferte wesentlich robustere und meist auch gut verzweigte Abkömmlinge wie 'Rote Holländer' und 'Vierländer', 'Frühe Hochrote', 'Palandts', 'Gasteiner' und 'Weiße aus Jüterbog', während aus *Ribes multiflorum* die spätreifenden und widerstandsfähigen Sorten 'Macherauchs', 'Heinemanns Rote Spätlese' und die holländische 'Rondom' entstanden. Die etwas frostempfindlichen Schwarzen Johannisbeeren stammen alle von der in den feuchten europäisch-asiatischen Auwäldern beheimateten *Ribes nigrum* ab.

Wuchsart und Pflegeschnitt

Johannisbeersträucher können je nach Sorte bis zu 2 m hoch werden. Sie erneuern sich immer wieder aus der Basis heraus; die roten und weißen Sorten aus dem Wurzelstock, die schwarzen durch Neutriebe aus den untersten Teilen der alten Äste. Blüten und Früchte (Trauben) entstehen an seitlichen Kurztrieben des zwei- und mehrjährigen Holzes. Die Sorten von *Ribes rubrum*, aber auch die an hohe Schneelagen angepaßte 'Gasteiner', bedürfen zur Vermehrung der Tragfläche, d. h. zu stärkerer Verzweigung zusätzlich eines leichten Rückschnittes an der Spitze der Verlängerungstriebe. Da bei den Ästen des Strauches die Triebkraft mit den Jahren rasch nachläßt, werden auch die Trauben kürzer und die Beeren kleiner. Deshalb ist es ratsam, gleich nach der Ernte das drei- und mehrjährige Holz (schwarze Rinde) der roten und weißen Sorten dicht am Boden unter Schonung der Nachbaräste abzuschneiden und dafür je einen kräftigen Bodentrieb nachzuziehen, der aber

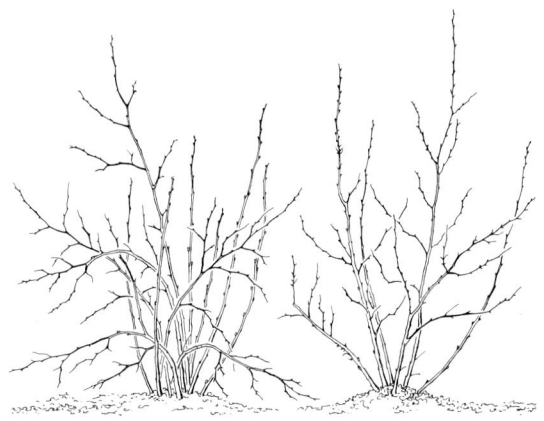

Johannisbeere (rot und weiß) in Natur- und Kulturform bzw. vor und nach dem Schnitt.

erst im Spätherbst entspitzt werden darf, wenn sein Holz gut ausgereift ist.

Diese alljährliche Teilverjüngung der Sträucher ist die Voraussetzung für hohe Erträge am zwei- und dreijährigen Holz. Wir müssen immer bedenken, daß nur große Blattflächen an kräftigen Spitzentrieben den darunter hängenden Trauben eine bestmögliche Ausbildung gestatten. Je kürzer und schwächer die Spitzentriebe, desto kümmerlicher sind die Trauben darunter. Bei den Schwarzen Johannisbeeren schneidet man das abgetragene Holz nur bis auf Wadenhöhe bis zum obersten kräftigen Neutrieb zurück. Danach erinnern die Sträucher etwas an Kopfweiden nach dem Laubfall.

Da das Auslichten nach der Ernte der Kräftigung der Knospen am verbliebenen Holz dient, wird nach englischen Versuchsergebnissen die Erntemenge um 12 % größer als nach dem Winterschnitt. Die größeren Schnittstellen sind mit Wundsalbe zu verstreichen, um dem Johannisbeerglasflügler das Ablegen seiner Eier in die offenen Markröhren zu verwehren. Noch wichtiger ist diese Maßnahme bei einer anderen Schnittmethode, die im Rückschnitt der Haupt- und Seitentriebe besteht (jährlicher Fruchtholz- und Stummelschnitt), aber mehr Zeit erfordert als die Teilverjüngung der Sträucher.

Neben der Erziehung in Strauchform, die bei der Neupflanzung mit dem Anschneiden von vier bis sechs Trieben eingeleitet und bis zur zweiten Ernte durch leichtes Auslichten weitergeführt wird, besteht die Möglichkeit, großtraubige Sorten aller Farben auch in Heckenform am Drahtgerüst oder -gewebe zu ziehen. Eine Johannisbeerhecke kann sehr gut als

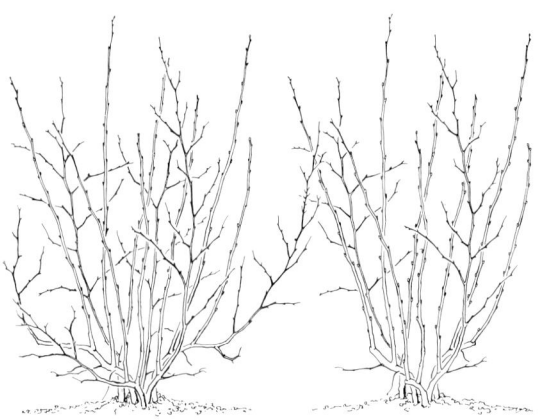

Schwarze Johannisbeere vor und nach dem Schnitt.

Bodenbedeckung unter Beerensträuchern fördert Gesundheit und Wachstum.

raumgestalterisches Element verwendet werden und stellt eine Zierde des Gartens dar. Die Drahtanlage soll möglichst von Nord nach Süd verlaufen, und jede Pflanze mit drei bis fünf Ästen fächerförmig angeheftet werden. Die mit Hilfe von *Ribes aureum* als Stammbildner erzogenen Fuß- bis Hochstämme haben zwar viele Liebhaber, aber meist keine lange Lebensdauer. Der Stützpfahl muß stets über die Krone hinausragen. Um einen Bruch an der Veredlungsstelle zu verhindern, sind die Verbindungen von Pfahl und Hochstamm jährlich zu kontrollieren und gegebenenfalls zu erneuern. Die Pflanzabstände sollen außer bei der Heckenanlage 1,5 m nicht unterschreiten. Die Ertragsleistungen der Sträucher können bei naturgemäßer Pflege und standortgerechter Sortenwahl wesentlich über dem Durchschnitt liegen. Bei den Schwarzen Johannisbeeren sind die Durchschnittserträge dagegen grundsätzlich niedriger.

Pflegemaßnahmen, Krankheiten und *Schädlinge*
Zu einer naturgemäßen Pflege gehört neben dem alljährlichen Schnitt auch das ganzjährige Mulchen der Sträucher, wie es diese Art vom natürlichen Standort her gewöhnt ist. Es kommt auf die gleichmäßige Bodenfeuchte an, die Wachstumsstockungen und Läusebefall ausschließt. Dies ist vor allem für die Feuchtigkeit liebende Schwarze Johannisbeere wichtig. Die Rote Johannisbeere ist in dieser Hinsicht zwar weniger anspruchsvoll, reagiert aber auf Mulch deswegen nicht negativ. Bei ausreichend schwerem Boden kann auch eine Bedeckung aus Dauergrün eingesät werden, die im Sommer mehrmals gemäht und zum Einwachsen oder zur Oberflächenkompostierung belassen wird. Zweckmäßigerweise verwendet man dazu keine rankenden Leguminosen und auch keine kriechende Kapuzinerkresse, sondern nur niedrig bleibende Arten. Zusätzliche Gaben von Kompost, Urgesteinsmehl, Algenkalk und tierorganischer Dünger fördern wirksam die Bodenfruchtbarkeit mit dem Ergebnis bester Erträge und Früchte von hohem gesundheitlichem Wert. Pflegespritzungen mit den biologisch-dynamischen Präparaten Hornmist und Hornkiesel sowie mit Polymaris tragen dazu bei, die Sträucher gesund und leistungsfähig zu erhalten.

225

Die Johannisbeergallmilbe verursacht dicke »Rundknospen«, die im Frühjahr nicht austreiben.

Die bei üblicher Kultur meist regelmäßig auftretenden Blattläuse und Gallmilben, pilzliche Schädlinge wie Blattfallkrankheit, Säulenrost und Mehltau sowie Virosen werden im naturgemäß bewirtschafteten Garten Seltenheitswert haben. Wichtig ist dort, wo im Winter Vögel gefüttert werden, zur Vorbeugung von Knospenfraß im Vorwinter eine Preicobakt-Spritzung durchzuführen. Wer erst während der Frostperiode daran denkt oder bereits vor vollendeten Tatsachen steht, kann die Sträucher immer noch zu einer Säule zusammenbinden und mit einem Plastiknetz bis kurz vor dem Knospenaufbruch umhüllen (vgl. Seite 238).
Im Bereich Balingen wurden seit 1979 erfolgreiche Versuche mit NAB, 1%, gegen Gallmilben gemacht. Drei Spritzungen, triefend naß
– kurz vor der Blüte
– in der Vollblüte
– nach Abfallen der Blütenblätter
mit jeweils 18 Liter je Ar (1800 l/ha); DM 84,– pro Hektar und Jahr. Die »Rundknospen« sind im dritten Frühjahr so gut wie verschwunden, jüngere Sträucher reagieren schneller als ältere (Lust 1981).

Die Stachelbeere
Als Verwandte der Johannisbeere wird die Stachelbeere (*Ribes uva-crispa*) gerne mit ihr zusammen im gleichen Beerenobstquartier kultiviert und auch wie diese behandelt. Bei richtiger Pflege und Sortenwahl beschert die Stachelbeere einen Genuß, der höchstens von den Erdbeeren übertroffen werden kann. Erstklassige Erdbeeren zu kultivieren, bereitet dabei einige Mühen, mit den Stachelbeeren hat man es in dieser Hinsicht nicht schwer. Lediglich Schnitt und Ernte sind weniger angenehme Arbeiten.

Kultur
Bei guter Humuszufuhr ist die Stachelbeere auch mit mäßigem Boden zufrieden. Wegen der flachen Wurzel darf nicht gehackt werden; Bodenbedeckung ist das allein Richtige. Sortenreines und virusfreies Pflanzgut ist schwer zu bekommen. Als Standraum für gesunde Büsche gelten 3,5 bis 4 m². Die Buschform ist am meisten verbreitet, als Hecken sind Stachelbeeren nur selten anzutreffen. Von Hochstämmen ist abzuraten, da sie im Vollertrag mit zwei bis drei Pfählen gestützt werden müssen. Das macht Arbeit und ist keine Verschönerung für den Garten.
Nicht alle Stachelbeersorten erreichen den charakteristischen mild-säuerlichen Geschmack. Die Spitze halten damit die weißen Sorten 'Weiße Triumph', 'Weiße vom Neckartal', 'Weiße Volltragende'. Das Weiß der Früchte kann auch ins Mattgrüne oder Hellgelbliche hinüberwechseln, aber die gelben, grünen und roten Sorten wie 'Hönings Früheste', 'Grüne Kugel', 'Rote Triumph' fallen geschmacklich oft ab. Das liegt zum Teil auch daran, daß sie, mehr als die weißen, unter starker Sonnenbestrahlung leiden und bei Regen leichter aufplatzen. Hier läßt sich mit schirmstoffartigem Abdeckmaterial mancher Schaden vermeiden.

Krankheiten
In dieser Hinsicht gibt es mit Stachelbeeren wenig Kummer. Der Amerikanische Stachelbeermehltau ist eine Krankheit, um die zuviel Aufhebens gemacht wird. Im naturgemäßen Anbau läßt sie sich leicht in ein bis zwei Jahren ganz vertreiben. Zunächst ist das Wichtigste, für Licht und Luft in und um den Strauch zu sorgen und das Auslichten sofort nach der Ernte vorzunehmen. Es dient gleichzeitig auch der notwendigen Verjüngung der Pflanzen. Die Triebspitzen sind dabei um einige Zentimeter einzukürzen, denn an ihnen sitzen die Überwinterungssporen. Das alte Holz, kenntlich an der dunklen Farbe, ist zu entfernen, sobald starke Schosse als Ersatz nachgewachsen sind. Als pflegende Mittel bieten sich Ackerschachtelhalmtee im Frühjahr, nach dem Schnitt und nach dem Blattfall im Herbst an, Preicobakt im Winter-

halbjahr, Bio-S oder Oscorna-Pilzvorbeuge nach der Blüte, SPS gegebenenfalls nochmals auf die heranwachsende Frucht.

Ein alter Katalog von Schmitz-Hübsch sagt über die Stachelbeere aus: »Frucht allerersten Ranges, bestechend schönes Aussehen, feiner Duft, hochedler weinig-süßer Geschmack usw. ...«.

Schnitt

Die Stachelbeere wird im Schnitt wohl am meisten vernachlässigt, weil man ihre Stacheln fürchtet. Das muß aber nicht sein, wenn man den Strauch von Anfang an mit einem geräumigen Kronengerüst erzieht wie bei Äpfeln. Die Äste sind bedeutend langlebiger als die der Johannisbeeren und bilden bei sachgemäßem Schnitt laufend neue Seitentriebe, die im Folgejahr bereits tragen und dann wieder zurückgeschnitten werden. Man verfährt dabei so, daß sich stets von unten nach oben ein Langtrieb mit einem auf Zapfen geschnittenen Trieb abwechselt. Nur bei Mehltaubefall wird der Langtrieb an der Spitze gesundgeschnitten. Da meist die jungen Seitentriebe zu nahe beieinanderstehen, entfernt man zuvor jeden zweiten Seitentrieb vollständig und beginnt dann erst mit dem Zapfenschnitt jedes zweiten der belassenen Seitentriebe. Wir ernten dann ohne zerkratzte Hände große, in der Sonne gereifte Beeren.

Die durch Veredlung auf die Goldjohannisbeere zu Fuß-, Knie- und Hochstämmen herangezogenen Johannis- und Stachelbeersorten erfahren vorteilhafterweise auch den beschriebenen intensiveren Kronenschnitt. Ihr Haltepfahl muß noch in die Kronenmitte hineinreichen, wo sie im Punkt der Mittellast am Pfahl anzubinden ist, um dem durch Winddruck drohenden Brechen der Veredlungsstelle vorzubeugen.

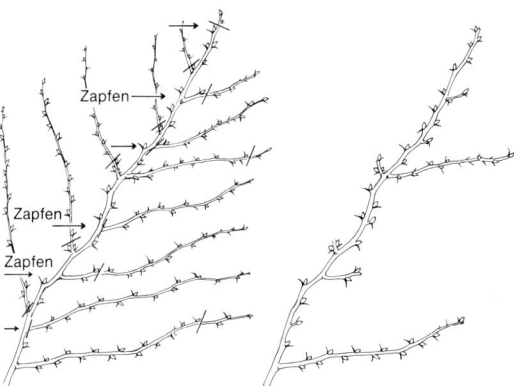

Ein Stachelbeer-Tragast vor und nach dem Schnitt.

Ab und zu entstehende Bodenschosser der Veredlungsunterlage sind sofort beim Entdecken so tief wie möglich abzuschneiden.

Die Erdbeere

Die Erdbeeren gehören heute zu den beliebtesten Früchten. Die heute angebauten, großfrüchtigen Sorten stammen von humosen Standorten maritimer Klimabereiche der westlichen Hemisphäre (Nord- und Südamerika). Durch Kreuzungen verschiedener Arten sind die heutigen Formen entstanden. Die Erdbeere ist gleichermaßen licht-, wärme- und feuchtigkeitsbedürftig und gedeiht am besten auf einem humusreichen, belebten Boden in möglichst windgeschützter Lage, jedoch nicht in stehender Luft. Kein Wunder, daß gerade diese Kultur dem Gärtner immer wieder Kummer bereiten kann.

Die Erdbeere gehört zur großen Familie der Rosengewächse. In Europa sind nur einige kleinfrüchtige Arten heimisch, so vor allem die aromareiche Walderdbeere (*Fragaria vesca*), die am besten halbschattig, auf Humusboden auf Gesteinsverwitterungsgrundlage in Gemeinschaft mit Blumen und Kräutern gedeiht. Sie ist eine Heilpflanze und wegen des zarten Duftes und feinen Aromas besonders geschätzt.

Die in unseren Gärten gepflanzte, rankenlose Monatserdbeere (*Fragaria vesca var. semperflorens*) ist eine Weiterzüchtung der Walderdbeere. Ihr fehlt aber manche der geschätzten Eigenschaften der Ausgangsform. Dafür liefert sie von Juni bis zum einsetzenden Frost eine Menge Früchte. Auf die hochgezüchteten Sorten ist in der Tabelle hingewiesen.

Anbau

Ursprünglich rechnet man bei Erdbeeren mit einer dreijährigen Kultur. In einer biologisch-dynamisch gepflegten Anlage ist dies auch heute noch möglich, selbst auf die Gefahr hin, daß die Früchte kleiner geraten und die Pflückarbeit mehr Zeit erfordert. Vielfach, besonders im Erwerbsanbau, bedient man sich des zweijährigen Anbaus. Ein ebenfalls möglicher einjähriger Anbau führt nur in sehr günstigen und warmen Lagen zu den gewünschten Ergebnissen. Bei zwei- und dreijährigen Kulturen pflanzt man auf 60 cm Reihenweite. Auf diese Weise lassen sich im ersten Jahr bequem Gewürzkräuter, Zwiebeln, aber auch Buschbohnen dazwischensetzen. Besonders die Zwiebel fördert die Gesundheit dieser Kultur und vermindert deutlich den Pilzbefall. Im Hausgarten ist es günstig, die Reihen doppelt, links und rechts der gezogenen Schnur, zu pflanzen. Der Abstand in der Reihe beträgt 20 cm, so daß auf einen Meter zehn

Erdbeeren in voller Blüte.

Pflanzen kommen. Das ergibt im ersten Jahr schon einen guten Ertrag. Lediglich im einjährigen Anbau hat sich ein Reihenabstand von 60 bis 70 cm eingebürgert, bei einer Standweite von 15 bis 25 cm je nach Wuchsstärke.

Die Pflanzung sollte so früh wie möglich erfolgen, besser im Juli als im August. Die ältesten und stärksten Ausläuferpflanzen werden für die Vermehrung genommen, jedoch nur von Jungpflanzen im ersten Jahr. Im großflächigen Anbau werden meist nach der Ernte die Blätter abgemäht, gelegentlich auch mittels Propangasbrennern abgeflammt. Danach läßt sich der Bestand vollends säubern und hacken, wobei im größeren Rahmen und breitem Reihenabstand Maschinen zum Einsatz kommen. Im Hausgarten wird, vor allem bei schwerem Boden, mit dem Spaten je 7 bis 10 cm links und rechts der Reihe ein Abstich vorgenommen und durch Kompost ersetzt. Die kräftig einsetzende Neubildung von Wurzeln hält die Pflanzung jung.

Die Erdbeere bietet sich seit eh und je für den Anbau unter Glas, im Frühbeet, mit Mulchfolie oder unter Folientunnels an. Der Gärtner wird gemäß seinen Möglichkeiten das Entsprechende wählen.

Bodenbearbeitung und Düngung

Die Fruchtfolge richtet sich auch im Hausgarten nach den bereits dargestellten Gesichtspunkten. Außerdem läßt sich die Vorkultur, oft handelt es sich um Frühkraut, Karotten oder Kartoffeln, so einplanen, daß das Land rechtzeitig für die Pflanzung frei ist. Wie bereits erwähnt, verlangen die Erdbeeren nicht nur einen gepflegten, humosen Boden, sie sollen auch kräftig, jedoch nicht triebig wachsen. Darauf ist die Düngung abzustellen. Zur Vorbereitung wird das Land, je nach Bodenzustand und Kulturfolge, mit kräftigem Kompost gedüngt, der am besten aus Rinderdung hergestellt worden ist. Gleichzeitig finden Bentonit und Basaltmehl sowie organische Mischdünger Verwendung. Wurde Kalkmangel nachgewiesen, leistet der Algenkalk ebenfalls gute Dienste. Im folgenden Jahr ist zu beachten, daß Beerenobst regelmäßig nach der Ernte gedüngt werden sollte. Diese Erfahrung gilt auch in besonderem Maße für die Erdbeere, die auf eine zusätzliche oder nachträgliche Frühjahrsdüngung meist mit erhöhter Anfälligkeit durch pilzliche Erkrankungen reagiert. Vorsicht bzw. gutes Vorausplanen ist deshalb dringend geboten.

Zur Unkrautbekämpfung wird gefräst, gehackt und immer wieder leicht angehäufelt. Die Pflanzen kommen dann auf einem flachen Damm zu stehen, was stets die Bodenlebendigkeit erhöht und das Wachstum fördert. Unmittelbar nach der Blüte erfolgt die Bodenabdeckung. Stroh ist nach wie vor das beste Mulchmaterial für diese Kultur. Auch Holzwolle und auf Kalkböden sogar Säge- oder Hobelspäne können wertvoll sein. Die Arbeiten nach der Ernte wurden bereits erwähnt.

Pflegemaßnahmen, Krankheiten und Schädlinge

Im naturgemäßen Anbau sind alle Maßnahmen auf ein kräftiges und gesundes Wachstum der jeweiligen Kultur orientiert. Deshalb wird auch besonderer Wert auf die Kenntnis der Herkunft der Pflanzenfamilie und ihres ursprünglichen Standortes gelegt.

Die biologisch-dynamischen Maßnahmen zielen in dieser Richtung und greifen unterstützend in das Wachstum, die Fruchtbildung und Reifeprozesse ein. Gerade bei der Erdbeere ist das wichtig, die empfindlich auf zu starke Düngung reagiert. Die grundlegenden Maßnahmen (Spritzungen mit Hornkiesel und Hornmist sowie Ackerschachtelhalm) wurden mehrfach erwähnt, hinzu kommt wieder der Einsatz von Bio-S oder Oscorna-Pilzvorbeuge in einer Konzentration von 60 bis 80 g je 10 l Wasser vorbeugend gegen Pilze wie Grauschimmel *(Botrytis cinerea)*, Lederfäule *Phytophthora cactorum)* oder Fruchtfäule *(Gnomonia fructicola)*.

Im zeitigen Frühjahr sind zwei bis vier Sprühungen anzusetzen. Nach der Blüte ist wegen der Kalkflekkenbildung Zurückhaltung geboten. Mit Spritzungen des Pflanzenkonzentrats SPS (200 ml/10 l), eventuell ergänzt durch die Algenpräparate Algifert oder Polymaris (50 bis 100 ml/10 l) setzen sich die Pflegemaßnahmen fort.

Im übrigen weist Lust (1977) darauf hin, daß sich pilzliche Erkrankungen auch in ungünstigen Lagen verhindern lassen, wenn das Erdbeerbeet ganztägig der vollen Sonne ausgesetzt und durch keinerlei Schattenwurf beeinträchtigt wird.

Den gefürchteten Frostnächten während der Blüte begegnet man mit einer, notfalls mehreren, Versprü-hungen von Baldrianblütenextrakt (10 ml auf 10 Liter handwarmes Wasser, fünf Minuten lang verrührt) in der Zeit zwischen 16 und 18 Uhr vor der erwarteten Frostnacht. Da das Baldrianpräparat die Wärmeprozesse in der Pflanze anregt, darf zusätzlich mit einer deutlichen Belebung der Blütenentwicklung gerechnet werden.

Der Befall mit der gefürchteten Erdbeermilbe *(Tarsonemus fragariae)* ist stark sortenbedingt und wird vielfach mit mangelhaftem Pflanzgut »eingekauft«. Die Sorge, der Befall könnte sich ausweiten, erweist sich jedoch im eigenen Anbau als überflüssig. Der Einsatz von Insektiziden auf Pyrethrum-Basis hat sich bisher als nicht notwendig erwiesen, er sollte tunlichst vermieden werden. Der Hausgärtner wird durch seine naturgemäße Behandlung des Bodens und der Pflanzen alles daransetzen, daß dies auch in Zukunft noch möglich ist.

Pflegeplan für Erdbeeren

Zeitraum	Maßnahme	Zweck
nach der Ernte	– 3–4× Hornkiesel nachmittags	ergibt kompaktes gesundes Blattwerk und aufrechte Blütenstengel im folgenden Jahr
	– Abstechen der Wurzeln je 7 cm links und rechts der Mitte der Pflanzenreihe	Verjüngung der Stöcke durch kräftige Neubewurzelung
	– Düngung mit 500 kg Kompost + 7–8 kg Hornmischdünger + 10 kg Basalt je Ar dazu Hornmist	
Frühjahr	– Bio-S (60–80 g*) oder Oscorna-Pilzvorbeuge ab beginnendem Neutrieb aus dem Herz der Pflanze 3–4× bis zur Blüte	
	– Blütenspritzung mit Baldrian (10 ml*)	Frostschutz
	– Hornmist und Ackerschachtelhalm bei Wuchsbeginn	Bodenaktivierung
Reifezeit	– SPS-Spritzung (200 ml*) + Algifert oder Polymaris (50–100 ml*)	nur bei Pilzgefahr

*Mengenangaben beziehen sich auf eine Lösung in 10 l Wasser

Sortenübersicht

Sorten	Reifezeit	Ertrag	Geschmack	Standort	Sonstiges
Zefyr	früh	mittel	süß	für alle Böden und Lagen	sehr robust
Regina	früh	mittel	sehr gut	anpassungsfähig für trockene und schwere Böden	sehr robust
Gorella	früh	mittel bis hoch	aromatisch	keine Trockenlagen	festfleischig
Hummi-Grande	früh	gut	mangelhaft	lehmiger Sand, Weinklima	anfällig für Milben
Marieva	mittelfrüh	mittel	sehr gut, süß-säuerlich	nicht für leichte Böden	gegen Hitze und Milben anfällig
Wädenswil VII	mittelfrüh	reich	angenehm süß-säuerlich	rauhes Klima, Höhenlagen	Ertrag geringer als Sengana, robust
Vigerla	mittel	mittel	sehr gut	reagiert stark, in warmen Lagen sehr gut	Liebhaberfrucht
Tenira	mittel	sehr hoch	angenehmes Aroma	anpassungsfähig	wenig Grauschimmel
Asieta	mittel	mittel	süß-säuerlich	nicht zu schwerer Boden	wenig Grauschimmel
Hummi Ferma	mittelspät	hoch	süß, aromatisch	für alle Böden	leicht druckempfindl.
Senga Gigana	mittelspät	mittel, hoch	mittelmäßig	mehr für südliche trockene Lagen	anfällig gegen Grauschimmel
Elista	mittelspät	hoch	frisch, säuerlich	auch höhere Lagen	robust
Siletz	mittelspät	mittel	gut, süß-säuerlich	liebt Wärme, auch für Sand	anfällig gegen Grauschimmel
Red Gauntlet	mittel bis spät	sehr hoch	süß-säuerlich	alle Böden	transportfest, Marktsorte
Senga Sengana	mittel bis spät	hoch	säuerlich, aromatisch	anpassungsfähig	anfällig für Grauschimmel
Macherauchs Dauerernte	mehrmals tragend	mittel	süß	für gute Böden	anfällig für Grauschimmel
Revada	mehrm. trag.	hoch	süß	für gute Böden	robust
Hummi-Genta	mehrm. trag.	hoch	gut	für gute Böden	anfällig für Milben

Die Kulturheidelbeere

Dieses Heidekrautgewächs, aus Nordamerika eingeführt, gedeiht vorzüglich auf sauren Moorböden (pH 4,3 bis 5,5) mit hohem Grundwasserstand. In den Vereinigten Staaten wird die Kulturheidelbeere (*Vaccinium corymbosum*) großflächig angebaut, in Deutschland wurde sie seinerzeit von G. W. Heermann in Müncheberg/Mark in Kultur genommen. Heermann entwickelte später eine Heidelbeerplantage in Grethem bei Hannover, die heute noch besteht. Im biologisch-dynamischen Bereich liegen bereits Erfahrungen aus einer Anlage in Otersen/Verden vor. Die bekannteste Sorte ist die 'Blauweiß-Goldtraube'. Die Sträucher entsprechen etwa der Größe der Johannisbeerbüsche, einige Sorten sind auch etwas niedriger. Die Fruchtstände sind Trauben, die Früchte färben nicht blau, haben aber einen gesundheitlichen Wert durch hohe Gehalte an Vitamin A, B$_1$ und C. Soll der Anbau befriedigen, ist ein gemäßigtes Klima Voraussetzung. Extreme Temperaturen unter minus 25 °C verträgt die Heidelbeere nicht, ist dafür aber während der Blüte nicht so empfindlich. Die Forderung nach einem Moorboden bedingt hohe Humuswerte von 3,5 bis 7 %. Gepflanzt werden kann sowohl im Spätherbst als auch im April-Mai. Gute, zwei- bis dreijährige Setzware ist Voraussetzung. Die Pflanzweite beträgt 1,2 bis 1,5 × 3 m. Hinsichtlich der Düngung ist auf den niederen pH-Wert (sauer) besonders zu achten. In vielen Gärten werden anfängliche Hoffnungen schnell zu Enttäuschungen führen. Auf die Dauer ist es nicht möglich, auch nicht mit künstlichen Mitteln, wie durch viele Torfgaben und Verwendung von Eisessig, die notwendige Bodensäure zu halten.

Der selten auftretende Blattrost läßt sich mit 3 g Kaliumpermanganat je 10 Liter Wasser regulieren.

Lassen sich diese Grundlagen schaffen und befriedigen auch Grundwasserstand und Niederschläge, dann wird die Kultur zweifellos zu einer Bereicherung des Obstangebotes führen.

Weintrauben im Hausgarten

Auf dem Zug nach Norden brachten die Römer eines ihrer Lieblingsgewächse, die Rebe, mit. Die wärmebedürftige Weinrebe brachte diesseits der Alpen bei weitem nicht die Erträge an Menge und Güte wie in der Toscana. Später nahmen sich Fürsten und Mönche dieser Pflanze an und es kam zu erstaunlichen Erfolgen. Auf einem gewissen, auch flächenmäßigen Höhepunkt des Weinbaus kam es Ende des vergangenen Jahrhunderts zu zwei katastrophalen Rückschlägen, durch die aus Amerika eingeschleppte Reblaus (*Viteus vitifolii*) und die gleichfalls von dort kommende Blattfallkrankheit oder Falscher Mehltau (*Plasmopara viticola*). Letztere ist bis auf den heutigen Tag der größte Feind des Winzers. Die Reblaus blieb durch Verwendung amerikanischer Wildreben als Unterlagen aus. Dadurch war gleichzeitig das Experiment einer Schädlingsabwehr durch eine relativ einfache Maßnahme, wie Wahl einer anderen Wurzelunterlage, gelungen.

Das Pflanzen einer Pfropfrebe, virusfrei und sachgemäß veredelt, kostet wenig und kann dem Hobby-Gärtner viel Freude bereiten. Rebspaliere stellen eine Zierde für Haus und Garten dar. Auch eine Pergola läßt sich mit Reben begrünen. Einige Kenntnisse und Erfahrungen sind dazu allerdings erforderlich.

Pflanzung. Reben vertragen keine Frostlagen. Schattige Plätze, noch dazu mit kalten Tonböden scheiden ebenfalls aus. Geeignet sind Süd-, Südwest- und Südostwände. Der Stock braucht in unseren Breiten jeden Sonnenstrahl für seine Früchte. Schattenspendende Bäume in der Nähe sind fehl am Platze. Die Wände schützen die Blätter vor zu viel Tau, oft auch vor anhaltendem Regen, der die Gefahr der Blattfallkrankheit erhöht. Dagegen soll und darf der Wurzelbereich wie bei der Tomate immer feucht gehalten werden. Eine Bodenbedeckung ist deshalb nützlich.

Mehr als 800 mm Niederschläge im Jahresdurchschnitt schaden dem Weinstock, am meisten in der Reifezeit der Trauben (Grauschimmelgefahr). Das jährliche Temperaturmittel sollte bei 8 bis 10 °C liegen, in günstigen Lagen werden sogar 10 °C überschritten. Hinsichtlich der Höhenlagen sind bei 500 m über Normalnull sogar noch anerkannte Rebflächen zu finden.

Die veredelten Setzlinge (Pfropfreben) werden in zuverlässigen und anerkannten Betrieben gekauft. Bei der Sortenwahl lasse man sich hinsichtlich der örtlichen Gegebenheiten beraten, da die Reben dementsprechend auf stark-, mittelstark- und schwachwüchsige Unterlagen veredelt werden. Bei sehr gutem Boden, starkem Wuchs der Sorte und gleichzeitig auch der Unterlage kann es passieren, daß der Stock in kurzer Zeit »in den Himmel« wächst. Die Rebe ist im Grunde genommen eine robuste, wuchsfreudige Pflanze, die sich auch im Schnitt sehr viel mehr gefallen läßt als die meisten Obstbäume. Besondere Ansprüche an den Boden stellt der Weinstock nicht. Hervorragende Weine kommen z. B. von extremen Kalk- und Schotterböden. Wenn man aber vor dem Setzen das Pflanzloch gut herrichtet, günstigste Zeit ist das Frühjahr, und dabei mit humusreicher Erde und ausgereiftem Kompost (möglichst aus Rinderdung) nicht spart, wird man sicher dafür belohnt. Dabei ist zu beachten, daß die Pflanze so tief gesetzt wird, daß die Triebspitze noch etwa 1 bis 2 cm über dem Boden bleibt. Der Abstand von der Hauswand beträgt 20 bis 30 cm. Ist alles gutgegangen, hat sich aus dem kurzen Setzling bis zum Herbst bereits eine Pflanze von 1,5 m Länge entwickelt.

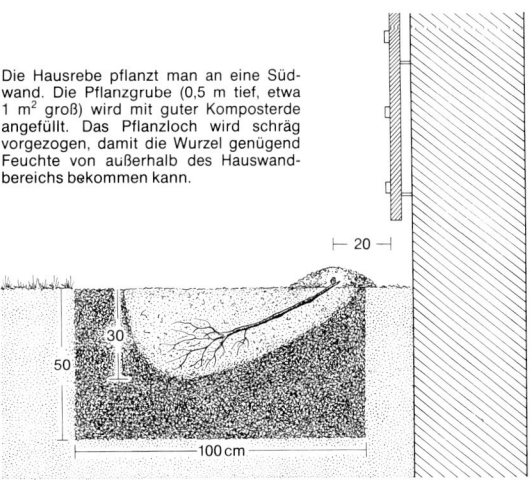

Die Hausrebe pflanzt man an eine Südwand. Die Pflanzgrube (0,5 m tief, etwa 1 m² groß) wird mit guter Komposterde angefüllt. Das Pflanzloch wird schräg vorgezogen, damit die Wurzel genügend Feuchte von außerhalb des Hauswandbereichs bekommen kann.

231

Düngung und Pflanzenschutz. In den Folgejahren wird die Düngung mit gutem Kompost fortgesetzt. Das Unkraut braucht nicht zu verschwinden, ist aber immer so kurz zu halten, damit die Luft unter dem Stock nicht stickig wird, was die Ansteckung durch Echten und Falschen Mehltau fördern würde. Der Pflanzenschutz ist ernst zu nehmen. Dabei zeigt sich in biologisch-dynamisch gepflegten Anlagen immer wieder (Hirsch 1976, Gangnus 1977), daß tierische Schädlinge keine Sorgen mehr bereiten, der Einsatz von Insektiziden demzufolge entfällt.

Anders die Pilzkrankheiten. Der Weinstock ist im Spätherbst nach dem Laubbefall vorbeugend regelmäßig mit Preicobakt zu übersprühen. Im Frühjahr wird Bio-S oder Oscorna-Pilzvorbeuge vorbeugend, beginnend bei einer Trieblänge von etwa 20 cm, ausgebracht. In Perioden mit sehr viel Feuchtigkeit ist der Einsatz jede Woche erforderlich, in Trockenzeiten genügt er alle 14 Tage. Der Abschluß liegt etwa Ende August. Polymaris und Algifert können im Frühjahr das Wachstum sehr stark fördern. Es ist zu prüfen, ob ein solcher Wachstumschub notwendig und erwünscht ist. Erfahrungen in Hausgärten zeigen außerdem, daß man in der Regel mit weniger Spritzungen auskommt. Der Einsatz der Präparate Hornmist und Hornkiesel erfolgt wie im Obstbau beschrieben, wobei Hornkiesel im Hinblick auf Qualität und Holzreife verstärkt eingesetzt werden kann.

Schnitt der Rebe. Wie die Pfropfrebe vor dem Beginn des Jahres nach der Pflanzung weiter zu behandeln ist, hängt davon ab, welche Stärke und Höhe der Trieb im Pflanzjahr erreicht hat. Das können 30 oder

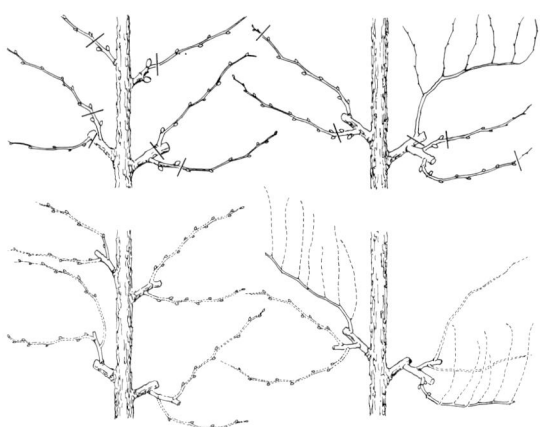

Schnitt der Weinrebe. Links Zapfenschnitt für schwachwachsende, rechts Bogenschnitt für starkwachsende Sorten.

auch 200 cm sein. Im zweiten Fall haben wohl gesundes Pflanzgut, das Wachstum von Unterlage und Edelsorte sowie sachgemäße Pflege und Düngung gut zusammengewirkt. Bei kümmerlichem Aufwuchs unter 30 cm stimmt etwas nicht. Wenn kein Fachmann zur Untersuchung der Pflanze zu Rate gezogen werden kann, ist eine Neupflanzung zu empfehlen. Man werfe die Pflanze aber nicht weg, ohne nochmals nach einer schadhaften Stelle gesucht zu haben.

Gleichgültig, welche der zahlreichen Formen und Erziehungsarten der künftige Rebstock haben soll, die einjährige Rute muß sich einen starken Rückschnitt gefallen lassen. Es gilt, die Grundlage zu schaffen für einen kräftigen und geraden Stamm. Das erreicht man nur, wenn man noch einmal von unten anfängt. Dabei wird der junge Setzling zur Bildung eines starken Stammes bis auf 3 Augen heruntergeschnitten. Haben deren Austriebe 10 bis 20 cm Länge erreicht, wird der kräftigste vorsichtig senkrecht geheftet, die beiden anderen restlos entfernt. Das Anbinden wiederholt sich alle 25 cm. Im nächsten Spätwinter kürzt man diesen Stammtrieb auf 30 cm und sechs Augen ein. Um ein Bluten der Schnittstelle zu verhindern, soll der Winterschnitt an bereits frostfreien Tagen Ende Februar erfolgen. Dabei beläßt man über jedem angeschnittenen Auge etwa 2 cm Holz, um das Austrocknen infolge des schwammigen Markstrahls im Holztrieb zu verhindern.

Jedem Winterschnitt folgt ein zeitlich gestaffelter Sommerschnitt, so auch bei der Erziehung von Jungreben, deren Pflanzzeit das Frühjahr ist. Dies ist bereits der Anfang der Erziehung des senkrechten

Weinrebe an der Hauswand, vor und nach dem Zapfenschnitt.

Schnurbaumes mittels Zapfenschnitt, der bei den schwachwüchsigen Rebsorten anzuwenden ist, die schon aus den untersten Augen ihrer grünen Triebe eine bis drei Blütentrauben entwickeln. Ein Jahr später werden die fünf Seitentriebe auf Zapfen mit zwei Augen, der neue Gipfeltrieb wiederum auf sechs Augen zurückgeschnitten. Diese Behandlung wird Jahr für Jahr bis zur gewünschten Höhe des Schnurbaumes oder Cordons wiederholt.

Die Sommerbehandlung besteht im Kappen der Tragruten, nach neuen Erkenntnissen auf sechs Blatt nach der vordersten Blütentraube, sobald die kleinen Beeren etwa 2 mm stark sind. Den Blattachseln entsprungene Geiztriebe werden später auf ein Blatt pinziert, d. h. mit den Nägeln von Daumen und Zeigefinger abgezwickt. Da diese nochmals nachtreiben, erfolgt zwecks besserer Besonnung der Trauben später ein letztes Nachpinzieren. Der grüne Verlängerungstrieb des Schnurbaumes wird nun auf zwölf Augen eingekürzt, seine Geiztriebe wie die Triebe der Tragruten behandelt. Um aber an der Stammverlängerung lückenlos Tragruten zu bekommen, wird sie im Nachwinter jedoch wieder auf sechs Augen eingekürzt.

Der Bogrebenschnitt ist bei allen starkwüchsigen Rebsorten erforderlich, die als Spalierformen große Wandflächen ausfüllen können und erst an den höher stehenden Augen der Sommertriebe drei bis fünf Blütentrauben bilden. Beim allmählichen Aufbau der Spalierform ist unbedingt nur ein Hauptstamm hochzuziehen und nicht mehrere zusammengedrückt nebeneinander. Nur dann, wenn man einen einzigen Hauptstamm aufzieht, können bereits die ersten Trauben geerntet werden, noch ehe die ersten beiden Seitentriebe zur Bildung der untersten Spalieretage angeschnitten werden. Ausgegangen wird dabei vom geschilderten winterlichen Zapfenschnitt auf zwei Augen sämtlicher am letztjährigen Verlängerungstrieb entstandenen Seitentriebe. An den beiden am Zapfen gebildeten Neutrieben erfolgt nun Jahr für Jahr der Bogrebenschnitt in der Weise, daß jeweils der untere als Ersatztrieb wieder auf zwei Augen (Zapfen) eingekürzt, der obere jedoch als Bogrebe wieder auf sechs bis acht Augen zurückgeschnitten und anschließend schräg abwärts am Spaliergerüst abgeheftet wird (Trenkle 1941). Um zu viele Sommertriebe zu vermeiden, ist hier und da der obere Trieb des Zapfens ganz zu entfernen und der untere bis auf ein Auge einzukürzen. Das Ziel sind immer nicht zu viele, aber kräftige Rebentriebe; außerdem soll man keine Kahlstellen am Spalier aufkommen lassen: Der Sommerschnitt ist der gleiche wie bereits geschildert. Interessant, auch für den Hausgarten, ist eine österreichische Entwicklung der letzten Zeit, die als »Hochkultur« bezeichnet wird. Sie ist nicht identisch mit dem Begriff »Hochgewächs«, bei dem der Stamm erst in 1,5 m Höhe angeschnitten wird. Auf einem Traggerüst mit Drähten liegen dann die Zweige (Strecker) oder hängen dachförmig herunter (Verfahren nach Lenz-Moser).

Der Weinstock war einstmals ein Geschenk der Römer, hat sich jedoch im Verlauf der Geschichte in Mitteleuropa zu einer Monokultur ersten Ranges entwickelt, die alle Gefahren und Extreme einer einseitigen Bewirtschaftung mit sich gebracht hat. Der Hausgärtner wird hier manche Einseitigkeiten und Sünden wider die Natur ausgleichen, zumindestens deutlich mildern können, und dies sollte auch im naturgemäßen Gartenbau der Mühe wert sein.

Spritz- und Pflegeplan für Reben

1. bei Wuchsbeginn im Frühjahr	Hornmistpräparat gerührt in Schachtelhalmtee
2. bei 20 cm Trieblänge	Bio-S* 60 g/10 Liter
3. bei 40 cm Trieblänge	Hornkieselpräparat
4. bei 50 cm Trieblänge	Bio S 60 g/10 Liter bei starker Pilzgefahr bis 80 g je 10 Liter
5. bei 60 cm Trieblänge	wie unter 4.
6. bei Blütenbeginn	Bio-S, 60 g/10 Liter
7. 14 Tage später	wie unter 6.
8. wenn die Beeren etwa 2 mm groß sind	Hornkieselpräparat, eventuell mit Nesseljauche-Zusatz gerührt
9. anschließend alle 10 bis 12 Tage	Bio-S, 60 bis 80 g/10 Liter oder SPS 200 ml/10 Liter
10. Ende August Mitte September	zwei Anwendungen von Hornkiesel am Nachmittag zur Reifeförderung
11. nach dem Blattfall	Düngung mit ausgereiftem Kompost ½ bis 2 Eimer je nach Größe des Rebstocks

* Bio-S ist besonders wirksam, wenn es vorbeugend eingesetzt wird. In gleicher Weise läßt sich Oscorna-Pilzvorbeuge anwenden.

Die Haselnuß

Die Waldhasel (*Corylus avellana*) ist ein bekanntes Gehölz. Ihr botanischer Name stammt von der Stadt Avella in Unteritalien. Sie eignet sich als Unterpflanzung für große Windschutzanlagen, wo es auf eine Ernte nicht ankommt, nicht aber für den Garten. Die Waldhasel wird aus Samen vermehrt, die Früchte bleiben deshalb sehr klein und kommen für den Hausgarten deshalb nicht in Frage. Von der Waldhasel stammen vornehmlich auch die rot- und gelbblättrigen Sorten ab, die im Ziergarten unter den Gehölzen Farbkontraste setzen und deshalb so beliebt sind. Als Parkbaum kennen wir die Baumhasel (*Corylus colurna*).

Man unterscheidet hinsichtlich der großfrüchtigen Gartenhaselnüsse die Zellernüsse, die Lambertsnüsse, die gewöhnlichen Nüsse und die Bastardnüsse. Die Bezeichnung »Zellernüsse« rührt daher, daß diese langhülsige Art vor einigen Jahrhunderten vom Kloster Zell bei Würzburg aus Verbreitung fand.

Die Zellernüsse haben lange über die Frucht hinausgehende, grüne Hülsen, die offen sind. Bei den Lambertsnüssen hingegen sind die ebenfalls langen Hülsen am Ende geschlossen. Die Bastardnüsse haben mittellange und kurze Hülsen, aus denen die Früchte herausschauen.

Sorten. 'Wunder von Bollweiler' und die sehr ähnliche 'Halle'sche Riesen' gehören wohl zu den allerältesten Sorten der Haselnüsse. Es sind Früchte von seltener Größe: Der Behang ist gut. Die beiden Sorten haben einen starken Wuchs und eignen sich gut für Schutzpflanzungen. 'Wunder von Bollweiler' hängt häufiger in Büscheln.

'Große Kugelnuß' ist die Bezeichnung für eine große runde Nuß. Die Sorte wächst gedrungen, bleibt verhältnismäßig niedrig und trägt ihre Früchte in Büscheln.

'Trapezunter Kaiserhasel' ist eine rundfrüchtige Zellernuß, die wegen ihrer Größe von Liebhabern sehr geschätzt wird. Sie ist weniger reichtragend und etwas frostempfindlich.

Die 'Verbesserte Cosfordnuß' ist eine der wenigen heute noch bekannten Bastardnüsse, die noch stark zu den Zellernüssen neigt. Die lange Frucht ist ziemlich groß und vollkernig. Die Sorte trägt sehr reich.

Die 'Rotkernige Lambertsnuß' ist als Frucht sehr begehrt. Es gibt auch eine großfrüchtige rotlaubige Lambertsnuß. Beide Sorten sind frühreifend und in rauhen Lagen etwas frostempfindlich. Die Früchte beider Sorten sind ziemlich ähnlich. Der Behang ist reichlich.

'Webbs Preisnuß' ist eine echte Zellernuß mit großen Hülsen. Die großen Früchte sind sehr lang und stehen zu drei Stück in Büscheln. Der Strauch wächst nur mäßig, trägt aber sehr früh und reich. Für den kleinen Garten ist dies eine Idealsorte. Trotzdem darf nicht vergessen werden, daß man wegen der Windbefruchtung eine andere Sorte dazu pflanzen muß.

Die 'Weißfrüchtige Lambertsnuß' hat die gleichen Eigenschaften in der Frucht wie die 'Rotkernige Lambertsnuß'.

Für unsere Gärten dürfte die obige Aufstellung das Standardsortiment darstellen. Es sind demnach nur einige Sorten der Zeller- und Lambertsnüsse, die großfrüchtig und ertragreich sind.

Pflanzung. Die Haselnußpflanze ist ein Flachwurzler. Ein tiefgründiger Boden ist nicht notwendig. Im Garten können wir aus den Haselsträuchern gleichfalls eine Schutzhecke heranziehen. Man pflanzt etwa im Abstand von drei bis vier Meter, die Pflanzlöcher sind etwa 80 cm tief und weit. Bei Abhängen ist das Regenwasser durch günstig angelegte Mulden und Rinnen den Pflanzen zuzuführen. Im Herbst oder im Laufe des Winters sollte unter den Sträuchern der Boden sorgfältig abgedeckt werden.

Beim Pflanzen werden nur die Wurzeln etwas zurückgeschnitten, nicht aber die Triebe. Ihr Schnitt folgt erst nach dem Anwachsen. Die männlichen und weiblichen Blüten befinden sich getrennt auf der gleichen Pflanze. Die Befruchtung erfolgt durch den Wind. Eine Selbstbefruchtung kommt nicht in Frage. Die Pflanze ist selbststeril. Deshalb ist es wichtig, immer verschiedene Sorten zusammen anzupflanzen.

Schnitt. Die Blüten und Früchte sitzen immer an den jungen Trieben. Der Schnitt der Sträucher hat also dafür zu sorgen, daß möglichst viel junges Holz erzeugt wird. Je mehr Knospen durch Schnitt veranlaßt werden auszutreiben, desto mehr Fruchtholz wird erzielt. Man baut den Strauch schon ein Jahr nach dem Pflanzen mit einem Grundstock von drei Trieben auf, die sich in etwa 50 cm Höhe zur Krone verzweigen sollen.

Nach etwa 15 Jahren muß man die stark gewordenen Sträucher verjüngen, weil sie im Ertrag nachlassen. Man wirft die starken Zweige bis auf 30 cm Länge ab. Das geschieht im Spätherbst oder Vorwinter. Von den im nächsten Frühjahr sich entwickelnden Jungtrieben läßt man an jedem Zweigstrunk höchstens die drei stärksten Triebe stehen, die dann den neuen, verjüngten Strauch bilden werden. Die Haselnußpflanzen werden bis zu 100 Jahre alt.

Ernte. Die Nüsse können mit der grünen Hülle geerntet werden. Man kann auch warten, bis die Nuß sich

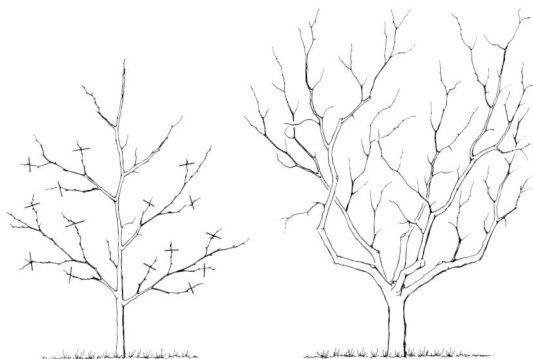

Schnitt der Hasel. Links **Niederstamm-Busch**: im Winter das einjährige Tragholz um ein Viertel einkürzen.
Rechts **Englische Hohlkrone**: Fruchttriebe auf zwei Augen oberhalb der letzten weiblichen Blüte einkürzen.

leicht aus der Hülle nehmen läßt. Bei vorzeitigem Pflücken haben wir Geschmackseinbußen zu erwarten. Die Kerne schrumpfen dabei stark ein. Während man die frühreifen Sorten schon im August hereinnimmt, werden die späten, wie ‘Wunder von Bollweiler’ erst anfangs Oktober vollreif. Die geernteten Früchte trocknen auf Tüchern im Freien, aber nicht in der Sonne oder auf einem luftigen Boden, wo man sie dünn ausbreitet. Immer wieder ist umzuwenden, damit die Gefahr des Schimmelns ausgeschlossen ist.

Der integrierte Pflanzenschutz im Obstbau

Im Folgenden soll auf einige Pflanzenschutzmaßnahmen eingegangen werden, die sich für den Garten eignen. Es kann sich dabei nur um eine Auswahl der in laufender Weiter- und Neuentwicklung stehenden Verfahren handeln. Solche mit zweifelhafter Wirkung können nicht berücksichtigt werden.

Standort und Sortenwahl spielen im Obstbau eine wichtige Rolle. Allgemein gilt, daß auf Sorten, die extrem krankheitsanfällig sind, verzichtet werden sollte. Beim Apfel gelten beispielsweise ‘Golden Delicious’ und ‘Cox Orange-Renette’ als stark anfällig für Schorf, ‘Jonathan’ und Kreuzungen mit dieser Sorte als stark anfällig für Mehltau. Über die Eignung der Sorten für das regionale Klima gibt die örtliche Beratung Auskunft. An der Südwand von Häusern oder Mauern ist wegen der Wärmerückstrahlung die

Spinnmilbengefahr größer als an freistehenden Bäumen. Apfelbäume sollten dort besser nicht gepflanzt werden. Von den Süßkirschen sind die Frühsorten meist sicher vor der Kirschfliege. Bei Sauerkirschen gilt dies für die Schattenmorelle. Stark gefährdet durch Blutläuse ist die Apfelsorte ‘Goldparmäne’.

Alle Obstarten, auch das Beerenobst, reagieren auf zu hohe Stickstoffdüngung mit erhöhter Anfälligkeit für Krankheiten und werden stärker von saugenden Schädlingen wie Blattläuse oder Spinnmilben befallen. Das gilt auch für zu hohe Gaben organischer Dünger wie Hühnermist. Ähnlich wirkt sich ein zu starker Rückschnitt der Obstgehölze aus. Andererseits sind durch Mineralstoffmangel geschwächte Pflanzen ebenfalls anfällig für Krankheiten und Schädlinge und können Schäden weniger gut ausgleichen als optimal ernährte. Außerdem sind schlecht gelichtete Obstbäume wegen der langsameren Abtrocknung nach Regen krankheitsgefährdeter als solche mit lichten Kronen, die auch wegen der besseren Belichtung Früchte höherer Qualität bringen.

Apfel

Fast alle Sorten leiden, zumindest bei feuchtem Wetter, unter *Apfelschorf*. Dagegen gibt es keine andere Hilfe als Spritzen. Im Garten reichen meist zwei Behandlungen mit Netzschwefel aus; die erste kurz vor der Blüte mit 50 g/10 Liter Spritzbrühe, die zweite am Ende der Blüte mit 30 g/10 Liter. Verwendet werden können auch jeweils 60 g ‘Bio-S’, das neben anderen organischen Bestandteilen auch Netzschwefel enthält. Gegen den *Apfelmehltau* ist das Abschneiden

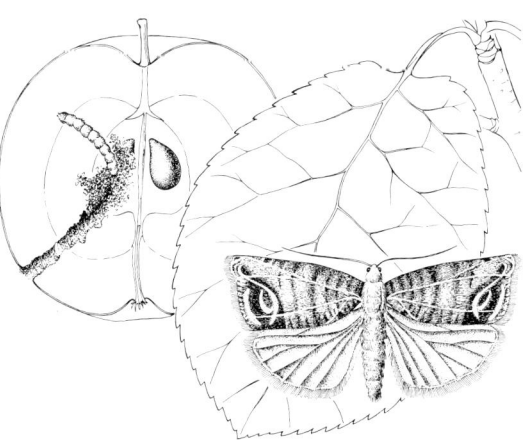

Falter des Apfelwicklers (Laspeyresia pomonella), etwa vierfach vergrößert, und seine Larve, die »Obstmade«, im **Apfel.**

der befallenen Äste beim Winterschnitt und der befallenen Triebe vor und während der Blüte wirksamer als die chemische Bekämpfung.

Der *Apfelblütenstecher* ist nur selten gefährlich. Er kann entweder in Wellpapperingen, die zwischen Austrieb und Blüte um die Stämme gebunden werden, abgefangen werden. Die Käfer verstecken sich dort in der Nacht und bei kaltem Wetter. Die Ringe sind frühmorgens oder nach Beginn einer kühlen Witterungsperiode abzunehmen und die Käfer zu vernichten. Bei warmem Wetter können die Käfer tagsüber auf Tücher oder Folien abgeschüttelt und vernichtet werden. Der Apfelblütenstecher wird oft stark von Schlupfwespen parasitiert. Außerdem picken Vögel, insbesondere Meisen, die Larven oder Puppen aus den zerstörten Blüten. Beides wirkt sich jedoch erst auf den Befall im nächsten Jahr aus.

Die Blattläuse, von denen nur die *Mehlige Apfelblattlaus* ernstlich schädigen kann, haben sehr viele natürliche Feinde (Marienkäfer, Schwebfliegen, Florfliegen, Schlupfwespen), die fast stets eine Übervermehrung verhindern, wenn sie nicht von Ameisen oder durch Insektizidbehandlungen in ihrer Wirksamkeit beeinträchtigt werden. Es hat sich bewährt, in der Zeit zwischen Austrieb und Mitte Juni Leimringe an den Stämmen anzubringen, um die blattlausschützenden Ameisen fernzuhalten. Die Bekämpfung der Blattläuse erledigen dann die natürlichen Feinde. Dieses Verfahren funktioniert auch bei Kirschen und anderen Obstarten.

Die *Blutlaus* ist in fast allen Gebieten von der in den zwanziger Jahren eingeführten Blutlauszehrwespe parasitiert. Leider funktioniert diese Art der Vernichtung nicht in jedem Jahr gleich gut. Das Herausschneiden der Wasserschosse etwa Anfang Juni wirkt einem starken Befall entgegen.

Der *Apfelwickler* ist nach wie vor der Hauptschädling im Apfelanbau. Er hat zwar auch einige natürliche Feinde, doch ist deren Wirkung für unsere Ansprüche nicht ausreichend. Verfahren, Parasiten zu züchten und bei Bedarf freizulassen, sind noch nicht praxisreif. Dasselbe gilt für die Anwendung von Viren gegen Apfelwickler, die, soviel man weiß, nur diesen befallen können.

Bacillus thuringiensis-Präparate wirken nicht auf den Apfelwickler. Mittel aus pflanzlichen Wirkstoffen sind nur wenig wirksam und gefährlich für Nützlinge. Der Flug des Apfelwicklers und damit die Zeit der Eiablage kann durch Verwendung von Sexualduftstoff-Fallen (Pheromonfallen) ermittelt werden. Leider sind Bekämpfungsverfahren mit diesem Pheromon (Codlemone) noch nicht praxisreif.

Der *Frostspanner* tritt meist nur gebietsweise stärker auf. Er ist durch Leimringe zu bekämpfen, die im Herbst nach dem Blattfall um die Stämme gelegt werden. Dort werden die Weibchen gefangen, die flügellos sind und im Spätherbst in die Baumkrone hinaufwandern wollen.

Obstbaumspinnmilben und *Fruchtschalenwickler* treten normalerweise nicht stärker auf, wenn chemische Behandlungen und starke Stickdoffdüngung unterbleiben.

Birne

Der *Birnenschorf* kann im Gegensatz zum Apfelschorf auch die Zweige stark befallen (Zweiggrind). Bei Befall ist eine Spritzung mit Wasserglas in einer Konzentration von 500 ml je 10 l Wasser bis zur Zeit des Austriebs ratsam. Bezüglich des Apfelwicklers, der Blattläuse und des Frostspanners gilt das gleiche wie beim Apfel.

Der *Birnenblattsauger* kann nur mit starkwirkenden, chemischen Präparaten bekämpft werden und auch das nicht immer mit Erfolg. Im Garten verläßt man sich besser auf die Nützlinge wie Blumenwanzen und Singvögel oder man schneidet stark befallene Triebspitzen weg.

Pflaume, Zwetsche, Mirabelle

Wo Pilzkrankheiten, insbesondere die *Schrotschußkrankheit,* stark auftreten, kann eine Behandlung mit Schwefel, 30 bis 50 g/10 Liter, vor der Blüte und sofort nach Abfallen der Blütenblätter nützlich sein.

Bei starkem Auftreten der *Pflaumensägewespe* im vorausgegangenen Jahr sollte sofort nach dem Abfallen der Blütenblätter Quassia-Präparat gespritzt werden.

Bekannte Nutzinsekten sind die Florfliegen oder Goldaugen (linke Reihe) und die Marienkäfer (rechte Reihe).
Die auf langen Stielen sitzenden Eier der Florfliegen sind manchmal einzeln, meist aber in Gruppen zu finden. Die Larven (Blattauslöwen) sind sehr beweglich und leben von verschiedenen Schädlingen, vorwiegend von Blattläusen. Auch die erwachsenen Florfliegen ernähren sich von kleinen Insekten und vertilgen Blattläuse in Mengen.
In unserer Gegend sind rund 25 Marienkäferarten als Blattlausfeinde wichtig. Die Marienkäfer und ihre Larven sind sehr gefräßig. Mehr als 500 Blattläuse kann eine Larve im Laufe ihrer Entwicklung verspeisen.

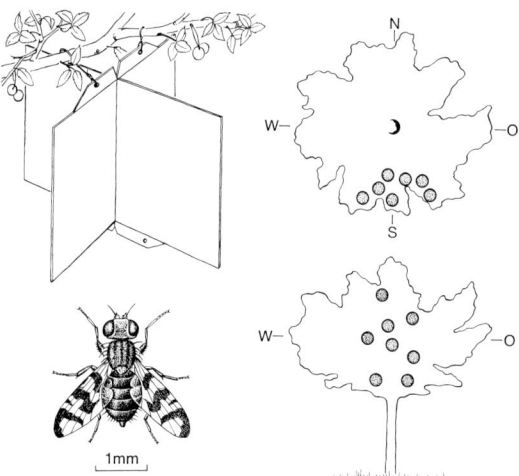

Kirschfruchtfliege *(Rhagoletis cerasi)* und gelbe Flügelfalle sowie deren Verteilung im Baum.

Kirsche

Vor allem bei den Sauerkirschen ist auf *Monilia* (Spitzendürre) an den Zweigen zu achten. Der Rückschnitt solcher Zweige nach der Ernte oder im Winter bis ins gesunde Holz ist notwendig. Dies gilt auch für Aprikose und Zwetsche.

Die *Kirschfliege* kann mittelfrühe und späte Süßkirschen stark befallen. Sie kann mit gelben, leimbestrichenen Papptafeln (DIN A 5), die in die Krone der Bäume aufgehängt werden, so stark dezimiert werden, daß die Vermadung in erträglichen Grenzen bleibt. Für Blattläuse und Frostspanner gilt das gleiche wie für den Apfel.

Beerenobst

Von den vielerlei Krankheiten und Schädlingen können hier nur wenige berücksichtigt werden.

Bei Stachelbeeren ist der *Amerikanische Stachelbeermehltau* gefürchtet. Die Triebspitzen sind zurückzuschneiden, Spritzungen werden mit Netzschwefel (50 g/10 Liter) oder Bio-S bzw. Oscorna-Pilzvorbeuge (60 g/10 Liter) zur Zeit des Austriebs und ein- bis zweimal nach dem Austrieb vorgenommen. Beim Auftreten des *Stachelbeerspanners* und der *Stachelbeerblattwespe* muß man sofort Raupen absammeln oder mit Pyrethrum-Präparat spritzen. Sonst kann es bis zum Kahlfraß kommen.

Bei der Schwarzen Johannisbeere kann die *Johannisbeergallmilbe* stark auftreten. Sobald die verdickten Knospen (Rundknospen) deutlich erkennbar sind, werden sie herausgebrochen. Bei sehr starkem Befall werden die Sträucher vollkommen zurückgeschnitten. Der Austrieb im folgenden Jahr wird weitgehend frei von Befall sein (s. auch Seite 226).

Bei Himbeeren tritt gelegentlich die *Rutenkrankheit* stark auf. Durch eine harmonische Düngung und Abdecken des Bodens mit Mulch kann der Krankheit entgegengetreten werden. Der *Himbeerkäfer* kann ab Beginn der Blüte in den Morgenstunden auf Tücher oder Planen abgeschüttelt und vernichtet werden. Andernfalls läßt man geerntete Himbeeren einen Tag lang in einem Gefäß mit weitmaschigem Boden stehen. Die Larven des Himbeerkäfers verlassen die Beeren, die meist unbeschädigt sind, weil sie nicht die Früchte selbst, sondern die Fruchtböden angefressen haben.

Bei Erdbeeren sind *Erdbeerblüten-* und *Erdbeerstengelstecher* gefürchtet. Nur selten ist der Befall so stark, daß der Ertragsverlust größer wäre als nach einem verspäteten Erntebeginn. Lediglich bei extrem großfrüchtigen Sorten kann der Befall merkliche Verluste bringen.

Vor allem bei feuchtem Wetter vor und während der Ernte besteht die Gefahr des Grauschimmelbefalls (*Botrytis*). Zur Minderung der Anfälligkeit ist jede Art von Stickstoffdüngung im Frühjahr zu unterlassen. Die Reihenabstände sollen weit sein und die Zwischenräume vor der Ernte mit Holzwolle oder Mulchfolie ausgelegt werden.

Bei mehrjähriger Kultur muß gegen Herbst, spätestens aber im Frühjahr das abgestorbene Laub entfernt werden.

Der Wohn- und Ziergarten

Der Rasen

Unter Rasen versteht man heutzutage eine Monokultur, auch wenn sich in der Samenmischung verschiedene Sorten finden. Immer sind es Gräser, niemals Klee oder Kräuter.

Jede Rasenanlage braucht eine leicht verdichtete Oberfläche, die absichtlich und künstlich zu schaffen ist. Auf lockerem Grund würde der Rasen zwar wachsen, doch dürfte er nicht einmal zum Mähen betreten werden. Die Oberfläche gäbe dem menschlichen Tritt nach, so daß die Pflanze zerstört würde. Da der Zierrasen ausdrücklich zum Betreten, Begehen und Spielen geschaffen wird, ist der richtige Verdichtungsgrad gleich von Anfang an einzuplanen. Er entspricht einem Walzandruck von maximal 125 kg, bezogen auf eine Arbeitsbreite des Gerätes von 1,0 m. Hält man sich an diese Regel, kann der grüne Teppich strapaziert werden, Trittspuren gibt es nicht. Viel härter darf der Grund auch nicht sein, sonst ginge die Narbe an Sauerstoffmangel zugrunde. Auch Gräser müssen atmen können und brauchen den Gasaustausch. Es versteht sich von selbst, daß man einen guten Rasen nach Niederschlägen erst dann wieder betritt, wenn die Fläche ausreichend abgetrocknet ist.

Geschichte des Rasens

Weil die Kenntnis der wichtigsten Tatsachen den eigenen Bemühungen nur förderlich sein kann, lohnt es sich, auch die Geschichte des Rasens zu verfolgen. Die Rasenkultur entwickelte sich, vom feuchten Klima begünstigt, vornehmlich in England. Die frühesten schriftlichen Zeugnisse kommen jedoch von Autoren des europäischen Festlandes. Kein Geringerer als Albertus Magnus (1193–1280) pries den Erholungswert des von Rasenflächen umgebenen Kräuter- und Heilgartens in den Klöstern des Mittelalters. Weltlicher und geistlicher Adel fand seine Freude auf Spaziergängen und zum Ausruhen bot sich ein Laubensitz an, der den Blick auf schlichtes Grün oder die mitten im Rasen liegende, farbenfrohe Blumenrabatte lenkte. Der Kontrast von kurzem Gras und langen Blütenpflanzen wurde schon damals genossen.

Später spricht Boccaccio (1313–1375) vom »bowling green« sowie von Wettspielen und Turnieren, die es schon zu seiner Zeit auf grünen Flächen gab.

Wie entstanden nun im Mittelalter die ersten Rasenflächen? Sie waren zunächst einfach da. Als Schafweiden, die vom Tritt der Tiere gleichmäßig verfestigt, von Kot und Harn gedüngt und vom Biß der Schafe kurzgehalten worden waren. Nicht überall, namentlich aber auf sauren Hochlandwiesen, fand und findet man noch heute schmalblättrige Grasbestände mit stark reduziertem Unkrautbesatz.

Wenn im Flachland eine Rasenfläche angelegt werden sollte, wurden die feinen Gräser als Rasenplatten (»squares«), auch Soden genannt, abgestochen, an den gewünschten Ort transportiert und ausgelegt. Das Ausbringen von Rasenplatten heißt heute noch »turfing«. Jahrhundertelang wurden diese Methoden mündlich von den Vätern an die Söhne weitergegeben. Die Erfolge, oftmals reine Glückssache, blieben lange ohne jede Erklärung. In England wie auf dem Festland wurde seit dem 18. Jahrhundert Rasen mitunter, wenn auch höchst selten, gesät. Dafür boten sich feine Schwingel- und Straußgräser an, deren Wildformen man sammelte und vermehrte. Dabei wurde jedes feine Untergras in die Mischung aufgenommen, niemals jedoch die sogenannten Futtergräser. Das Mähen besorgte man mit der »scythe«, einer ganz kurz gehaltenen Sense.

Seit 1895 wurden erstmals in den USA, in den Olcott Turf Gardens in Connecticut, Rasengräser wissenschaftlich-experimentell untersucht. Die Strauß- und Schwingelgräser erhielten die beste Beurteilung. Wenig später gesellte sich die Wiesenrispe (*Poa pratensis*) hinzu, mit der heute noch weltweit begehrten Spitzensorte 'Merion'.

In den historischen Rückblick gehört noch die Erwähnung einer Erfindung, welche die Rasenkultur grundlegend verändert hat: die Mähmaschine.

Im Jahr 1830 erfand der Engländer Edwin Budding den Zylindermäher (Spindelmäher). Um 1900 kam die erste benzinbetriebene Mähmaschine auf. Dem Schneidprinzip des Spindelmähers, auch Messerwalzenmäher genannt, liegt dabei nicht die maschinell weitergeführte Idee des Sensenschlags zugrunde. Der

Rasen- und Wasserflächen beleben den Ziergarten.

Spindelmäher führt im Gegenteil einen Scherenschnitt aus, der viel exakter und gleichmäßiger ist als jeder von Hand geführte Sensenschnitt.

Erst seitdem es den Spindelmäher mit dem Scherenschnitt gibt, also seit knapp 150 Jahren, läßt sich der Rasen sauber und vollendet mähen.

Kurz vor dem Zweiten Weltkrieg bekam der Spindelmäher durch den Motor-Sichelmäher Konkurrenz, in dem das alte Prinzip des Sensenschlags wieder verwirklicht war. Der Sichelmäher erreicht nicht ganz die Schnittgüte des Spindelmähers, aber er leistet etwas, das der beste Spindelmäher nicht schafft: Er mäht auch sehr hoch aufgelaufenes Gras mühelos und exakt. Der Sichelmäher wird unentbehrlich, wenn es gilt, sogenanntes »Urlaubsgras« zu mähen. Für die meisten Rasenfreunde ist die Schnittqualität eines guten Sichelmähers absolut ausreichend. Der in der Anschaffung teurere Spindelmäher bleibt der Pflege von Golfplatz- und Stadionrasen sowie den Freunden des englischen Luxusrasens vorbehalten.

Anlage eines Gartenrasens

Sie ist nicht schwierig, erfordert jedoch Sorgfalt bei der Ausführung. Der Rasen ist eine Daueranlage. Damit die Aussaat Ende April erfolgen kann, wird schon im Spätsommer des Vorjahres die Fläche aufgemessen und festgelegt. Die besten Voraussetzungen bietet ein sandiger Lehmboden mit guter Struktur und einem pH-Wert zwischen 6,5 und 7. Der Rasen soll strapazierfähig und auch für gelegentliche Ballspiele brauchbar sein. An einen sehr pflegebedürftigen Luxusrasen ist nicht gedacht. Den pH-Wert wählt man etwas höher als sonst üblich, um etwas Weißklee, besser noch Kleinklee, mit einsäen zu können, der bei einem pH von weniger als 6,5 nicht mehr so recht gedeihen würde. Gute Gebrauchsrasenmischungen kauft man im Fachgeschäft. Im Gartencenter finden Sonderwünsche selten Berücksichtigung. In der Blütezeit werden vom Klee Insekten angelockt, die Pflege kann etwas einfacher gehandhabt werden, ohne allzusehr am Terminkalender zu hängen. Der

Schmetterlingsblütler bringt reichlich Stickstoff mit, die Düngermenge läßt sich entsprechend reduzieren. Am meisten befriedigt es den Gartenfreund, wenn die ursprüngliche Vielfalt von Flora und Fauna wenigstens teilweise zurückkehrt und den Anblick einer kräftigeren Belebung bietet, als es das Einerlei einer Monokultur zu bieten vermag. Interessanterweise trifft der kleedurchsetzte Rasen heute allgemein auf größere Zustimmung.

Doch zurück zum gewählten Platz im Garten. Mitte September wird der Boden spatentief umgegraben und alle Steine und Wurzeln entfernt. Die Erde bleibt nicht in grober Scholle liegen, sondern wird mit dem Kultivator sofort zu einem schon jetzt möglichst planliegenden, großen Beet hergerichtet. Eine leichte Gabe von 300 g/m² Bentonitmehl, das man mit dem Rechen flach unterzieht, verbessert den Boden. Eine Sandauflage ist meist nicht erforderlich, da sich sandiger Lehmboden immer als rasengeeignet erwiesen hat. In klimatisch günstigen Lagen ist noch die Einsaat von Gelbsenf möglich, dessen Blatt- und Stengelmassen später eine gute Mulchschicht den Winter über abgeben. Dank der Abdeckung dringt die Winterkälte nicht allzu tief ein und beläßt den Boden in einem guten Zustand. Nachdem sich die Erde bis Ende März erwärmt hat und gut abgetrocknet ist, führt man mit dem Eisenrechen das Feinplanieren durch. Durch Hin- und Herziehen des Rechens in allen Richtungen werden Stellen mit zu viel Erde (Buckel) weggeschoben und Vertiefungen (Dellen) aufgefüllt. Wetter und Boden müssen warm und trocken sein, wenn die Erde gut krümeln soll.

Nasser Boden schmiert. Man darf ihn weder betreten noch bearbeiten. Das Feinplanieren mit dem Handrechen wird fortgesetzt, bis der Boden mit ±0,5 cm Toleranz in der Höhe liegt. Es folgt das Abschleifen im »Heeling«-Verfahren nach Dawson: Man beginnt am Flächenrand seitlich Fuß an Fuß zu schreiten. Beim Wechsel muß jedes Mal das gesamte Körpergewicht auf einen Fuß verlagert werden. Der Boden darf nicht tiefer als 0,5 cm nachgeben. Ist die Gesamtfläche im Heeling-Gang abgeschritten, gilt das Feinplanum als beendet.

Ein anderes Verfahren ist das Abschleifen mit der liegenden Leiter, die am Strick über die Fläche geschleift wird. Der Ausführende geht dabei rückwärts. Die Leiter kann mit einem Brett oder Ziegel- und Feldsteinen zusätzlich beschwert werden. Je sorgfältiger man vorher mit dem Rechen ausplaniert hat, um so weniger Nacharbeit bleibt. Das gleiche gilt auch für das Heeling-Verfahren.

Gegen Ende April sät man ein. Vorher erhält die Flä-

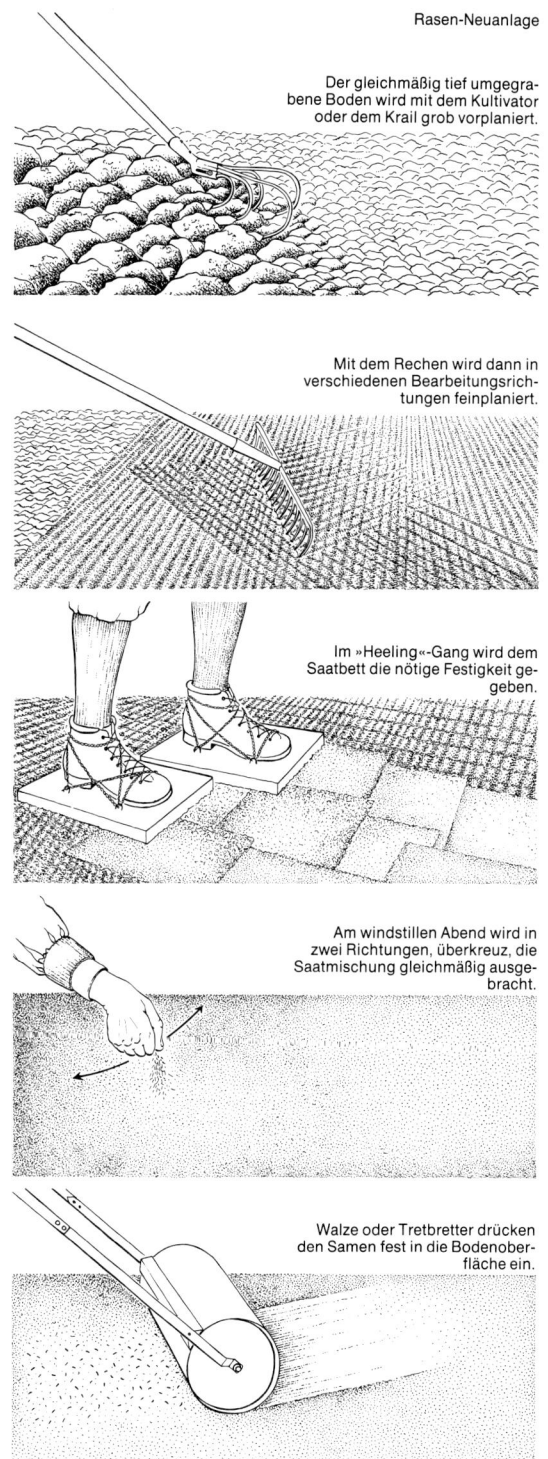

Rasen-Neuanlage

Der gleichmäßig tief umgegrabene Boden wird mit dem Kultivator oder dem Krail grob vorplaniert.

Mit dem Rechen wird dann in verschiedenen Bearbeitungsrichtungen feinplaniert.

Im »Heeling«-Gang wird dem Saatbett die nötige Festigkeit gegeben.

Am windstillen Abend wird in zwei Richtungen, überkreuz, die Saatmischung gleichmäßig ausgebracht.

Walze oder Tretbretter drücken den Samen fest in die Bodenoberfläche ein.

che als Grunddüngung 150 g/m² organischen Rasendünger. Die Gabe ist mit dem Rechen, ohne das Feinplanum zu beschädigen, flach einzuziehen. An einem windstillen Tag, gegen Abend, wird über Kreuz, d. h. in zwei Richtungen gesät und danach die Saat mit Tretbrettern »eingeigelt« oder mit der Walze angedrückt. Während der Keim- und Auflaufzeit, die drei bis vier Wochen beträgt, wässert man nicht. Bleibt natürlicher Regen aus, warten die Samenkörner ab, bis wieder Niederschläge fallen. Bis dahin unterlassen sie das Keimen. Nachdem die Halme 6 bis 8 cm lang geworden sind, wird mit einem geschliffenen und einregulierten Handrasenmäher vorsichtig der erste Schnitt durchgeführt. Niemals bei Nässe mähen! Gras und Boden sollen trocken, aber nicht ausgedörrt sein. Der zweite Schnitt folgt, nachdem die Halme sich bestockt, d. h. einen ersten Seitentrieb ausgebildet haben.

Mähen, Düngen, Wässern und Lüften

Das Rasenmähen stellt die Hauptpflegemaßnahme dar. Früher erfolgte diese Arbeit nach dem Kalender, einmal oder zweimal wöchentlich. Davon ist man heute abgekommen. Der Wachstumsschnitt, aus England stammend, hat auch auf dem Festland Eingang gefunden. Zuallererst muß man wissen, in welcher Höhe man den Rasen haben will. Für kontinentale Verhältnisse hat sich eine Sollhöhe von 3 cm als beste und verträglichste Norm erwiesen. Man schneidet das Gras, wenn es 4,5 cm hoch geworden ist, auf 3 cm zurück. Mit anderen Worten: Das oberste Drittel wird abgemäht, die zwei unteren bleiben stehen. Da das Gras jahreszeitlich bedingt unterschiedlich wächst – man unterscheidet im Jahreslauf zwei Wachstumsstöße – passen die Mähzeiten in keinen Terminplan und folgen vielmehr dem natürlichen Wachstumsrhythmus. Mit dem Wachstumsschnitt zwingt man den Rasen, rasch einen dichten, trittfesten Teppich zu bilden, der dem Unkraut keine Chance läßt. Der Rasen erhält Anfang Juli noch eine Düngung (100 g/m² organische Mischdünger) und Anfang September die letzte Gabe in gleicher Menge.

Bleiben Regenfälle längere Zeit aus, braucht der Rasen eine künstliche Beregnung. Man beregnet, wenn die Erde auszutrocknen beginnt und wartet nicht, bis sie völlig ausgedörrt ist. Es hat keinen Sinn, häufige, aber kleine Wassermengen zu geben. Deshalb läßt man den Regner etwa 40 Minuten lang auf den gleichen Flächenabschnitt einwirken, bevor man ihn weiterrückt. Am günstigsten sind die Abendstunden, weil die Verdunstungsverluste dann am geringsten bleiben.

Wenn das Gras im Oktober, November nicht mehr wächst, erhält der Rasen seinen letzten Schnitt im Jahr. Danach ist das herabfallende Laub von Bäumen und Sträuchern abzurechen und zu kompostieren. Zur Überwinterung geben wir, als letzte Pflegemaßnahme im Jahr, dem Rasen noch eine leichte Decke aus reifem Kompost.

Im ersten Jahre sind Vertikutieren mit dem Lüftrechen und das tiefe Aerifizieren mit der Aerifiziergabel noch nicht erforderlich. Später wird man jedoch zu diesen Geräten greifen, weil auch die schönste Grasnarbe von Zeit zu Zeit eine Verjüngung notwendig hat. Man denke an das verfilzte, alte Gras, die fortschreitende Vermoosung sowie Unkraut und Kümmerwuchs.

Der Vertikutierrechen schneidet mit den scharfen Messern vertikal die Rasenwurzeln durch und regt sie somit zu einem neuen und verstärkten Austrieb an. Mit den schwächeren Zinken der Rückseite wird das herausgerissene Gras, Laub und anderes von der Grünfläche abgerecht und alles auf die Kompostmiete gebracht. Der Rasen schaut zunächst wenig ansprechend aus. Die Gräser treiben jedoch wieder kräftig und schnell nach, und bereits nach zwei Wochen hält das frische Grün einer kritischen Betrachtung stand. Dabei darf nicht übersehen werden, daß sich Moos vornehmlich an feuchten und nassen Stellen, in Mulden und Vertiefungen der Rasenfläche bildet. In derartigen Fällen sind die Unebenheiten durch das Auffüllen und Nachplanieren der Fläche – notfalls ist eine Nachsaat erforderlich – zu beseitigen. Wurden bei der Anlage der Grünfläche infolge unsachgemäßer Arbeiten mit Maschinen Bodenverdichtungen geschaffen oder undurchlässigen Schichten im Untergrund zu wenig Beachtung geschenkt, bedienen wir uns der Aerifiziergabel und werfen mittels der Hohllöffel (»spoons«) die herausgestochene Erde

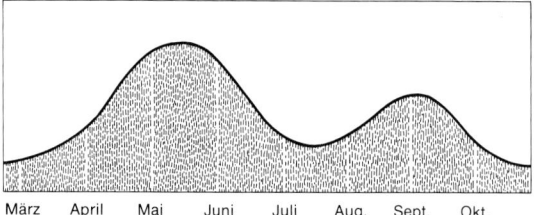

März April Mai Juni Juli Aug. Sept. Okt.

Der erste Wachstumsstoß im Frühjahr (Höhepunkt Mitte Mai) bildet den dichten, festen Teppich. In der zweiten, weniger starken Wachstumsphase (Höhepunkt September) entsteht weniger Grasmasse, oft kann das Mähgut als Mulch liegen bleiben.

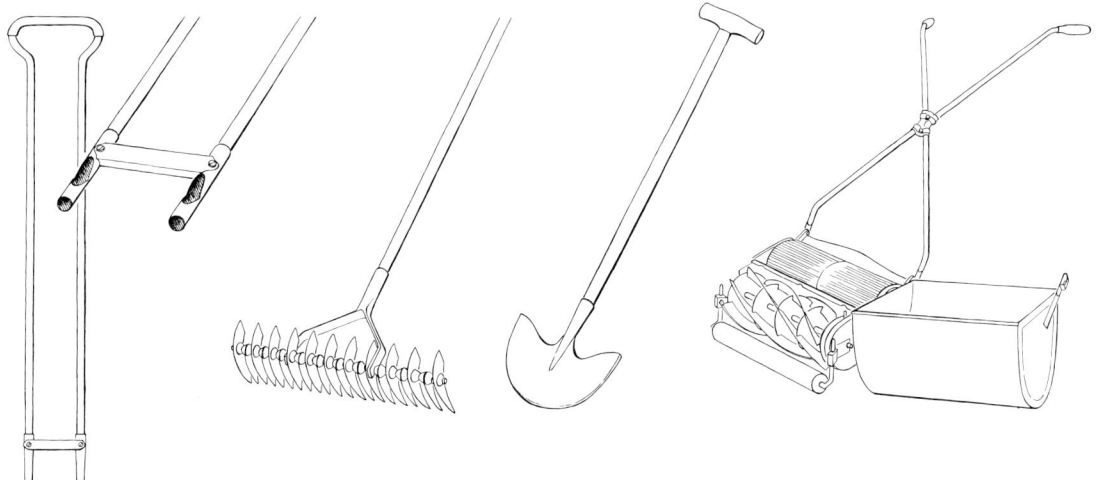

Geräte zur Rasenpflege: Aerifiziergabel, Rasenlüftrechen, Halbmond-Bodenstecher und Walzen- oder Spindelmäher (von links nach rechts).

auf das Gras. Das Nachfüllen der zurückgebliebenen, hohlen Röhrchen mit Sand ist zwar auf schweren Böden hilfreich, im allgemeinen jedoch nicht erforderlich.

Auch Nährstoffmangel und Ungleichgewichte im Boden, insbesondere fehlender Phosphor, können zu einem unbefriedigenden Aufwuchs führen. Die notwendige Klarheit ist nur über eine Bodenanalyse zu gewinnen. Die Probe wird im Winterhalbjahr gezogen und an ein zuverlässiges Bodenlabor eingeschickt.

Neben organischen Düngern sollte weder an ausreichenden Kompostgaben gespart noch auf den Einsatz der biologisch-dynamischen Spritzpräparate verzichtet werden. Kräftige grüne Farbe ist ein Zeichen für Gesundheit und Wachstum des Gartenrasens.

Rasenpflege-Geräte

Halbmond-Sodenstecher, halbmondförmiges, scharf geschliffenes Stahlmesser, im deutschen Sprachraum auch Rasenkantenschneider genannt und zum exakten Abstechen der Kante benutzt. Unentbehrlich zur Rasenpflege.

Beim Nachplanieren mit Halbmond Soden über der Schlechtstelle abheben, darunter befindlichen Erdbuckel abtragen, Vertiefungen mit Erd-Sand-Gemisch auffüttern, Soden wieder andecken.

Beim Verlegen von Rollrasen oder Rasenplatten Anschnitte fugengenau einpassen.

Zum Dürretest mit Halbmond kleine Dreiecksode ausheben, Dürrestand feststellen, Sode wieder andecken und gegebenenfalls Rasen bewässern.

Rasenlüftrechen, Handgerät zum Vertikutieren verfilzten oder vermoosten Rasens mit elf geschärften Lüftzinken. Einfaches Ziehen ohne Druck. Die etwas abgewinkelten Lüftmesser schneiden sich sitzend in die meist verkrustete Bodenoberfläche ein. Auf der Umseite des doppelt bestückten Rechens sind 21 Zinken zum Aufsammeln des Schneid- und Kratzguts angeordnet.

Aerifiziergabel, zum Rasenlüften mit Bodenumschichtung. Unter einem horizontalen Stahltritt zum Aufsetzen des Fußes wie bei der Spatenarbeit sind senkrecht zwei, höchstens drei Hohlzinken angebracht. Diese werden etwa 6 cm tief in den Boden eingestoßen und werfen beim Herausziehen Erdreich aus. Dies regt die Bestockung der Gräser an. In der Regel stößt man bei einem Aerifiziergang 48 bis 60 Löcher je m^2 in den Rasen.

Gehölze prägen den Garten

Aus der Vielgestalt des Pflanzenreichs heben sich die Holzbildner durch ihre Lebensdauer heraus. Ganz besonders sind es die Bäume, die sich durch individuelle Beständigkeit hervortun und einen Einfluß auf das menschliche Dasein ausüben.

Der Baum wird von der Gestalt her als die »menschlichste« Pflanze angesehen. Menschlich vor allem in bezug auf das Wesen, das man landläufig mit Begriffen zu erfassen sucht wie »standhaft wie eine Eiche«, »schlank wie eine Tanne« oder »er zittert wie Espen-

Kolchischer Ahorn *(Acer cappadocicum).*

erreichen. Sie liebt es nicht, von anderen Bäumen eingeengt zu werden. In Talauen und an Flußufern ist sie oft anzutreffen.

Eine breite, runde, dichte Krone bildet der Bergahorn (*Acer pseudoplatanus*), der trockene, warme Höhenlagen bevorzugt und mit seiner goldgelben Herbstfärbung ganze Landschaften beherrschen kann. Als kalkliebender Tiefwurzler ist er gegen stauende Nässe empfindlich. Seine rotlaubige Form (*Acer platanoides* 'Faassens Black') ist besonders in Ziergärten geschätzt.

Die Linde (*Tilia cordata, Tilia platyphyllos*) ist unter allen Großbäumen der am meisten formbare. Bis in das gut schnitzbare, weiche Holz hinein reicht diese Eigenschaft, die seit altersher mit der menschlichen Kultur verbunden ist. Als »Schutzbaum« steht sie vielfach vor den nordischen Gehöften, in der Nachbarschaft von Kapellen und Friedhöfen. *Tilia platyphyllos* wird auch Großblättrige oder Sommerlinde genannt. Da sie früher austreibt, ist sie frostempfindlicher, im ganzen auch etwas anspruchsvoller als die Winterlinde (*Tilia cordata*).

Weißbunter Eschenahorn (*Acer negundo* 'Variegatum').

laub«. So, wie der Mensch aufrecht steht und sich damit deutlich vom Pflanzen- und Tierreich unterscheidet, so erhebt sich auch der Baum über das Pflanzenreich hinaus. Der »Stammbaum« ist überdies Sinnbild der eigenen menschlichen Entwicklung. Die kulturgeschichteliche Entwicklung des Baumes führt uns nicht nur in die Welt der Mythen und Sagen der Vorzeit zurück, in jeder geschichtlichen Epoche finden sich zahlreiche Bezüge. Die Weltenesche »Yggdrasil« steht in der nordischen Mythologie am Anfang der Menschheit. Unter der Eiche wurde Gericht gehalten, die Linde war Mittelpunkt des dörflichen Lebens. So mag es auch heute noch gestattet sein, ein vertieftes Verständnis für das Wesen der Bäume zu suchen. Dabei sollen aus dem Artenreichtum der Laubbäume einzelne »Baum-Persönlichkeiten« repräsentativ vorgestellt werden.

Laubbäume

Die Esche (*Fraxinus excelsior*) erhebt sich schlank und auch wieder mächtig breit in die Luft. Auf nicht zu trockenem Standort kann sie eine Höhe von 40 m

Nadelgehölze prägen das Bild einer Wohnsiedlung.

Die Frische und Kühle des Nordens und der Berge sagt am meisten der Rotbuche (*Fagus sylvatica*) zu. Freistehend bildet sie ein mächtiges Blätterdach. Sehr eindrucksvoll sind die mächtigen Kuppeln der Blutbuche (*Fagus sylvatica* 'Cuprea') in den großen Parkanlagen.

Ein ganz anderes Bild vermittelt die knorrige Eiche (Stieleiche, *Quercus robur* und Trauben- oder Wintereiche, *Quercus petraea*). Besonders schön ausgebildet findet man sie im Norden, aber auch Westen Europas. Eine prächtige rote Herbstfärbung zeigen die beiden Arten *Quercus rubra,* die amerikanische Roteiche sowie *Quercus coccinea* oder Scharlacheiche. Beide, wie viele ausländische Gehölzarten) kamen Ende des letzten Jahrhunderts nach Europa, erfreuen sich allerdings seit den letzten Jahrzehnten zunehmender Beliebtheit.

Kein Baum verbindet sich mit Luft und Licht in gleicher Grazie wie die Birke (*Betula pendula*). Dabei ist sie bescheiden in ihren Ansprüchen. Was wäre eine Heidelandschaft ohne das typische Weiß ihrer Stämme.

Eher finster und erdverwandt erscheint die Roßkastanie (*Aesculus hippocastanum*), die mit ihren braunen Früchten im Herbst diese Eigenschaft gleichsam unterstreicht. Die weißen Blütenkerzen heben diesen Baum im Frühjahr für kurze Zeit aus seiner Schwere. Als letzten Laubbaum wollen wir die fruchtbare Eberesche (*Sorbus aucuparia*), auch Vogelbeerbaum genannt, erwähnen, die zierlich und anpassungsfähig ein verbindendes Element der Baumnatur verkörpert. Mit Laub, Beeren und Holz erfreut sie auch das menschliche Auge.

Nadelgehölze

Im Unterschied zu den Laubbäumen bringen die Nadelgehölze ein ganz anderes Element in den Garten. Zunächst sind es ihre vielseitige Verwendbarkeit und der große Formenreichtum, die den Gartenfreund immer wieder ansprechen. Das Angebot in den Baumschulen reicht vom Mammutbaum (*Sequoiadendron giganteum*) bis hin zu den Zwergformen vieler Nadelgehölze, die sich in Schalen, Kübel und Töpfe pflanzen lassen. Wo die Pflege einer Staudenrabat-

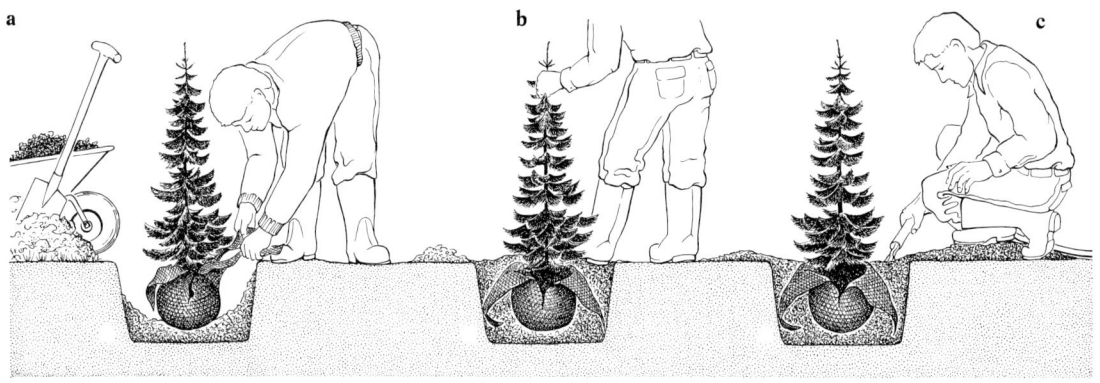

a   b   c

d

Pflanzung von Koniferen.
a = Pflanzgrube in doppeltem Ballendurchmesser ausheben und am Grunde umgraben oder lockern;
b = gewässerten Pflanzballen einsetzen, Grube halbhoch mit Erd-Kompost-Gemenge auffüllen;
c = Ballentuch öffnen und Zipfel über die eingefüllte Komposterde ausbreiten, Grube zufüllen, gründlich einwässern und mit Mulch bedecken;
d = größere Stämme mit Schrägpfahl sicher verbinden oder mit im Boden verankerten Strick- oder Drahtschlaufen gegen Windangriff sichern. Nötigenfalls mit Windschutzwand umgeben.

te zuviel Mühe bereitet, bieten sich Koniferen in reicher Auswahl an. Mit dieser Pflanzenfamilie lassen sich dichtschließende Hecken anlegen, andererseits zieren schöne Einzelgehölze jede Rasenfläche. Die Vielfalt dieser Gewächse verlangt spezielle Kenntnisse.

Eine der ersten Fragen bei einer Neuanlage wird sich deshalb mit dem Klima befassen. Manchen Koniferen bekommt das trockene Klima ausgezeichnet wie z. B. der Koloradotanne (*Abies concolor*), der Stechfichte (*Picea pungens*) oder der Zirbelkiefer (*Pinus cembra*). Andere lieben das Feuchte, Humide und sind sogar halbschattenverträglich wie die Douglasie (*Pseudotsuga menziesii*). Die Serbische Fichte (*Picea omorika*) ist windfest, dagegen sollte die bei uns selten vorkommende Tränenkiefer (*Pinus wallichiana*) im Jugendstadium Windschutz genießen. Die Eibe in ihren verschiedenen Spielarten verträgt Fröste besonders gut.

Weiter dürfen die Ansprüche an den Boden nicht übersehen werden. Die meisten Koniferen lieben einen humosen, schwachsauren, leichten bis mittel-

schweren Boden, der zudem noch nährstoffreich und feucht, aber keinesfalls naß sein sollte. Lehmböden sind für Koniferen wenig geeignet. Dennoch gibt es eine bescheidene Auswahl kalkfreundlicher Arten, die man in einem solchen Fall gefahrlos pflanzen kann. Wir denken hier an die Atlaszeder (*Cedrus atlantica*), die Rotfichte (*Picea abies*) oder die Schwarzkiefer (*Pinus nigra* ssp. *nigra*).

Die Koniferen leiden in manchen Jahren zusehends an Trockenheit. Der Wasserbedarf der Nadelgehölze dauert das ganze Jahr über an, auch in den Frostperioden des Winters. Eine Verdunstung findet, wenn auch in unterschiedlichem Grad, pausenlos statt. Trockenheit in den Wintermonaten ist also gefährlicher als starke Kälte, vor allen Dingen dann, wenn eine intensive Sonneneinstrahlung bei sogenannten Kahlfrösten dazukommt und starke Temperaturschwankungen hervorrufen. Deshalb sollte vor dem Wintereintritt ohne Rücksicht auf die Niederschläge je nach Alter, Größe und Standort der Nadelbäume eine langsame und durchdringende Bewässerung vorgenommen werden.

Pflanzung und Pflege. Pflanzzeit ist vom September bis Mai. Beim Setzen wird die Umhüllung des Ballens nicht entfernt, sondern nur aufgebunden. Unter Verwendung von Kompost- und guter Gartenerde, auch das Basaltmehl leistet gute Dienste, ist der Ballen gründlich einzuschwemmen und sorgfältig abzudecken. Beim Heranwachsen darf es an reichlichen Kompostgaben nicht fehlen. Die regelmäßige Mulchschicht schafft einen Boden, in dem Koniferen gedeihen können. Krankheiten und Schädlingen ist mit den schon mehrfach erwähnten Hilfs- und Pflegemitteln zu begegnen. Natrium-Wasserglas kräftigt den Baum von innen heraus, die Weißöl-Emulsion Promanal beugt vor und bekämpft die Läuse. Der Gartenfreund wird auch regelmäßige Versprühungen von Brennesselbrühe, sowie Rain-, Wurmfarn oder Digitalis-(Fingerhut)-Aufgüsse durchführen.

Pflanzungen im Schatten

Ein besonderes Problem taucht dort auf, wo ein älterer Baumbestand licht geworden ist und im unteren Bereich ein neuer Sichtschutz oder überhaupt eine Neupflanzung entstehen soll. Die alten Bäume sollten auf jeden Fall erhalten bleiben, sich aber mit einer Unterpflanzung vertragen. Man muß also Rücksicht nehmen. Zum Glück gibt es eine ganze Reihe anpassungsfähiger Gehölze, die sehr gut im Schatten gedeihen.

Zunächst ist es je nach dem Wesen des Altbestandes notwendig, gewisse Vorbereitungen für eine Unterpflanzung zu treffen. Dabei ist zu berücksichtigen, daß alte Bäume aus dem Umkreis sehr stark die Wachstumskräfte an sich ziehen, den Bodenbereich also besonders stark in Anspruch nehmen. Das ist eine immer wieder gemachte Erfahrung. Es gilt deshalb, unter Ahorn, Birken und Pappeln sowie ähnlichen flachwurzelnden und starkwachsenden Bäumen vor der Pflanzung für eine Wiederbelebung und Erneuerung des Bodens in der Wurzelzone zu sorgen. Dazu ist es notwendig, den alten Wurzelfilz in den oberen 20 cm herauszustechen und wenigstens eine Schicht von 10 cm gutem Gartenboden oder reinem Kompost aufzutragen und mit dem Untergrund zu vermischen. Zusätzlich ist eine kräftige Düngung mit Hornspänen oder organischen Mischdüngern, die mit $200 \ g/m^2$ nur flach eingebracht werden, notwendig. Die Pflanzen brauchen frischen Boden, wenn sie wachsen und gedeihen sollen.

Von den Nadelgehölzen eignen sich an einem solchen Ort besonders die Eibenarten, wobei es außer der üblichen *Taxus baccata* mit ihrem breitrunden Wuchs noch eine Reihe schöner Spielarten gibt, von denen *Taxus × media* 'Hicksii' mit reichem Beerenschmuck schmal aufstrebend und *Taxus baccata* 'Repandens' flach auseinanderstrebend wächst und nur etwa 1 m hoch wird. Auch die höher wachsende Hemlocktanne (*Tsuga canadensis*) eignet sich vorzüglich zur Unterpflanzung.

Bei den Laubgehölzen sind vor allem die Immergrünen als Unterpflanzung sehr geeignet: die bis 8 m hoch werdende Stechpalme (*Ilex aquifolium*) und ihre Spielarten und die großblumigen Rhododendronarten. Bei ihnen darf der Humusauftrag 20 cm betragen und soll vorwiegend aus Torf, Baumrinde und Laub, also zur Säure hin neigendem Material, bestehen. Ferner sei die Lorbeerkirsche (*Prunus laurocerasus*) genannt, die je nach Sorte eine Größe von 1 bis 2,50 m erreicht. Auch immergrüne Berberitzen lieben einen schattigen Standort, wie die bis 2,50 m hohe *Berberis julianae* oder die bis 1,50 m hohe *Berberis gagnepainii* und andere. Weiter ist an die Zwergmispel-Arten zu denken, wie *Cotoneaster-Watereri*-Hybride 'Cornubia' (bis 4 m) und *Cotoneaster salicifolius* var. *floccosus* (bis 3 m). Wenig bekannt, aber gut geeignet, ist die buchsbaumähnliche Stechpalme *Ilex crenata* 'Convexa', die ebenfalls im Winter die Blätter behält. Erstaunlich viel Schatten verträgt auch der sehr robuste immergrüne Liguster (*Ligustrum vulgare* 'Atrovirens').

Einige gute, sommergrüne Schattensträucher sind die bis 3 m hohe Heckenkirsche (*Lonicera xylosteum*), die zierliche Alpenjohannisbeere (*Ribes alpinum*), die meist nicht höher als 1,50 m wird, und der Traubenholunder (*Sambucus racemosa*), der bereits ab Juni seine roten Fruchttrispen zeigt und 3 bis 4 m hoch wird. Wenn der Schatten nicht zu tief ist, haben wir im Eisenholzbaum (*Parrotia persica*), der 8 m hoch werden kann, meistens aber wesentlich niedriger ist, einen der edelsten und interessantesten Vertreter der sommergrünen Schattensträucher zur Verfügung, der sowohl mit seinen rotgefärbten Blättern während des Austriebs als auch mit der abblätternden Rinde im Winter im Garten einen ganz besonderen Akzent setzt.

Ein oft unbekannter, fast immergrüner Schattenstrauch ist die Stranvaesie (*Stranvaesia davidiana*), deren lang haftende Beeren einen sehr ansprechenden signalroten Farbton besitzen. Sie gedeiht allerdings nicht in ausgesprochenen Frostlagen. Von den immergrünen Schneebällen sind robuste Vertreter der bis 3 m hohe *Viburnum rhytidophyllum* und der etwas zierlichere *Viburnum farreri*.

Es ist nun die Kunst der Gestaltung, für Baum und Strauch, Hecke und Grünfläche ein ausgewogenes

Verhältnis zu finden, damit alles zu einer gesunden Entfaltung kommen kann. Dabei bilden die Nadelgehölze den Hintergrund, vor dem die Laubbäume erst zur vollen Geltung kommen.

Kein Garten ohne Rosen

Seit mehreren tausend Jahren begleitet die Rose den Menschen. Es mag deshalb die Geschichte der Rose, das Wissen um ihre Vielfalt, Zucht, Vermehrung und Pflege so alt wie die Menschheit selbst sein. Dabei liegt der Wert und die Bedeutung der Edelrose in der Harmonie, die von ihr ausgeht. Auch die einfacheren Vertreter dieser großen Familie, die Hecken- oder Wildrosen, verdienen größere Beachtung. Sie sind ein untrennbares Glied der Strauchgemeinschaften der Natur, des Waldsaumes, der Flur- und Heckengehölze. Aber auch im Garten und Park sollte eine Wildrose nicht fehlen. Man denke an die Schottische Zaunrose (*Rosa rubiginosa*) mit ihrem feinen Apfelduft sogar aus Blättern und Trieben oder den früchtebehangenen Hagebuttenstrauch (*Rosa rugosa*).

Eine fortwährende Durchzüchtung, Kreuzung und Auslese oben genannter und anderer Wildrosenarten brachte dem Gartengestalter eine wachsende Anzahl von Sorten der Strauch- und Parkrosen. Sie erfreuen durch Blütenvollkommenheit oder ansprechenden Fruchtschmuck, und manche ihrer Vertreter findet man als Kletterrosen wieder.

Dabei ist nicht immer gut, was den Gartenfreunden angeboten wird. Vorsicht und einige Kenntnisse sind deshalb am Platze. Um leichter eine Auswahl treffen zu können, bedient sich der Handel heute der auf Seite 250 aufgeführten Ordnung.

Bodenvorbereitung

Grundlage für den Erfolg mit Rosen bildet ein gesunder und leistungsfähiger Boden. Tiefgründigkeit und ein pH-Wert von 6,5 sind weitere Voraussetzungen. Außerdem haben sich bei schweren Böden die Einarbeitung von Sand, bei leichten die Zugabe von Feinerde und Lehm bestens bewährt. Bei allen Maßnahmen ist zu bedenken, daß die Rosen zehn oder mehr Jahre auf dem gleichen Platz stehen sollen. Sorgfalt ist deshalb angebracht. Zu Beginn einer Neuanlage empfiehlt es sich, eine Mischung tiefwurzelnder Leguminosen oder Gelbsenf auszusäen. Eine Tiefenlockerung (Rigolen) bis höchstens 60 cm auf schweren Böden fördert die spätere Entwicklung. Als Vorratsdüngung werden je m^2 15 kg Mistkompost ausgebracht und gut eingearbeitet. Im Februar folgen 25 g

Korallkalk, sofern erforderlich, im Jahr darauf nochmals die gleiche Menge. Rinderdung ist für die Rosen immer noch der beste. Wo er nicht zu haben ist, läßt sich abgesackter Trocken-Rinderdünger aus dem Handel verwenden. Im weiteren Verlauf bringen wir dann jährlich vor dem Winter 3 kg je m^2 Mistkompost aus. Lediglich Strauch- und Kletterrosen erhalten die doppelte Menge. Das ist eine ausreichende Grunddüngung, die, sofern erforderlich, mit Horn- und Knochenmehl-Mischdüngern im März und Juli mit je 150 bis 300 g/m^2 ergänzt werden kann.

Neupflanzung

Sie ist ab Ende Oktober bis Frostbeginn möglich. Danach kommt erst wieder der April in Frage. Die Herbstpflanzung ist jedoch der Frühjahrspflanzung vorzuziehen. Das Wurzelwerk muß feucht und gleichmäßig verteilt in den Boden kommen. Bei Kühllagerware ist ein 12- bis 24stündiges Wasserbad erforderlich. Nur verletzte Wurzeln werden glatt abgeschnitten, sonst nicht einkürzen. Um erneuten Austrieb zu verhindern, sind Wildtriebe abzureißen. Die Wunden verheilen rasch. Die Pflanzabstände richten sich nach Wurzelstärke und Sorte, im Mittel sind 45 × 45 cm anzunehmen. Man tritt die Rosen beim Pflanzen an und setzt sie so tief, daß noch drei Fingerbreit Erde über die Veredelungsstelle kommt. Bei einer Frühjahrspflanzung ist nach vier Wochen anzuhäufeln und der Rückschnitt auf drei Augen vorzunehmen. Hochstämme sind so zu setzen, daß der Wurzelkopf mit dem Erdboden in gleiche Höhe kommt, wobei auf die Stammbiegung an der Wurzel zu achten ist. In ihrer Richtung wird der Stamm später gebogen, wenn die Krone im Boden eingewintert wird. Kletterrosen sind 10 cm tief einzupflanzen. Eine Bodenbedeckung aus Rindenkompost (Foresta-Humus u. a.), halbverrottetem Mist oder Laub bewirkt eine lebendige, schattengare Bodenschicht. Der Kompost wird im Frühjahr ausgebracht, wenn notwendig im Herbst ergänzt.

Arbeitskalender

Januar/Februar: Überprüfen der Winterschutzmaßnahmen (Reisigabdeckung, Preicobakt-Spritzung) und ob die Bodenbedeckung noch ausreichend ist. Wühlmäuse werden mit Falle oder Quiritox be-

Oben: 'Madame Louis Lévêque', eine alte, bewährte und besonders für den kleineren Hausgarten empfehlenswerte Strauchrose. Unten: Zwei Kletterrosen, die sich seit mehr als einem halben Jahrhundert großer Beliebtheit erfreuen: 'Gerbe Rose' und 'Albertine'.

Zur Unterscheidung der Rosen

Rosa-Gartenrosen:

Sie werden auch unter dem Namen Edelrosen zusammengefaßt. Zu dieser Art zählen neben Teerosen oder Remontantrosen auch die Teehybriden. Teehybriden sind Sorten mit großen Blüten, die sich für den Anbau zum Schnitt, unter Glas und im Freiland, aber auch zur Bepflanzung eignen. Die Stiele tragen eine bis drei Blüten. Durch Ausbrechen der Seitenknospen erhält man größere Einzelblumen. Der Pflanzabstand beträgt 30 bis 45 cm.

Rosa-Floribunda-Rosen:

Sie blühen edelrosengleich in Büscheln oder großen Dolden. Sind die Blüten besonders groß, so werden sie unter *Rosa*-Floribunda-Grandiflora-Rosen angeboten. Sieben bis neun Pflanzen kommen auf einen Quadratmeter.

Rosa-Polyantha:

Diese Art blüht in großen Dolden kleinblütig.

Rosa-Polyantha-Hybriden:

Ihre Blüten sind groß, einfach bis leicht gefüllt und sitzen in Büscheln bzw. mehr oder weniger großen Dolden. Der Pflanzabstand beträgt sieben bis neun Pflanzen je m^2.

Rosa chinensis:

Die Zwerg- oder Zwergbengalrosen blühen ab Mai bis zum Frostbeginn in 20 bis 30 cm hohen Büscheln. Sie sind auf kleinen Pflanzflächen, im Trog und im Steingarten verwendbar. In Kürze sollen sehr brauchbare Neuzüchtungen als Bodendecker und zur Beeteinfassung angeboten werden. Gepflanzt wird im Abstand von 15 bis 20 cm.

(*Rosa-Polyantha, Rosa-Polyantha-Hybriden* und *Rosa chinensis* werden hier unter dem Begriff Beetrosen zusammengefaßt).

Wildrosen:

Sie werden aus Samen gezogen und eignen sich für Hecken, Böschungs- und Hangbepflanzung. Der Pflanzabstand beträgt 1 bis 1,50 m, in der Hecke je nach Art 25 bis 60 cm.

Einmal blühende Park- und Moosrosen:

Unter diesem Sammelbegriff findet man unter anderem *Rosa centifolia*, *Rosa rubiginosa*, *Rosa rugosa*, *Rosa spinosissima* und ihre zahlreichen Sorten. Die Art *Rosa spinosissima* wurde inzwischen in die Arten *Rosa majalis* und *Rosa pimpinellifolia* geteilt. Viele blühen nur einmal, die meisten von ihnen erst im zweiten Jahr nach der Pflanzung. Sie finden Verwendung als Solitärpflanzen oder in Gruppen, auch als Hecken, Unterpflanzungen von Bäumen, an Hanglagen, auf Böschungen und einige als Bodendecker. Man pflanzt sie im Abstand von 1 bis 1,50 m.

Mehrmals blühende Strauchrosen:

Sie werden dauerblühende und Zierstrauchrosen genannt. Man verwendet sie freistehend als Solitärs, aber auch für Beete, Gruppenpflanzungen und als Zwischenpflanzungen auf Rabatten. Der Pflanzabstand beträgt 60 bis 100 cm.

Kletterrosen:

Diese Arten wachsen mit langen Ranken, die an Halterungen anzubinden sind. Sie eignen sich für Pergolen, Lauben, Hauswände und Zäune, können aber auch als Solitär oder in Gruppen stehen. Man pflanzt sie in einem Abstand von 1 bis 2 m.

Bilder zur Pflanzarbeit. Zuerst werden die Wurzeln auf etwa 20 cm zurückgeschnitten (oben links). Dann werden die Pflanzen bis über die Veredlungsstelle in einen dickflüssigen Lehmbrei getaucht (oben rechts). Die Abbildung unten rechts zeigt instruktiv, wie eine in Tiefe und Stellung richtig gepflanzte Rose im Boden sitzt.

kämpft. Bei starkem Schneefall die Rosen mittels Stange oder Besen freimachen. Beim Schneeschaufeln keinen Schnee in die Beete werfen, um Salzschäden zu vermeiden.

März: Bei offenem Wetter und in milderen Lagen ist gegebenenfalls eine Ergänzungs- oder Neupflanzung durchzuführen. Bei Bedarf bringen wir 150 bis 300 g Mischdünger je m² aus. Dazu werden 6 bis 8 kg Buchenholzkohle je 100 m² und je nach den Bodenverhältnissen 25 bis 50 kg Basaltmehl je 100 m² gegeben. Die Winterschutzdecken sind abzunehmen, eine Frühjahrsspritzung mit Promanal durchzuführen, Schling- und Hochstammrosen aufzubinden.

April: Nunmehr sind weitere Pflanzarbeiten durchzuführen. Containerware ist vor und nach dem Setzen gründlich zu wässern. Wenn die Knospen schwellen,

251

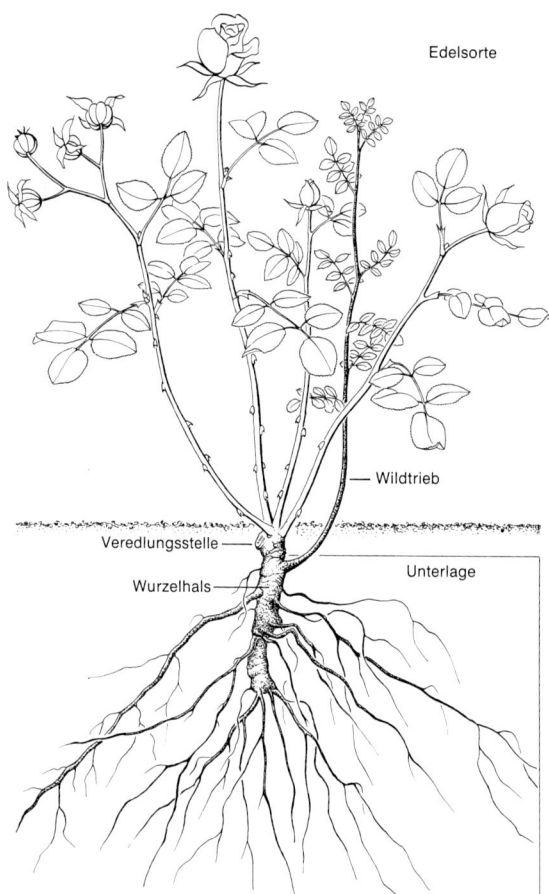

Edelsorte

— Wildtrieb

Veredlungsstelle —

Wurzelhals —

Unterlage

So ist eine Edelrose gestaltet.

beginnen die Schnittarbeiten. Dabei ist auf die Art und Sorteneigenschaften zu achten. Allgemein gilt folgende Regel, stark wachsende Sorten auf drei, schwach wachsende auf zwei Augen zu schneiden. Wenn erforderlich, werden dauerblühende Strauchrosen auf sechs bis acht Augen geschnitten. Es folgt eine weitere Düngung und anschließendes Mulchen. Eine 3 bis 5 cm starke Abdeckung macht eine spätere Bodenbearbeitung überflüssig. Wildtriebe sind laufend abzureißen, das Präparat Hornmist auf Erdreich und Strauch zu geben. Wo es möglich ist, verabreichen wir nunmehr einen Aufguß von Hühner- und Taubendung, auf 1:10 bis 1:15 verdünnt. Die Blühfreudigkeit und Leuchtkraft der Farben wird dadurch wesentlich gesteigert.

Mai: Präparat Hornmist und Schachtelhalmteejauche werden ausgebracht. In Trockenperioden ist zu wäs-

sern. Um den Boden nicht auszuschwemmen, wird der Schlauch nur eingelegt und um die Düse ein alter Sack gebunden. Die Blätter dürfen nicht naß werden, da sonst leicht Rost, Sternrußtau und Echter Mehltau auftreten. Besonders nach Mischdüngergaben ist gut zu wässern, wobei je m² 25 bis 30 Liter gegeben werden. Bei guter Bedeckung reicht die Menge für etwa vier Wochen aus. Wenn erforderlich, werden der Boden bearbeitet, Unkraut entfernt, verblühte Rosen ausgeschnitten, Schlingrosen aufgebunden. Abgefallene Blütenblätter und krankes Laub sind laufend aufzulesen und zu verbrennen. ECO- oder Oscorna-Rosenpflegemittel und Schachtelhalmtee/ -jauche sind wiederholt auszubringen. Der Blumenschmuck für die Vase ist nur am frühen Morgen zu schneiden.

Juni: Als Pflegemittel setzt man jetzt Brennesseljauche, Bio-S und Algifert ein.

Juli/August: Bis zum 15. Juli erfolgt die zweite Düngergabe. Auch eine weitere Gabe Jauche aus Hühner- und Taubendung hilft der Kultur weiter. Je nach Bedarf sind die Pflegemittel wie im Juni auszubringen. Wenn erforderlich ist zu wässern, verblühte Rosen sind abzuschneiden. Im August Schlingrosen schneiden. In trüben Wetterperioden hilft das Präparat Hornkiesel den Pflanzen merklich.

September/Oktober: Man entfernt nunmehr die Hagebutten und schränkt die Bewässerung ein. Hornkiesel und Ackerschachtelhalm sind weiter zu verwenden. Ende Oktober beginnt die Pflanzzeit. Hornmist auf Boden und Pflanze fördert das Wurzelwachstum.

November/Dezember: Die Frostschutzmaßnahmen sind zu treffen. Beetrosen werden mit Nadelreisig abgedeckt. Schling-, Trauer- und Hochstammrosen (alte Kulturen) werden umbunden, oder, wo noch nicht so alt und stark, der Veredelungsstelle entgegengesetzt umgelegt. In milden Klimaten genügt zur Überwinterung eine Spritzung mit Preicobakt oder einer dicken Lehmbrühe mit Kuhfladenzusatz (ein Eimer strohloser Kuhmist auf 100 Liter Brühe). Pfähle einziehen, säubern, trocknen und imprägnieren. Man verstärkt die Mulchdecke, häufelt dabei aber nicht mehr an. Dadurch lassen sich Schäden im Wurzelbereich vermeiden. Wühlmäuse mit Falle oder Quiritox bekämpfen.

Einige der dankbarsten und schönsten Strauchrosen. Oben links: 'Fritz Nobis'. Oben rechts: 'Schneewittchen'. Unten links: 'Madame Pierre Oger'. Unten rechts: 'Mozart'.

Links abgebildet ist eine kräftige Buschrose vor dem Schnitt. Rechts dieselbe Buschrose nach dem Schnitt. Zu beachten sind die verschiedenen Stärken der Triebe und der entsprechende Rückschnitt nach der Faustregel: starker Trieb = schwacher Rückschnitt, schwacher Trieb = starker Rückschnitt.

Vermehrung der Rose. Im allgemeinen wird man sich die gewünschten Sorten im Fachhandel beschaffen. Der Rosenliebhaber möchte jedoch oft wenigstens die gesetzlich nicht geschützten Sorten selber vermehren. »Kußröschen« und Wildarten lassen sich durch Aussaat erfolgreich vermehren. Bei vielen anderen Arten und Sorten hat man mit Stecklingen und Steckhölzern guten Erfolg. Aber auch das Okulieren macht Freude, sofern die Eigentümlichkeiten der Unterlagen beachtet werden. Sie lösen nicht zur gleichen Zeit ihre Rinden. Günstigster Zeitraum ist hier Anfang Juli bis Ende August. Der Begriff »Wildling« ist heute durch die Bezeichnung »Unterlage« ersetzt worden.

Maßnahmen gegen Schädlinge. Ein gesundes Wachstum ist nur am geeigneten Standort möglich. Rosen an einer stark besonnten und trocken gelegenen Hauswand bekommen immer Läuse. Bei geringem Befall ist eine Behandlung mit frischem Kaltwasserauszug von Brennesseln ausreichend. Eine vorbeugende Anwendung ist dabei sinnvoll. Bei akuter Gefahr bediene man sich der Mittel auf Pyrethrum-Basis. Besonders leicht werden die Rosen an trockenen Standorten von der Rosenzikade (*Typhlocyba rosae*) befallen. Diese saugt an der Unterseite der Blätter, wodurch das Grün weißlich-grau gesprenkelt erscheint. Ein untrügliches Zeichen für den Befall. Als Gegenmaßnahme werden Pyrethrum-Mittel verstärkt angewandt, insbesondere die Blätter von unten besprüht. Auch die Schnecken können zur Plage werden, wenn sie im Frühjahr junge Triebe abfressen.

Empfehlenswerte Rosensorten

Der Sortenreichtum ist bei den Rosen sehr groß. Es ist deshalb schwer, Empfehlungen für den Einkauf auszusprechen, zumal nicht nur der Geschmack des Gartenfreundes, sondern auch die Standortverhältnisse ausschlaggebend sind. Im allgemeinen haben sich die folgenden Sorten als robust und anbauwürdig erwiesen.

		Höhe in cm	Farbe

Teehybriden (Edelrosen)

		Höhe in cm	Farbe
'Ballet'		70	rosa
'Carina'		70	silbrig-rosa
'Duftwolke'		60	rein-blutorange
'Duftzauber'		70	dunkel blutrot
'Gail Borden'		70	orangegelb
'Gloria Dei'		70	gelb
'Königin der Rosen'		70	lachsrosa, goldgelb
'Kordes Perfecta'		70	lichtgelb, lachsrosa
'Peter Frankenfeld'		60	karminrot
'Schweizer Gold'		70	leuchtend hellgelb
'Sutters Gold'		70	goldgelb mit rötlichem Schimmer
'Yanke Doodle'		70	cremeweiß

Beetrosen

		Höhe in cm	Farbe
'Allgold'	FL	40	leuchtend goldgelb
'Betty Prior'	PH	80	karmin-lachsrosa
'Edelweiß'	FL	40	cremeweiß
'Elysium'	FL	60	zartrosa
'Fanal'	PH	60	leuchtend rot
'Frau Astrid Späth'	PH	40	korallenrosa
'Korona'	PH	70	orange-scharlach
'Laminuette'	FL	60	weiß-rosa mit hellrotem Rand
'Lilli Marlen'	FL	50	dunkelrot
'Marlena'	PH	40	leuchtend dunkelrot
'Orange Sensation'	FL	50	reinorange
'Schneeschirm'	PH	80	weiß
'Schneewittchen'	PH	80	reinweiß
'The Queen Elizabeth Rose'	FL	80	silbrig hellrosa
'Tip Top'	PH	40	leuchtend reinrosa

(FL = *Rosa*-Floribunda-Rosen, PH = *Rosa*-Polyantha-Hybriden)

Zwergbengalrosen

	Höhe in cm	Farbe
'Baby Maskerade'	30	rot, leuchtend goldgelb
'Bit O'Sunshine'	25	lichtgelb
'Rosmarin'	30	silbrig rosa
'Scarlet Gem'	25	dunkel orange
'Starina'	30	lachsrot
'Zwergkönig'	35	leuchtend blutrot

Bemerkung: luftiger Stand beugt besonders Pilzbefall vor!

Wildrosen

Rosa canina	200–300	rosarot
Rosa multiflora	bis 200	reinweiß
Rosa rubiginosa	bis 250	rosenrot, roter Fruchtbehang
Rosa glauca	200–300	hellrot, rote Belaubung
Rosa rugosa	150–200	hellrot, Hagebutten
Rosa rugosa 'Alba'	150–200	weiße Form der *Rosa rugosa*
Rosa pimpinellifolia	bis 100	weiß bis hellgelb, duftend
Rosa virginiana	100–150	hellrot, reich an roten Früchten

Park- und Moosrosen (z. T. als Strauchrosen anzusehen)

Rosa × *alba* 'Suaveolens' (in Kultur vor 1750)	bis 300	reinweiß, duftend
Rosa canina 'Kiese'	bis 150	feurig blutrot, rote Früchte
Rosa canina × *R. gallica*	bis 300	rosarot, Hagebutten, Vogelschutzgehölz
Rosa centifolia 'Muscosa'	bis 150	intensiv rosa, kräftiger Duft
Rosa centifolia 'Parkjuwel'	bis 150	zinnoberrot, edelrosengleich, duftend
Rosa damascena 'Trigintipetala'	bis 200	reinrosa, Ölrose des Orients, starkduftend
Rosa hugonis	150–200	goldgelb, frühblühend
'Pompon de Bourgogne'	60	fleischrosa, duftend, Burgunderröschen
Rosa foetida atropurpurea 'Bicolor'	bis 150	außen goldgelb, innen kapuzinerrot, Kapuzinerröschen
Rosa moyesii	150–200	tiefrot, als Einzelpflanze geeignet
Rosa rugosa 'Conrad Ferdinand Meyer'	200–250	reinrosa, stark duftend, mehrmals blühend
'F. J. Grootendorst'	100	leuchtend rot, mehrmals blühende Hecke
'Hansa'	150–200	violett-dunkelrot, mehrmals blühend, rote Früchte
'Moje Hammarberg'	50	violett-rosa, duftend, mehrmals blühend, winterhart
'Pink Grootendost'	100	reinrosa, mehrmals blühende Hecke, Nelkenrose
Rosa pimpinellifolia 'Frühlingsgold'	150	goldgelb, duftend
'Maigold'	200–250	goldgelb, duftend, frühblühend
'Maiwunder'	100–150	goldgelb, duftend, gefüllt, edelrosengleich

Strauchrosen (dbl. = dauerblühend)

'Bischofsstadt Paderborn'	100–150	orange, für Hecken geeignet (dbl.)
'Blossomtime'	bis 150	dunkelrosa, Innenseitc silbrig-weiß (dbl.)
'Centenaire de Lourdes'	150–180	reinrosa (dbl.)
'Dirigent'	150–200	blutrot, dauerblühende Hecke
'Feuerwerk'	bis 150	orange, Blüte edelrosengleich (dbl.)
'Fritz Nobis'	200	lachsrosa, innen heller, duftend
'Grandhotel'	150–200	blutrot, gefüllt (dbl.)
'Gruß aus Koblenz'	bis 150	blutrot (dbl.)
'Lichtkönigin Lucia'	bis 150	gelb, duftend (dbl.)
'Madame Louis Lévêque'	150	leuchtend lachsrosa, duftend

'Madame Pierre Oger'	150	zart silberrosa, duftend
'Mozart'	150	hellrot mit weißem Auge, duftend (dbl.)
'Nymphenburg'	100–150	orange-rosa, duftend, für Hecken geeignet (dbl.)
'Schneewittchen'	bis 100	weiß, auch als Beetrose angeboten (dbl.)
'Sparrieshoop'	150–200	perlmutt-rosa, außen lachsrosa (dbl.)
'Westerland'	bis 150	gelb mit roten Streifen (dbl.)

Kletterrosen

'Albertine'	bis 400	kupferrosa bis lachs, duftend, herrlich auch als freitragender Strauch
'Coral Dawn'	250–300	korallenrosa, duftend
'Dortmund'	200–300	scharlachrot, mehrmals blühend
'Flammentanz'	400–500	blutrot, sehr frosthart
'Gerbe Rose'	bis 600	dunkelrosa mit leicht lila Anflug, süß duftend
'Goldstern'	200–300	goldgelb, mehrmals blühend
'Gruß an Heidelberg'	200–300	feurigrot, duftend, mehrmals blühend
'Hamburger Phönix'	300–400	karmesinrot, mehrmals blühend
'Leverkusen'	300–400	zartgelb, mehrmals blühend, sehr winterhart
'New Dawn'	200–300	weißrosa, duftend, mehrmals blühend, winterhart
'Parkdirektor Riggers'	300–400	samt-blutrot, mehrmals blühend
'Schwanensee'	200–300	weiß mit rosa, mehrmals blühend
'Solo'	200–300	dunkelrot, mehrmals blühend
'Sympathie'	300–400	rot, mehrmals blühend, edelrosengleich, duftend, für Pergola und Hauswände

Rosen mit anderen Pflanzen. Die Zwischen- bzw. Winterpflanzung macht eine entsprechend stärkere Düngung erforderlich. Für Pflanzengemeinschaften mit Rosen eignen sich die in nebenstehender Aufstellung genannten Arten besonders gut.

Bei Tulpen ist Vorsicht geboten. Sie sind nach der Blüte sorgfältig, unter anderem wegen der Wühlmäuse, herauszunehmen. Dadurch wird leicht das Wurzelwachstum der Rose gestört.

Im Umgang mit Rosen entstehen viele Einzelfragen, die sich im Rahmen einer kurzen Darstellung nicht erschöpfend beantworten lassen. Die fast unübersehbare Spezialliteratur bietet außerdem Gelegenheit, sich genauestens zu informieren.

Gartenreseda, *Reseda odorata*
Mittagsblume, *Dorotheanthus bellidiformis*
Niederliegende Sanvitalie, *Sanvitalia procumbens*
Portulakröschen, *Portulaca grandiflora*
Primeln, *Primula elatior*
Ruhrkraut, *Helichrysum petiolare*
Steinkraut, *Lobularia maritima* var. *benthamii*

Als geeignete Frühjahrsblüher empfehlen sich:
Gänseblümchen, *Bellis perennis*
Goldlack, *Erysimum* × *allionii*
Stiefmütterchen, *Viola tricolor*, *Viola*-Wittrockiana-Hybriden
Vergißmeinnicht, *Myosotis sylvatica* 'Indigo'

Stauden jahrein, jahraus

Als Stauden bezeichnet man mehrjährige, ausdauernde Pflanzen mit weichen, krautigen Trieben, die im Frühjahr aus der Erde heraustreiben und deren oberirdische Vegetationsteile im Herbst verdorren. Die Überwinterung vollzieht sich in unterirdischen Wurzelstöcken, Knollen oder Zwiebeln. Vor allem unter den niedrigen Stauden gibt es auch einige immergrüne Arten, die dem Garten sogar im Winter einen besonderen Reiz verleihen können.

Die Stauden gedeihen in großer Formen- und Farbenvielfalt überall auf der Erde und machen in unserem Vegetationsbereich einen großen Teil des Pflanzenbestandes aus. Besonders aus fernen Ländern wie Amerika, dem Kapland oder Klein- und Ostasien kamen schöne Arten zu uns, so daß sie heute neben den Bäumen und Sträuchern ein nicht mehr wegzudenkender Teil des Lebensraumes Garten sind. Damit der Staudenliebhaber wertvolle und gesunde Arten erhält, wird das große Angebot an Neuheiten in Sichtungs- und Pflanzgärten geprüft, bewertet und geordnet.

Um bei der großen Vielfalt an Arten und Sorten zu einer sinnvollen Gliederung, vor allem hinsichtlich der Verwendung an den richtigen Pflanzplätzen, zu kommen, unterscheidet man zwei große Gruppen:

1. Beetstauden (Rabatten- oder Prachtstauden) mit vorwiegend kräftigen Farben,
2. Wildstauden mit weniger auffälligen Blüten.

Zur Gruppe der Beetstauden gehören als bekannteste Arten Phlox, Rittersporn, Pfingstrosen, Schwertlilien, Astern und viele andere. Es sind alles Stauden, die durch lange gärtnerische Züchtungsarbeit und Auswahl entstanden sind. Ihre Wirkung im Garten ist vor allem dem vielfältigen Formen- und Farbenreichtum zuzuschreiben, der bei jeder Gartenanlage einer sorgfältigen Abstimmung bedarf. Dabei sollten Pflanzen mit kräftigen, weithin leuchtenden Farben nicht solchen zugesellt werden, deren zartere Tönungen mehr aus der Nähe zur Geltung kommen. Bestimmte Farbklänge können nur dann die gewünschte Wirkung erzielen, wenn die so aufeinander abgestimmten Arten gleichzeitig blühen. Man sollte auch darauf achten, daß nicht ein Farbton im Übermaß vorherrscht, sondern ein Ausgleich geschaffen wird durch das Hinzufügen einer pastellfarbenen oder weißblühenden Art.

Wildstauden, bodenständige sowie fremde Arten, wirken am schönsten in naturnahen Pflanzungen auf nicht zu kleinen Flächen, wo sie sich ungestört ausbreiten können. Verschiedenartige Standorte sind geeignet, ihnen Raum und Entfaltung zu bieten, seien es der lichte Schatten von Bäumen und Sträuchern mit der Waldanemone oder Immergrün, steile, trockene Hänge mit Polstersedum oder Glockenblumen und nicht zuletzt der feuchte Uferrand eines kleinen Teiches, wo Akelei und Pfennigkraut ihren Standort finden. Das Typische der Wildstauden ist weniger eine auffällige Blüte, als vielmehr eine das ganze Jahr über ansprechende charakteristische Gestalt, die besonders einprägsam wird, wenn die Arten ihrem natürlichen Vorkommen entsprechend zusammengepflanzt werden.

Garten- wie Wildstauden bedürfen, um ihre Eigenart entfalten zu können, einer Ergänzung durch Baum und Strauch, die als erste auszuwählen sind und denen sich die übrige Pflanzung unterzuordnen hat. Dieses »Gerüst« ist vor allem im Winter erforderlich, wenn die oberirdischen Teile der Stauden abgestorben sind.

Die Anlage einer Staudenpflanzung

Bei der Anlage einer Staudenpflanzung sollte man versuchen, sich ein Bild der wesensverwandten und zusammengehörenden Pflanzenarten zu verschaffen und nicht nur eine Staffelung nach Höhe, Blütezeit und Farbe anzustreben. Letzteres mag zwar ästhetischen Forderungen genügen, kann aber nur bedingt zu einem bestimmten Vegetationsbild hinführen, in dem Arten und Sorten eines Pflanzentyps sich durch rhythmische Wiederkehr und einzelne, ineinandergreifende Gruppen gegenseitig ergänzen. Man lernt das nicht von heute auf morgen.

Selbst dort, wo nun Baum, Strauch oder hohe Gräser der Pflanzung einen optischen Halt geben, bedarf es trotzdem noch innerhalb der Staudenpflanzung einer Gliederung durch bestimmte Leitstauden, die in wiederkehrender Folge, aber nicht in gleicher Stückzahl und Farbe vorkommen. Erst die Gemeinsamkeit von einzelnen, höheren Solitärstauden mit Gruppen von mittelhohen Pflanzen in einer teppichartigen Flächenpflanzung kann zu jener Kulissenwirkung und Raumtiefe führen, die in manchen, eingewachsenen Gärten den Eindruck lebendiger Harmonie hinterläßt. Das gilt sowohl für die Beetstauden, bei deren Verwendung es vor allem auf die Kenntnis der einzelnen Sorten und ihrer Farben ankommt, wie auch für die Wildstauden, die vor allem bei der Anlage von Naturgartenpartien zu gesteigerter Wirkung kommen. Höhepunkte in der Blütenentfaltung lassen sich erzielen, indem man entweder die Farben mehr aufeinander abstimmt sowie Komple-

Harmonische Staudenpflanzung mit dunkelblauen Schwertlilien, roten Pfingstrosen, Goldwolfsmilch (vorne rechts) und Steppenkerzen (hinten).

mentärfarben nebeneinandersetzt, oder, als weiteres Beispiel, Farbdreiklänge gestaltet.

Außer der formalen Zusammenstellung nach Höhen und Farben bleibt noch, um das ganze Jahr über einen befriedigenden Gesamteindruck zu erhalten, die Auswahl des Standorts innerhalb der Pflanzung im Verhältnis zur Blütezeit. So sollten Vorfrühlings- und Frühjahrsblüher, entgegen der üblichen Pflanzweise, mehr im Hintergrund stehen, von Bäumen und Sträuchern beschützt. Denn nach der Blüte ziehen sich die grünen Pflanzenteile mit dem fortschreitenden Jahr zurück, um erst im nächsten Frühjahr wieder auszutreiben. Der Vordergrund der Pflanzflächen bleibt so den Sommer- und Herbstblühern unter den Stauden vorbehalten, die zur Zeit der Frühjahrsblüte noch nicht so weit entwickelt sind, daß sie den Blick auf die im Hintergrund sich entfaltenden Schneeglöck-

chen, Leberblümchen, Veilchen und andere behindern. Zu nennen sind noch die Vorsommerblüher, die in kleineren Gruppen auch mehr in den Hintergrund rücken sollten, da sich nach ihrer Blüte schwerlich der Eindruck einer ungepflegten Fläche vermeiden läßt.

Zu einer vollständigen Pflanzung gehören auch die Blumenzwiebeln wie Schneeglöckchen, Krokus oder Tulpen, die schon in voller Blüte stehen, wenn alle anderen Pflanzen sich noch nicht voll entfaltet haben. Auch hier ist nach dem Erscheinungsbild der Pflanzen zu unterscheiden, z. B. zwischen den hochgezüchteten Tulpen, die in wenigen Arten eine Beetstaudenpflanzung ergänzen können und den ursprünglichen Wildarten, die sich im lichten Schatten eines Gehölzrandes ansiedeln und vermehren, wenn man sie nicht durch eine unsachgemäße Bodenbearbeitung stört.

Pflanzung und Pflege der Stauden

Pflanzzeit. Sie ist je nach der Blütezeit zwischen März und Mitte Mai, sowie von Anfang September bis zum Eintritt des Frostes anzusetzen. Die Erfah-

259

rung hat ferner gezeigt, daß Stauden am besten nach der Blüte verpflanzt werden. Für Kulturen, die mit Topfballen geliefert werden und auf warmen, leichten Böden zu stehen kommen, läßt sich diese Zeitspanne auch etwas verlängern. Dagegen sollte man in kalten Lagen und auf schweren Böden Vorsicht walten lassen. Die frühen Termine sind hier die besseren. Nach einiger Zeit, als Richtmaß gelten dafür vier bis acht Jahre, dürfen die Stauden nicht nur versetzt, sondern auch geteilt werden. Bei den meisten Arten wie Phlox ist das sehr einfach und läßt sich rasch von Hand vornehmen. Es ist nur darauf zu achten, daß jedes geteilte Stück zumindest einen kräftigen Trieb oder ein Auge behält und damit schnell weiterwachsen kann. Auch hier gelingt die Arbeit im Frühjahr am leichtesten.

Bodenvorbereitung und Düngung. Die Beetstauden stellen hohe Anforderungen an die Bodenqualität. Die Erde sollte tiefgründig gelockert, wasser- und luftdurchlässig sowie reich an Humus und Nährstoffen sein. Eine Gabe von gut abgelagertem Kompost oder leichter Humuserde, auf schweren Ton- oder Lehmböden auch eine Vorkultur von Leguminosen wie Buschbohnen oder Erbsen ist empfehlenswert. In die Oberfläche kann auch eine Gabe von organischen Mischdüngern leicht eingearbeitet werden.

Stauden, die sonnige Standorte und warme Böden lieben, können in ihrem Wachstum auch dadurch unterstützt werden, daß man sie vor Mauern oder Wände setzt, die Wärme zurückstrahlen. Zur Erhöhung der Bodenwärme lassen sich in einen Steingarten wärmespeichernde Natursteine einbauen und kalkhaltiger oder sandiger Boden hinzufügen.

Die Wildstaudenpflanzungen erfordern nur dann eine Bodenverbesserung, wenn spezielle Bepflanzungstypen geschaffen werden sollen, die von Natur aus an Ort und Stelle nicht vorhanden sind. Man denke an einen Steppen- oder Heidegarten, eine Uferrand- oder Sumpfpflanzung. So kann man weiter solchen Arten, die in der freien Natur auf einem mageren und durchlässigen Boden gedeihen, Laubkompost oder Erde aus verrotteten Rasensoden beigeben. Dagegen arbeitet man für jene Pflanzen, die einen humosen, feuchten oder schattigen Standort lieben (Waldstauden), Torf, Lauberde und kleine Holzstückchen in den Boden mit ein. Am Gehölzrand sowie unter Bäumen erfolgt die alljährliche Humusversorgung durch herabfallendes Laub. Wald-, Moor- und Heideerden sind für Moorbeetpflanzen, die nur in saurem Boden fortkommen, erforderlich.

Pflanzenbedarf. Stauden haben die Eigenschaft, sich von Jahr zu Jahr mehr auszubreiten. Um sie nicht zu

bald versetzen und teilen zu müssen, sollte man das schon bei der ersten Anlage bedenken. Dies gilt vor allem für die Beetstauden. Sie erlauben zudem am Standort mannigfaltige Gliederungen. Leit- wie auch mittelhohe Stauden wollen dagegen in Gruppen beieinanderstehen, die wiederholt werden können, aber nicht zu umfangreich werden dürfen. Die Menge der für eine bestimmte Fläche benötigten Pflanzen richtet sich unter anderem nach ihrer Höhe und Wüchsigkeit. Mittelhohe Beetstauden können zu fünf bis sechs Stück/m² stehen, bei hohen Arten reichen bereits zwei bis drei Stück/m² aus. Von niederen Stauden mit einer Wuchshöhe bis zu 20 cm braucht man zwischen 10 bis 16 Stück/m², während flächendeckende oder teppichbildende Arten zwischen 16 und 20 Stück/m² erfordern. Den gleichen Raum kann eine einzeln stehende Solitärstaude für sich beanspruchen.

Weitere Pflegemaßnahmen. Nicht nur der richtige Standort, sondern auch eine fachgerechte Pflege sind für das gute Gedeihen einer Staudenpflanzung wichtig. Während Beetstauden über Jahre hinaus einen offenen Boden um sich herum brauchen, der gegen Verschlämmung und Verkrustung geschützt werden muß, verlangen Wildstaudenpflanzungen nicht diese Arbeit, da sie von sich aus das Bestreben haben, eine dichte geschlossene Decke zu bilden. Bis sie jedoch eine gewisse Größe erreicht haben, ist es hilfreich, die offenen Flächen nach dem Unkrautjäten mit Mulchmaterial abzudecken.

Die Nährstoffansprüche von Beet- und Wildstauden sind recht unterschiedlich. Für die jährliche Nachdüngung kann in fast allen Fällen ausgereifter und unkrautfreier Kompost oder verrotteter Rindermist mit allen bereits beschriebenen Zuschlägen Verwendung finden. Die Düngung muß allerdings sparsam erfolgen. Durch übermäßige Dunggaben wachsen die Pflanzen nur ins Kraut, blühen schlecht und verlieren ihre typischen Eigenarten. Ab Mitte Mai bis Mitte Juni fördert ein gelegentlicher Dungguß aus reifer Pflanzenjauche die Entwicklung deutlich. Die biologisch-dynamischen Spritzpräparate sowie der Ackerschachtelhalm folgen im bereits bekannten Rhythmus.

In Trockenzeiten müssen Staudenpflanzungen in den Abendstunden durchdringend gewässert werden. Es ist ebenfalls darauf zu achten, daß die Flächen vor Einbruch des Winters genügend feucht sind.

Viele Stauden sind im Verlauf des Vegetationsjahres für einen Rückschnitt dankbar. Bei Beetstauden kann er nach der Hauptblüte notwendig werden, um die Samenbildung mit nachfolgender und unerwünschter

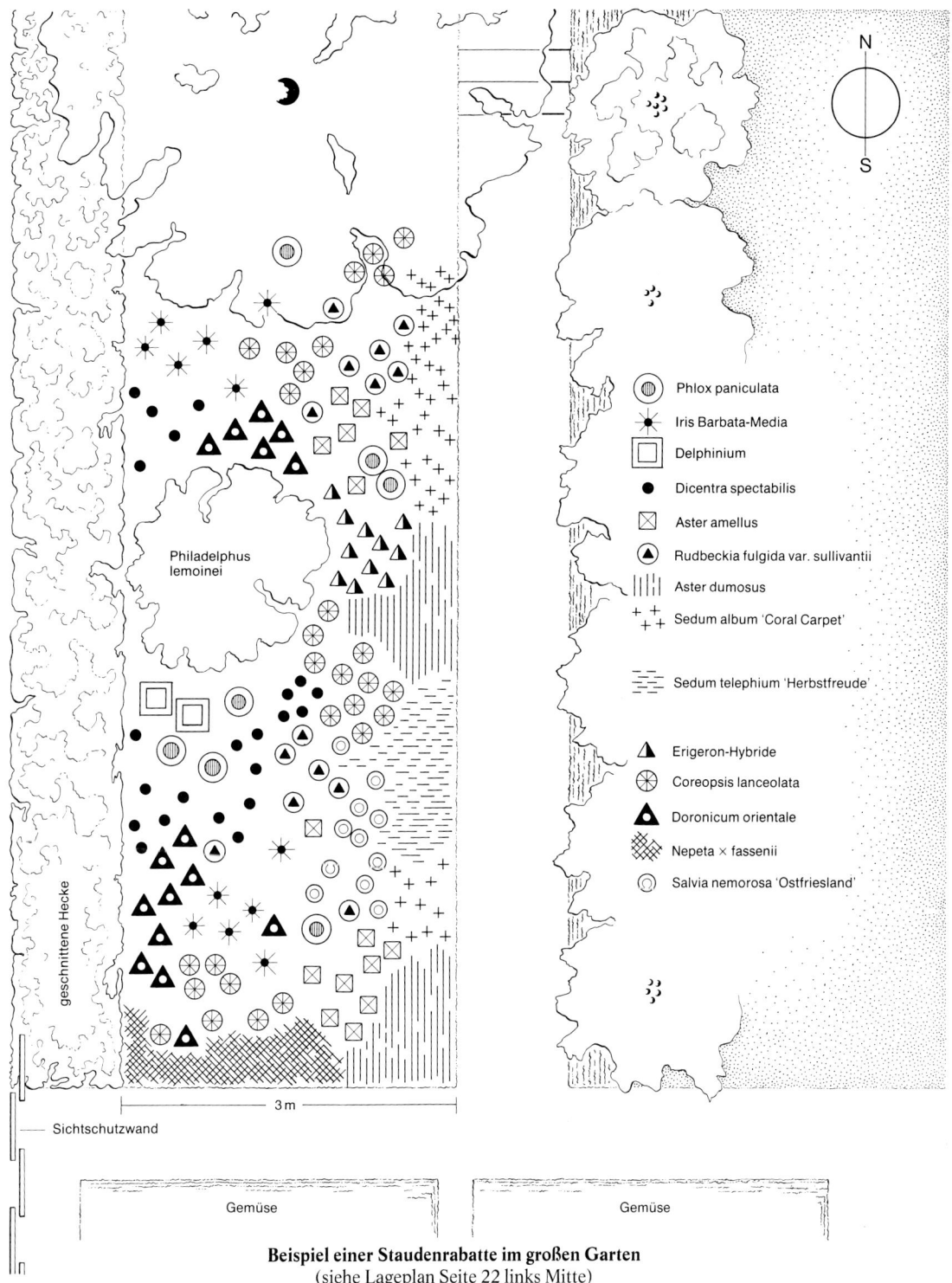

N

S

Phlox paniculata

Iris Barbata-Media

Delphinium

Dicentra spectabilis

Aster amellus

Rudbeckia fulgida var. sullivantii

Aster dumosus

Sedum album 'Coral Carpet'

Sedum telephium 'Herbstfreude'

Erigeron-Hybride

Coreopsis lanceolata

Doronicum orientale

Nepeta × fassenii

Salvia nemorosa 'Ostfriesland'

Philadelphus
lemoinei

geschnittene Hecke

⊢ 3 m ⊣

Sichtschutzwand

Gemüse

Gemüse

Beispiel einer Staudenrabatte im großen Garten
(siehe Lageplan Seite 22 links Mitte)

Vermehrung zu verhindern. Andere Arten dürfen, um eine Nachblüte zu erzielen, nach dem Abblühen bis auf Handbreite über dem Erdboden zurückgeschnitten werden. Dies trifft unter anderem für Rittersporn, Kornblume, Margerite oder Lupine zu, während bei anderen nur die verwelkten Einzelblüten herauszuschneiden sind. Schon dadurch läßt sich eine Kräftigung der ganzen Pflanze erreichen. In anderen Fällen kann eine Staude durch eine übergroße Blütenfülle so erschöpft sein, daß nur ein Rückschnitt von Trieben und Blüten zur notwendigen Regeneration führt. Im Spätherbst werden die Staudenbeete gesäubert, verblühte und verwelkte Triebe bis zu 3 cm über dem Boden zurückgeschnitten und das umliegende Erdreich flach durchgearbeitet. Bei Wildstauden-Pflanzungen sollte man das erst im Frühjahr tun. Ein Winterschutz ist bei Neuanlagen angebracht oder dort erforderlich, wo den winter- und immergrünen Arten die schützende Schneedecke fehlt. Fichtenreisig hat hier noch immer die besten Dienste geleistet.

Bei sehr vorsichtigem und sparsamem Einsatz – das Ganze kann sehr rasch verwildern – von Lavendel, Kapuzinerkresse und Studentenblumen in der Staudenpflanzung oder an ihrem Rand kann auch hier Krankheiten und Schädlingen vorgebeugt werden. Bemerkenswert ist ferner, daß sich das Pflanzenpräparat SPS bei vorbeugender Behandlung gegen Asternwelke bewährt hat. Den saugenden und beißenden Insekten ist mit den Kräuterjauchen bzw. Mitteln auf Pyrethrum-Basis verhältnismäßig leicht beizukommen.

Bepflanzungsbeispiele

Aus einer fast unübersehbaren Fülle von Staudenarten und Bepflanzungsmöglichkeiten sollen hier nur die folgenden, typischen Beispiele aus dem Bereich

---

Pflanzenliste für Staudenrabatte

Aster amellus	große Heideaster, Bergaster
Aster-Dumosus-Hybriden	Kissenaster
Coreopsis lanceolata	Mädchenauge
Delphinium-Hybriden	Rittersporn
Dicentra spectabilis	Tränendes Herz
Doronicum orientale	Gemswurz
Erigeron-Hybriden	Feinstrahl
Iris germanica, Barbata-Media-Gruppe	Schwertlilie
Nepeta × *faassenii*	Katzenminze
Phlox paniculata	hoher Sommerphlox
Rudbeckia fulgida var. *sullivantii*	Sonnenhut
Salvia nemorosa	Salbei
Sedum album 'Coral Carpet'	Fetthenne

Dazu lassen sich einfügen:

Aconitum napellus	Eisenhut
Aster novi-belgii	Herbstaster
Chrysanthemum-Maximum-Hybriden	Sommermargerite
Helenium-Hybriden	Sonnenbraut
Heliopsis helianthoides var. *scabra*	Sonnenauge
Lupinus-Polyphyllus-Hybriden	Lupine
Paeonia-Lactiflora-Hybriden	Pfingstrose

Als Gräser bieten sich an:

Helictotrichon sempervirens	Blaustrahlhafer
Miscanthus sacchariflorus	Silberfahnengras
Panicum virgatum	Rutenhirse
Pennisetum alopecuroides	Lampenputzer-, Federborstengras

Pflanzenliste für Teichrand

Ajuga reptans	Günsel
Anemone hupehensis var. *japonica*	japanische Anemone
Aquilegia caerulea	Akelei
Astilbe-Arendsii-Hybriden	Astilbe
Astilboides tabularis	Tafelblatt
Caltha palustris	Sumpfdotterblume
Campanula trachelium	Glockenblume
Carex morrowii	Segge
Hosta sieboldiana	Blaublattfunkie
Iris sibirica	sibirische Wieseniris
Ligularia przewalskii	Greiskraut
Lysimachia nummularia	Pfennigkraut
Primula florindae	tibetanische Sommerprimel
Primula japonica	japanische Primel

der Beetstauden, wie aus dem reichen Sortiment der Wildstauden aufgeführt werden. Die Zusammenstellung erhebt keinen Aspruch auf Vollständigkeit und sollte auch nicht als Rezept aufgefaßt werden. Es sind Beispiele für mögliche Lösungen im eigenen Grundstück und jederzeit variabel. Die Wuchshöhe, Blütenfarbe und Blütezeit können der reichlich vorhandenen Spezialliteratur entnommen werden.

Staudenrabatte
(Pflanzbeispiel Seite 261)
In der Nähe des Wohnhauses hat sich der Hausherr, vor dem Hintergrund einer geschnittenen Hecke, den Platz für alle jene Stauden ausgewählt, die durch ihre Blütenfülle das ganze Jahr über einen prächtigen Anblick bieten sollen. Die Breite des Streifens von etwa 3 m reicht aus, um Kontraste in bezug auf Blütezeit, Wuchshöhe und Farbe zu setzen. Neben der raumbildenden Wirkung sorgt die Hecke auch für ein gutes Kleinklima. Als Ergänzung wurde aus dem Bereich der Blütensträucher ein Falscher Jasmin oder Pfeifenstrauch (*Philadelphus*-Coronarius-Hybriden) ausgewählt, der im Juni seine weißen Blüten öffnet und einen angenehmen Duft ausströmt.
Als Leitstauden fungieren in rhythmischer Wiederkehr Phlox und Rittersporn. Die im April blühende gelbe Gemswurz steht im Hintergrund, zugeordnet den Vorsommerblühern Tränendes Herz und Schwertlilie. Mehr in den Vordergrund gerückt wurden die herbstblühenden Sonnenhut, Kissenastern

und das hochwachsende *Sedum telephium* 'Herbstfreude' mit seinen bräunlich-roten Blütendolden. Die übrigen Flächen füllen Sommerstauden wie der violette Feinstrahl, das gelbe Mädchenauge und die Salvie. Die harte Wegkante wird von den teppichbildenden *Sedum album* und der graulaubigen Katzenminze überspielt. Für den Frühjahrsflor werden im Vordergrund Tuffs von Tulpen und Hyazinthen gesetzt.

Teichrandbepflanzung
(Pflanzbeispiel Seite 264)
Unter den ausladenden Zweigen eines Rostbartahorns mit weißgestreifter Rinde, seitlich von einer freiwachsenden Blütenhecke begrenzt und nach Westen zur Rasenfläche geöffnet, liegt der runde Teich mit seinem naturnah bepflanzten Uferstreifen. Eine Holzbank lädt zum Verweilen und Beobachten ein.
Die Uferrandbepflanzung wird von Stauden gebildet, die züchterisch nicht vervollkommnet wurden, sondern ihren stilleren, wildwüchsigen Charakter erhalten haben. Die hellgrünen Blätter des Pfennigkrauts formen mit den bronze-braunen Rosetten des Günsels einen nur leicht getönten Teppich. Darüber erheben sich gelbe Sumpfdotterblumen zusammen mit blauen Wiesenschwertlilien, während Gruppen der Blaublattfunkie schon allein durch ihr dekoratives Laub beeindrucken. Solitärstauden, deren Lebenselement die Wassernähe ist, sind das Tafelblatt sowie das Greiskraut mit seiner goldgelben Blütenfülle von Juli bis September.

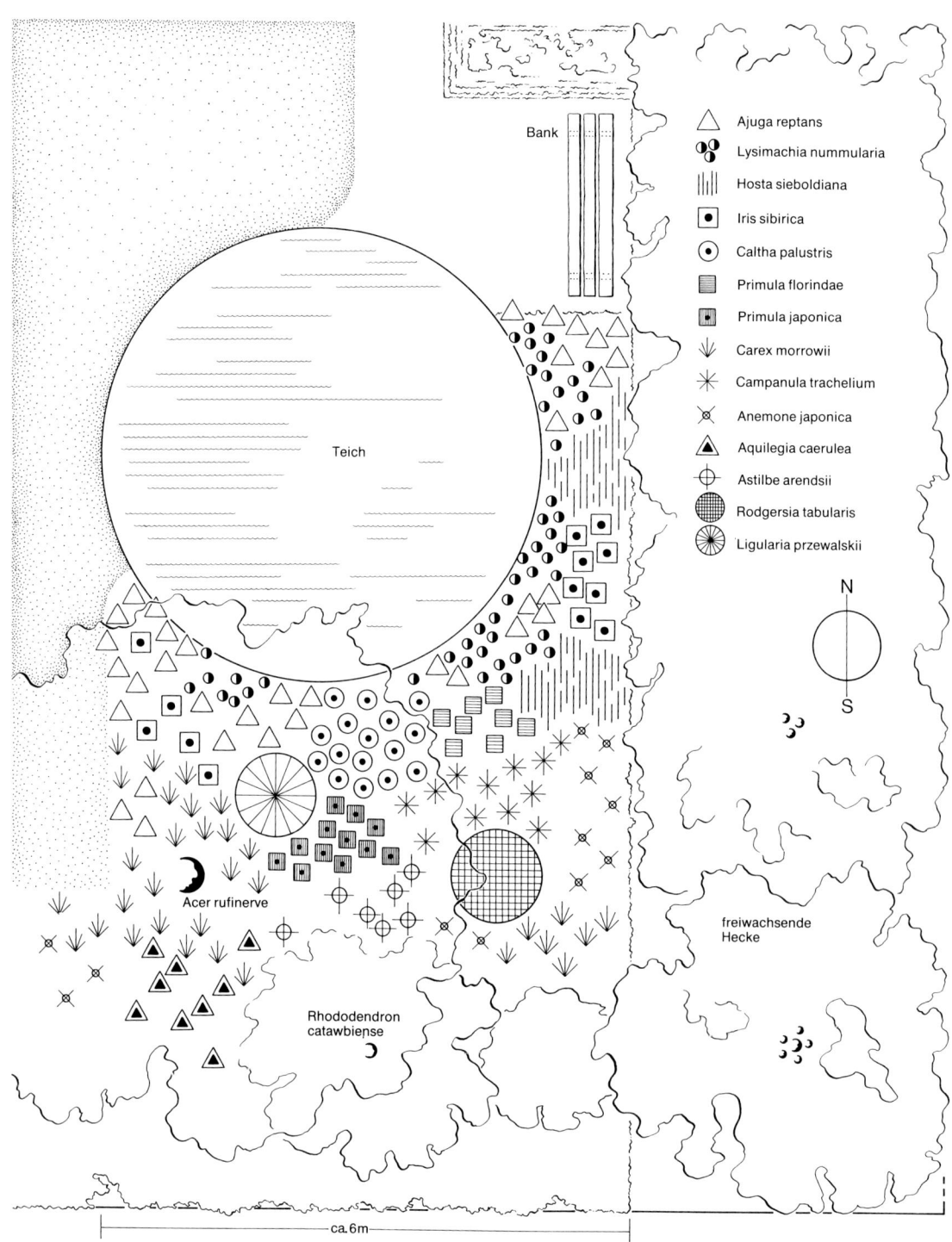

Bank

Teich

Ajuga reptans
Lysimachia nummularia
Hosta sieboldiana
Iris sibirica
Caltha palustris
Primula florindae
Primula japonica
Carex morrowii
Campanula trachelium
Anemone japonica
Aquilegia caerulea
Astilbe arendsii
Rodgersia tabularis
Ligularia przewalskii

N

S

Acer rufinerve

Rhododendron
catawbiense

freiwachsende
Hecke

ca. 6m

Beispiel einer Teichanlage im großen Garten
(siehe Lageplan Seite 22 rechts unten)

Die Sumpfprimel mit ihren schwefelgelben Blüten auf hohen Stengeln führt den Frühjahrsflor in den Sommer hinüber, während die karminrote Japanprimel den Übergang in den halbschattigen Bereich von Herbstanemonen, Akelei und Nesselglocken darstellt. Über die Bepflanzung des Teiches wird noch in dem gesonderten Kapitel »Der Gartenteich« auf Seite 275 gesprochen.

Schattenstauden-Pflanzung mit bodendeckenden Gehölzen
(Pflanzbeispiel Seite 266)
Der malerisch wachsende Rotahorn (*Acer rubrum*) überschattet den nach Norden ausgerichteten Bereich des Vorgartens. Dieser etwa 15 m hoch wachsende Baum sowie der dazupassende Spindelstrauch (*Euonymus alatus*) gefallen besonders im Herbst durch ihre weithin leuchtende Färbung.

Aus einem immergrünen Teppich heraus, bestehend aus Felsenmispeln, Efeu, Porzellanblümchen und Scheinbeere, blühen im Frühjahr die niedrigen Rhododendren in rötlichen Tönen. Sie werden im Sommer von den Astilben abgelöst, begleitet von Horsten der Hainsimse, auch Marbel genannt. Die kräftig wachsende Kletterhortensie breitet sich vor der den Raum abschließenden, dunkelgrünen Eibenhecke aus. Im Herbst leuchten die zarten, hochwachsenden Blütenstände der Silberkerze zwischen Gruppen von weiß oder rosa blühenden japanischen Anemonen und kleinen Kiefern hervor.

Pflanzenliste für Schattenstauden

Anemone-Japonica-Hybriden	Herbstanemone
Astilbe chinensis var. *pumila*	niedrige Astilbe
Corydalis lutea	Lerchensporn
Cotoneaster dammeri	Felsenmispel
Epimedium pinnatum	Elfenblume
Gaultheria procumbens	Scheinbeere
Hedera helix	Efeu
Hydrangea anomala ssp. *petiolaris*	Kletterhortensie
Luzula pilosa	Hainsimse, Marbel
Pinus mugo ssp. *mugo*	Zwergkiefer
Saxifraga umbrosa	Porzellanblümchen

Dazu können noch gepflanzt werden:

Aconitum napellus	Eisenhut
Actaea spicata	Christophskraut
Aquilegia caerulea	Akelei
Aruncus dioicus	Waldgeißbart
Asarum europaeum	Haselwurz
Cimicifuga-Arten	Silberkerze
Helleborus niger	Christrose
Heuchera-Hybriden	Purpurglöckchen
Kirengeshoma palmata	Wachsglocke
Lamium maculatum	Silbernessel
Pachysandra terminalis	Ysander
Primula-Arten	Primeln
Tiarella cordifolia	Waldschaumkerze
Waldsteinia ternata	Ungarwurz, Waldsteinie

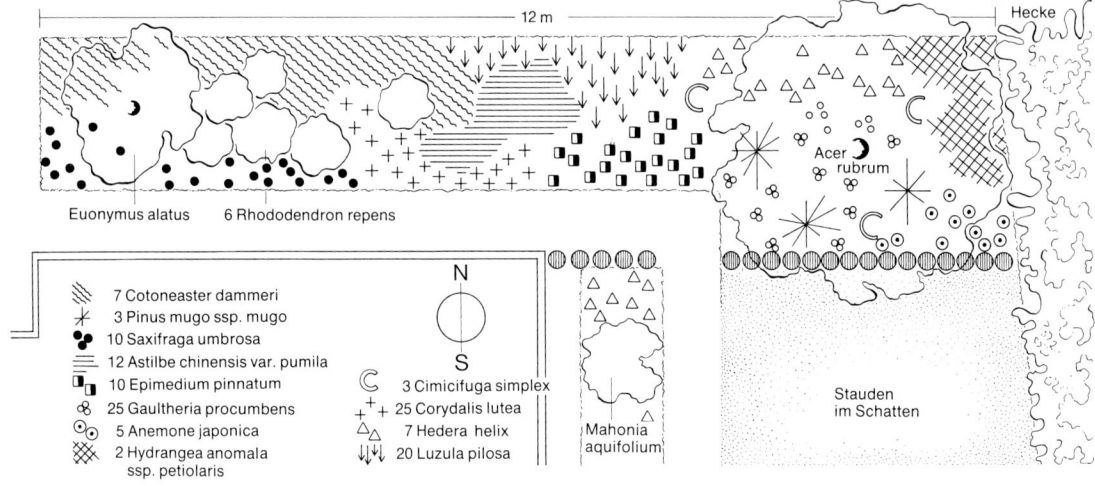

Staudenanlage im Schatten (siehe Lageplan Seite 20 rechts oben)

Within the figure:

12 m · Hecke

Euonymus alatus · 6 Rhododendron repens

Acer rubrum

N · S

7 Cotoneaster dammeri
3 Pinus mugo ssp. mugo
10 Saxifraga umbrosa
12 Astilbe chinensis var. pumila
10 Epimedium pinnatum
25 Gaultheria procumbens
5 Anemone japonica
2 Hydrangea anomala ssp. petiolaris

3 Cimicifuga simplex
25 Corydalis lutea
7 Hedera helix
20 Luzula pilosa

Mahonia aquifolium

Stauden im Schatten

Heidegarten

(Pflanzbeispiel Seite 268)

Vor dem Hintergrund der mit Waldreben (*Clematis*) und Kletterrosen bewachsenen Sichtschutzwand entfaltet sich auf sandigem Grund, inmitten von Findlingen, die Gruppe der Heidegewächse. Die Pflanzung ist flächig angelegt. Raumbildend und als Solitärgehölze stehen die baumartige Ölweide (*Elaeagnus angustifolia*), Ginster (*Cytisus × praecox*) und die Bartblume (*Caryopteris × clandonensis*) sowie kleine Kiefern. Den Flor eröffnet als Bodenteppich die schon oft im Januar blühende Schneeheide mit rosa und lilaroten Farbtönen, in der Reihenfolge der Blütezeit ergänzt durch Pfingstnelken, niedriges Schleierkraut, Thymian, Sonnenröschen, Grasnelken und Gräser wie Blauschwingel und Reitgras. Polyantharosen werden nicht immer auf dem Staudenbeet angesiedelt. Sie erhöhen jedoch die Farbwirkungen vom Sommer bis in den Herbst hinein. Auch die hochgetürmten Blütenstände der Königskerzen leuchten im Sommer weithin aus ihrer silbrig-wolligen Blattrosette heraus.

Sollte eine größere Fläche zur Verfügung stehen, kann die Wirkung der Anlage auf den Betrachter durch kleine Hügel und Mulden, in welche sich Pflanzen und Steine einschmiegen, deutlich erhöht werden.

Immergrüne Stauden für den winterlichen Garten

Die kalte Jahreszeit von den letzten Spätherbsttagen bis in den Vorfrühling Ende Februar – Anfang März

hinein, erscheint im Garten nur dann lang, wenn man ihr unbeteiligt gegenübersteht und nicht von den immergrünen und überdauernden Stauden Gebrauch macht, die dem Garten auch zu dieser Jahreszeit Lebendigkeit und Farben verleihen. Bei der nachfolgenden Aufstellung wurde dabei nicht an eine zusammengehörige Pflanzengemeinschaft gedacht. Vielmehr handelt es sich um Gewächse, die, in andere Gruppen eingestreut, diese durch ihr winter- oder immergrünes Kleid bereichern können. Aus dem Reich der Stauden sind es Pflanzen, welche die Beete flächenhaft überziehen und in Verbindung mit Rauhreif und Schnee eine besondere Winterstimmung hervorbringen.

Im Steingarten bildet das Katzenpfötchen ebenso dichte Matten wie das Stachelnüßchen. In voller Südlage kann man ihnen das Sonnenröschen mit seinen gelben, roten und bräunlichen Farbtönen zugesellen, ferner die Schleifenblume mit ihren üppigen, grünen Büschen und weißen Blüten sowie die rosa Heidenelke. Unter der Vielzahl der Steinbrech- und Fettennengewächse gibt es zahlreiche Arten, die feste Teppiche bilden. Große Flächen kann auch der graugrünlaubige Thymian bedecken. Die Silberwurz schmiegt sich fest an vorhandenes Gestein an und vermittelt zusammen mit der stahlblauen Kugelblu-

Eine sehr dankbare und wertvolle Gartenpflanze ist *Iris sibirica*, hier die Sorte 'Caesars Brother'. Sie liebt feuchten, humosen Boden und eignet sich deshalb auch für die Bepflanzung des Teichrandes.

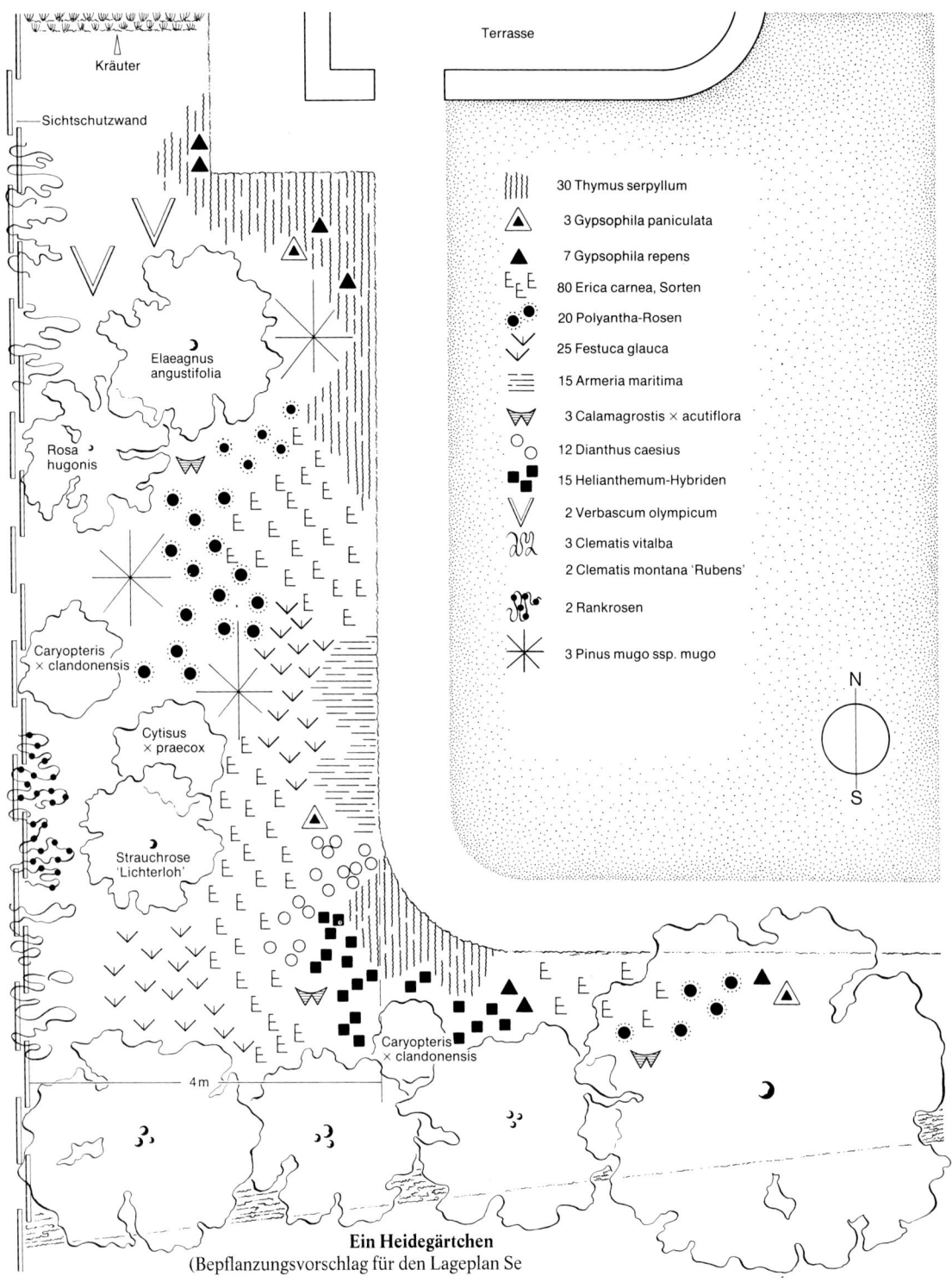

Kräuter

Sichtschutzwand

Terrasse

Elaeagnus
angustifolia

Rosa
hugonis

Caryopteris
× clandonensis

Cytisus
× praecox

Strauchrose
'Lichterloh'

4 m

Caryopteris
× clandonensis

	30 Thymus serpyllum
	3 Gypsophila paniculata
	7 Gypsophila repens
E E E	80 Erica carnea, Sorten
	20 Polyantha-Rosen
	25 Festuca glauca
	15 Armeria maritima
	3 Calamagrostis × acutiflora
	12 Dianthus caesius
	15 Helianthemum-Hybriden
	2 Verbascum olympicum
	3 Clematis vitalba
	2 Clematis montana 'Rubens'
	2 Rankrosen
	3 Pinus mugo ssp. mugo

N

S

Ein Heidegärtchen
(Bepflanzungsvorschlag für den Lageplan Se

Pflanzenliste für den Heidegarten

Armeria maritima	Strandnelke
Calamagrostis × acutiflora	Sandrohr, Reitgras
Clematis-Arten	Waldrebe
Dianthus gratianopolitanus	Pfingstnelke
Erica herbacea	Schneeheide
Festuca cinerea	Blauschwingel
Gypsophila-Arten	Schleierkraut
Thymus serpyllum	Feldthymian, Quendel
Verbascum olympicum	Königskerze

Einfügen lassen sich auch:

Antennaria dioica	Katzenpfötchen
Briza media	Zittergras
Campanula-Arten	Glockenblume
Carlina acaulis	Silberdistel
Dianthus deltoides	Heidenelke
Erigeron-Hybriden	Feinstrahl
Helictotrichon sempervirens	Blaustrahlhafer
Linum perenne	Staudenlein
Lythrum salicaria	Blutweiderich
Nepeta × faassenii	Katzenminze
Potentilla-Arten	Fingerkraut
Salvia × superba	Salbei
Veronica spicata	Kerzenveronika

me alpine Eindrücke. Kompakte Büsche bilden dagegen die Bergenien mit ihren fleischigen Blättern und Blüten. Das Sternmoos siedelt sich gern an nicht zu sonniger Stelle auf sandigem Boden zwischen Platten und Steinen an.

Auch schattige Plätze unter Bäumen können von immergrünen Stauden, Gräsern oder Farnen bestanden sein. Der Ysander mit seinen aufrechten Trieben und den lederartig schmalen Blättern bildet ebenfalls nach einigen Jahren eine dichte etwa 20 cm hohe Decke. Nicht weniger schön schließt sich das Immergrün zu einem dunkelgrün glänzenden Teppich zusammen. Die Hainsimsen, als Horste aus der Fläche herausragend, sehen gegen Winterende etwas zerzaust aus, erholen sich aber schnell wieder. Schließlich finden sich unter den Seggen verschiedene Arten, deren Wesen durch Zwischenpflanzung von Rippen- und Tüpfelfarn noch unterstrichen wird.

Wildstauden des Laubwaldes und Gehölzrandes

Die Zusammenstellung soll dem Liebhaber einheimischer Stauden einen Grundstock anbauwurdiger Arten präsentieren, die unter lichten Laubbäumen und zwischen weit gepflanzten Sträuchern gedeihen. Die Auswahl beschränkt sich dabei auf solche Gewächse, die vornehmlich in Mitteleuropa, in einzelnen Fällen auch im Osten, Süden und Westen unseres Kontinents heimisch sind.

Frühlingsblumen wie Anemone, Waldprimel (Himmelschlüssel), die hellgelbe Kissenprimel, Veilchen und roter Lerchensporn sowie das Leberblümchen nehmen zunächst das volle Licht wahr, um sich später in den Halbschatten der inzwischen belaubten Gehölze zurückzuziehen. Im Garten gedeihen sie in einem Teppich zusammen mit Immergrün, Haselwurz oder der gelbblühenden Waldsteinie (auch Golderdbeere). Waldmeister und Maiglöcken sollten, trotz ihrer grazilen Blütenstände, mehr im Hintergrund einer Rabatte wachsen, wo sie sich mit ihren unterirdischen Rhizomen ausbreiten. Bei größeren Flächen und unter höheren Sträuchern sind Gold- und Taubnessel schnellwüchsige Bodendecker. Sie treiben lange, flachliegende Ranken. Dazwischen lassen sich Tuffs von Lungenkraut, sogar Veilchen, mancherlei Seggen-Arten oder als mittelhoch wachsende Elemente der schlanke Salomonssiegel, die kräftige Waldmarbel und Horste von Frauen- oder Tüpfelfarn einfügen. Einige Stauden bevorzugen die Gehölznähe, vertragen aber dennoch die sommerliche Sonne. Dazu gehören unter anderem die Akelei, die rauhblättrige Nesselglockenblume und der Fingerhut, der seine purpurroten Glocken an hohen Blütenschäften trägt. Auch der Geißbart kann schattige wie sonnige Lagen vertragen und läßt sich gut in Randplätze einfügen.

Zahlreiche Wildstauden aus vielen außereuropäischen Ländern sind in ihrer Erscheinungsform den oben beschriebenen Arten sehr verwandt. Sie haben sich in unseren Gärten und Grünanlagen eingebürgert. Genannt seien hier nur einige bewährte Arten, die zum Teil schon in vorrangegangenen Aufstellungen angeführt worden sind. Gräser und Farne sollen dabei nicht vergessen werden, sie gehören zum Ganzen.

Stauden für den Steingarten

Von Anfang an sollte sich der Gartenfreund Gedanken darüber machen, welchen Raum er den Alpenpflanzen zur Verfügung stellen will. Der Standort muß frei von größeren Bäumen und Sträuchern sein, um das Wachstum der Kulturen nicht durch Schattenwurf und Wurzelkonkurrenz zu stören.

Über einen Kern, bestehend aus Schotter und kleine-

Pflanzenliste immergrüne Stauden

Acaena buchananii	Stachelnüßchen
Antennaria dioica	Katzenpfötchen
Arabis procurrens	Gänsekresse
Armeria maritima	Strand-, Grasnelke
Asarum europaeum	Haselwurz
Bergenia cordifolia	Bergenie
Blechnum spicant	Rippenfarn
Carex-Arten	Seggen
Dryas × *suendermannii*	Silberwurz
Globularia cordifolia	Kugelblume
Helianthemum-Hybriden	Sonnenröschen
Hypericum calycinum	Johanniskraut
Iberis sempervirens	Schleifenblume
Luzula-Arten	Hainsimse, Marbel
Pachysandra terminalis	Ysander
Polypodium vulgare	Tüpfelfarn
Sagina subulata	Sternmoos
Saxifraga-Arten	Steinbrech
Sedum-Arten	Fetthenne
Teucrium chamaedrys	Edelgamander
Thymus praecox var. *pseudolanuginosus*	Thymian
Vinca minor	Immergrün

Der Steingarten beherbergt auf oft engem Raum ein umfangreiches Pflanzensortiment. Das verlangt vom Gartenfreund Fingerspitzengefühl und Können bei der Pflege. In der Mitte die blaue Karpatenglockenblume, rechts das gelbblühende Johanniskraut, dahinter eine Fetthennenart ergeben mit den Ziergräsern im Hintergrund ein rundes Bild.

ren Steinen, wird kalkhaltige, abgelagerte Lauberde hügelig aufgeschüttet. Die Steine zur Oberflächengestaltung sollen sich einzeln oder in Lagen dem Ganzen anpassen. Zwischen ihnen sowie in den Nischen und kleinen Höhlen der Steine selbst finden die Steingartenpflanzen einen windgeschützten Platz, der ihren natürlichen Lebensbedingungen am nächsten kommt. Als Ergänzung wird noch im unteren, auslaufenden Bereich in einer Stärke von etwa 10 cm

Kalkschotter aufgeschüttet. Hier fühlen sich dann vor allem kleine Glockenblumen mit der Gänsekresse wohl.

Gute Nachbarschaft halten die weißblühende Silbergarbe, Thymian und Teppichveronika. Mit seinen silbrigen Blättchen erfreut auch der Zwergwermut, der von Horsten des Alpenschwingels durchsetzt sein kann. Zu breiten und lockeren Polstern wächst das Seifenkraut heran und ist im Juni/Juli mit einer Fülle rosaroter Blüten übersät. Als Nachbar fühlt sich die bienenlockende Bergminze (Alpensteinquendel) besonders wohl.

Verschiedenste Teppiche, moosartig weich oder festgefügt und kleinblättrig bilden die Steinbrech- und Sedum-Arten mit ihren vielfarbigen Blüten. Aus der Familie der Nelkengewächse stammt das Leimkraut, das die Kraft hat, einen ganzen Steinblock, aus nur

Pflanzenliste Wildstauden des Laubwaldes und Gehölzrandes

Anemone-Japonica-Hybriden	Herbstanemone
Anemone sylvestris	Waldanemone
Aquilegia vulgaris	Akelei
Aruncus dioicus	Waldgeißbart
Asarum europaeum	Haselwurz
Athyrium filix-femina	Frauenfarn
Campanula trachelium	Nesselglockenblume
Carex umbrosa	Schattensegge
Convalaria majalis	Maiglöckchen
Corydalis cava	Lerchensporn
Digitalis purpurea	Fingerhut
Epimedium × versicolor	Elfenblume
Galeobdolon luteum	Goldnessel
Helleborus foetidus	Nieswurz
Hepatica nobilis	Leberblümchen
Lamium maculatum	Gefleckte Taubnessel
Luzula sylvatica	Waldmarbel
Omphalodes verna	Gedenkemein
Polemonium × richardsonii	Jakobsleiter
Polygonatum multiflorum	Salomonssiegel
Polypodium vulgare	Tüpfelfarn
Primula elatior, Primula vulgaris	Wald-, Kissenprimel
Pulmonaria angustifolia	Lungenkraut
Tiarella cordifolia	Schaumblüte
Viola odorata	Duftveilchen
Vinca minor	Immergrün
Waldsteinia geoides	Waldsteinie

einer tiefgreifenden Wurzelstelle heraus, zu umwachsen. Die bekanntesten Steingartengewächse sind Moosphlox, Hornkraut, Schleifenblume, das Blaukissen, Steinkraut und Schleierkraut. Weiter breitet von Mai bis Juni die Silberwurz mit weißen, leuchtenden Blütensternen dichte immergrüne Matten über das Gestein.

In kleinerem Rahmen können auch Kübel, Wannen oder Tröge zu einem Kleinod des Alpenpflanzengärtners werden. Für die Bepflanzung kommen hier besonders wertvolle Gewächse in Betracht, die erst aus der Nähe ihre volle Schönheit offenbaren.

Diese, keine Standortbedingungen berücksichtigende Zusammenstellung ließe sich leicht um ein Vielfaches erweitern. Dank des gut überschaubaren Angebots ist heute jeder Gartenfreund in der Lage, aufgrund der vorgegebenen Bedingungen wie Bodenzustand, Klima und anderes mehr sowie seiner speziellen Interessen das Richtige auszuwählen. Der tägliche Umgang mit den Pflanzen, besonders den Wildstauden, wird dabei lehren, wie die charakteristischen Merkmale sich nicht nur im Garten auf kleinstem Raum erhalten, sondern durch Pflegemaßnahmen noch steigern lassen.

Sommerblumen füllen den Garten

Unter diesem Sammelbegriff faßt man die vielen ein- und zweijährigen Blütenpflanzen zusammen, die ihren Flor in den Sommermonaten entfalten und als Schnittblumen in keinem Haus fehlen sollten.

Die einjährigen Sommerblumen durchlaufen, wie der Name sagt, die Entwicklung vom Samenkorn über die blühende und bei Frostbeginn absterbende Pflanze in nur einer Vegetationsperiode. Dagegen bilden die zweijährigen im Verlauf des ersten Sommers nur

Pflanzenliste für den Steingarten

Für sonnige Lagen bieten sich an:

Achillea-Arten	Silbergarbe
Adonis amurensis	Adonisröschen
Alyssum saxatile	Steinkraut
Arabis caucasica	Gänsekresse
Artemisia nitida	Edelraute
Aubrieta-Hybriden	Blaukissen
Campanula carpatica	Karpatenglockenblume
Campanula cochleariifolia	Zwergglockenblume
Campanula portenschlagiana	Dalmatinerglockenblume
Cerastium biebersteinii	Hornkraut
Dianthus gratianopolitanus	Pfingstnelke
Dryas octopetala	Silberwurz
Euphorbia capitulata	Zwergwolfsmilch
Festuca alpina	Alpenschwingel
Gypsophila repens	Schleierkraut
Iberis semperirens	Schleifenblume
Phlox subulata	Moosphlox
Saponaria ocymoides	Seifenkraut
Saxifraga-Arten	Steinbrech
Sedum album	Fetthenne
Sempervivum-Arten	Hauswurz
Silene maritima	Leimkraut
Veronica prostrata	Teppichveronika

Stauden im halbschattigen Steingarten:

Arabis procurrens	Schaumkresse
Aster alpinus	Alpenaster
Campanula carpatica, Campanula garganica	Glockenblumen
Ceratostigma plumbaginoides	Bunge
Corydalis lutea	Gelber Lerchensporn
Festuca scorpariu	Bärenfellschwingel
Gentiana septemfida	Enzian
Polygonum affine	Knöterich
Primula-Juliae-Hybriden	Teppichprimeln
Saxifraga cespitosa	Moos-Steinbrech
Saxifraga cuneifolia	Kleinblattsteinbrech
Saxifraga umbrosa	Porzellanblümchen
Sedum hybridum	Mongolen-Fetthenne
Sedum spurium	Kaukasus-Fetthenne
Sesleria varia	Kopfgras
Silene schafta	Leimkraut
Viola cornuta	Hornveilchen

1. Einjährige Blumen: die Aussaat erfolgt an Ort und Stelle

Calendula officinalis	Ringelblume
Centaurea cyanus 'Azurea'	Flockenblume
Chrysanthemum carinatum	Wucherblume, Sommerchrysantheme
Eschscholzia californica	Gold- oder Kalifornischer Mohn
Helianthus annuus	Sonnenblume
Iberis amara	Schleifenblume
Lathyrus odoratus	Edelwicke
Linaria maroccana	Leinkraut
Nigella damascena	Jungfer im Grünen
Papaver glaucum	Sommermohn
Reseda odorata	Reseda
Tropaeolum majus	nichtrankende Kapuzinerkresse

2. Einjährige Blumen: die Aussaat erfolgt im Gewächshaus oder Frühbeetkasten, oder die Jungpflanzen werden aus der Gärtnerei bezogen.

Ageratum houstonianum	Leberbalsam
Cheiranthus cheiri	Goldlack
Dianthus chinensis	Nelke
Gaillardia pulchella var. picta	einjährige Kokardenblume
Impatiens balsamina	Gartenbalsamine
Lobularia maritima	Duftsteinrich
Lonas annua	Ruhrkraut
Petunia-Hybriden	Petunie
Phlox drummondii	einjähriger Phlox
Saponaria calabrica	Seifenkraut
Scabiosa atropurpurea	Purpurskabiose
Tagetes-Erecta-Hybriden	Studentenblume
Verbena-Hybriden	Eisenkraut
Zinnia elegans	Zinnie

3. Zweijährige Blumen: Aussaat im Vorjahr im Frühbeet oder Gewächshaus, Jungpflanzenbezug beim Gärtner. Das Auspflanzen erfolgt im Herbst oder Frühjahr je nach Art an Ort und Stelle.

Alcea rosea	Malve, Stockrose
Bellis perennis	Tausendschön
Cheiranthus cheiri	Goldlack
Dianthus barbatus	Bartnelke
Myosotis alpestris	Vergißmeinnicht
Viola-Wittrockiana-Hybriden	Stiefmütterchen

kleine Jungpflanzen, die meistens im Herbst an den ihnen vorbestimmten Platz verpflanzt werden.

Ihrer äußeren Gestalt nach sind beide Gruppen mehr den Beetstauden verwandt. Es ist jedoch nur eine sparsame Zwischenpflanzung ratsam, damit die Stauden nicht zurückgedrängt und dadurch geschwächt werden. Nur wenige Arten bereichern die Wildstaudenrabatte, ohne deren Eigenart zu beeinträchtigen. Genannt sei hier lediglich die Kap-Ringelblume, die auch in Hausgärten gerne gepflanzt wird.

Bei sorgfältiger Auswahl bringen die Sommerblumen in frisch angelegten Gärten manche gute Eigenschaft mit sich. Dank ihrer Wachstumskraft sind sie in der Lage, viele Lücken zwischen den angepflanzten Stauden und noch jungen Ziersträuchern auszufüllen.

Aber auch später sollten sie in jedem Garten einen festen Platz zugeteilt bekommen, wo sie ihre Farbenfülle entfalten können. Wie bereits festgestellt wurde, ist dies in einer sinnvoll gegliederten Kulturfolge gut möglich.

Hinsichtlich der Düngung und der notwendigen Pflegemaßnahmen sollten auch die Sommerblumen nicht vernachlässigt werden. Aufgrund ihrer kurzen und gedrängten Entwicklungszeit, in der sie zügig wachsen und einen reichen Flor hervorbringen sollen, sind sie dankbar für einen guten, nahrhaften Boden. Ist die reife Komposterde im Gemüsegarten verbraucht worden, leisten organische Mischdünger, insbesondere mit getrocknetem Hühnerdung, gute Dienste.

In der Anzucht gilt es, die in der Tabelle auf Seite 274 genannten Unterscheidungen zu treffen.

Der Gartenteich

In einem gut angelegten Garten offenbart sich immer etwas von jener Harmonie, die dem Lebendigen zugrunde liegt. Das Bestreben des Hausgärtners muß dahin gehen, einzelne Maßnahmen so zu treffen, daß sie als Ergänzung und Abrundung der Anlage betrachtet werden können. Dies gilt nicht nur für die Auswahl der Pflanzen, sondern genauso für die Grundelemente wie Licht, Luft und Wasser. Dabei ist letzteres durch den technischen Fortschritt und die Folgen der Zivilisation in besonderem Maße in Mitleidenschaft gezogen worden. Dies war nicht immer so. Das Wasser war seit alters her für den Bauern und Gärtner ein Element, dem besondere Aufmerksamkeit galt. Rückhaltebecken, Teiche und Seen, in denen auch heute noch Fischzucht betrieben wird, sind feste Bestandteile der Landschaft. Dabei floß in früheren Zeiten das Wasser nur langsam durch die Auen und war in besonderem Maße den Einflüssen des Lichtes und der Wärme ausgesetzt. Solche Gewässer waren immer reich belebt. An diesem Zustand hat sich das Pflanzen- und Tierreich in vielfältiger Weise beteiligt.

Nur wenige Hausgärtner werden heute die Möglichkeit haben, ihren Garten an einem fließenden Gewässer anlegen zu können. Aber der Teich auf dem eigenen Grundstück findet immer mehr Liebhaber und Freunde. Dabei ist der Platzbedarf gering. Nur einige Quadratmeter genügen. In gegebenem Fall nimmt man einen ausgedienten Waschkessel oder eine Wanne für den Gartenteich. Dabei ist bei der Neuanlage des Grundstückes der Teich sicher nicht das erste oder wichtigste Element. Man sollte sich aber schon von Anfang an überlegen, wo er später einmal einen Standort finden könnte. Er soll an einen sonnigen Platz, denn nur dort, wo die Sonne den größten Teil des Tages hinscheinen kann, werden sich Pflanzen- und Tiergemeinschaften voll entwickeln.

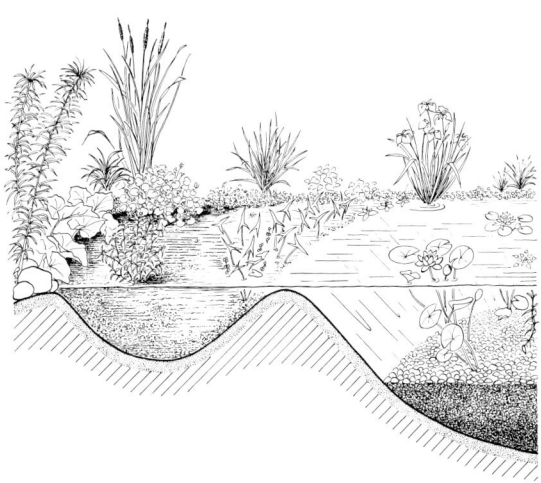

Ein Gartenteich mit verschiedenen Wassertiefen und den dazugehörigen Pflanzen.

Um die Gegebenheiten eines großen, natürlichen Sees nachzuahmen, sollte unser Gartenteich flache Uferzonen und zumindest 80 cm tiefe Stellen erhalten. Das ist verhältnismäßig leicht zu machen. Wir brauchen nicht zu mauern oder zu betonieren, sondern graben entweder eines der in großer Auswahl im Handel erhältlichen Kunststoffbecken ein oder kleiden mit Hilfe von speziellen Wasserbeckenfolien eine selbst gegrabene Vertiefung aus. Deren Ausmaße sind an keine Form gebunden.

Wasserpflanzen lieben ein leicht saures Milieu und können entweder im Pflanzkorb oder Container ins Wasser gestellt oder, was vorzuziehen ist, direkt im

Auch ein fließendes Gewässer bietet reiche Möglichkeiten zur Gestaltung.

Becken ausgepflanzt werden. Als Erde dient eine Mischung aus jeweils ⅓ Torf, Lehm und gut verrottetem Kuhmist oder Reifkompost, die wenigstens 20 cm stark aufgebracht wird. Bei Bedarf läßt sich das Ganze noch mit organischem Mischdünger anreichern. Die Nachdüngung, nur bei schwachem Wachstum erforderlich, ist ebenfalls denkbar einfach. Man stellt walnußgroße Kugeln aus Lehm und organischem Mischdünger her und drückt sie mit der Hand in den Grund. Nach dem Auspflanzen wird die Erde mit einer Sand- oder Kiesschicht von 2 bis 3 cm Stärke abgedeckt, damit keine leichten Erdpartikel nach oben treiben können.

Das Wasser darf nur behutsam eingeleitet werden und keine Erde aufwirbeln, bis die Pflanzen am Fuß bedeckt sind. Dann füllt man von Tag zu Tag nach, bis der endgültige Wasserstand erreicht ist. Das Wasser kann sich so besser erwärmen, und die Seerosenblätter z. B. liegen von vornherein auf der Oberfläche, ihre Blattstiele täglich verlängernd. Das Wasser wird dann nicht mehr gewechselt, sondern nur je nach Verdunstung nachgefüllt. Die beste Zeit für die Anlage eines Wassergartens sind Mai bis Juli.

Die nachfolgend genannten Pflanzen stellen nur eine Auswahl der unempfindlichsten Arten dar, die durch ihre Schönheit und problemlose Kultur besonders den Anfänger begeistern werden.

Bepflanzung. Die Königin des Gartenteiches ist zweifellos die Seerose (*Nymphaea*). Großblumige Arten verlangen eine Wassertiefe von etwa 80 cm, die aber nur an der Pflanzstelle vorhanden sein muß. Eine örtliche Vertiefung reicht also. Eindrucksvoll ist die großblumige, weiße Sorte 'Pöstlingberg'. Einen schönen Kontrast bildet dazu die rosarote 'James Brydon'. Von den mittelgroßen Sorten (Wassertiefe 40 bis 60 cm) seien die reinweiße 'Marliacea Albida' und die schöne, dunkel bis lichtrosa 'Rosennymphe' genannt. Für einen noch flacheren Wasserstand (20 bis 40 cm) bieten sich die sehr blühwilligen 'Laydekeri Lilacea' (rosablühend) und 'Laydekeri Purpurata' mit tiefer karminrosa Farbe an. Eine Überraschung ist die reizvolle, purpurrot leuchtende Sorte 'Maurice Laydeker', die in warmen, lichtreichen Sommern einen andauernden Blütenflor hervorbringt und noch mit einem Wasserstand von 10 cm auskommt.

Im größeren Teich sollte der große Rohrkolben (*Typha angustifolia*) nicht fehlen, der als Uferpflanze einen sumpfigen Untergrund bis zu 30 cm Wassertiefe liebt. Mit seinen straffen, schmalen Blättern und den ornamentalen braunen Kolben ragt er bis zu 2 m aus dem Wasser heraus, ein charakteristischer, weithin sichtbarer Blickfang.

Die Zebrasimse (*Scirpus tabernaemontani*) 'Zebrinus' verlangt einen Wasserstand von 5 bis 30 cm und bringt mit ihren grün-weiß quergestreiften, zylindrischen etwa 1 m hohen Halmen eine abwechslungsreiche Note herein, während die Blumenbinse (*Butomus umbellatus*), der Wasserstand sollte bei 20 cm liegen, mit starken, bis 1 m hohen grasartigen Büschen, aus denen im Sommer rosarote Blütendolden hervorbrechen, ein üppiges Bild bieten.

Die Seekanne (*Nymphoides peltata*), die durchaus auch an flacheren Stellen Wurzeln schlägt, breitet sich über den ganzen Teich aus. Sie ahmt mit ihrem viel kleineren Blattwerk sowie den hübschen gelben Blüten die Seerosen nach. Die Seekanne erhält einen Wasserstand von 30 bis 50 cm.

In der Uferzone blüht den Sommer über mit kleinen, weißen Blütenständen der Froschlöffel (*Alisma plantago aquatica*) – Wasserstand 20 cm – und das ornamental wirkende Pfeilkraut (*Sagittaria sagittifolia*) – Wasserstand 10 bis 30 cm – mit zarten, weißen Blütenaugen.

Eine Ergänzung zu diesen bildet das Hechtkraut (*Pontederia cordata*) – Wassertiefe 30 cm –, das im Juli–August mit seinen blauen Blütenähren eine Augenweide darstellt.

In der Sumpfzone hat man mit der gelbblühenden Sumpfdotterblume (*Caltha palustris*) und dem unermüdlich blühenden, himmelblauen Sumpfvergißmeinnicht (*Myosotis palustris*) zwei anspruchslose Pflanzen.

Entschließt man sich, noch einige japanische Schwertlilien (*Iris kaempferi*) 'Higo Typ' mit den gelb bis tief violett spielenden Riesenblüten dazwischen zu pflanzen, so ist damit ein recht wenig beachteter Zweig der Gartenkunst mit seinen repräsentativen Vertretern mit in die Gestaltung einbezogen worden.

Je nach Größe des Teiches können wir auch Fische, vor allem den Goldfisch und die Goldorfe, einsetzen, die genau wie die Pflanzen über Winter im Garten bleiben sollen. Im Wasser entwickeln sich aus den mitgebrachten Keimen und durch Zuwanderung aus dem Umkreis die verschiedensten Tiergesellschaften. Es läßt sich auch in der Uferzone noch leicht ein Vogelbad einrichten.

Mit verhältnismäßig geringem Aufwand haben wir damit in den Garten etwas zum Gesamtbild eingefügt und wurden dabei selbst zu einem Urelement der Entwicklung zurückgeführt, an der wir beobachtend und mitschaffend teilhaben können.

Abschluß und Ausblick

Ein Gartenbuch kann eigentlich niemals abgeschlossen sein, sondern sollte fortlaufend durch neue Erfahrungen ergänzt und erweitert werden. So wie der Ablauf des Naturgeschehens dem Menschen immer wieder andere Aufgaben stellt, so sammelt der Gärtner täglich weitere Erkenntnisse, findet Lösungen und steht sogleich vor neuen Problemen.

Es wurde versucht, in den vorangegangenen Kapiteln Fragen des naturgemäßen Gartenbaus zu behandeln, beginnend bei der Einrichtung eines Grundstückes bis hin zur Anzucht der verschiedenen Gemüse, der Pflege der Obstgehölze und den Zierpflanzen. Wer uns dabei bis zuletzt gefolgt ist, wird nicht mehr der Meinung sein, daß biologisch arbeiten heißt, der Natur freien Lauf zu lassen, weder Hilfs- und Pflegemittel anzuwenden noch von außen helfend und unterstützend in den Ablauf des natürlichen Geschehens einzugreifen. Die vorangegangenen Seiten zeigen, daß die Autoren diese Ansicht nicht teilen. Im Gegenteil: Die Arbeit mit den Kräften der Natur verlangt ein intensives Mitdenken und Mithandeln und sehr viel mehr Aufmerksamkeit bei allen gärtnerischen Vorhaben als sonst. Der Gartenfreund, der sich an dem Dargestellten orientieren, die eigenen Bemühungen im Garten danach ausrichten will, darf nicht nur in der täglichen Arbeit aufgehen, er muß auch die Lebensprozesse im Verlauf des Jahres wahrnehmen und lernen, im rechten Augenblick auch das zu tun, was die Situation erfordert. Das klingt einfach, ist aber dennoch keine Selbstverständlichkeit. Um die Folgen eines ungünstigen Witterungsablaufs oder begangene Fehler in den Anbau- oder Pflegemaßnahmen wieder auszugleichen, gibt es keinen Zeitaufschub. Die meisten Versäumnisse lassen sich im gleichen Jahr kaum mehr aufholen. Die Gartenarbeit wird dadurch nicht immer leichter, aber dafür sehr viel interessanter und damit zu einer Quelle immer neuer Überraschungen und Erfahrungen. Das eigene Grundstück bleibt dann nicht der Ort ununterbrochener Arbeit, sondern entwickelt sich für den Menschen zu einer grünen Oase und einem Ausgangspunkt für zukunftsorientiertes Denken und Handeln.

Dem Menschen der Gegenwart steht heute ein ungeheures Wissen und ein großer, praktischer Erfahrungsschatz zur Verfügung. Werden die Erkenntnisse in der rechten, der gesamten Natur dienlichen Weise auch genutzt? Diese Frage zu stellen, heißt, sie gleichzeitig verneinen. Daß es zu dieser Situation gekommen ist, mag unter anderem in der wirtschaftlichen Entwicklung nach dem Zweiten Weltkrieg begründet sein. Die immer weniger werdenden Arbeitskräfte im Gartenbau, ständig steigende Kosten und relativ niedrige Verkaufserlöse haben zu Engpässen und Maßnahmen geführt, deren Begrenzungen jeder naturverbundene Mensch nur als bedrückend empfinden kann. Dies trifft aber nicht für den Hausgärtner zu. Er ist in der Lage, sich den Freiraum zu schaffen, der von den Berufsgärtnern schmerzlich vermißt wird. Zum rechten Gebrauch der Möglichkeiten ist aber noch weiteres erforderlich: die Weiterbildung und der ständige Kontakt mit Gleichgesinnten.

Da ist zunächst einmal an die biologisch-dynamische und andere Fachliteratur sowie die regelmäßig erscheinenden Zeitschriften zu denken. In vielen Städten der Bundesrepublik gibt es Gartenbauvereine, die sich in zunehmendem Maße den Fragen des naturgemäßen Gartenbaus annehmen. Eigene Arbeitsgruppen und -gemeinschaften beschäftigen sich in regelmäßigen Abständen mit den hier angesprochenen Fragen. Sie werden bei Vortrags- und Schulungsabenden erweitert und vertieft, von den verschiedensten Seiten aus beleuchtet.

Die einschlägigen Firmen des Gartenbedarfs bemühen sich zunehmend, die erwähnten und beschriebenen ungiftigen Hilfs- und Pflegemittel zu führen und die Hausgärtner auf diese Alternativen hinzuweisen. Auch darin läßt sich ein deutlicher Fortschritt im Bewußtsein der Menschen für die Möglichkeiten eines naturnahen Gartenbaus ablesen.

Wer sich aber in besonderer Weise um die Qualität der Früchte im eigenen Garten bemüht, möchte früher oder später auch die anderen, nicht selbst gezogenen Produkte wie Kartoffeln, Wintermöhren oder den Getreideschrot in der Qualität kaufen, die seinen Vorstellungen im eigenen Anbau entspricht. Dies führt zu den Fachgeschäften, den gut sortierten Reformhäusern und zu der wachsenden Anzahl biologisch-dynamisch wirtschaftender Bauernhöfe und Gärtnereien mit dem Angebot zum direkten Einkauf. Hof- bzw. Betriebsbesichtigungen, Wintertagungen und Schulungswochen bringen weitere Ergänzungen. Die Weiterbildung ist immer möglich, sie muß nur genutzt und wahrgenommen werden. Dies alles führt, wenn manchmal auch nur mit kleinen Schritten, stetig weiter. Die immerhin schon über 50jährige Geschichte des biologisch-dynamischen Land- und Gartenbaus und die Erfahrungen anderer naturgemäßer Richtungen haben dies immer wieder deutlich werden lassen.

Damit ergibt sich auch für uns alle die Aufgabe und Notwendigkeit zur Fortführung der Arbeit.

Bezugsquellen

Zeitschriften und Rundbriefe

Lebendige Erde (zusammen mit Garten-Rundbrief), erscheint zweimonatlich, herausgegeben vom Forschungsring für Biologisch-Dynamische Wirtschaftsweise, Baumschulenweg 11, 6100 Darmstadt
Garten-Rundbrief, Gartenrundbrief-Versand, Mathystr. 34, 7530 Pforzheim
Demeter-Blätter, Mitteilungsblatt des Demeter-Bundes e.V., erscheint halbjährlich, herausgegeben vom Demeter-Bund e.V., Fenchelstr. 14, 7000 Stuttgart 75
bio-land, Fachzeitschrift für den organisch-biologischen Land- und Gartenbau, erscheint zweimonatlich, herausgegeben von der Fördergemeinschaft organisch-biologischer Land- und Gartenbau e.V., Barbarossastr. 14, 7336 Uhingen
ifoam, Zeitschrift für ökologische Landwirtschaft, erscheint vierteljährlich, herausgegeben von Stiftung ökologischer Landbau, Postfach 3048, 6750 Kaiserslautern
garten organisch, erscheint vierteljährlich, herausgegeben vom Organischen Landbauverlag, Postfach 3645, 7900 Ulm
Naturgemäßer Land- und Gartenbau, erscheint zweimonatlich, Medizinalpolitischer Verlag, Postfach 1160, 5912 Hilchenbach
Ernährungsrundbrief, erscheint vierteljährlich, herausgegeben vom Arbeitskreis für Ernährungsforschung e.V., Dr. med. Udo Renzenbrink, Zwerweg 19, 7263 Bad Liebenzell

Bücher

Forschungsring für Biologisch-Dynamische Wirtschaftsweise, Baumschulenweg 11, 6100 Darmstadt
Bio-Gartenmarkt Keller, Konradstr. 17, 7800 Freiburg i. Br.
Karl Hausmann jun., Dorfstr. 40, 8545 Spalt-Großweingarten
Fa. Sudau, Richener Str. 41, 7519 Eppingen-Adelshofen

Fachtagungen, Lehrgänge, Ausbildung, Beratung

Forschungsring für Biologisch-Dynamische Wirtschaftsweise, Baumschulenweg 11, 6100 Darmstadt
Akademie für Umwelt- und Lebensschutz, Collegium Humanum, 4973 Vlotho/Weser
Bauernschule Hohenlohe, 7184 Weckelweiler über Kirchberg/Jagst
Landbauschule Dottenfelder Hof, 6368 Bad Vilbel
Landbauschule Hofgut Rengoldshausen, 7770 Überlingen
Monatliche Zusammenkünfte der einzelnen Arbeitsgemeinschaften, Auskunft: Forschungsring

Bodenuntersuchungen

Dr. Fritz Balzer, Labor für Bodenuntersuchungen und Spurenmetall-Analytik, Oberer Ellenberg 5, 3551 Amönau

Organische Düngemittel

Biofa, Stuttgarter Str. 45/1, 7430 Metzingen
Bio-Gartenmarkt Keller, Konradstr. 17, 7800 Freiburg i. Br.
Fa. Cohrs-GmbH, Postfach 1165, 2720 Rotenburg/Wümme
P. Günther, Cornufera GmbH, Postfach 303, 8510 Fürth/Bayern (Vertrieb über den Fachhandel)
Karl Hausmann jun., Dorfstr. 40, 8545 Spalt-Großweingarten
Werner Kimmerle, Uhlandstr. 22, 7441 Neckartenzlingen biol.-dynam. Kompost (Vertrieb über den Fachhandel)
Mahle-Dünger-GmbH, Salzstr. 178, 7100 Heilbronn
Oscorna-Dünger GmbH, Postfach 4267, 7900 Ulm

Mineralische Düngemittel (Gesteinsmehle, Algenkalke)

Bio-Agrar GmbH, Probststr. 31, 7505 Ettlingen
Biofa, Stuttgarter Str. 45/1, 7430 Metzingen
Bio-Gartenmarkt Keller, Konradstr. 17, 7800 Freiburg i. Br.
Fa. Cohrs-GmbH, Postfach 1165, 2720 Rotenburg/Wümme
Hauri KG, Sonnenhalde 6, 7805 Bötzingen
Karl Hausmann jun., Dorfstr. 40, 8545 Spalt-Großweingarten
Oscorna-Dünger GmbH, Postfach 4267, 7900 Ulm (Vertrieb über den Fachhandel)

Kompostierungsmittel

Biologisch-dynamische Kompost-Präparate und Feldpräparate, erhältlich über die örtlichen Berater des Forschungsringes oder über das Institut für Biologisch-Dynamische Forschung, Brandschneise 5, 6100 Darmstadt
Alginure-Vertrieb, Mittlere Str. 4, 7000 Stuttgart 70
Biofa, Stuttgarter Str. 45/1, 7430 Metzingen
Bio-Gartenmarkt Keller, Konradstr. 17, 7800 Freiburg i. Br.
Fa. Cohrs-GmbH, Postfach 1165, 2720 Rotenburg/Wümme
Karl Hausmann jun., Dorfstr. 40, 8545 Spalt-Großweingarten
Oscorna-Dünger GmbH, Postfach 4267, 7900 Ulm (Vertrieb über den Fachhandel)

Pflanzen-Pflegemittel

Biofa, Stuttgarter Str. 45/1, 7430 Metzingen
Bio-Gartenmarkt Keller, Konradstr. 17, 7800 Freiburg i. Br.

Fa. Cohrs-GmbH, Postfach 1165, 2720 Rotenburg/Wümme
Karl Hausmann jun., Dorfstr. 40, 8545 Spalt-Großweingarten
Helmut Oehler, Botenheimer Weg 21, 7121 Cleebronn
Oscorna-Dünger GmbH, Postfach 4267, 7900 Ulm (Vertrieb über den Fachhandel)
Gebr. Schaette KG, Postfach 147, 7967 Bad Waldsee
Snoek GmbH, Postfach 10/b, 8996 Opfenbach
Fa. Sudau, Richener Str. 41, 7519 Eppingen-Adelshofen

Bäume und Sträucher aus biologisch-dynamischem Anbau

Baumschule Conrad Appel, Brandschneise, 6100 Darmstadt
Baumschule Brenninger, Hofstarring 57, 8251 Steinkirchen

Saatgut- bzw. Pflanzen-Lieferanten

Heinrich Bornträger, Postfach 94, 6521 Offstein (Kräuter)
Saatzucht Karl Hild, 7142 Marbach
Inhoffen-Samen, Postfach 1230, 5350 Euskirchen
Nungesser KG, Bismarckstr. 59, 6100 Darmstadt
Saatzucht C. Sperling, 2120 Lüneburg
Topinambur-Saatzucht, 3105 Müden
Karl Wachter, 2081 Appen-Etz (Wasser-, Teichpflanzen)

Bodenbearbeitungsgeräte

Biofa, Stuttgarter Str. 45/1, 7430 Metzingen
Bio-Gartenmarkt Keller, Konradstr. 17, 7800 Freiburg i. Br.
Polar-Helios-Geräte (Vertrieb über den Fachhandel)
Fa. Sudau, Richener Str. 41, 7519 Eppingen-Adelshofen

Unkraut-Abflamm-Geräte

Bio-Gartenmarkt Keller, Konradstr. 17, 7800 Freiburg i. Br.
Gerhard Eisenkolb, Kapellenweg 18, 7121 Ingersheim
Hans Reinert, Marktplatz 9, 8821 Weidenbach-Triesdorf
Fa. Sudau, Richener Str. 41, 7519 Eppingen-Adelshofen

Kompost-Silos

Biofa, Stuttgarter Str. 45/1, 7430 Metzingen
Bio-Gartenmarkt Keller, Konradstr. 17, 7800 Freiburg i. Br.
Ludwig Wege & Co, 3553 Cölbe/Marburg

Regenwasser-Sammler und Geräte für Bewässerung

G. Beckmann KG, Simoniusstr. 10, 7988 Wangen
Bio-Gartenmarkt Keller, Konradstr. 17, 7800 Freiburg i. Br.
Fa. Sudau, Richener Str. 41, 7519 Eppingen-Adelshofen

Vogelschutz-Geräte

Biofa, Stuttgarter Str. 45/1, 7430 Metzingen
Bio-Gartenmarkt Keller, Konradstr. 17, 7800 Freiburg i. Br.
Lebensgemeinschaft Sassen e.V., Sassener Holzwerkstätten, 6407 Schlitz-Sassen (Nisthöhlen)
Karl Schwegler & Söhne GmbH., Heinkelstr. 35, 7060 Schorndorf (Holzbeton-Nisthöhlen)

Holzrührfässer für die biologisch-dynamischen Präparate

Fa. H. Niehues, Postfach 1319, 4407 Emsdetten
Fa. Sudau, Richener Str. 41, 7519 Eppingen-Adelshofen

Spritzen und Stäubegeräte

Im örtlichen Fachhandel erhältliche, bekannte Klein-, Mittel- oder Großgeräte von Holder, Gloria, Mesto, Solo u.a.
Bio-Gartenmarkt Keller, Konradstr. 17, 7800 Freiburg i. Br.
Fa. Sudau, Richener Str. 41, 7519 Eppingen-Adelshofen

Gartenhäcksler

Biofa, Stuttgarter Str. 45/1, 7430 Metzingen
Bio-Gartenmarkt Keller, Konradstr. 17, 7800 Freiburg i. Br.
S. Möhringer, 8714 Wiesentheid 16 (Erdwolf)
Werner Wolf, Rheinstr. 10, 5419 Dierdorf

Kleingewächshäuser

Beta-Plastic GmbH, Bergstr. 12, 7091 Breitenbach
Kuno Krieger, Loerfeldstr. 8, 5804 Herdecke
Messerschmidt KG, Einsteinweg 21, 7320 Göppingen
Peter Terlinden Söhne GmbH, 4232 Xanten 2-Birten
Josef Weiss Plastic GmbH, Eintrachtstr. 8, 8000 München 90

Literaturverzeichnis

Abele, U.: Vergleichende Untersuchungen zum konventionellen und biologisch-dynamischen Pflanzenbau unter besonderer Berücksichtigung von Saatzeit und Entitäten. Dissertation Giessen 1973.

Abele, U.: Saatzeitversuch zu Radies. Leb. Erde 6, 223–225, 1975.

Abele, U.: Untersuchungen des Rotteverlaufs von Gülle bei verschiedener Behandlung und deren Wirkung auf Boden, Pflanzenertrag und Pflanzenqualität. Institut für Biologisch-Dynamische Forschung, Darmstadt 1976.

Abrami, G.: Zusammenhänge zwischen Mondphasen und Rhythmen im Pflanzenwachstum unter Feldbedingungen. Can. Bot. 50, 2157–2165, 1972.

Abtei Fulda (Hrsg.): Beerenobst im naturgemäßen Anbau. Fulda 1976.

Abtei Fulda (Hrsg.): Obstbau-Kalender auf biologischer Grundlage. Fulda 1977.

Aehnelt, E., und Hahn, J.: Fruchtbarkeit der Tiere – eine Möglichkeit zur biologischen Qualitätsprüfung von Futter- und Nahrungsmitteln? Tierärztl. Umschau 28 (4), 155–160, 1973.

Appel, C., Forstbaumschule (Hrsg.): Unser Heckenbuch. Darmstadt 1958.

Appel, J.: Unkrautregulierung ohne Herbizide. Schriftenreihe Lebendige Erde, Darmstadt 1979.

Aubert, C.: Organischer Landbau. Verlag Eugen Ulmer, Stuttgart 1981.

Beba, H., und Andrä, H.: Hügelkultur. Waerland Verlagsgenossenschaft, Mannheim 1975.

Biologisch-Dynamischer Land- und Gartenbau. Bd. 1 Grundlagen – Durchführung – Erfahrungen – Bedeutung; Bd. 2 Berichte aus der Forschung. Verlag Forschungsring für Biologisch-Dynamische Wirtschaftsweise, Darmstadt 1973.

Biologische Schädlingsbekämpfung im Gewächshaus. AID Heft 30, Bonn 2, 1980.

Boas, F.: Zeigerpflanzen. Verlagsgesellschaft für Ackerbau, Hannover 1958.

Bockemühl, J.: Ein Weg zur Charakterisierung von Pflanzenprozessen und zur Qualitätsbeurteilung von Nahrungspflanzen am Beispiel des Radieschens. Elemente der Naturwissenschaft 22, 1975.

Bockemühl, J.: Vom Leben des Komposthaufens. Elemente der Naturwissenschaft 29, 1978.

Breda, E.: Bericht über Arbeiten aus dem Institut für Biologisch-Dynam. Forschung. Lebendige Erde 3, 101, 1972.

Breda, E.: Qualitätsuntersuchungen von Möhren und Rote Bete. Lebendige Erde 4, 132, 1973.

Breda, E., Heinze, H. und Schaumann, W.: Zielsetzungen und Wege der Biolog.-Dynam. Wirtschaftsweise in der gegenwärtigen Situation der Weltwirtschaft. Forschungsring für Biolog.-Dynam. Wirtschaftsweise, Darmstadt 1975.

Buch, W.: Der Regenwurm im Garten. Verlag Eugen Ulmer, Stuttgart 1986.

Buffler, M., und Reich, W.: Gemüse im Garten. Verlag Eugen Ulmer, Stuttgart 1979.

Bünning, E.: Die physiologische Uhr. Verlag Springer, Berlin 1963.

Caspari, F.: Fruchtbarer Garten. Wirtschaftsverlag Klug, München 1964.

Cloos, W.: Lebensstufen der Erde. Verlag Novalis, Freiburg 1958.

Cloos, W.: Was heißt eigentlich »düngen«? und »Der Kompost«. Corna-Werk Ulm, o. J.

Diercks, R.: Alternativen im Landbau. Verlag Eugen Ulmer, Stuttgart 1986.

Dunger, W.: Tiere im Boden. Die Neue Brehm-Bücherei, Verlag A. Ziemsen, Wittenberg 1964.

Ellenberg, H.: Unkrautgemeinschaften als Zeiger für Boden und Klima. Verlag Eugen Ulmer, Stuttgart 1950.

Endlich, B., und Mitarb.: Organismus der Erde. Verlag Freies Geistesleben, Stuttgart 1985.

Engqvist, M.: Pflanzenwachstum in Licht und Schatten. Lebendige Erde 2, 51, 1963.

Engqvist, M.: Gestaltkräfte des Lebendigen. Verlag Vittorio Klostermann, Frankfurt/M. 1970.

Engqvist, M.: Physische und Leben-bildende Kräfte in den Pflanzen; ihre Widerspiegelung im Kupfer-Kristallbild. Verlag Vittorio Klostermann, Frankfurt/M. 1975.

Engqvist, M.: Die Steigbildmethode; ein Indikator für Lebensprozesse in der Pflanze. Verlag Vittorio Klostermann, Frankfurt/M. 1977.

Flaig, W.: Einwirkung von organischen Bodenbestandteilen auf das Pflanzenwachstum. Landwirtschaftl. Forschung 21, 103–127, 1968.

Franck, G.: Gesunder Garten durch Mischkultur. Südwest Verlag, München 1980.

Franz, J. M., und Krieg, A.: Biologische Schädlingsbekämpfung. Verlag Paul Parey, Berlin und Hamburg 1972.

Fürst, L.: Nährstoffwerte aus kompostiertem Stallmist mit verschiedenen Impfstoffen behandelt. Freie Briefe für naturgemäßen Qualitätsobstbau 36, Paderborn 1966.

Fyfe, A.: Die Signatur des Mondes im Pflanzenreich. Verlag Freies Geistesleben, Stuttgart 1967.

Gangnus, L.: Weintrauben im Hausgarten. Gartenrundbrief 111, 1977.

Godan, D.: Schnecken als Schädlinge. Biologische Bundesanstalt für Land- und Forstwirtschaft Berlin-Dahlem 42, 1975.

Graefe, G.: Erfahrungen mit einem Weingarten, der nicht

mit chemischen Pflanzenschutzmitteln behandelt wurde. Das Manifest 2, (3), Wien 1975.

Graf, J.: Tierbestimmungsbuch. Verlag J. F. Lehmann, München 1961.

Graf-Rösli, R.: Darstellung verschiedener biologischer Landbaumethoden und Abklärung des Einflusses kosmischer Konstellationen auf das Pflanzenwachstum. Dissertation, Zürich 1977.

Graff, O.: Unsere Regenwürmer. Lexikon für Freunde der Bodenbiologie. Verlag M. u. H. Schaper, Hannover 1983.

Grohmann, G.: Metamorphosen im Pflanzenreich. Verlag Freies Geistesleben, Stuttgart 1977.

Grone-Gültzow, J.: Wie verhält sich der Regenwurm zu biologisch gedüngtem Boden? Gäa Sophia Bd. 4, Landwirtschaft, Dornach 1929.

Grümmer, G.: Die gegenseitige Beeinflussung höherer Pflanzen – Allelopathie. VEB Verlag Fischer, Jena 1955.

Haller, A. v.: Die Wurzeln der gesunden Welt. Verlag Boden und Gesundheit, Langenburg 1976.

Haller, W. v.: Der Gärtnerhof. Verlag Boden und Gesundheit, Langenburg 1974.

Haller, W. v.: Die Wurzeln der gesunden Welt Bd. II Dokumentation. Verlag Boden und Gesundheit, Langenburg 1978.

Hanke, K.: Erfolgreicher Himbeeranbau bei biol.–dyn. Pflege. Lebendige Erde 6, 277, 1963.

Hartmann, O. J.: Die Gestaltstufen der Naturreiche. Verlag Die Kommenden, Freiburg 1967.

Hauschka, R.: Ernährungslehre. Verlag Vittorio Klostermann, Frankfurt/M. 1974.

Heckert, H.: Lunationsrhythmen des menschlichen Organismus. Akad. Verlagsges. Geest und Portig, Leipzig 1961.

Heinze, H.: Aus der Entwicklung der Qualitätsforschung am Institut für Biologisch-Dynamische Forschung. Lebendige Erde 2, 42; 3, 86; 4, 139, 1978.

Heitler, W.: Der Mensch und die naturwissenschaftliche Erkenntnis. Verlag F. Vieweg und Sohn, Braunschweig 1964.

Hemleben, J.: Rudolf Steiner. Rowohlt Monographien, Hamburg 1963.

Herbel, D.: Sommerblumen, Verlag Eugen Ulmer, Stuttgart 1980.

Herr, L.: Rosen, gepflegt nach der Biologisch-Dynamischen Wirtschaftsweise. Gartenrundbrief 92, 1974.

Heynitz, K. v.: Kompost im Garten. Verlag Eugen Ulmer, Stuttgart 1983.

Hilkenbäumer, F.: Obstbau. Verlag Paul Parey, Berlin und Hamburg, 1953.

Hilkenbäumer, F.: Schnitt der Obstgehölze. Verlag Neumann–Neudamm, Melsungen 1973.

Hirsch, K.: Biologisch-dynamische Erfahrungen im Weinbau. Siehe Koepf, Pettersson und Schaumann, Verlag Eugen Ulmer, Stuttgart 1980.

Hitschfeld, O.: Die Bedeutung der Zwiebelgewächse für den Pflanzenschutz. Lebendige Erde 5, 177, 1972.

Hoerner, W.: Zeit und Rhythmus; die Ordnungsgesetze der Erde und des Menschen. Verlag Urachhaus, Stuttgart 1978.

Hoffmann, M.: Abflammtechnik. KTBL-Schrift Nr. 243.

Landwirtschaftsverlag, Münster-Hiltrup 1980.

Höge, H.: Pillarschnitt. Garten organisch 4, 104, 1974.

Howard, A.: Mein landwirtschaftliches Testament. Verlag Siebeneicher, Berlin, Frankfurt 1948 (Edition Siebeneicher, Volkswirtschaftlicher Verlag, München 1979).

Janson, A.: Großobstbau. Verlag Paul Parey, Berlin 1924.

Jasser, H.: Untersuchung der Arthropoden-Fauna der Baumkronen einer langjährigen biologisch-dynamisch bewirtschafteten Apfelanlage bei Balingen am Albtrauf. Diplomarbeit Bonn 1978.

Jens, G.: Über den lunaren Rhythmus der Blankaalwanderung. Arch. Fischereiwiss. 4, 94–110, 1952/53.

Julius, F. H., und Kranich, E. M.: Bäume und Planeten. Verlag Freies Geistesleben, Stuttgart 1985.

Kabisch, H.: Pflanzenkrankheiten und Präparateanwendung. Lebendige Erde 1, 37, 1956.

Kemmer, E.: Systematik des Obstbaumschnittes. Institut für Obstbau Berlin, 10. Merkblatt 1948.

Klein, J.: Der Einfluß verschiedener Düngungsarten in gestaffelter Dosierung auf Qualität und Haltbarkeit pflanzlicher Produkte. Institut für Biologisch-Dynamische Forschung, Darmstadt 1968.

Klett, M.: Untersuchungen über Licht- und Schattenqualität in Relation zur Düngung und Kieselanwendung. Lebendige Erde 6, 205–211, 1968.

Koepf, H., Pettersson, B., und Schaumann, W.: Biologisch-Dynamische Landwirtschaft. Verlag Eugen Ulmer, Stuttgart 1980.

Kolisko, L., und E.: Die Landwirtschaft der Zunkunft. Verlag Meier u. Co., Schaffhausen (Schweiz) 1939.

Könemann, E.: Das Trocknen von Kräutern, Pilzen, Gemüse und Obst in Haushalt, Land- und Gartenbaubetrieben. Lebendige Erde 1, 19, 1970.

Könnecke, G.: Fruchtfolgen. VEB Deutscher Landwirtschaftsverlag, Berlin 1967.

Kranich, E. M.: Die Formensprache der Pflanze. Verlag Freies Geistesleben, Stuttgart 1976.

Künzel, M.: Von der Saatgutbehandlung. Lebendige Erde 2, 53, 1954.

Laatsch, W.: Dynamik der Mitteleuropäischen Mineralböden. Verlag Theodor Steinkkopff, Dresden und Leipzig 1954.

Lejeune, S.: Rosenbücher, mein Steckenpferd. Verlag G. Weiland Nachf., Lübeck o. J.

Liebig, J. von: Über den Materialismus. 23. Chemischer Brief. C. F. Wintersche Verlagsbuchhandlung, Leipzig 1865; abgedruckt in Lebendige Erde 5, 189–196, 1959.

Lippert, F.: Zur Wirkung der Heilpflanzenzusätze im Dünger. In: Bartsch, E., und Dreidax, F.: Der lebendige Dünger. Müllersche Verlagshandlung, Planegg 1941.

Lippert, F.: Vom Nutzen der Kräuter im Landbau. Forschungsring für Biologisch-Dynamische Wirtschaftsweise, Darmstadt 1953.

Lust, V.: Kurzanleitung zur Neupflanzung sowie Arten- und Sortenwahl bei Beeren- und Baumobst im Hausgarten. Kreisobstbauverband Balingen 1970.

Lust, V.: Naturgesteigerter Erdbeeranbau. Obst und Garten 12, 363, 1977.

Lust, V.: Zwischenbericht vom Apfel-Langzeit-Modellversuch, Anlage Ernst Hess. Lebendige Erde 6, 212, 1978.

Lust, V: Johannisbeer- und Brombeer-Gallmilbenregulierung im Beerenanbau. Lebendige Erde 3, 89 f., 1981.

Maurer, K. J.: Entbehrliche Kronenorgane ... Siedlung und Eigenheim 9, 241, 1978.

Menges, G.: Die Bedeutung der in Deutschland vorkommenden Amphibien und Reptilien für den Pflanzenschutz. Lebendige Erde 1, 13, 1952.

Merckens, G.: Pflanzen-Gärwässer. Lebendige Erde 3, 127, 1964.

Merckens, G.: Hornkieselpräparat nach der Obsternte. Gartenrundbrief 87, 1973.

Merckens, G.: Besuch auf einer biologisch-dynamisch arbeitenden Kaffeepflanzung in Mexiko. Lebendige Erde 5, 172, 1976.

Pape, H.: Die Praxis der Bekämpfung von Krankheiten und Schädlingen an Zierpflanzen. Verlag Paul Parey, Berlin 1936.

Pelka, F.: Das Nachbarrecht in Baden-Württemberg. Verlag Eugen Ulmer, Stuttgart 1980.

Pettersson, B.: Die Entwicklung von Standort, Düngung und wachstumsbeeinflussenden Stoffen auf die Qualitätseigenschaften von Speisekartoffeln. Lebendige Erde 3/4, 78, 134, 1970.

Pettersson, B., und Wistinghausen, E. von: Bodenuntersuchungen zu einem langjährigen Feldversuch in Järna, Schweden. Forschungsring für Biologisch-Dynamische Wirtschaftsweise, Darmstadt 1977.

Pfeifer, S.: Taschenbuch für Vogelschutz. DBV-Verlag, Stuttgart 1973.

Pfeiffer, E.: Die Düngerpräparate der biologisch-dynamischen Wirtschaftsweise; Analysen und Beeinflussung der Stallmistkompostierung. Forschungsring für Biologisch-Dynamische Wirtschaftsweise 9, 9–28, 1948.

Pfeiffer, E.: Anleitung für die Kompostfabrikation aus städtischen und industriellen Abfällen. Verlag Gustav Fischer, Stuttgart 1956.

Pfeiffer, E.: Ernährungsbilanz in der Wechselbeziehung zwischen Pflanze und Boden. Lebendige Erde, 4,156, 1957.

Pfeiffer, E.: Eine qualitative chromatographische Methode zur Bestimmung biologischer Werte. Lebendige Erde 5/6, 205/241, 1959.

Pfeiffer, E.: Die Fruchtbarkeit der Erde. Verlag R. Geering, Dornach 1969.

Pfeiffer, E., und Riese, E.: Der erfreuliche Pflanzgarten. Phil.-Anthrop. Verlag, Dornach 1979.

Portmann, A.: Biologie und Geist. Herder Bücherei Bd. 137. Zürich 1956.

Preuschen, G.: Unkrautbekämpfung durch Abflammen. DLG-Mitteilungen 22, 841, 1968.

Preuschen, G., und andere: Gesunder Boden = leistungsstarker Betrieb. Verlag Stocker, Graz 1977.

Renzenbrink, U.: Zeitgemäße Getreideernährung. Verlag R. Geering, Dornach 1974.

Renzenbrink, U.: Ernährung unserer Kinder. Verlag Freies Geistesleben, Stuttgart 1977.

Rieger, G.: Hinweise zur biologisch-dynamischen Rosenpflege. Lebendige Erde 12, 249, 1958.

Rübensam, E., und Rauhe, K.: Ackerbau. VEB Deutscher Landwirtschaftsverlag, Berlin 1968.

Rusch, H. P.: Zur Biologie der Kompostierung. Nellys Kalender 52. Verlag Emil Hartmann-Imhof, Küsnacht-Zürich 1952.

Samaras, J.: Nachernteverhalten unterschiedlich gedüngter Gemüsearten mit besonderer Berücksichtigung physiologischer und mikrobiologischer Parameter. Dissertation Gießen 1977.

Sattler, F., und Wistinghausen, E. v.: Der landwirtschaftliche Betrieb. Verlag Eugen Ulmer, Stuttgart 1985.

Schad, W.: Lunare Periodizitäten bei Organismen. In Vorbereitung.

Scharpf, H. Chr.: Die Auswirkung der organischen Dünger auf das Abwehrpotential des Bodens gegen bodenbürtige Schaderreger im Gemüsebau. Hessische Lehr- und Forschungsanstalt, Geisenheim 1971.

Schaumann, W.: Zur Situation im Pflanzenschutz. Lebendige Erde 6, 237, 1966.

Schaumann, W.: Die Bildung der Pflanzenqualität als Ergebnis der Wirkung von Erde und Sonne. Lebendige Erde 4, 128, 1972.

Schaumann, W.: Kann die Landwirtschaft der Welt auf den Weg gebracht werden, immer weniger synthetisch-chemische Mittel anzuwenden? Lebendige Erde 3, 81, 1979.

Scheerer, G.: Fruchttragende Hecken. Verlag Siebeneicher, Berlin 1965.

Scherer, H.: Schöner Rasen – aber wie? Verlag Stichnote, Darmstadt 1966.

Scherer, H.: Organisch düngen. Corna-Werk Ulm, o. J.

Scherer, H.: Koniferen im Hausgarten. Gartenrundbrief 114, 4, 1978.

Scheffer, F., und Ulrich, B.: Lehrbuch der Agrarkulturchemie und Bodenkunde, Verlag E. Enke, Stuttgart 1962.

Schilling, K.: Lebensgemeinschaften der Gartenpflanzen. Landbau Verlag, Berlin 1951.

Schlichting, E., und Blume, H. P.: Bodenkundliches Praktikum. Verlag Paul Parey, Berlin und Hamburg 1966.

Schmid, H.: Handgriffe im Obstbau. Verlag Eugen Ulmer, Stuttgart 1978.

Schmid, H.: Obstbaumschnitt. Verlag Eugen Ulmer, Stuttgart 1979.

Schmid-Hengeller, O.: Biologischer Pflanzenschutz im Garten. Verlag Wirz, Aarau 1979.

Schmidt, G.: Dynamische Ernährungslehre Bd. I. Proteus Verlag, St. Gallen 1975.

Schnack, F.: Traum vom Paradies. Verlag Rütten und Loenig, München 1962.

Schroeder, D.: Bodenkunde in Stichworten, Verlag Hirt, Kiel 1978.

Schultz, J.: Rhythmen der Sterne. Phil.-Anthrop. Verlag, Dornach 1977.

Schuphan, W.: Zur Qualität der Nahrungspflanzen. BLV Verlagsgesellschaft, München 1961.

Schuphan, W.: Mensch und Nahrungspflanzen. Eden-Stiftung, Bad Soden 1976.

Schwanitz, F.: Die Entstehung unserer Kulturpflanzen. Verlag Springer, Berlin 1957.

Schwanitz, F.: Die Evolution der Kulturpflanzen. BLV Verlagsgesellschaft, München 1967.

Schwarz, M. K.: Vom Wesen des Obstbaumes und die sich daraus ergebenden Richtlinien für den Obstbau. Lebendige Erde 1, 8, 1956.

Schwintzer, I.: Das Milchschaf. Verlag Eugen Ulmer, Stuttgart 1979.

Seifert, A.: Gärtnern, ackern – ohne Gift. Biederstein Verlag München 1976.

Sekera, F.: Gesunder und kranker Boden. Verlag Stocker, Graz 1959.

Sigl, R.: Zur Bestimmung der Erdfigur. 60. Deutscher Geodätentag, München 1976.

Simonis, W. C.: Taschenbuch der Heil- und Gewürzkräuter. Verlag Vittorio Klostermann, Frankfurt/M. 1976.

Snoek, H.: Das Buch vom biologischen Weinbau. Orac-Pietsch Verlag, Stuttgart 1981.

Snoek, H.: Nützlinge im Garten und Gewächshaus. Südwest Verlag, München 1983.

Snoek, H.: Biologisch richtig düngen. Südwest Verlag, München 1984.

Spieß, H.: Konventionelle und biologisch-dynamische Verfahren zur Steigerung der Bodenfruchtbarkeit. Dissertation Gießen 1978.

Spohn, E.: Abfallbeseitigung durch Kompostieren. Lebendige Erde 4, 172, 1964.

Steiner, H.: Die Lebensgemeinschaft des Apfelbaumes. Der Obstbau 3–5, 1958.

Steiner, H.: Nützlinge im Garten. Verlag Eugen Ulmer, Stuttgart 1985.

Steiner, R.: Die Geheimwissenschaft im Umriß. GA 13, Rudolf Steiner Verlag, Dornach 1977.

Steiner R.: Wie erlangt man Erkenntnisse der höheren Welten? GA 10, Rudolf Steiner Verlag, Dornach 1982.

Steiner, R.: Mein Lebensgang. GA 28, Rudolf Steiner Verlag, Dornach 1982.

Steiner, R.: Geisteswissenschaftliche Grundlagen zum Gedeihen der Landwirtschaft. Rudolf Steiner Verlag, Dornach 1975.

Thienemann, A.: Leben und Umwelt. Verlag Rowohlt, Hamburg 1956.

Thies, H.: Fruchtfolgen im Garten. Gartenrundbrief 115, 1978.

Thun, M.: Bewährte Fruchtfolgen im Kleingarten. Lebendige Erde 3, 134, 1963.

Thun, M., und Heinze, H.: Anbauversuche über Zusammenhänge zwischen Mondstellungen im Tierkreis und Kulturpflanzen, Bd. I und II. Forschungsring für Biologisch-Dynamische Wirtschaftsweise, Darmstadt 1973.

Thun, M.: Kosmische Wirkungen in Boden und Pflanze im siderischen Mondrhythmus. Sternkalender, Phil.-Anthrop. Verlag Dornach 1974.

Thun, M.: Aussaattage. Verlag Aussaattage, Biedenkopf/Lahn. Jährl. neue Ausgabe.

Trenkle, R.: Neuzeitliche Obstkultur, Teil I., Verlag R. Bechtold und Co., Wiesbaden 1941.

Trolldenier, C.: Bodenbiologie, die Bodenorganismen im Haushalt der Natur. Kosmos Studienbücher, Franckh'sche Verlagshandlung, Stuttgart 1971.

Ulrich, E.: Die erfolgreiche Bekämpfung der Wühlmaus. Gartenrundbrief 80–82, 1972.

Voegele, I.: Aufgabe und Bedeutung der Düngung. Lebendige Erde 2, 61, 1958.

Wachsmuth, G.: Erde und Mensch, ihre Bildekräfte, Rhythmen und Lebensprozesse. Phil.-Anthrop. Verlag, Dornach 1965.

Ward, R. R.: Die biologischen Uhren. Verlag Rowohlt, Hamburg 1973.

Wendt, H., und Hildebrandt, H.: Biologischer Gartenbau unter Glas und Folie. Südwest Verlag, München 1982.

Willmann, K.: Grundfragen des Pilzbefalls, erläutert durch Erfahrungen an einem praktischen Beispiel. Lebendige Erde 1, 18, 1959.

Wistinghausen, E. von: Der Einfluß des Bodens und der Düngung auf Möhren und Rote Bete. Lebendige Erde 4, 138, 1973.

Wistinghausen, E. von: Die Qualität von Möhren, Rote Bete und Weizen in Beziehung zu ihren Standortverhältnissen und Bodenbedingungen. Lebendige Erde 3, 93; 4, 147, 1976.

Wistinghausen, E. von: Was ist Qualität? Wie entsteht sie und wie ist sie nachzuweisen? Verlag Lebendige Erde, Darmstadt 1979.

Winter, F., und andere: Lucas' Anleitung zum Obstbau. Verlag Eugen Ulmer, Stuttgart 1974.

Wohlschlager, J.: Unser Garten meisterlich bepflanzt. Verlag Eugen Ulmer, Stuttgart 1979.

Zimmermann, W.: Neue Wege der Biologie. Verlag Piper, München 1960.

Zimmermann, W.: Steine geben Brot. Verlag E. O. Cohrs, Rotenburg/Wümme 1975, Neuauflage 1981.

Bildnachweis

Alle Zeichnungen von Gisela Tambour, Göttingen, überwiegend nach Skizzen und Angaben der Verfasser bzw. einschlägiger Fachliteratur.

Die Ziffern sind die Seiten der betreffenden Abbildungen.

Bärtels, A., Bösinghausen: 23, 31 oben links, 31 unten.

Beba, H., Singen: 147.

Beba, H., und Andrä, H.: Hügelkultur. Waerland Verlagsgenossenschaft, Mannheim 1975: 148.

Bergström, B., Stockholm: 15, 50, 55, 59 oben links, 59 oben rechts, 86, 109, 114, 115, 117, 119, 139, 142, 155 (2), 159 (2), 160, 163, 164, 166, 172, 175, 183, 185 rechts, 225, 228.

Bockemühl, J.: Vom Leben des Komposthaufens. Elemente der Naturwissenschaft 29, 1978: 57.

Boerner, F., und Koch, H.: Gehölzschnitt. Verlag Eugen Ulmer, Stuttgart 1979: 32.

Cloos, W., Ulm: 77.

Compo GmbH, Münster: 72 rechts, 73.

Engquist, M.: Physische und Leben-bildende Kräfte in den Pflanzen; ihre Widerspiegelung im Kupfer-Kristallbild. Verlag Vittorio Klostermann, Frankfurt/M. 1975: 93 rechts.

Eisenkolb, F., Ingersheim: 181.

Felbinger, A., Stuttgart: 177, 180, 185 links, 204.

Gartenpraxis (Fachzeitschrift), Verlag Eugen Ulmer, Stuttgart: 26 (3), 27, 31 oben rechts, 107 (3), 113, 150, 188 (3), 189 (2), 192 (4), 226.

Grönlund, H., Darmstadt: 245.

Haller, W. v.: Die Wurzeln der gesunden Welt, Bd. II Dokumentation. Verlag Boden und Gesundheit, Langenburg 1978: 44 oben links, 44 oben rechts, 101, 176, 178.

Hansen, R., und Stahl, F.: Bäume und Sträucher im Garten. Verlag Eugen Ulmer, Stuttgart 1976: 244 (2).

Heynitz, K. v., Pforzheim: 125, 151.

Köhlein, F.: Gartenarbeiten. Verlag Eugen Ulmer, Stuttgart 1978: 198, 222 links (c), 271.

Marley-Gewächshäuser (deutsche Vertretung Chr. Metzger, Stuttgart): 17 (2).

Merckens, G., Ulm: 89 rechts (2).

Metzner, R.: Das Schneiden der Obstbäume und Beerensträucher. Verlag Eugen Ulmer, Stuttgart 1979: 222 links (a + b).

Pelka, F.: Das Nachbarrecht in Baden-Württemberg. Verlag Eugen Ulmer, Stuttgart 1980: 40.

Pfeiffer, W. (Zeiss, Oberkochen): 89 links.

Rehm, S., und Espig, G.: Die Kulturpflanzen der Tropen und Subtropen. Verlag Eugen Ulmer, Stuttgart 1976: 72.

Reich, W., Stuttgart: 133, 136.

Schaette, R., Bad Waldsee: 59 unten.

Schmid, H.: Obstbaumschnitt. Verlag Eugen Ulmer, Stuttgart 1979: 212 links.

Schroeder, D.: Bodenkunde in Stichworten. Verlag Hirt, Kiel 1978: 43.

Seibold, H., Hannover: 267.

Sekera, F.: Gesunder und kranker Boden. Verlag Stocker, Graz 1959: 45 rechts.

Thiele, H., und Stahl, F.: Unser Garten, Verlag Eugen Ulmer, Stuttgart 1972: 28.

Steiner, H., Stuttgart: 237 (6).

Thun, M.: Kosmische Wirkungen in Boden und Pflanze im siderischen Mondrhythmus. Sternkalender, Phil.-Anthrop. Verlag Dornach 1974: 84, 85.

Torfforschung GmbH, Bad Zwischenahn: 80.

Weitmann, F., Ulm: 64, 65

Wieler, I., Illingen: 137, 196, 201.

Wilhelm, P. G., Berlin: 179.

Wilhelm, P. G.: Das Gartenbuch für jedermann. Verlag Eugen Ulmer, Stuttgart 1979: 157, 212 rechts, 231, 232 links.

Willmann, Th., Eschbach: 240.

Woessner, D.: Gartenrosen. Verlag Eugen Ulmer, Stuttgart 1978: 249 (3), 251 (3), 252, 253 (4), 254 (2).

Wohlschlager, J.: Unser Garten meisterlich bepflanzt. Verlag Eugen Ulmer, Stuttgart 1979: 259.

Sachregister

Halbfette Seitenzahlen verweisen auf Schwerpunkte der Ausführungen.